华研外语
TOPWAYENGLISH

IELTS

雅思词汇

《雅思词汇》编写组 编

主　编：华研外语

编　者：蔡桂鹏　邓燕芬　黄月华
　　　　李海欣　区志承

华研外语 轻松考试!
www.TopwayEnglish.com

中国出版集团公司
世界图书出版公司
广州·上海·西安·北京

Believe in Yourself

Believe in your dreams.
Believe that you are loved.
Believe that you make a difference.
Believe we can build a better world.
Believe there's light at the end of the tunnel.
Believe that
you may be that light for someone else.
Believe that the best is yet to be.
Believe in yourself.

要相信你自己

要相信你的梦想。
要相信有人爱你。
要相信你能有所作为。
要相信我们可以建设一个更美好的世界。
要相信在隧道的尽头会有曙光。
要相信
你可能就是他人的那道曙光。
要相信你现在尚未做到最好。
要相信你自己。

——选自华研外语《英语美文视听分享 MTV》

Preface 前言

雅思考试(IELTS)，是国际英语语言测试系统(International English Language Testing System)的简称,由剑桥大学考试委员会外语考试部、英国文化协会及IDP教育集团共同管理,是一种针对英语能力,为打算到使用英语的国家学习、工作或定居的人们设置的英语水平考试。

面对雅思考试,每位考生的优势和劣势各不相同,但无论考生需要加强哪项能力的训练、想要提高哪个项目的分数,词汇都是一个无法绕开的问题。词汇是构筑语言的基本材料,没有词汇,既听不出、也看不懂,没有词汇,什么都无法表达。很多考生其实不乏听说读写的技巧和训练,但考试分数总是难以提高,究其根本,大部分人的问题出在词汇上。因此,想要突破雅思成绩,词汇是一个关键。

然而,跟各类英语考试不同的是,雅思考试官方机构并未对词汇量作出明确规定。不少考生在备考时不免感到迷茫,到底背哪些词有用,哪些词需要熟练掌握,哪些词只需混个脸熟……

本书正是为帮助雅思考生解决词汇问题而编写的，务求帮助考生在有限的时间内尽可能地扩充有效词汇量,清除雅思提分路上的主要障碍。本书具有如下几大特点:

一、科学选词,备考更有针对性

本书编写组参考了雅思官方考试机构的相关指南，基于对剑桥雅思官方真题语料库的统计和分析,辅以电脑分频手段,精心筛选出雅思考试听说读写中出现频率较高的核心词汇,让考生将时间花在刀刃上,备考更高效。

二、乱序编排,让你坚持背下去

本书收录的雅思词汇,均按照重要程度来编排分课,让考生从重要的词汇开始记。同时这些词汇以乱序方式排列,背单词时不会感到像背字典那样沉重和痛苦,让考生有坚持下去的动力。

三、多管齐下,巧妙有效记单词

本书的词汇排列结合了关联记忆、词根词缀记忆以及联想记忆等方法和原理。近义词、反义词、相关词成串出现,使单词以网络形式存储于大脑,记起一个单词便能勾起对其他相关词汇的记忆,以一带多。每课开头均总结了该课单词包含的词根词缀,帮助考生从构词和词义上理解单词,避免死记硬背。此外,书中还配有大量趣味插图和单词助记,让考生通过联想方法轻松记单词。

四、词条详细,活学活用成效好

本书主词条的讲解详细而全面,包括单词拼写、音标、词性、释义、同义词、反义词、真题例句、惯用搭配、固定用法、派生词,近义词辨析、相关词归类,帮助考生全方位理解、掌握词汇的常见用法,真正吃透雅思核心词汇。

此外,书中还针对核心词汇设置了课后同义替换练习题。边背边练,活学活用,帮助考生巩固学习成果。

tactic /'tæktɪk/

n. ①[*pl.*]战术,兵法 The coach was criticized for his negative *tactics*. 教练由于战术消极而受到了批评。

②策略,手法 The salesman employed all sorts of clever *tactics* to persuade you. 推销员用尽各种聪明的手法来说服你。

派 **tactical** *a.* 战术上的,兵法上的;善于筹划的

【辨析】表示"战略,战术"的名词

tactic(s):指在战场或军事行动中如何用兵的具体战术

strategy:指全局性的前线战略部署

mediate /'miːdɪeɪt/

vi. (~*in*, *between*)调解,斡旋 Negotiators were called in to *mediate between* the two sides. 请来了谈判人员为双方调解。

vt. 改变……的影响 Exercise may *mediate* the effects of a bad diet. 运动可以减弱不健康的日常饮食对身体的不良影响。

派 **mediation** *n.* 调停,斡旋

sophisticated /sə'fɪstɪkeɪtɪd/

【助记】soph(智慧)+ist(表"……人")+icated→聪明的人都是"老于世故的"

a. ①老于世故的,精通的【反 naive】a *sophisticated* person 一个老于世故的人

②复杂的【同 complicated】The inner system of a spaceship is rather *sophisticated*. 宇宙飞船的内部系统相当复杂。

③高雅的 The fashion magazines show what the *sophisticated* woman is wearing. 时装杂志展示品味高雅的女性都穿什么时装。

派 **sophisticate** *n.* 老于世故的人

五、词汇分类,有的放矢背单词

本书分类总结了雅思考试听说和读写中常用的词汇和表达,让考生知道哪些主题一般会涉及哪些词汇、哪些场景通常应该使用哪些词汇表达。考生可以根据自己的弱项,有选择地强化某一类词汇,有的放矢,立竿见影。

六、音频听词,提高听力和口语

很多考生都有相似的经历:同样的单词能看懂,写出来也没问题,但遇到听力就反应不过来,口头表达也尴尬。其症结之处,在于很多考生偏重读写,却忽略了听和说。本书单词配备了流畅清晰的外教录音,让学生不仅能读懂单词,也能听懂单词,并通过听记和跟读相结合的方式提高口语能力。

编者

Contents
目录

Part I
高频词汇

Part II
常考词汇

Part III
次常考词汇

Lesson 1

词根词缀表

able 能够	enable *vt.* 使能够	min(i) 小的	minor *a.* 较小的
viv 生活;生命	survive *v.* 幸存	neg 否定	neglect *vt.* 忽略
electron 电子	electronic *a.* 电子的	fuse 流	confuse *vt.* 混淆
ven, vent 来到	invent *vt.* 发明	turb 扰乱	disturb *vt.* 打扰
plain 捶胸口	complain *vi.* 抱怨	inter- 在~之间	internal *a.* 内部的
pre- 在~之前	represent *vt.* 作为……的代表	exter-, extr- 外	external *a.* 外部的

ability /ə'bɪlətɪ/

n. ①能力 Birds have an inborn ***ability*** to fly. 鸟生来就会飞。

②才能 He is a man of many ***abilities***. 他是一个有多方面才能的人。

搭 to the best of one's ability 尽某人最大的努力

派 **inability** ***n.*** 无能力,无力

enable /ɪ'neɪbl/

【助记】en(使)+able(能够……的)→使能够

vt. 使能够 MSN ***enables*** people to make online chats quicker and easier. MSN 使人们能更方便快捷地在网上聊天。

disable /dɪs'eɪbl/

【助记】dis(not)+able(能……的)→丧失能力

vt. 使丧失能力,使伤残 His uncle was ***disabled*** in the civil war; he lost his left arm. 他的叔父在内战中失去左臂,成了伤残人。

派 **disability** ***n.*** 无能;伤残,残障

perceive /pə'siːv/

【助记】per(彻底地)+ceive(take)→完全领会→领悟

vt. ①察觉,发觉【同 notice】 Blind people can't see, but can ***perceive*** light. 盲人看不见,但是可以感觉得到光。

②理解,领悟 People now ***perceive*** that green issues are important to our future. 人们现在认识到环境问题对我们未来的重要性。

perception /pə'sepʃən/

n. ①感知(能力),觉察力 Professional photographers have a strong sense of ***perception*** on light and color. 专业摄影师对光和色彩都有很强的感知能力。

②认识,观念,看法 There is a general public ***perception*** that standards in schools are falling. 公众普遍认为,学校的水平都在下降。

派 **perceptual** ***a.*** 知觉的,感知的

penetrate /'penɪtreɪt/

v. ①渗入;穿过;进入 The rain ***penetrated*** through to his skin. 雨把他淋了个透心凉。// The arrow ***penetrated*** through the target just in the centre. 箭射穿了靶子的中心。

②洞察 Don't bother to ***penetrate*** girls' minds as they are always changing. 别费心机去洞察女孩的心思,因为她们总在变。

> 雅思真题 Too many people living in fragile environments have lost control over their economies, their culture and their environment when tourism has ***penetrated*** their homelands. 对于居住在脆弱环境中的人们来说,旅游业进入他们家乡之后,很多人便失去了对经济、文化和环境的控制。

risk /rɪsk/

n. ①危险 The usual ***risks*** of the desert are rattlesnakes, heat, and lack of water. 沙漠中常见的危险有:响尾蛇、酷热及缺水。

②引起危险的事物(或人) The group was considered to be a ***risk*** to national security. 这伙人被认为是威胁国家安全的危险分子。

vt. 冒……的危险,使遭受危险 Many doctors ***risked*** their own lives in trying to save the SARS patients. 许多医生冒着生命的危险极力救治非典病人。

搭 at risk 处境危险 // at the risk of 冒着……的危险

派 risky *a.* 危险的,冒险的

factor /ˈfæktə/

n. 因素 a crucial/deciding ***factor*** 至关重要的/决定性因素 // Many other ***factors*** besides genetic ***factors*** can affect height. 除了遗传因子,还有许多因素会影响身高。

endeavo(u)r /ɪnˈdevə/

【助记】en(使)+deavor(责任)→负起责任→努力

vi. 努力,尝试 Sweden ***endeavors*** to rank among the world powers in table tennis. 瑞典力图在世界乒乓球强国中占有一席之地。

n. 努力,尝试 Despite our best ***endeavours***, we couldn't start the car. 我们虽然尽了最大努力,但还是无法启动车子。

strive /straɪv/

vi. 努力,奋斗 Modern men have to ***strive*** against various temptations. 现代人不得不与各种各样的诱惑作斗争。// ***strive*** for greater efficiency 争取更高效率

搭 strive after (for) 为……奋斗 // strive toward 向……奋进 // strive with 同……做斗争

rescue /ˈreskjuː/

vt. 营救【同 save】We ***rescued*** the boy who fell into the river. 我们救起了掉进河里的小孩。

n. 营救 Professional ***rescue*** team plays an important role in the ***rescue***. 专业救生队在营救过程中起重要作用。

survive /səˈvaɪv/

【助记】sur(above)+viv(生存)+e→幸存

vi. 幸存 Few ***survived*** after the plane crash. 幸免于空难的人极少。

vt. ①从……逃出,幸免于 The house ***survived*** the storm. 经过暴风雨袭击,这所房屋并未倒塌。

②比……活得长 He ***survived*** his wife for many years. 他比妻子多活好多年。

派 survivor *n.* 幸存者

survival /səˈvaɪvəl/

n. ①幸存 We need food and water for ***survival***. 我们为了生存需要食物和水。

②幸存者 The old man was a ***survival*** of a past age. 这位老人是上一代的遗老。

> **雅思真题** Hood is one of the most important aspects of ***survival*** in a polar climate. 要在极地气候下生存,其中一件最重要的事情就是要戴风帽。

trap /træp/

n. ①陷阱 set a ***trap*** 设置陷阱

②圈套 The prosecutor's question was a ***trap*** that caused the defendant to admit his guilt. 公诉人的问题是一个圈套,诱使被告承认罪行。

③困境 escape the poverty ***trap*** 摆脱贫困的处境

vt. ①设陷阱捕捉 Hunters ***trapped*** the bear. 猎人们设陷阱捕捉那只熊。

②使中圈套 By clever questioning they ***trapped*** him into making a confession. 他们用巧妙的提问诱使他招认了。

device /dɪˈvaɪs/

n. ①装置,设备,器械【同 apparatus】I have fitted a ***device*** to my bike which improves the speed. 我在我的自行车上装了一个提高速度的装置。

②手段,策略 Silence is a ***device*** to avoid disputes. 沉默是避免争吵的一个策略。

搭 leave... to one's own devices 听任……自便 I just gave her a brush and paints, and ***left*** her ***to her own devices***. 我只给了她一支画笔和一些颜料,就让她自己发挥了。

devise /dɪˈvaɪz/

【助记】de(away)+vi(路)+se→不走寻常路→发明

vt. 发明,策划 She ***devised*** a method for quicker communications between offices. 她发明了一种加快办公室之间交流的办法。

technology /tekˈnɒlədʒɪ/

【助记】techno(技艺)+logy(学科)→工艺

n. 工艺,技术 Many people call the age we live in the age of ***technology***. 许多人把我们生活的

时代叫做工业技术时代。

派 **technological** *a.* 科技的 // **technologist** *n.* 技术专家

electronic /ˌɪlek'trɒnɪk/

a. 电子的 *electronic* commerce 电子商务

n. ①[-*s*]电子学 I major in *electronics* and I want to be an electronic engineer. 我是学电子学专业的，想成为一名电子工程师。

②电子设备 machines and *electronics* 机器和电子器件

electrical /ɪ'lektrɪkəl/

a. 电的 Can people in modern times live without *electrical* appliances? 现代人没有电器能活吗？

【辨析】同根词 electrical, electric

electrical：常用于和电有关的事物，如：an electrical fault（电力故障）；an electrical engineer（电机工程师）

electric：主要用于指任何电动的或发电的装置，如：an electric heater（电热器）

patent /'peɪtnt/

n. 专利权 Did you take out a *patent* on your design? 你是否取得你那项设计的专利？

a. 专利的 This invention is protected by *patent* right. 这项发明受专利权保护。

vt. 得到……的专利权 The government *patented* the device to its inventor. 政府给予发明者专利权。

create /krɪ'eɪt/

vt. ①创造 Some believe the universe was *created* by a big explosion. 有些人认为宇宙是由于大爆炸而形成的。

②创作 A novelist *creates* characters and a plot. 小说家塑造人物并设计作品的情节。

③引起 It's bound to *create* trouble sooner or later. 迟早注定要引起麻烦的。

派 **creation** *n.* 创造；作品 // **creator** *n.* 创造者

creative /krɪ'eɪtɪv/

a. 有创造力的 Modern education attaches great importance to cultivating a new *creative* generation. 现代教育非常重视培育有创造力的新一代。

派 **creativity** *n.* 创造力，创造

invent /ɪn'vent/

vt. ①发明 Alexander Bell *invented* the telephone in 1876. 1876年亚历山大·贝尔发明了电话。

②捏造【同 make up】*invent* a story 编造一个故事

派 **inventor** *n.* 发明家 // **inventiveness** *n.* 有发明创造的能力，独创性

【一言辨异】invent, discover

Edison was the one who *invented* the electronic light bulb, but not the one who *discovered* electricity. 爱迪生是发明电灯泡的人，但不是发现电的人。

invention /ɪn'venʃən/

n. ①发明 Necessity is the mother of *invention*. 需要是发明之母。

②捏造 The whole story is a complete *invention*! 整个事件经过完全是编造出来的！

③发明（或创造）的才能 To be a good story-writer, a person needs *invention*. 要当优秀小说家，就必须有创作才能。

poverty /'pɒvətɪ/

n. 贫穷 In some rural areas, people live in *poverty* because of the *poverty* of the soil. 在一些农村地区，人们因为土壤贫瘠而过着贫穷的生活。

idle /'aɪdl/

a. ①懒散的【同 lazy】Jack is such an *idle* worm. 杰克是个懒虫。

②空闲的 *idle* hours 闲时 // The machines lay *idle* during the strike. 罢工期间，机器都闲置着。

③无用的 It would be *idle* to talk to him. 跟他谈（也）无济于事。

vi. 无所事事 I hate you to *idle* about. 我不喜欢你游手好闲。

vt. (~*away*)虚度 Don't *idle away* your youth! 不要虚度青春年华！

搭 idle (away)... doing sth. 耗费……做某事 // idle rumour 毫无根据的、无聊的谣传

opportunity /ˌɒpə'tju:nɪtɪ/

【助记】op(to)+port(港口)+unity→顺风进入港口，挑对了时机→机会

n. 机会 When an *opportunity* is neglected, it

never comes back to you. 机不可失，时不再来。

circumstance /ˈsɜːkəmstəns/

【助记】circum(周围)+stan(站)+ce→站着看周围的“形势”

n. ①环境，形势 The *circumstances* forced me to accept a very low price when I sold the house. 我卖房子时，形势迫使我不得不廉价脱手。

②[*pl.*]境况，经济状况 Whether or not you qualify for a loan will depend on your financial *circumstances*. 你是否有资格获得贷款，取决于你的经济状况。

搭 in/under the circumstances 在这种情况下// under no circumstances 无论如何，决不 *Under no circumstances* will I betray my friends. 在任何情况下我都决不背叛我的朋友。

atmosphere /ˈætməsfɪə/

【助记】atmo(气体)+sphere(球体)→大气层

n. ①大气层 The greenhouse effect is gradually warming the earth's *atmosphere*. 温室效应正使地球的大气层逐渐变暖。

②空气 The room has a stuffy *atmosphere*. 这个房间空气闷热。

③环境 The harmonizing *atmosphere* of a family is valuable. 家庭的融洽氛围是难能可贵的。

派 atmospheric *a.* 大气层的；空气的

environment /ɪnˈvaɪərənmənt/

n. ①环境 An unhappy home *environment* can affect a child's behavior. 不幸的家庭环境会影响孩子的行为。

②[*the*~]自然环境 More legislation is needed to protect *the environment*. 需要制定更多的法律来保护环境。

派 environmental *a.* 环境的 // environmentalist *n.* 环境保护工作者

mild /maɪld/

【助记】温柔(mild)的m颠倒过来就是野蛮(wild)

a. ①温和的，温柔的 Joe is a *mild* man who rarely raises his voice. 乔是个性情温和的人，极少扯高嗓门说话。

②温暖的 a *mild* winter 暖和的冬天

③轻微的，不严重的 *Mild* punishment can be effective in educating children. 教育孩子时轻微的惩罚也会奏效。// a *mild* throat infection 轻微的喉部感染

【辨析】表示“柔和，温柔”的形容词

gentle：和善的，温和的，有风度的，强调人的气质

mild：指人的态度温和，不暴躁，不粗野，也指气候的温和

soft：物体质地的柔软，色彩的柔和，声音的轻柔

tender：烹煮后肉质鲜嫩的；对人温柔体贴的

slight /slaɪt/

a. ①轻微的 Dogs can detect the *slightest* smell. 狗连一点点味道都能察觉到。

②纤细的 My girlfriend has a *slight* figure. 我女朋友身材很苗条。

vt. 轻视 He *slighted* no one. 他不轻视任何人。

n. 轻视 make *slight* of 轻视

派 slightly *ad.* 些许，稍微

trivial /ˈtrɪvɪəl/

a. 琐碎的，不重要的【同 insignificant】Never put the *trivial* above the important in doing anything. 无论做任何事情切不可本末倒置。

词源 源自拉丁语 trivium，意为“三条路交叉的路口”。古罗马妇女从市场回家的路上，喜欢停在交叉路口与人闲聊，内容自然是些无关紧要或琐碎的事情。因此 trivial 表示“琐屑的，不重要的”。

partial /ˈpɑːʃəl/

【助记】part(部分)+ial→部分的

a. ①部分的 *partial* difference 部分的不同

②(~*to*)偏爱的；偏心的【反 impartial】I'm very *partial to* cream cakes. 我特别喜欢吃奶油蛋糕。// The referee was accused of being *partial* towards the home team. 裁判被指责偏袒主队。

搭 partial recovery 部分康复 // partial solar eclipse 日偏蚀

complain /kəmˈpleɪn/

【助记】com(共同)+plain(捶胸口)→一起捶胸顿足→抱怨

vi. 抱怨；投诉 Don't always *complain*; remember this: no pains, no gains. 别总是抱怨个不停，记住：一分耕耘，一分收获。// I shall *complain* to the manager about the bad quality of the furniture. 我要向经理控诉家具质量低劣。

搭 complain to sb. about sth. 向某人抱怨/投诉某事

complaint /kəm'pleɪnt/

n. ①诉苦 He who makes constant ***complaints*** gets little compassion. [谚]经常诉苦，没人同情。
②投诉 customer's ***complaints*** 客户投诉
③疾病 a chest ***complaint*** 胸部疾病

humble /'hʌmbl/

【助记】hum(地)+ble→接近地的→地位低下的

a. ①谦虚的 Defeat and failure may make people ***humble***. 挫折与失败会使人变得谦卑。
②地位低下的 He is a man of ***humble*** origin. 他出身卑微。
③简陋的，简单的，普通的 a ***humble*** cottage 一所简陋的小屋 // We just ate a ***humble*** meal. 我们只是吃了一顿便饭。

vt. 使谦恭 He ***humbled*** himself to ask for my help. 他低声下气地来求我帮助。

modest /'mɒdɪst/

【助记】mod(方式)+est→低调的方式→谦虚的

a. ①谦虚的 A superior man is ***modest*** in his speech, but exceeds in his actions. 君子欲讷于言而敏于行。// He was ***modest*** about his achievements. 他对自己的成就很谦逊。
②适中的 Prices tended to rise year by year, but at a ***modest*** rate. 物价年年上涨，但幅度不大。
③羞怯的 a ***modest*** boy 腼腆的小男孩

派 **modesty** ***n.*** 谦虚，虚心

arrogant /'ærəgənt/

【助记】ar(to)+rog(要求)+ant→强烈要求→傲慢的

a. 傲慢的 be ***arrogant*** toward sb. 对某人傲慢无礼 // He had an ***arrogant*** tone of voice. 他流露出傲慢的口气。

vain /veɪn/

a. ①徒劳的【同 futile】It is ***vain*** to resist. 抵抗是徒劳无用的。
②自负的 Many actresses are ***vain*** about/of their looks. 许多女演员对自己的外貌颇为自负。

搭 in vain 徒然，白费力

background /'bækgraʊnd/

【助记】back(后面的)+ground(范围)→背景

n. 背景 A higher educational ***background*** is required for many positions nowadays. 现在很多职位要求(应聘者)有受高等教育的背景。

represent /ˌreprɪ'zent/

vt. ①作为……的代表 We chose a committee to ***represent*** us. 我们选出一个委员会来代表我们。
②象征 The dove ***represents*** peace. 鸽子象征和平。
③描绘 The painting ***represents*** a storm at sea. 这幅画描绘的是一场海上风暴。

派 **representation** ***n.*** 描写；象征；[***pl.***]申述

雅思真题 This was the initial motivation, one now shared by all 31 participants ***representing*** 31 European countries. 这是最初的动机，现在也是代表31个欧洲国家的31名参与者的共同目标。

representative /ˌreprɪ'zentətɪv/

n. 代表【同 delegate】In Britain, ***representatives*** in the House of Commons are elected by the British people. 在英国，下议院代表是英国人民选出的。

a. 有代表性的 ***representative*** work(s) 代表作 // Are your opinions ***representative*** of the views of all the students? 你们的意见代表全体学生吗？

搭 House of Representatives 众议院

behalf /bɪ'hɑːf/

n. 利益，方面 Andy is not present, so I shall accept the prize on his ***behalf***. 安迪不在场，所以我代表他领奖。

搭 on/in behalf of 代表，为了

lower /'ləʊə/

a. ①较低的，低等的 the ***lower*** forms of animal/plant 低等动/植物
②下面的【反 upper】***lower*** lip/berth 下唇/下铺

vt. 放低 To ***lower*** the price of commodities sometimes is an important means in business. 有时降低商品价格是商业竞争中的一种重要手段。

inferior /ɪn'fɪəriə/

a. ①劣等的【同 poor】【反 superior】No ***inferior*** products should be allowed to pass. 决不允许放过任何次品。
②下级的 an ***inferior*** court of law 初级法院

n. 下级 The manager is friendly with his ***inferiors***. 经理对下属很友善。

用 inferior与to搭配，意为worse than；inferior本身含有比较的意义，没有比较级。

minor /ˈmaɪnə/

【助记】min(小)+or(表示比较级)→较小的

a. 较小的;次要的【反 major】The actresses are always given a ***minor*** part in the famous movie *James Bond*. 名片《007》中的女演员总是扮演次要的角色。

n. 未成年人 This bar does not serve ***minors***. 这家酒吧不对未成年人开放。

vi. (~***in***)(大学中)副修 She majored in English and ***minored in*** education. 她主修英文,副修教育。

minority /maɪˈnɒrɪtɪ/

n. ①少数【反 majority】The ***minority*** is subordinate to the majority. 少数服从多数。

②少数民族 There have been laws to protect the rights of ethnic ***minorities***. 现已有各种保护少数民族人民权利的法律。

equality /ɪˈkwɒlɪtɪ/

【助记】equal(平等的)+ity→平等

n. 相等,平等【反 inequality】People from these minority groups must have ***equality*** of opportunity. 来自这些少数民族的人必须享有平等的机会。

派 equally *ad.* 相等地,平等地

minimal /ˈmɪnɪməl/

a. 很小的,很少的 The effect on taxpayers will be ***minimal***. 对纳税人的影响会非常地小。

minimum /ˈmɪnɪməm/

【助记】mini(小)+mum(表示最高级)→最小的

a. 最小的 ***minimum*** wage 最低工资

n. 最低限度,最少量 They want to spend a ***minimum*** of both time and money. 他们想花费最少的时间和钱。

minimize/-ise /ˈmɪnɪmaɪz/

【助记】mini(小的)+m+ize(使)→使减少到最低限度

vt. ①使减少到最低限度 The polar explorers took every precaution to ***minimize*** the dangers of their trip. 极地探险者十分小心谨慎,以便使旅途的危险性减少到最小。

②极力贬低 He ***minimized*** the value of her contribution to the research. 他极力贬低她在那项研究中的贡献。

maximum /ˈmæksɪməm/

【助记】maxi(大)+mum(表示最高级)→最大的

a. 最高的,最大的 the ***maximum*** speed 最高速度

n. 最大限度 Drivers must not exceed a ***maximum*** of 55 miles an hour. 驾驶员不得超过每小时55英里的最高速限。

barely /ˈbeəlɪ/

ad. 仅仅,几乎不 I can ***barely*** speak any English. 我几乎不能开口讲英语。

搭 barely... when... 一……就…… ***Barely*** had she arrived ***when*** she had to leave again. 她刚到又得走了。

用 副词 barely 位于句首时,句子要用倒装结构。

> **雅思真题** How else could this instrument make so much out of ***barely*** three dozen measly morsels of sound? 如若不然,这个工具是如何能用区区三十六个细碎音素拼凑出如此丰富的意义?

mere /mɪə/

a. ①仅仅的 It is a ***mere*** trifle. 这仅仅是件小事。

②纯粹的 This is a ***mere*** arithmetic question. 这纯粹是个算术问题。

scarce /skeəs/

a. ①缺乏的 Fresh vegetables are no longer ***scarce*** in Beijing. 现在北京的新鲜蔬菜不再匮乏。

②罕见的 When a thing is ***scarce***, it is precious. 物以稀为贵。

搭 make oneself scarce 溜走,躲开 She's in a bad mood, so I'll ***make myself scarce***. 她心情不好,我得躲开点。

派 scarcity *n.* 缺乏,匮乏

scarcely /ˈskeəslɪ/

ad. ①几乎不 There is ***scarcely*** enough food. 几乎没有足够的食物。

②决不 This can ***scarcely*** be true. 事实决不会是这样的。

③刚刚 ***Scarcely*** had I entered the room when the phone rang. 我一进屋电话就响了。

用 由 scarcely 开头的句子主谓要部分倒装。

scare /skeə/

n. 惊恐 AIDS has caused such a ***scare*** that fewer people are giving blood. 艾滋病引起的恐慌使献血的人减少了。

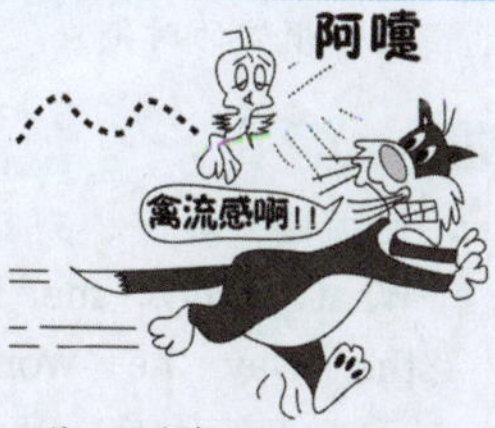

vt. 使害怕 You ***scared*** me. 你吓到我了。

vi. 受惊吓 That horse ***scares*** easily. 那匹马容易受惊。

搭 be scared of (doing) sth. 害怕(做)某事 // scare sb. off/away 把某人吓跑

shortage /ˈʃɔːtɪdʒ/

n. 不足,缺少 In the developed countries, there's a great ***shortage*** of labor force. 发达国家劳动力非常缺乏。

curiosity /ˌkjʊəriˈɒsɪti/

【助记】cur(关心)+iosity→事事关心→好奇心

n. ①好奇(心) ***Curiosity*** killed the cat. [谚]好奇致祸。(好奇害死猫。)

②奇物 His house was full of old maps and other ***curiosities***. 他的房间装满了旧地图和其他珍品。

astonish /əˈstɒnɪʃ/

vt. 使惊讶 We were ***astonished*** at the news of her sudden death. 她突然去世的消息使我们震惊。

派 **astonishment** *n.* 惊讶

amaze /əˈmeɪz/

vt. 使大为惊奇【同 surprise】We are all ***amazed*** at the mighty power of the nature. 对大自然的强大力量,我们都惊叹不已。

派 **amazing** *a.* 令(人)惊愕的

amuse /əˈmjuːz/

vt. ①逗乐 My funny drawings ***amused*** the kids. 我的滑稽图画把孩子们逗乐了。

②给……提供娱乐【同 entertain】A clown's job is to ***amuse*** the spectators. 小丑的工作就是逗观众开心。

派 **amusement** *n.* 喜乐;娱乐;文娱活动

awkward /ˈɔːkwəd/

a. ①令人尴尬的【同 embarrassing】You've put me in a very ***awkward*** position. 你把我弄得很尴尬。

②尴尬的,局促不安的【同 embarrassed, nervous】Jason seemed a little ***awkward*** when I first met him. 我第一次见詹森的时候,他有点儿放不开。

③难操纵的 an ***awkward*** machine 不易操作的机器

④不灵巧的,笨拙的 The little child is still ***awkward*** with his chopsticks. 那个小孩用筷子还不太熟练。

派 **awkwardly** *ad.* 笨拙地,不熟练地

neglect /nɪˈglekt/

【助记】neg(否定)+lect(选择)→不去选择→忽略

vt. ①忽略 It's quite common that career women ***neglect*** their families and their children. 职业女性忽略家庭和孩子的现象很常见。

②疏忽 The employee was fired in that he ***neglected*** his duty. 这名员工由于失职而被解雇。

n. 疏忽 The car shows signs of ***neglect***. 这汽车看样子疏于保养。

negligible /ˈneglɪdʒɪbl/

【助记】neg(否定)+lig(选择)+ible→不值得选择的→微不足道的

a. 微不足道的 In buying an expensive object, a difference of ten yuan in price is ***negligible***. 就购买贵重物品而言,价格上10元的差别是微不足道的。

confuse /kənˈfjuːz/

【助记】con(一起)+fuse(流)→流到一起→混淆

vt. ①使困惑 Don't give me so much information—you're ***confusing*** me! 别告诉我这么多——你把我弄糊涂了!

②混淆 Students often ***confuse*** Austria and/with Australia. 学生们常把奥地利和澳大利亚弄混淆。

③混乱,搞乱 ***confuse*** accounts 搞乱账目

confusion /kənˈfjuːʒən/

n. ①困惑 Medical privacy law creates wide ***confusion***. 医疗隐私法令众人困惑。

②混淆 To avoid ***confusion***, the teams wore different colors. 为避免混淆,各球队穿着不同颜色的服装。

③混乱 The disco was a ***confusion*** of loud

noises. 迪斯科舞厅是一个充满巨大嘈杂声的混乱地方。

puzzle /'pʌzl/

v. ①(使)迷惑 How ancient Egyptians built the pyramids still ***puzzles*** scientists. 古埃及人是怎么建造金字塔的，这仍使科学家迷惑不解。

②(使)苦思 I've been sitting here ***puzzling*** about what to do. 我一直坐在这里苦苦思索该怎么办。

n. ①智力测验，谜 cross-word ***puzzle*** 纵横填字游戏

②难题 No one has yet succeeded in explaining the ***puzzle*** of how life began. 还没有人能成功地解释生命的起源这个问题。

搭 puzzle out 苦苦思索而弄清楚(或解决) She managed to ***puzzle out*** the meaning of that long sentence. 她总算把那个长句的意思揣摩出来了。

派 **puzzlement** ***n.*** 迷惑 // **puzzling** ***a.*** 使迷惑的

【一言辨异】confuse, puzzle

I often ***confuse*** you and your brother. I saw him ***puzzle*** over a math problem just now. 我常把你和你哥哥弄混了。我看见他刚刚正在苦心思索一道数学题。

注意：confuse 指混淆而迷惑；puzzle 着重指使人难以理解。

disturb /dɪ'stɜːb/

【助记】dis+turb(扰乱)→打扰

vt. ①打扰，妨碍【同 interrupt】Constant calls ***disturbed*** her work. 应接不暇的电话妨碍了她的工作。

②使不安 I have heard some bad news which ***disturbed*** me very much. 我听到了一些坏消息，弄得我很不安。

③扰乱，破坏【同 disrupt】***disturb*** the Earth's balance 破坏地球的生态平衡

④弄乱 He ***disturbed*** the papers on my desk. 他弄乱了我桌上的文件。

disturbance /dɪ'stɜːbəns/

n. ①打扰 a continual ***disturbance*** to... 对……不断的打扰

②混乱 They were charged by the police with causing a ***disturbance***. 他们被警方指控扰乱治安。

③心神不安 a period of painful ***disturbance*** 痛苦烦恼的时期

annoy /ə'nɔɪ/

vt. 使烦恼，烦扰，打搅

What ***annoys*** me is the way he won't even listen to other people's suggestions. 让我恼火的是他那副不肯听别人建议的样子。// The mosquitoes ***annoyed*** me so much that I couldn't sleep. 蚊子搅得我无法入睡。

派 **annoyance** ***n.*** 烦恼事

ease /iːz/

n. ①容易 She passed the test with ***ease***. 她轻而易举地考及格了。

②悠闲 He lived a life of ***ease***. 他过着安逸的生活。

v. 缓和【同 relieve】More outdoor exercises could ***ease*** the pressure on primary school pupils. 增加户外活动可减轻小学生的压力。// Tension ***eased*** among the passengers as the fog lifted. 随着雾的消散，乘客们的紧张心情慢慢缓和下来。

搭 at ease 安适，不拘束 // ease off/up 减轻，减缓 The noise didn't ***ease up*** for some time. 有一阵儿噪音并未减弱。

uneasy /ʌn'iːzɪ/

【助记】un(not)+easy(安心的)→心神不安的

a. 心神不安的，担心的 He was ***uneasy*** about my decision. 他对我的决定感到不安。

派 **uneasiness** ***n.*** 心神不安，担心

anxiety /æŋ'zaɪətɪ/

n. ①焦虑 We waited with ***anxiety*** for news of her safe arrival. 我们焦急地等待她安全到达的消息。

②渴望 His ***anxiety*** to please his boss makes me sick. 他急于讨好老板，真让我感到恶心。

派 **anxiously** ***ad.*** 忧虑地；渴望地

upset /ʌp'set/

【助记】up(上)+set(放置)→把下面的放在上面了→弄翻

vt. ①使心烦意乱 The news completely ***upset*** them. 这消息使他们极为心烦。

②打乱 Our arrangements for the weekend were ***upset*** by her visit. 她一来把我们周末的安排给打乱了。

③弄翻，打翻 A large wave ***upset*** the boat. 一个巨浪打翻了船。

n. (肠胃等)不适 He has a stomach ***upset***. 他的胃不舒服。

a. 心烦的 James was ***upset*** because his wallet was stolen. 詹姆斯很烦躁，因为他的钱包被偷了。

用 其过去式、过去分词仍为 upset。

burden /ˈbɜːdən/

n. ①重负，负荷 None knows the weight of another's ***burden***. 看人挑担不吃力。

②重担，精神负担 His illness placed an intolerable ***burden*** on his family. 他的病给家庭带来了无法承受的负担。

vt. ①加重压于 Don't ***burden*** your memory with such useless facts. 不要费劲记这些没用的事实。

②装载【同 load】We ***burdened*** the truck with bananas. 我们把香蕉装上卡车。

派 **burdensome** ***a.*** 沉重的

fatigue /fəˈtiːɡ/

n. 疲劳【同 tiredness】He was beaten out with ***fatigue*** when he got home. 他回到家里时已是疲惫不堪。

v. (使)疲劳【同 exhaust】The hustle and bustle of city life ***fatigues*** many people. 奔波的城市生活使很多人精疲力竭。// The patient ***fatigues*** easily. 病人容易疲劳。

weary /ˈwɪərɪ/

a. ①疲劳的 a ***weary*** day 劳累的一天

②令人厌倦的 The people are growing ***weary*** of the war. 人民对这场战争越来越厌倦了。

vi. (~*of*) 厌烦 Young people ***weary of*** countless restrictions and fetters. 年轻人对各种清规戒律感到厌烦。

energetic /ˌenəˈdʒetɪk/

【助记】energy(*n.* 精力)的形容词

a. 精力充沛的 You always look fresh and ***energetic***. 你看起来总是精神抖擞，活力充沛。

vigorous /ˈvɪɡərəs/

a. ①有力的 The government should take the most ***vigorous*** action to strike terrorism. 政府应该采取最有力的行动打击恐怖主义。

②精力充沛的 Old as he is, he is ***vigorous*** and active. 他虽然年纪很大了，但仍然精力充沛。

派 **vigo(u)r** ***n.*** 精力，活力

dynamic /daɪˈnæmɪk/

【助记】dynam(力量)+ic→有活力的

a. ①有活力的 Being young and ***dynamic***, you don't need to worry about finding a date. 你年轻有活力，不必担心找不到人约会。

②不断变化(或增长)的 Markets are ***dynamic*** and a company must learn to adapt. 市场千变万化，因此一个公司必须学会适应变化。

③动力(学)的 This chapter is on the transformation of heat energy into ***dynamic*** energy. 这一章是关于热能转化成动能的知识。

n. 动力;[-*s*]动力学 Feminism is seen as a ***dynamic*** of social change. 女权运动被视为社会变革的一种动力。

internal /ɪnˈtɜːnəl/

【助记】inter(among)+nal→内心的

a. ①内部的 A theory has its ***internal*** logic. 每种理论都有其内在逻辑性。

②国内的【同 domestic】***internal*** affairs 国内事务

③内心的 He still has some ***internal*** doubts. 他内心尚有疑虑。

external /ɪkˈstɜːnəl/

【助记】exter(out)+nal→外部的

a. ①外部的，外表的 the ***external*** walls 外墙 // This medicine is for ***external*** use only, not for drinking. 此药只供外用，不可内服。

②外来的，外界的 information from ***external*** sources 外部信息来源 // Considerable ***external*** pressure was put on Congress to override the veto. 要求国会推翻该否决的外界压力相当大。

③对外的，外国的 We will not tolerate any ***external*** interference in our affairs. 我们不会容忍任何其他国家干涉我们的内政。

同义替换练习

1. Noticing that she wasn't happy with the arrangements, I tried to book a different hotel.
A. Perceiving B. Puzzling C. Penetrating D. Preserving
2. Our reporter has just called to say that rescue teams will strive to bring out the trapped miners.
A. affect B. effect C. conceive D. endeavor
3. She made up an excuse to explain why she was late.
A. neglected B. produced C. complained D. invented
4. Don't let such insignificant matters as these come between us so that we can concentrate on the major issues.
A. trivial B. partial C. modest D. minimal
5. The thief tried to open the locked door but failed.
A. in no way B. in vain C. at ease D. at a loss
6. The shop-assistant was straight with her customers. If an article was of poor quality, she'd tell them so.
A. humble B. inferior C. minor D. awkward
7. Most nurses are women, but in the higher ranks of the medical profession women are in a small group.
A. scarcity B. minority C. minimum D. shortage
8. The shy girl felt embarrassed when she could not answer her teacher's questions.
A. amused B. awkward C. curious D. scared
9. I was so puzzled in today's history lesson. I didn't understand a thing.
A. amazed B. upset C. confused D. amused
10. At times this balance in nature is disrupted, resulting in many possibly unforeseen effects.
A. troubled B. disturbed C. confused D. puzzled
11. I suffered from mental tiredness because of stress from my job.
A. damage B. release C. relief D. fatigue
12. She was such an energetic speaker that she held our attention every minute of the lecture.
A. specific B. dynamic C. heroic D. diplomatic

答案与译文

1. [A] 看出她对这些安排不满意，我便试着预订另一家宾馆。
2. [D] 我们的记者刚才来电说救援队将努力救出被困的矿工。
3. [D] 她编造了一个迟到的理由。
4. [A] 不要让这么些小事阻碍我们，以便我们能够将精力集中在重大的问题上。
5. [B] 那个贼试图打开锁着的门，但无功而返。
6. [B] 这名售货员对顾客很坦白。如果某件货品质量差，她会实话实说。
7. [B] 大多数的护士是女性，但在医务界的高层中，女性只占少数。
8. [B] 那害羞的女孩回答不出老师的问题时，感到尴尬不安。
9. [C] 今天的历史课我听得稀里糊涂的，一点都没懂。
10. [B] 自然界的这种平衡不时会被打破，导致许多可能无法预见的后果。
11. [D] 因为工作有压力，我精神疲惫不堪。
12. [B] 那位演讲人很有活力，整个演讲当中，她都牢牢地抓住了我们的注意力。

Lesson 2

词根词缀表

var(i) 改变	vary *v.* 变化	**dict** 说话	contradict *vt.* 反驳
alter, ali 其他的	alter *v.* 改变	**vis** 看	vision *n.* 想象
vers, vert 转	convert *v.* 转变	**organ** 器官	organic *a.* 有机的
mod 方式	modify *v.* 修改	**trans-** 穿过,横过	transport *vt.* 运输
clude, clus 关闭	conclude *v.* 结束	**mit, miss** 送;投	commit *vt.* 拨出
lax, lease, lyse 放松	release *vt.* 释放	**crime** 罪行	criminal *n.* 罪犯
commun 共同的	communicate *vi.* 交流	**cap** 取	capture *vt.* 捕获

develop /dɪˈveləp/

vt. ①发展 Jack Ma ***developed*** the company from nothing. 马云白手起家办起了这个公司。

②开发;研制 The company ***develops*** and markets new software. 这个公司开发并销售新软件。

vi. ①发展 The traffic and road should ***develop*** with the economy. 道路交通应随经济的发展而扩展。

②生长,成长 Society begins to have an impact on the ***developing*** child. 社会开始对成长中的孩子产生影响。

派 **development** ***n.*** 发展 // **undeveloped** ***a.*** 欠发达的 // **developing** ***a.*** 发展中的

vary /ˈveərɪ/

vi. 变化,有不同,呈差异 ***vary*** in quality 质量各异 // Opinions on what success is ***vary*** from person to person. 关于什么是成功,人人观点不一。

vt. 使不同,使多样化 You should ***vary*** your diet. 你应该使你的饮食多样化。

> **雅思真题** Unique to the region, stepwells are often architecturally complex and ***vary*** widely in size and shape. 阶梯井通常建筑结构复杂,并且在大小和形状方面差异很大,这在该地区是独一无二的。

variable /ˈveərɪəbl/

【助记】vari(改变)+able→能改变的→可变的

a. ①易变的,多变的 His mood is as ***variable*** as the weather. 他的情绪如天气般反复无常。

②可变的 The speed of the windscreen wipers is ***variable***. (汽车)挡风玻璃上刮水器的速度是可调节的。

n. 可变因素 There are too many ***variables*** in the experiment to predict the result accurately. 实验中可变因素太多,难以准确预测结果。

variation /ˌveərɪˈeɪʃən/

【助记】vari(改变)+ation(状态)→变化

n. ①变化 The prices for food are subject to ***variation***. 食品的价格可能变更。

②变体,变种 the ***variations*** of a language 语言的变体

③变奏(曲) Bach's *Goldberg* ***variations*** 巴赫的《戈德堡变奏曲》

fluctuate /ˈflʌktʃʊeɪt/

【助记】fluctu(波浪)+ate→像波浪似的→波动

vi. 波动,起伏 The prices of vegetables and fruits ***fluctuate*** with the seasons. 蔬菜和水果的价格随季节而波动。

派 **fluctuation** ***n.*** 波动,变动

alter /ˈɔːltə/

v. 改变,改动 I didn't recognize him because he had ***altered*** so much. 我没认出他来,因为他变了许多。// I want to ***alter*** the shirt; it's too large. 我想把这件衬衫改一改,它太大了。

派 **alteration** ***n.*** 改变,变更

alternate /ɔːl'tɜːnɪt/ *a.* /'ɔːltəneɪt/ *v.*

【助记】alter(改变)+nate→交替的

a. ①交替的，轮流的 ***alternate*** seasons of the year 四季更替 // There is a pattern of ***alternate*** circles and squares on the dress. 裙子上有圆形与方形相间的图案。

②间隔的 He works ***alternate*** days. 他隔天工作。// ***alternate*** lines 隔行

v. (使)轮流，(使)交替 Night and day ***alternate***. 昼夜交替。// We tried to ***alternate*** periods of work with sleep. 我们尽量让工作与睡眠交替进行。

alternative /ɔːl'tɜːnətɪv/

a. ①两者择一的，供选择的 Have you got an ***alternative*** suggestion? 你有没有其他的建议可供选择？

②另类的 an ***alternative*** lifestyle 另类的生活方式

n. 抉择；选择的自由 have no ***alternative*** but to do sth. 除了……别无选择 // We have no ***alternative*** in the matter. 在这件事上，我们没有选择的余地。

shift /ʃɪft/

【助记】电脑键盘上的 shift 键→转换

v. ①转移 More workers ***shift*** from manufacturing towards service industries. 更多的工人从制造业转向服务业。

②改变，转变 Public attitudes towards marriage have ***shifted*** over the past 50 years. 50年来，公众对婚姻的态度已经改变了。

n. ①转变 A sudden ***shift*** of the wind indicated a coming storm. 风向急转预示着暴风雨即将到来。

②(轮或换)班 The night ***shift*** arrives at 6 o'clock. 夜班工人6点来。

convert /kən'vɜːt/

【助记】con(共同)+vert(转)→转变

v. ①(使)转变 Coal can be ***converted*** into gas by burning. 煤炭通过燃烧可转化为煤气。// The whole office ***converted*** to a new computer system last year. 去年，整个办公室换了一套新的电脑系统。

②(使)改变信仰 John has ***converted*** to Buddhism. 约翰改信佛教。

conversion /kən'vɜːʃən/

n. ①转变 Some people favour the ***conversion*** of royal palaces into flats for ordinary people. 有人赞成将皇室宫殿改建成公寓给老百姓住。

②改变信仰 a sudden ***conversion*** to Christianity/Islam 突然改信基督教/伊斯兰教

differ /'dɪfə/

vi. ①不同，相异 A ***differs*** from B in... A和B在……方面不相同 // Japanese ***differs*** greatly from French in pronunciation. 日语发音和法语大不相同。

②发生分歧 People ***differ*** in their views on the same thing or person. 见仁见智。

aspect /'æspekt/

【助记】a(to)+spect(看)→方向

n. ①方面 The book aims to cover all ***aspects*** of city life. 这本书旨在涵盖城市生活的各个方面。

②(建筑物的)朝向，方向 a house with a south-facing ***aspect*** 朝南的房屋

③面貌，外观 a man with a serious ***aspect*** 一个外表严肃的人

雅思真题 Positive emotions facilitate the creative ***aspect*** of learning and negative emotions inhibit it. 积极情绪对学习的创造性方面有促进作用，而消极情绪会抑制创造力。

given /'gɪvən/

a. 规定的，特定的【同 specific】Please finish the project within the ***given*** time. 请在规定的时间内完成这项工程。

prep. 考虑到 ***Given*** his age, he's remarkably active. 考虑到他的年龄，他已是相当活跃的了。

n. 假定事实，认为正确的基本事实 You can take it as a ***given*** that there will be champagne at the wedding. 你可以假设婚礼上一定会有香槟酒。

搭 be given to... 喜爱……的，习惯……的 // given that... 考虑到……

modify /'mɒdɪfaɪ/

【助记】mod(方式)+ify(使)→使……改变方式→修改

vt. ①修改 They agree to ***modify*** the contract. 他们同意将合同稍作修改。

②修饰 Adjectives *modify* nouns. 形容词修饰名词。

> 【辨析】表示"改变"的动词
> alter:部分地改变,不失去本性
> change:本质地变化,甚至失去本性,或一种东西替换了另一种东西
> modify:尤指较小的变动、调整或改动,目的是为了使事物更完善

moderate /ˈmɒdərɪt/ *a./n.* /ˈmɒdəreɪt/ *v.*

【助记】mod(方式)+e+rate(速度)→以速度适中的方式→有节制的

a. ①中等的,一般的 He usually drives at a *moderate* speed. 他通常中速驾驶。

②温和的,稳健的【反 extreme】a *moderate* political party 温和派政党

③有节制的,适度的 Prices in this store are *moderate*. 这家商店价格合理。// a *moderate* smoker 吸烟有节制的人

n. 持温和观点者 The *moderates* have plenty to be anxious about. 温和派有许多问题要担忧。

v. (使)和缓 Parents should *moderate* their language when children are present. 孩子们在场时,父母们讲话应有节制。// We couldn't leave harbor until the storm *moderated*. 在暴风雨减弱之前我们无法离开港口。

model /ˈmɒdəl/

n. ①模型 a *model* aeroplane 飞机模型

②样式,设计;型号 The latest *models* will be on display at the motor show. 最新的车型将会在这次汽车展上展出。

③模范;典型 a *model* student 模范生

vi. 当模特儿 Tatjana used to *model* when she was younger. 塔季扬娜年纪较轻时当过模特儿。

vt. ①穿戴……展示 a T-shirt *modelled* by Selina 由模特儿塞琳娜展示的T恤

②将……做成模型;仿效【同 simulate】to *model* clay into animal shapes 将黏土捏成动物形状

短 model oneself on/after sb. 仿效某人,以某人为榜样

pattern /ˈpætən/

n. ①模式,样式 an irregular sleeping *pattern* 不规律的睡眠模式

②花样,图案 a shirt with a floral *pattern* 一件花衬衣

vt. ①仿制,使照……的样子 Her ideas are *patterned* on Trotsky's. 她的思想是仿效托洛茨基的。

②在……上构成图案 Frost *patterned* the window. 霜在窗子上形成了图案。

搭 pattern sth. on/after sth. 模仿,仿效

finding /ˈfaɪndɪŋ/

n. ①[常 *pl.*]调查的结果 *Fortune* magazine published the latest *findings* of the 500 top companies. 《财富》杂志刊登了500强公司的最新结果。

②裁决 The appeal court upheld a *finding* that the agreement was unlawful. 上诉法院维持裁决,认为协议不合法。

survey /ˈsɜːveɪ/

【助记】sur(over)+vey(看)→从上往下看→调查

n. ①调查 The latest *survey* shows a majority in support of government policy. 最新的民意调查表明大多数民众支持政府政策。

②测量,勘测 geological *survey* 地质勘察

③全面审视,概括论述 a *survey* of English literature 英国文学概观

vt. ①调查 Almost 60% of those *surveyed* said they supported the President's action. 在被调查人中有几乎60%的人支持总统的行动。

②测量,勘测 He *surveyed* the house very carefully before buying it. 他在买房之前仔细地勘察过。

③全面审视,概括论述 Let's *survey* the events leading up to the crime. 咱们全面回顾一下导致这一罪行的所有事件。

conclude /kənˈkluːd/

【助记】con(一起)+clude(关闭)→结束

vt. ①推断出 The doctor *concluded* that the patient's disease was cancer. 医生断定病人患的是癌症。

②结束 They *conclude* their study with these words. 他们以这些话结束调查报告。

③缔结,议定 After months of negotiations they *concluded* the sale. 经过几个月的谈判之后,他们订立了销售合同。

vi. 结束 The investigation has not yet *concluded*. 调查还没有结束。

派 **conclusive** *a.* 结论性的;决定性的

conclusion /kən'klu:ʒən/

n. ①结论 Can human beings live on the moon? It's too early to draw a ***conclusion***. 将来人类是否能在月球上生存？现在下结论还为时过早。

②结尾【同 end】bring sth. to a ***conclusion*** 了结某事

③缔结，议定 the ***conclusion*** of a peace treaty 和平条约的缔结

data /'deɪtə/

【助记】数据(data)要每日(date)更新

n. 数据，资料 The ***data*** we have collected is not enough to be convincing. 我们所收集的资料还不足以令人信服。

statistic /stə'tɪstɪk/

n. ①统计数值，统计资料 ***Statistics*** show that there are more males than females in our country. 统计数字表明我国男性比女性人数多。

②[-*s*]统计学 ***Statistics*** is a branch of mathematics. 统计学是数学的一个分支。

用 意为“统计数字”时，通常用复数 statistics；当 statistics 指“统计学”时，是不可数名词。

census /'sensəs/

【助记】发音：“先数数”，再人口普查

n. 人口普查 A ***census*** of population is taken every ten years. 人口普查每十年进行一次。

sample /'sɑ:mpl/

【助记】简单的(simple)样品(sample)

n. 样品，货样 I'd like to see some ***samples*** of your work. 我想看看你作品的一些样品。// ***samples*** of a new shampoo 新洗发剂的试用品

vt. ①从……抽样(试验或调查) 18% of the adults ***sampled*** admitted having had problems with alcohol abuse. 在接受抽样调查的成年人中有18%承认有酗酒问题。

②品尝 I have ***sampled*** all the cakes and I like Jane's best. 我尝了所有的蛋糕，我最喜欢简的。

specimen /'spesɪmɪn/

n. 标本，样本 John collects ***specimens*** of all kinds of rocks and minerals. 约翰采集各种岩石和矿物的标本。

directly /dɪ'rektlɪ/

【助记】direct(直接的)+ly→直接地

ad. ①直接地 We're not ***directly*** affected by the changes in taxation. 我们并没有因税制的改变而直接受到影响。

②正好地 ***directly*** in the centre of the city 正好在市中心

③立即 You mustn't go to bed ***directly*** after supper. 吃完晚饭后一定不要立刻就睡觉。

release /rɪ'li:s/

【助记】re+lease(放松)→放开

vt. ①释放 ***release*** the hostages 释放人质 // Plastic ***releases*** poisonous chemicals when it burns. 塑料燃烧时释放出有毒物质。

②解除，解雇 The club is ***releasing*** some of its older players. 俱乐部正在解聘一些老队员。

③放开，松开 He refused to ***release*** her arm. 他不肯放开她的手臂。

④发行；公布 newly ***released*** recordings 新发行的唱片 // The names of the delegates were not ***released*** to the press. 代表们的名字没有向报界公布。

n. ①释放 the ***release*** of the prisoners 释放囚犯 // the ***release*** of carbon dioxide 二氧化碳的排放

②解除，解脱 Crying gave some emotional ***release***. 哭泣缓解了些痛苦的情绪。

③发行；公布 the ***release*** of official information 发布官方信息

relieve /rɪ'li:v/

【助记】re(again)+lieve(轻)→一再减轻→使轻松

vt. ①使轻松；减轻 The painkillers can only ***relieve*** your pain. 止痛药只能减轻疼痛。// ***relieve*** stress 减轻压力

②使得到调剂 I went for a walk to ***relieve*** the boredom of the day. 一天下来无聊得很，我去散步调剂一下。

③接替 Robots can ***relieve*** people of dull and repetitive work. 单调重复的工作，机器人可以代劳。

relief /rɪ'li:f/

n. ①轻松；(痛苦等)缓解 to one's ***relief*** 让人感到宽慰的是 // I felt great ***relief*** when I heard I had passed the examination. 得知通过了考试，我感到轻松多了。

② 接替 The *relief* driver has got here. 接班的司机已经到了。

transfer /træns'fɜː/

【助记】trans(across)+fer(搬运)→搬运过去→转移

v. ① 转移 How can I *transfer* money from my bank account to her? 怎样才能把我账户上的钱转给她呢？

② 调动，转学 She has been *transferred* to another department. 她已被调往另一部门。// Some of these students have *transferred* elsewhere. 这些学生中有几个已转学他处。

③ 转车 At London we *transferred* from the train to a bus. 在伦敦我们下了火车换乘公共汽车。

n. ① 转移 The manager arranged for his *transfer* to another football club. 经理安排他转移到另一个足球俱乐部。

② 转车 Will it cost for the *transfer*? 转车要钱吗？

convey /kən'veɪ/

vt. ① 传递【同 express, tell】What information the codes in the big Pyramid *convey* is still unknown. 大金字塔中的密码到底传递了什么信息仍然不为人知。

② 运送【同 transport】The goods are usually *conveyed* by sea. 货物通常是通过海洋运输运送的。

用 convey 通常指不通过直接言语来传达情感或思想。

> **雅思真题** This sleek design allows single sounds to *convey* useful information, and in fact even the absence of a sound has been enlisted to express something specific. 这种先进流畅的设计使单个发音也能传递出有用的信息，而且实际上即使某个没有发出来的音都可以用来表达某些特定含义。

communicate /kə'mjuːnɪkeɪt/

vi. ① 交流，沟通 People can *communicate* by the Internet easily. 人们可以方便地透过网络联络。

② 传达，传递(感情、想法等) Candidates must be able to *communicate* effectively. 候选人必须善于有效地表达自己。

③ 连接，相通 My bedroom *communicates* with the study. 我的卧室与书房相通。

④ 传染 The disease is *communicated* through dirty drinking water. 这种疾病通过不干净的饮用水传播。

派 **communicative** *a.* 健谈的，交际的

communication /kəˌmjuːnɪ'keɪʃən/

n. ① 交流 Speech and writing are man's most important methods of *communication*. 说和写是人类最重要的交流方式。

②[*pl.*] 通信工具 Modern *communications* enable more and more people to work from home. 各种现代通讯手段使越来越多的人能在家里工作。

relate /rɪ'leɪt/

vi. ①(~*to*) 有关联 How does this job *relate to* your career goals? 这份工作同你的事业目标有何关系？

② 相适应，和睦相处 The team members *relate* well to each other. 队员彼此相处和睦。

vt. ① 使互相关联 Wealth is seldom *related* to happiness. 财富鲜与幸福相关。

② 讲述 In the court, a witness must honestly *relate* what he has seen. 法庭上，目击者必须如实讲述所目睹的一切。

派 **unrelated** *a.* 不相干的 // **related** *a.* 有关的，相关的 // **relation** *n.* 关系；亲属

judg(e)ment /'dʒʌdʒmənt/

n. ① 看法，意见 In her *judgment*, we shouldn't change our plans. 照她看来，我们不应改变计划。

② 判断力 You shall use your own *judgment* as to whether you should start work or study for a master's degree. 你应当运用自己的判断力，决定是开始工作还是攻读硕士学位。

③ 审判 pass/give *judgment* on sb. 对某人做出判决

view /vjuː/

n. ① 看法 What are your *views* on globalization? 你对全球化有何高见？

② 观察，视域 The aircraft has disappeared from *view*. 飞机从视野中消失了。

③ 景色【同 scenery】a room with *view* 能看见美丽风景的房间

vt. 看待，估量 Has the matter been *viewed* from

the taxpayers' standpoint? 这个问题是否从纳税人的立场上考虑过？

搭 with a view to 为了，为的是 // in view of 鉴于，考虑到 ***In view of*** our long-standing business relation, we'll make special effort to fill your order. 考虑到我们长期的业务关系，我们将尽力供足贵方订货。

派 **viewer** ***n.*** 观众

viewpoint /ˈvjuːpɔɪnt/

【助记】view(见解)+point(点)→观点

n. 观点 We have different ***viewpoints*** in assigning the tasks. 我们对任务的分派持不同的观点。

contradict /ˌkɒntrəˈdɪkt/

【助记】contra(相反)+dict(说话)→说相反的话→反驳

vt. ①反驳 It's difficult to ***contradict*** someone politely. 彬彬有礼地驳斥别人是难以做到的。

②与……发生矛盾，与……抵触 The two statements ***contradict*** each other. 两种说法相互抵触。

派 **contradictory** ***a.*** 对立的；爱反驳别人的 // **self-contradictory** ***a.*** 自相矛盾的

contradiction /ˌkɒntrəˈdɪkʃən/

n. ①矛盾 Is it a ***contradiction*** to love animals and yet wear furs? 又爱护动物又穿皮毛服装是矛盾的吗？

②否认 Those facts admit of no ***contradiction***. 那些事实不容否认。

topic /ˈtɒpɪk/

n. 题目，主题 I realized she was trying to avoid the ***topic***. 我意识到她在试图避开这一话题。

theme /θiːm/

n. 主题，题目 What's the ***theme*** of the movie? 这部电影的主题是什么？

clash /klæʃ/

【助记】象声词：物体撞碎的声音

vi. ①冲突 Demonstrators ***clashed*** with police. 示威者与警察发生冲突。// Democrats ***clashed*** with Republicans in a heated debate. 民主党和共和党人进行了激烈的争论。

②不协调 The red tie will ***clash*** with your shirt. 那条红色领带与你的衬衫不配。

③砰地相撞 Their swords ***clashed***. 他们的剑相互撞击，铿锵有声。

n. 冲突；不协调；(金属等的)刺耳的撞击声 border ***clashes*** 边境冲突 // a ***clash*** of opinions 意见冲突

vision /ˈvɪʒən/

n. ①想象(力)，幻想 My long term ***vision*** is to get my Ph.D. 拿博士学位是我长期的梦想。

②视力【同 eyesight】a perfect/poor ***vision*** 非常好/差的视力 // beyond one's ***vision*** 在视野之外，看不见的

派 **visionary** ***a.*** 有远见的；空想的

visible /ˈvɪzəbl/

【助记】vis(看)+ible(可……的)→可见的

a. 看得见的，有形的 This star is not ***visible*** to the naked eye. 这颗星星肉眼看不见。

派 **visibility** ***n.*** 可见性，可见度

invisible /ɪnˈvɪzəbl/

a. 看不见的 Firewalls are ***invisible*** protection to your computer. 防火墙为电脑提供隐形的保护。

visual /ˈvɪʒuəl/

a. 视觉的，看得见的 Near-sightedness is a ***visual*** defect. 近视是一个视觉缺陷。

派 **visualize** ***v.*** 形象化，显现

exchange /ɪksˈtʃeɪndʒ/

【助记】ex+change(变换)→双方相互变换→交换

n. ①交换 Let's have an ***exchange*** of views on the matter. 我们就这件事交换一下意见吧。

②兑换 ***exchange*** rate 汇率，兑换率

vt. ①交换 ***exchange*** sth. with sb. 和某人交换某物 // Where can I ***exchange*** my dollars for pounds? 我在哪儿可以把美元换成英镑？

②交流 We'll hold a meeting to ***exchange*** experiences. 我们将开个会来交流经验。

transmit /trænzˈmɪt/

【助记】trans(across)+mit(送)→送过去→传送

vt. ①播送 The US Open will be ***transmitted*** live via satellite. 美国公开赛将通过卫星现场直播。

②传送，传染【同 pass】The AIDS virus can be ***transmitted*** through blood and sexual intercourse. 艾滋病毒可通过血液和性交传染。

transmission /trænz'mɪʃən/

n. ①播送 We are watching a live ***transmission*** of the tennis championship. 我们正在观看网球锦标赛的现场直播。
②传送，传染 biological ***transmission*** 生物性传染

infect /ɪn'fekt/

【助记】in+fect(make)→向内部扩散→影响;感染

vt. ①传染,感染 In India, more than 5.7 million people are ***infected*** with AIDS. 在印度，有570多万人感染了艾滋病。
②影响 Mary's high spirits ***infected*** all the girls in the class. 玛丽振奋的精神感染了班上所有的女孩子。

派 **infection** *n.* 感染;影响

infectious /ɪn'fekʃəs/

a. ①传染的 Colds are ***infectious***. 感冒是会传染的。
②有感染力的 Her ***infectious*** laughter filled the room. 房间里充满了她那有感染力的笑声。

virus /'vaɪərəs/

n. 病毒;病毒性疾病 The child was infected with the AIDS ***virus***. 这个小孩感染了艾滋病毒。

bacteria /bæk'tɪərɪə/

n. 细菌 ***Bacteria*** are too small to see with the naked eye. 细菌太小，肉眼看不见。

派 **bacterial** *a.* 细菌的

【归类卡片】名词复数不规则变化中的规则：
词尾-um 变-a
medium—media 媒体
bacterium—bacteria 细菌
curriculum—curricula 课程
agendum—agenda 议事日程

inject /ɪn'dʒekt/

vt. ①注射(药液等) The nurse is ***injecting*** the patient with penicillin. 护士正在给病人注射青霉素。
②注入，投入 They need to ***inject*** more money into sports facilities. 他们得投入更多资金到运动设备上。
③增加(情趣等) They hoped that the adoption of the child would ***inject*** new life into their marriage. 他们希望收养一个孩子能给他们的婚姻增添生气。

派 **injection** *n.* 注射,注入

widespread /'waɪdspred/

【助记】wide(宽广的)+spread(传播,分布)→分布广的

a. 分布广的，普遍的 There is a ***widespread*** belief that the company is in financial trouble. 很多人认为该公司财务陷入困境。

epidemic /ˌepɪ'demɪk/

【助记】epi(among)+dem(人们)+ic→在人们中间盛行的→流传极广的

n. ①流行病 Doctors warn that a flu ***epidemic*** may be on the way. 医生警告说可能要发生流感。
②流传，盛行 When tennis became a fashion, there was an ***epidemic*** of white socks and canvas shoe. 当网球运动成为一种时尚时，白色短袜和帆布运动鞋也流行起来。

a. 流传极广的 Buying goods on the installment plan has become ***epidemic*** in recent years. 近几年来，用分期付款的办法购物十分流行。

organ /'ɔːgən/

n. ①器官 an ***organ*** transplant 器官移植
②机构 The US FBI (Federal Bureau of Investigation) is an ***organ*** of the Justice Department. 美国联邦调查局是司法部的一个机关。
③新闻媒介 a government ***organ*** 政府机关报
④风琴 an ***organ*** recital in Westminster Cathedral 威斯敏斯特大教堂的管风琴独奏会

organic /ɔː'gænɪk/

a. 有机(体)的，有机物的 ***Organic*** farming is better for the environment. 有机农业对环境更有好处。

派 **organism** *n.* 生物体,有机体

chemical /'kemɪkəl/

a. 化学的 a ***chemical*** compound 化合物

n. 化学制品 a toxic ***chemical*** 有毒的化学品

physical /'fɪzɪkəl/

a. ①身体的 ***physical*** exercises 体育锻炼
②物理的 ***physical*** change 物理变化
③物质的 the ***physical*** world 物质世界

n. 体检 Bob failed his ***physical***. 鲍勃没有通过体格检查。

surgery /ˈsɜːdʒərɪ/

n. ①外科，外科手术 It is said that most Korean actresses have undergone plastic ***surgery***. 据说很多韩国女演员都做过整形手术。

②手术室 Dr. Smith isn't in the ***surgery*** today. 史密斯医生今天不在诊所。

派 **surgical** *a.* 外科的，外科手术的

transplant /trænsˈplɑːnt/

【助记】trans(across)+plant(种植)→从这里移到那里种植→移植

vt. ①移栽，移种(植物等) Tea was ***transplanted*** from China to India and Sri Lanka. 茶树是从中国移栽到印度和斯里兰卡的。

②移植(器官) Her face was badly burned and she had to have skin ***transplanted***. 她的脸部受到严重烧伤，不得不请医生植皮。

③使迁移，使移居 He ***transplanted*** his family from the countryside to the city. 他把家从农村迁到城市。

n. 移植 She had a bone marrow ***transplant***. 她接受了骨髓移植手术。

transform /trænsˈfɔːm/

【助记】trans(across)+form(形状)→形状发生转变→变换

vt. ①使改观，改革 The world is being ***transformed*** by information technology. 世界正被信息技术所改变。

②变换，把……转换成【同 convert】A steam engine ***transforms*** heat into power. 蒸汽机将热能转变成动力。

派 **transformation** *n.* 改变，改观

transport /trænsˈpɔːt/ *vt.* /ˈtrænspɔːt/ *n.*

【助记】trans(across)+port(运)→搬到对面→运输

vt. 运输 The goods will be ***transported*** to Beijing by air. 货物将空运到北京。

n. 运输，运输系统 The ***transport*** of goods by air is very expensive. 货物空运是很昂贵的。

派 **transportation** *n.* 运输；运输工具

delivery /dɪˈlɪvərɪ/

n. ①投递 The firm stopped free home ***delivery***. 公司停止了免费送货上门的服务。

②投递的邮件 How soon can we expect ***delivery***? 我们多久能收到邮件？

③分娩 Mrs. Howell had an easy ***delivery***. 豪厄尔太太分娩顺利。

④演讲(风格) Your speech is interesting but you'll have to work on your ***delivery***. 你的演讲很有趣，但你还得在演说技巧上下功夫。

channel /ˈtʃænl/

n. ①频道 broadcast ***channel*** 广播通道[频道]

②[常 ***pl.***]渠道 The news came through private ***channels***. 消息是私下传出来的。

③沟渠 an irrigation ***channel*** 灌溉渠

④海峡 cross the ***channel*** 穿越海峡

> 【辨析】表示"海峡"的名词
>
> strait：指短而窄的海峡，常用复数形式但作单数用
>
> channel：指比 strait 长而宽的海峡

medium /ˈmiːdɪəm/

【助记】medi(中间)+um→中间的→中等的；媒介物

a. 中等的，适中的 A way to solve unemployment is to develop ***medium*** and small size enterprises. 解决就业的一个途径是发展中小型企业。

n. ①媒质 An optical disk is just another kind of electronic storage ***medium***. 光盘只是另一种电子贮存介质。

②新闻媒介 Newspaper and magazines are important ***media*** for advertising. 报纸和杂志是广告的重要媒介。

③手段 Video is a good ***medium*** for practicing listening to a foreign language. 看录像是一种很好的练习外语听力的方式。

用 名词 medium 的复数形式有两种：mediums 或 media。

switch /swɪtʃ/

v. 转变，改变，转换【同 change, turn】Let's ***switch*** the conversation to a lighter subject. 我们把谈话转移到一个轻松点的话题吧。// He used to smoke Camel, but he ***switched***. 他过去一直吸"骆驼"牌香烟，后来他换成了其他牌子。

n. ①开关 There is a ***switch*** on the wall for turning on the lights. 墙上有一开电灯的开关。

②转变 We have to make a ***switch*** in our arrangements. 我们必须改变安排。

搭 switch off (把开关)关掉 // switch on (把开关)开启

tune /tjuːn/

n. 曲子 There's many a good ***tune*** played on an old fiddle. 提琴虽老,仍可奏出好的曲子。(老当益壮。)

vt. ①为(乐器)调音 Please ***tune*** up your instruments before class. 请在上课前调好乐器的音调。

②调节,调整 The machine has just been ***tuned***. 机器刚刚调整过。

搭 in tune (with) (与……)协调 // out of tune (with) (与……)不协调 // to the tune of 达……之多,共计 // tune in (to) 收听,收看

【归类卡片】音乐术语(musical terms)

节拍 beat, tempo	旋律 melody
节奏 rhythm	曲子 tune
歌词 lyrics	音阶 scale
音高 pitch	

individual /ˌɪndɪˈvɪdʒuəl/

【助记】in(not)+divid(分开)+ual→不可再分的→个人

a. ①个别的,单独的,个人的 ***individual*** difference 个体差异 // Each ***individual*** leaf on the tree is different. 树上每片叶子都不相同。

②独特的 He writes in a very ***individual*** way. 他的写作方法别具一格。

n. 个人 Each ***individual*** has an individual style of dress. 每个人都有自己独特的穿着风格。

派 **individualism** ***n.*** 个人主义 // **individuality** ***n.*** 个性,个人特征

corporate /ˈkɔːpərɪt/

a. ①法人的,公司的 a ***corporate*** body 团体;法人组织 // ***corporate*** culture 公司的文化

②团体的,全体的 ***corporate*** responsibility 集体责任 // The Chinese table-tennis team made a ***corporate*** effort to win countless championships. 中国乒乓球队通过集体的共同努力赢得了无数个冠军?

commit /kəˈmɪt/

【助记】com(with)+mit(送出)→把……托付给

vt. ①犯(错误、罪行等) It is a cowardly act to ***commit*** suicide in face of difficulty. 遇到困难时自杀是懦夫的行为。

②(*~oneself*)使承担义务 He would not ***commit himself*** in any way. 他不愿作任何承诺。

③(*~to*)把……托付给 The old man ***committed*** his will ***to*** the care of the lawyer. 老人把他的遗嘱委托律师保管。

④调拨……供使用,拨出 The company has ***committed*** funds to an advertising campaign. 公司已拨出专款做广告宣传。

派 **committed** ***a.*** 献身的,忠诚的

commitment /kəˈmɪtmənt/

n. ①承诺,保证 Our company has a ***commitment*** to equal pay and opportunities. 我们公司承诺提供平等的薪酬和机会。

②忠诚,奉献 She was impressed by the energy and ***commitment*** shown by the players. 她对选手们所表现出来的活力和敬业精神印象深刻。

③承诺要做的事 family/work ***commitments*** 家庭义务/工作任务

suicide /ˈsjuːɪsaɪd/

【助记】sui(自己)+cide(杀)→自杀

n. ①自杀 attempt ***suicide*** 企图自杀

②自取灭亡 It will not be ***suicide*** to admit your mistake. 承认你的错误并不等于自取灭亡。

派 **suicidal** ***a.*** 自杀的;自取灭亡的

crime /kraɪm/

n. 罪,犯罪 Police prevent and detect ***crime*** while the courts punish ***crime***. 防止及侦察犯罪是警察的事,而惩罚犯罪是法庭的事。

criminal /ˈkrɪmɪnəl/

n. 罪犯 Prison is a place for punishing ***criminals***. 监狱是处罚罪犯的地方。

a. 犯罪的 ***criminal*** behavior 犯罪行为

victim /ˈvɪktɪm/

【助记】vict(征服)+im→被征服者→受害者

n. 牺牲品,受害者 Hitler was also a ***victim*** of his own scheme. 希特勒本人也是他自己阴谋的牺牲品。

capture /ˈkæptʃə/

vt. ①俘虏,捕获 The criminal was ***captured*** when trying to escape from the city. 罪犯在企图逃

离这座城市时被捕获。

②占领 The town was *captured* after a siege lasting ten days. 经过长达十天的围攻，那个城镇终于被攻陷了。

n. ①捕获 escape *capture* 逃避俘获

②占领 *capture* of a hill 占领一个小山

captive /ˈkæptɪv/

【助记】cap(take)+tive→被捕获的

a. 被俘虏的，被捕获的 *captive* soldiers 被捕的士兵 // Lying in my hospital bed, I was a *captive* audience to these uninteresting old stories. 躺在医院里的病床上，我只好听那些乏味的旧故事。

n. 俘虏 He was taken *captive* on the border. 他在边境被俘。

conduct /kənˈdʌkt/ *vt.* /ˈkɒndʌkt/ *n.*

【助记】con(一起)+duct(引导)→把众人领到一起→管理

vt. ①进行，管理 Li Jiacheng *conducts* his business very successfully. 李嘉诚把企业经营得很成功。

②指挥 *conduct* a concert 指挥一场音乐会

③传导(热、电等) Copper *conducts* electricity better than other materials. 铜比其他材料导电性能好。

④(*~oneself*)(行为)表现 Public figures have a duty to *conduct themselves* responsibly. 公众人物有义务负责地行事。

n. ①举止 His *conduct* disagrees with his words. 他言行不一。

②管理 under the *conduct* of 在……管理下

deliberate /dɪˈlɪbərɪt/ *a.* /dɪˈlɪbəreɪt/ *v.*

【助记】de(fully)+liberate(测量)→彻底地权衡轻重→仔细考虑

a. ①蓄意的【同 intentional】Was the car crash an accident or a *deliberate* attempt to kill him? 撞车是意外事故还是有人要蓄意谋杀他？

②深思熟虑的 a *deliberate* decision 慎重的决定

v. 仔细考虑 We had no time to *deliberate* (on) the problem. 我们没有时间仔细考虑这个问题。

派 **deliberately** *ad.* 故意地，蓄意地

【归类卡片】“思考”种种

deliberate 深思熟虑	consider 考虑
brood 沉思	imagine 想象
fancy 幻想	meditate 冥想

innocent /ˈɪnəsənt/

a. ①(*~of*)无罪的【反 guilty】The man was finally proved *innocent of* murder. 该男子最终被证明未犯谋杀罪。

②没有恶意的 He was startled by their angry reaction to his *innocent* remark. 他们对他那并无恶意的话如此愤怒，使他大为惊讶。

③天真的【同 naive】an *innocent* child 天真的孩子

派 **innocence** *n.* 无罪，清白；天真

naive /naɪˈiːv/

a. ①幼稚的，轻信的 Many *naive* girls wait for a film director to give them a chance to play a leading role. 许多幼稚的女孩等候着电影导演给她们一个出演主角的机会。

②天真的 Emma had a sweet, *naive* look when she smiled. 艾玛笑的时候表情甜美，天真烂漫。

同义替换练习

1. The energy sent out by the chain reaction is transformed into heat.
   A. transferred　B. released　C. relieved　D. moderated
2. Her tone carried an unmistakable warning.
   A. concluded　B. related　C. captured　D. conveyed
3. Although I like the appearance of the house, what really made me decide to buy it was the beautiful scenery through the window.
   A. vision　B. viewpoint　C. theme　D. view
4. He hoped the firm would assign him to the Beijing branch.
   A. exchange　B. transmit　C. transfer　D. remove
5. Some diseases are passed by certain water animals.
   A. released　B. transplanted　C. transported　D. transmitted
6. The coming of the railways in the 1830s completely changed our society and economic life.
   A. transformed　B. modified　C. transferred　D. contradicted
7. At first, the speaker was referring to the problem of pollution in the country, but halfway in his speech, he suddenly turned to another subject.
   A. related　B. switched　C. preferred　D. reacted
8. Mrs. Smith was the only witness who said that the fire was intentional.
   A. mature　B. deliberate　C. meaningful　D. innocent
9. Features such as height, weight, and skin color vary from individual to individual and from face to face.
   A. survive　B. change　C. idle　D. fluctuate
10. Shares on the stock market have kept changing as a result of a world-wide economic downturn.
    A. turned　B. exchanged　C. floated　D. fluctuated
11. Professor Smith and Professor Brown will take turns in giving the class lectures.
    A. alter　B. change　C. alternate　D. differ
12. The cells were designed to transform sunshine to electricity to run a motor.
    A. convey　B. inject　C. convert　D. deliver

答案与译文

1. [B] 连锁反应所释放出的能量转换成热能。
2. [D] 她的语气表达出一种明显的警告。
3. [D] 虽然我喜欢这房子的外观,但真正让我决定买下它的是窗外美丽的风景。
4. [C] 他希望公司能将他调到北京的分公司。
5. [D] 一些疾病是通过某些水生动物传播的。
6. [A] 19世纪30年代,铁路时代的到来彻底改变了我们的社会和经济生活。
7. [B] 演讲人开始讲的是该国的污染问题,但讲到一半时他突然转到另外一个话题上。
8. [B] 史密斯太太是唯一一个说有人故意酿成那场火灾的证人。
9. [B] 诸如身高、体重、肤色等特征是因人而异的。
10. [D] 一场世界范围的经济衰退使股市出现了波动。
11. [C] 史密斯教授和布朗教授将轮流授课。
12. [C] 按照设计,这种电池能把太阳光转变为电能,使发动机运作起来。

Lesson 3

词根词缀表

sign 标记	assign *vt.* 分配	ceed, cess 走	proceed *vi.* 进行
solv, solu(t) 松开	solve *vt.* 解决	pos(it) 放，置	expose *vt.* 暴露
spond, spons 约定	respond *vi.* 回答	priv 私有的	private *a.* 私人的
cept 拿，取	exception *n.* 例外	tend, tens 伸展，张开	extend *vt.* 延伸
under- 低于	underestimate *n.* 低估	ject 投，扔	reject *vt.* 拒绝
duc(e) 领导	educate *vt.* 教育	port 运送，拿	export *n.* 出口

enrol(l) /ɪn'rəʊl/

【助记】en(in)+roll(名单)→在名单上→招收

vi. (~*in, on*) 入学 In September we *enrol in* school. 我们9月份入学。

vt. 招收，吸收(成员)【同 recruit】The boarding school only *enrols* boy students. 这所寄宿学校只招收男学生。// After graduation, he was *enrolled* for military service. 毕业后，他应募入伍。

register /'redʒɪstə/

n. ①登记表；名册 a *register* of births and deaths 出生和死亡的记录 // the school attendance *register* 学校点名册

②[美]收银机【同 till】a cash *register* 收银机

③语域；音域 letters written in a formal *register* 用正式语体写的信函

v. ①登记，注册 Foreign visitors must *register* with the state officials upon entering the country. 外国旅客一入国境就必须向国家官员办理登记。// *register* for a course 报读课程

②(仪表等)指示 The thermometer *registered* 98.6°C. 温度计显示为98.6度。

③表示，表达 He slammed the door to *register* his disapproval. 他砰地关上门以示不满。

④注意到，意识到(并记住) I'd been standing there for several minutes before he *registered* my presence. 我在那儿站了好几分钟后他才注意到我。

⑤挂号 a *registered* letter 挂号信

派 registration *n.* 登记，注册，挂号

admission /əd'mɪʃən/

【助记】ad(to)+miss(送)+ion→允许进入

n. ①准许进入 He gained *admission* into the association. 他获准加入这个协会。

②入场费 *admission* free 不收门票

③承认 The Senator's *admission* that he had lied to the Congress shocked many Americans. 这位参议员承认向国会说了谎，令许多美国人深感震惊。

【归类卡片】标志牌

No Admittance (except on business) 闲人免进

No Admittance 禁止入内

Admittance of Staff Members Only 限员工入内

Admission Free 免费入场

subscribe /səb'skraɪb/

【助记】sub(under)+scribe(写)→写下订单→订购

v. ①(~*to*) 订阅 What newspapers have you *subscribed to*? 你订阅了哪些报纸？

②同意 It's not an opinion I tend to *subscribe* to. 我不太赞同这个观点。

③捐助 How much did you *subscribe* to the Hope Project? 你为希望工程捐赠了多少钱？

assign /ə'saɪn/

【助记】as(to)+sign(标记)→分配

vt. ①指派，选派【同 appoint】I've been *assigned* the job of looking after the baby. 指派给我的工作是照顾那个婴儿。

②指定(时间、地点等) The committee *assigned* Friday for their meeting. 委员会把会议时间定在周五。

③**分配，给予** The US has already *assigned* a large part of its foreign aid budget to Rwanda. 美国已把对外援助预算中的很大一部分转给卢旺达。

assignment /ə'saɪnmənt/

n. ①**(分派的)任务，(指定的)作业** We have so many *assignments* to do that we hardly have time for reading. 这么多作业搞得我们连阅读的时间都没有了。

②**分配，指派** I was on *assignment* for a German magazine. 我被派往一家德国杂志社。

desirable /dɪ'zaɪərəbl/

【助记】desir(e)(期望)+able(可……的)→值得想望的

a. ①**值得想望的** It is not easy to get a *desirable* job that corresponds with interests. 要找到一份与志趣相符的合意工作是不容易的。

②**可取的** a *desirable* solution 可取的解决方法

派 undesirable *a.* 不受欢迎的；不合意的；讨厌的

means /miːnz/

n. ①**方法** All possible *means* have been tried. 各种可能的方法都试过了。

②**金钱** Private school fees are beyond the *means* of most people. 私立学校的费用是大多数人无力支付的。

搭 by all means 当然可以 // by means of 用，依靠 // by no means 决不 ***By no means*** will this method produce satisfactory results. 这种方法决不会产生令人满意的结果。

用 means 意为“手段、方法”时，单复数同形。

following /'fɒləʊɪŋ/

a. **接着的** It rained on the day we arrived, but the *following* day was sunny. 我们到达的那天正下雨，但次日天气晴朗。

n. **一批追随者** He has a large *following*. 他有很多追随者。

tackle /'tækl/

【助记】tack(钉)+le→除去眼中钉→对付

vt. ①**对付，处理** The police spent a long time *tackling* the hacker who ruined the network. 警方花了很长时间对付那个毁坏了电脑网络的黑客。

②**与……交涉** If Bill is late again, I will *tackle* him about it. 如果比尔再迟到的话，我就得和他谈谈了。

③**(足球等比赛中)阻截** He was *tackled* before he had a chance to shoot. 他还没有机会起脚射门就被对方阻截了。

n. ①**阻截** a strong *tackle* 激烈的拦截

②**用具；辘轳** fishing *tackle* 钓具，渔具 // block and *tackle* 滑轮组

solve /sɒlv/

vt. **解决** I don't think money can *solve* all the problems. 我认为钱并不能解决所有问题。

派 unsolved *a.* 未解答的，未解决的

solution /sə'luːʃən/

n. ①**解决；解决方法** Using force is not the best *solution* to a dispute. 使用武力不是解决争执的上策。

②**溶液** a weak sugar *solution* 淡糖水

> 雅思真题 They come up with *solutions* to save the time and energy spent by the stupid and hard-working group. 他们想出办法帮那些傻傻地勤奋工作的团队节省时间和精力。

settlement /'setlmənt/

n. ①**解决** the *settlement* of a dispute 解决争端

②**协议，决定** Martin lost the house in their divorce *settlement*. 马丁在他们的离婚协议中失去了房子。

③**移民，开拓** the *settlement* of the American West 美国西部的开拓过程

派 settler *n.* 定居者；殖民者

advocate /'ædvəkeɪt/ *vt.* /'ædvəkɪt/ *n.*

【助记】ad(to)+voc(喊叫)+ate(使)→大声呼吁→提倡

vt. **拥护，提倡** Extremists were openly *advocating* violence. 极端主义者公开鼓吹使用暴力。

n. **提倡者，拥护者** This judge is a strong *advocate* of prison reform. 这位法官是监狱改革的坚决拥护者。

respond /rɪ'spɒnd/

【助记】re(back)+spond(约定)→回应约定→回答

vi. ①**回答** He *responded* that he would be pleased to attend. 他回答说，他很高兴出席。

②**(~to)作出反应** He ***responded to*** my suggestion with a nod. 他点头回应我的建议。

派 **respondent** *n.* 响应者;被告 // **responsive** *a.* 赞同的;应答的

response /rɪ'spɒns/

n. ①回答【同 reply】His question failed to get a *response* from any of the students. 没有学生回答他提的问题。

②反应 The decision provoked an angry *response* from local residents. 这一决定激起了当地居民愤怒的反应。

搭 in response to 作为对……的反应 The law was passed *in response to* public pressure. 在公众压力下该法规获得通过。

casual /'kæʒuəl/

a. ①冷淡的 His *casual* manner annoyed me. 他冷淡的态度令我恼火。

②非正式的【同 informal】The guests wore *casual* clothes. 客人们穿着便服。

③偶然的,碰巧的 a *casual* encounter 巧遇

④临时的 *casual* laborers 临时工人

encounter /ɪn'kaʊntə/

【助记】en(in)+counter(对立的)→面对面→遇到

vt. 遇到,遭遇 I'm prepared to *encounter* dangers in the course of this expedition. 这次探险我有遇险的准备。

n. 遇到,遭遇 an unexpected *encounter* 不期而遇

social /'səʊʃəl/

a. ①社会的 She opens her heart to express her opinion about the *social* issue. 她打开心扉表达出她对此社会问题的意见。

②交际的 Our firm has a good *social* club. 我们公司有一个很好的联谊俱乐部。

confront /kən'frʌnt/

【助记】con+front(前面)→在前面出现→迎面遇到

vt. ①迎面遇到 The new company was *confronted* with many difficulties. 这家新成立的公司面临许多困难。

②正视,勇敢地面对 The movie star couldn't *confront* the rumors fabricated by people. 那个影星无法面对人们捏造出来的谣言。

③使对质,使当面对证 When the police *confronted* her with the evidence, she admitted that she was guilty. 当警察拿出证据与她当面对质时,她承认了自己是有罪的。

派 **confrontation** *n.* 对抗,对峙

exception /ɪk'sepʃən/

【助记】except(*prep.* 除外)的名词

n. 例外 There's an *exception* to every rule. 每项规则均有例外。

搭 take exception to 反对

exceptional /ɪk'sepʃənəl/

a. ①杰出的 He has an *exceptional* memory. 他记忆力很好。

②异常的 This weather is *exceptional* for June. 这种天气在6月份很罕见。

estimate /'estɪmɪt/ *n.* /'estɪmeɪt/ *vt.*

n. ①估计 at a rough *estimate* 粗略估计一下

②评价 Now I've realized that my *estimate* of her character was one-sided. 现在我认识到我对她品格的评价是片面的。

vt. 估计,估量 Nearly 1 million people are *estimated* to be unemployed. 估计有近百万的人处于失业状态。

派 **estimation** *n.* 判断,估计 // **overestimate** *vt.* 过高估计

underestimate /ˌʌndər'estɪmeɪt/ *vt.* /ˌʌndər'estɪmɪt/ *n.*

【助记】under(低于)+estimate(估计)→低估

vt. 低估 Those who *underestimate* the intelligence of the rivals will come to grief. 低估竞争对手智慧的人会大吃苦头。

n. 低估 The official figures are a gross *underestimate* of the true number. 官方估计的数字显然大大低于真实数目。

assess /ə'ses/

【助记】as(near)+sess(坐)→坐在旁边"评估"

vt. ①对……进行估价 The value of the house was *assessed* at $400,000. 这幢房子的估价为40万美元。

②评价,评定 We've tried to *assess* what went wrong. 我们已试着判断到底哪里出了毛病。

派 **assessment** *n.* 评估,评定 // **reassessment** *n.* 重新评估

【辨析】表示"估计,评价"的动词

estimate:指对事物价值、意义等的"估计"、"评价",这种判断具有主观性,可能有失误

assess:既可指对财产进行估价,也指对人、物、工作等进行评价

access /ˈækses/

【助记】ac(to)+cess(去)→接近

n. ①入口 This is the sole means of *access* to the building. 这是这栋建筑物唯一的入口。

②接近【同 approach】You can easily get *access* to her. 你可以轻易接近她。

③接近(或进入、享用)的机会 All children should have *access* to a good education. 所有儿童都应该有机会接受良好的教育。

vt. 读取(计算机文件) You'll need a password to *access* the database. 读取这些数据需要密码。

派 **accessible** *a.* 易得到的;易接近的

formal /ˈfɔːməl/

a. ①正式的,正规的,合乎礼仪的 a *formal* dinner/training 正式的晚餐/正规的训练

②形式上的 There is only a *formal* resemblance between the two systems. 这两种体系只是在形式上有某种相似之处。

派 **informal** *a.* 非正式的;不拘礼节的 // **formality** *n.* 拘泥形式;礼节 // **formalise** *v.* 使形式化

compulsory /kəmˈpʌlsərɪ/

【助记】com(with)+puls(驱使)+ory→强制性的

a. 强制性的,必修的 A nine year *compulsory* education is implemented in China. 中国实行九年制义务教育。

educate /ˈedjʊkeɪt/

vt. 教育,培养 Parents should *educate* their children to behave well. 父母应当教育子女守规矩。

派 **educational** *a.* 有教育意义的 // **uneducated** *a.* 缺乏修养的 // **educator** *n.* 教育工作者 // **educationist** *n.* 教育家

graduate /ˈgrædʒʊɪt/ *n./a.* /ˈgrædʒʊeɪt/ *v.*

n. ①毕业生 She is a psychology *graduate* of University of Pennsylvania. 她是宾夕法尼亚大学心理系毕业生。

②研究生 a Cambridge *graduate* 剑桥毕业生/研究生

a. 研究生的 *graduate* school 研究生院

v. (使)毕业 Experience is a school from which one can never *graduate*. 经验无止境。// be *graduated* with honors 以优异成绩毕业

派 **graduation** *n.* 毕业;毕业典礼

undergraduate /ˌʌndəˈgrædʒʊɪt/

【助记】under(低于)+graduate(毕业生)→还不是毕业生→大学本科生

n. 大学本科生 an *undergraduate* course 大学本科生课程

【归类卡片】不同年级的大学本科生

大一生 freshman	大二生 sophomore
大三生 junior	大四生 senior

elite /eɪˈliːt/

【助记】e(out)+lite(选择)→精选出来者→精英

n. ①[总称]上层人士 social *elite* 社会名流

②[总称]精英 The Oxford University have educated many political *elites*. 牛津大学培养了许多政治精英。

campus /ˈkæmpəs/

【助记】camp(野营地)+us(我们)→"校园"是我们学习的营地

n. (大学)校园 *Campus* life is to be treasured. (大学)校园生活值得珍惜。

用 表达"在校园里",常用介词 on,即 on campus。

resort /rɪˈzɔːt/

vi. (~*to*)求助,诉诸 Merely *resorting to* force can't resolve the conflicts in the Middle East. 单靠诉诸武力解决不了中东的争端。

n. ①求助 He couldn't have passed the exam without *resort* to cheating. 他要不是靠作弊是通不过这次考试的。

②求助的对象 Friends are the best *resort* in trouble. 在困难中,朋友是最好的可以求助的人。

③胜地 a summer *resort* 避暑胜地

雅思真题 Seaside *resorts* located at Pompeii and Herculaneum afforded citizens the opportunity to escape to their vacation villas in order to avoid the summer heat of Rome. 位于庞贝和赫库兰尼姆的海滨胜地为公民们提供了休闲度假的世外别墅,供他们躲避罗马的炎炎夏日。

appeal /əˈpiːl/

n. ①呼吁,恳求 make an *appeal* to sb. for sth. 向某人呼吁,希望得到某物

②有吸引力 This kind of music hasn't much *appeal* for me. 这类音乐对我没有吸引力。

③上诉 court of *appeal* 上诉法院

v. ①呼吁,恳求 She *appealed* to the kidnappers

to release her son. 她哀求绑匪释放她的儿子。

②有吸引力 The range of topics will *appeal* to youngsters. 这类话题对年轻人有吸引力。

③上诉，申诉 They have 48 hours to *appeal* the decision. 他们可在48小时之内对此决定提出上诉。

派 **appealing** ***a.*** 吸引人的

incline /ɪn'klaɪn/

【助记】in+cline(倾斜)→使倾斜

v. ①(使)倾斜 He *inclined* towards the speaker to hear more clearly. 他向说话的人倾过身去，以便听得更清楚些。

②(使)倾向于 People *incline* to sleepiness in spring. 春天里人们容易犯困。// His attitude did not *incline* me to help him. 他的态度使我不想帮助他。

n. 斜坡 a steep *incline* 陡坡

派 **inclination** ***n.*** 倾斜;趋向;爱好

proceed /prə'siːd/

【助记】pro(forward)+ceed(走)→进行

vi. ①进行，继续下去【同 continue, go on】We can now *proceed* to the main business of the meeting. 我们现在可以进入会议的主要议程。

②行进 His car broke down halfway and he had to *proceed* home on foot. 他的车半路抛锚了，他只得步行回家。

procedure /prə'siːdʒə/

n. 程序，步骤 Registering for marriage is no longer a very complicated *procedure* in China. 在中国登记结婚不再是很复杂的程序。

process /'prəʊses/

n. ①过程，进程 The job is not finished but is still in *process*. 工作还没完成，仍在进行过程中。

②工序，制作法 Building a car is a long *process*. 制造一辆小汽车有很长的工序。

③(法律)程序 This *process* ought to be highly sophisticated. 这个程序应该是非常复杂的。

vt. ①加工 Brazil began importing soybeans to *process* at home. 巴西开始进口大豆在国内加工。

②处理，办理 Your application for a mortgage is being *processed*. 你申请抵押贷款的事正在办理中。

派 **processor** ***n.*** 处理器

exhibit /ɪg'zɪbɪt/

vt. ①显示 *exhibit* calmness and alertness 表现沉着机敏

②展览【同 display】She *exhibited* her paintings at our school. 她在我们学校展览她的绘画。

n. 展览品 Many children are especially interested in dinosaur *exhibits*. 许多孩子对恐龙展览特别感兴趣。

contact /'kɒntækt/

【助记】con(共同)+tact(接触)→相互接触→联系

n. ①联系，交往 I've lost *contact* with my friends. 我已经和朋友失去了联系。

②熟人 She has a *contact* in the software industry. 她在软件行业有个熟人。

③(电路的)触点，接头

vt. 与……取得联系 How can I *contact* you? 我怎么与你联系?

intimate /'ɪntɪmɪt/ *a./n.* /'ɪntɪmeɪt/ *vt.*

a. ①亲密的 an *intimate* friend 密友，至交

②私人的，个人的【同 private】I can't tell them my *intimate* thoughts. 我不能告诉他们我内心深处的想法。

n. 密友 He is my *intimate*. 他是我的至交。

vt. 暗示 He *intimated*, politely but firmly, that we were not welcome. 他有礼貌但很坚决地暗示我们是不受欢迎的。

expose /ɪk'spəʊz/

【助记】ex(out)+pos(放置)+e→摆放出来→暴露

vt. ①暴露 Keep indoors and don't *expose* your skin to the sun. 待在室内，不要把皮肤暴露在阳光下。

②(-to)使处于……作用之下 His books *exposed* people *to* new ideas. 他的书使人们接触了新思潮。

③揭露 The reporter was killed because he tried to *expose* a plot. 这名记者因为试图揭露一个阴谋而被杀害。

exposure /ɪk'spəʊʒə/

n. ①暴露 *Exposure* of the skin to strong sunlight can be harmful. 皮肤受烈日暴晒会被灼伤。

②揭发 Repeated *exposures* of official corruption have appeared in the newspapers. 报纸上一再刊登揭发官员腐败的消息。

③曝光 the *exposure* of photographic film to light 摄影胶片曝光

private /ˈpraɪvɪt/

a. ①私人的 a *private* letter 一封私信

②秘密的【同 secret】Don't repeat what I've told you to anyone, it's *private*. 不要告诉别人我告诉你的事，这是保密的。

③私立的，私营的【反 public】*private* school 私立学校

n. 士兵 *private* soldier 列兵，二等兵

搭 in private 在私下，秘密地

privacy /ˈpraɪvəsɪ/

n. 个人自由；隐私 She complained that her *privacy* had been invaded. 她抱怨说她的隐私受到了侵害。

extend /ɪkˈstend/

【助记】ex(out)+tend(伸展)→伸展出去→延长，延伸

vt. ①延伸，延长 Management have agreed to *extend* the deadline. 资方已同意延长最后期限。// The car park has been *extended*. 那个停车场已扩建。

②扩展，扩大 He is *extending* his eyes with radar. 他借助雷达来扩大自己的视野。// *extend* one's influence 扩大影响力

③提供 The bank has promised to *extend* your company credit. 银行已经答应向你们公司提供信用贷款。

vi. ①延伸【同 stretch】The Great Wall *extends* as far as the Jiayu Pass. 长城一直延伸到嘉峪关。

②(在范围或应用上)达到 Behind and ahead, as far as visibility *extended*, were other vehicles. 前前后后，目所能及的地方全是其他车辆。

extension /ɪkˈstenʃən/

n. ①伸展，扩大 No limit to freedom. No *extension* to slavery. 自由无可限量，奴役不可扩张。

②延长部分，扩大部分，扩建部分 the *extension* of a loan 借款的延期偿还 // an *extension* to a building 建筑物的扩建

③电话分机 *extension* number 电话分机号码

expand /ɪkˈspænd/

【助记】ex(out)+pand(伸展)→(向外)扩张

v. ①扩张 The Nokia company wants to *expand* its market in Asia. 诺基亚公司想扩大其在亚洲的市场。

②膨胀 Water *expands* as it freezes. 水结冰时体积会膨胀。

expansion /ɪkˈspænʃən/

n. ①扩展 We had made huge profits due to the *expansion* of business. 由于业务扩展，我们获得了巨额利润。

②膨胀 Heat causes the *expansion* of gases. 热使气体膨胀。

prolong /prəˈlɒŋ/

【助记】pro(forward)+long(长)→拉长

vt. 延长 Good care may *prolong* a sick person's life. 精心的照料可以延长病人的生命。

> 【辨析】表示"延长"的动词
>
> prolong：更多地表示在时间上的延长，含有"超出了正常限度"之义
>
> extend：表示在时间、空间上的扩展和延续

deadline /ˈdedlaɪn/

n. 最后期限 The *deadline* for making an application is next Friday. 申请于下星期五截止。

expire /ɪkˈspaɪə/

【助记】ex(out)+(s)pire(呼吸)→呼出最后一口气→断气

vi. ①期满 My passport *expires* in a month. 我的护照再过一个月就到期了。

②断气 Ophelia *expires* in Act Ⅳ of *Hamlet*. 奥菲莉娅在《哈姆雷特》第4幕中死去。

派 **expiry[英]/expiration[美]** *n.* 到期，失效；结束

stretch /stretʃ/

v. ①伸展，张开 *stretch* oneself (out) 舒展身体 // I *stretched* to relax after working a full day. 工作了一整天，我伸了个懒腰放松一下。

②延伸，绵延【同 extend】The desert *stretches* for hundreds of miles. 沙漠绵延数百英里。

③拉长，拉紧 The rope is *stretched* tight. 绳子拉得很紧。

④使倾注全力 She *stretched* herself to provide for the family. 她竭尽全力养家糊口。

n. 一段时间；伸展，延伸 a *stretch* of time 一段时间 // a beautiful *stretch* of countryside 一片乡村美景

搭 at a stretch 不停地，连续地 She had worked for six hours ***at a stretch***. 她已经连续工作了6个小时。

exhaust /ɪɡ'zɔːst/

【助记】ex(出)+haust(拉)→力气全被拉出来→使筋疲力尽

vt. ①使筋疲力尽【同 fatigue】We are all ***exhausted*** after a long cycle ride. 长途骑车后我们都筋疲力尽了。

②用光，耗尽 My patience is ***exhausted***. 我没有耐性了。

③详尽论述 We've ***exhausted*** this subject; let's go on to the next. 我们已经详尽地讨论了这一问题，接着谈下一个吧。

n. ①排气装置 jet ***exhaust*** 喷气口

②废气 the smell of the ***exhaust*** 排出的废气气味

派 **exhaustive** ***a.*** 消耗的；详尽的 // **inexhaustible** ***a.*** 用不完的；不知疲倦的

relax /rɪ'læks/

【助记】re(back)+lax(放松)→"放松"回原来的状态

v. ①放松 Music can help you ***relax*** after a whole day's hard work. 一天紧张工作之余，听听音乐能帮助你放松心情。

②放宽 ***relax*** restrictions 放宽限制

派 **relaxation** ***n.*** 放松；消遣

exploit /ɪk'splɔɪt/

vt. ①剥削 The capitalists ***exploit*** the workers in order to maximize profits. 资本家剥削工人是为了使利润最大化。

②利用，开发【同 use】The social freshmen should ***exploit*** every opportunity to enrich their experience. 刚踏入社会的人必须利用每一个机会积累经验。

n. [常 *pl.*] 业绩 Their heroic ***exploits*** will go down in history. 他们的英雄业绩将被载入史册。

派 **exploitation** ***n.*** 开发利用；剥削

harm /hɑːm/

n. 伤害，损害 If we interfere, it may do more ***harm*** than good. 倘若我们进行干预，那可能弊多利少。

vt. 伤害，损害 There are fears that a trade agreement will ***harm*** the economy. 人们担心贸易协定会给经济带来损害。

搭 come to no harm 未受到伤害 My brother's ship was caught in a storm but he ***came to no harm***. 我兄弟的船遇到了暴风雨，但他安然无恙。

quit /kwɪt/

v. ①停止，放弃 It's not easy to ***quit*** smoking and drinking. 戒烟戒酒并非易事。

②离开【同 resign】He ***quit*** his job due to his health problem. 由于健康问题，他辞去了工作。

abandon /ə'bændən/

vt. ①遗弃，抛弃 The heartless man ***abandoned*** his disabled wife. 那个没良心的男人抛弃了残疾的妻子。

②放弃 They ***abandoned*** the attempt to search for the child when the night came. 天色已晚，他们放弃了寻找孩子的企图。

搭 abandon oneself to 沉溺于 They ***abandon themselves to*** drinking. 他们沉湎于饮酒。

> **【辨析】表示"放弃"的动词**
>
> abandon：离弃、遗弃需要支持、帮助的人或动物；因困难放弃做某事
>
> quit：放弃，不再做原来在做的事

signal /'sɪɡnəl/

【助记】sign(记号)+al→用特殊的记号表示→信号

n. 信号；标志 traffic ***signals*** 交通信号 // Rapid breathing is a danger ***signal***. 呼吸急促是危险的征兆。

v. ①发信号 ***signal*** for help 发求救信号 // The ship ***signaled*** her position hourly. 该轮船每小时用信号报告她的位置。

②表示 Both sides have ***signaled*** their willingness to start negotiation. 双方都已表示他们愿意开始谈判。

a. 显著的，重大的 a ***signal*** victory/failure 极大的胜利/失败

gesture /'dʒestʃə/

【助记】gest(运载)+ure→承载信息的动作→手势

n. ①姿势，手势 make a rude ***gesture*** 做出粗鲁的手势

②(人际交往时做出的)姿态，表示 The invitation was thought of as a friendly ***gesture***. 那次邀请被认为是一个友善的表示。

v. 做手势(表示) ***gesture*** sb. to do sth. 做手势要某人做某事 // Beckham was fined for ***gestur-***

ing rudely at the football fans. 贝克汉姆向球迷做非常粗鲁的手势，因此被罚款。

motion /ˈməʊʃən/

【助记】mot(移动)+ion→运动

n. ①(物体的)运动 You must not get out of the car when it is in ***motion***. 汽车行驶的时候千万不能下车。

②手势，眼色，动作 make a ***motion*** 打了个手势

③提议 The ***motion*** was adopted by a majority of 6 votes. 该提议以6票的多数获得采纳。

v. (向……)打手势【同 gesture】He ***motioned*** (to) me to come in. 他招手让我进来。

派 **motionless** ***a.*** 不动的，静止的

resign /rɪˈzaɪn/

v. ①辞职，放弃 I ***resigned*** because of the low salary. 因为工资太低，我辞职了。

②(~*to*) 使顺从 ***resign*** oneself ***to*** one's fate 听天由命

派 **resignation** ***n.*** 辞职；顺从

surrender /səˈrendə/

vi. ①投降 They ***surrendered*** to the enemy. 他们向敌人投降了。

②(~*to*) 屈服(于)，听任(感情、习惯等)摆布 ***surrender to*** temptation 经不起诱惑

n. 投降，放弃 No ***surrender*** to the fascists! 决不向法西斯分子投降！

sacrifice /ˈsækrɪfaɪs/

【助记】sacri(神圣的)+fice(使)→古人认为"献祭"使万物变得圣洁

n. ①牺牲 Success in your job is not worth the ***sacrifice*** of your health. 以牺牲健康来求得工作上的成功是不值得的。

②献祭；祭品 They made ***sacrifices*** to the gods to ensure a good harvest. 为了保丰收，他们向神灵献祭。

vt. ①牺牲 She ***sacrificed*** much of her spare time to help the orphanage. 她牺牲了很多闲暇时间帮助孤儿院做事。

②献祭 The ancient Greeks ***sacrificed*** lambs or calves before engaging in battle. 古希腊人参战前都要献祭羔羊或牛犊。

reject /rɪˈdʒekt/ *vt.* /ˈriːdʒekt/ *n.*

【助记】re(back)+ject(扔)→扔回来→拒绝，拒纳

vt. ①拒绝【同 refuse】Some people who have strong self-respect often ***reject*** others' offers for help. 有些自尊心强的人经常拒绝别人提供的帮助。

②拒纳 We ***rejected*** his idea for a music club, and decided to have an art club instead. 我们没有采纳他关于成立音乐俱乐部的想法，而是决定成立艺术俱乐部。

n. 被拒货品，不合格产品 a ***reject*** tire 劣质轮胎

retreat /rɪˈtriːt/

【助记】re(back)+treat(=tract 拉)→撤退

vi. ①撤退【反 advance】The soldiers had to ***retreat*** when they were beaten in battle. 士兵们在战争中受挫时不得不撤退。

②退却 He saw her and ***retreated***, too shy to speak to her. 他看见她便往后退，不好意思跟她说话。

n. ①退却，撤退 be in full ***retreat*** 全线溃退

②隐退处 He lives in a quiet ***retreat***. 他住在一个幽静的地方。

withdraw /wɪðˈdrɔː/

【助记】with(back)+draw(拉)→收回

v. ①提取 It's more convenient to ***withdraw*** money from an ATM than from the bank. 在自动柜员机取钱比到银行取要方便。

②撤消 Many multinationals ***withdrew*** their investment from that country. 很多跨国公司从那个国家撤回了投资。

③撤退 ***withdraw*** troops from a place 从某地撤军 // The army ***withdrew***. 军队撤退了。

用 过去式 withdrew，过去分词 withdrawn。

派 **withdrawal** ***n.*** 撤退，退回

flee /fliː/

vi. 逃走 Everyone ***fled*** from the building when the fire alarm sounded. 火警响起来时，所有人逃离了那幢建筑物。

vt. 逃离，避开 Citizens were forced to ***flee*** the besieged city. 居民被迫逃离这座被围困的城市。

【一言辨异】flee, escape

The enemy soldiers were ***fleeing*** in all directions, but none of them could ***escape***. 敌兵四下逃窜，但无人成功逃脱。

setback /ˈsetbæk/

【助记】由 set back(使退步)构成的名词

n. 挫折，倒退 The team suffered a major *setback* when their best player was injured. 最优秀的队员受了伤，这支队伍的实力大打折扣。

replace /rɪˈpleɪs/

【助记】re(again)+place(位置)→重新调整位置→取代

vt. ①代替，取代 Nothing can *replace* a mother's love and care. 没有什么东西能取代母亲的爱和关怀。

②更换 *replace* A with B 用 B 替换 A // We *replace* a broken window with a new one. 我们用新窗户更换破了的窗户。

③把……放回原处 I *replaced* the cup carefully in the saucer. 我小心地把杯子放回茶碟。

replacement /rɪˈpleɪsmənt/

n. ①更换 The carpets are in need of *replacement*. 这些地毯需要更换。

②代替，替代的人(或物) We need a *replacement* for the secretary who left. 我们需要一个人接替离职的秘书。

displace /dɪsˈpleɪs/

【助记】dis(away)+place(位置)→使丧失位置→取代

vt. ①取代【同 replace】I don't want to be *displaced* in your heart by that young fool. 我才不愿意那个小傻瓜取代我在你心中的地位。

②迫使……离开家园 Millions of refugees were *displaced* by the war. 数以百万计的难民由于战争而离开家园。

派 **displacement** *n.* 移位；取代

substitute /ˈsʌbstɪtjuːt/

【助记】sub (under)+stitute(站)→站在下面备用→代替品

n. 代用品，代替者【同 replacement】We use plastics as a *substitute* for steel. 我们用塑料替代钢。

v. (~for) 代替 Coffee and soft drinks can't *substitute for* water. 咖啡和饮料都不能代替水。// We *substituted* red balls *for* blue, to see if the baby would notice. 我们用红球代替蓝球，看这是否会引起婴儿的注意。

派 **substitution** *n.* 代替，代理

limited /ˈlɪmɪtɪd/

a. 有限的 The amount of money we have is *limited*. 我们的钱数额有限。

派 **unlimited** *a.* 无限的

limitation /ˌlɪmɪˈteɪʃən/

【助记】limit(限度)+ation→局限

n. ①限制 The government has imposed *limitation* on imports. 政府已经对进口加以限制。

②[常 *pl.*]局限 He is a brilliant professor but has his *limitations* as an administrator. 他是一位出色的教授，但作为管理者他有不足之处。

restrict /rɪˈstrɪkt/

【助记】re(again)+strict(严格的)→一再严格"限制"

vt. 限制，约束 Speed is *restricted* to 30 mph in towns. 市内车速每小时不得超过 30 英里。// Having small children tends to *restrict* your freedom. 有了小孩往往会限制你的自由。

派 **restrictive** *a.* 限制的；(语法) 限定性的 // **restriction** *n.* 限制，约束

export /ˈekspɔːt/ *n.* /ɪkˈspɔːt/ *v.*

【助记】ex(out)+port(运送)→运送出去→出口

n. 出口(物) The *export* of gold is forbidden. 黄金禁止出口。

v. 出口 China *exports* to many other countries and regions. 中国向许多其他国家和地区出口货物。

import /ˈɪmpɔːt/ *n.* /ɪmˈpɔːt/ *vt.*

n. ①进口 an *import* duty 进口税

②[常 *pl.*]进口商品 *Imports* of household appliances rose last month. 上个月家用电器进口增加了。

③意义 I don't understand the *import* of his remarks. 我不明白他的话是什么意思。

vt. 进口 We *import* a lot of cars from Japan. 我们从日本大量进口汽车。

domestic /dəˈmestɪk/

【助记】dom(房屋)+estic→家庭的

a. ①国内的 Lower tariffs will lead foreign manufacturers into the *domestic* market. 低关税会吸引外国制造商进入国内市场。

②家(庭)的 *domestic* violence 家庭暴力

③驯养的 *domestic* animals 家畜

recession /rɪ'seʃən/

【助记】re(back)+cess(走)+ion→向后走→衰退

n. **衰退,衰退期**【同 depression】Various measures were taken to pull the country out of ***recession***. 已采取各种措施使该国摆脱经济不景气的状况。

同义替换练习

1. The club will enrol new members the first week in September.
   A. recruit　B. subscribe　C. absorb　D. register
2. I don't think it advisable that Tim be assigned to the job since he has no experience.
   A. imported　B. exposed　C. appointed　D. restricted
3. The computer can be programmed to deal with a whole variety of tasks.
   A. assign　B. tackle　C. realize　D. assess
4. We need to create education standards that prepare our next generation who will be faced with an even more competitive market.
   A. educated　B. graduated　C. exhibited　D. confronted
5. The work was almost complete when we received orders to proceed no further with it.
   A. extend　B. continue　C. march　D. promote
6. They are trying to use the waste discharged by the factory for profit.
   A. expose　B. exhaust　C. exhibit　D. exploit
7. Operations which left patients fatigued and in need of long periods of recovery time now leave them feeling relaxed and comfortable.
   A. injured　B. exhausted　C. deserted　D. abandoned
8. The scheme was cancelled when it was discovered it would be very costly.
   A. withdrawn　B. replaced　C. released　D. abandoned
9. Ten days ago the young man informed his boss of his intention to quit.
   A. resign　B. proceed　C. retreat　D. surrender
10. We should concentrate on sharply reducing interest rates to pull the economy out of depression.
   A. rejection　B. restriction　C. retreat　D. recession

答案与译文

1. [A] 该俱乐部将在9月份的第一个星期招收新会员。
2. [C] 蒂姆没有经验,我认为让他做这项工作是不明智的。
3. [B] 计算机通过编制程序可以处理各种各样的任务。
4. [D] 我们需要建立教育标准,使下一代做好准备,以面临一个更具有竞争性的市场。
5. [B] 工作都快做完了,我们突然接到命令说不要再继续进行下去。
6. [D] 他们正试图利用工厂废物赚钱。
7. [B] 以前让病人精疲力竭、需要很长的恢复时间的手术,现在却让病人感到轻松而舒适。
8. [D] 当发现费用太高时,这个计划就被放弃了。
9. [A] 这个年轻人十天前通知老板他打算辞职。
10. [D] 我们应该全力以赴,大幅降低利率来拉动经济走出萧条状态。

Lesson 4

词根词缀表

pos(it) 放，置	dispose *vi.* 丢掉	eco 家	economy *n.* 经济
miss 送	dismiss *vt.* 解散	stru, struct 建立	destruction *n.* 毁坏
quir, quis 寻求	acquire *vt.* 获得	merc 贸易	commerce *n.* 商业
sist 站立	resist *v.* 抵抗	manu 手	manual *a.* 手工的
sur 肯定的；安全的	assure *vt.* 使确信	sume, sump 取	consume *vt.* 花费
pens 衡量	compensate *v.* 补偿	it 走	transit *n.* 运输

dispose /dɪs'pəuz/

【助记】dis(apart)+pos(放)+e→丢掉

vt. ①排列，布置 It took him quite some time to *dispose* the books on the shelf. 他花了不少时间把书排列在书架上。

②使倾向于 Hardship *disposes* man to meet adversity. 艰苦的生活使人能应付逆境。

vi. ①(*~of*)丢掉 We have to *dispose of* this pile of old papers and magazines. 我们得把这堆旧报纸和杂志处理掉。

②处理，解决 A few years of effort could *dispose* of the housing shortage. 几年的努力当可解决住房紧缺问题。

派 disposable *a.* 可自由支配的；一次性使用的

disposal /dɪs'pəuzəl/

n. ①丢掉 trash *disposal* 废物处理

②布置 the *disposal* of the furniture 家具的布置

搭 at sb.'s disposal 任某人处理，供某人使用 Tanner had a considerable amount of cash *at his disposal*. 坦纳手头有很多现金可以支配。

雅思真题 Do these trees have other means at their *disposal* to prevent overexposure to light in autumn? 这些树木是否有其他可以随意使用的方法来阻止自身过度暴露在秋天的阳光下？

court /kɔːt/

n. ①法庭，法院 The prisoner was brought to *court* for trial. 囚犯被带上法庭受审。

②球场 Do you prefer grass *courts* or hard *courts*? 你比较喜欢草地球场还是硬地球场？

③宫廷 *court* dress 宫廷礼服

④院子 My *court* is deserted but I do not care. 我的庭院一片荒芜但是我无心照看。

dismiss /dɪs'mɪs/

【助记】dis(away)+miss(送)→送走→解雇；解散

vt. ①不再考虑，不接受 He just laughed and *dismissed* my suggestion as unrealistic. 他只是笑笑，就以不实际为由拒绝了我的建议。

②解雇【同 fire, sack】Bryant claims he was unfairly *dismissed* from his post. 布赖恩特声称自己被无理免职。

③解散，遣散 The chairman *dismissed* the meeting. 主席宣布散会。

④驳回，不受理 *dismiss* a suit 对诉讼不予受理

派 dismissal *n.* 解散；解雇；不予考虑

disappear /ˌdɪsə'pɪə/

vi. 消失 The plane *disappeared* behind a cloud. 飞机飞入云中不见了。

派 reappear *v.* 再现

discard /dɪ'skɑːd/

【助记】dis(apart)+card(纸牌)→掷出无用的纸牌→抛弃

vt. 抛弃【同 throw away】Outdated theory should be *discarded*. 过时的理论应当抛弃掉。

failure /'feɪljə/

n. ①失败 *Failure* in one examination should not stop you from trying again. 一次考试不及格不应妨碍你再试一次。

②失败的人(或事) He has to admit that he is a *failure* as a musician. 他不得不承认他不是成功的音乐家。

③失灵,故障 engine *failure* 引擎故障

④没做到 His *failure* to answer the questions made the police suspicious. 他未能回答问题,使警察起了疑心。

discourage /dɪsˈkʌrɪdʒ/

【助记】dis(away)+courage(勇气)→失去勇气→使泄气

vt. ①使泄气【反 encourage】Don't let one failure *discourage* you. 不要因为一次失败就气馁。

②阻止 I tried to *discourage* him from going alone. 我设法劝他不要独自去。

> 【归类卡片】表示"禁止,阻止"多用~ ... from doing sth.的结构,常见动词有:
>
> discourage hinder inhibit
>
> preclude prevent prohibit

frustrate /frʌˈstreɪt/

vt. ①使沮丧,使灰心【同 discourage, depress】The child is *frustrated* by the problems that are hard to solve. 孩子被太难解决的问题弄得很沮丧。

②挫败【同 prevent, hinder】The bad weather *frustrated* our hopes of going out. 恶劣的天气使我们外出的愿望无法实现。

派 **frustration** ***n.*** 挫折

accomplish /əˈkʌmplɪʃ/

vt. 完成(任务),实现(计划、诺言等)【同 achieve】Are you content to be a person who will never *accomplish* anything? 你甘心做一个永远一事无成的人吗? // We have *accomplished* all we set out to do. 所有计划要做的事情,我们都已完成。

派 **accomplished** ***a.*** 实现的;有造诣的 // **accomplishment** ***n.*** 实现;成就;造诣

fulfil(l) /fʊlˈfɪl/

vt. ①实现(希望) He finally *fulfilled* his dream of becoming a pianist. 他最终实现了成为一名钢琴家的梦想。

②履行 *fulfill* a duty/obligation 履行职责/义务

③满足,使满意 I need a job that really *fulfills* me. 我需要一份真正令我感到满足的工作。

派 **fulfil(l)ment** ***n.*** 履行,实现

qualify /ˈkwɒlɪfaɪ/

v. (使)胜任,(使)具有资格【反 disqualify】I finally *qualified* as a pilot. 我终于具有了飞行员的资格。// Our four-week course will *qualify* you to teach English overseas. 我们为期4周的课程将使你有资格在国外教英语。

搭 qualify as... 具有……资格 // qualify for 胜任

派 **qualified** ***a.*** 有资格的,胜任的 // **unqualified** ***a.*** 不合格的

qualification /ˌkwɒlɪfɪˈkeɪʃən/

n. ①资格,合格证书 Do you have any teaching *qualifications*? 你有任何教学方面的文凭吗?

②限制,限定条件 I agree, with *qualifications*. 我赞成,但有所保留。

achieve /əˈtʃiːv/

vt. 完成,实现 We worked hard to cut spending and *achieved* a balanced budget. 我们努力削减开销,实现了预算平衡。

vi. 成功 We want all our students to *achieve* within their chosen profession. 我们希望所有的学生在各自选择的专业领域内都能有所成就。

派 **achievement** ***n.*** 成就,成绩

attain /əˈteɪn/

【助记】at(to)+tain(触到)→触摸到了→达到

vt. ①获得,达到【同 achieve】More women are *attaining* positions of power in public life. 越来越多的妇女在社会生活中获得权位。

②达到(一定数量、规模等) Share prices *attained* a high of $5. 每股价格涨到5美元之高。

ideal /ˌaɪˈdɪəl/

a. ①理想的 The *ideal* society is to be realized in the future. 理想社会将在未来实现。

②空想的 an *ideal* world 乌托邦

n. 理想;理想的东西(或人) pursue an *ideal* 追求理想

派 **idealism** ***n.*** 理想主义 // **idealist** ***n.*** 理想主义者 // **idealize** ***v.*** 将……理想化

obtain /əb'teɪn/

【助记】ob(near)+tain(拿住)→伸手可及→获得

vt. 获得 He failed to ***obtain*** a scholarship. 他没有获得奖学金。// I finally managed to ***obtain*** a copy of the report. 我终于设法弄到了这份报告的一个副本。

vi. 通用,流行 This custom has ***obtained*** here for many years. 此习俗在此地已流行多年。

【辨析】表示"获得"的动词

attain:正式用语,指经过长期努力后达到某个水平,"获得"某种地位或身份

obtain:比较正式的用语,强调经过努力获得需要的东西或达到目的

acquire:指通过不懈努力或经过积累而"获得"技能、知识,或因突出能力而"赢得"名声

approach /ə'prəutʃ/

【助记】ap(to)+proach(接近)→一再接近→靠近

v. 靠近 As the TEM-4 ***approaches***, I become nervous. 随着英语专业四级考试的来临,我变得紧张起来。// As they ***approached*** the wood a rabbit ran out of the trees. 他们走近树林的时候,一只兔子从树林里跑了出来。

n. ①靠近,临近 the ***approach*** of night 夜幕降临
②途径,方法 You seem to have a good ***approach*** to the problem. 你好像有解决该问题的好办法。

派 **approachable** ***a.*** 可接近的

acquire /ə'kwaɪə/

【助记】ac(to)+quir(寻求)+e→不断追求才能获得→获得

vt. 获得,学到,掌握 Sally has ***acquired*** a reputation for carefulness. 萨莉赢得了仔细谨慎的名声。// He spent years ***acquiring*** his skills as a surgeon. 他花了几年时间学到了外科技术。

用 表达"学到、获得知识"要用 acquire/gain knowledge,而不应说成 learn knowledge。

acquisition /ˌækwɪ'zɪʃən/

n. ①取得,获得,习得 Students ought to devote their time to the ***acquisition*** of knowledge. 学生们应该把时间都花在求知上。
②获得物 This painting is my latest ***acquisition***. 这幅画是我最近得到的。

quest /kwest/

n. 寻求,搜索 ***quest*** for truth 追求真理 // World leaders are now united in their ***quest*** for peace. 全世界领导人联合起来追求世界和平。

搭 in quest of 寻找,设法找到 He went to the library ***in quest of*** Martha. 他到图书馆找玛撒。

conceal /kən'siːl/

【助记】con(表加强)+ceal(藏)→隐藏

vt. 隐藏【同 hide】He tried to ***conceal*** his heavy drinking from his family. 他极力对家人隐瞒他酗酒的事。

withhold /wɪð'həuld/

【助记】with(back)+hold→抑制

vt. ①拒绝,不给 Visas were ***withheld*** from many applicants for studying abroad. 许多申请出国留学的人都被拒签。
②抑制 The readers cannot ***withhold*** their admiration. 读者无法抑制自己的敬佩。

用 过去式、过去分词为 withheld。

cancel /'kænsəl/

vt. ①取消 The comedy was ***canceled*** after just three episodes. 这部喜剧才演了三集就被取消了。
②抵消 These arguments ***cancel*** each other out. 这些争论彼此势均力敌。
③删去,划掉 I ***cancelled*** many unnecessary words in my manuscript. 我把原稿中许多不需要的文字删了。

postpone /pəust'pəun/

【助记】post(后)+pone(放)→放到后面→推迟

vt. 推迟【同 delay】You had better ***postpone*** making a decision until you have more information. 你最好在获取更多信息后再做决定。

defer /dɪ'fɜː/

vt. 延缓,拖延【同 postpone】You may ***defer*** payment until next week. 你可延期至下周付款。

vi. (~*to*) 遵从,听从 We all ***defer to*** him in these matters. 在这类事情上我们都听他的。

permission /pə'mɪʃən/

【助记】permit(*v.* 允许)的名词

n. 许可 Without special ***permission*** outsiders are not allowed to visit the test plant. 未经特别许可外人不得参观测试车间。

resist /rɪ'zɪst/

【助记】re(against)+sist(站)→站在对立面→抵抗

v. ①抵抗 They are determined to ***resist*** invasion. 他们决定抵抗入侵。

②抗(病等) This coating is designed to ***resist*** rust and the weather. 涂上这一层,是为了防锈,让它经得起风吹雨打。

③忍住,拒受……的影响 Jill couldn't ***resist*** making jokes about his baldness. 吉尔忍不住拿他的秃顶开玩笑。

用 resist + { sth. √ / doing sth. √ / to do sth. × }

派 **resistor** ***n.*** 电阻器 // **irresistible** ***a.*** 不可抗拒的

resistance /rɪ'zɪstəns/

n. ①反抗 The environmentalists put up lots of ***resistance*** to fur-clothing companies. 环保人士多次对皮衣公司提出了抗议。

②抵抗力 build up (a) ***resistance*** to infection 增强对传染病的抵抗力

③阻力,电阻 aerial ***resistance*** 天线电阻

resistant /rɪ'zɪstənt/

a. (*~to*)抵抗的,耐……的 I prefer the plants that are ***resistant to*** bad climate. 我比较喜欢那些能抵抗恶劣气候的植物。

receptionist /rɪ'sepʃənɪst/

n. 招待员,接待员 Foreign visitors will expect the ***receptionist*** to have a very good knowledge of the country in general. 外国游客希望接待员对这个国家的大致情况有很好的了解。

assume /ə'sjuːm/

【助记】as(to)+sume(拿,取)→取一种观点→假定

vt. ①假定,假设 We must ***assume*** him to be innocent until he is proved guilty. 尚未证实他有罪,就得假定他是清白的。

②担任,就职 He ***assumed*** the responsibility for planning and preparing the picnic. 他承担起计划和准备野餐的责任。

assumption /ə'sʌmpʃən/

n. ①假定 The theory is based on a series of wrong ***assumptions***. 这一理论是以一系列错误的假定为根据的。

②担任 ***assumption*** of office 就职

搭 make an assumption (作出) 假设 // on the assumption that... 假设……

presume /prɪ'zjuːm/

【助记】pre(before)+sume(拿)→预先拿出一种观点→假定

vt. ①推测 I ***presume*** from your pronunciation and intonation that you are American. 我从你说话的语音语调推定你是个美国人。

②认定,推定 She is missing and ***presumed*** to be dead. 她失踪并被认定已死亡。

vi. 冒昧(做),擅自行事 I ***presume*** to suggest that you should take legal advice. 我冒昧地建议你找律师咨询。

搭 presume on (不正当地)利用

派 **presumptively** ***ad.*** 据推测 // **presumptuous** ***a.*** 专横的 // **presumption** ***n.*** 假定

> 【辨析】表示"假定,假设"的动词
>
> assume:指将未证实或尚存在分歧的事情假定为事实,作为自己论断的基础
>
> presume:指以过去的经验作为依据或合乎逻辑地"推测",一般有较充分的理由,虽然结论仍可能是错误的

presumably /prɪ'zjuːməblɪ/

ad. 大概,据推测 ***Presumably*** the bad weather delayed the flight. 大概恶劣的天气使飞机误点了。

assure /ə'ʃʊə/

【助记】as(to)+sur(肯定的)+e→一再肯定→使确信

vt. ①使确信,使放心 The dentist's confident manner ***assured*** me that I was in safe hands. 牙医自信的态度使我确信我正由可靠的医生诊治。

②确保【同 ensure】Nothing can ***assure*** permanent happiness. 没有什么东西能确保永久的幸福。

用 assure 表示"使确信"时,常用于 assure sb. that...、sb. be assured that... 或 assure sb. of sth.。

派 **assuredly** ***ad.*** 确定地 // **self-assured** ***a.*** 自信的

assurance /ə'ʃʊərəns/

n. ①把握，信心 He answered all my questions with complete ***assurance***. 他非常自信地回答了我所有的问题。

②保证，表示保证（或鼓励、安慰）的话 Let me give you my ***assurance*** that the work will be finished by the agreed date. 我向你保证，这项工作一定能在商定的日期内完成。

③[英]（人寿）保险 life ***assurance*** 人寿保险

reassure /ˌriːə'ʃʊə/

【助记】re（again）+assure（保证）→一再保证→使放心

vt. 使放心 They apologized and ***reassured*** us that the matter would be dealt with immediately. 他们表示歉意，并向我们保证，问题会立即得到处理。

insure /ɪn'ʃʊə/

【助记】in（into）+sur（安全的）+e→使人进入安全的状态→给……保险

vt. ①给……保险 ***insure*** sb./sth. against... (for...) 为某人/某物投了（……数额的）……保险 // The shipment has been ***insured*** against all risks. 货物已投保综合险。

②保证，确保 Carefulness ***insures*** you against errors. 谨慎细致可使你避免发生差错。

派 **insured** ***n.*** 被保险人，投保人 // **insurer** ***n.*** 承保人，保险公司

> 【辨析】形近词assure, ensure, insure
>
> assure：常与 of 连用，指通过劝导或承诺等方式消除他人思想上的怀疑或担心；指“确保”时，ensure 法比 assure 更常用
>
> ensure：表示“确保”某事的发生，经常可与 insure 互换，但没有“保险”之义
>
> insure：一般指给某人或某物上保险

insurance /ɪn'ʃʊərəns/

n. ①保险 ***insurance*** policy 保险单

②保证 A balanced diet is an ***insurance*** against malnutrition. 均衡的饮食是防止营养不良的保证。

ensure /ɪn'ʃʊə/

【助记】en（使）+sur（确定的）+e→使确定→确保

vt. 确保 I will ***ensure*** that the car arrives by six o'clock. 我保证汽车六点钟以前到。// This medicine will ***ensure*** you a good night's sleep. 这药能保证你睡一夜好觉。

用 ensure 在美式英语中常拼写为 insure；常用结构有 ensure that...、ensure sb. sth.、ensure sth. to sb. 等。

> **雅思真题** We will require wisdom and resoluteness to ***ensure*** that migrating species can continue their journeying a while longer. 我们将需要智慧和决心来确保这些迁徙的物种能将它们的迁徙活动进行得更长久一些。

guarantee /ˌgærən'tiː/

【助记】guar（保卫）+antee→保证

vt. 保证，担保 Buying a train ticket doesn't ***guarantee*** you a seat. 买到火车票并不保证你有座位。// We ***guarantee*** to deliver your goods within a week. 我们保证一周之内送货。

n. 保证书，保修单 Every new television should have a ***guarantee*** with it. 每台新电视机都应该有保修单。

用 guarantee 表示“保证，担保”时，常用于 guarantee that、guarantee (sb.) sth.、guarantee to do sth. 等结构。

compensate /'kɒmpənseɪt/

【助记】com（with）+pens（衡量）+ate→衡量以“补偿”

v. 补偿，弥补 Nothing can ***compensate*** for the loss of time. 光阴一去不复返。// He expects to be ***compensated*** financially. 他希望能得到经济补偿。

compensation /ˌkɒmpən'seɪʃən/

n. 补偿的款物；赔偿 The injured man was granted $10,000 in ***compensation***. 那个受伤的男人获得1万美元的赔偿金。

premium /'priːmɪəm/

n. ①保险金 Your first ***premium*** is now due. 你的第一期保险费已到期。

②额外费用 You must pay a ***premium*** for express delivery. 快递还要另外付费。

③奖品，额外津贴 ***premium*** payments for weekend work 周末工作津贴

a. ①高级的，优质的 ***premium*** gasoline 特级汽油

②售价高的 Most of my clients sell premium products at a ***premium*** price. 我的大部分客户

高价出售优质产品。

搭 at a premium 奇缺的；以高价…… // put/place a premium on 高度评价，重视

economy /ɪ'kɒnəmɪ/

n. ①经济 world/domestic *economy* 全球/国内经济

②节约 You should learn to practice *economy* in making out the household budget. 你应当在制订家庭预算时学会精打细算。

派 **economist** *n.* 经济学家 // **economise/-ize** *v.* 节省，紧缩开支

economic /ˌiːkə'nɒmɪk/

a. 经济的 *economic* recovery 经济复苏

n. ①[-s]经济学 She is studying *economics* at college. 她在大学里读经济学。

②[-s]经济状况，经济意义 The *economics* of the scheme will have to be looked at very carefully. 须认真考虑这项计划的经济意义。

economical /ˌiːkə'nɒmɪkəl/

a. 节约的，经济的【反 wasteful】Some villages are equipped with a modern and *economical* heating system. 一些村庄里安装了现代化的经济型供暖系统。

thrift /θrɪft/

n. 节约 To practice *thrift* is a virtue. 节俭是美德。

派 **thrifty** *a.* 节俭的，俭约的

extravagant /ɪk'strævəgənt/

【助记】extra(在……之外)+vag(漫步)+ant→漫步于界线之外→过度的

a. ①奢侈的 It's quite *extravagant* for a student to spend 2,000 yuan on a dress. 花2000元买一套衣服对于一个学生来说太奢侈了。

②过度的 Most inexperienced young people tend to hold *extravagant* hopes for the future. 大多数未经世事的年轻人都对未来抱有奢望。

派 **extravagance** *n.* 浪费，奢侈

luxury /'lʌkʃərɪ/

n. ①奢侈 a life of *luxury* 奢侈的生活

②奢侈品 Diamond is the favorite *luxury* to women. 钻石是女士们最喜爱的奢侈品。

派 **luxurious** *a.* 豪华的，奢侈的

词源 源自拉丁语 lux “光”。本意是住在银河(milk way)旁边的仙女的肌肤。拥有这样的肌肤对凡间的女子来说几乎是一种奢侈，力士香皂(Lux)说的就是这个意思。

pose /pəuz/

vt. ①造成，引起(困难等)【同 cause】*pose* a threat to 造成……的威胁

②提出(问题等) *pose* a question 提出一个问题

vi. ①摆姿势 Models are employed by art schools to *pose* for art students to paint. 艺术学校雇来模特摆姿势给学艺术的学生作画。

②假装，冒充 She was caught *posing* as a lawyer. 她冒充律师被当场抓获。

n. 样子 put on a *pose* of 装出……的样子

threat /θret/

n. ①威胁 The existence of nuclear weapons poses a grave *threat* to the future of the world. 核武器的存在对世界的未来构成了严重的威胁。

②凶兆，征兆 There was a *threat* of typhoon. 有刮台风的征兆。

threaten /'θretən/

vt. ①威胁 When your love for someone is rejected, in no case should you *threaten* him/her with death. 当爱被拒绝的时候，千万不要以死相威胁。

②是……的征兆 The black clouds *threaten* a storm. 乌云预示暴风雨的来临。

thereafter /ðeər'ɑːftə/

【助记】there(那)+after(在……之后)→以后

ad. 以后 She married at 28 and gave birth to her child shortly *thereafter*. 她28岁结婚，之后不久便生了孩子。

thereby /ðeə'baɪ/

ad. 从而 He became a citizen, *thereby* gaining the right to vote. 他成为公民，并因此获得了选举权。

destruction /dɪ'strʌkʃən/

【助记】de(down)+struct(建筑)+ion→使建筑倒下→毁坏

n. 破坏，毁灭 The fire caused great *destruction* to the Da Xing'an Ling Mountains. 大火对大

兴安岭造成了极大的破坏。

destructive /dɪ'strʌktɪv/

a. 破坏的，毁灭的 Such a habit is ***destructive*** to the morals of youth. 这样的习惯有害于青年的品德培养。

restore /rɪ'stɔː/

【助记】re(again)+store(储存)→一再储备能量才能恢复体能→恢复

vt. ①恢复；修复 I feel quite ***restored*** (to health) after my holiday. 休假后我感觉恢复了健康。// It's hard to ***restore*** a broken mirror. 破镜难圆。

②归还 The stolen property must be ***restored*** to its owner. 赃物必须物归原主。

派 **restoration** ***n.*** 归还原主；恢复，修复

renovate /'renəveɪt/

【助记】re(again)+nov(新的)+ate(使)→更新

vt. 修复，翻新 Tom ***renovates*** old houses and sells them at a profit. 汤姆靠翻修老房子再出售赚钱。

派 **renovation** ***n.*** 整修，翻新

decorate /'dekəreɪt/

【助记】decor(漂亮的)+ate(使)→装饰

v. ①装饰 Sarah likes to ***decorate*** her house with handmade rugs. 萨拉喜欢用手工地毯装饰家居。

②粉刷 We're going to ***decorate*** the kitchen next week. 我们下周要粉刷厨房。

派 **decoration** ***n.*** 装饰，装潢 // **decorative** ***a.*** 美观的，装饰的

ornament /'ɔːnəmənt/

【助记】orna(装饰)+ment→装饰品

n. 装饰品；装饰 It is more for ***ornament*** than for use. 这东西主要供装饰而不是实用的。

vt. 装饰 The man ***ornamented*** his bedroom with photos. 那个人用照片装点卧室。

> **【辨析】表示"装饰"的动词**
>
> decorate：表示以添加色彩或设计来装饰房间、街道等，目的在于庆祝或使被装饰对象不再平淡、单调
>
> ornament：多指以添加小饰物来"点缀、装饰、美化"，使被装饰物更别致

renew /rɪ'njuː/

【助记】re(again)+new(新的)→再次变新→更新

vt. ①重新开始 The annual dinner is a chance to ***renew*** acquaintance with old friends. 一年一度的聚餐会是与老朋友叙旧的好机会。

②(使)更新 The trees ***renew*** their foliage every year. 树木每年都重新长出叶子。

③延长(……的)有效期 Remember to ***renew*** the books if you can't finish them on time. 如果你不能按时读完这些书，记得要去图书馆续借。

派 **renewal** ***n.*** 更新；延期

refresh /rɪ'freʃ/

【助记】re(again)+fresh(有活力的)→(使)精神振作

v. (使)振作精神，(使)恢复活力 Enough time should be left for sleep because that will help one become ***refreshed***. 应该留足够的时间睡觉，因为那有助于恢复精力。

派 **refreshing** ***a.*** 使精神振作的

revive /rɪ'vaɪv/

【助记】re(again)+viv(活)+e→再活过来→(使)复苏

v. 使复苏，恢复 The roses ***revived*** after the rain. 雨后玫瑰花恢复了娇艳。// The doctor couldn't ***revive*** her. 医生无法使她苏醒。

派 **revival** ***n.*** 更新，重新开始

commerce /'kɒmɜːs/

【助记】com(共同)+merc(贸易)+e→商业

n. 商业，贸易 We must promote ***commerce*** with European countries. 我们必须促进与欧洲国家的贸易往来。

commercial /kə'mɜːʃəl/

a. ①商业的 ***commercial*** depression 商业萧条

②商品化的 In a ***commercial*** society, people often feel lonely and helpless. 在商品化社会，人们常常感到孤单无助。

n. 商业广告 TV ***commercials*** 电视广告

派 **commercialize** ***vt.*** 使商业化

commodity /kə'mɒdɪtɪ/

【助记】com(共同)+mod(方式)+ity→用同一模式做"商品"

n. 商品【同 merchandise, goods】The prices of the ***commodities*** are quite stable this year. 今年各种物价相当稳定。

label /'leɪbəl/

n. ①标签 I attached a ***label*** on my luggage. 我

在行李上加了标签。

②称号 acquire the *label* of... 得了……绰号

vt. ①贴标签于 The bottle is *labeled* "Poison". 瓶上标明"有毒"。

②把……称为 Tom has been *labeled* "playboy" by girls. 汤姆被女孩们称为"花花公子"。

artificial /ˌɑːtɪˈfɪʃəl/

【助记】art(技巧)+i+fic(做)+ial→通过技巧做出来→人造的

a. ①人造的，非自然的；假的 This fruit juice absolutely contains no *artificial* flavoring or coloring. 这种果汁绝不含人造香精和色素。

②矫揉造作的【反 genuine】Her *artificial* manner made me sick. 她那矫揉造作的样子令我恶心。

③人为的 *artificial* barriers of race 人为造成的种族隔阂

雅思真题 A major drawback of vertical farming, however, is that the plants would require *artificial* light. 但是，垂直农业的一个主要缺点在于作物需要人造光。

fake /feɪk/

n. ①假货 The teapot looked old but was a recent *fake*. 这把茶壶貌似古董，却是一件新近制作的赝品。

②骗子 The so-called expert was a *fake*. 这个所谓的专家是骗子。

a. 假的，伪造的 The *fake* printing of Van Gogh looks almost identical with the real one. 那幅梵高的赝品跟真的看起来几乎一模一样。

vt. ①伪造 The little boy *faked* his father's signature. 那个小男孩伪造了父亲的签名。

②伪装，假装 He *faked* illness. 他假装生病。

distinguish /dɪsˈtɪŋgwɪʃ/

vt. ①区分，辨别 A common person usually can't *distinguish* a genuine antique from a fake one. 常人一般不会区分真古董和赝品。

②看清，听清 Can you *distinguish* those distant objects? 你能看清远处的那些物体吗？// I could not *distinguish* her words, but she sounded nervous. 我听不清她的话，但听起来她很焦虑。

③(~*oneself*)使杰出 He *distinguished himself* in the examination. 他考试成绩突出。

派 **distinguishable** *a.* 可区分的 // **distinguished** *a.* 卓越的

manual /ˈmænjuəl/

【助记】manu(手)+al→手工的

a. 手工做的，体力的 The school offers *manual* training to the pupils. 该校为学生开设手工课。

n. 手册 Consult the computer *manual* if you have a problem. 如有疑问请查阅电脑手册。

manufacture /ˌmænjuˈfæktʃə/

【助记】manu(手)+fact(做)+ure→制造

vt. 制造 All those underground plants that *manufacture* pirated CDs must be closed down. 所有制造盗版光盘的地下工厂都必须查封。

n. 制造；[*pl.*]制造品 Cost will determine the methods of *manufacture*. 成本将决定制造方法。

派 **manufacturer** *n.* 厂商，制造者

stock /stɒk/

n. ①库存 But now while *stocks* last! 尚有余货，欲购从速！

②股票 She invested most of her savings in *stocks*. 她把大部分存款投资在股票上。

③世系 a man of Scottish *stock* 一个苏格兰血统的男子

④汤汁 Brown Onion *Stock* 棕色洋葱原汁汤

⑤[总称]家畜 live *stock* 家畜

v. 储备 When parents have to leave their children for a few days, they'll carefully *stock* the refrigerator with food. 父母要离开孩子几天时，会细心地在冰箱里储备食物。// *stock* up on canned goods 贮备罐头食品

a. 常用的，常备的 The shop sells shoes in all the *stock* sizes. 该商店出售所有常备尺码的鞋子。

搭 in stock 有库存的 // take stock of 对……估价，判断 // out of stock 脱销的

retail /rɪˈteɪl/ *v.* /ˈriːteɪl/ *n./ad.*

【助记】re(back)+tail(切割)→割成小块卖→零售

v. 零售 These shoes *retail* at $10. 这些鞋的零售价为每双 10 美元。// the difficulties in *retailing* the new products 零售新产品的困难

n. 零售【反 wholesale】a *retail* merchant 零售商

ad. 以零售方式 Many big department stores profit from buying wholesale and selling *retail*. 许多大型百货商场整买零卖从中获利。

派 **retailer** *n.* 零售商

consume /kən'sjuːm/

【助记】con(完全)+sume(取)→把钱全部取出来"花费"

vt. ①消耗,花费 The car ***consumes*** a lot of gasoline. 这辆车很耗油。

②吃(完),喝(光) The children ***consumed*** all the hamburgers. 孩子们把所有汉堡包都吃完了。

③(~*with*)使着迷,充满 He was ***consumed with*** guilt after the accident. 那次事故以后他深感内疚。

④毁灭【同 destroy】The fire soon ***consumed*** the wooden buildings. 大火很快就把那些木制建筑物烧毁了。

consumer /kən'sjuːmə/

n. 消费者,用户 Companies failed to warn ***consumers*** about the dangers of smoking. 烟草公司未有就吸烟的种种危险警告消费者。

搭 consumer demand/choice/rights 消费者的需求/选择/权利

派 **consumerism** *n.* 消费主义(认为高消费对社会和个人有利)

consumption /kən'sʌmpʃən/

n. 消耗量;消耗 The low petrol ***consumption*** cars are the best selling ones in China's automobile market. 耗油量低的小汽车在中国的汽车市场很畅销。

swallow /'swɒləʊ/

v. ①吞,咽 He ***swallowed*** without chewing. 他未经咀嚼就把食物咽下。// He put a grape into his mouth and ***swallowed*** it whole. 他把一粒葡萄放入嘴里,整个吞了下去。

②轻信 Don't ***swallow*** others' words. 不要轻信他人的话。

③承受,使不流露 Nancy tried to ***swallow*** her displeasure and smiled. 南希尽力忍住不快,强作欢颜。

n. ①燕子 One ***swallow*** does not make a summer. [谚]一燕不成夏。

②吞,咽 at one ***swallow*** 一口就……

> 【一言辨异】swallow, taste, digest
>
> Some books are to be ***tasted***, others to be ***swallowed***, and some few to be chewed and ***digested***. (Francis Bacon) 有些书浅尝而止,有些书可以囫囵吞枣,少数则需咀嚼消化。(弗朗西斯·培根)

bankrupt /'bæŋkrʌpt/

【助记】bank(银行)+rupt(打破)→破产的

a. ①破产的 A company will go ***bankrupt*** because of poor management. 公司会因经营管理不善而破产。

②彻底缺乏(某种美德)的 a morally ***bankrupt*** society 道德沦丧的社会

vt. 使破产 The company was almost ***bankrupted*** by legal costs. 这家公司为诉讼费用所累,几乎破产。

n. 破产者 He realizes the ***bankrupt's*** assets. 他变卖破产者的财产。

派 **bankruptcy** *n.* 破产(状态)

debt /det/

n. 欠款,负债 Out of ***debt***, out of danger. [谚]无债一身轻。

搭 in sb.'s debt 欠某人的人情 // in debt 欠债,负债

派 **debtor** *n.* 债务人

loan /ləʊn/

n. 贷款 Now, it is common for young couples to apply for a ***loan*** to buy houses. 现在,年轻夫妇申请贷款购房的现象很普遍。

vt. 借出【同 lend】These works of art are too brittle to be ***loaned*** out for exhibitions. 这些艺术品太容易损坏,不能借出去展览。

搭 on loan 暂借的(地)

mortgage /'mɔːgɪdʒ/

n. 抵押,抵押借款 They were having trouble getting a ***mortgage***. 他们借按揭贷款有些困难。

vt. 抵押 In order to start my new firm, I had to ***mortgage*** my house for the loan. 为了开设新的公司,我只好以房子作抵押以获得贷款。

transaction /træn'zækʃən/

【助记】trans(across)+action(行为)→两者之间发生的交换行为→交易

n. 交易,业务 They charge a fixed rate for each ***transaction***. 他们对办理的每项业务收取一定的费用。

transition /træn'zɪʃən/

n. 过渡,转变 His attitude underwent an abrupt ***transition***. 他的态度突然转变了。

transit /'trænsɪt/

【助记】trans(across)+it(go)→从一个地方转移至

另一个地方→运输

n. 运输 The shipment was lost in *transit*. 这批货在运输过程中丢失了。

搭 in transit 在运输中,在途中

同义替换练习

1. The increase in student numbers causes many problems for the universities.
   A. forces　B. presses　C. provides　D. poses
2. Unfortunately, the new edition of this dictionary is out of stock in all major bookshops.
   A. unsaleable　B. unattainable　C. undistinguishable　D. unrenewable
3. In Britain people consume four million tons of potatoes every year.
   A. swallow up　B. dispose of　C. eat up　D. buy out
4. Many a player who had been highly thought of has never showed on the tennis scene.
   A. disposed　B. disappeared　C. discouraged　D. discarded
5. An attempted robbery was frustrated by the police.
   A. dismissed　B. prevented　C. postponed　D. resisted
6. Anthony doesn't qualify as a teacher of English as his pronunciation is terrible.
   A. doesn't work as　B. isn't fit to be
   C. can't become　D. wants to dismiss
7. After working for the firm for ten years, Kevin finally attained the rank of deputy director.
   A. accomplished　B. approached　C. achieved　D. assumed
8. Before we move, we should throw away some of the old furniture, so that we can have more room in the new house.
   A. discard　B. dissipate　C. cancel　D. conceal
9. Jeremy Lin was proud of being chosen to participate in the game and he promised us that he would try as hard as possible.
   A. insured　B. threatened　C. assumed　D. assured
10. There's the living room still to be renovated, so that's my next project.
   A. abandoned　B. decorated　C. dissolved　D. assessed

答案与译文

1. **[D]** 学生人数的增长给大学带来了很多问题。
2. **[B]** 不幸的是,这本字典的新版本在所有主要的书店已经脱销。
3. **[C]** 在英国,人们每年要消耗400万吨土豆。
4. **[B]** 很多曾被高度评价的选手已经不再出现在网球场上了。
5. **[B]** 警方制止了一起企图抢劫案。
6. **[B]** 安东尼不够格做一名英语教师,因为他的发音糟透了。
7. **[C]** 为公司工作十年后,凯文终于得到了副董事长的职衔。
8. **[A]** 搬家前我们应该先扔掉一些旧家具,这样我们就能给新居腾出更多的空间。
9. **[D]** 林书豪为能被选中参加比赛而自豪,并向我们保证他会全力以赴。
10. **[B]** 还有客厅需要刷新,那是我的下一项工作。

Lesson 5

词根词缀表

-ize, -ise 使成~状态	organize *vt.* 使有条理	val, vail 价值	valid *a.* 有根据的
ject 扔	objective *n.* 目标	ac-, ad- 表加强	accurate *a.* 精确的
sign 标记	significant *a.* 意义重大的	cess 走	excess *n.* 过度
-ate, -ete, -ute 有~性质的	considerate *a.* 体贴的	cide, cis(e) 切	precise *a.* 精确的
numer 数	numerous *a.* 众多的	sens, sent 感觉	sensitive *a.* 敏感的
proxim 最接近的	approximate *a.* 近似的	prob, prov 试	probable *a.* 很可能的
fic 做	deficiency *n.* 缺点	simil, sembl 类似;相同	resemble *vt.* 类似于
bene- 很好	benefit *n.* 好处		

lead /liːd/

v. ①领导，率领 He ***led*** the country between 1949 and 1984. 1949 到 1984 年间他是该国领导人。

②带路；引领；牵引 She took Dickon by the hand to ***lead*** him into the house. 她牵着迪康的手把他领进屋。

③伸向，通往 All roads ***lead*** to Rome. [谚]条条大道通罗马。

④领先，位居前列 Woody Allen ***leads*** his opponent by 12 points. 伍迪·艾伦领先对手 12 分。

⑤使得，促使 Some factors ***led*** us to choose England for our study. 一些因素促使我们选择去英格兰学习。

⑥过……生活 ***lead*** a quiet/busy life 过着宁静/忙碌的生活

n. ①领先(地位) Lynn is still in the ***lead***. 林恩依旧领先。

②榜样 The president needs to give a moral ***lead***. 总统需要树立一个道德榜样。

③线索 The police have no ***leads*** in the murder investigation. 警方在这起谋杀案的调查上毫无头绪。

④主角 ***lead*** singer 主唱 // Who's playing the ***lead*** in this play? 这部戏谁担任主角？

⑤头条 ***lead*** story 头条报道 // The Syrian situation makes the ***lead*** in tomorrow's *Guardian*. 叙利亚局势将成为明天《卫报》的头条。

搭 lead to... 导致；通向 // lead sb. to... 把某人带到…… // lead sb. to do sth. 使得某人做某事 // take the lead 居领先地位；负责(做某事) // follow sb.'s lead 效法某人，以某人为榜样

organize/-ise /ˈɔːɡənaɪz/

vt. ①组织 Jeff agreed to help to ***organize*** the company picnic. 杰夫同意帮忙组织公司的这次野餐。

②使有条理 Just give me a moment to ***organize*** my thoughts. 给我点儿时间理顺一下我的思路。

派 **reorganize** *v.* 重组 // **disorganized** *a.* 无条理的，无组织的

organization/-isation /ˌɔːɡənaɪˈzeɪʃən/

n. ①机构 a charitable ***organization*** 慈善机构

②组织 It is a non-profit ***organization***. 这是一个非营利性的组织。

派 **organizational** *a.* 组织的

雅思真题 In fact, for some ***organizations*** creativity and individuality may be the last thing they want to see during working hours! 实际上，对于某些机构而言，在工作期间他们也许最不愿意看到创造性和个性。

arrange /əˈreɪndʒ/

【助记】ar(to)+range(排列)→安排

v. ①安排，准备 I won't let my parents ***arrange*** a marriage for me. 我不会让父母做主包办我的婚姻。// Have you ***arranged*** to meet Mark this weekend? 你安排好了这个周末与马克的会面吗?

②排列，布置 She *arranged* flowers well. 她插花插得很好。

搭 arrange to do sth. 安排做某事 // arrange for sb./sth. to do sth. 安排某人/某物去做某事 // arrange sth. with sb. 安排与某人一起做某事

派 **rearrange** *v.* 重新布置；重新安排 // **arrangement** *n.* 排列，布置；安排，筹备

flexible /ˈfleksɪbl/

【助记】flex(弯曲)+ible(能)→易弯曲的

a. ①易弯曲的【反 rigid】Springs are made of *flexible* steel. 弹簧是由有弹性的钢制成的。

②灵活的【同 adaptable】We need a more *flexible* policy. 我们需要更灵活的政策。

派 **flexibly** *ad.* 灵活地 // **flexibility** *n.* 灵活性；柔韧性

subjective /sʌbˈdʒektɪv/

a. 主观(上)的 This is a very *subjective* judgment of her abilities. 这是对她能力的一个非常主观的评价。

objective /əbˈdʒektɪv/

n. 目标【同 goal】The main *objective* of this policy is to reduce unemployment. 这项政策的主要目的是减少失业。

a. 客观的 A jury's decision in a court case must be *objective*. 陪审团裁定案件必须客观。

objection /əbˈdʒekʃən/

【助记】ob(against)+ject(扔)+ion→反向扔→反对

n. ①反对 They have raised no *objection* to the latest plan. 他们没有对最新的计划提出任何反对意见。

②反对的理由 Please present your *objection* to the plan. 请提出你反对这个计划的理由。

搭 have (no) objection to (doing) sth. (不)反对(做)某事

target /ˈtɑːɡɪt/

n. ①靶子 The arrow missed the *target*. 箭未中靶。

②(攻击的)目标，攻击对象 Cars without security devices are an easy *target* for the thief. 没有安全装置的汽车很容易成为盗贼的目标。

③拟达到的指标 The factory met its production *target* ahead of time. 工厂提前完成了生产指标。

vt. ①瞄准 The missiles were *targeted* at major cities. 导弹瞄向大城市。

②以……为目标 These products are *targeted* at young people. 这些产品的目标人群是年轻人。

搭 achieve one's target 达到目标 // set the target 定目标/指标

mainly /ˈmeɪnlɪ/

ad. 通常地；主要地；大部分地 I *mainly* go to bed around midnight. 我通常午夜前后才睡。// The spacious main bedroom is *mainly* blue. 宽敞的主卧室以蓝色为主色调。

significant /sɪɡˈnɪfɪkənt/

a. ①相当数量的 There is a *significant* increase of crime in that country. 那个国家的犯罪率显著增长。

②意义重大的 Penicillin was an extremely *significant* medical discovery. 青霉素是医学上一个极其重大的发现。

③意味深长的 They exchanged *significant* glances. 他们彼此交换了意味深长的目光。

派 **insignificant** *a.* 无足轻重的 // **significantly** *ad.* 重大地

significance /sɪɡˈnɪfɪkəns/

n. ①意义 What is the *significance* of her actions? 她的那些举动有什么含义?

②重要性 Money is of great *significance* when one is starting an enterprise. 资金对创业是十分重要的。

搭 be of significance 有重大意义，重要 // be of no significance 无重大意义，不重要

considerable /kənˈsɪdərəbl/

a. 相当大(或多)的 I have given *considerable* thought to the matter. 这件事我已经考虑得相当充分了。

considerate /kənˈsɪdərɪt/

a. 体贴的【同 thoughtful】It is *considerate* of you to send me a postcard. 寄给我明信片，你真是细心周到。

【一言辨异】considerate, considerable

It's very *considerate* of you to send me a Christmas gift at *considerable* expense every year. 你每年都花很多钱给我买圣诞礼物，真是考虑周到。

consideration /kənˌsɪdəˈreɪʃən/

n. ①考虑 I leave it entirely to your kind ***consideration***. 这事全拜托你了。

②体贴 Jeff never shows any ***consideration*** for his mother's feelings. 杰夫从来不体谅他母亲的感受。

搭 in consideration of 考虑到；作为对……的报酬 // take into consideration 考虑到

focus /ˈfəʊkəs/

v. （使）聚集【同 concentrate】You must try to ***focus*** your mind on work and study. 你应该努力把思想集中在工作和学习上。// You must ***focus*** on what you are doing. 你必须集中心思于你所做的事。

n. ①聚焦 in focus 焦点对准，清晰

②（注意、活动等的）中心 The incident brought the problem of violence in schools into sharp ***focus***. 这次事件使校园暴力成为焦点问题。

搭 focus on (doing) sth. 集中于（做）某事 // out of focus 焦点没有对准，模糊

concentrate /ˈkɒnsəntreɪt/

vi. 全神贯注 Can you still ***concentrate*** on your reading with the TV on? 开着电视你还能集中精神看书吗？

vt. ①集中（注意力） We must ***concentrate*** our efforts on improving the system. 我们得致力于改进该制度。

②集中在，汇聚于 Italian industry is ***concentrated*** mainly in the north of the country. 意大利的工业主要集中在该国北部。

③浓缩 ***concentrate*** a liquid 把液体浓缩

n. 浓缩物 apple juice ***concentrate*** 浓缩苹果汁

搭 concentrate (one's attention) on sth. 把某人的注意力集中在某事物上

派 **concentration** *n.* 专注；集中；浓缩

absorb /əbˈsɔːb/

vt. ①吸收 Put some orange peelings in the refrigerator and they can ***absorb*** odd smell. 放一些橘子皮进冰箱，可以把异味吸掉。

②使全神贯注 Newton was totally ***absorbed*** in his work. 牛顿全神贯注于他的工作。

③同化 The region is being ***absorbed*** into its neighboring country. 该地区正被并入邻国。

用 专心于 { be absorbed in / be focused on / be engaged in / be preoccupied with }

派 **absorption** *n.* 吸收；专注

distract /dɪsˈtrækt/

【助记】dis(apart)+tract(拉)→(注意力)被拉开→使分心

vt. 使分心 The noise outside ***distracted*** me from my reading. 外面的嘈杂声使我没法专心读书。

搭 be distracted by/with 被……搞得心烦意乱 // distract sb. from... 使某人分心

派 **distraction** *n.* 分心的事，心烦意乱

enormous /ɪˈnɔːməs/

【助记】e(out)+norm(标准)+ous→超出标准的→巨大的

a. 巨大的 An ***enormous*** storm system has been created in Canada. 巨大的风暴系统已经在加拿大形成了。

【辨析】表示"巨大"的形容词

enormous：表示程度为极端的、异常的、过度的，具有反常的内涵

huge：通常指体积和容量等方面极大的、超越一定标准的

immense：有大到不能计算的意味

vast：通常指范围，如广阔的海洋、旷野、世界、距离等

numerous /ˈnjuːmərəs/

【助记】numer(数)+ous→数目众多的→众多的

a. 众多的 New York City's ***numerous*** skyscrapers give the city its special character. 纽约市众多的摩天大楼赋予了这个城市独有的特征。

amount /əˈmaʊnt/

n. ①数量 Try to reduce the ***amount*** of fat in your diet. 你要减少饮食中的油脂含量。

②总数 What is the ***amount*** of this? 这总共是多少？

vi. ①(~*to*)合计 Nationally, deaths from smoking-related illnesses ***amount to*** 30 people each day. 全国每天共计有30人死于与吸烟有关的疾病。

②(~*to*)（在意义、价值等方面）等同，接近 In fact, your ambiguous words ***amount to*** a refusal. 实际上，你说的那些模棱两可的话等于是拒绝。

approximate /ə'prɒksɪmət/

【助记】ap(to)+proxim(最接近的)+ate→接近的→近似的

a. 大约的，近似的 What is the ***approximate*** size of this room? 这间屋子大概有多大?

v. ①近似，接近 Your story ***approximates*** to the real facts. 你所说的仅仅是接近事实真相。

②估计 The cost of the project will ***approximate*** $10,000. 这个项目的成本大约为1万美金。

派 **approximately** ***ad.*** 大概，大约

plentiful /'plentɪful/

【助记】plenty(***n.*** 丰富)的形容词

a. 丰富的，充裕的 There are ***plentiful*** watermelons in the summer. 夏季有大量的西瓜。

adequate /'ædɪkwɪt/

【助记】ad(to)+equ(相等的)+ate→等同于所需的→充足的

a. ①充足的【同 sufficient, enough】Employees in a chemical plant should be given ***adequate*** training in safety precautions. 化工厂的雇员应有足够的安全防范培训。

②胜任的 be ***adequate*** to the job 能胜任工作

用 表示"充足的"时，被其修饰的名词通常不是复数名词。

sufficient /sə'fɪʃənt/

a. 足够的，充分的 Many people working and living in the city don't have ***sufficient*** sleep. 很多在城市工作和居住的人睡眠都不充足。

派 **sufficiency** ***n.*** 充足 // **self-sufficient** ***a.*** 自给自足的；傲慢的

deficiency /dɪ'fɪʃənsɪ/

【助记】de(away)+fic(做)+iency→没做好→缺点

n. ①缺乏【同 lack】Vitamin ***deficiency*** can cause illnesses. 缺乏维生素会引起疾病。

②缺点 Her ***deficiencies*** as an organizer were soon discovered. 作为组织者，她的缺点不久就给发现了。

搭 calcium deficiency 缺钙 // mental deficiency 弱智 // scholastic deficiency 学习落后，不及格

派 **deficient** ***a.*** 有缺陷的；缺乏的

efficient /ɪ'fɪʃənt/

a. 效率高的，有能力的【反 inefficient】***Efficient*** management is one of the factors which will lower production cost. 高效的管理是降低生产成本的因素之一。

efficiency /ɪ'fɪʃənsɪ/

n. 效率 One of the aims of economic reform is to improve ***efficiency***. 经济改革的目标之一是提高效率。

effective /ɪ'fektɪv/

a. ①有效的 We hope the government will take ***effective*** measures to reduce pollution. 我们希望政府采取有效措施减少污染。

②给人印象深刻的 He gave an ***effective*** performance as Othello. 他演的奥赛罗令人印象深刻。

③实际的 There is a decline in the ***effective*** demand. 实际需求有所下降。

派 **effectively** ***ad.*** 有效地

competent /'kɒmpɪtənt/

a. 有能力的，能胜任的【同 qualified】He is not a ***competent*** driver and can't cope with driving in heavy traffic. 他当司机不太行，在交通拥挤时就开不好车。

搭 be competent in/at... 在某方面有能力 // be competent to do sth. 有能力做某事

派 **competence** ***n.*** 能力，胜任

proficiency /prə'fɪʃənsɪ/

【助记】pro(forward)+fic(做)+iency→一直向前做也就精通了→精通

n. 精通 Nick's ***proficiency*** in French is well-known. 尼克精通法语是众人皆知的。

派 **proficient** ***a.*** 熟练的，精通的

challenge /'tʃælɪndʒ/

n. ①艰巨的任务 She likes her job to be a ***challenge***. 她喜欢艰巨的工作。

②怀疑，质问 a ***challenge*** to the teacher's authority 对教师权威的质疑

③挑战，邀请比赛 I accepted his ***challenge*** to a game of chess. 我应邀与他下棋对垒。

vt. ①对……质疑，对……怀疑 Many doctors have ***challenged*** the accuracy of his findings. 许多医生对他研究结果的准确性表示怀疑。

②向……挑战 He ***challenged*** me to play another tennis game. 他向我挑战要我跟他再打一场网球。

③反对，公然反抗 She *challenged* the decision of her employer. 她反对老板的决定。

搭 challenge sb. to sth. 挑战某人(做)某事(尤指参加竞赛) // challenge sb. to do sth. 要求某人做某事(尤指困难之事)；激励某人尝试做某事

派 **challenging** *a.* 激发干劲的；困难的

potential /pə'tenʃəl/

【助记】potent(力量)+ial→潜力

a. 潜在的 a *potential* danger 潜在的危险

n. 潜力 If you don't have self-confidence, your *potential* won't grow. 如果没有自信，就不能发挥出你的潜力。

fruitful /'fru:tfəl/

【助记】fruit(果实)+ful→硕果累累的→多产的

a. 多产的，富有成效的 The anonymous tip proved *fruitful*, as the suspect was captured. 匿名悬赏取得了成效，因为嫌疑人被抓住了。

advantage /əd'vɑ:ntɪdʒ/

【助记】advant(前进)+age(表状态)→优点

n. ①优点，有利条件，有利因素 Richard has an *advantage* over you since he can speak German. 理查德比你占优势，因为他会讲德语。

②利益，好处 Living in a big town has many *advantages*. 住在大都市里有很多好处。// Every *advantage* has its disadvantage. 有利必有弊。

搭 have an advantage over... 比……具有更大的优势 // to advantage 有利地 // take advantage of 利用，占……的便宜 He *took advantage of* the good weather to go for a walk. 他趁着天气好，出去散散步。

派 **advantageous** *a.* 有利的 // **disadvantage** *n.* 不利，劣势

mutual /'mju:tʃuəl/

a. ①相互的，彼此的 *Mutual* forgiveness of each vice, such are the gates of Paradise. 相互宽容对方的缺点，乃是通向天堂之门。

②共同的，共有的 *mutual* efforts/interest 共同的努力/共同的利益

搭 mutual aid 相互援助 // mutual assistance 相互协助 // mutual support 相互支持 // mutual respect 相互尊重

benefit /'benɪfɪt/

n. ①益处，好处 All donations are used for the *benefit* of disabled children. 所有的捐款都用于残疾儿童的福利。// an aid program that brought *benefits* to the region 为这一地区带来利益的援助计划

②救济金 medical/unemployment *benefit* 医疗/失业津贴

v. 有益于，得益 The plants *benefited* from the rain. 植物得益于这场雨。

搭 benefit by/from sth. 得益于……

> 【辨析】表示“益处”的名词
>
> benefit：指某项政策、活动给人们带来的实际好处，但不能指“利润”
>
> profit：可指金钱或其他方面的利益

beneficial /ˌbenɪ'fɪʃəl/

a. 有益的 A balanced diet and a moderate amount of sports are *beneficial* to health. 均衡的饮食和适度的运动有益于健康。

valid /'vælɪd/

a. ①有根据的，有理的 Illness is a *valid* excuse for being absent from work. 生病是不去上班的正当理由。

②有效的，具有法律效力的 In many countries, a driving license is a *valid* proof of identity. 驾驶执照在很多国家是有效的身份证明。

搭 valid evidence 确凿的证据 // be valid for... (证件、票券等)有效期为……

派 **validate** *vt.* 批准，使有法律效力；证实 // **validity** *n.* 有效性，合法性

invalid /ɪn'vælɪd/ *a.* /'ɪnvəli:d/ *n.*

【助记】in(not)+valid(有效的)→无效的

a. 无效的，站不住脚的 Unless it is signed, a cheque is *invalid*. 支票除非签了字，否则是无效的。

n. 病弱者 The *invalid* is gathering strength. 这位病弱者正在逐渐恢复体力。

accurate /'ækjurət/

a. ①精确的，正确无误的【同 precise, exact】Are you sure that your clock is *accurate*? 你确定你的钟走时准吗？

②准确的，恰当的【同 correct】Journalists are not always *accurate* in what they write. 新闻工作者的报道并非总是准确的。

accracy /ˈækjʊrəsɪ/

n. 准确(性) *Accuracy* is most important in translation. 准确性在翻译中最为重要。

excess /ɪkˈses/

【助记】ex(out)+cess(走)→走出界限→过度

n. ①过度，过量 An *excess* of fat in one's diet can lead to heart disease. 日常饮食中脂肪过多可能导致心脏病。

②超越，超过 The car reached speeds in *excess* of 100 miles per hour. 这辆汽车的时速超过了100英里。

a. 额外的 Your parcel is too heavy and you must pay the *excess* postal charge. 你的邮包超重，必须支付超重邮资。

搭 in excess of 超过 // to excess 过度，过分，过量 He is optimistic *to excess*. 他过于乐观了。

派 excessive *a.* 过度的

urge /ɜːdʒ/

vt. ①鼓励【同 encourage】He is continually *urging* reform. 他一直鼓励改革。

②竭力主张【同 advocate】Some people *urge* that boxing be banned. 一些人强烈要求禁止拳击运动。

③催促 Brown *urged* her to reconsider her decision. 布朗极力劝说她重新考虑自己的决定。

n. 强烈的欲望 The boy has a strong *urge* to learn. 这个男孩有极强的求知欲。

urgent /ˈɜːdʒənt/

【助记】urg(e)(催促)+ent→不断催促的→急迫的

a. 急迫的，紧要的【同 pressing】Anything that is *urgent* must be attended to immediately. 任何紧急的事情都必须立即处理。

用 It is urgent that...表示"急需……"，后接的从句用虚拟语气。

tough /tʌf/

a. ①困难的，难对付的 It was a *tough* decision to make. 要做出决定很艰难。

②坚强的 *Tough* people manage well in adversity. 坚强的人在逆境中也很从容。

③坚韧的，牢固的 a *tough* hard-wearing cloth 一块结实、耐磨损的布料

④严格的 They are very *tough* on drunk drivers. 他们对酒后驾车者十分严格。

⑤(肉类食物)老的 The meat is too *tough* to eat. 这肉老得不能吃。

⑥粗暴的 He is dreadfully *tough*. 他极其粗鲁。

tense /tens/

a. ①紧张的 Eight months of *tense* negotiations finally ended in a deal. 8个月的紧张谈判最终一锤定音。// Is anything wrong? You look a little *tense*. 怎么啦？你看起来有点紧张。

②绷紧的 *tense* muscles 绷紧的肌肉

v. (使)拉紧，(使)绷紧 *tense* the reins 拉紧缰绳 // Relax, and try not to *tense* up so much. 放松，试着不要绷得这么紧。

n. (动词的)时态 the present/past *tense* 现在时/过去时

instant /ˈɪnstənt/

a. ①即刻的【同 immediate】an *instant* reply 即时的答复

②紧急的 The flood victims were in *instant* need of help. 水灾难民急需救助。

③速溶的 *instant* coffee 速溶咖啡

n. 瞬间 I sent you the news the *instant* (that) I heard it. 我一听到此消息，便通知你了。

搭 an instant response 即时的回应 // instant coffee 速溶咖啡 // instant noodles 方便面

用 the instant 可引导时间状语从句，相当于 as soon as，表示"一……就……"。

派 instantly *ad.* 立即，马上【同 immediately】

cope /kəʊp/

vi. (~*with*)应付 A family and a full time job is a lot to *cope with*. 照顾家庭并做一份全职工作需要花很大的精力。

handle /ˈhændl/

【助记】hand(手)+le→方便手操作的东西→把手

v. ①处理，应付，对待 Computers can *handle* huge amounts of data. 电脑能处理大量的数据。// She couldn't *handle* the pressure of her new job. 她无法应付新工作带来的压力。

②操作 This motorcar *handles* well. 这摩托车很好驾驶。

③拿，触，摸 *Handle* with care! 小心轻放！

n. 柄 give a *handle* to sb. 予以把柄，予以可乘之机

rigid /ˈrɪdʒɪd/

a. ①严格的，死板的 ***rigid*** discipline 严格的训练
②刚硬的，不弯曲的 a ***rigid*** support for a tent 坚挺的帐篷支柱

delicate /ˈdelɪkət/

a. ①易碎的【同 fragile】***delicate*** china 精美易碎的瓷器
②微妙的，棘手的 The current international situation is very ***delicate***. 当前的国际形势十分微妙。
③娇弱的 a ***delicate*** child 身体娇弱的孩子
④精美的 a ***delicate*** work 一件精美的作品

派 **delicacy** ***n.*** 精致；细微；美味

injure /ˈɪndʒə/

vt. 伤害【同 hurt】Many elderly people ***injure*** themselves in their own homes, for example by slipping in the bath. 很多上了年纪的人在自己家中受伤，例如在浴室里滑倒。

派 **injurious** ***a.*** 有害的

injury /ˈɪndʒərɪ/

n. ①损害 Drinking too much can result in ***injury*** to the liver. 饮酒过量会损害肝脏。
②受伤处 The head ***injury*** deafened her for life. 她头部受伤以致终身耳聋。

【辨析】表示"受伤"的名词

hurt：身体某部分受损伤，情感上受伤害，程度不及 injury 和 wound

injury：由武器造成创伤，在事故中受伤

wound：指由枪或锐器造成的创伤、伤口

painful /ˈpeɪnfəl/

a. ①疼痛的 The operation was very ***painful***. 手术很痛。
②困难的，令人不快的 Applying for jobs can be a long and ***painful*** process. 求职可能是一个漫长而又艰难的历程。

recovery /rɪˈkʌvərɪ/

【助记】re(again)+cover(掩盖)+y→恢复

n. ①恢复，痊愈 She made a quick ***recovery*** from her illness. 她很快病愈。
②复苏，恢复 economic ***recovery*** 经济复苏
③追回，寻回 The owner has offered a reward for the ***recovery*** of the stolen goods. 失主已经悬赏寻找被窃物品。

precise /prɪˈsaɪs/

【助记】pre(before)+cise(切)→把前面多余的东西切掉→精确的

a. ①精确的【同 exact】***precise*** measurement/instrument 精确的测量/精密仪器
②严谨的 A lawyer needs a ***precise*** mind. 律师要有严谨的头脑。

雅思真题 The rocket site is providing ***precise*** measurements of lightning voltages and allowing engineers to check how electrical equipment bears up. 该火箭基地现在能对闪电电压进行精确测量，还可以让工程师检测电气设备的负载。

precision /prɪˈsɪʒən/

n. 精确(性) Laser technology has enhanced the ***precision*** of surgical procedures. 激光技术增强了外科手术的精确性。

sensitive /ˈsensɪtɪv/

a. ①敏感的；灵敏度高的 a ***sensitive*** issue 敏感的问题 // Photographic paper is highly ***sensitive*** to light. 感光纸(相纸)对光十分敏感。
②神经过敏的，容易生气的 Belinda is ***sensitive*** to whatever people speak of her. 贝琳达对别人谈到她的任何事情都很敏感。
③(尤对疼痛)易感受的，易受伤害的 a ***sensitive*** skin 易受伤的皮肤

派 **sensitivity** ***n.*** 敏感性，灵敏度 // **insensitive** ***a.*** 不顾他人感受的；感觉迟钝的

sentiment /ˈsentɪmənt/

n. ①意见，观点 It is my ***sentiment*** that we should vote against the motion. 我的意见是我们应该对这个动议投反对票。
②感情，情绪 ***Sentiment*** should be controlled by reason. 感情应受理智的控制。

派 **sentimental** ***a.*** 情感的，情绪的

sensible /ˈsensəbl/

a. ①明智的，合情理的 It is ***sensible*** of her to stay at home in such a raining evening. 在这样下雨的夜晚她待在家里是明智的。
②察觉的 He is ***sensible*** of the danger of his position. 他发觉他处境危险。

派 **sensibility** *n.* 敏感性；感情 // **insensibility** *n.* 无知觉；冷淡

tender /ˈtendə/

a. ①嫩的 Would you like to try the ***tender*** beef I cooked? 想尝一下我做的嫩牛肉吗？

②疼痛的 My finger is ***tender*** because I cut it yesterday. 我昨天割破了手指头，一碰就疼。

③温柔的 ***tender*** loving care 体贴入微的关怀

vt. （正式）提出 He ***tendered*** a letter of resignation. 他正式提交了辞职信。

vi. (~*for*) 投标 ***tender for*** a project 投标一项工程

n. 投标（书） submit a ***tender*** 提交投标书

fragile /ˈfrædʒaɪl/

【助记】frag(破裂)+ile(易……的)→易碎的

a. ①易碎的【同 breakable】These thin glass wares are ***fragile***. Put them in wooden boxes. 这些很薄的玻璃器皿易碎。把它们放进木箱子里吧。

②虚弱的 She looks ***fragile***. 她看上去很脆弱。

vulnerable /ˈvʌlnərəbl/

a. ①易受伤的 Achilles was ***vulnerable*** only in his heel. 阿基里斯只有脚后跟会受伤害。

②(~*to*) 易受攻击的，难防御的 Your arguments are ***vulnerable to*** criticism. 你的论点不堪一击。// a position ***vulnerable to*** attack 易受攻击的位置

feeble /ˈfiːbl/

a. ①虚弱的，无力的【同 weak】One will feel ***feeble*** when he is ill. 人生病的时候会感到虚弱。

②无效的，站不住脚的【同 weak】a ***feeble*** excuse 站不住脚的理由

crisp /krɪsp/

【助记】象声词：像吃薯片的声音→脆的

a. ①脆的 Bake until the pastry is golden and ***crisp***. 把油酥糕点烤至金黄酥脆。

②挺括的 a ***crisp*** dollar bill 一张挺括的美钞

③清新的 a ***crisp*** autumn day 清爽的秋日

④简明扼要的 It was a ***crisp*** reply. 这个答复干脆利落。

n. [*pl.*] 炸薯片 a packet of ***crisps*** 一包炸薯片

subtle /ˈsʌtl/

【助记】sub(beneath)+tle→暗藏于下面不易被察觉的→隐约的

a. ①微妙的，难以捉摸的 His whole attitude has undergone a ***subtle*** change. 他的整个态度已经有了微妙的变化。

②诡秘的，狡猾的 a ***subtle*** plan 狡猾的计划

③隐约的，隐晦的 Satire is a high and ***subtle*** art. 讽刺是一门崇高而又含蓄的艺术。

派 **subtly** *ad.* 微细地；精巧地；敏感地

rely /rɪˈlaɪ/

vi. ①(~*on, upon*) 依靠 They have to ***rely on*** the river for their water. 他们用水只能依靠这条河。

②信赖 You can ***rely*** on me to keep your secret. 你尽管相信我一定为你保密。

reliable /rɪˈlaɪəbl/

a. 可靠的【同 dependable】John is very ***reliable***; if he says he'll do something he will do it. 约翰非常可靠，他说过要做的事就一定会做。

派 **reliability** *n.* 可靠(性)

> **雅思真题** Breeding in most organisms occurs during a part of the year only, and so a ***reliable*** cue is needed to trigger breeding behaviour. 大多数生物体的繁殖都只发生在一年中的某些时候，因此，需要一个可靠的提示来引发繁殖行为。

reliance /rɪˈlaɪəns/

n. 依靠【同 dependence】No ***reliance*** is to be placed on his word. 他的话靠不住。

派 **reliant** *a.* 依赖的，依靠的

belief /bɪˈliːf/

n. ①相信，信任 to the best of one's ***belief*** 某人深信 // I haven't much ***belief*** in his honesty. 我对他的诚实没有太大的信心。

②信念 I have a firm ***belief*** that higher education will change a person's fate. 我坚信高等教育会改变一个人的命运。

搭 beyond belief 难以置信

派 **disbelieve** *v.* 不相信，怀疑

feasible /ˈfiːzəbl/

a. 可行的【反 impractical】It is ***feasible*** to apply the computer to language teaching. 将计算机应用到语言教学是可行的。

搭 a feasible plan 可行的计划 // feasible new sources of energy 可用的新能源 // a feasible explanation 讲得通的解释

explore /ɪk'splɔː/

v. ①勘探 Columbus discovered America but did not ***explore*** the new continent. 哥伦布发现了美洲，但没有考察这块新大陆。// ***explore*** for gold 勘探金矿

②探索，探究 They ***explored*** every avenue but it was all to no avail. 他们试过各种可能的办法，但是毫无效果。

派 **explorer** ***n.*** 探险家；勘探器 // **exploration** ***n.*** 探险；勘查 // **exploratory** ***a.*** 勘探的；探测的

probable /'prɒbəbəl/

a. 很可能的 The weather is changeable in London and rain is ***probable*** at any moment. 伦敦的天气多变，随时都有可能下雨。

派 **probably** ***ad.*** 很可能；或许

> 【一言辨异】possible, probable
> Success is ***possible***, but hardly ***probable***. 成功是有可能的，但是把握性不大。

probability /ˌprɒbə'bɪlɪtɪ/

n. ①可能性，可能发生的事 There is little ***probability*** that he will succeed. 他不大可能成功。

②概率 hit ***probability*** 命中率

搭 in all probability 十有八九，很可能

possibility /ˌpɒsɪ'bɪlɪtɪ/

【助记】possib(le)(可能的)+ility→可能性

n. ①可能(性) Is there any ***possibility*** that you'll sign the contract tomorrow? 你明天能签合同吗？

②可能的事 Life on other planets is a ***possibility***. 其他行星上有生命是可能的。

likely /'laɪklɪ/

a. ①可能的 The ***likely*** outcome of the contest varies from moment to moment. 比赛结果可能每分钟都在变化。

②适合的 She was once considered a ***likely*** candidate for the position. 人们一度认为她是这个职位的合适人选。

> 【辨析】表示“可能”的形容词
> likely：指从表面迹象来看很有可能，如：be likely to do sth.; it is/was likely that...
> possible：有适当条件和方法的情况下可能做到或发生，如：it's possible...
> probable：很可能，强调因有根据、合情理而可能，语气比 possible强

unlikely /ʌn'laɪklɪ/

a. 未必的，靠不住的 They are ***unlikely*** to come since the weather is so bad. 他们不大可能来了，因为天气这样糟糕。

likelihood /'laɪklɪhʊd/

【助记】likeli(可能)+hood(表状态)→可能性

n. 可能，可能性 Probability is the mathematical study of the ***likelihood*** of an event's occurrence. 概率是对一个事件发生的可能性的数学研究。

likewise /'laɪkwaɪz/

【助记】like(相同的)+wise(方式)→同样地

ad. ①同样地 I told him to watch me and do ***likewise***. 我叫他仔细看着我，并且照样做。

②也 It was said that homelessness was increasing. ***Likewise***, unemployment was up. 据悉无家可归的人在增多，失业人数也在增加。

unlike /ʌn'laɪk/

prep. 和……不同 ***Unlike*** the rest of her family, she is very quiet. 与家里其他成员不同，她很文静。

alike /ə'laɪk/

【助记】a(with)+like(像……一样)→同样的

a. 同样的 look ***alike*** 样子长得相像

ad. 相似地【同 similarly】Great minds think ***alike***! 英雄所见略同！

用 alike 是表语形容词，不能修饰名词或代词。

A 与 B 相似 {
A and B are alike. √
A is like B. √
A is alike B. ×

resemble /rɪ'zembl/

【助记】re+sembl(类似)+e→类似于

vt. 像，类似于 He strongly ***resembles*** his father. 他酷似他的父亲。

派 **resemblance** ***n.*** 相似

同义替换练习

1. The writer was so <u>involved</u> in his work that he didn't notice Mein enter the room.
   A. absorbed B. centered C. distracted D. abandoned
2. All her energies are <u>concentrated</u> upon her family and she seems to have little time for anything else.
   A. directed B. guided C. aimed D. focused
3. They claim that <u>around</u> 800 factories closed down during the economic crisis.
   A. sufficiently B. approximately C. considerably D. properly
4. The EU countries were once worried that they would not have <u>adequate</u> supplies of petroleum.
   A. proficient B. efficient C. potential D. sufficient
5. She is a very <u>competent</u> secretary: she never forgets anything or makes a mistake.
   A. anxious B. considerate C. adequate D. efficient
6. Since the matter was extremely <u>pressing</u>, we dealt with it immediately.
   A. tough B. tense C. urgent D. significant
7. The statistical figures in that report are not <u>correct</u>. You should not refer to them.
   A. accurate B. delicate C. rigid D. fixed
8. During the process, great care has to be taken to protect the <u>fragile</u> silk from damage.
   A. sensitive B. tender C. delicate D. sensible
9. The glass vessels should be handled most carefully since they are <u>breakable</u>.
   A. flexible B. fragile C. vulnerable D. sensitive
10. The reason why so many children like to eat this new brand of biscuit is that it is particularly sweet and <u>crunchy</u>.
    A. tender B. plentiful C. subtle D. crisp
11. We have arranged to go to the cinema on Friday, but we can be <u>adaptable</u> and go another day.
    A. reliable B. probable C. feasible D. flexible
12. He has failed me so many times that I no longer place any <u>reliance</u> on what he promises.
    A. significance B. consideration C. focus D. dependence

答案与译文

1. [A] 这位作家如此专心于他的工作以至于未注意到米恩进入房间。
2. [D] 她所有的精力都集中在家人身上,她似乎没有什么时间干别的事。
3. [B] 他们称在经济危机期间大约有 800 家工厂倒闭。
4. [D] 欧洲共同体的国家曾经担心他们没有足够的石油供给。
5. [D] 她是个能干的秘书。她从来不犯错,从来不会忘记要干的事情。
6. [C] 由于事情非常紧急,我们立即处理了它。
7. [A] 那份报告的统计数据不准确,你不应该以它们为参考。
8. [C] 在这个过程中,一定要十分小心,以免娇贵易损的丝绸受到损坏。
9. [B] 玻璃器皿必须非常小心轻放,因为它们易碎。
10. [D] 那么多孩子喜欢吃这种新牌子的饼干是因为它特甜特脆。
11. [D] 我们已经安排周五去看电影,但是也可以灵活一点,改天去也可以。
12. [D] 他一次又一次地令我失望,我不再依赖他的许诺。

Lesson 6

词根词缀表

cur(e) 注意;留心	secure *a.* 安全的	publ 人	publish *vt.* 出版
add 加	addition *n.* 加法	dit 给	edit *vt.* 编辑
spi 看见	despite *prep.* 尽管	pos(it) 放,置	propose *v.* 提议
fid 相信	confident *a.* 确信的	consul(t) 商议	consultant *n.* 顾问
crit 判断	criticize *vt.* 批评	scribe, script 写	prescribe *vt.* 开(药)

secure /sɪ'kjʊə/

a. ①安全的 Keep your money in a ***secure*** place. 把钱存放在安全可靠的地方。
②牢固的,稳固的 Check that joints are ***secure*** and the wood is sound. 检查接头是否牢固,木头是否完好。
③无忧虑的 have one's mind ***secure*** 放心

vt. ①得到,获得 Can you ***secure*** me two tickets for the concert? 你能为我弄到两张音乐会门票吗?
②使安全 Our missiles and bombers ***secure*** us from attack. 我们的导弹和轰炸机保卫我们免遭攻击。
③缚牢 She ***secured*** the boat with a rope. 她用绳子把船拴住了。

security /sɪ'kjʊərɪtɪ/

n. ①保安(措施),治安,安全【反 insecurity】a matter of national ***security*** 国家安全问题 // the ***Security*** Council 联合国安全理事会
②保障,保护 job ***security*** 工作保障 // financial ***security*** 经济保障
③保安(人员) The salesclerk called ***security***. 这名售货员叫来了保安。
④抵押品;[*pl.*]证券 lend money on ***security*** 抵押贷款 // government ***securities*** 政府证券

雅思真题 However, some commentators responded that cash transfers to poor families do not necessarily translate into increased food ***security***, as these programmes do not always strengthen food production or raise incomes. 然而,一些评论者回应说,拨给贫困家庭的救助金不一定能提高食品安全的水平,因为这些项目并不是总能提升食物产量或者收入。

finance /faɪ'næns/

n. ①财政 an expert in ***finance*** 财政专家
②[常 *pl.*]资金 ***Finances*** can consist of a combination of stocks, bonds, and properties. 资金可以是股票、债券和财产的结合。

vt. 为……提供资金【同 fund】These concerts are ***financed*** by the Arts Council. 这些音乐会是由艺术委员会资助的。

搭 the Minister of Finance 财政部部长 // housing finance 住房信贷

financial /faɪ'nænʃəl/

a. 财政的,金融的 Southeast Asia's ***financial*** crisis has taught people a profound lesson. 东南亚的金融危机带给人们深刻的教训。

搭 financial ability 财力 // financial condition 财政状况

budget /'bʌdʒɪt/

n. 预算【同 financial plan】A shrewd housewife should be good at planning the family ***budget***. 精明的主妇应擅长计划家庭预算。

买哪个才不超预算呢?

v. 做安排 We couldn't ***budget*** for every emergency. 我们不可能为每个紧急事件做好安排。// She's learned how to ***budget*** her time carefully. 她已经学会了怎样精心安排自己的时间。

a. 低廉的 a ***budget*** flight 低价航班

搭 on/within budget 预算内的 // under/over budget 低于/高于预算的 // on a (tight) budget 预算有限的,节省费用的

account /ə'kaʊnt/

【助记】ac(to)+count(计算)→账户

n. ①记述 Don't always believe newspaper ***accounts*** of events. 不要老是相信报纸的报道。

②账户 open a bank ***account*** 在银行开户

③解释，说明【同 explanation】He could give no ***account*** of what he did with the money. 他无法解释清楚他是如何处置那笔钱的。

vi. ①(~*for*)说明……的原因 He has been asked to ***account for*** his conduct. 他被要求解释自己的行为。

②(在数量、比例方面)占 A report said that men ***accounted for*** 52% of the Chinese population. 一份报告说男性占中国人口的52%。

搭 of no account 不重要的 // on account of 由于 // on no account 决不 // take... into account 考虑到

accountant /ə'kaʊntənt/

【助记】account(账目)+ant(表人)→做账的人→会计师

n. 会计师 My ***accountant*** will prepare my taxes. 我的会计师会替我制定税表。

enhance /ɪn'hɑːns/

【助记】en(使)+hance(高)→提高

vt. 提高，增加 We're using technology to ***enhance*** our levels of service. 我们正在运用技术来提高我们的服务水平。

strengthen /'streŋθən/

【助记】strength(力量)+en(使)→(使)有力量→加强

vt. 加强，巩固【反 weaken】Your words ***strengthened*** my heart. 你的话增强了我的信心。

enlarge /ɪn'lɑːdʒ/

【助记】en(使)+large(大的)→扩大；放大

v. ①扩大，扩充 Reading more can help to ***enlarge*** one's vocabulary. 多阅读有助于扩大词汇量。// The balloon ***enlarged*** as we pumped air into it. 随着我们往里充气，气球渐渐变大。

②放大 I planned to ***enlarge*** this photograph. 我计划放大这张照片。

派 **enlargement** ***n.*** 扩大，扩建部分

largely /'lɑːdʒlɪ/

ad. 大部分，主要地；在很大程度上 His success was ***largely*** due to hard work. 他的成功主要靠努力。

addition /ə'dɪʃən/

n. ①加法 The little girl is not very clever at ***addition***. 小女孩不太善于做加法。

②增加的人(或物) a useful ***addition*** to the team 队里新添的干将

搭 in addition 另外，加之 // in addition to 除……之外(还)

additional /ə'dɪʃənəl/

a. 额外的【同 extra】An ***additional*** fare was made for heavy bags. 重的行李要额外收费。

besides /bɪ'saɪdz/

ad. 而且 The task is very difficult; and ***besides***, time presses. 任务艰巨，而且时间紧迫。

prep. 除……之外(还) Have you got any clothes ***besides*** those? 除了那些你还有其他衣服吗？

apart /ə'pɑːt/

ad. ①相间隔 She stood far ***apart*** from me. 她远离我站着。

②分开 Take a machine ***apart***. 把机器拆开。

a. 分离的，分隔的 The McDonald and the KFC are only 50 meters ***apart***. 这家麦当劳与那家肯德基相距仅50米。

搭 apart from 除……之外(别无)；除……之外(尚有)

regardless /rɪ'gɑːdlɪs/

【助记】regard(考虑)+less(没有)→不顾后果地

ad. 不顾后果地，不管怎样 You get a lot of criticism but you just have to carry on ***regardless***. 你受到许多批评，但无论如何你必须坚持下去。

搭 regardless of 不顾，不惜 I'll take the job ***regardless of*** the pay. 不管报酬多少，我都要这份工作。

regarding /rɪ'gɑːdɪŋ/

prep. 关于【同 concerning, with regard to】She said nothing ***regarding*** your request. 她对于你的要求只字未提。

despite /dɪ'spaɪt/

prep. 尽管 ***Despite*** the bad weather, we enjoyed our holiday. 尽管天气不好，我们的假期仍过得很愉快。

用 despite 为介词，不可引导让步状语从句，后应跟名词或名词短语。

spite /spaɪt/

n. 恶意，怨恨 I think he said that out of/from *spite*. 我觉得他说那话是出于恶意的。

搭 in spite of 不管，不顾 ***In spite of*** great efforts we failed to carry our plans through. 尽管我们作了很大的努力，还是没能完成计划。

派 spiteful *a.* 恶意的，怀恨的

nevertheless /ˌnevəðəˈles/

ad. 仍然，然而 Our defeat was expected; ***nevertheless***, it was disappointing. 失败是意料中的事；尽管如此，还是令人失望。

whereas /weərˈæz/

conj. 然而【同 while】Some people like fatty meat, ***whereas*** others hate it. 有些人喜欢肥肉，然而有些人却不喜欢。

furthermore /ˌfɜːðəˈmɔː/

ad. 而且，此外 I don't want to go there, ***furthermore***, I have no time to do so. 我不想去那里，而且我也没时间去。

用 可用于句首或与 and 连用，可用逗号将其与句子其他部分隔开。

moreover /mɔːrˈəʊvə/

ad. 而且，此外 The layout of the house is not good; ***Moreover***, it's too expensive. 这幢房子的布局不好，另外，价钱也太高了。

accordingly /əˈkɔːdɪŋlɪ/

ad. ①相应地 Please inform us of your decision and we will act ***accordingly***. 请把你们的决定通知我们，我们会照着去办。

②所以【同 therefore】The weather has changed suddenly, and ***accordingly*** we must put off the football match. 天气突变，因此我们不得不推迟足球比赛。

provided /prəˈvaɪdɪd/

conj. 假如，若是【同 providing】The children may swim ***provided*** an adult accompanies them. 如果有大人陪同，小孩可以去游泳。

用 表达"假如……"可以说：provided (that)... 或 providing (that)...，that 可省略。

virtue /ˈvɜːtʃuː/

n. ①美德，德行 Courage is the ladder on which all the other ***virtues*** mount. 勇气是所有其他美德的阶梯。

②优点 Free trade has a number of ***virtues***. 自由贸易有许多优点。

搭 by virtue of 借助，由于 He claimed a pension ***by virtue of*** his long military service. 他以在军中服役多年为由要求发给养老金。

possess /pəˈzes/

vt. ①拥有，具有 In the past this flower was thought to ***possess*** magical powers. 过去这种花被认为具有神奇的力量。

②(情感、欲望或想法)影响，控制 Absolute terror ***possessed*** her. 她恐惧到了极点。

typical /ˈtɪpɪkəl/

a. 典型的，有代表性的 This painting is fairly ***typical*** of his early work. 这幅画是他早期作品相当典型的代表作。

搭 typical of... 特有的，具有……特征的

feature /ˈfiːtʃə/

n. ①特征，特色 Many examples and extra grammatical information are among the special ***features*** of this book. 本书别具特色，诸如例证多及新增语法要点等。

②[*pl.*]面貌 delicately modeled ***features*** 清秀的面貌

③特写 a ***feature*** writer 特写作家

④故事片 There are a couple of advertisements before the main ***feature***. 正片前有一些广告。

vt. 突出，以……为特色 Durability ***features*** this product of ours. 经久耐用是我公司这一产品的特色。

> 雅思真题 Early embryos of many species develop ancestral ***features***. 许多物种在胚胎早期阶段都发展出其祖先的性状。

property /ˈprɒpətɪ/

n. ①财产 That car is my ***property***; you mustn't use it without my permission. 那辆车是我的财产，你必须得到我的允许才能使用。

②房产 He invested his money in ***property***. 他进行房地产投资。

③性质，特性 Many plants have medicinal ***properties***. 许多植物具有药性。

【辨析】表示“特性”的名词

feature：事物显眼的、特别的、吸引人的特点、特色

property：一类事物的本质特征、内在特点、属性

characteristic：一事物与其他事物区别或相似的局部特征、某方面特性

character /'kærəktə/

n. ①(人的)性格 She has a changeable ***character***. 她性格多变。

②(事物的)性质，特性 Liquids are different in ***character*** from both solids and gases. 液体的特性与固体和气体均不相同。

③人物，角色 a novel filled with amusing ***characters*** 充满有趣人物的小说

④(汉)字 in italic ***characters*** 用斜体字

搭 in character（与自身特性）相符 // out of character（与自身特性）不相符

characteristic /ˌkærəktə'rɪstɪk/

a. 特有的 the ***characteristic*** flavor of apples 苹果所特有的味道

n. 特性，特征 The capacity to think is the distinctive ***characteristic*** of human beings. 思维能力是人类的特性。

【一言辨异】character, characteristics

One with a double character may have many ***characteristics***, all of which constitute one's ***character***. 一个具有双重性格的人可能有多种特点，所有这些特点便构成了这个人总的性格特征。

characterize/-ise /'kærəktəraɪz/

vt. ①成为……的特征 Bright, vibrant colors ***characterize*** his paintings. 他的画以明亮轻快的色彩为特征。

②描绘(人或物)的特性 Paris is often ***characterized*** as a romantic city. 巴黎经常被描绘成一个浪漫的城市。

搭 characterize sb./sth. as... 把某人/某物描述成…… // be characterized by... 以……为特征

detail /'diːteɪl/

n. ①细节 Give me all the ***details*** of the accident. 给我说说事故发生的详情。

②枝节 in minute ***detail*** 细枝末节

vt. 详述；列举 Please ***detail*** all your expenses on this form. 请把你的所有开支详细地列在这张表上。

搭 go into detail(s) 详细叙述，逐一说明 // in detail 详细地

elaborate /ɪ'læbərɪt/ *a.* /ɪ'læbəreɪt/ *v.*

【助记】e(out)+labor(劳动)+ate→辛苦劳动做出来→精心计划的

a. ①精心计划的 an ***elaborate*** design 精心的设计

②复杂的【同 complicated】I don't want ***elaborate*** lace patterns on my dress; just make it simple. 我不想裙子上有复杂精美的花边图案，简简单单就行。

v. ①详述 Just tell me the plain facts. No need to ***elaborate***. 告诉我简单的事实就行，不用详述。

②详细制订 It takes time to ***elaborate*** a plan. 精心制定计划需要时间。

instance /'ɪnstəns/

n. 例子，实例；情况【同 example, case, situation】This is only one ***instance*** out of many. 这只不过是许多例子中的一个。

搭 for instance 例如 // in the first instance 首先 Anyone wishing to join the society should apply ***in the first instance*** to the secretary. 任何人加入协会都得先向秘书提出申请。

item /'aɪtəm/

n. ①条，条款，项目 Let us go on to the next ***item*** on the agenda. 让我们继续讨论议程上的下一个项目。// The last ***item*** on the program was a grand display of fireworks. 该节目的最后一项是放一场大型的烟花。

②(新闻等的)一条 a news ***item*** 一条新闻

trace /treɪs/

vt. ①查出，找到 The scientists have been unable to ***trace*** the source of the epidemic. 科学家一直未能找出这种流行病的病源。

②追溯 The family can ***trace*** its history to the 17th century. 这个家族的历史可以追溯到17世纪。

③描摹 The kids are learning to ***trace*** the letter. 孩子们学描字母。

n. ①痕迹，踪迹 Officers were unable to find any ***trace*** of drugs. 警官未能找到毒品的任何迹象。

②微量，少许 They found ***traces*** of poison in the dead man's blood. 他们发现死者的血液里有微量的毒素。

搭 find/lose trace of... 找到/失去……的踪迹、下落

appearance /əˈpɪərəns/

n. ①出现 a public *appearance* 公开场合露面

②外表 Never judge from *appearances*. 不要以貌取人。

搭 to all appearances 就外表看来

presentation /ˌprezənˈteɪʃən/

n. ①外观；显示；出示 the *presentation* of evidence 证据的展示

②授予，颁发；颁奖仪式 the *presentation* of prizes and certificates 奖品和证书的颁发仪式

③报告；陈述；演说 I hate to do *presentations* because I get extremely nervous when I speak in public. 我很讨厌做报告，因为一当众讲话我就会十分紧张?

④表演 He has the lead role in the National Theatre's *presentation* of "The Last Yankee". 他在国家剧院上演的《最后的美国佬》中做主角。

搭 give a presentation on... 作关于……的报告

sketch /sketʃ/

n. ①草图 He drew a rough *sketch* of his apartment on a napkin. 他在餐巾上草草画出他那套房子的大概布局。

②梗概 At the meeting he gave a *sketch* of recent happenings. 会上他简述了最近发生的事件。

③素描，速写 He did a *sketch* of the ballet dancers. 他为这些芭蕾舞者画了一张素描。

v. ①绘略图 He *sketched* the girl as she sat in the chair. 他为坐在椅子上的女孩画素描。

②概述 His rise to power is briefly *sketched* in the first two chapters. 他得势掌权的经过在头两章里做了简单的描述。

搭 sketch out 简要地叙述

outline /ˈaʊtlaɪn/

【助记】out(外面)+line(线条)→外形

n. ①提纲 Make an *outline* before trying to write a composition. 写作文之前先写个提纲。

②外形，轮廓 Through the fog we saw the vague *outline* of a ship. 透过大雾，我们看到船的模糊轮廓。

vt. ①概述，概括【同 sketch】He roughly *outlined* the plot of the opera. 他粗略地概述了歌剧的情节。

②描……外形 He *outlined* the triangle in red. 他用红笔画出三角形。

搭 give an outline of... 概要说明；描绘……的轮廓 // in outline 只画轮廓(的)；概括地 // make an outline of... 为……拟出提纲

image /ˈɪmɪdʒ/

n. ①形象 Charles has worked hard to improve Camilla's public *image*. 查尔斯已努力改善卡米拉的公众形象。

②(头脑中对某人或某物的)印象 I have the *image* of you as being cheerful. 在我的印象中你是乐天派。

③映像，图像 an *image* in a mirror 镜中映像

④形象的描述，比喻 He uses the *image* of a hole to describe emotional emptiness. 他用"空洞"这一比喻来描述情感空虚。

figure /ˈfɪgə/

n. ①数字；图，表 the latest trade *figures* 最新的贸易数字 // The results are illustrated in *figure* 2. 结果已在图表 2 中显示。

②人物 a political *figure* 政治人物

③人影，轮廓 I could see two tall *figures* in the distance. 我可以看见远处两个高高的人影。

④体型 Some women have great *figures* while they eat much. 有些女人吃得多，但身材很好。

vi. ①(引人注目地)出现 Their names did not *figure* in the list of finalists. 他们的名字没有出现在决赛选手的名单上。

②(~*on*)计划，预料到 I hadn't *figured on* getting home so late. 我没想到这么晚才回到家。

vt. ①计算 Dorothy is *figuring* her expenses. 多萝西正在计算她的开支。

②认为 We *figured* the sensible thing to do was to wait. 我们认为明智的做法是等待。

搭 figure out 计算出，想出，弄明白 // leading figures 主要人物，领导人物

flesh /fleʃ/

n. ①肉，果肉 The *flesh* of the peach was sweet and juicy. 这桃子肉味甜汁多。

②[*the*~]肉体 The spirit is willing but *the flesh* is weak. [谚]心有余而力不足。

vt. (~*out*)使……充实(完善) You need to *flesh out* your argument with a few more examples. 你需要再多用几个例子来充实你的论点。

搭 in the flesh 本人 Fans flocked to see their heroes *in the flesh*. 崇拜者们成群结队地去看他们的英雄本人。

fearful /ˈfɪəfəl/

a. ①吓人的【同 terrifying】The four ***fearful*** things in Japan are fire, thunder, earthquake and father. 在日本最吓人的4种东西是：火、雷、地震和父亲。

②不安的【同 frightened】be ***fearful*** about the future 对未来不安

confident /ˈkɒnfɪdənt/

【助记】con+fid(相信)+ent→有信心的

a. ①确信的 We are ***confident*** that next year's profits will be much higher. 我们确信下一年的利润会高得多。

②有信心的 We are ***confident*** of success. 我们有信心能成功。

confidence /ˈkɒnfɪdəns/

n. ①信任 She took him into her ***confidence*** and told him the truth. 她把他当作知心朋友，把真相全告诉了他。

②信心 Most Chinese students lack self-***confidence*** when speaking English. 大多数中国学生在说英语时缺乏自信心。

搭 in confidence 私下地 // take... into one's confidence 把……作为知己 // have confidence in 信任

派 **self-confidence** ***n.*** 自信

confidential /ˌkɒnfɪˈdenʃəl/

a. ①秘密的【同 secret】please keep this information ***confidential***. 请对这个情报保密。

②表示信任的 Don't become too ***confidential*** with strangers. 对陌生人不能太信任。

③担任机密工作的 a ***confidential*** secretary 机要秘书

interview /ˈɪntəvjuː/

【助记】inter(between)+view(看)→会见

n. 会见；面试 The ambassador refused to give any ***interviews*** to journalists or TV men. 大使拒绝任何新闻或电视记者的采访。

vt. 会见；面试 She has ***interviewed*** most of the applicants for the job. 她已和大部分申请这份工作的人面谈过。

搭 have an interview with... 与……面谈，接受……面试 // give an interview 接见，接受采访

派 **interviewee** ***n.*** 被采访者 // **interviewer** ***n.*** 采访者

criticize/-ise /ˈkrɪtɪsaɪz/

【助记】crit(判断)+icize→评论

vt. ①批评【反 praise】His policies were severely ***criticized***. 他的政策受到了严厉批评。

②评论，评价 Would you ***criticize*** my essay and say something about it? 请你评价一下我的文章，告诉我写得怎么样，好吗？

搭 criticize sb. for (doing) sth. 批评某人(做)某事

criticism /ˈkrɪtɪsɪzm/

n. ①批评 He can't take ***criticism***. 他不能接受别人的批评。

②评论 I don't like to read his literary ***criticism***. 我不喜欢读他的文学评论。

搭 meet with/encounter criticism from... 受到……的批评 // beyond/above criticism 无可指责 // be open to criticism 有待批评

critic /ˈkrɪtɪk/

n. 批评家，评论家 She started as a food ***critic*** for a local paper. 她最初在当地的一家报纸做美食评论员。

reproach /rɪˈprəʊtʃ/

vt. 责备 She ***reproached*** me for my lack of foresight. 她责备我缺乏先见之明。

n. 责备 above/beyond ***reproach*** 无可非议地，出色地

comment /ˈkɒment/

【助记】com(完全)+ment(思考)→彻底思考后再做评论→评论

n. ①评论，意见 No ***comment***. 无可奉告。// This idea deserves more than passing ***comment***. 这个想法值得慎重考虑。

②闲话，议论 Her strange behavior caused a good deal of ***comment***. 她的反常行为引起了不少闲话。

vt. 评论 The discovery is hardly ***commented*** by the press. 这个发现很少为报界所评论。

搭 comment on sth. / make comments on sth. 评论某事 // without comment 不必多说

派 **commentator** ***n.*** 解说者；新闻广播员 // **commentary** ***n.*** 实况报道；评论

【辨析】表示"评论"的动词

criticize：指根据一定的标准做深刻的分析和评论，其宾语一般为文学、艺术作品等

comment：表示书面或口头上对某人或某事进行"评论"，发表自己的观点

publication /ˌpʌblɪˈkeɪʃən/

publish /ˈpʌblɪʃ/

vt. ①出版；发表 He *publishes* articles in various newspapers. 他在许多报纸上发表文章。

②公布 The latest unemployment figures will be *published* tomorrow. 最新的失业数字将于明日公布。

派 **publisher** *n.* 出版商，出版者

publication /ˌpʌblɪˈkeɪʃən/

n. ①出版；出版物 The collection of the theses is ready for *publication*. 这本论文集已准备好，可以出版了。

②公布，发表 the *publication* of the election results 公布选举结果

abstract /ˈæbstrækt/

【助记】abs(away)+tract(拉)→提取

a. 抽象(派)的 Your idea is too *abstract* to understand. 你的想法太抽象了，令人难以理解。

n. 摘要【同 summary】 make an *abstract* of a speech 将演说作一摘要

vt. ①做……的摘要 The author *abstracted* his book. 作者为他的书写了内容提要。

②提取 Irons are *abstracted* from ore. 铁是从矿石中提取的。

搭 in the abstract 抽象地，在理论上

派 **abstraction** *n.* 抽象；提取；心不在焉

concept /ˈkɒnsept/

n. 概念，观念 It is difficult to grasp the *concept* of infinite space. 掌握无限空间的概念是很难的。

派 **conceptual** *a.* 概念的；观念的；抽象的

雅思真题 The *concept* of indoor farming is not new, since hothouse production of tomatoes and other produce has been in vogue for some time. 室内栽种并不算新奇的概念，因为温室种植番茄和其他作物已盛行了一段时日。

conception /kənˈsepʃən/

n. ①思想，观念，想法 Does the younger generation have a clear *conception* of what they want? 年轻一代清楚他们到底想要什么吗？

②构想，设想 The *conception* of the book took five minutes, but writing it took a year. 构想那本书只要五分钟，而写那本书却用了一年。

③怀孕 This drug can increase the chance of *conception*. 这种药物可以提高怀孕的几率。

搭 beyond conception 不可思议 // form a conception of 对……抱有一种想法 // have a clear conception of 对……有清楚的了解

edit /ˈedɪt/

vt. ①编辑，校订 It is not yet decided who will *edit* it. 由谁校订未决。

②主编 She used to *edit* the *Washington Post*. 她曾主编过《华盛顿邮报》。

③剪辑 The *edited* film is a selected assembly of all kinds of "bits and pieces". 剪辑片是选用形形色色的"片断和点滴"汇编而成的。

edition /ɪˈdɪʃən/

n. 版，版本 A paperback *edition* of a book is much cheaper than a deluxe *edition*. 平装本的书比精装本的书要便宜很多。

搭 pocket/abridged/revised/popular edition 袖珍本/缩写本/修订本/普及本

editorial /ˌedɪˈtɔːrɪəl/

a. ①编辑的 *editorial* work 编辑工作

②社论的 an *editorial* article 社论

n. 社论 He writes *editorials* for the newspaper. 他为这家报纸撰写社论。

propose /prəˈpəuz/

【助记】pro(before)+pos(放置)+e→把提案放在前面→提议

v. ①提议【同 suggest】 He *proposed* that we should go for a walk. 他提议我们去散步。

②提名 He was *proposed* as a candidate for the educational committee. 他被推荐为教育委员会的候选人。

③打算 I *propose* an early start tomorrow morning. 我打算明天早上早点出发。

④求婚 *propose* (marriage) to sb. 向某人求婚

搭 propose to do sth. 想做某事；企图做某事 // propose that sb. (should) do sth. 建议某人做某事

proposal /prəˈpəuzəl/

n. ①提议 *Proposal* is easier than performance.

提议容易实行难。

②**求婚** How could you make a ***proposal*** without a ring? 你怎么可以没带上戒指去求婚呢？

suggestion /sə'dʒestʃən/

【助记】suggest (*v.* 建议) 的名词形式

n. ①**建议** Your ***suggestions*** are unworkable. 你的建议是行不通的。

②**细微的迹象；暗示** I detected a ***suggestion*** of malice in his remarks. 我觉察出他说的话略带恶意。

recommend /ˌrekə'mend/

【助记】re(again)+commend(称赞)→一再称赞→推荐

vt. ①**推荐** Can you ***recommend*** a good English dictionary to me? 你能否向我推荐一本好的英语词典？

②**劝告，建议** The judge ***recommended*** that he (should) serve 20 years in prison. 法官建议判他入狱 20 年。

③**使成为可取** As a tourist resort the place doesn't have anything to ***recommend*** it. 作为旅游观光地，这个地方并无可取之处。

派 **recommendation** *n.* 推荐，介绍；劝告

> 【归类卡片】接 that 从句用should 型虚拟语气的动词
>
> 建议：advise, suggest, propose, recommend
>
> 命令：order, command, direct
>
> 要求：demand, request, require
>
> ★这类动词的名词形式后跟相关的名词性从句的谓语也要用 should 型虚拟语气。

bid /bɪd/

n. ①**企图，努力** A German firm launched a takeover ***bid*** for the company. 一家德国公司试图收购这家公司。

②**投标；出价** The company submitted a ***bid*** for the contract to clean the hospital. 该公司投标承包这所医院的清洁工作。// They put in the highest ***bid*** for the house. 他们为这幢房子出了最高价。

v. ①**喊价；投标** He ***bid*** 10 million dollars for Picasso's painting. 他为毕加索的画出价 1000 万美元。// We have successfully ***bid*** for the contract. 我们竞标成功，得到了这份合同。

②**祝，说(问候话)** We ***bade*** him farewell. 我们向他告别。

③**命令** Do as you are ***bidden***. 按命令行事。

搭 (make a) bid for... 在拍卖中出价买……，投标获取……，努力争取…… // bid against sb. 与某人争出高价，抬价竞买 // bid for the Olympic Games / the Olympic bid 申办奥运

用 过去式 bid/bade，过去分词 bid/bidden。

concrete /'kɒnkriːt/

a. **具体的**【反 abstract】Do you have any ***concrete*** suggestions? 你有什么具体建议吗？

n. **混凝土** reinforced ***concrete*** 钢筋混凝土

discharge /dɪs'tʃɑːdʒ/ *v.* /'dɪstʃɑːdʒ/ *n.*

【助记】dis(away)+charge(装载)→释放

v. ①**允许……离开** The judge ***discharged*** the prisoner. 法官把囚犯释放了。

②**排出；流出** Some factories in this region still ***discharge*** waste water into the river. 这一地区有些工厂仍把废水排入河中。// The river ***discharges*** into the sea. 那条河注入大海。

③**卸(货)** The aircraft ***discharged*** its passengers. 飞机卸下乘客。

④**放电** Lightning is caused by clouds ***discharging*** electricity. 闪电是由云层放电造成的。

n. ①**允许离开** Patients' needs after ***discharge*** from hospital will be monitored. 出院后病人的需求将得到监控。

②**排出** the ***discharge*** of toxic waste into the sea 有毒废物向海里排放

③**卸(货)；放电** ***discharge*** of cargo 卸货

inquire/enquire /ɪn'kwaɪə/

【助记】in/en(into)+quir(寻求)+e→追查事实→询问

v. **询问** It's the secretary's job to ***inquire*** about the flights for the manager. 为经理查询有关航班的情况是秘书的职责。

搭 inquire after 问候 // inquire into 调查，探究 // inquire about/of... 打听、查询有关……的情况

派 **inquiring** *a.* 爱刨根问底的

inquiry/enquiry /ɪn'kwaɪərɪ/

n. ①**询问** For further ***inquiry***, please consult

our website. 如需进一步咨询，请到我们的网站查阅。

②调查 The police's *enquiry* into the death of Mr. Smith was not a success; they found no useful facts. 警方对于史密斯先生死因的调查并不成功，没有发现有价值的情况。

consult /kən'sʌlt/

vt. ①请教 If you wish good advice, *consult* an old man. 欲得忠告，请教长者。

②查阅 *Consult* your dictionary when unsure of your spelling. 对拼写无把握时就要查阅词典。

vi. 交换意见，商议 I need to *consult* with my colleagues on the proposals. 我需要和我的同事商讨这些建议。

派 **consultation** *n.* 请教，咨询

consultant /kən'sʌltənt/

n. ①顾问 He is a *consultant* on law affairs to the mayor. 他是市长的一个法律顾问。

②会诊医师 a *consultant* in sth. 某科顾问医师

派 **consultancy** *n.* 顾问(工作)

resolve /rɪ'zɒlv/

【助记】re+solve(解决)→解决

vt. ①解决【同 settle, solve】If the dispute is to be *resolved* there must be some give and take. 若要争执获得解决，双方就要互相让步。

②决定，决意 He *resolved* that nothing should hold him back. 他下决心不让任何事情阻挡他。

③(~*into*)分解 We can *resolve* the problem *into* more elementary items. 我们能够把这个问题分解成更基本的项目。

vi. 决定，决意 She *resolved* on making an early start. 她决定早早出发。

搭 resolve a contradiction/conflict/question 解决矛盾/冲突/问题

resolution /ˌrezə'luːʃən/

n. ①决议 The United Nations passed a *resolution* to increase aid to the Third World. 联合国通过决议增加对第三世界国家的援助。

②决心 show great *resolution* 表示极大的决心

③解决 The lawyer's advice led to the *resolution* of this difficult problem. 律师的建议使这一难题得以解决。

④分辨率 high *resolution* 高分辨率

resolute /'rezəluːt/

a. 坚决的 In the face of *resolute* opposition, the bill was withdrawn in November. 由于遭到了坚决的反对，这项法案在11月份被撤销了。

prescribe /prɪs'kraɪb/

【助记】pre(before)+scribe(写)→预先写好→开(药)；规定

vt. ①开(药) A holiday is the best cure *prescribed* for the depression. 度假是开给抑郁症病人的最好药方。

②规定 The law *prescribes* how to punish this crime. 法律对如何处罚这种犯罪做出了规定。

prescription /prɪ'skrɪpʃən/

n. 处方；开处方 I can never read doctors' *prescriptions*. 我从来看不懂医生写的处方。

heal /hiːl/

v. ①愈合，使康复 Time *heals* all sorrows. 时间会治愈一切忧伤。

②调停，消除(分歧) With the passage of time, the divisions between the two countries have *healed* over. 随着时间的流逝，两国的分歧已经弥合。

therapy /'θerəpɪ/

n. 治疗 Aroma *therapy* is good for releasing mental pressure. 香熏治疗对舒缓精神压力有一定疗效。

派 **therapist** *n.* 临床医学家

dose /dəʊs/

n. 剂量，一剂，一份 Here is your medicine; the *dose* is two spoonfuls every four hours. 这是你的药，剂量是每四个小时服两匙。

派 **overdose** *n.* 过量用药

receipt /rɪ'siːt/

【助记】re(back)+ceipt(拿)→拿回来→收到

n. ①发票，收据 She placed the change along with the *receipt* in her purse. 她把找头连同收据一起放进钱包。

②[*pl.*]收入 The pop singer got huge cash *receipts* from his concert. 那个流行歌星从演唱会中获得了巨额的现金收入。

③收到 We are in *receipt* of your letter. 我们

收到了你的来信。

recipe /ˈresɪpɪ/

n. ①烹饪法 a ***recipe*** for tomato soup 番茄汤的做法

②秘诀 What's your ***recipe*** for a happy marriage? 你认为幸福婚姻有什么秘方？

同义替换练习

1. The president explained that the purpose of taxation was to fund government spending.
A. finance B. expand C. enlarge D. budget

2. The republication of this writer's works will certainly enhance her reputation.
A. criticise B. heal C. recommend D. improve

3. The Boston Marathon is a difficult race. Nevertheless, many runners participate every year.
A. Therefore B. Furthermore C. Accordingly D. However

4. The manager spoke highly of such good qualities as loyalty, courage and truthfulness shown by his employees.
A. virtues B. features C. properties D. characteristics

5. Knowing something as a whole is far from knowing all its specifics.
A. instances B. characters C. items D. details

6. Last night she saw two dark shapes enter the building, and then there was the explosion.
A. features B. figures C. sketches D. images

7. The teacher confidently expects her students to pass the university entrance examination.
A. confidentially B. timidly C. fearfully D. positively

8. The last section of the magazine includes abstracts of recent articles on solar energy.
A. editions B. editorials C. articles D. summaries

9. The multinational corporation was making a take-over bid for a property company.
A. resolution B. offer C. interview D. inquiry

10. His arrival did little to solve the problem.
A. elaborate B. trace C. prescribe D. resolve

答案与译文

1. **[A]** 总统解释说，征税的目的是为政府开支提供资金。

2. **[D]** 该作家的作品被再版，这一定会提高她的声誉。

3. **[D]** 波士顿马拉松是一项艰苦的比赛。尽管如此，每年还是有很多人参加。

4. **[A]** 这位经理高度评价了员工所表现出的忠诚、勇敢、守信等美德。

5. **[D]** 全面地了解某个事物远非指了解它的各个细节。

6. **[B]** 昨晚她看到两个黑影进入了大楼，接着就传来了爆炸声。

7. **[D]** 这位老师自信地预计她的学生将会通过大学入学考试。

8. **[D]** 杂志最后一部分收录了近期发表的关于太阳能的文章的摘要。

9. **[B]** 那家跨国公司正在竞标收购一家地产公司。

10. **[D]** 他的到来对解决问题几乎没什么帮助。

Lesson 7

词根词缀表

spir 呼吸	inspire *vt.* 给……以灵感	**out-** 向外	output *n.* 输出
pha(n) 表示	emphasis *n.* 强调	**log** 说话	logical *a.* 逻辑的
multi- 多	multiply *v.* (使)增加	**tin** 保持	continuous *a.* 连续不断的
val, vail 强大的	prevail *vi.* 占优势	**sequ** 跟随	consequent *a.* 随之发生的
cede 走	precede *vt.* 在……之前	**dens** 密的,浓的	density *n.* 密集
flu 流动	influence *n.* 影响	**rat, ratio** 断定	ratio *n.* 比率
in- 在……之内,进入	input *n.* 投入		

inspire /ɪn'spaɪə/

【助记】in(into)+spir(呼吸)+e→吸进灵气→给……以灵感

vt. ①鼓舞【同 encourage】The young musician had the example of Beethoven to ***inspire*** and guide him. 这位青年音乐家有贝多芬这一榜样激励并指引着他。

②给……以灵感 Love ***inspired*** the poet to write beautiful poems. 爱情激起诗人的灵感而创作出美丽的诗篇。

搭 inspire sb. to do sth. 鼓舞某人做某事;激发某人做某事的灵感 // inspire sth. in sb. / inspire sb. with sth. 激发某人的某种感情

派 **inspiring** *a.* 鼓舞人心的

inspiration /ˌɪnspə'reɪʃən/

n. ①灵感 Poets and artists often draw their ***inspiration*** from nature. 诗人与艺术家往往从自然界得到灵感。

②鼓舞人心的人(或事物) Maya, who bears her illness with such patience, is an ***inspiration*** to us all. 玛雅坚忍地对待疾病,给我们很大的鼓舞。

搭 have a sudden inspiration 灵机一动 // get/draw inspiration from 从……得到启示 // give (the) inspiration to 启发;鼓舞

spark /spɑːk/

n. ①火花 A cigarette ***spark*** started the fire. 香烟的火星引起了这场火灾。

②诱因 Tax increases could be the ***spark*** for the troubled economy. 增税可能是导致这次经济困难的原因。

vi. 发出火花 What made the electric wire ***spark***? 电线冒火花是什么原因?

vt. (~*off*)触发,引起 The incident ***sparked off*** a whole chain of disasters. 该事件惹出了一连串的灾祸。

promote /prə'məʊt/

【助记】pro(forward)+mote(动)→向前推动→促进

vt. ①促进 The president's visit has greatly ***promoted*** mutual understanding between the two countries. 总统的来访大大地增进了两国间的相互了解。

②提拔 It amazed me to learn that he had been ***promoted***. 得知他已晋升我感到惊奇。

③推销 The company are ***promoting*** their new products on television. 这家公司在电视上宣传他们的新产品。

promotion /prəməʊʃən/

n. ①晋升 The job offers excellent ***promotion*** prospects. 这份工作有很好的晋升机会。

②宣传;促销;促销产品 a spring sales ***promotion*** 春季促销

③提倡 the ***promotion*** of energy conservation 提倡节约能源

④促进 the ***promotion*** of free international trade 对国际自由贸易的促进

派 **promotional** *a.* 促销的,推销的

reinforce /ˌriːɪnˈfɔːs/

【助记】re(again)+in(使)+forc(力量)+e→增强

vt. 增强【同 strengthen】The evidence ***reinforces*** my view that he is lying. 这一迹象更让我认为他在说谎。// ***reinforce*** a wall 把墙加固 // ***reinforce*** the fort with troops 派军队增援要塞

派 **reinforcement** ***n.*** 增援，加强；[*pl.*]援军

heighten /ˈhaɪtn/

【助记】height(高度)+en(使)→提高

v. (使)提高 We ***heighten*** our expectations as time goes by. 随着时间的推移，我们的期望变得更高了。

emphasize/-ise /ˈemfəsaɪz/

【助记】em(in)+pha(表示)+size→明白的表示→强调

vt. 强调 He ***emphasized*** the need for hard work. 他强调了苦干的必要。

用 该词后面可接名词或 wh-从句或 that 从句。

emphasis /ˈemfəsɪs/

n. 强调，重点 His report places ***emphasis*** on the need for better working conditions. 他的报告强调需要更好的工作条件。

搭 give emphasis to... 着重，强调 // lay/place/put emphasis on... 注重，着重于，强调，加强(语气)，重读

multiply /ˈmʌltɪplaɪ/

【助记】multi(多)+ply(折叠)→许多东西重叠在一起→增加

v. ①(使)增加 Smoking ***multiplies*** the risk of heart attacks and other health problems. 吸烟大大增加了心脏病及其他危害健康的问题发生的危险。// Our chances of success had ***multiplied*** several times over. 我们成功的机会已增加了好几成。

②繁殖 When animals have more food, they generally ***multiply*** faster. 动物如果吃得多，通常繁殖也快。

③乘，(使)相乘 3 ***multiplied*** by 5 is 15. 3 乘以 5 等于 15。

multiple /ˈmʌltɪpl/

a. 复合的，多种多样的 We use the hall for ***multiple*** purposes. 这个大厅有多种用途。

n. 倍数 12 is a ***multiple*** of 3. 12 是 3 的倍数。

triple /ˈtrɪpl/

【助记】tri(三)+ple(折叠)→折叠三次的→三倍的

a. 三部分的；三倍的 He received ***triple*** wages for all his extra work. 由于额外的工作他领取了三倍的工资。

v. (使)增至三倍 The manager ***tripled*** his income. 经理使他的收入增至三倍。// Crude prices were expected to ***triple***. 原油价格预计要涨到原价的三倍。

accelerate /əkˈseləreɪt/

【助记】ac(to)+celer(迅速)+ate(使)→加快

v. (使)加快 The policy of reform and opening-up ***accelerated*** China's economic growth. 改革开放政策促进了中国的经济发展。// The Ferrari Mondial can ***accelerate*** from 0 to 60 mph in 6.3 seconds. 法拉利蒙迪尔型汽车能在 6.3 秒内从时速 0 英里加速到 60 英里。

【归类卡片】日常英语 PK 科技英语

	日常英语	科技英语
速度	speed	velocity
加速	speed up	accelerate
减速	slow up/down	decelerate

advance /ədˈvɑːns/

v. ①前进，向前移动；促进，使发展 As the army ***advanced***, the enemy fled. 大军向前推进，敌人就逃走了。// This study has considerably ***advanced*** the cause of equal rights. 该研究极大地促进了平权运动的事业。

②取得进展 Our understanding of human genetics has ***advanced*** considerably. 我们对人类遗传学的理解有了很大进展。

③提出(建议等) He ***advanced*** many reasonable proposals. 他提出了许多合理的建议。

④(价格等)上涨 Oil shares ***advanced*** today in heavy trading. 在今天的大量交易中，石油股价格上涨了。

n. ①进展，进步 Recent ***advances*** in biotechnology have raised moral questions. 生物技术近期的发展引出了道德问题。

②预付(款等) The factory gave me an ***advance*** so that I could get my necessities. 工厂先付钱给我，便于我买一些必需品。

③(价格等)增长 a further big ***advance*** in the price of gold 黄金价格的又一轮暴涨

a. 预先的 ***advance*** planning 预先的计划

搭 in advance 在前面；预先，事先

advanced /əd'vɑːnst/

a. ①先进的 It takes time for ***advanced*** ideas to get generally accepted. 先进的思想要被人们普遍接受需要时间。

②高级的 ***advanced*** civilization 高度文明

③年迈的 He died at an ***advanced*** age. 他活到高龄才去世。

latter /'lætə/

n. [*the~*]后者 Between captain and major, ***the latter*** is the higher rank. 在上尉与少校之间，后者军衔较高。

a. ①后者的 This ***latter*** point is of great importance. 这后一个论点是非常重要的。

②后一半的 the ***latter*** years of one's life 后半生

搭 the latter (两者中的)后者

former /'fɔːmə/

【助记】form(形成)+er→早就形成的→以前的

a. 以前的 Do you keep in touch with your ***former*** classmates? 你和以前的同学有联系吗？

n. [*the~*]前者 If I had to choose between leisure and work, I'd prefer ***the former***. 若要我在休息和工作之间选择其一，我宁愿选前者。

previous /'priːvɪəs/

【助记】pre(before)+vi(路)+ous→以前走过的路→以前的

a. 以前的；(*~to*)在……之前【同 prior】***previous*** experience 以前的经验 // Enough material should be collected ***previous to*** writing. 写作之前要收集足够的材料。

派 **previously** ***ad.*** 以前，事先

> 【辨析】表示“之前”的形容词
>
> former：指以前的、在前的，如：the former president(前总统)
>
> previous：指时间上早于某人物、事件或行动的
>
> preceding：指在时间或位置上紧接于前的，如：in the preceding lesson(在上一节课中)

prevail /prɪ'veɪl/

【助记】pre+vail(强大的)→占强势地位→占优势

vi. ①流行 It seems that the jeans will ***prevail*** forever. 牛仔裤似乎永远流行。

②(*~over, against*)获胜，占优势 Virtue will ***prevail over*** evil. 美德定将战胜邪恶。

③(*~on, upon*)说服 May I ***prevail on*** you to make a speech after dinner? 可以请你在用餐后讲几句话吗？

派 **prevailing** ***a.*** 流行的，普遍的

prevalent /'prevələnt/

a. 流行的，普遍的 Colds are ***prevalent*** in the winter. 伤风在冬季很普遍。

> 【辨析】表示“流行的，普遍的”的形容词
>
> prevailing：指在特定的时间和地点最盛行或最普通的，仅用于名词前，如：a prevailing opinion (普遍的意见)
>
> prevalent：指在讲话所指特定时间内普遍流行的，暗示了普遍的存在或发生但并不表占优势的，既可修饰名词作定语又可作表语

precede /prɪ'siːd/

【助记】pre(before)+cede(走)→走在前面→在……之前

vt. 在……之前 George Bush Jr. ***preceded*** Barack Obama, as President of the United States. 小布什在巴拉克·奥巴马之前担任美国总统。

preceding /prɪ'siːdɪŋ/

a. 前面的 The use of the word “enable” is mentioned in the ***preceding*** lesson. 关于enable一词的用法在前面一课有提及。

precedent /'presɪdənt/

【助记】pre(before)+cede(走)+nt→走在前面的榜样→先例

n. ①先例，范例 An epidemic on this scale is without ***precedent***. 如此大规模的流行病史无前例。

②惯例 The Queen has broken with ***precedent*** by sending her children to ordinary schools. 女王破例让自己的孩子去普通学校就读。

派 **unprecedented** ***a.*** 无前例的，空前的

expert /'ekspɜːt/

n. 专家【同 specialist】She is a reputable ***expert***. 她是个有声望的专家。

a. 内行的 I thought your handling of the situation was ***expert***. 我觉得你对这种情况的处理很在行。

expertise /ˌekspɜːˈtiːz/

n. 专门知识，专长 Industry is being starved of technical ***expertise***. 工业界技术力量匮乏。

affect /əˈfekt/

vt. 影响 The slight change of weather can ***affect*** her delicate health. 她体质弱，天气稍有变化就受到影响。

派 **unaffected** *a.* 不受影响的；不矫揉造作的

【一言辨异】effect, affect

This economic reform didn't have much ***effect*** on the country people, but ***affected*** city dwellers a great deal. 这项经济改革对乡村居民影响不大，但是对城市居民影响很大。

influence /ˈɪnfluəns/

n. ①影响，影响力 Family ***influence*** dominates the shaping of one's characteristics. 家庭的影响对于塑造一个人的性格起主要作用。

②产生影响力的人(或事物) Susan's mother said I was a good ***influence*** on her daughter. 苏珊的妈妈说我对她女儿有良好的影响。

③势力，权势 His ***influence*** reaches the next village. 他的势力扩展到邻村。

vt. 影响 Don't let me ***influence*** your decision. 不要让我影响你的决定。

搭 exert an influence on 对……施加影响 // through the influence of 靠……的力量 // under the influence of 在……的支配下

【辨析】表示"影响"的动词

affect：着重动作，一般指因外部影响而引起反应，往往指产生负面影响

influence：指对人或物的性格、行为或看法产生潜移默化的影响

influential /ˌɪnfluˈenʃəl/

a. 有影响的 Chen Duxiu was the most ***influential*** figure during the New Cultural Movement. 陈独秀是新文化运动中最有影响的一位人物。

exert /ɪɡˈzɜːt/

vt. ①尽(力)，努力 If you ***exert*** all your strength you can move that rock. 如果你使出所有力气，就能移走那块岩石。

②运用，施加(压力等) Photography has ***exerted*** a profound influence on art. 摄影对艺术产生了重大影响。

搭 exert oneself (to do sth.) 努力，尽力(做某事) // exert an influence/pressure on sb. 对某人施加影响/压力 // exert authority 运用权威 // exert all one's powers 尽全力

refusal /rɪˈfjuːzəl/

n. 拒绝 They offered to buy his farm but met a flat ***refusal***. 他们出价要买他的农场，但遭到断然拒绝。

decline /dɪˈklaɪn/

【助记】de(down)+cline(弯曲)→向下弯曲→下降

v. ①下降【同 decrease】The birthrate in China has been ***declining*** for several years. 中国人口的出生率几年来一直在下降。

②衰落 The arts of China have not ***declined*** in spite of Western influence. 虽有西方影响，中国的古老艺术并未因此而衰落。

③谢绝 Cinderella ***declined*** the prince's invitation. 灰姑娘谢绝了王子的请求。

n. 下降；衰落【同 decrease】When people get older, the ***decline*** of memory begins. 人老了，记忆力就开始衰退。

搭 in decline / on the decline 呈下降趋势；在衰退中 // go/fall/sink into a decline 开始衰落，衰弱下去；体力衰退 // the decline of life 晚年，暮年

用 拒绝某人 { decline sb. × / refuse sb. √ }

雅思真题 As fall approaches in the northern hemisphere, the amount of solar energy available ***declines*** considerably. 随着秋季临近北半球，可用太阳能的量大幅减少。

reduction /rɪˈdʌkʃən/

【助记】reduce(*v.* 减少，降低)的名词

n. 减少；降低 The budget forecasts a deficit ***reduction*** of 2%. 预算预测赤字将减少 2%。// We can make a ***reduction*** if you buy in bulk. 如果你大批购买，我们可以降低价格。

increasingly /ɪnˈkriːsɪŋli/

ad. 越来越多地 China is ***increasingly*** prosperous and strong. 中国日益繁荣强盛。

rocket /ˈrɒkɪt/

n. 火箭 long-range *rocket* 远程火箭

vi. 迅速上升 Interest rates have *rocketed* as credit has become scarce. 由于存款短缺，利率急速上涨。

派 **skyrocket** *v.* 突飞，猛涨

input /ˈɪnpʊt/

【助记】in+put(放)→把信息或数据放进去→输入

n. ①投入 We must give more output with less labor *input*. 我们必须投入较少的劳动力而产出较多的产品。

②输入(信息、程序等) the *input* of data to the system 向系统输入信息

vt. 把……输入计算机 They *inputted* 8,000 words for sorting. 他们把8000词输入作分类处理。

output /ˈaʊtpʊt/

n. ①产量 D. H. Lawrence is a writer of great *output*. D.H.劳伦斯是一位高产作家。

②输出 actual *output* 实际输出

vt. 输出(信息、数据等) The program will *output* it into a file. 这个程序将把它输出到文件里。

turnover /ˈtɜːnˌəʊvə/

【助记】由 turn over(重新开始)构成的名词

n. ①营业额 The textile export *turnover* has increased 67% this year in China. 中国的纺织品出口额今年增长了67%。

②人员调整，人员更替率 Low pay accounts for the high *turnover*. 低报酬是职员流动率高的原因。

invert /ɪnˈvɜːt/

【助记】in(内)+vert(转)→把里面向外翻转→翻转

vt. 使反向，使倒置，翻过来 The magician *inverted* the bag to show it was empty. 魔术师把袋子由里向外翻，表明里面是空的。

派 **inverted** *a.* 反向的，倒转的 // **inversion** *n.* 反向，颠倒，倒转

induce /ɪnˈdjuːs/

【助记】in(towards)+duce(引导)→引诱

vt. ①引诱，劝诱【同 persuade】Adam and Eve were *induced* to eat the Forbidden Fruit by Satan. 亚当和夏娃受了魔鬼撒旦的引诱偷吃了禁果。

②导致【同 cause】They hoped their work would *induce* social changes. 他们希望自己的工作可以导致社会的某些变化。

搭 induce sb. to do sth. 劝导某人做某事

派 **inducement** *n.* 诱使，诱因

deduce /dɪˈdjuːs/

【助记】de(down)+duce(引导)→往下引导→推断

vt. 推断，演绎 On the basis of the evidence we *deduced* that he was guilty. 根据这些证据，我们推断他是有罪的。

logic /ˈlɒdʒɪk/

n. 逻辑 Lawyers should have a good sense of *logic*. 律师应该精于逻辑。

logical /ˈlɒdʒɪkəl/

a. ①逻辑(上)的 Computer programming needs someone with a *logical* mind. 计算机编程工作需要擅长逻辑思维的人。

②合乎常理的 a *logical* conclusion 合理的结论

派 **illogical** *a.* 不合逻辑的，不合常理的

coherent /kəʊˈhɪərənt/

【助记】co(共同)+her(黏附)+ent→粘在一块的→一致的

a. ①条理清楚的 We should try to be as *coherent* as possible whenever we speak or write. 我们无论何时说话或写作，都应该尽可能地做到条理清楚。

②一致的 They seem to have no *coherent* plan for saving the company. 他们似乎没有一个协调一致的挽救公司的计划。

派 **coherence** *n.* 连惯性，一致性

deduct /dɪˈdʌkt/

vt. 扣除 Your income tax will be *deducted* from your salary. 你的所得税会从工资中扣除。

派 **deduction** *n.* 推论，演绎；扣除(额)，减去 // **deductible** *a.* 可扣除的；可推导的

subtract /səbˈtrækt/

【助记】sub(under)+tract(拉)→拉下来→减

vt. 减(去) 3 *subtracted* from 5 is 2. 5减3等于2。

搭 subtract sth. from... 从……减去或扣除某物

派 **subtraction** *n.* 扣除，削减

highly /ˈhaɪli/

ad. ①非常 Diamond jewelry is ***highly*** priced at the jeweler's. 珠宝店里的钻石首饰标价极高。
②非常赞许地 speak ***highly*** of sb. 极其赞赏某人

雅思真题 No mechanical means of stripping cork bark has been invented, so the job is done by teams of ***highly*** skilled workers. 人们没有发明出把栓皮剥去的机械设备，因此这项工作要由技艺十分精湛的工人来完成。

facilitate /fəˈsɪlɪteɪt/

vt. 使变得容易 Multimedia equipment can greatly ***facilitate*** teaching. 多媒体设备能大大地方便教学。

allocate /ˈæləkeɪt/

【助记】al(to)+locate(地方)→"分配"到各地

vt. 分配 Each of the refugees has been ***allocated*** accommodation. 每个难民都分配到了住处。

派 **allocation** *n.* 分配，配给

distribute /dɪˈstrɪbjuːt/

【助记】dis(apart)+tribute(给予)→分发

vt. ①分发【同 give out】His part-time job on Sunday was to ***distribute*** leaflets on the street. 他在星期天的兼职是到街上去派发传单。
②散布，分布 This species of dolphin is widely ***distributed*** throughout the world. 这种海豚在世界各地广泛分布。

搭 distribute sth. to/among... 把某物分配给/发给……

派 **distribution** *n.* 分发；散布；销售 // **redistribute** *v.* 重新分配

worldwide /ˌwɜːldˈwaɪd/

【助记】world(世界)+wide(遍及各地)→世界范围

a./ad. 世界范围(的) Our hotel has a ***worldwide*** reputation for good service. 我们出色的饭店服务享誉世界。// Her books have sold more than 30 million copies ***worldwide***. 她的书在全世界卖出了三千多万本。

universal /ˌjuːnɪˈvɜːsəl/

a. ①普遍的 ***universal*** truth 普遍真理
②通用的 The law of gravity is ***universal***. 引力定律适用于万物。
③全世界的 Charlie Chaplin is a comic actor of ***universal*** appeal. 查理·卓别林是受全世界人民喜爱的喜剧演员。

派 **universalize** *vt.* 使普遍化

policy /ˈpɒlɪsɪ/

n. ①政策 ***policy*** maker 决策者 // Honesty is the best ***policy***. 诚实不欺为上策。
②保险单 Check the terms of the ***policy*** before you sign. 仔细阅读保险单的条款后再签字。

continuous /kənˈtɪnjuəs/

a. 连续不断的 The brain needs a ***continuous*** supply of blood. 大脑需要不断地供血。

派 **continuity** *n.* 连续(性)

continual /kənˈtɪnjuəl/

a. ①不间断的 ***continual*** rain/lightning 不停的雨/频繁的闪电
②频频的 Recently the young couple have ***continual*** arguments with each other for trifles. 近来这对年轻夫妇为了一些小事接连不断地发生争吵。

【一言辨异】continuous, continual
I've been working for 14 ***continuous*** hours and got so tired, but still there are ***continual*** interruptions. 我连续工作14小时，已经感到很疲惫了，但仍不断有人来打扰我。
★continuous 指某事连续发生，中间无间歇；continual 指有间歇性的连续，常指恼人的连续。

consistent /kənˈsɪstənt/

【助记】con(一起)+sist(站)+ent→站在一起的→一致的

a. ①坚持的，一贯的 Data from recent experiments show ***consistent*** results. 最近的实验数据显示一贯的结果。
②一致的 The witness's testimony is not ***consistent*** with what he said earlier. 证人的证词和之前说过的不一致。

派 **consistency** *n.* 前后一致；(液体的)浓度 // **inconsistent** *a.* 不一致的；前后矛盾的；(行为等)反复无常的

gradual /ˈgrædʒuəl/

a. ①逐渐的 Her English made ***gradual*** progress. 她的英语逐渐进步。
②不陡的 a ***gradual*** slope 缓坡

派 gradually *ad.* 逐渐地

cease /siːs/

v. 停止 The factory **ceased** production for lack of capital. 工厂由于缺乏资金而停产了。// It rained all day without **ceasing**. 雨不停地下了一整天。

n. 停止 without **cease** 持续地，不停地

搭 cease (to do/doing) sth. 停止(做)某事

派 ceaseless *a.* 不停的，不断的

halt /hɔːlt/

【助记】暂停(halt)盐(salt)的销售

n. 停住，暂停 The car came to a **halt** just in time to prevent an accident. 汽车及时停下，避免了一场车祸。

v. (使)停住 No one can **halt** the advance of history. 谁也阻挡不了历史的前进。// The parade **halted** by a busy corner. 游行队伍在一个热闹的拐角处停下了。

搭 at a halt 停止，停顿 // bring... to a halt 使……停止 // call a halt (to sth.) 中止；命令停止

派 halting *a.* 踌躇的，欲言又止的

suspend /səˈspend/

【助记】sus(under)+pend(悬挂)→吊着

vt. ①暂停 Sales of this drug have been **suspended** until more tests have been performed. 这种药品在完成进一步的检验之前暂停销售。

②悬，吊 The lamp was **suspended** from the ceiling. 灯吊在天花板上。

搭 suspend sb. from (doing) sth. 勒令某人暂时停止(做)某事

resume /rɪˈzjuːm/ *v.* /ˈrezjʊmeɪ/ *n.*

【助记】re(again)+sume(拿)→再度拿起→重新开始

v. (中断后)重新开始，恢复 We **resumed** our work after a rest. 休息之后我们重新开始工作。// Peace talks will **resume** tomorrow. 明天将继续和平对话。

n. ①摘要【同 summary】make/draw up a **resume** 写一个摘要

②简历【同 CV】The girl e-mailed her **resume** to the employer. 女孩把自己的简历邮寄给了用人单位。

搭 resume one's spirit 重新振作起来

contract /ˈkɒntrækt/ *n.* /kənˈtrækt/ *v.*

【助记】con(共同)+tract(拉，拽)→"合同"将双方拉到一起

n. 合同 A verbal **contract** isn't worth the paper it's written on. 口头协定连一张纸都不如。

v. ①缩小【反 expand】Metals **contract** when getting cold. 金属遇冷收缩。

②订合同 They **contracted** to build the new bridge. 他们签订合同造新的桥梁。

③感染 I **contracted** a cold. 我得了感冒。

搭 be under contract to sb. 立约为某人工作 // sign a contract 签订合同

派 contractor *n.* 承包商 // contraction *n.* 缩小；缩略字

consequently /ˈkɒnsɪkwəntlɪ/

ad. 所以【同 therefore】There was no fighting and **consequently** no casualties. 没有发生战斗，因此没有人员伤亡。

用 相当于 as a result，可放在句首或与 and 连接两个并列句。

consequent /ˈkɒnsɪkwənt/

a. 作为结果(或后果)的，随之发生的【同 resulting】His long illness and **consequent** absence put him far behind in his work. 他因病缺席很久，耽误了很多课程。

搭 be consequent on/upon... 因……而引起，随……而发生，是……的后果

consequence /ˈkɒnsɪkwəns/

n. ①后果 If you don't pay your bills you'll have to take the **consequences**. 你如果不把账给付了，就得承担一切后果。

②重要(性) Your opinion is of little **consequence** to me. 你的意见对我而言不重要。

搭 in consequence 因此，结果 // in consequence of 因为……的缘故 ***In consequence of*** his bad work, I was forced to dismiss him. 由于他工作表现不好，我只好把他辞退。

subsequent /ˈsʌbsɪkwənt/

【助记】sub(under)+sequ(跟随)+ent→随后的

a. 随后的 Most countries were in a mess during the period **subsequent** to World War II. 二战后的一段时期中，许多国家陷入了窘境。

搭 subsequent to 继……之后；在……之后

雅思真题 The creation of the commercial airline industry following the Second World War and the ***subsequent*** development of the jet aircraft in the 1950s signalled the rapid growth and expansion of international travel. 二战结束后商用航空业的诞生以及随之而来的20世纪50年代喷气式飞机的发展，都标志着国际旅行的快速发展和扩张。

otherwise /ˈʌðəwaɪz/

ad. ①用别的方法 think ***otherwise*** 有另外的想法

②在其他方面 We welcome any comments from viewers, favorable or ***otherwise***. 观众的任何意见，无论是褒还是贬，我们都欢迎。

conj. 否则 Seize the chance, ***otherwise*** you will regret it. 要抓住机会，否则你会后悔的。

搭 or otherwise 或其反面，或相反；或用其他方法 // but otherwise 然而在别的方面却 // otherwise than... 与……不同的，除……之外

undoubtedly /ʌnˈdaʊtɪdlɪ/

ad. 无疑 ***Undoubtedly***, Japanese household electrical appliances are less popular now in China. 无疑，如今日本的家用电器在中国不那么受欢迎了。

hence /hens/

ad. ①因此【同 therefore】It's handmade and ***hence*** expensive. 这是手工做的，因此很贵。

②今后 The problem will have its main effect several years ***hence***. 这个问题的主要影响将在今后几年内表现出来。

bold /bəʊld/

a. ①勇敢的，无畏的 Fortune favors the ***bold***, but abandons the timid. 命运宠爱勇敢者，但是抛弃弱小者。

②冒失的，鲁莽的 She was hurt by a ***bold*** remark. 她被一句唐突无礼的话所伤害。

③粗(字)体的 in ***bold*** type 用粗体字

④鲜明的，显眼的，清晰的 ***bold*** colours 鲜明的颜色 // ***bold*** illustrations 清晰的插图

派 boldness ***n.*** 勇敢；冒失

dense /dens/

a. ①密集的，稠密的，浓密的 a ***dense*** forest 一片浓密的森林 // An area with a ***dense*** population is a breeding place for infectious disease. 人口密集的地区是传染病滋生的地方。

②密度大的 ***dense*** substance 密度大的物质

派 densely ***ad.*** 密集地

density /ˈdensɪtɪ/

n. ①密集 The animals were living in high ***density***. 动物们的生活地很集中。

②密度 The population ***density*** in the city is greater than that in the countryside. 城市的人口密度比农村的大。

intensity /ɪnˈtensɪtɪ/

【助记】in+tens(伸展)+ity→注意力向内伸展的程度→强度

n. ①强烈，剧烈 The pain increased in ***intensity***. 疼痛越来越剧烈。

②强度 Noise ***intensity*** around the airport is much higher than elsewhere. 飞机场附近的噪音强度要比其他地方大得多。

③热烈；严肃 She spoke with great ***intensity***. 她说话时饱含热情。

flourish /ˈflʌrɪʃ/

【助记】flour(开花)+ish(动词后缀)→茂盛

vi. 茂盛，繁荣，兴旺 The plants ***flourished*** in the warm sun. 这些植物在温暖的阳光下生长茂盛。// Rock and roll ***flourished*** in the 1950s in the West. 在西方20世纪50年代，摇滚乐盛极一时。

vt. 挥动 The students ***flourished*** flags on campus. 学生们在校园里挥舞旗子。

搭 in full flourish 盛极一时；在全盛期

prosper /ˈprɒspə/

【助记】pro(forward)+sper(希望)→前方充满希望→繁荣

v. ①繁荣，使繁荣 His business continued to ***prosper***. 他的生意持续兴隆。

②健康成长 The adopted child seems to be ***prospering*** under the care of the attentive mother. 由于养母的悉心照料，这个被领养的孩子看来在健康地成长。

派 prosperity ***n.*** 兴旺，繁荣

prosperous /ˈprɒspərəs/

a. 繁荣的，兴旺的 The district is getting more and more ***prosperous***. 这一带越来越繁华了。

thrive /θraɪv/

【助记】th+rive(河)→繁荣起源于大河流域→繁荣

vi. 兴旺，繁荣，茁壮成长 Few plants or animals ***thrive*** in the desert. 极少数植物或动物能在沙漠中茁壮成长。// A business cannot ***thrive*** without investment or good management. 要是缺少投资或者管理不善,企业就不会兴旺。

用 过去式 thrived/throve,过去分词 thrived。

> 【辨析】表示"繁荣,兴旺"的动词
> thrive:指生物(包括植物和动物)的繁殖兴旺
> flourish:指植物生长茂盛
> ★表示事业、经济等的繁荣昌盛,flourish,thrive,prosper 可以互换使用。

calculate /ˈkælkjuleɪt/

vt. ①计算 We haven't really ***calculated*** the cost of the vacation yet. 我们还没有确切地计算出度假要花多少钱。

②估计,推测【同 estimate】***calculate*** the cost/effect 计算成本/估算影响

③计划 This advertisement is ***calculated*** to attract the attention of housewives. 这广告是为引起家庭主妇们的注意而设计的。

派 **calculator** ***n.*** 计算器 // **calculation** ***n.*** 计算;深思熟虑 // **miscalculate** ***v.*** 失算

proportion /prəˈpɔːʃən/

【助记】pro+portion(部分)→比例;部分

n. ①比例【同 ratio】The ***proportion*** of boys to girls is usually about four to one in science and engineering colleges. 理工大学的男女生比例通常是 4:1。

②部分 A large ***proportion*** of the students were sick because of the severe cold. 由于严寒大部分学生都生病了。

③均衡，相称 His expenditure is out of ***proportion*** to his income. 他入不敷出。

搭 in proportion to... 与……成比例 Tax is then calculated ***in proportion to*** what you earn. 所得税则是根据你的收入按比例计算的。

派 **proportional** ***a.*** 成比例的

portion /ˈpɔːʃən/

n. 一部分,一份 A large ***portion*** of the company's profit goes straight back into new projects. 公司的大部分利润直接投入到新的项目中。

vt. (*~out*) 分配 The money was ***portioned out*** among them. 那笔钱被他们分了。

joint /dʒɔɪnt/

【助记】join(结合)+t→连接的

a. ①连接的 a ***joint*** structure 连接的结构

②共同的 We did it together; it was a ***joint*** effort. 这是我们一起做的,是共同努力的结果。

n. ①关节 The finger ***joints*** are called "knuckles". 手指的关节叫做"指节"。

②接头 the ***joints*** in a pipe 管子的接合处

搭 out of joint 脱臼;出了问题

rate /reɪt/

n. ①速度 We drove at a steady ***rate***. 我们以平稳的速度开车。// the ***rate*** of economic growth 经济增长的速度

②比率，率 You'll find our current interest ***rate*** very competitive. 你会发现我们目前的利率很具竞争力。

③价格，费 Call your family at night, for night telephone ***rates*** are cheaper than day rates. 晚上给家里打电话吧,因为晚上的电话费比白天便宜。

vt. ①评估 How do you ***rate*** yourself as a professional? 作为一位专业人士,你如何评估自己?

②给……定级 The movie is ***rated*** G for general audiences. 影片定为 G 级,即老少皆宜。

③值得 That joke didn't ***rate*** a laugh. 那个笑话不值得一笑。

搭 at this rate 照这种情形，既然这样 // at any rate 无论如何,至少

派 **first-rate** ***a.*** 第一流的 // **second-rate** ***a.*** 二流的,劣质的 // **ratepayer** ***n.*** 纳税人

ratio /ˈreɪʃɪəʊ/

n. 比率 The ***ratio*** of hydrogen to oxygen in water is 2 to 1. 水中氢和氧的比例是 2:1。

> 【辨析】表示"比率"的名词
> rate:指部分相对整体形成的比率,如:divorce rate(离婚率)
> ratio:指两个数值之间的比值,该词所涉及的两个比较项必须同时出现

搭 in direct/inverse ratio 按正/反比例

percentage /pəˈsentɪdʒ/

【助记】per(每)+cent(百)+age→每一百→百分比

n. 百分比 The numbers are small in ***percentage*** terms, but significant. 按百分比来说，这些数目并不大,但意义重大。

同义替换练习

1. The leader of the expedition encouraged everyone to follow her example.
A. affected B. reinforced C. induced D. inspired
2. The government is trying to do something to promote better understanding between the two countries.
A. raise B. advance C. facilitate D. suspend
3. The same factors push wages and prices up together, the one strengthening the other.
A. increasing B. emphasizing C. reinforcing D. multiplying
4. Critics believe that the control of television by mass advertising has affected the quality of the programs.
A. lessened B. declined C. influenced D. inspired
5. Her parents tried to impose some pressure on her to marry someone who could carry on the family business.
A. input B. allocate C. resume D. exert
6. She expressed her strong determination that nothing could persuade her to give up her career as a nurse.
A. induce B. deduce C. reduce D. influence
7. The automatic doors in supermarkets facilitate the entry and exit of customers with shopping carts.
A. accelerate B. halt C. help D. allocate
8. Our journey was slow because the train stopped constantly at different villages.
A. consistently B. gradually C. undoubtedly D. continually
9. The local police are authorized to halt anyone's movements as they think fit.
A. push B. stop C. restrict D. keep
10. *Rite of Passage* is a good novel by any standards; therefore, it should rank high on any list of science fiction.
A. consistently B. consequently C. subsequently D. coherently
11. You must give us more time, or we shall not be able to make a good job of it.
A. hence B. otherwise C. therefore D. undoubtedly

答案与译文

1. [D] 探险队的领导激励每一个人以她为榜样。
2. [B] 政府正在设法促成两国之间更好的理解。
3. [C] 相同的因素推动工资和价格上扬,二者互相增强。
4. [C] 批评家们认为大量广告对于电视的控制已经影响到节目的质量。
5. [D] 她的父母向她施加压力,要她嫁给一个能传承家族事业的人。
6. [A] 她表达了她坚定的决心,任何事情都不会使她放弃护士这一职业。
7. [C] 超市的自动门方便推手推车的顾客出入。
8. [D] 我们的旅行速度比较慢,因为火车连续在不同的小村庄停车。
9. [B] 当地警察得到授权在他们认为适当的时候,阻止任何人的活动。
10. [B] 无论以什么标准看,*Rite of Passage* 都是一本好小说。因此,在任何科幻小说的排行榜上,它都应该居于前列。
11. [B] 你必须多给我们些时间,否则我们没法把这件事做好。

Lesson 8

词根词缀表

duct, duce 引导	product *n.* 产品	**pet** 追求	compete *vi.* 竞争
fit 使,做	profit *n.* 收益	**plaud, plaus** 拍手;拍	applaud *v.* 鼓掌
mis 错误,否定	misunderstand *vt.* 误解	**drama** 戏剧	dramatic *a.* 戏剧性的
contra- 相反	contrary *a.* 相反的	**lig** 绑	religion *n.* 宗教
clude, clus 关闭	exclude *vt.* 把……排斥在外	**summ** 总	summary *n.* 概要
over- 超越	overlook *vt.* 忽略	**gener, gen** 生产	generalize *vi.* 概括
serv 服务;保存	observe *vt.* 观察		

reduce /rɪ'dju:s/

v. ①减少，缩小 It *reduces* the risks of heart disease. 这降低了患心脏病的风险。

②使沦落,使陷入(不好的境地) They were *reduced* to extreme poverty. 他们陷入极端贫困的状态。

搭 reduce (from) sth. to (doing) sth. 使陷入(更坏的)境地;使沦落;使陷入窘境

boom /bu:m/

vi. ①激增,繁荣 Business is *booming*. 生意兴旺。

②(发出)隆隆声 Our teacher *boomed* out his answer. 我们的老师用低沉的声音做出回答。

n. ①激增,繁荣 baby *boom* 婴儿出生高峰期

②(发出)隆隆声 the *boom* of the guns 大炮的隆隆声

搭 boom town 新兴城市 // boom out 发出低沉的声音

boost /bu:st/

vt. ①提高 This new technique will *boost* food production. 这种新工艺将会提高食品产量。

②推动，激励 We need to *boost* our spirits. 我们需要鼓舞士气。

③替……作广告，宣扬 They designed an advertising program to *boost* local products abroad. 为了推销地方产品,他们制作了一个广告节目。

n. ①提高 a *boost* in price 涨价

②推动 This will be a great *boost* to the economy. 这对于经济发展将是一个巨大的推动。

③宣扬 She got an unexpected publicity *boost* in the local newspaper. 她出乎意料地被当地报纸公开宣扬。

launch /lɔ:ntʃ/

vt. ①发动;启动;推出 We were going to *launch* a counterattack. 我们准备发动反攻。// *launch* a campaign 开始一场运动 // *launch* a new enterprise/product 创办新企业/推出新产品

②使(船)下水 The oil tanker was *launched* last year. 那艘油轮去年下水了。

③发射 The world's first commercial communications satellite was *launched* in 1965. 世界上第一个商用通信卫星于1965年发射。

n. 下水；发射；投产；发布会 the *launch* of a rocket/spaceship 发射火箭/宇宙飞船

> **雅思真题** In the case of a smartphone that a certain company *launched*, one director wanted to target the business market, and another demanded it was aimed at consumers. 在某个公司发布其手机产品的这个案例中，有位经理想把目标定位在企业市场，而另一位经理则要求将目标放在消费者身上。

product /'prɒdʌkt/

n. ①产品 dairy *products* 奶制品

②产物 He was a typical *product* of his generation and background. 他是他那一代人和他那种背景的典型产物。

③乘积 The *product* of 4 multiplied by 5 multiplied by 7 is 140. 4乘5再乘7的积是140。

派 **by-product** *n.* 副产品

productive /prəˈdʌktɪv/

a. ①多产的 The *productive* writer cannot produce any more works now. 此高产作家现在已经是江郎才尽了。

②富有成效的 My time spent in the library was very *productive*. 我花在图书馆的时间很有收获。

搭 be productive of 有出现……的倾向，可能产生……的结果

productivity /ˌprɒdʌkˈtɪvɪtɪ/

n. 生产力，生产率 The workers are trying their best to increase *productivity*. 工人们正竭尽全力提高生产力。

reproduce /ˌriːprəˈdjuːs/

【助记】re(again)+produce(生产)→一再生产→繁殖；复制

v. ①复制 Photos can be *reproduced* without negatives now. 现在没有底片也可以复制相片。

②繁殖 Most fish *reproduce* (themselves) by laying eggs. 大多数鱼靠产卵繁殖。

派 **reproduction** *n.* 复制

profound /prəˈfaund/

【助记】pro(forward)+found(底部)→深度的

a. ①深度的，深远的，深切的【同 deep】The mother's behavior has a *profound* impact on the developing child. 母亲的行为对成长中的孩子有极大的影响。// *profound* sympathy 深切的同情

②知识渊博的，深奥的 He has a *profound* knowledge of mathematics. 他数学知识渊博。// He regarded it as *profound* philosophy. 他认为这里面有深奥的哲理。

profit /ˈprɒfɪt/

n. ①利润【反 loss】gross/net *profits* 毛/纯利润 // We get quick sales at small *profits*. 我们薄利多销。

②收益，益处 reading for *profit* and pleasure 为获得益处和乐趣而阅读

vt. 有益于 It might *profit* you to learn about the company before your interview. 面试前先了解一下这个公司可能对你有利。

vi. (~by, from)得益 *profit from* investments 从投资中获利 // We can *profit from* the mistakes we have made. 我们可以从所犯错误中得到教益。

profitable /ˈprɒfɪtəbl/

a. 有利可图的，有益的 I had a very *profitable* conversation with the professor today. 今天与教授的一席话，使我受益匪浅。

tremendous /trɪˈmendəs/

【助记】trem(抖动)+endous→大得让人颤抖的→巨大的

a. ①巨大的 She does her work with *tremendous* vigor. 她工作起来干劲十足。// at a *tremendous* speed 以惊人的速度

②精彩的 We had a *tremendous* night at the theater last night. 我们昨天晚上在剧院度过了一个美妙的夜晚。

understanding /ˌʌndəˈstændɪŋ/

n. ①谅解，协议 We have reached an *understanding* with them. 我们和他们达成了协议。

②理解(力) Such matters transcend human *understanding*. 这些事情是人类所无法理解的。

a. 体谅的 an *understanding* smile 会心的微笑

搭 come to/arrive at/reach an understanding 达成协议，取得谅解

misunderstand /ˌmɪsʌndəˈstænd/

【助记】mis(wrongly)+understand(理解)→误解

vt. 误解 He spoke so clearly as not to be *misunderstood*. 他把话说得清清楚楚，使别人不误会他。

用 过去式、过去分词 misunderstood。

tension /ˈtenʃən/

n. ①(情绪上的)紧张 emotional *tension* 情绪紧张

②紧张局势(或关系、状况) It's not wise to create international *tensions*. 制造国际紧张局势是不明智的。

③拉紧，绷紧 The *tension* was so great that the rope broke. 绳子拉得太紧，绷断了。

④张力 This wire will take 50 pounds *tension*. 这根金属线能承受50磅的张力。

stress /stres/

n. ①压力 She failed to withstand the *stresses* and strains of public life. 她承受不了作为一个公众人物的生活压力和紧张。

②强调，着重 lay/put *stress* on 着重于，把重点放在……上 // That school lays *stress* on English. 那所学校注重英语。

③**重音** Give ***stress*** to the second syllable. 重读第二个音节。

④**应力** the ***stress*** exerted on an aircraft's wing 飞机机翼的应力

vt. **强调；重读** In his speech, he ***stressed*** that we should be punctual. 在他的发言中强调的一点是，我们必须准时。

搭 suffer from/be under stress 承受压力/处在压力下

strain /streɪn/

n. ①**拉紧；张力** The rope broke under the ***strain***. 绳索在张力之下断了。

②**极度紧张** Many students are under severe ***strain*** during the college entrance exams. 高考期间，许多学生都处于极度紧张之中。

③**扭伤** a back ***strain*** 背部扭伤

④[常 *pl.*]**旋律** We sipped wine to the ***strains*** of Beethoven. 我们一边听贝多芬的旋律一边抿着葡萄酒。

⑤**品种** a new ***strain*** of the flu virus 一种新型的流感病毒

⑥**气质** There was a ***strain*** of bitterness in her voice. 她的声音听起来有些怨恨。

v. ①**扭伤** I ***strained*** my back when I lifted the box. 我抬箱子的时候扭了背。

②**拉紧，绷紧** Too heavy a load will ***strain*** the rope to its breaking point. 负载过重会把绳子拉紧到崩断的地步。

③**尽力，用尽全力** I ***strained*** to remember where I had met him before. 我努力回想在哪儿见过他。

搭 be under (severe/enormous) strain 处于(极度)紧张的状态 // suffer from (mental/nervous) strain 遭受(精神/神经的)极度紧张

balance /ˈbæləns/

vt. ①**使平衡** Can you ***balance*** a coin on its edge? 你能把一枚硬币竖立起来吗？

②**(使)均衡，相抵** Exports must go down to ***balance*** decreased imports. 必须减少出口以便和下降的进口保持均衡。

③**权衡，比较** He ***balanced*** a trip to the mountains against the chance of a summer job. 他把去山里旅行与夏季打工的机会做了比较。

n. **平衡；天平，秤；结存，余额** ***balance*** of nature 生态平衡 // My bank ***balance*** isn't very large. 我银行存款不多。

搭 in the balance （生命等）在危急状态中 // off balance 不平衡

派 **imbalance *n.*** 不平衡，不均衡

owing /ˈəʊɪŋ/

a. **应付的** There's still over $100 ***owing*** to the bank. 还欠着银行 100 多美元。

搭 owing to 由于，因为 The flight was delayed, ***owing to*** the bad weather. 航班由于天气不好而耽搁了。

sake /seɪk/

n. **缘故** Never do wrong for the ***sake*** of money. 绝不要为金钱而做坏事。

搭 for the sake of 为了……起见，看在……的份上

fierce /fɪəs/

a. ①**凶猛的** The lioness is a better hunter than the male, more ***fierce*** and more active. 母狮是比雄狮更好的猎手，更凶猛也更活跃。

②**狂热的；强烈的** ***Fierce*** resentment was aroused by this injustice. 这种不公引起了强烈的不满。

③**猛烈的** ***fierce*** winds/storms 狂风/狂风暴雨

critical /ˈkrɪtɪkəl/

【助记】crit(判断)+ical→判断优劣的→批评的

a. ①**关键性的** Life will have significant change at some ***critical*** moments. 人生往往在关键时刻会有重大改变。

②**批评的** She viewed the findings with a ***critical*** eye. 她以批评的眼光看待这些研究结果。

搭 be critical of sth. 对某事物持批判态度，对某事物提出批评

crucial /ˈkruːʃəl/

a. **至关重要的** Choosing a right location is ***crucial*** to opening a store. 选准位置对开店是至关重要的。

incredible /ɪnˈkredəbl/

【助记】in(not)+cred(相信)+ible(可……的)→难以置信的

a. ①**不可信的** The plot of the book is ***incredible***. 这本书的情节叫人难以相信。

②难以置信的 F1 racers can run at *incredible* speeds. 一级方程式赛车能以惊人的速度行驶。

派 **incredibly** *ad.* 异乎寻常地；难以置信地

contrary /ˈkɒntrərɪ/

【助记】contra(相反)+ry→相反的

a. (*~to*)相反的 Many things in our life are often ***contrary to*** our expectation. 我们生活中很多事情经常事与愿违。

n. [*the~*]相反事物 get proof/evidence to ***the contrary*** 得到相反的证据

搭 on the contrary 正相反 // to the contrary 相反的(地)

contrast /ˈkɒntrɑːst/ *n.* /kənˈtrɑːst/ *v.*

【助记】contra(相反)+st(站)→站在相反的立场→对比

n. ①对比，对照 Black and white shows a striking ***contrast***. 黑和白形成明显的对比。

②悬殊差别，反差 The blue skies of the holiday brochure were such a ***contrast*** to this dreary rainy March day. 度假宣传手册上的蓝天与这阴雨连绵的三月天构成如此大的对比。

vt. 对比，对照 Writers like to ***contrast*** good with evil. 作家喜欢用美好与邪恶形成对比。

vi. (*~with*)形成对比，对比之下显出区别 Her action ***contrasts*** sharply ***with*** her promises. 她的行动与诺言相差甚远。

搭 by/in contrast 对比之下 // in contrast to/with 与……对比起来

absolute /ˈæbsəluːt/

a. ①绝对的 There is no ***absolute*** standard for beauty. 美是没有绝对标准的。

②不受任何限制的 ***absolute*** freedom/power 无限的自由/权力 // He has ***absolute*** authority to look into the matter. 他完全有权调查此事。

派 **absolutely** *ad.* 绝对地；完全地

utter /ˈʌtə/

vi. 说 She didn't ***utter*** a word all night. 她整晚没吭声。

a. 完全的，彻底的 ***utter*** darkness 漆黑

avoid /əˈvɔɪd/

【助记】a(out)+void(空)→"避免"扑空

vt. 避免 It is difficult to ***avoid*** an arrow in the dark. 暗箭难防。

用 avoid 后接名词或动名词。

prohibit /prəˈhɪbɪt/

【助记】pro(forward)+hibit(拿住)→提前拿下→禁止

vt. 禁止【同 ban, forbid】The government introduced a law to ***prohibit*** tobacco commercials on TV. 政府采用新法律来禁止电视上播放烟草广告。

派 **prohibition** *n.* 禁止；禁令

repel /rɪˈpel/

【助记】re(back)+pel(驱使)→驱使……返回→击退

vt. ①逐退，驱逐 ***repel*** insects 驱除昆虫 // ***repel*** an attack/invasion 击退进攻/抵御侵略

②使厌恶，使反感 Her heavy make-up and cheap scent ***repelled*** him. 她的浓妆和廉价香水味使他感到厌恶。

forbid /fəˈbɪd/

vt. 禁止【反 permit】The dormitory supervisor ***forbade*** the boarders to play loud music. 宿舍管理员不准住校生把音乐放得太大声。

ban /bæn/

vt. (*~from*)禁止；取缔 Distribution of pornography is ***banned***. 禁止销售淫秽出版物。// He was ***banned from*** driving for a year. 他被禁止驾车一年。

n. 禁令 announce/declare a ***ban*** on 宣布对……的禁令

【辨析】表示"禁止"的动词

ban：语气较重，指权威机关"正式禁止"，只能用事物作其宾语

forbid：常用词，指命令某人不做某事

prohibit：指通过法律或政府法令禁止

deny /dɪˈnaɪ/

vt. ①否认 ***Denying*** a fault doubles it. 否认错误就是加倍错误。

②拒绝给予 Some students are ***denied*** the chance of going to university because they are poor. 有些学生因为穷而得不到上大学的机会。

搭 deny sb. nothing 对某人百依百顺 // there is no denying that... 不可否认的是 ***There's no denying that*** this is a serious blow. 无可否认这是个严重的打击。

派 **denial** *n.* 否认；拒绝 // **undeniable** *a.* 不可否认的

exclude /ɪk'sklu:d/

【助记】ex(out)+clude(关闭)→关在门外→把……排除在外

vt. 把……排斥在外;排除;不包括 Some places of entertainment *exclude* people under 18. 一些娱乐场所禁止 18 岁以下的未成年人进入。

搭 exclude sb. from 不准进入，把……赶出去;撤销(职位)，拒绝(某人入会等) // exclude the possibility of... 排除……的可能性

派 **excluding** *prep.* 除……外,不包括

exclusive /ɪk'sklu:sɪv/

a. ①奢华的 an *exclusive* school 一所贵族学校

②独有的 This offer is *exclusive* to readers of *The Sun*. 只有《太阳报》的读者才能获此优待。

③排斥的【同 incompatible】 mutually *exclusive* 互斥的

④(*~of*)不包括……的 The hotel charges $70 a day, *exclusive of* meals. 这旅馆一天收费 70 美元,膳食除外。

n. 独家新闻 Some journalists are willing to get the *exclusive* at any cost. 有的记者愿意不惜一切代价获取独家新闻。

派 **exclusively** *ad.* 排他地;专门地

> **雅思真题** Once the *exclusive* province of the wealthy, travel and tourism have become an institutionalised way of life for most of the population. 旅游观光曾是富人的专属领域，现在已成为大多数人习以为常的生活方式。

inclusive /ɪn'klu:sɪv/

【助记】in+clus(关闭)+ive→关闭在内的→包括的

a. 包括一切的 The Chinese Football Team consists of 30 people, *inclusive* of the doctors and the interpreter. 中国足球队包括队医和翻译在内共由 30 人组成。

派 **inclusion** *n.* 包含,包括

cover /'kʌvə/

vt. ①覆盖；遮蔽；盖在……上 Snow *covered* the ground. 积雪覆盖了大地。

②包括,涉及 Her lectures *covered* the subject thoroughly. 她的演讲对这个问题阐述得很透彻。

③报道 The US news media will *cover* the trial closely. 美国新闻媒体将对该审判进行追踪报道。

④给……保险 These items are not *covered* by your medical insurance. 这些项目不在你的医保范围之内。

⑤行过(一段路) A flight from LA to NY *covers* 2,459 miles. 从洛杉矶飞到纽约的航程为 2459 英里。

n. ①覆盖物 a plastic *cover* 塑料盖

②封面，封底 a small booklet with a blue *cover* 有蓝色封皮的小册子

③躲避处 Everyone ran for *cover* when it started to rain. 下雨时,大家都跑着找地方避雨。

搭 cover girls (刊物上的) 封面女郎 // under cover of sth. 借某事物之名 // cover for sb. 替某人工作,替某人打掩护

派 **coverage** *n.* 新闻报道;覆盖范围

eliminate /ɪ'lɪmɪneɪt/

【助记】e(out)+limin(界限)+ate→赶出界限外→排除

vt. ①排除 You really believe that getting drunk can *eliminate* pain? 你真的认为醉酒能消除痛苦吗?

②淘汰 Their team was *eliminated* in the first round. 他们队在第一轮就被淘汰了。

派 **elimination** *n.* 消除,淘汰;消去

> 【辨析】表示"排除"的动词
> exclude:指把想进入者拒之门外
> eliminate:指把已进入者从整体中排除出去

comprehensive /ˌkɒmprɪ'hensɪv/

a. 全面的；综合的 The reporter has made a *comprehensive* report on this event. 记者已对此事做了全面的报道。

scan /skæn/

v. ①细看 He *scanned* the doctor's face for a sign of hope. 他细察医生的神色看是否还有希望。

②扫描 All luggage has to be *scanned* at the airport. 所有行李在飞机场都得接受扫描检查。

③浏览 Ivan *scanned* the page for her name. 艾凡浏览页面，想找她的名字。// She *scanned* through the paper. 她浏览了一下报纸。

n. 扫描 a body/brain *scan* 全身/脑扫描

派 **scanner** *n.* 扫描仪

skim /skɪm/

vt. ①撇(去) After simmering the meat and vegetables *skim* the fat from the surface. 把肉和蔬菜炖好后，再撇去表面的油脂。

②掠过 seagulls *skimming* the waves 掠过浪尖的海鸥

③浏览【同 scan】She *skimmed* the sports page. 她浏览体育新闻版。

vi. 浏览，略读 Give me a moment to *skim* through these memos before the meeting. 开会前给我片刻时间浏览一下这些备忘录。

> 【辨析】表示“浏览”的动词
>
> scan：除了表一般的快速略读之外，还可指以“寻找特定信息”为目标的浏览
>
> skim：指一般的浏览，主要是为了了解大概内容。

skip /skɪp/

v. ①轻快地跳 The little girl *skipped* along at her mother's side. 这小女孩在她母亲身边蹦蹦跳跳地往前走。

②跳绳 Lucy *skips* well. 露西跳绳跳得很好。

③跳过，略过 I often *skip* the dull parts while reading. 读书时，我常把枯燥部分略过不读。// *skip* over some minor problems 略过一些枝节问题

n. 跳，蹦跳 she gave a little *skip* of joy 她高兴得跳起来。

overlook /ˌəʊvəˈlʊk/

【助记】over(beyond)+look(看)→跳过了该看的东西→忽视

vt. ①忽略【同 miss】It is easy to *overlook* a small detail like that. 那样的细枝末节很容易被忽略。// The art of being wise is the art of knowing what to *overlook*. 做聪明人的诀窍，就是要懂得该忽略什么。

②宽恕 He has been kind enough to *overlook* my fault. 他很宽容，原谅了我的过错。

③俯瞰 We *overlook* the church from our house. 我们可从家中俯瞰教堂。

overhear /ˌəʊvəˈhɪə/

vt. 无意中听到，偷听到

The maid *overheard* the two thieves talking in a low voice in the corner. 女仆听到两个小偷在角落里低声说话。

搭 overhear sb. say/saying sth. 听到某人说某事

observe /əbˈzɜːv/

【助记】ob(to)+serve(服务)→侍候在(主人)面前，以察言观色→观察

vt. ①注意到 It is easy to *observe* the great changes in the city. 这个城市的巨大变化显而易见。

②观察 He *observes* carefully but says little. 他总是仔细观察，很少说话。

③评说 Keynes *observed* that humans fall into two classes. 凯恩斯说人类分为两个阶级。

④遵守 The UN has called on both sides to *observe* the ceasefire. 联合国已要求双方遵守停火协议。

派 **observer** ***n.*** 观察者；评论者

observation /ˌɒbzəˈveɪʃən/

n. ①观察 make scientific *observations* 进行科学观察

②言论，评论 make some *observations* on... 对……做评论

③[常 *pl.*]观察资料 firsthand *observations* 第一手的观察资料

④观察力 He is a man of keen *observation*. 他是一个具有敏锐观察力的人。

relay /ˈriːleɪ/

n. ①接力赛 *relay* races 接力赛

②中继转播 *relay* station 转播站

vt. 传送，转述 The program is being *relayed* by satellite. 节目正在通过卫星转播。

搭 in/by relay(s) 以轮班方式

compete /kəmˈpiːt/

【助记】com(共同)+pet(追求)+e→共同追求一个目标→竞争

vi. 竞争 Several companies are *competing* with each other for the contract. 几家公司正为一份合同而互相竞争。

搭 compete against/with sb. for/in... 为了……而跟某人竞争/在……方面跟某人竞争

派 **competitor** ***n.*** 竞争者，对手

competition /ˌkɒmpɪˈtɪʃən/

n. 竞争，比赛【同 contest】The *competition* between Coca Cola and Pepsi Cola has been on for a long time. 可口可乐与百事可乐的竞争由来已久。

搭 be/stand in competition (with sb.) for... 为……(和某人)竞争 // meet/be facing competition from... 遇到/面临着来自……的挑战、竞争

competitive /kəm'petətɪv/

a. ①竞争的 Nobody can entirely keep away from this ***competitive*** world. 没有人能够完全远离这个竞争社会。

②好竞争的 a ***competitive*** person 天性好强的人

③有竞争力的 Our offer is ***competitive*** and we can't lower the price any more. 我方的报价是有竞争力的,不能再降价了。

雅思真题 It has become a modern, hi-tech industry operating in a fiercely ***competitive*** global market where quality, design and service levels are critical to maintaining market share. 它已成为一个现代的高科技产业,在一个竞争激烈的全球市场上,质量、设计和服务水平都对保持市场份额至关重要。

contest /'kɒntest/ *n.* /kən'test/ *vt.*

【助记】con(共同)+test(测试)→竞赛

n. ①竞赛 a speech ***contest*** 演讲比赛

②争夺 the ***contest*** for the leadership 领导权的争夺

vt. ①争夺 The ruling party will ***contest*** 158 seats in the Algeria's elections. 在阿尔及利亚的选举中,执政党将争夺158个席位。

②对……提出质疑 They ***contested*** his right to speak. 他们对他的发言权提出了质疑。

派 **contestant** ***n.*** 竞争者,选手

opponent /ə'pəunənt/

【助记】op(against)+pon(放置)+ent(表人)→置身于反对立场的人→对手

n. ①对手 There's no eternal friend or ***opponent*** in the business circle. 商场上没有永远的朋友,也没有永远的对手。

②反对者 She is one of the strongest ***opponents*** of tax reform. 她是税收改革最强烈的反对者之一。

rival /'raɪvəl/

n. ①竞争对手 business ***rivals*** 生意上的对手

②可与匹敌的人(或物) This collection of paintings has no ***rivals*** in the world. 这批画是绝世佳作。

a. 竞争的 the competition with ***rival*** firms 与对手公司的竞争

vt. ①与……竞争 The two teams ***rivaled*** each other for the championship. 两队竞争夺冠。

②比得上 No other ball games can ***rival*** football for/in excitement. 没有什么球赛会比足球更刺激。

派 **rivalry** ***n.*** 竞赛,较量

contend /kən'tend/

【助记】con(一起)+tend(伸展)→竞争

vi. ①竞争 Three armed groups were ***contending*** for power. 三个武装集团在争夺权力。

②搏斗 They had to ***contend*** with winds of over 40 miles an hour. 他们只好与时速超过40英里的狂风搏斗。

vt. 声称 The defense ***contended*** that the evidence was inadmissible. 辩方声称证据是不可接受的。

搭 contend for 争取 // contend with 对付 // contend with sb. for... 跟某人争夺…… // contend with sb. about sth. 为某事与某人争论

派 **contention** ***n.*** 争夺;争论

【辨析】表示"竞争"的动词

compete:既指在体育或辩论等活动中争取优胜的相互竞争,也指为自己的利益与他人竞争

contend:通常指双方成功的机会相等,为取胜就需要艰苦的努力,强调需要做出极大的努力来获胜

contest:指为争夺土地、阵地、权力或荣誉等而展开的竞争

rival:指在两方或多方的竞争或比赛中,谁都想战胜或比得上对手

versus /'vɜːsəs/

【助记】vers(转向)+us→转向我们→与……相对

prep. ①以……为对手,对 This afternoon in the NBA game we will see LA Lakers ***versus*** Chicago Bulls. 今天下午的NBA球赛中我们将看到洛杉矶湖人队对阵芝加哥公牛队。

②与……相对 The finance minister must weigh up the benefits of a tax cut ***versus*** those of increased public spending. 财政部长必须权衡是减税还是增加公共开支更有利。

applaud /ə'plɔ:d/

【助记】ap(to)+plaud(鼓掌)→鼓掌

v. ①鼓掌【同 clap】The audience kept ***applauding*** long after the curtain came down. 落幕很久后观众还一直在鼓掌。

②称赞，赞许 The new cease fire decision is ***applauded*** by the international society. 国际社会对该新的停火决定表示赞许。

派 **applause** ***n.*** 掌声

plausible /'plɔ:zəbl/

【助记】plaus(拍手)+ible→可给予鼓掌的→似有道理的

a. 似有道理的 Langham's story sounded ***plausible*** at the time. 兰厄姆的说法当时听起来像是真的。

outstanding /aʊt'stændɪŋ/

【助记】out(出来)+stand(站)+ing→站出来的→杰出的

a. ①杰出的 Beautiful landscapes favor the birth of ***outstanding*** persons. 人杰地灵。

②未解决的 We've got quite a few debts still ***outstanding***. 我们还有好多欠债未曾偿还。

performance /pə'fɔ:məns/

n. ①表演 an amateur ***performance*** 业余表演

②履行 He is very conscientious in the ***performance*** of his duties. 他非常认真地履行职责。

③表现 Andy's ***performance*** in the exams was disappointing. 安迪的考试成绩令人失望。

派 **performer** ***n.*** 表演者，演奏者

tedious /'ti:dɪəs/

a. 乏味的 Doing all these calculations without a computer would be extremely ***tedious***. 没有计算机帮助，做所有这些计算会极其单调乏味。

bore /bɔ:/

vt. ①使厌烦 Don't ***bore*** me with this kind of boring jokes! 别再说这种无聊的笑话来烦我！

②钻(孔) People can ***bore*** a hole in wood to get fire. 人们可以钻木取火。

n. 令人讨厌的人(或事) What a ***bore*** he is! 他真令人讨厌！

搭 be bored with 对……感到厌倦 // bore sb. to death 使人厌烦得要死

派 **boring** ***a.*** 单调乏味的 ***n.*** 钻孔，打孔 // **bored** ***a.*** 无聊的，无趣的 // **boredom** ***n.*** 厌烦，厌倦

clumsy /'klʌmzɪ/

a. ①笨拙的 Many young people today are ***clumsy*** at housework. 如今许多年轻人做家务笨手笨脚的。

②不得体的 Lily made a ***clumsy*** attempt to apologize. 莉莉本想道歉，但词语生硬。

搭 be clumsy at (doing) sth. 做某事笨拙、手脚不灵活

attractive /ə'træktɪv/

【助记】at(to)+tract(拉)+ive→拉过来→有吸引力的

a. 有吸引力的 A career in law is becoming increasingly ***attractive*** to young people. 法律事业越来越吸引年轻人。

派 **attraction** ***n.*** 吸引，吸引力

striking /'straɪkɪŋ/

a. ①显著的【同 noticeable】He has noticed some ***striking*** similarities between the two cultures. 他注意到两种文化间一些惊人的相似之处。

②惹人注目的 She is a very ***striking*** young woman. 她是一位非常引人注目的年轻女子。

drama /'drɑ:mə/

n. ①戏，剧本 stage a ***drama*** 上演一出戏

②戏剧(艺术) Shakespeare's ***dramas*** are recognized as the greatest in English literature. 莎士比亚的戏剧被公认为是英国文学中最好的。

③戏剧性事件 the ***drama*** of international politics 一连串戏剧性的国际政治事件

dramatic /drə'mætɪk/

a. ①引人注目的 ***dramatic*** changes 日新月异的变化

②戏剧性的 a ***dramatic*** scene 富于戏剧性的场面

③戏剧的 ***dramatic*** performance 戏剧表演

n. [-s]戏剧表演 amateur ***dramatics*** 业余戏剧活动

派 **dramatize** ***v.*** 把……改编成剧本 // **dramatically** ***ad.*** 戏剧地，引人注目地

charm /tʃɑ:m/

n. ①魅力 Besides an infectious voice, Sarah

Brightman's ***charm*** made her a very popular singer. 莎拉·布莱曼以极具感染力的嗓音和迷人的风度成为深受人们欢迎的歌手。

②符咒 ***charms*** against evil spirits 能驱除恶魔的符咒

vt. 吸引,迷住 We were ***charmed*** with the scenery. 我们陶醉在景色之中。

派 **charming** ***a.*** 媚人的,可爱的

词源 14世纪该词是个贬义词,表示"摄人心魂的歌声、妖术、魔法"等义。之后,词义中"歌声"成分逐渐消失,词义变化也由贬而褒,16世纪起开始表示"魅力、迷人之处"。

fascinate /ˈfæsɪneɪt/

vt. 强烈地吸引,迷住 The children were ***fascinated*** by the toys in the shop window. 孩子们让商店橱窗里的玩具给吸引住了。

派 **fascination** ***n.*** 魅力;迷恋,入迷 // **fascinating** ***a.*** 迷人的,有吸引力的

audience /ˈɔːdiəns/

n. [集合名词]听众,观众 It is always the latest song that an ***audience*** applauds the most. (Homer) 听众掌声最热烈的,总是最后一曲。(荷马)

spectator /spekˈteɪtə/

【助记】spect(看)+ator(表人)→观众

n. 观众,旁观者 Football draws crowds of ***spectators*** around the world. 足球吸引了全世界众多的观众。

inspect /ɪnˈspekt/

【助记】in+spect(看)→看到里面→检查

vt. 检查,视察 Restaurants are ***inspected*** at least once a year by Health Department officials. 餐馆至少每年一次接受卫生部门官员检查。

派 **inspection** ***n.*** 检查;检阅 // **inspector** ***n.*** 检查员;督察员

address /əˈdres/

n. ①地址,住址 home/business ***address*** 家庭/办公地址

②演讲,讲话 presidential ***address*** 总统演讲

vt. ①向……做(正式)讲话 He is due to ***address*** a conference on human rights next week. 他下星期将在大会上发表关于人权的演讲。

②称呼 How shall I ***address*** you? 我应当怎样称呼您呢?

③对付【同 deal with】He sought to ***address*** those fears when he spoke at the meeting. 他在会上讲话时试图消除那些恐惧。

搭 address sb. as... 称呼某人为…… // address of welcome 欢迎词 // address the meeting/conference 在会上发言

lecture /ˈlektʃə/

n. ①演讲,讲课 deliver/give a ***lecture*** 讲课

②训戒,责备 I know I should stop smoking—don't give me a ***lecture*** about it. 我知道我该戒烟,别再教训我了。

v. ①讲课,讲授 For ten years she ***lectured*** in law. 她教了10年的法律课。

②教训,告诫;训斥 Richard often ***lectured*** his students about the dangers of drugs. 理查德经常给学生们讲毒品的危险性。

搭 lecture sb. about/on sth. 训斥、数落某人某事,给某人讲授某事

派 **lecturer** ***n.*** 讲师

participate /pɑːˈtɪsɪpeɪt/

vi. (~***in***)参与,参加 College students are expected to ***participate in*** discussions in the class. 大学课堂上希望学生参加讨论。

派 **participation** ***n.*** 参与,参加

participant /pɑːˈtɪsɪpənt/

n. 参与者 All the ***participants*** in the debate had an opportunity to speak. 所有参加辩论的人都有机会发言。

diverse /daɪˈvɜːs/

【助记】di(away)+vers(转)+e→不同的

a. ①不同的,相异的 The word is now used in a sense ***diverse*** from the original meanings. 此字现在的意思与其最初的意思不同。

②多种多样的 There are ***diverse*** dialects in the Chinese language. 汉语有各种不同的方言。

派 **diversify** ***v.*** 使不同,使多样化 // **diversity** ***n.*** 多样性,不同点

religion /rɪ'lɪdʒən/

n. 宗教，宗教信仰 The theme was the relationship between ***religion*** and literature. 主题是宗教信仰与文学之间的关系。

religious /rɪ'lɪdʒəs/

a. ①宗教的 My ***religious*** beliefs don't coincide with yours. 我的宗教信仰跟你的不一样。

②虔诚的 She is very ***religious*** and goes to church three times a week. 她非常虔诚，每周去教堂三次。

funeral /'fjuːnərəl/

n. 葬礼 She had a simple ***funeral***, as she had requested. 遵照她的遗愿，葬礼从简。

hell /hel/

n. ①地狱【反 heaven】living ***hell*** 人间地狱，活受罪

②极不愉快的经历 I've been feeling like ***hell*** all week. 我整整一个星期都感到很不舒服。

paradise /'pærədaɪs/

n. 天堂 In China, Hangzhou and Suzhou are often known as "the ***Paradise*** on Earth". 在中国，杭州和苏州常被称为"人间天堂"。

assimilate /ə'sɪmɪleɪt/

【助记】as(to)+simil(相同)+ate(使)→(使)同化

v. ①吸收 We ***assimilate*** some kinds of food more easily than others. 某些种类的食物比别的食物更容易被我们吸收。

②(使)同化 The U.S. has ***assimilated*** people from many European countries. 美国同化了许多来自欧洲国家的移民。

派 **assimilation** *n.* 同化

digest /daɪ'dʒest/ *v.* /'daɪdʒest/ *n.*

v. ①消化 Some foods ***digest*** more easily than others. 有些食物比其他食物更容易消化。

②吸收 ***digest*** sb.'s ideas 领会某人的观点

n. 文摘 *Reader's* ***Digest*** is a very popular magazine in the United States. 《读者文摘》是美国的一本颇流行的杂志。

派 **digestible** *a.* 易消化的 // **digestive** *a.* 助消化的 // **digestion** *n.* 消化；领悟

summary /'sʌmərɪ/

【助记】summ(总)+ary→概要

n. 摘要，概要 a news ***summary*** 新闻概要 // Is that a fair ***summary*** of the situation? 那是对整个形势恰当的概括吗？

a. 即刻的 a ***summary*** execution 立即处决

搭 in summary 总的说来

> 【辨析】表示"摘要"的名词
>
> digest："摘要"，指一本书或一篇文章的非细节部分被略去后所保持的精彩部分
>
> summary："梗概"，指用不同于原文的话概述的主要内容

summarize/-ise /'sʌməraɪz/

vt. 概括，总结 I wrote a letter ***summarizing*** the main points we had discussed. 我写了一封信，总结了我们讨论的要点。

sum /sʌm/

n. ①总数 The ***sum*** of 3 and 4 is 7. 3和4之和是7。

②金额 Bill wants to spend a large ***sum*** on modernizing the farm. 比尔打算花一大笔钱使农场适应现代化的需要。

③算术 be good at ***sums*** 长于算术

vi. 共计 We should ***sum*** up the costs of production. 我们应当计算出生产成本。

搭 in sum 总而言之 // sum up 总结，概括

generalize/-ise /'dʒenərəlaɪz/

vi. 概括，推断 It's stupid to ***generalize*** and say that all young people are rude. 泛泛而论说，所有的年轻人都很粗鲁是愚蠢的。

搭 generalize... from... 从……概括或归纳出……

派 **generalisation** *n.* 概括，归纳

同义替换练习

1. Purchasing the new production line will be a money-making deal for the company.
   A. incredible　B. productive　C. profound　D. profitable
2. Being a pop star can be quite a hard life, with a lot of traveling due to heavy schedules.
   A. for the sake of　B. in contrast to　C. in relation to　D. owing to
3. He is quite sure that it's absolutely impossible for him to fulfill the task within two days.
   A. completely　B. exclusively　C. plausibly　D. dramatically
4. Picking flowers in the park is forbidden.
   A. avoided　B. prohibited　C. rejected　D. repelled
5. He didn't have time to read the report word for word: he just scanned it.
   A. skimmed　B. observed　C. overlooked　D. inspected
6. Henry went through the documents again carefully for fear of missing any important data.
   A. relaying　B. overlooking　C. eliminating　D. overhearing
7. The audience at the stadium paid tribute to an outstanding performance.
   A. performers　B. participants　C. spectators　D. opponents
8. The lecture which lasted about three hours was so boring that the audience couldn't help yawning.
   A. tedious　B. attractive　C. clumsy　D. fascinating
9. A culture in which the citizens share similar religious beliefs and values is more likely to have laws that represent the wishes of its people than is a culture where citizens come from various backgrounds.
   A. exclusive　B. striking　C. diverse　D. religious
10. Owing to intense competition among the airlines, travel expenses have been reduced considerably.
    A. fierce　B. tremendous　C. crucial　D. critical
11. The results are hardly credible; she cannot believe they are accurate.
    A. trustworthy　B. contrary　C. comprehensive　D. inclusive

答案与译文

1. [D] 购买这条新生产线对公司来说将是一笔有利可图的交易。
2. [D] 当一个明星,生活是很辛苦的;由于繁重的日程安排,必须经常到处奔波。
3. [A] 他十分肯定,对他来说在两天之内完成这项任务是绝对不可能的。
4. [B] 公园里禁止摘花。
5. [A] 他没有时间逐字逐句地细读报告,只是草草地读了一下。
6. [B] 亨利又仔细看了一遍文件,唯恐漏看任何重要数据。
7. [C] 体育馆里的观众向这一精彩的比赛欢呼。
8. [A] 这场持续了大约3个小时的讲座实在无聊,听众都禁不住打哈欠了。
9. [C] 国民拥有相似的宗教信仰和价值观的国家比国民背景不同的国家更可能有着能代表国民意志的法律。
10. [A] 由于航空公司间激烈的竞争,旅游的花费大幅度下降了。
11. [A] 这些结果很难让人相信,她认为它们是不准确的。

Lesson 9

词根词缀表

fin 末端,范围	define *vt.* 限定	**prim** 第一	primary *a.* 首要的
mark 标志;做记号	remark *v.* 评论	**optim** 最好的	optimistic *a.* 乐观的
tens 伸展,张开	intense *a.* 专注的	**sta** 站立	stable *a.* 稳定的
ori 开始	origin *n.* 起源	**rat, ratio** 断定;理性	rational *a.* 理性的
real 真实的	reality *n.* 现实	**cis(e)** 切	concise *a.* 简明的

definite /ˈdefɪnɪt/

a. ①明确的 There are *definite* restrictions on the sale of alcoholic beverages. 关于酒类的销售是有明确限制的。

②一定的,肯定的 I was very *definite* about it. 关于这件事我是很肯定的。

搭 be definite about 对……很肯定

派 **definitely** *ad.* 一定,确定 // **indefinite** *a.* 不明确的;不确定的

define /dɪˈfaɪn/

【助记】de(down)+fin(末端,范围)+e→定下范围→限定

vt. ①给……下定义 How do you *define* happiness? 你怎样定义"幸福"?

②限定,规定 The section *defines* the extent of application of the Act. 该条款用来限定该法令的适用范围。

派 **indefinable** *a.* 难下定义的 // **redefine** *v.* 重新定义

> **雅思真题** Animal migration, however it is *defined*, is far more than just the movement of animals. 动物迁徙,无论其定义如何,都远远不只是动物的移动。

definition /ˌdefɪˈnɪʃən/

n. ①定义 *Definitions* should not be more difficult to understand than the words they define. 词语的定义不应比所解释的词语更难理解。

②清晰(度) The *definition* of the digital TV pictures is excellent. 数字电视画面的清晰度很高。

seemingly /ˈsiːmɪŋlɪ/

ad. 表面上,看上去 *Seemingly* there is nothing we can do. 看来我们帮不上忙。

essential /ɪˈsenʃəl/

a. ①必不可少的 Food, clothing, shelter and transportation are *essential* to life. 衣、食、住、行是生活中必不可少的。

②本质的,实质的 What is the *essential* difference between the market economy and the planned economy? 市场经济和计划经济的本质区别是什么?

n. ①[常 *pl.*]要素,要点 the *essentials* of grammar 语法要点

②必需品 I only had time to pack the bare *essentials*. 我只来得及打包最基本的用品。

用 it is/was essential that... 后接的从句用虚拟语气。

派 **essentially** *ad.* 本质上;基本上

vital /ˈvaɪtl/

【助记】vita(生命)+l→事关生命的→生死攸关的

a. ①生死攸关的,极其重要的 The industry is of *vital* importance to the national economy. 工业在国民经济中至关重要。

②充满生机的 He's a very *vital* sort of person. 他是个精力旺盛的人。

派 **vitality** *n.* 活力;生机,元气

remarkable /rɪˈmɑːkəbl/

【助记】re(again)+mark(做标记)+able→一再做标记→值得注意的

a. 值得注意的;非凡的 Qian Zhong-shu had a *remarkable* memory; he only needed to read something once before learning it by heart.

钱钟书有非凡的记忆力，他能过目不忘。

搭 be remarkable for... 因……出众，以……著称

派 **remarkably** *ad.* 不同寻常地；值得注意地

remark /rɪˈmɑːk/

vt. 说，评论说 The little boy ***remarked*** that it was time to leave. 小男孩说该走了。

vi. (~*on*) 谈论，评论 All the friends ***remarked on*** the change in him since his marriage. 所有的朋友都注意到他结婚后的变化，对此议论纷纷。

n. 评论，话语 He was fired for making racist ***remarks*** during an interview. 他在一次面谈时说了种族歧视的话，因而被解雇。

disagree /ˌdɪsəˈgriː/

vi. ①不同意，反对 I'm afraid I have to ***disagree*** with you on that issue. 关于那个问题，恐怕我不能同意你的看法。

②不一致，有差别 The statements of several witnesses ***disagree***. 几个目击者的说法不一致。

搭 disagree with sb. 不同意某人 // disagree on/about/over sth. 不同意某事

controversy /ˈkɒntrəvɜːsɪ, kənˈtrɒvəsɪ/

【助记】contro(against)+vers(转)+y→意见在相反的方向之间转→争论

n. 争论 Several near disasters give rise to much ***controversy*** on the safety of nuclear energy. 几次近乎大灾难的事故引起了许多关于原子能安全问题的争论。

搭 give rise to controversy 引起争论 // beyond/out of/without controversy 无可争议，无疑；不消说 // be/engage in a controversy with/against sb. on/about sth. 和某人就某事争论

controversial /ˌkɒntrəˈvɜːʃəl/

a. 有争议的 *Lady Chatterley's Lover* is a ***controversial*** book.《查特莱夫人的情人》是一部有争议的书。

argument /ˈɑːgjumənt/

n. ①争论 Please write down the terms of the contract to avoid any ***arguments*** between the two parties. 请记下合约的条款，以免双方日后发生争论。

②论据 state one's ***argument*** 提出论点

③说理 We must settle this by ***argument***, not by fighting. 我们应当通过说理来解决这个问题，而不是通过打架。

派 **argumentative** *a.* 好争辩的；议论文的

convince /kənˈvɪns/

【助记】con+vince(征服)→使信服

vt. 使确信，使信服 He finally ***convinced*** us of his innocence. 他终于使我们相信他是清白的。

搭 convince sb. to do sth. 说服某人做某事 // convince sb. of sth. 使某人相信某事

派 **convincing** *a.* 有说服力的

> **【辨析】表示"说服"的动词**
>
> convince：着重指"用事实和证据使对方信服"
>
> persuade：着重指"通过劝说使对方同意做或不做某事"，一般不用于"使某人相信"

suspicious /səˈspɪʃəs/

a. ①猜疑的 The ignorant are ***suspicious***. 无知者多疑。

②可疑的 ***suspicious*** behavior 可疑行为

③(~*of*) 表示怀疑的 I am ***suspicious of*** that woman—I think she may have stolen something from our shop. 我很怀疑那位妇女，我想她可能偷了我们商店的东西。

搭 be/feel suspicious of/about 对……怀疑

verdict /ˈvɜːdɪkt/

【助记】ver(真实的)+dict(说)→裁定事实→裁决

n. ①裁定 The defendant was given the ***verdict*** of "not guilty". 那名被告被判无罪。

②定论 My wife's ***verdict*** on my cooking was very favorable. 我妻子认为我做的饭菜极好。

proof /pruːf/

n. ①证据 Have you got any ***proof*** that you are the owner of the car? 你有证据证明这汽车是属于你的吗？

②校样 Miss Ada has just sent me the ***proofs*** of her new book. 埃达小姐刚把她新书的校样送给我。

a. 耐……的 The sea wall was not ***proof*** against the strength of the waves. 海堤挡不住海浪的力量。

搭 in proof of...（为）证明…… // provide/give proof of... 证明……，为……提供证据 // waterproof 防水的 // soundproof 隔音的

evidence /ˈevɪdəns/

【助记】e(out)+vid(看)+ence→看得出来的线索→迹象

n. 证据,迹象 The police had enough *evidence* to prove him guilty. 警方有充分的证据证明他有罪。

v. 证明 The volcano is still alive, as *evidenced* by the recent eruption. 最近的喷发证明,这座火山依然活跃。

搭 in evidence 可看见的,明显的

【辨析】表示"证据"的名词

evidence:泛指人证、物证、证词等,除表向法庭提出的证据外,也可用于一般情形

proof:任何情况都能使用,唯独法庭上的"证据",不能使用该词

testimony:专指在法庭上证词、口供等陈述

evident /ˈevɪdənt/

a. 明显的 It is *evident* that smoking is harmful to health. 很明显,抽烟对健康有害。

派 evidently *ad.* 明显地 // self-evident *a.* 不言而喻的

apparent /əˈpærənt/

a. ①显然的 It was *apparent* to all that he was guilty. 他的罪恶众所周知。

②表面上的,貌似(真实)的 For all his *apparent* wealth, he had no money to pay the rent. 表面上看他很富有,事实上他付不起租金。

派 apparently *ad.* 显然,明显地

manifest /ˈmænɪfest/

a. 明显的 *manifest* lie/difference 明显的谎言/区别

vt. ①显示 *manifest* fear 表露出恐惧

②使显现 The disease typically *manifests* itself in a high fever and chest pains. 这种疾病的典型症状是发高烧和胸痛。

【辨析】表示"明显"的形容词

apparent:强调从外观上看很明显,但有可能事实并非如此

evident:强调通过推理或根据某种迹象做出判断后显得很"明显"

obvious:指具有显著特点,不需要特别注意就能发现

manifest:书面语,语义较强,强调一目了然,暗示不要任何推论就一清二楚

extreme /ɪkˈstriːm/

【助记】extre(在……之外)+me(我)→在我忍受的极限之外→极端

a. ①极度的 *extreme* pain 极度痛苦 // They are living in *extreme* poverty. 他们极其贫困。

②末端的 There's a French restaurant at the *extreme* end of the street. 在这条街的尽头有一家法国餐馆。

n. 极端 Love and hatred are *extremes*. 爱与恨是两个极端。

搭 in the extreme 非常,极其 // go to extremes 走极端

派 extremely *ad.* 非常,极其【同 greatly】

utmost /ˈʌtməʊst/

【助记】ut(out)+most(最多)→极限

a. 极度的,最大的 Conservation is of the *utmost* importance. 保护环境至关重要。

n. 极限,极度,最大可能 That was the *utmost* we could do. 那是我们能做的极限。

搭 do one's utmost 竭力,尽全力

extensive /ɪkˈstensɪv/

【助记】ex(out)+ten(伸展)+sive→伸展出去的→广阔的

a. ①广阔的 Forests were destroyed due to *extensive* logging. 由于大面积的伐木,森林遭到了破坏。

②广泛的,大量的 The abortion issue has been the subject of *extensive* debate. 堕胎一直是备受争议的话题。

intensive /ɪnˈtensɪv/

a. ①加强的,集中的 *intensive* reading 精读 // *Intensive* care in hospitals is given to the seriously ill. 在医院里危重病人得到加强护理。

②精工细作的 *intensive* farming 深耕细作

intense /ɪnˈtens/

【助记】in+tense(伸展)→注意力向内伸展→专注的

a. ①强烈的,紧张的 The fracture caused him *intense* pain. 骨折给他造成了剧烈的疼痛。

②专注的 *Intense* study was done on the origin of human beings. 人们对人类起源进行了认真的研究。

③热情的 an *intense* young lady 热情的少女

violent /ˈvaɪələnt/

a. ①暴力引起的 a *violent* film 暴力影片

②猛烈的 English soccer fans were often involved in *violent* clashes with the police. 英国足球迷经常卷入和警察的激烈冲突。

violence /ˈvaɪələns/

n. ①暴力 There is too much *violence* on TV. 电视上有太多的暴力。

②猛烈 The wind blew with great *violence*. 风异常猛烈地吹着。

搭 do violence to 损害;污辱,侵害;违反;歪曲事实 // offer violence to 袭击 // resort to/use violence 用暴力,动武 // take... by violence 强夺 // act of violence 暴力行为

severe /sɪˈvɪə/

a. ①严重的,剧烈的 *severe* shortage/pain/storms 严重短缺/剧痛/狂风暴雨

②严厉的 The premier came under *severe* criticism. 这位总理遭到严厉的抨击。

③严峻的 They can withstand *severe* tests. 他们能经得起严峻的考验。

④朴素的 a *severe* style 朴素的文体

radical /ˈrædɪkəl/

【助记】radi(根)+cal→根本的

a. ①根本的;彻底的,完全的 He made a *radical* change in the plan. 他对这份计划做了彻底的修改。

②激进的 I know you are *radical* in your thinking, but don't go too far. 我知道你思想激进,但不要走极端。

n. 激进分子 she was a *radical* all her life. 她一生都是个激进分子。

派 radicalism *n.* 激进主义 // radically *ad.* 根本地,完全地

雅思真题 Lately, however, twin studies have helped lead scientists to a *radical* new conclusion: that nature and nurture are not the only elemental forces at work. 然而,近来对双胞胎的研究已帮助科学家得出一个全新的结论:能发挥作用的基础因素,并非只有先天和后天这两个。

origin /ˈɒrɪdʒɪn/

【助记】ori(开始)+gin→事物开始的地方→来源,起源

n. ①起源 Some Japanese words are of Chinese *origin*. / Some Japanese words are Chinese in *origin*. 有些日本文字起源于汉字。

②[常 *pl.*] 出身 He never forgot his humble *origins*. 他从未忘记过自己出身卑微。

original /əˈrɪdʒɪnəl/

a. ①起初的,原来的 I prefer your *original* plan to these. 我认为你最初的计划比这些都要好。

②独创的 Picasso is a very *original* painter. 毕加索是一个有独创性的画家。

③原版的 This is a piece of his *original* painting. 这幅画是他的真迹。

n. 原件 I think the translator missed some of the subtleties of the *original*. 我认为译者漏掉了原著中一些微妙之处。

派 originally *ad.* 最初;独创地 // originality *n.* 独创性;新颖

originate /əˈrɪdʒɪneɪt/

【助记】origin(起源)+ate(动词词尾)→起源于

vi. (~*in*, *from*, *with*) 起源于 All theories *originate from* practice and in turn serve practice. 任何理论都来源于实践,反过来又为实践服务。

vt. 创造 Who *originated* the concept of stereo sound? 立体声是谁发明的?

cradle /ˈkreɪdl/

n. ①摇篮 What is learned in the *cradle* lasts till the grave. 婴孩时期学到的东西,老死不会忘记。

②发源地 Greece was the *cradle* of Western culture. 希腊是西方文化的发源地。

vt. 轻轻地抱 The mother *cradled* the child in her arms. 妈妈把宝宝轻轻地抱在怀里。

reality /rɪˈælɪtɪ/

【助记】real(真实的)+ity→现实

n. ①现实 It takes time for a dream to become a *reality*. 梦想变成现实需要时间。

②真实 Some people don't believe in the *reality* of God. 有些人不相信真有上帝。

搭 in reality 实际上,事实上

realistic /rɪəˈlɪstɪk/

a. ①现实的;实际可行的【反 unrealistic】Let's be *realistic* about difficulties. 对困难还是现实一点吧。// a *realistic* plan 切实可行的计划

②逼真的 What a *realistic*-looking apple in the picture! 画中的苹果显得多逼真啊！

派 **realism** *n.* 现实主义 // **realist** *n.* 现实主义者

deserve /dɪˈzɜːv/

【助记】de(fully)+serve(服务)→充分享受服务→值得

vt. 应受，值得 If you do wrong, you *deserve* punishment/you *deserve* to be punished. 你如果做了错事，就应当受罚。

用 该词不用于进行时态，也不用于被动语态。

aware /əˈweə/

a. 意识到的 Most people are *aware* of the risk when they invest in stocks and shares. 大多数人在投资证券的时候是意识到风险的。

搭 be aware of 意识到

派 **awareness** *n.* 意识，觉悟

conscious /ˈkɒnʃəs/

【助记】con+sci(知道)+ous→意识到的

a. ①意识到的 The greatest of faults is to be *conscious* of none. 最严重的缺点是意识不到自己的缺点。

②神志清醒的 The driver was still *conscious* when the ambulance reached the scene of the accident. 当救护车赶到事故现场时，司机仍然神志清醒。

③有意的 I had to make a *conscious* effort not to be rude to her. 我得刻意约束自己不要对她粗鲁。

派 **consciousness** *n.* 意识，知觉 // **unconscious** *a.* 失去知觉的；无意地说出或做出的

> **【辨析】表示"意识"的形容词**
>
> aware：侧重"根据感官或智力推断意识到外界事物"，比 conscious 有更敏锐的反应及合理判断
>
> conscious：指"有感而知的"，侧重"心理感知"；在指感知外界事物时，与 aware 很接近

alarm /əˈlɑːm/

n. ①惊恐 The news of the radiation leak caused widespread public *alarm*. 辐射泄漏的消息引起了公众的普遍惊慌。

②闹钟 Put the *alarm* on for 7 o' clock. 把闹钟拨到七点。

③警报 They heard the fire *alarm*. 他们听到了火警警报。

vt. 使惊恐 Her high temperature *alarmed* the doctors. 她体温很高，这使医生有些担心。

搭 sound/raise/give the alarm 发出警报 // be alarmed at/by... 被……吓一跳

panic /ˈpænɪk/

n. 恐慌 SARS or atypical pneumonia once caused a great *panic* among people. 非典型性肺炎曾引起人们极大的恐慌。

v. (使)恐慌【反 calm】The crowd *panicked* at the sound of the explosion. 听到爆炸声，人们惊慌失措。

搭 in a panic 在惊慌中 // be seized with a panic 惊慌失措 // get up/cause a panic 引起惊慌

用 过去式、过去分词 panicked。

thoughtful /ˈθɔːtfəl/

【助记】thought(思想)+ful→沉思的

a. ①沉思的 Why do you always have *thoughtful* looks? 你为什么总是带着沉思的表情？

②体贴的；考虑周到的【反 thoughtless】You are lucky to have such a *thoughtful* wife. 有个这么体贴的妻子，你真幸运。// *thoughtful* analysis 周密的分析

cautious /ˈkɔːʃəs/

a. 谨慎的【反 careless】Most Chinese people are *cautious* about expressing opinions. 大多数中国人对发表意见都持谨慎态度。

caution /ˈkɔːʃən/

n. ①小心 You should exercise extreme *caution* when driving in the rain. 在雨中开车要极为小心。

②注意(事项) One note of *caution*, don't let your children try this trick. 提醒你一下，不要让你的孩子尝试这种把戏。

vt. 警告，劝……小心 Nowadays many parents *caution* their children against talking to strangers. 现在很多父母告诫孩子不要同陌生人讲话。

搭 cast/throw/fling caution to the winds 不顾一切，莽撞从事 // with a caution 加以警告 // caution (sb.) against... 警告(某人)不要…… // caution (sb.) that... 警告(某人)…… // caution sb. (not) to do sth. 警告某人(不)要做某事

precaution /prɪˈkɔːʃən/

【助记】pre(before)+caution(小心)→事先小心防

备→警惕

n. 预防，警惕 ***Precaution*** is better than cure. 预防比治疗要好。

搭 take precautions (of...) against sth. 对某事采取(……的)预防措施

beware /bɪˈweə/

v. 谨防，当心 ***Beware*** how you handle this dangerous substance. 注意你处理这种危险品的方法 // ***Beware*** of pickpockets. 提防扒手。

invest /ɪnˈvest/

vt. ①投资 He ***invested*** all his money in stocks and shares. 他把所有的钱都投入了股票买卖。

②投入(时间、精力等) The volunteers ***invested*** a lot of time in trying to help retarded children. 志愿者们把大量时间花在设法帮助弱智儿童上。

vi. (~*in*)投资 Low interest rate in the bank encourages citizens to ***invest in*** the stock market. 银行利率低促使市民向股市投资。

派 **investor** *n.* 投资者

investment /ɪnˈvestmənt/

n. ①投资 Putting money in this company will be a safe ***investment***. 把钱投入这家公司将会是万无一失的投资。

②(时间、精力等的)投入 An ***investment*** in knowledge always pays the best interest. 向知识投资，收益最佳。

investigate /ɪnˈvestɪgeɪt/

v. 调查 The FBI has been called in to ***investigate*** the murder. 联邦调查局已经被叫来调查这起谋杀案。// ***investigate*** (into) an affair 调查一件事

派 **investigation** *n.* 调查，研究 // **investigator** *n.* 调查者

thorough /ˈθʌrə/

a. ①彻底的，完全的 A ***thorough*** search has been carried out for the lost pilot, but it was in vain. 人们仔细地寻找过失踪的飞行员，可是没有找到。

②仔细周到的，精心的 The mechanics will check everything; they're very ***thorough***. 机械师要对一切东西进行检查，他们的工作是非常仔细的。

decisive /dɪˈsaɪsɪv/

a. ①决定性的 Waterloo was the ***decisive*** battle of the whole war. 滑铁卢一役左右了整个战局。

②坚定的，果断的 A ***decisive*** person is needed to deal with the situation. 应付这一局面需要一个坚决果断的人。

派 **indecisive** *a.* 犹豫不决的；非决定性的

implicit /ɪmˈplɪsɪt/

【助记】im(in)+plic(折叠)+it→意思叠在里面→含蓄的

a. ①含蓄的 ***implicit*** criticism 含蓄的批评

②(~*in*)内含的，固有的 the complexity ***implicit in*** real life 现实生活所固有的复杂性

③无疑问的 The leader has ***implicit*** trust/faith in his secretary. 这位领导对自己的秘书绝对的信任/信心。

commonplace /ˈkɒmənpleɪs/

【助记】common(普通的)+place(位置)→普通的

a. 普通的 We believe that traveling to the moon will soon be ***commonplace***. 我们相信，登月旅行很快将变得非常普通。

n. 寻常的事物 Jet travel is now a ***commonplace***. 乘喷气式飞机旅行现在是寻常的事。

elementary /ˌelɪˈmentərɪ/

a. ①基本的 ***elementary*** knowledge 基本知识

②基础的，初级的 The questions were so ***elementary*** that he easily passed the test. 题目很简单，他轻而易举就通过了考试。

搭 elementary education/school 初等教育/小学

primary /ˈpraɪmərɪ/

【助记】prim(第一，首要)+ary→最初的；首要的

a. ①首要的，主要的【同 main】Laziness is the ***primary*** cause of our failure. 懒惰是我们失败的主要原因。

②最初的 The disease is still in its ***primary*** stage. 疾病仍然在初发阶段。

③小学(教育)的，初级的【同 elementary】***primary*** students 小学生

搭 of primary importance 头等重要的

prime /praɪm/

a. ①首要的，主要的【同 primary, main】Smoking is the ***prime*** cause of heart disease. 抽烟是引发心脏病的首要原因。

②最好的 Spring is the ***prime*** time for planting trees. 春天是植树的最好时间。

n. 青春；全盛时期 be in one's *prime* 处于全盛时期 // He was a great pitcher once, but he's past his *prime*. 他是个很了不起的棒球投手，但他的鼎盛时期已经过去了。

vt. 使准备好 She was ready and *primed* for action. 她已胸有成竹，跃跃欲试了。

用 prime 用作形容词时，仅用于名词前。

primitive /ˈprɪmɪtɪv/

【助记】prim(首要)+itive→人类发展的首要阶段→原始的

a. ①原始的，早期的 Small seashells were once used as a *primitive* form of money. 小贝壳曾经被当作原始的钱币使用。

②简单的，粗糙的 They built a *primitive* shelter out of tree trunks. 他们用一些树干建造了一个简陋的棚子。

n. 原(始)人 The *primitives* lived in caves. 原始人住在山洞里。

preliminary /prɪˈlɪmɪnərɪ/

【助记】pre (before)+limin (门槛)+ary→入门之前的→初步的

a. 初步的 They have made a *preliminary* investigation. 他们已经做了初步的调查。

n. [常 *pl.*]预备步骤 There are a lot of *preliminaries* to be gone through before you can visit a foreign country. 在出访外国之前要做好许多准备工作。

principal /ˈprɪnsɪpəl/

a. 最重要的，主要的 Coffee is Brazil's *principal* export. 咖啡是巴西主要的出口产品。// the *principal* character in the story 故事的主人公

n. ①校长 the *principal* of a college 院长

②资本，本金 repay *principal* and interest 付还本金和利息

③主角 She was the *principal* in the ballet. 她在这个芭蕾舞中担任主角。

principle /ˈprɪnsɪpəl/

n. ①原则 I believe in the *principle* of equal opportunity for everyone. 我相信机会人人均等这个基本原则。

②基本信念，信条 It is against my *principles* to lie. 撒谎违背我的准则。

搭 in principle 原则上，大体上 The scheme seems OK *in principle*, but I'd like to know more details. 这项计划大体上好像是可以，但我想知道更多的细节。

discipline /ˈdɪsɪplɪn/

n. ①纪律 The soldiers showed perfect *discipline* under fire. 在炮火下，士兵们纪律严明。

②训练 strict *discipline* 严格的训练

③惩罚 He needs a little *discipline*. 他需略加惩罚。

④学科 compulsory *disciplines* 必修学科

vt. ①训练，训导 Parents have to *discipline* their children. 父母得管教孩子。

②惩罚 He was *disciplined* for arriving late. 他因迟到而受罚。

派 **disciplinary** *a.* 执行纪律的；有关学科的 // **self-discipline** *n.* 自律

initial /ɪˈnɪʃəl/

a. 开始的 We have to admit that man's research into space is still in its *initial* stage. 我们不得不承认，人类对宇宙的研究仍然处于初始阶段。

n. [常 *pl.*]首字母 This is a letter paper personalized with his *initials*. 这是一张有他姓名首字母的信纸。

派 initially *ad.* 最初，开头

initiate /ɪˈnɪʃɪeɪt/

vt. ①开始，发起 The government has *initiated* a programme of economic reform. 政府已经开始实施经济改革方案。

②使初步了解 I shall *initiate* you into our business methods. 我将把我们的营业方法介绍给你。

③接纳(新成员) The club will *initiate* a new group of members on Tuesday. 该俱乐部将于星期二接纳一批新成员。

n. 新加入组织的人 These secrets are known only to a small group of *initiates*. 只有小部分新加入的成员知道这些内幕。

搭 initiate sb. into sth. 准许或介绍某人加入某团体；把某事教或传授给某人

initiative /ɪˈnɪʃətɪv/

n. ①主动性 He did not have the *initiative* to start his own business. 他没有自己创业的积极性。

②倡议 take the *initiative* 带头，倡导 // The

peace *initiative* was welcomed by both sides. 这项和平倡议受到了双方的欢迎。

③主动权 In the negotiation, both sides attempted to seize the *initiative*. 双方在谈判过程中都试图争取主动权。

搭 do sth. on one's own initiative 主动做某事

designate /ˈdezɪgneɪt/

【助记】de(down)+sign(标记)+ate→标出

vt. ①指派 A special committee was *designated* by the UN to mediate the conflict. 联合国指派了一个特别委员会去调停冲突。

②标出 Buildings are *designated* by red squares on the map. 在地图上建筑物是用红色方块来标明的。

搭 be designated as 被指定或命名为 // be designated to do 被选派去做

派 **designation** *n.* 标示;命名;指派

passion /ˈpæʃən/

【助记】pass(感情)+ion→有感情才会有"激情"

n. 激情;酷爱 Never underestimate the power of *passion*. 永远也不要低估激情的力量。// Acting is Linda's *passion*. 琳达非常热爱表演。

派 **passionate** *a.* 易动情的;热烈的,激昂的

optimistic /ˌɒptɪˈmɪstɪk/

a. 乐观(主义)的 The recipe of longevity is always keeping an *optimistic* mood. 长寿的秘诀就是时时保持乐观的情绪。

搭 be optimistic about... 对……感到乐观、有信心;看好……

派 **optimism** *n.* 乐观,乐观主义

pessimistic /ˌpesɪˈmɪstɪk/

a. 悲观(主义)的 The earth won't stop because of your *pessimistic* thoughts. 地球不会因为你的悲观想法而停止转动。

搭 take a pessimistic view of... 对……抱悲观见解

派 **pessimist** *n.* 悲观主义者

indifferent /ɪnˈdɪfrənt/

【助记】in(not)+different(不同的)→没什么不同→冷漠的

a. ①冷漠的 I was so excited to see snow that I was *indifferent* to the cold. 看到雪我兴奋得连寒冷都不在乎了。

②一般的 an *indifferent* cook 手艺平平的厨师

派 **indifference** *n.* 不关心,冷漠

distress /dɪˈstres/

n. ①痛苦 He complains more from habit than from genuine *distress*. 他抱怨是出于习惯,而并非真正遭遇了什么痛苦。

②贫困 He has great compassion for people in *distress*. 他很同情贫困的人。

③危难 The lifeboat went out to a ship in *distress*. 救生艇去救一艘遇险的船只。

vt. 使痛苦,使悲伤 I'm much *distressed* to hear the news of her death. 听到她去世的消息我很难过。

派 **distressingly** *ad.* 令人苦恼地;使人痛苦地

tragic /ˈtrædʒɪk/

a. ①悲惨的 Her *tragic* story touched our hearts with sorrow. 她悲惨的经历使我们也为之伤心。

②悲剧(性)的 I don't like the *tragic* ending of the film. 我不喜欢电影悲剧的结尾。

tragedy /ˈtrædʒɪdɪ/

n. ①灾难 Hitler's invasion of Poland led to the *tragedy* of the Second World War. 希特勒入侵波兰,导致了第二次世界大战的悲剧。

②悲剧 *Hamlet* is one of Shakespeare's best known *tragedies*.《哈姆雷特》是莎士比亚最著名的悲剧作品之一。

spoil /spɔɪl/

vt. ①破坏,损坏【同 ruin】The heavy rain has *spoilt* the flowers in the park. 这阵大雨把公园里的花全淋坏了。

②宠坏 The child was *spoilt* by his grandfather. 这个孩子被他的爷爷给惯坏了。

vi. (食物)变质 Meat *spoils* more quickly without preservatives. 不加防腐剂,肉会坏得更快。

n. [*pl.*]战利品 share the *spoils* 分赃

constant /ˈkɒnstənt/

a. ①始终如一的 Pressure in the container remains *constant*. 容器中的压力保持恒定不变。

②不断的 In South China, the *constant* rain in spring is disgusting. 华南地区春雨连绵,这真令人讨厌。

③忠实的 a *constant* friend 一个忠实的朋友

n. 恒量 An absolute *constant* is fixed and cannot be changed. 绝对常数是固定、不可以改变的。

transient /ˈtrænzɪənt/

【助记】trans(across)+ient(go)→时光穿梭，转瞬即逝→短暂的

a. ①短暂的 *transient* success 一时的成功 // Life is *transient*. 人生如朝露(很短暂)。

②临时的 *transient* laborers 临时工

steady /ˈstedɪ/

a. ①稳的，平稳的 A *steady* hand is needed to be a surgeon. 做一名外科医生手要稳、不颤抖。

②稳定的，持续的 a *steady* job 一份稳定的工作

③稳重的 He is considered a *steady* man by most of his colleagues. 他的大多数同事都认为他是个稳重的人。

v. (使)平稳 He grabbed the table to *steady* himself. 他抓住桌子，试图使自己站稳。// The dollar has *steadied* after early losses on the money markets. 美元在货币市场经历了早些时候的下跌之后，现在已经稳定下来。

派 **steadily** *ad.* 稳定地，稳固地

stable /ˈsteɪbl/

a. ①稳定的，稳固的 This chair isn't very *stable*. 这把椅子不大稳固。// *stable* job/income 稳定的工作/收入 // *stable* peace/relationship 稳固的和平/关系

②沉稳的 a man of *stable* character 性格沉稳的人

n. 马厩 The *stables* want cleaning down. 马厩需要彻底打扫一下。

派 **stabilize** *v.* 使稳定，使沉稳

> **雅思真题** They think its population grew rapidly and then remained more or less *stable* until the arrival of the Europeans, who introduced deadly diseases to which islanders had no immunity. 他们认为在欧洲人到来之前，岛上人口在快速增长之后保持了或多或少的稳定，欧洲人带来了致命的疾病，而岛上居民对这些疾病没有免疫力。

stability /stəˈbɪlɪtɪ/

n. 稳定 Political *stability* is essential to economic prosperity. 政治稳定对经济繁荣是必要的。

reluctant /rɪˈlʌktənt/

【助记】re(against)+luct(挣扎)+ant→不情愿的

a. 不情愿的【同 unwilling】In the winter I am *reluctant* to get out of bed every morning. 冬天的时候每天早晨我都不愿起床。

派 **reluctance** *n.* 不情愿，勉强

reasonable /ˈriːzənəbl/

【助记】reason(理由)+able→合理的

a. ①通情达理的，合理的 I will accept your proposal if your budget is *reasonable*. 如果你的预算合理的话，我就接受你的提议。

②(价钱)公道的 *reasonable* price 公平的价格

③尚好的，过得去的 *reasonable* weather, health, food 过得去的天气、健康状况、食物

派 **unreasonable** *a.* 不讲道理的；不合理的，过分的

rational /ˈræʃənəl/

a. ①理性的，理智的 From a *rational* point of view, the increase in subway fares may not be justified. 从理性的角度来看，地铁票价上调不大合理。

②合理的 It can't have just disappeared! There must be a perfectly *rational* explanation. 不可能就这么消失了！一定有某种非常合理的解释。

派 **irrational** *a.* 无理性的，不合理的，荒谬的 // **rationalization** *n.* 合理化

overall /ˌəuvərˈɔːl/ *a.* /ˈəuvərɔːl/ *n.*

【助记】over(across)+all(所有的)→全部的，总体的

a. ①总体的 My *overall* impression of Shanghai was favorable. 我对上海的总体印象是很好的。

②全部的 the *overall* costs of medical care 医疗保健的总花销

ad. 总的来说 *Overall*, prices are rising. 总的来说，特价仍在上涨。

n. [*pl.*]工装裤 she put on some *overalls* and got out a tin of paint. 她穿上工装裤，取出一桶油漆。

concise /kənˈsaɪs/

a. 简明的 Your comment is quite *concise* and to the point. 你的评论简明扼要、一语中的。

同义替换练习

1. Extensive quantities of water are being used nowadays with the rapid development of industry.
A. Reasonable B. Enormous C. Steady D. Intensive

2. The CEO said that new techniques had completely improved their production efficiency.
A. violently B. apparently C. implicitly D. radically

3. He found the never-ending media attention intolerable and decided to go abroad.
A. transient B. constant C. steady D. indifferent

4. The overall goal of the book is to help bridge the gap between research and teaching, particularly between researchers and teachers.
A. intensive B. concise C. joint D. general

5. I'm realistic enough to know it is going to be a very difficult situation to compete against three strong teams.
A. practical B. conscious C. rational D. reluctant

6. They are careful investors who always make thorough investigations both on local and international markets before making an investment.
A. decisive B. principal C. cautious D. conscious

7. We must find out the main cause of the accident.
A. manifest B. primitive C. thorough D. primary

8. The government started a public debate on the future direction of the official sports policy.
A. spoiled B. initiated C. originated D. designated

9. These goods are basically for export, though a few of them may be sold on the home market.
A. essentially B. initially C. seemingly D. apparently

10. The diversity of tropical plants in the region represents a seemingly unlimited source of raw materials, of which only a few have been utilized.
A. stable B. indefinite C. inexhaustible D. remarkable

11. After several nuclear disasters, a controversy has raged over the safety of nuclear energy.
A. quarrel B. violence C. verdict D. argument

答案与译文

1. [B] 如今，随着工业的快速发展，水的消耗量很大。
2. [D] 执行总裁说，新技术彻底提高了他们的生产效率。
3. [B] 媒体对他的不断关注使他无法忍受，因此他决定出国。
4. [D] 这本书总的目标就是有助于搭起研究和教学之间的桥梁，特别是研究者和教师之间的桥梁。
5. [A] 三支强队抗衡是极其困难的，对此我有非常实际的认识。
6. [C] 他们都是很谨慎的投资者——在投资之前对国内外市场都做了彻底的调查。
7. [D] 我们必须搞清楚事故发生的主要原因。
8. [B] 政府发起了一场有关正式体育比赛政策未来方向的公开辩论。
9. [A] 这些商品基本上用于出口，尽管其中一部分也可以在国内市场销售。
10. [C] 这个地区丰富多样的热带植物表明这里似乎有取之不竭的原材料，但得到利用的原材料只有一点点。
11. [D] 发生了几起核事故后，一场围绕着核能安全问题的激烈争论由此展开。

Lesson 10

词根词缀表

fess 说	confess *v.* 坦白	sist 站立	assist *v.* 帮助
firm 坚固的	confirm *vt.* 证实	tribute 给予	contribute *v.* 捐献
act 行动	action *n.* 行动	tain 保持	entertain *v.* 款待
tach 钉	attach *vt.* 系,贴	oper 工作	cooperate *vi.* 合作
lig 选择	intelligent *a.* 聪明的	soci 交往	associate *v.* 交往
fin 末端,界限	finite *a.* 有限的	sta 站立	install *vt.* 安装
flect, flex 弯曲	reflect *v.* 反映	uti 使用	utilitze *vt.* 利用

claim /kleɪm/

vt. ①声称【同 declare】He ***claimed*** that he hadn't done it, but I didn't believe him. 他声称没有做这件事,可是我不相信他。

②对……提出要求,索取 She could have ***claimed*** the cost through her insurance. 她本可以通过保险索赔。

③(灾难等)使失踪或死亡 The accident ***claimed*** 32 lives. 事故夺去了32条生命。

④需要,值得 The matter ***claims*** our attention. 这事需要我们予以注意。

n. 索赔;声称 ***claim*** form 索赔申请表

搭 lay claim to 声称对……有权利 If the land really belongs to you, why don't you ***lay claim to*** it? 如果这块地真正属于你,为什么你不据理力争呢?

用
He claimed + { the car to be his. ×
to be the owner of the car. √
that he was the owner of the car. √ }

该词表示"声称"时,可跟不定式或 that 从句,也可以用 it 作形式主语(It is claimed that...)。

confess /kən'fes/

【助记】con(一起)+fess(说)→坦白

v. 坦白;承认 She ***confessed*** that she killed her husband. 她承认杀死了自己的丈夫。// Mr. Foster ***confessed*** to having a secret admiration for his opponent. 福斯特先生承认私下里很钦佩他的对手。

搭 confess to (doing) sth. to sb. 向某人承认、坦白(做)某事

declaration /ˌdekləˈreɪʃən/

【助记】de(fully)+clara(清楚)+tion→说清楚→声明

n. ①宣布 He was in favor of a ***declaration*** of war. 他赞成宣布开战。

②声明 joint ***declaration*** 联合声明

③申报 a ***declaration*** of income 收益申报

scandal /ˈskændəl/

n. ①丑闻 The president took tax money for his own use. It was such a ***scandal***. 总统贪污税款,真可谓是一大丑闻。

②流言蜚语【同 gossip】spread ***scandal*** 散布流言蜚语

③反感,震惊 The price of beef is an absolute ***scandal***! 牛肉价格高得简直让人不能接受!// cause/raise a ***scandal*** 引起反感,激起民愤

派 scandalous *a.* 丢脸的;令人愤慨的

rumo(u)r /ˈruːmə/

n. 谣言 The ***rumor*** is beyond belief. 这谣言不可信。

confirm /kənˈfɜːm/

【助记】con(完全)+firm(坚固的)→证据确凿,坚固不可摧→证实

vt. ①证实 The President refused to either ***confirm*** or deny this rumor. 总统拒绝证实或否认这种传闻。

②确认 We had better ***confirm*** our hotel reservation by telephone. 我们最好打电话确认一下我们预订的旅馆房间。

③批准 The queen ***confirmed*** the treaty. 女王

批准了此项条约。

派 **confirmation** *n.* 确认,证实

conform /kən'fɔːm/

【助记】con(共同)+form(形式)→(使)形式统一→一致

vi. (~*to*) 遵守,适应;一致 Most people willingly ***conform to*** the customs of society. 大多数人都愿意遵从社会习俗。// This piece of equipment does not ***conform to*** the official safety standards. 这件设备不符合官方规定的安全标准。

派 **conformity** *n.* 依照;一致

confine /kən'faɪn/

【助记】con(共同)+fine(边界)→共同的边界→界限

vt. ①限制 Please ***confine*** your remarks to the subject under discussion. 请将你的发言限制于我们所讨论的主题上。

②使不外出 You should be ***confined*** to the house if you haven't finished the homework! 不做完功课不准出门!

搭 be confined to... 局限于,(被)限制、封闭在……

confines /'kɒnfaɪnz/

n. 界限,范围 Many places are worth visiting within the ***confines*** of China. 中国境内有很多地方值得游览。

搭 beyond/within the confines of... 超出……的范围/在……范围之内

action /'ækʃən/

n. ①行动 To occupy the market of E-business in China, rapid ***action*** is needed. 要占领中国的电子商务市场,就要迅速行动。

②作用 The ***action*** of salt on ice causes it to melt. 盐作用于冰而使其融化。

③情节 In Scene 1, the ***action*** takes place in an expensive restaurant. 在第一个场景中,故事情节在一家昂贵的餐厅展开。

搭 out of action 不起作用,不运转 // take action 采取行动

activity /æk'tɪvɪtɪ/

n. ①活动 extracurricular ***activities*** 课外活动

②活跃 The amusement park has been full of ***activity***. 游乐园里整天熙熙攘攘。

submit /səb'mɪt/

【助记】sub(under)+mit(送)→从基层把文件送上来→提交

vi. (~*to*)屈服,听从 The man refused to ***submit to*** an unjust decision. 那名男子拒绝服从不公正的判决。

vt. ①提交 You must ***submit*** your application before January 1st. 你必须在1月1日以前将申请交上来。

②主张 I ***submit*** that the jury has been influenced by the publicity in this case. 我认为,在本案的审理过程中,陪审团受到了外界宣传的影响。

派 **submission** *n.* 屈从;提交 // **submissive** *a.* 恭顺的,顺从的

subject /'sʌbdʒɪkt/ *n./a.* /səb'dʒekt/ *vt.*

n. ①主题 ***Subjects*** covered in this chapter are exercise and nutrition. 本章讨论的主题是运动和营养。

②学科 My favorite ***subject*** at school was English. 我上学时最喜欢的学科是英语。

③(试验等的)对象 The ***subject*** of this experiment were all men aged 18-35. 本实验的对象均为年龄在18至35岁的男性。

④主语 ***subject*** complement 主语补足语

a. ①(~*to*)受……支配的 ***subject to*** the law of the land 受国家法律的管辖

②易遭……的 to be ***subject*** to cold 易患感冒

vt. ①(~*to*)使服从 Ancient Rome ***subjected*** most of Europe ***to*** its rule. 古罗马曾一度统治了欧洲的大部分。

②使遭受 Such action would ***subject*** you to severe criticism. 这种行动将使你遭受到严厉的批评。

雅思真题 I would found an institution where any person can find instruction in any ***subject***. 我将创建一个任何人都可以学到任何学科的机构。

prone /prəʊn/

a. ①(~*to*)易于……的 Children of poor health are very ***prone to*** colds in winter. 体弱的孩子在冬天容易感冒。

②俯卧的 lying ***prone*** on the floor 俯卧在地板上

bound /baʊnd/

a. ①一定的,必然的 The marriage on the basis of money is ***bound*** to break up. 建立在金钱基础上的婚姻是肯定要破裂的。

②受约束的，有义务的 I feel *bound* to tell you that you're drinking too much. 我觉得有必要跟你说，你酒喝得太多了。

③准备到……去的 This train is *bound* for Shanghai. 这列火车是开往上海的。

vi. ①跳跃 He *bounded* up the wide steps with vigor. 他精神十足地跳上一级级的宽台阶。

②弹回 Rubber balls can be made to *bound*. 可以使橡皮球弹回。

vt. 成为……的界线，给……划界 The US is *bounded* in the north by Canada. 美国北面与加拿大接壤。

n. ①跳跃 Tom made progress in math by leaps and *bounds*. 汤姆数学进步飞快。

②[常 *pl.*] 限制 Talking is permitted in the classroom as long as it is kept within *bounds*. 只要是有限度，在教室里谈话是允许的。

搭 be bound up in 热衷于，忙于 // know no bounds 不知限量 // be bound up with 与……有密切关系

attach /ə'tætʃ/

【助记】at(to)+tach(钉)→固定

vt. ①固定；附上；系；贴 He *attached* a label to his baggage. 他往行李上贴了一个标签。

②使依恋 As time goes by, the little boy has become emotionally *attached* to computer. 随着时间的流逝，小男孩已经从感情上依赖上了电脑。

③认为有(重要性、责任等) People *attach* too much importance to economic forecasts. 人们把经济预测看得过于重要。

④使附属 This hospital is *attached* to the medical college nearby. 这家医院附属于附近的那所医学院。

搭 be attached to... 连在……上，附属于……；喜爱，依恋

派 **attachment** *n.* 联结；联结物；爱慕，依恋

> **雅思真题** The Wheel consists of two sets of opposing axe-shaped arms, *attached* about 25 metres apart to a fixed central spine. 水轮由两组相反的斧形悬臂组成，连接在一条固定的中心柱上，彼此相距约 25 米。

detach /dɪ'tætʃ/

【助记】de(否定)+tach(钉)→拆卸

vt. 拆卸；使分离 You can *detach* the hood from the jacket. 你可以把帽子从夹克上拆下来。// Don't *detach* yourself from reality. 不要脱离实际。

派 **detached** *a.* (住宅)独立式的；公正的 // **detachment** *n.* 公正；分遣队

immune /ɪ'mjuːn/

a. ①免疫的 *immune* system 免疫系统

②(~*to*) 不受影响的 It seems to me no one is *immune to* vanity. 在我看来，似乎没有人能免于虚荣心的影响。

③(~*from*) 豁免的 Nobody is *immune from* criticism. 谁都难免受批评。

派 **immunization** *n.* 免除，免疫

vaccine /'væksiːn/

n. 疫苗 The smallpox *vaccine* has saved many lives. 天花疫苗挽救了许多人的生命。

派 **vaccinate** *v.* 给(某人)接种疫苗

reconcile /'rekənsaɪl/

【助记】re(again)+concile(使和谐)→使协调

vt. ①使协调 It was hard to *reconcile* his career ambitions with the needs of his children. 他很难兼顾事业上的抱负和孩子们的需要。

②使和解 The couple were finally *reconciled* when the husband apologized. 丈夫道歉后这对夫妇终于言归于好。

③(~*to*) 使顺从(于) It was several years before he could *reconcile* himself *to* the loss of his wife. 几年之后他才接受丧妻的事实。

搭 be reconciled with sb. 与某人言归于好 // reconcile A with B 使 A 与 B 重新和好，协调 A 与 B 的关系 // be reconciled to / reconcile oneself to 甘心于，顺从于

relationship /rɪ'leɪʃənʃɪp/

【助记】relation(关系)+ship(表性质)→关系

n. 关系，关联 An insurance salesman usually has wide social *relationships*. 保险推销员通常有广泛的社交关系。

obvious /'ɒbvɪəs/

a. 明显的【同 apparent】It was *obvious* that he was drunk. 很明显他醉了。

派 **obviously** *ad.* 显然地

indispensable /ˌɪndɪs'pensəbl/

a. (~*to, for*) 必不可少的【同 essential】Air and

water are ***indispensable to*** life. 空气和水是生命所必需的东西。

identical /aɪ'dentɪkəl/

【助记】ident(同样的)+ical(表性质)→相同的

a. (*~to, with*)相同的 My opinions are not always ***identical with*** my parents'. 我的意见并不总是和父母的意见相同。

搭 be identical in 在……方面是相同的

intelligent /ɪn'telɪdʒənt/

【助记】intel(between)+lig(选择)+ent→从中选择有用的信息→聪明的

a. 聪明的 Dolphins are said to be more ***intelligent*** than other animals. 据说海豚比其他动物聪明。

intelligence /ɪn'telɪdʒəns/

n. ①智力，智慧 Use your ***intelligence***, and you're sure to achieve something. 发挥你的聪明才智，你一定能取得成就。

②情报 an ***intelligence*** agent 情报员

wisdom /'wɪzdəm/

【助记】wis(e)(聪明的)+dom(表性质)→智慧

n. ①明智 I have doubts about the ***wisdom*** of the move. 这一行动是否明智，我表示怀疑。

②智慧 Silence is not always a sign of ***wisdom***. 沉默寡言并不总是智慧的象征。

wit /wɪt/

n. ①风趣 This book is full of conversations sparkling with ***wit***. 这本书中充满了妙趣横生的对话。

②[常 *pl.*]智力，才智 He is a boy of quick ***wits***. 他是一个机敏的孩子。

搭 at one's wits' end 智穷计尽 I'm ***at my wits' end*** worrying about how to pay the bills. 我真没了主意，不知如何才能付清这些账。

派 **witty** ***a.*** 机智的，诙谐的

> 【辨析】表示"智力，智慧"的名词
>
> intelligence：指思考、学习及理解的能力，每个人都具有 intelligence，只是有多少的区别
>
> wisdom：指运用经验、常识对生活与行为做出正确的判断或决定的能力
>
> wit：指先天的才能、智力，隐含小聪明的意思

inevitable /ɪn'evɪtəbl/

【助记】in(not)+evitable(可避免的)→不可避免的

a. 不可避免的 A rise in interest rates seems ***inevitable***. 提高利率似乎是不可避免的。

派 **inevitable** ***ad.*** 不可避免地

capable /'keɪpəbl/

a. 有能力的 Not everyone is ***capable*** of judging art. 并不是每个人都有鉴赏艺术的能力。

搭 capable of 有……能力的；能……的

派 **capability** ***n.*** 能力；潜能

capacity /kə'pæsɪtɪ/

n. ①容量 The stadium has a seating ***capacity*** of 15,000. 这个体育场能容纳1.5万名观众。

②能力【同 ability】a ***capacity*** to think in an original way 创造性思维的能力

③身份，职位 The American President visited Cuba in a private ***capacity***. 美国总统以私人身份访问了古巴。

infinite /'ɪnfɪnɪt/

【助记】in(not)+fin(界限)+ite→没有界限的→无限的

a. 无限的【同 boundless】The universe is ***infinite***. 宇宙是无边无际的。

派 **infinity** ***n.*** 无穷，无限

finite /'faɪnaɪt/

【助记】fin(界限)+ite→有界限的→有限的

a. 有限的；限定的 We must save energy because the natural resources of the earth are ***finite***. 我们必须节约能源，因为地球的自然资源是有限的。// ***finite*** verb 限定动词

reflect /rɪ'flekt/

【助记】re(back)+flect(弯曲)→曲折而回→反射

v. ①反映 It's said that a person's handwriting can ***reflect*** his/her character. 据说，字迹可以反映出人的性格。

②反射 The sunlight was ***reflected*** in the water. 日光由水面反射出来。

③深思 We are ***reflecting*** how to fulfill the task. 我们正考虑如何完成这项任务。

搭 reflect on/upon 思考，反省；思忆(往事)

派 **reflection/reflexion** ***n.*** 映像；反射；反映；非议；深思

mirror /ˈmɪrə/

n. 镜 The best ***mirror*** is an old friend. 老朋友是最好的镜子。

vt. 反映【同 reflect】Their eyes ***mirrored*** their thoughts. 他们的眼神反映出他们内心的思想。

adhere /ədˈhɪə/

【助记】ad(加强)+here(黏附)→黏附

vi. ①(~*to*) 黏附 Soft snow ***adheres to*** the branches. 松软的白雪黏附在树枝上。

②坚持,遵循 They failed to ***adhere*** to our original agreement. 他们未能遵守我们原来的协议。

③支持 He ***adheres*** to the political party. 他支持这个政党。

用 adhere 和其名词 adherence 总是与介词 to 连用。

派 adherence *n.* 信奉,坚持

cling /klɪŋ/

vi. ①(~*to*) 紧紧抓住(或抱住) The little boy ***clung to*** his mother's skirt in fear. 小男孩害怕得抓住母亲的裙子。

②黏着 She was wet through and her clothes ***clung*** to her body. 她湿透了,衣服黏在身上。

③依恋 Little children always ***cling*** to their mothers. 小孩子总是依恋着母亲。

④坚持 She ***clung*** to the hope that he was still alive. 她始终抱着一个希望,就是他仍活着。

用 过去式、过去分词clung。

> **辨析:表示"黏着"的动词**
>
> adhere:多用于正式场合,既指物体粘在一起,也指坚持信仰或忠于事业等
>
> cling:侧重靠缠绕、紧抱、紧抓等方式而形成密切关系

cater /ˈkeɪtə/

vi. ①(~*for, to*) 迎合 TV programs must ***cater to***/***for*** many different tastes. 电视节目必须迎合各种人的口味。

②(~*for*) 提供饮食及服务 He runs a restaurant and also ***caters for*** weddings and parties. 他经营饭店,还承办婚礼和宴会酒席。

helpful /ˈhelpfəl/

【助记】help(帮助)+ful→给予帮助的

a. ①有益的 Criticism from friends is more ***helpful*** than flattery. 朋友的批评意见比恭维奉承更有益。

②给予帮助的 The message is very ***helpful*** to me. 这条消息对我的帮助很大。

aid /eɪd/

n. ①救助 The family has lived on government ***aid*** for two years. 两年来这家人就靠政府的救济生活。

②辅助物 visual ***aids*** 视觉辅助器

vt. 援助 He will go to ***aid*** those earthquake victims. 他要去援助那些地震受害者。

assist /əˈsɪst/

【助记】as(to)+sist(站立)→站在旁边扶持→帮助

v. 帮助 Usually there would be a group of nurses ***assisting*** the doctor in performing the surgery. 医生做外科手术时通常会有一组护士协助。// They asked her to ***assist*** with their children. 他们请她帮助照料孩子。

n. 帮助 He gave me an ***assist*** with the housework. 他帮我做了点家务。

搭 assist sb. to do sth.或 assist sb. in/with (doing) sth. 帮助某人做某事

> **【辨析】表示"帮助"的动词**
>
> aid:含有接受帮助者因为弱小而需要帮助的意思
>
> assist:从词源学角度讲,是"站在旁边"的意思,这种帮助只起着辅助的作用

assistance /əˈsɪstəns/

n. 帮助,援助 Can I be of any ***assistance*** to you? 我能帮你什么忙吗?

搭 give/render assistance (to) 给予援助 // come to sb.'s assistance 援助某人

contribute /kənˈtrɪbjuːt/

【助记】con(共同)+tribute(给予)→捐献

v. ①捐献【同 donate】We should ***contribute*** food and clothes to the suffered. 我们应该捐赠食品和衣物给那些灾民。

②(~*to*) 促成 Plenty of fresh air ***contributes to*** good health. 多呼吸新鲜空气对健康有益。

③投稿 He often ***contributes*** to the magazine. 他经常给杂志投稿。

contribution /ˌkɒntrɪˈbjuːʃən/

n. ①贡献 Einstein was awarded the Nobel Prize

for his *contribution* to Quantum Theory. 爱因斯坦因对量子理论的贡献而被授予诺贝尔奖。

②捐款 The public made a *contribution* to the orphanage. 人们向孤儿院捐了款。

③稿件 The editor is short of *contributions* for the May issue. 编者缺少稿件编5月号的杂志。

attribute /ə'trɪbjuːt/ *vt.* /'ætrɪbjuːt/ *n.*

【助记】at(to)+tribute(给予)→把……归于

vt. (~to)把……归因于 Many people's success can be *attributed to* hard work and a bit of luck. 很多人的成功都可以归于勤奋加上一点儿运气。

n. 属性 Patience is one of the most important *attributes* in a teacher. 当教师最重要的一个品性就是要有耐心。

devote /dɪ'vəʊt/

vt. ①(~to)把……专用于,为……付出(时间、精力等) I'm *devoting* all my time and energy *to* being a mom right now. 目前我把所有时间和精力都放在当妈妈这件事上。

②将……奉献给 Mother Teresa has *devoted* herself to caring for the poor. 特雷萨修女把自己的全部身心都倾注在照顾穷苦人之上。

派 **devoted** *a.* 挚爱的,忠诚的

dedicate /'dedɪkeɪt/

【助记】de(down)+dic(说)+ate→宣誓处于对方之下→把……献给

vt. ①题献词于……上 This book is *dedicated* to my parents. 谨以此书献给我的父母。

②(~to)把……献给【同 devote】She *dedicates* herself *to* her work. 她献身于自己的工作。

pressure /'preʃə/

【助记】press(压)+ure→压力

n. ①压(力) Not all students work well under *pressure*. 不是所有学生都能在压力之下很好地学习。// The water *pressure* may need adjusting. 需要调整水压。

②强制,压迫 He changed his mind under the *pressure* from his parents. 他在父母的逼迫之下改变了主意。

vt. 对……施加压力,说服 Don't let yourself be *pressured* into making a hasty decision. 不要勉强自己仓促做出决定。

peer /pɪə/

n. ①同龄人 To lessen *peer* pressure, schools require students to wear uniforms. 为减少来自同龄群体的压力,学校要求学生们穿校服。

②贵族【同 nobleman】He's been made a *peer* now. 他现在被封为贵族了。

vt. 仔细看 She *peered* at him closely. 她仔细地盯着他看。

entertain /ˌentə'teɪn/

v. ①款待 Mary *entertained* us to dinner last night. 玛丽昨晚设宴款待了我们。// She *entertains* a great deal. 她常常请客。

②给……娱乐 We hired a magician to *entertain* the children at the party. 我们雇了一个魔术师在派对上逗孩子们开心。

搭 entertain sb. with... 以……招待某人 // entertain sb. to/at dinner 招待某人吃饭(通常在家中)

派 **entertainer** *n.* 演艺人员;款待者 // **entertaining** *a.* 使人得到娱乐的

entertainment /ˌentə'teɪnmənt/

n. ①娱乐 A cinema is a place of *entertainment*. 电影院是娱乐场所。

②款待 give an *entertainment* to sb. 招待某人

recreation /ˌrekrɪ'eɪʃən/

n. 娱乐活动,消遣 Karaoke is many young people's favorite *recreation*. 唱卡拉OK是许多年轻人喜欢的娱乐活动。

leisure /'leʒə/

n. ①空闲时间,闲暇 I have no *leisure* for playing cards. 我没有闲暇玩牌。

②悠闲,安逸 He lived a life of *leisure* on a handsome income. 他凭借一笔可观的收入过着悠闲的生活。

搭 at leisure 闲暇时;从容不迫地 He leant on the chair and began his lecture *at leisure*. 他靠在椅子上开始从容地进行他的演讲了。

shield /ʃiːld/

n. 防护物,盾 The spacecraft was fitted with a heat *shield*. 太空船装备了防热护罩。

vt. 保护 Wearing sunglasses can *shield* the eyes from sunlight. 配戴太阳镜能保护眼睛免受阳光直射。

accompany /əˈkʌmpənɪ/

【助记】ac(to)+company(陪伴)→陪伴

vt. ①陪伴 It's getting dark. Will you *accompany* me home? 天黑了,你能陪我一起回家吗?

②伴随 Lightning usually *accompanies* thunder. 闪电通常伴有雷声。

③为……伴奏(或伴唱) He *accompanied* me on the guitar. 他用吉他给我伴奏。

搭 accompany sb. to... 陪伴某人到……(某地)

派 **accompaniment** *n.* 伴随;伴奏,伴唱

cooperate /kəʊˈɒpəreɪt/

vi. 合作 Let's *cooperate* to get the work done quickly. 让我们大家共同合作把这项工作迅速完成。

搭 cooperate with sb. in sth. 和某人合作做某事 // cooperate in harmony 协调地合作

派 **cooperation** *n.* 合作 // **cooperative** *a.* 有合作意向的;合作的 *n.* 合作社

coordinate /kəʊˈɔːdɪneɪt/ *vt.* /kəʊˈɔːdɪnɪt/ *n./a.*

【助记】co(with)+ordin(顺序)+ate(使)→使顺序一致→协调

vt. 调节,协调 The dancer's movements are perfectly *coordinated*. 舞者的动作非常协调。

n. 坐标 These *coordinates* should show you your position. 这些坐标将为你显示你所在的位置。

a. 同等的,并列的 The army, navy, and air force are *coordinate* branches of the armed services. 陆、海、空三军是平行的三个军种。

派 **coordination** *n.* 协调,协调性

associate /əˈsəʊʃɪeɪt/ *v.* /əˈsəʊʃɪɪt/ *n./a.*

【助记】as(to)+soci(交往)+ate→交往

v. ①把……联系在一起 Whisky is usually *associated* with Scotland. 人们常把威士忌同苏格兰联系起来。

②交往 We have to *associate* with different kinds of people. 我们要和各种各样的人交往。

n. 伙伴 business *associates* 业务伙伴

a. 副的 *associate* editor [美]副主编

> 【一言辨异】friends, associates
>
> They are not *friends* but *associates* in crime. 他们不是朋友,是共犯。

association /əˌsəʊsɪˈeɪʃən/

n. ①协会 American Automobile *Association* 美国汽车协会

②联系;交往 Having an *association* with English native speakers is one way to improve oral English. 与母语是英语的人交往是提高英语口语的一种途径。

③联想 Black was considered inappropriate because of its *associations* with death. 不宜用黑色,因为它让人联想到死亡。

搭 do sth. in association with sb. 和某人合作做某事

arouse /əˈraʊz/

vt. ①激起 The odd sight *aroused* our curiosity. 奇怪的景象激起了我们的好奇心。// *arouse* anger 激起愤怒

②唤醒【同 rouse】The child was *aroused* from his nap. 孩子被从睡梦中叫醒。

rouse /raʊz/

vt. 唤起,唤醒 A persistent ringing *roused* me from a pleasant dream. 铃声响个不停,把我从美梦中惊醒。

persist /pəˈsɪst/

【助记】per(through)+sist(站立)→一直站立着→坚持不懈;持续

vi. ①(~*in*)坚持不懈 If you *persist in* causing trouble, you will be dismissed. 如果你执意制造麻烦,你就会遭到解雇。// His strength of will enabled him to *persist*. 他的意志力使他能坚持下去。

②持续,继续存在 Despite official denials, the rumors *persisted*. 尽管官方否认,谣言仍在继续流传。

派 **persistent** *a.* 持续存在的;坚持不懈的

persevere /ˌpɜːsɪˈvɪə/

【助记】per(thoroughly)+severe(严格的)→非常严格执行下去→坚持不懈

vi. 坚持不懈 You'll need to *persevere* if you want the business to succeed. 要想事业成功,就得持之以恒。

派 **perseverance** *n.* 坚持不懈

> 【辨析】表示"坚持不懈"的动词
>
> persist:用于褒义指坚持继续做某事,但更常用于贬义,指不听劝告,顽固坚持
>
> persevere:含褒义,强调坚持不懈的努力

equip /ɪ'kwɪp/

vt. ①装备，配备 Buses ***equipped*** with airconditioners charge you more. 装有空调设备的公共汽车收费要贵些。

②使有准备 The course is designed to ***equip*** students for a career in nursing. 此课程旨在使学生能够胜任护理工作。

instal(l) /ɪn'stɔːl/

【助记】in+stal(l)(站立)→给……安插站立的位置→安装

vt. ①安装 The hotel chain has recently ***installed*** a new booking system. 这家连锁旅馆最近安装了新的预订系统。

②使就职 He was ***installed*** as Prime Minister last year. 去年他被任命为首相。

installation /ˌɪnstə'leɪʃən/

n. ①装置，设施 nuclear ***installations*** 核设施

②安装 ***Installation*** of the new system will take several days. 新系统的安装需要几天时间。

③就任 the ***installation*** of the President 总统的就职仪式

instrument /'ɪnstrumənt/

【助记】in+stru(建造)+ment→建设所必需的工具→器械

n. ①工具，手段【同 tool, method】All surgical ***instruments*** must be sterilized before use. 所有外科手术器械使用前都必须消毒。

②乐器 play an ***instrument*** 弹奏乐器

instrumental /ˌɪnstru'mentl/

a. ①(*~in*)有帮助的 Encouragement is more ***instrumental in*** the development of children than blame. 鼓励比责备对孩子的成长更有帮助。

②用乐器演奏的 They played ***instrumental*** music at the wedding. 他们在婚礼上演奏器乐。

project /'prɒdʒekt/ *n.* /prə'dʒekt/ *v.*

【助记】pro(forward)+ject(扔)→向前扔出→投射

n. ①方案，计划 carry out/initiate a ***project*** 执行/提出方案

②课题，项目 The research ***project*** was only a partial success. 那个研究课题只取得部分成功。

③工程 the Hope ***Project*** 希望工程

vi. 伸出，凸出 Nails that ***project*** from the wall may tear your clothes. 从墙壁凸出的钉子可能会划破你的衣服。

vt. ①投射，放映 The film was ***projected*** on to the screen. 电影被投影在屏幕上。

②使伸出 The wall is ***projected*** in the middle. 墙壁的中部凸了出来。

③规划，设计 Could you ***project*** a new marketing technique for us? 你能为我们制定一种新的营销策略吗？

construct /kən'strʌkt/ *vt.* /'kɒnstrʌkt/ *n.*

【助记】con(共同)+struct(建立)→建造

vt. ①建造 Many companies are trying to win the contract to ***construct*** the bridge. 许多公司想争取到修建这座大桥的合同。

②对……进行构思 The novel is skillfully ***constructed***. 这部小说的构思相当巧妙。

n. ①建筑物，构造物 The ***construct*** of the building is not so firm as expected. 这个建筑物的结构并不像想象的那么坚固。

②构想，观念 He argues that time is a subjective ***construct*** with no objective existence. 他认为时间是主观概念而不是客观存在。

派 **constructive** *a.* 建设性的 // **reconstruct** *v.* 重建；重现

foundation /faun'deɪʃən/

【助记】found(建立)+ation→建立

n. ①[*pl.*]地基 lay the ***foundations*** 打地基

②基础，基本原理，根据 That rumor has no ***foundation*** in fact. 那谣传没有事实根据。// All theories should be built on a ***foundation*** of factual knowledge. 一切理论都应当建立在事实知识的基础上。

③基金会 the Ford ***Foundation*** 福特基金会

④建立，设立【同 founding】The university has been famous for medical studies ever since its ***foundation***. 这所大学自创建以来就以医学研究而闻名。

structure /'strʌktʃə/

n. ①结构，构造 We have known a lot about the ***structure*** of genes. 我们对基因的结构已经十分了解。

②建筑物 Many cities have their representative ***structures***. 很多城市都有自己的代表性建筑。

vt. 构造 *Structure* a sentence using key words. 用关键词造句。

派 **structural** *a.* 结构的，建筑的 // **restructure** *vt.* 改组，重建

household /ˈhaʊshəʊld/

【助记】house(房屋)+hold(拥有)→有房屋才有家

n. 家庭 Many poor ***households*** are experiencing real hardship. 很多贫穷家庭正经历严重的困难。// ***household*** chores 家务活

a. ①家用的 ***household*** appliances 家用电器

②家喻户晓的 The product was so successful that its name became a ***household*** word. 这一产品非常成功，其名称已经家喻户晓。

派 **householder** *n.* 住户，房主

appliance /əˈplaɪəns/

n. 器具 Household electrical ***appliances*** made in China are very popular. 中国国产家用电器非常受欢迎。

> **【辨析】表示"设备，器械"的名词**
>
> appliance：多指电动工具、设备等，尤指家用电器
>
> instrument：一般指精细工作或科学研究中用于分析、医疗、检验的"仪器、器械"
>
> apparatus：指用于完成某项特殊工作的一套工具或器具

utility /juːˈtɪlɪtɪ/

n. ①功用，效用 This computer is of low ***utility*** for the home user. 这台计算机对家庭用户用处不大。

②[常 *pl.*]公用事业 Railroads, bus lines, gas and electric companies are public ***utilities***. 铁路、公共汽车、煤气和电力公司都是公用事业。

utilize /ˈjuːtɪlaɪz/

【助记】uti(使用)+lize→利用

vt. 利用 The Romans were the first to ***utilize*** concrete as a building material. 罗马人首先使用混凝土做建筑材料。

facility /fəˈsɪlɪtɪ/

n. ①[*pl.*]设备，设施 A library is one of the most important education ***facilities*** in a university. 图书馆是大学里最重要的教育设施之一。

②便利，容易 with great ***facility*** 十分容易地，毫不费力地

apparatus /ˌæpəˈreɪtəs/

n. ①器械【同 equipment】Firefighters needed breathing ***apparatus*** to enter the burning house. 消防人员需要呼吸器以便进入燃烧的大楼。

②机构，组织【同 organization, system】The city's security ***apparatus*** needs reforming. 这个城市的治安机构需要改良。

ultimate /ˈʌltɪmɪt/

a. ①极端的，最大的，最高的 an ***ultimate*** rock and roll band 最棒的摇滚乐队 // This race will be the ***ultimate*** test of your skill. 这场比赛对你的技能是最大的考验。

②最后的，最终的 The anti-Japanese war ended for us in an ***ultimate*** victory. 抗日战争以我们的最后胜利而告终。

n. 终极，顶点，极限 the ***ultimate*** in modern design 现代设计的最高代表

派 **ultimately** *ad.* 最后，终究

tradition /trəˈdɪʃən/

n. ①传统 It is a ***tradition*** that the young look after the old in their family. 在他们家，年轻的照顾年长的是一个传统。

②惯例，规矩 It had become a ***tradition*** in our house to stay up all night at New Year. 在新年时守夜已成了我们家的惯例。

搭 by tradition 照传统；据口传

派 **traditional** *a.* 按照传统的，传统的

existence /ɪgˈzɪstəns/

n. ①存在【反 extinction】The elephant is the largest land animal in ***existence***. 大象是现存陆地上最大的动物。

②生存 Pollution poses a threat to the continued ***existence*** of this species. 污染对这一物种的继续生存造成了威胁。

搭 in existence 实际存在的，现存的，现有的 // come into existence 开始存在；形成；成立

派 **existent** *a.* 存在的；现行的

powerful /ˈpaʊəfəl/

【助记】power(力量)+ful(形容词后缀)→有力的

a. ①强大的，有力的 ***Powerful*** nations should not attempt to control the weaker ones. 强国不应试图控制较弱小的国家。// ***powerful*** reasons 有说服力的推理

②强壮的 a ***powerful*** body 健壮的体魄

同义替换练习

1. The new colleague declares that she had worked in several big corporations before she joined our company.
   A. confesses　B. submits　C. claims　D. confirms
2. All the students have to obey the rules and regulations of the school.
   A. reflect on　B. cater to　C. associate with　D. conform to
3. Weight lifting, or any other sport that builds up your muscles, can make bones become denser and less vulnerable to injury.
   A. identical　B. prone　C. immune　D. helpful
4. First published in 1927, the charts remain an essential source for researchers.
   A. ultimate　B. indispensable　C. intelligent　D. inevitable
5. More than 85% of French Canada's population speaks French as a mother tongue and sticks to the Roman Catholic faith.
   A. caters　B. adheres　C. attaches　D. submits
6. Eating too much fat can lead to heart disease and high blood pressure.
   A. attribute to　B. associate with　C. contribute to　D. assist with
7. Mike asked us to help them in carrying through their plan.
   A. accompany　B. arouse　C. assist　D. pressure
8. There is a fully equipped health center on the ground floor of the main office building.
   A. installed　B. armed　C. provided　D. projected
9. Teachers in this school were encouraged to use drama as one method of learning.
   A. foundation　B. instrument　C. appliance　D. facility
10. This is the nurse who looked after me when I was ill in hospital.
    A. cooperated with　B. attended to　C. entertained with　D. focused on

答案与译文

1. [C] 那位新同事声称，在加入我们公司之前，她曾经在好几家大公司工作过。
2. [D] 所有学生都必须遵守学校的规章制度。
3. [B] 举重或其他任何增强肌肉的运动，可使骨头密度变大，从而不易受到损害。
4. [B] 这些于1927年首次发表的图表，对研究者而言，依然是必不可少的资料。
5. [B] 85%以上的加拿大法语区人口以法语作为母语，并坚持信仰罗马天主教。
6. [C] 摄入太多的脂肪会引起心脏病并导致高血压。
7. [C] 迈克让我们辅助他们执行其计划。
8. [B] 在主办公楼的底楼有一家设备齐全的健身中心。
9. [B] 这所学校鼓励教师把戏剧作为一种学习手段来使用。
10. [B] 这就是那位在我生病住院时照顾我的护士。

Lesson 11

词根词缀表

cogni 知道	recognize/-ise *vt.* 认出	speci 种类	specialty *n.* 专业
vis 看	revise *v.* 复习	ann 年	annual *a.* 每年的
sur- 超过	surround *vt.* 围绕	cid, cas 落下	incident *n.* 发生的事
cert 确实,确信	ascertain *vt.* 查明	dis- 相反	dislike *vt.* 不喜爱
stit 站立	institute *n.* 学院	de- 减少	degenerate *vi.* 衰退

recognize/-ise /ˈrekəgnaɪz/

【助记】re(again)+cogni(知道)+ze→再次知道→确认

vt. ①认出,识别【同 identify】I *recognized* Mary by her red hat. 我凭玛丽的红帽子认出了她。

②确认,认可 British medical qualifications are *recognized* in many countries. 许多国家都认可英国行医执照。

③赏识,表彰 The British government *recognized* his services by making him a lord. 英国政府授予他勋爵位以表彰他的业绩。

派 recognizable *a.* 可识别出的

recognition /ˌrekəgˈnɪʃən/

n. ①认出,识别 The spy escaped *recognition* in disguise. 间谍乔装打扮,没有人能把他认出来。

②确认,认可 win worldwide *recognition* 赢得举世公认

③赏识,表彰 This medal is awarded in *recognition* of outstanding courage. 授予这枚奖章以嘉奖非凡的勇气。

> **雅思真题** If you hear 'can', you will likely activate words like 'candy' and 'candle' as well, at least during the earlier stages of word *recognition*. 至少在辨别字词的初期,如果你听到单词"can",你很可能会想到"candy"、"candle"等词。

acquaint /əˈkweɪnt/

【助记】ac(to)+quaint(知道)→使了解

vt. (~*with*)使了解【同 familiarize】The Internet *acquaints* us *with* recent happenings around the world. 互联网使我们能及时了解天下之事。

搭 acquaint oneself with sth. 了解、熟悉某事 // acquaint sb. with sth. 把某事通知某人,让某人了解某事 // be/become/get acquainted with... 与……相识,了解……

acquaintance /əˈkweɪntəns/

n. ①熟人 He has a lot of business *acquaintances* but very few real friends. 他有很多生意场上的熟人,但极少有真正的朋友。

②认识,了解 I'm afraid I have only a passing/nodding *acquaintance* with his works. 恐怕我对他的作品只有非常肤浅的了解。

搭 have (no/some) acquaintance with... (不/有点)熟悉……,对……(不/稍有)了解 // make sb.'s acquaintance 结识某人 // a speaking/nodding acquaintance 泛泛之交/点头之交

status /ˈsteɪtəs/

n. ①地位,身份 Chinese women's *status* has been greatly improved. 中国妇女的地位得到了很大提高。

②情形 What's the *status* of the peace talks? 和谈的情况如何?

fame /feɪm/

【助记】名字(name)变 n 为 f 就成了名声(fame)

n. 声誉,名声 Rowling won overnight *fame* with her novel *Harry Potter*. 罗琳的小说《哈利·波特》使她一夜成名。

派 famed *a.* 有名的,出名的

reputation /ˌrepjuˈteɪʃən/

n. 名声 Some people regard good *reputation* more important than life. 有的人把好名声看得比性命还重要。

搭 build up/win/earn a reputation 博得名声,赢得

名声 // have a good/bad reputation 名誉好/坏 // lose/ruin one's reputation 名誉扫地

【辨析】表示"名声、名誉"的名词
fame：名声，特指以能力、业绩而出名
reputation：名誉，指人们的看法、评价，强调某人的形象，可好可坏

acknowledge /ək'nɒlɪdʒ/

vt. ①承认 a broadcast message ***acknowledging*** their responsibility for the bombing 他们承认对这起爆炸负责的广播消息
②告知收到，确认 Please ***acknowledge*** receipt of this document by signing the enclosed form. 请在附表中签收这份文件。
③报偿，答谢 The author wishes to ***acknowledge*** the assistance of the volunteers. 作者希望对志愿者的协助表示感谢。

派 **acknowledgement** ***n.*** 承认；感谢；(确认收到某物的)回信，收条

inform /ɪn'fɔːm/

vt. 通知【同 notify】Please keep me ***informed***! 请一定要通知我！// The clinic is required to ***inform*** the patient of/about possible alternative treatments. 诊所按照要求应该告诉病人有哪些可供选择的治疗方法。

vi. (~***against, on***) 告发 One student ***informed against*** those who cheated on the exam. 一名学生告发了那些考试作弊者。

搭 inform sb. of/about sth. 通知、告诉某人某事 // be well informed about sth. 熟知某事，对某事消息灵通

派 **informer** ***n.*** 告发者 // **informed** ***a.*** 见识广的；明智的 // **informative** ***a.*** 提供信息的 // **uninformed** ***a.*** 情况不明的；无知的

notify /'nəʊtɪfaɪ/

【助记】not(标记)+ify(使)→使他人知道的标记→通知

vt. 通知 We'll ***notify*** you of our decision within days. 我们会在这几天通知你结果。

搭 notify sb. of sth. 通知某人某事 // notify sb. that... 通知某人……

【辨析】表示"通知"的动词
inform：一般用语，着重直接使人知道事实或情况
notify：较正式的用语，指"正式通知"

instruct /ɪn'strʌkt/

vt. ①指示，命令 Our staff have been ***instructed*** to offer you every assistance. 我方工作人员奉命为您提供一切帮助。
②教育，指导 He ***instructed*** these young men in operating the complicated machine. 他教这些年轻人操作这台复杂的机器。

搭 instruct sb. to do sth. 指示某人做某事 // instruct sb. in (doing) sth. 教某人(做)某事

派 **instructive** ***a.*** 有启发性的 // **instructor** ***n.*** 教师，指导者

coach /kəʊtʃ/

n. ①教练 a basketball ***coach*** 一位篮球教练
②长途公共汽车；旅客车厢 air-conditioned ***coach*** 空调客车

vt. 训练，指导，辅导 Nigel ***coaches*** a cricket team in his spare time. 奈杰尔业余时间担任一个板球队的教练。

词源 源自中世纪法语词 coche，指"四轮马车"。火车、汽车出现后，该词又指"(铁路上的)客车、长途公共汽车"。从前马车是最快的；而私人教师可以帮助学生快速进步，因此该词喻指"私人教师、教练"。

tutor /'tjuːtə/

n. ①导师 My ***tutor*** guided me in my choices. 我的导师指导我(对选修课)的选择。
②家庭教师 Being a ***tutor*** is a part time job for many university students. 当家庭教师是许多大学生的兼职工作。

vt. 当家庭教师；教授；辅导 He ***tutored*** the child in mathematics. 他教孩子数学。

tutorial /tjuː'tɔːrɪəl/

n. 导师辅导课(时间) a psychology ***tutorial*** 心理学辅导课

a. 辅导的，导师的，助教的；家庭教师的 ***tutorial*** staff 辅导人员 // ***tutorial*** supervision 老师的教授指导

enlighten /ɪn'laɪtən/

【助记】en(使)+light(光)+en→使看到光明→启发

vt. 启发；教导，指导；阐明 TV programs should ***enlighten*** the audience as well as entertain them. 电视节目既要娱乐观众也要使他们得到启发。

distort /dɪ'stɔːt/

【助记】dis(apart)+tort(扭曲)→曲解

vt. ①歪曲，曲解 Stop *distorting* what I said. 不要曲解我的话。

②使变形 Arthritis has *distorted* her fingers. 关节炎使她手指变形了。

vi. 变形 Metal *distorts* under stress. 金属在压力作用下变形。

派 distortion *n.* 歪曲；变形；失真；反常

mislead /ˌmɪs'liːd/

【助记】mis(bad)+lead(引导)→误导

vt. ①给……错误印象，使误解 Tony *misled* her into believing he was rich. 托尼使她误以为他很富有。

②把……带错路 We were *misled* by the guide. 向导给我们引错了路。

③把……带坏 He was *misled* by his companions. 他被伙伴们带坏了。

搭 mislead sb. about... 使某人对……产生错误想法或印象 // mislead sb. into doing sth. 误导某人做某事

用 过去式、过去分词 misled。

revise /rɪ'vaɪz/

【助记】re(again)+vis(看)+e→再看一次→复习

v. ①修订 I'd like you to read my story once I've *revised* it. 我把故事修改完后，想请你看一遍。

②复习 She's *revising* her notes for the exams. 为了准备考试她正在复习笔记。// *revise* for the examination 温课迎考

派 revision *n.* 修订；修订稿；[英]复习

reverse /rɪ'vɜːs/

【助记】re(back)+verse(转)→倒转，使反向

v. ①撤销，推翻 The court of appeal *reversed* the original verdict and set the prisoner free. 上诉法院撤销了原判，释放了那个犯人。

②使颠倒(通常的次序) They *reversed* the normal order for the ceremony. 他们改变了仪式的常规顺序。

③使反向，使翻转 She *reversed* the paper in the printer. 她把打印机中的纸翻过来。

④反向，倒转 *Reverse* (the car) into/out of the parking space. 把车倒进/出停车场。

n. ①相反情况 I was not happy—quite the *reverse*, I was seething with anger. 我并不高兴，恰恰相反，我气极了。

②反面，背面 The coin has a crowned lion on its *reverse*. 硬币反面的图案是个戴皇冠的狮子。

③挫折【同 setback】meet with *reverses* 遭受挫折，吃败仗

a. 相反的 in *reverse* order 按相反顺序

派 reversal *n.* 倒转；挫折 // reversible *a.* 可反转的；可撤销的

conversely /kən'vɜːslɪ/

【助记】con(共同)+verse(转)+ly→共同转过身去→相反地

ad. 相反(地) American consumers prefer white eggs; *conversely*, British buyers like brown eggs. 美国人喜欢买白色鸡蛋；相反，英国人喜欢买褐色鸡蛋。

reveal /rɪ'viːl/

【助记】re(back)+veal(面纱)→退去面纱→揭露

vt. ①揭露 Should a doctor *reveal* to a cancer patient his condition? 医生应当向癌症病人透露病情吗？

②展现 The telescope *reveals* many distant stars to our sight. 望远镜把许多遥远的星球展现在我们的眼前。

雅思真题 Some digging around in historical records *revealed* that there was a change in the incidence of water-borne disease at that time, especially dysentery. 一些研究历史记录的人揭示，当时水源性疾病的发生率出现了改变，尤其是痢疾。

revelation /ˌrevə'leɪʃən/

n. 被揭示的真相；揭示 The *revelation* that the world is round once surprised people. 揭示出地球是圆的事实曾使人们大为惊讶。

uncover /ʌn'kʌvə/

【助记】un(not)+cover(掩盖)→不掩盖→揭露

vt. ①揭露，暴露 Customs officials *uncovered* a plot to smuggle weapons into the country. 海关官员发现了一个往国内走私武器的阴谋。

②揭开……的盖子 *Uncover* the bottle when you heat the milk in the microwave oven. 用微波炉加热牛奶时要把瓶盖打开。

disclose /dɪs'kləuz/

【助记】dis(not)+close(关闭)→不关闭→透露

vt. 泄露，透露 Most movie stars are not willing

to *disclose* their true age. 大多数电影明星不愿透露其真实年龄。

派 disclosure *n.* 揭发,透露

enclose /ɪn'kləʊz/

【助记】en(使)+close(关闭)→使成关闭状态→围住

vt. ①围住 The football field is *enclosed* by a wall. 足球场被一道墙围了起来。

②把……装入信封 Please return the completed form, *enclosing* a recent photograph. 请将填好的表格寄回,并附上近照一张。

派 enclosure *n.* 围场;附件

surround /sə'raʊnd/

【助记】sur(over)+round(圆)→围绕

vt. ①包围 We've got the place *surrounded*. Come out with your hands up. 这个地方已被我们包围了,举起手出来吧。

②环绕,围绕【同 encircle】The campus of Oxford University is not *surrounded* by walls. 牛津大学校园是没有围墙的。// Will found himself immediately *surrounded* by screaming fans. 威尔发现自己立即被尖叫的粉丝包围了。

用 surround 表示"环绕,围绕"时,往往用于被动语态。

surroundings /sə'raʊndɪŋz/

【助记】sur(over)+round(圆)+ing→周围的事物→环境

n. 环境 The two brothers grew up in beautiful *surroundings* but not in a pleasant home environment. 兄弟俩在优美的环境中长大,但家庭环境不算好。

> 【辨析】表示"环境"的名词
>
> environment:既可指自然环境,又可指影响人或事发展的外部因素、社会和家庭环境等
>
> surroundings:仅指周围事物(某地或某人周围的事物、自然环境),外延较小

neighbo(u)rhood /'neɪbəhʊd/

【助记】neighbour(邻居)+hood(表状态)→四邻

n. ①四邻 The noise upset the entire *neighborhood*. 噪声闹得整个街坊四邻心烦意乱。

②邻近地区 He had committed several robberies in the *neighborhood*. 他已在附近犯下了好几起抢劫案。

搭 in the neighborhood of 在……附近,大约 No one lived *in the neighborhood of* this chemical plant. 没有人居住在这家化工厂的附近。

adjoin /ə'dʒɔɪn/

【助记】ad(to)+join(连接)→毗连

vt. 与……毗连 A vacant plot of land *adjoins* my house. 我的房子旁边就是一片空地。

plot /plɒt/

n. ①故事情节 I was captured by the complicated *plot* in *Infernal Affairs*. 我被电影《无间道》的复杂情节吸引住了。

②密谋【同 scheme】The *plot* was discovered before it was carried out. 那个阴谋还没有得以实施便被识破了。

③小块地皮 I grow potatoes on my little *plot* of land. 我在自己的一小块地上种土豆。

vt. ①密谋 We spent all week *plotting* our revenge. 我们花了整整一个星期策划报复行动。

②绘制……的平面图 The doctor was *plotting* a temperature curve for the patient. 医生正在为病人绘制体温曲线图。

vi. 密谋 *plot* with sb. to do sth. 与某人密谋做某事

impart /ɪm'pɑːt/

【助记】im(向内)+part(部分)→告知内部消息→透露

vt. ①告知,透露 Women tend to *impart* their secrets to their intimate friends. 女人往往喜欢把秘密向她们的闺中密友吐露。

②赋予,给予 The red curtain *imparts* a certain elegance to the room. 红色的窗帘使房间平添几分雅致。

> **雅思真题** This suggests that for very young children, as well as for older people, navigating a multilingual environment *imparts* advantages that transfer far beyond language. 这表明,对很年幼的小孩来说,和年龄更大的人一样,在多语言的环境中成长赋予他们的优势远远不止语言本身。

assert /ə'sɜːt/

vt. ①肯定地说,断言 Copernicus *asserted* before the church that there was nothing wrong with his theory. 在教会面前,哥白尼坚称他的理论没错。

②维护,坚持 *assert* one's rights/independence 坚持自己的权利/独立性

搭 assert oneself 坚持自己的权利(或意见)You need to *assert yourself* in the meeting. 你在

会上要坚持自己的想法。

派 **assertion** *n.* 断言;坚持(意见等)

certainty /'sɜːtəntɪ/

n. ①必然的事 a dead *certainty* 势所必然

②确信 I can say with *certainty* that he is right. 我可以肯定地说他是对的。

派 **uncertainty** *n.* 不确定,无常

ascertain /ˌæsə'teɪn/

【助记】as+cert(确定)+ain→使自己确信→查明

vt. 查明【同 find out】The detective is trying to *ascertain* the truth. 那位侦探正在努力查出事情的真相。

certify /'sɜːtɪfaɪ/

【助记】cert(确定)+i+fy(使)→证明

vt. ①证明 This butter is *certified* Grade A and is certainly of the best quality. 这种黄油被验证为A级,当然是质量最好的。

②发证书给 Nancy was *certified* as a teacher in 2005. 2005年南希被授予教师资格证书。

搭 certified accountant/architect 注册会计师/建筑师

clarify /'klærɪfaɪ/

【助记】clari(清楚)+fy(使……)→阐明

vt. 阐明 The government has time and again *clarified* its position on equal pay for women. 政府已经反复阐明其对男女同工同酬的立场。

clarity /'klærɪtɪ/

【助记】clari(清楚)+ty(名词后缀)→清楚

n. 清楚;清晰(度) I'm greatly impressed by the *clarity* of the sea water in Hainan. 海南清澈的海水给我留下了深刻的印象。

搭 clarity of thinking 思路清楚 // sound clarity 声音清晰度 // transparency clarity 透明度

statement /'steɪtmənt/

【助记】state(声明)+ment→声明,陈述

n. ①声明 The police have issued a *statement* urging the public to cooperate in this inquiry. 警方发表声明,要求公众对这项调查给予合作。

②结算单 Credit card users will receive a monthly *statement* from the bank. 信用卡用户每月都会收到银行的结算单。

派 **understatement** *n.* 保守的陈述

academy /ə'kædəmɪ/

n. ①研究院 *Academy* of Traditional Chinese Medicine 中医研究院

②专门学校 a naval/military *academy* 海军/陆军军官学校

> **词源** 传说希腊神话中有位英雄叫Akademos,住在雅典城郊的一片小树林里。后来哲学家柏拉图在这片林园里创办了一所学校,就根据Akademos的名字把学校命名为Akademeia,后来词形演变为academy。

academic /ˌækə'demɪk/

a. ①学院的 *academic* year 学年

②学术的 *academic* research 学术研究

③纯理论的 an *academic* question 纯理论问题

n. 大学教师;学者 An American *academic* was expelled from the country yesterday. 昨天一位美国学者被逐出该国。

genius /'dʒiːnɪəs/

n. 天才 Mozart was a *genius* at music. 莫扎特是个音乐天才。

> **【辨析】表示"天赋"、"才能"的名词**
>
> genius:程度最高,指最全面的天才,也可指有天才的人
>
> gift:侧重"天赋"
>
> talent:侧重"才能"

雅思真题 The most extraordinary thing about language, however, is that one doesn't have to be a *genius* to set its wheels in motion. 然而,语言最非比寻常之处在于,任何人不必是个天才就可以运用语言。

talent /'tælənt/

n. ①才能,天资 Mozart possessed a remarkable *talent* for music. 莫扎特具有非凡的音乐才能。

②人才 The company makes good use of its *talent*. 该公司很好地发挥了内部人才的作用。

派 **talented** *a.* 有才干的,天才的

scholar /ˈskɒlə/

n. ①学者 ***Scholars*** have different opinions on how to learn a foreign language well. 关于如何学好一门外语，学者们持不同观点。

②奖学金获得者 As a ***scholar*** you will not have to pay college fees. 作为奖学金获得者，你不必付大学的费用。

派 **scholarly** ***a.*** 学者风度的

scholarship /ˈskɒləʃɪp/

n. ①奖学金 For a few, ***scholarships*** were sources of support. 对少数人来说，奖学金是他们受教育的学费来源。

②学问；学术研究 Her book is a fine piece of ***scholarship***. 她写的那本书是一部卓越的学术著作。

intellectual /ˌɪntɪˈlektʃuəl/

a. 智力的 To protect ***intellectual*** property rights, we should ruthlessly crack down on piracy. 要保护知识产权，我们必须严厉打击盗版。

n. 知识分子 These views were common among ***intellectuals***. 这些观点在知识分子中很普通。

institute /ˈɪnstɪtjuːt/

n. 学院 Massachusetts ***Institute*** of Technology in the US is one of the top universities in the world. 美国的麻省理工学院是世界顶级大学之一。

vt. 建立 The manager ***institutes*** a reform against bureaucracy in the company. 经理推行改革以消除公司内的官僚作风。

institution /ˌɪnstɪˈtjuːʃən/

n. ①社会公共机构 I haven't decided which educational ***institutions*** to apply for. 我还没有决定向哪所大学提交申请。

②制度，习俗 Marriage became an ***institution*** in ancient societies. 婚姻在古代社会就已经成为一种制度。

③设立，创立 The ***institution*** of laws is critical to the stability of a society. 法律的制订对于社会的稳定很关键。

派 **institutional** ***a.*** 由来已久的；公共机构的 // **institutionalize** ***vt.*** 使制度化，使为文化或社会所认可

staff /stɑːf/

n. 全体人员 the medical ***staff*** 全体医务人员

vt. 为……配备(人员) The refugee centre is ***staffed*** mainly by volunteers. 难民中心主要由志愿人员提供服务。

faculty /ˈfækəltɪ/

n. ①能力 He has a great ***faculty*** of speech. 他极具演说的才能。

②系，学院【同 department】 a ***faculty*** of arts 文学院

③全体教员 There was a mixed reaction to the proposal among the ***faculty***. 教师们对这项建议的反应不一。

crew /kruː/

n. ①全体机务人员 All passengers and ***crew*** (members) perished in the Russian TU-154 plane crash. 所有乘客和机务人员在俄罗斯的TU-154飞机失事中丧生。

②一队工作人员 Columbus and his ***crew*** set out from Europe in 1492. 哥伦布和他的船员在1492年从欧洲起航。

specialize/-ise /ˈspeʃəlaɪz/

【助记】special(专门的)+ize→专攻

vi. 专攻 The doctor ***specializes*** in children's illnesses. 该医生专门研究儿科疾病。

specialist /ˈspeʃəlɪst/

n. 专家 The book is written by Peter, a noted ***specialist*** in the field. 这本书是由该领域的知名专家彼得撰写的。

specialty/speciality /ˈspeʃəltɪ; ˌspeʃɪˈælɪtɪ/

n. ①特产 Hami melon is a ***specialty*** in Xinjiang. 哈密瓜是新疆的特产。

②专业，专长 His academic ***speciality*** is language history and change. 他研究的学术领域是语言史及其演变。

ceremony /ˈserɪmənɪ/

n. ①典礼 the opening ***ceremony*** 开幕典礼 // an inaugural ***ceremony*** 就职典礼

②礼节 The head of state was welcomed with full ***ceremony***. 人们以最高礼仪欢迎国家元首。

搭 degree/graduation ceremony 大学授予学位仪式/毕业典礼 // stand on ceremony 拘于形式；讲究客套(而不亲切) // with/without ceremony 正式，隆重/不拘礼节地，随便地

派 **ceremonial** *a.* 仪式上的 *n.* 仪式；典礼

annual /'ænjuəl/

【助记】ann(年)+ual→每年的

a. 每年的 What's your expected ***annual*** income? 你所期望的年收入是多少？

n. ①年报 The college ***annual*** is very popular among students. 这本大学年刊在学生中很流行。

②一年生的植物 Corn and beans are ***annuals***. 玉米和豆类都是一年生植物。

anniversary /ˌænɪ'vɜːsərɪ/

【助记】anni(年)+vers(转)+ary→每年轮转到的日子→周年纪念日

n. 周年纪念（日） Today marks the 10th ***anniversary*** of their marriage. 今天是他们结婚10周年纪念。

occasion /ə'keɪʒən/

n. ①时刻，场合 I can't recall the ***occasion***, but I've met him before. 我以前碰到过他，但记不起在哪个场合。

②合适的机会；有利的时机 She never found an ***occasion*** to suggest her ideas. 她找不到提意见的机会。

③起因 His remark was the ***occasion*** of a bitter quarrel. 他的话引起了一场激烈的争吵。

vt. 引起 Her conduct ***occasions*** me great anxiety. 她的行为使我非常担心。

搭 on occasion(s) 有时，间或

occasional /ə'keɪʒənəl/

a. 偶尔的【反 frequent】 Do you pay ***occasional*** visits to your friends and relatives? 你会偶尔探访一下亲友吗？

frequency /'friːkwənsɪ/

n. ①频率 Fatal accidents have decreased in ***frequency*** over recent years. 近年来，死亡事故发生的频率已经下降。

②频繁 Parkinson's disease occurs with increasing ***frequency*** in older people. 帕金森氏病在老人身上发生更为频繁。

frequently /'friːkwəntlɪ/

ad. 频繁地 Stir the sauce ***frequently*** to avoid burning. 经常搅动调味汁以免烧糊。

occurrence /ə'kʌrəns/

【助记】occur(*v.* 发生)的名词

n. ①发生的事情 Traffic jams are an everyday ***occurrence*** in the city. 交通阻塞在城市里是每天都发生的事。

②发生 Stealing is of rare ***occurrence*** in this area. 盗窃在这个地区很少发生。

recur /rɪ'kɜː/

【助记】re(again)+cur(流动)→再次流动→重现

vi. 再发生，重现 Old memories constantly ***recurred*** to me. 往事经常浮现在我的脑海里。

issue /'ɪʃuː/

n. ①问题 The economist will address the economic ***issues***. 那位经济学家将就经济问题发言。

②发行；分发 an ***issue*** of a newspaper 一种报纸的发行

③流出 an ***issue*** of blood 流血

vt. ①颁布；发出(命令警告等) The police have ***issued*** an appeal for witnesses. 警方发出了寻找目击证人的呼吁。

②发行，出版 Christmas stamps are to be ***issued*** in November. 圣诞节纪念邮票将于11月发行。

③分发 The school ***issued*** uniforms to the students. 该校发给学生统一的制服。

vi. 流出 Blood ***issued*** from the cut. 血从伤口流出。

雅思真题 But migration is a complex ***issue***, and biologists define it differently, depending in part on what sorts of animals they study. 但迁徙是个极其复杂的问题，生物学家对它的定义也各有不同，在某种程度上取决于他们研究的是何种动物。

【辨析】表示"问题"的名词

issue：指意见不能达成一致的问题，着重分歧和争端

matter：一般用词，指要考虑或要做的事情

question：多指提出并等待回答的问题，也指有待讨论或解决的问题

incident /'ɪnsɪdənt/

n. ①发生的事 trivial ***incident*** 小事

②**事件，事变** The Xi'an *Incident* was a very important turning point in China's modern history. 西安事变是中国近代史上的一个很重要的转折点。

搭 without incident 平安无事地

accidental /ˌæksɪ'dentəl/

【助记】accident(*n.* 事故)的形容词

a. **意外的** Their *accidental* meeting led to a renewal of their acquaintance. 偶然的相遇使他们再续前缘。

incidentally /ˌɪnsɪ'dentəlɪ/

【助记】incidental(偶然的)+ly→顺便提一句

ad. **顺便提一句** *Incidentally*, your proposal will be open to the discussion at the meeting. 顺便提一句，你的建议将在会议上进行讨论。

stem /stem/

n. ①**茎** Don't eat the *stem* of a mushroom. 不要吃蘑菇的梗。

②**词干** "Uni-" is the *stem* of "unity". Uni-是unity的词干。

vi. (~*from*)**起源于** Correct decisions *stem from* correct judgments. 正确的决定来源于正确的判断。

vt. **堵住，止住** The policeman, injured in the gunfire, used a rag to *stem* the bleeding. 枪战中受伤的警察用一块布片来止血。

underline /ˌʌndə'laɪn/

【助记】under(在……下面)+line(线)→在……下面画线来"强调"

vt. ①**在……下面画线** When you are reading, *underline* the important points. 阅读时，把要点画出来。

②**强调** The crisis *underlines* the embarrassing problem the government faces. 这场危机使政府面临的问题更为突出。

underlying /ˌʌndə'laɪɪŋ/

【助记】under(在……下面)+lying(躺着的)→在下面躺着的→潜在的

a. **含蓄的，潜在的** It's the economist's mission to try to find out the *underlying* causes of the depression. 努力探索出造成经济衰退的潜在原因是经济学家的任务。

underlie /ˌʌndə'laɪ/

【助记】under(在……下)+lie(位于)→构成……的基础

vt. **构成……的基础(或起因)** The social problems *underlying* these crises remain unsolved. 引起这些危机的社会问题尚未解决。

vulgar /'vʌlgə/

a. **粗野的；粗俗的** Putting food into one's mouth with a knife is considered a *vulgar* act in England. 按英国规矩，用餐刀将食物送入口中算是失仪。

coarse /kɔːs/

a. ①**粗糙的**【同 rough】His skin was *coarse* from years of working outdoors. 由于常年在户外工作，他的皮肤很粗糙。

②**粗劣的** A stand-up comedian is performing a *coarse* imitation of President Bush. 一位滑稽说笑的喜剧演员正粗劣地模仿布什总统。

③**粗俗的**【同 vulgar】*coarse* jokes 粗俗的笑话

dislike /dɪs'laɪk/

vt. **不喜爱** Some people *dislike* big cities, while some *dislike* small towns. 有些人不喜欢大城市，而有些人不喜欢小城镇。

n. **不喜爱** I felt a strong *dislike* of the new teacher. 我感到很不喜欢这个新教员。

用 dislike 表示"不喜欢"，后面跟名词或动名词。

【一言辨异】dislike, unlike

Unlike Tom, his brother *dislikes* keeping his success a low profile. 与汤姆不同，他哥哥不喜欢对自己的成功保持低调。

disgust /dɪs'gʌst/

【助记】dis(not)+gust(味道)→不喜欢这个味道→厌恶

vt. **使厌恶** This smell *disgusts* me. 这气味使我作呕。// She was completely *disgusted* by the way he behaved. 他的一举一动让她厌恶至极。

n. **厌恶，反感** The smell of durian filled her with *disgust*. 榴莲的味道使她感到恶心。

用 disgust 表"使厌恶"时，常用于 sth. disgust sb.的结构，而 dislike 常用于 sb. dislike sth.的结构。

派 **disgusting** *a.* 令人作呕的

highlight /'haɪlaɪt/

【助记】high(高的)+light(发光)→高处发光→突出

vt. **突出(显示)，强调**【同 underline】Growing social problems were ***highlighted*** by these events. 这些事件越发突出了日益激化的社会问题。

n. 最精彩的部分 That weekend in Venice was definitely the ***highlight*** of our trip. 在威尼斯度过的那个周末无疑是我们这次旅行最愉快的时光。

activate /ˈæktɪveɪt/

【助记】activ(e)(活动的)+ate(使)→使活动

vt. 使活动起来 The burglar alarm is ***activated*** by movement. 这防盗警报器一动就会响。

派 activist ***n.*** 积极分子

passive /ˈpæsɪv/

a. 被动的，消极的【反 active】They accepted their defeat with ***passive*** resignation. 他们以无可奈何的消极心态接受了失败。

upgrade /ʌpˈɡreɪd/

【助记】up(向上)+grade(等级)→升级

vt. 提升，使升级 Israel makes every means to ***upgrade*** its military defenses. 以色列千方百计地提升其军事防务水平。// There were no seats left in economy so we were ***upgraded*** to business class. 由于经济舱没有座位了，我们的机位被升至商务舱。

n. 向上的斜坡 Soon the truck come into sight around a bend and on an ***upgrade***. 不一会卡车就出现在一个拐弯和上坡处。

alleviate /əˈliːvɪeɪt/

【助记】al(to)+levi(轻)+ate(使)→减轻

vt. 缓解【同 relieve, ease】The new medicine can ***alleviate*** the cancer patients' suffering. 这种新药可以缓解癌症病人的痛苦。

deteriorate /dɪˈtɪərɪəreɪt/

【助记】deter(坏)+ior(表比较级)+ate(使)→恶化

vi. 恶化，变坏 Relations between the two countries have ***deteriorated*** sharply. 那两个国家间的关系严重恶化了。

degenerate /dɪˈdʒenəreɪt/ *vi.* /dɪˈdʒenərɪt/ *a./n.*

【助记】de(down)+gener(种族)+ate→种族一代不如一代→衰退

vi. 衰退，堕落 Her health ***degenerated*** as the days went by. 她的健康状况日渐恶化。// He denied that some young people today were ***degenerating***. 他否认现在某些青年在堕落。

a. 衰退的，堕落的 a ***degenerate*** species 退化的物种

n. 堕落者 They're just moral ***degenerates*** with no sense of decency. 他们这些人道德败坏，毫出廉耻之心。

conscience /ˈkɒnʃəns/

【助记】con(with)+science(知道)→有良知→良心

n. 良心 A clear ***conscience*** laughs at false accusations. 只要问心无愧，旁人的指责可以一笑置之。

搭 in (good/all) conscience 凭良心，公平地 // on one's conscience 引起某人悔恨(或内疚)的 If anything happens to her I'll always have it ***on my conscience***. 如果她出了什么问题，我将永远受到良心的谴责。

extinct /ɪkˈstɪŋkt/

a. ①灭绝的 Dinosaurs have been ***extinct*** for millions of years. 恐龙已经灭绝几百万年了。

②不再活跃的，已废弃的 an ***extinct*** volcano 死火山

雅思真题 Archaeological finds of nuts from the ***extinct*** Easter Island palm show tiny grooves, made by the teeth of Polynesian rats. 复活节岛的棕榈树已经灭绝，考古学家发现这些树的坚果，坚果上有微小的凹槽，这是波利尼西亚鼠咬过的痕迹。

派 extinction ***n.*** 熄灭；绝种

species /ˈspiːʃiːz/

n. 种，类 *The Origin of Species* was one of the most important books published during the 19th century. 《物种起源》是19世纪出版的最重要的著作之一。

creature /ˈkriːtʃə/

n. ①生物，人 Worms are very simple ***creatures***. 蠕虫是很简单的生物。

②产物 Fantasies are ***creatures*** of imagination. 幻想小说是想象的产物。

community /kəˈmjuːnɪtɪ/

n. ①社区 The local ***community*** is still reliant on traditional industries. 当地社区仍然依赖传统产业。

②团体 He refuses to join any ***community***. 他不参加任何团体。

③(动植物的)群落 biological ***community*** 生物群落

同义替换练习

1. He won his <u>reputation</u> after writing an article criticizing the Greek poet.
   A. faith　B. status　C. fame　D. courage
2. The author of the report is well <u>familiar</u> with the problems in the hospital because she has been working there for many years.
   A. informed　B. acquainted　C. enlightened　D. acknowledged
3. My students found the book <u>instructive</u>: it provided them with an abundance of information on the subject.
   A. enlightening　B. confusing　C. distracting　D. amusing
4. I hate people who <u>disclose</u> the end of a film that you haven't seen before.
   A. reveal　B. rewrite　C. revise　D. reverse
5. We shall probably never be able to <u>find out</u> the exact nature of these sub-atomic particles.
   A. assert　B. impart　C. ascertain　D. notify
6. High grades are supposed to <u>certify</u> academic ability, but John's actual performance did not confirm this.
   A. prove　B. clarify　C. impart　D. notify
7. I must leave now. <u>By the way</u>, if you want that book I'll bring it next time.
   A. Accidentally　B. Incidentally　C. Eventually　D. Naturally
8. Franklin D. Roosevelt argued that the depression stemmed from the American economy's <u>fundamental and hidden</u> flaws.
   A. underlining　B. vulnerable　C. vulgar　D. underlying
9. Lighting can be used not only to create an atmosphere, but also to <u>highlight</u> features of the house, such as ornaments or pictures.
   A. emphasize　B. clarify　C. activate　D. upgrade
10. The medicine <u>eased</u> his pain but did not cure his illness.
    A. activated　B. alleviated　C. medicated　D. deteriorated
11. If nothing is done to protect the environment, millions of species that are alive today will have become <u>nonexistent</u>.
    A. disgusting　B. vulgar　C. passive　D. extinct

答案与译文

1. [C] 他写了一篇文章批评这位希腊诗人，然后赢得了声誉。
2. [B] 该报告的作者十分熟悉这个医院的问题，因为她已经在那儿工作很多年了。
3. [A] 我的学生们发现这本书很有启发性，因为此书给学生提供了有关这个主题的大量信息。
4. [A] 我讨厌那些在你还没有看一部新电影之前，就把电影的结局说出来的人。
5. [C] 我们也许永远也不能探知这些亚原子粒子精确的本性。
6. [A] 高分应该是学术能力的证明，但约翰的实际表现并没证实这一点。
7. [B] 我该走了。顺便提一句，如果你要那本书，我下次带来。
8. [D] 富兰克林·罗斯福认为经济萧条的根源是美国经济内在的缺陷。
9. [A] 灯光不仅可用来创造气氛，还可以用来使屋里诸如装饰品或画之类的特点得到强化。
10. [B] 这种药缓解了他的疼痛，但没有治愈他的疾病。
11. [D] 如果不采取措施保护环境，目前尚存的几百万物种将有可能灭绝。

Lesson 12

词根词缀表

volve, volut 滚,卷	evolve v. 进化	per- 透过;彻底地	perpetual a. 永恒的
serv 服务;保存	reserve vt. 保留	lust(r) 明亮的	illustrate vt. 说明
dur 持续	durable a. 持久的	syn- 一起	syndrome n. 综合病症
tain, ten 拿住,保持	retain vt. 保持	termin 边界	terminal n. 终点(站)
strain 拉紧	restrain vt. 抑制	cite 呼叫	recite v. 背诵
und 汹涌	abundant a. 大量的	en-, em- 在~内;使~	embody vt. 使具体化

evolve /ɪˈvɒlv/

【助记】e(out)+volve(滚,卷)→演变

v. (使)演变,(使)进化,(使)发展 Language is constantly and gradually ***evolving***. 语言在不断地缓慢发展。// ***evolve*** a new management style 形成新的管理风格

搭 evolve from/out of... 从……逐渐形成、发展而来 // evolve into... 发展成……,进化成……

evolution /ˌiːvəˈluːʃən/

n. 演变,进化,发展 The space program is the ***evolution*** of years of research. 太空计划是多年研究发展的结果。

派 **evolutionary** *a.* 进化的,演变的

> 雅思真题 ***Evolution*** isn't supposed to run backwards—yet an increasing number of examples show that it does and that it can sometimes represent the future of a species. 进化不应该是向后退的,然而,越来越多的例子显示:它确实会后退,而且有时候这还代表着一个物种的未来。

reserve /rɪˈzɜːv/

【助记】re(back)+serv(保存)+e→保留

vt. ①保留,留存 The seats are ***reserved*** for the elderly and disabled. 这些座位是留给老人和残疾人坐的。

②预订 I have ***reserved*** a room for you at the hotel. 我已在旅馆为你预订了个房间。

n. ①储备(物) The army should be equipped with sufficient war ***reserves***. 军队应该得到充足的军需储备品。

②保留,矜持,寡言 His detached characteristic detachment and ***reserve*** made it difficult to guess his thoughts. 他一贯的超然和寡言使人难以猜测他的心思。

③替补队员 The women's team consists of three competitors plus one ***reserve***. 女队由三名运动员和一名替补队员组成。

④自然保护区 a nature/game ***reserve*** 自然保护区/禁猎区

搭 reserve sth. for... 替……保留某物,留某物作……之用

reservation /ˌrezəˈveɪʃən/

n. ①预订 Customers are advised to make seat ***reservations*** well in advance. 建议顾客提前订好座位。

②保留 Some members of the committee expressed ***reservations*** about the proposal. 委员会一些成员对这项提议持保留态度。

③居留地 the ***reservation*** for the American Indians 美国印第安人的居留地

搭 make/hold reservations in the name of... 以……的名义预订 // make reservations 订座,订房间;附保留条件 // with reservations 有保留地 // without reservation 坦白地;无条件地;无保留地 // with reservation of sth. 除某物之外,以某物为保留条件

booking /ˈbʊkɪŋ/

n. 预定,预约【同 reservation】I made the ***booking*** two months ago. 我两个月前就预订了。

搭 make a booking 预定 // advance booking 提

前预定 // confirm/cancel a booking 确认/取消预定

preserve /prɪˈzɜːv/

【助记】pre(before)+serv(保存)+e→保存

vt. ①保护，保存 We must ***preserve*** our natural resources. 我们必须保护自然资源。

②维持，保持 The lady had managed to ***preserve*** her good looks. 这位女士设法保持了自己姣好的面容。

③腌制 You can ***preserve*** meat or fish in salt, but I prefer fresh meat to ***preserved*** meat. 你可以用盐保存肉或鱼，但我喜欢新鲜肉胜过腌制的肉。

派 **preservation** ***n.*** 保存；保护

wildlife /ˈwaɪldlaɪf/

【助记】wide(野生的)+life→野生动物

n. 野生动植物 Development of the area would endanger ***wildlife***. 开发这一地区将会危及到野生生物。

sustain /səˈsteɪn/

【助记】sus+tain(保持)→保持

vt. ①保持，维持 The teacher tried hard to ***sustain*** the children's interest. 老师努力去保持孩子们的兴趣。

②供养，维持(生命等) He had to ***sustain*** a whole family. 他不得不养活一大家子。

③支撑，承受 The ice will not ***sustain*** your weight. 这冰承受不了你的体重。

④经受，遭受【同 suffer】***sustain*** losses 蒙受损失 // ***sustain*** a defeat/an injury 遭受挫败/伤害

派 **sustainable** ***a.*** 可维持的，可忍受的

durable /ˈdjuərəbl/

【助记】dur(持续)+able(可……的)→持久的

a. 耐用的，持久的 The shoes of this brand are made of ***durable*** material. 这个牌子的鞋子是用耐用的材料做成的。// ***durable*** goods 耐用品 // ***durable*** friendship 持久的友谊

endure /ɪnˈdjuə/

v. ①忍耐；忍受【同 stand】Is it true that women's ability to ***endure*** pain is better than men's? 女人忍受痛苦的能力比男人强，这是真的吗？ // ***endure*** cold/heat 耐寒/耐热

②持久 They vowed that their love would ***endure*** for ever. 他们信誓旦旦，要让他们的爱情地久天长。// ***enduring*** peace/influence 持久的和平/深远的影响

用 endure (*v.* 忍受) + { sth. / to do sth. / doing sth. }

派 **endurable** ***a.*** 可忍耐的

endurance /ɪnˈdjuərəns/

n. 忍耐力，耐久 Long distance runners need great ***endurance***. 长跑运动员需要有很大的耐力。

搭 beyond/past endurance 忍不住，忍无可忍 // come to the end of one's endurance 已不能再忍受，忍无可忍

maintain /meɪnˈteɪn/

vt. ①维持 We need to do adequate exercises to ***maintain*** our health. 为了保持健康，我们要适当运动。

②维修 They also help us to ***maintain*** the machinery. 他们还帮助我们维修机器。

③坚持，主张【同 claim】She ***maintains*** that the accusation is groundless. 她坚持该指控是毫无根据的。

④赡养【同 provide for】He has worked hard to ***maintain*** his family. 他努力工作来养家。

> **雅思真题** So rather than ***maintaining*** the now redundant leaves throughout the winter, the tree saves its precious resources and discards them. 因此在整个冬季，树木不再维持当前冗余无用的叶子，而是储存起自身宝贵的能量，抛弃叶子。

maintenance /ˈmeɪntənəns/

n. ①维修 There are thorough ***maintenance*** checks on each passenger plane before take-off. 每架客机起飞前都要经过彻底维修。

②扶养费 The major problem is the ***maintenance*** of the child. 主要的问题是孩子的抚养费。

③维持 The ***maintenance*** of law and order is of vital importance. 法律与秩序的维持是至关重要的。

retain /rɪˈteɪn/

【助记】re(back)+tain(拿住)→保持

vt. 保持 This small village still ***retains*** its old-world character. 这个小村庄仍然保持着古朴的特色。

派 **retention** ***n.*** 保持

folk /fəʊk/

n. ①[*pl.*]亲属，父母 How are your ***folks***? 你家里人好吗？

②人们 ***Folks*** around here will always lend a hand if you need it. 如果你需要，这周围的人总会帮你一把。

③[*pl.*]大伙儿，各位 That's all for now, ***folks***. 到此为止，各位。

a. 民间的 ***folk*** culture/art 民间文化/民间艺术

culture /ˈkʌltʃə/

n. ①文化 Universities should be centers of ***culture***. 大学应该是文化的中心。

②教养 a man of great ***culture*** 很有修养的人

③培养，培植；培养菌 The ***culture*** of pearls is the mainstay of this county. 珍珠养殖是该县的主要经济支柱。

派 **cultural** ***a.*** 文化的

suppress /səˈpres/

【助记】sup(under)+press(压)→压下去→镇压

vt. ①镇压 The demonstration was ***suppressed*** by the police. 游行示威遭到警方镇压。

②禁止发表；查禁 The local authority ***suppressed*** the newspaper. 当局查禁了这家报纸。

③抑制(感情等)，忍住 He could scarcely ***suppress*** a laugh. 他忍不住要笑出声来。

④阻止……的生长(或发展) The virus ***suppresses*** the body's immune system. 该病毒能抑制身体的免疫系统。

派 **suppression** ***n.*** 制止；镇压；查禁

refrain /rɪˈfreɪn/

vi. (~***from***)抑制，克制 They appealed to the protesters to ***refrain from*** violence. 他们呼吁抗议者们不要采取暴力行动。

n. (诗歌的)叠句，副歌；老调，一再重复的话 "Every vote counts" is a familiar ***refrain*** in politics. "每一票都重要"是政治上的老生常谈。

restrain /rɪˈstreɪn/

【助记】re(back)+strain(拉紧)→拉回来→抑制

vt. ①阻止 The police had difficulty in ***restraining*** the crowd from rushing on to the pitch. 警方难以阻止人群涌入球场。

②抑制，遏制 I can't ***restrain*** my anger when I hear of people being cruel to animals. 当听到有人残酷地对待动物的时候，我就抑制不住愤怒。

派 **self-restrained** ***a.*** 自我克制的 // **restraint** ***n.*** 抑制，限制；约束措施

source /sɔːs/

n. ①源(泉)，发源地 the ***sources*** of the Nile 尼罗河的发源地

②来源 Milk is a very good ***source*** of calcium. 牛奶里含有丰富的钙。

③根源 We've found the ***source*** of the trouble—a faulty connection. 我们已找出故障的原因——有一个接头接错了。

④出处 When writing an academic article, always list your ***sources***. 写学术论文时，一定要列出资料来源。

resource /rɪˈsɔːs/

【助记】re(again)+source(源泉)→可一再利用的源泉→资源

n. ①[*pl.*]资源，财力 natural/mineral ***resources*** 自然/矿产资源 // The Department of Human ***Resources*** is an important department in many big companies. 人力资源部是许多大公司的一个重要部门。

②应付办法 We had no other ***resource*** but to wait and see. 我们除了观望之外没有其他办法。

搭 a man of resource 足智多谋的人 // as a last resource 作为最后一招

派 **resourceful** ***a.*** 资源丰富的；机敏的

storage /ˈstɔːrɪdʒ/

【助记】store(*v.* 储存)的名词

n. 贮藏；存储 The fish should be kept in cold ***storage***. 那些鱼应冷藏起来。// ***storage*** space 储存空间

abundant /əˈbʌndənt/

【助记】ab(away)+und(涌上来)+ant→东西多溢出来→大量的

a. 大量的，丰富的【同 plentiful】【反 scarce】We have ***abundant*** proof of his innocence. 我们有充分的证据证明他是无辜的。// The country is *abundant* in natural resources. 该国自然资源丰富。

搭 be abundant in sth. 盛产某物,某物很丰富

abundance /əˈbʌndəns/

n. 丰富【反 shortage】There was an *abundance* of good food at the party. 宴会上有丰美的食物。

搭 in abundance 充足, 丰富 // an abundance of 大量的,许多的

abound /əˈbaʊnd/

vi. (*~in, with*)充满,富于;大量存在 Oranges *abound* here all the year round. 这里一年到头都有很多橙子。// The country *abounds in* valuable minerals. 这个国家蕴藏的重要矿物非常丰富。

constrain /kənˈstreɪn/

【助记】con(一起)+strain(拉紧)→限制

vt. ①限制,约束 Nowadays many species of wild animals are bound and *constrained* in the zoo. 如今,很多野生动物都被关在动物园的兽笼里。

②强迫,迫使 The evidence was so compelling that he felt *constrained* to accept it. 证据令人信服,他被迫接受。

派 constraint *n.* 限制,约束;局限

detain /dɪˈteɪn/

【助记】de(away)+tain(保持)→保持隔离→拘留

vt. ①拘留 The police *detained* the man to make further inquiries. 警方拘留了那个人,以便进一步查问。

②留住,耽搁 be *detained* by business 因公滞留

trial /ˈtraɪəl/

n. ①审判 on *trial* 在受审讯中

②试用,试验 You can put the car through safety *trials* before you decide to buy it. 在决定买这部车之前你可以对车进行安全性能试验。

③讨厌的人(或事物) That child of his is a great *trial*. 他那个孩子真叫人受不了。

搭 by trial and error 反复试验, 不断摸索 You'll find out *by trial and error* which flowers grow best. 你通过反复试验就会发现哪些花长得最好。

chase /tʃeɪs/

v. ①追捕, 追逐 Stop *chasing* your brother! 别追你弟弟了! // Our dog often *chases* after birds. 我们的狗经常追逐禽鸟。

②追求 The team are *chasing* their first home win this season. 球队在追求本赛季首次主场胜利。// Kevin's been *chasing* Joan for months. 几个月来凯文一直在追求琼。

n. 追捕, 追逐 The exhausted hunter finally gave up the *chase*. 猎手筋疲力尽,最后放弃了追捕。// The movie began with a dramatic car *chase*. 影片是以一场激烈的汽车追逐开始的。

arrest /əˈrest/

【助记】ar(to)+rest(休息)→强制休息→逮捕

vt. ①逮捕 He was *arrested* for shooting on campus. 他因在校园开枪伤人而被逮捕。

②阻止 They failed to *arrest* the company's decline. 他们未能阻止公司的衰落。

③吸引 An unusual painting *arrested* his attention. 一幅异乎寻常的画引起了他的注意。

n. 逮捕 place/put sb. under *arrest* 逮捕某人

charge /tʃɑːdʒ/

v. ①索(价),收费 We won't *charge* you for delivery. 我们送货不收费。

②指控 He was *charged* with murder. 他被指控犯有谋杀罪。

③使充满 The room was *charged* with hatred. 这个房间里充满了敌意。

n. ①价钱,收费 admission *charges* 入场费

②指控 criminal *charges* 刑事指控

③指责, 谴责【同 allegation】She rejected the *charge* that the story was untrue. 她否认了说她编造事实的指责。

搭 be in charge of 负责, 主管 // take charge of 开始管理,接管 // charge (sb.)... (money) for sth. 要(某人)付……(钱)买某物 // charge sb. with sth. 以某事指控某人

gamble /ˈgæmbl/

【助记】gam(e)(游戏)+ble→"赌博"从游戏发展而来

v. ①(*~on*)赌博,赌 Their religion forbids them to drink or *gamble*. 他们的教规禁止饮酒和赌博。// *gamble on* the horses 赌马

②(*~on, in*)冒险 Peter *gambled* everything *on*

his new play being a hit. 彼得孤注一掷希望他的新戏会引起轰动。

n. ①**赌博** on the ***gamble*** 贪赌

②**投机,冒险** I took a calculated ***gamble*** and it paid off. 我进行了一次精心计划的冒险投机,结果成功了。

搭 take a gamble 冒风险 // gamble away 赌掉,输光

派 **gambler** ***n.*** 赌徒

bet /bet/

v. ①**打赌** I ***bet*** you £15 you won't chat her up. 我跟你赌15英镑,你肯定和她搭不上话。

②**确信** I can ***bet*** he won't come. 我可以肯定他是不会来的。

n. ①**打赌** win/lose a ***bet*** 赌赢/赌输

②**赌金** place a ***bet*** 下赌注

chronic /ˈkrɒnɪk/

a. ①**慢性的** He had a ***chronic*** cough. 他患了慢性咳嗽。

②**长久的** A ***chronic*** state of civil war has been preventing Afghanistan from developing its economy. 长期的内战使阿富汗根本无法发展自己的经济。

③**积习难改的** He is a ***chronic*** complainer. 他成天抱怨。

permanent /ˈpɜːmənənt/

【助记】per(through)+man(停留)+ent→一直停留在原处→永久的

a. **永久(性)的,固定的** We all hope for ***permanent*** peace. 大家都希望永久的和平。// ***permanent*** address 永久地址 // ***permanent*** job 固定职业

perpetual /pəˈpetʃuəl/

【助记】per(through)+pet(追寻)+ual→一直追寻下去→永恒的

a. ①**永恒的** Do you believe in ***perpetual*** love in this secular world? 在这个世俗的世界你还相信有天长地久的爱情吗?

②**没完没了的** Nina's ***perpetual*** moaning nearly drove me mad. 尼娜没完没了的抱怨几乎把我逼疯了。

eternal /ɪˈtɜːnəl/

a. ①**永恒的** Do you believe in ***eternal*** love? 你相信有永恒的爱吗?

②**没完没了的**【同 never-ending】I am tired of your ***eternal*** arguments. 我讨厌你那没完没了的争论。

symbol /ˈsɪmbəl/

n. ①**符号,标志** O is the ***symbol*** for oxygen. "O"是氧的化学符号。

②**象征** The dove is the ***symbol*** of peace. 鸽子是和平的象征。

派 **symbolic** ***a.*** 符号的;象征性的 // **symbolism** ***n.*** 象征手法 // **symbolize/-ise** ***v.*** 象征,代表

intrinsic /ɪnˈtrɪnsɪk/

a. **本质的,内在的** ***intrinsic*** factor 内在因素 // He admitted the ***intrinsic*** merits of my idea, but said it would need a lot of refinement. 他承认我提的意见的内在价值,但又说还需要做大量细致的改进。

派 **intrinsically** ***ad.*** 固有地,内在地

formidable /ˈfɔːmɪdəbl/

a. ①**可怕的,令人畏惧的** a ***formidable*** enemy 可怕的敌人 // The new range of computers have ***formidable*** processing power. 这一系列的电脑有惊人的处理能力。

②**难对付的** He's conscious that he has a ***formidable*** rival in this field. 他清醒地意识到,在这个领域他遇到了一个难缠的对手。

surplus /ˈsɜːpləs/

【助记】sur(above)+plus(多的)→多于需要的→过剩

n. **过剩** Brazil has a big ***surplus*** of coffee. 巴西有很多过剩的咖啡。

a. **过剩的** ***Surplus*** grain is being sold for export. 过剩的谷物正销往国外。

massive /ˈmæsɪv/

【助记】mass(大量)+ive→大量的

a. ①**大的,大而重的** A ***massive*** monument was erected in the front of the square. 广场前立起了一块巨大的纪念碑。

②**大量的** Doctors discourage ***massive*** doses of painkillers. 医生不赞成大量服用止痛片。

quantify /ˈkwɒntɪfaɪ/

【助记】quantity(*n.* 数量)的动词

vt. **确定……的数量,量化** It is difficult to ***quantify*** the value of space exploration. 很难量化太空探测的价值。

quantitative /ˈkwɒntɪtətɪv/

a. (数)量的，定量的 ***quantitative*** change 量变 // make a ***quantitative*** assessment 进行量化评估

phenomenon /fɪˈnɒmɪnən/

【助记】phen(出现)+omenon→现象

n. ①现象 Lightning and thunder are natural ***phenomena***. 闪电打雷是自然现象。

②非凡的人 They were ***phenomena*** in the history of music. 他们是音乐史上的杰出人物。

用 复数为phenomena。

nuclear /ˈnjuːklɪə/

【助记】nu+clear(清除)→"核能的"威力足以清除地球上的所有生物

a. ①核能的 ***Nuclear*** weapons are the ultimate deterrent. 核武器是终极的威慑力量。

②核心的 ***nuclear*** family 核心家庭

nucleus /ˈnjuːklɪəs/

n. ①(原子)核 A ***nucleus*** can have only one Y-chromosome. 一个核可以仅有一个Y染色体。

②核心 The family is the ***nucleus*** of civilization. 家庭是文明社会的核心。

用 复数为nuclei。

core /kɔː/

n. ①果心 an apple ***core*** 苹果核

②核心 Let's get to the ***core*** of the matter. 让我们看看事情的核心。

搭 to the core 透顶的，十足的 The system is rotten ***to the core***. 这个制度腐败透顶。

explode /ɪkˈspləʊd/

v. ①爆炸 If you turn on the lights when there is a gas leak, the house may ***explode***. 如果在煤气泄漏的时候开灯，房子就可能会爆炸。

②爆发，发怒 ***explode*** into laughter 哄堂大笑 // ***explode*** with anger/jealousy 勃然大怒/醋意大发

③激增 The ***exploding*** world population may lead to an energy crisis. 世界人口迅速增长可能会导致能源危机。

explosion /ɪkˈspləʊʒən/

n. ①爆炸 The ***explosion*** was heard a mile away. 那爆炸声一英里外都可听到。

②激增 population ***explosion*** 人口激增

explosive /ɪkˈspləʊsɪv/

a. ①爆炸的 an ***explosive*** device 易爆装置

②极易引起争论的 Race relations are an ***explosive*** issue. 种族关系是一个极富争议的问题。

n. 炸药 They planted ***explosives*** in the tunnel. 他们在隧道里安放了炸药。

blast /blɑːst/

n. ①爆炸【同 explosion】 a bomb ***blast*** 炸弹的爆炸

②一阵 a ***blast*** of wind/hurricane/snowstorm 一阵风/飓风/暴风雪

vt. 炸，炸掉 They ***blasted*** a tunnel through the mountains. 他们在山中炸开了一条隧道。

搭 at full blast 大力地，全速地 Work on the construction site was ***at full blast***. 建筑工地的工作已经全面展开。

> **【一言辨异】blast, explode**
>
> The terrorists had planned to ***blast*** the international airport but their bombs failed to ***explode***. 恐怖分子原计划要炸掉国际机场，但炸弹没有爆炸。

disaster /dɪˈzɑːstə/

n. ①灾难 natural ***disaster*** 自然灾害 // One man's ***disaster*** may be another man's delight! 一个人的灾难也许就是另一个人的福气！

②彻底的失败 I can't believe that our plan ended in ***disaster***. 我不能相信我们的计划竟以失败告终。

disastrous /dɪˈzɑːstrəs/

a. 灾难性的；极坏的 Carelessness in driving often results in ***disastrous*** accidents. 开车时粗心大意常造成严重事故。// a ***disastrous*** mistake 灾难性的错误 // a ***disastrous*** failure 惨重的失败

fatal /ˈfeɪtəl/

a. ①致命的 a ***fatal*** wound 致命伤

②重大的 "To be or not to be" was the ***fatal*** decision for Hamlet. 对于哈姆雷特来说，"是活下去，还是选择死亡"是一个重大的决定。

派 **fatalism** ***n.*** 宿命论

deadly /ˈdedlɪ/

a. ①致死的；不共戴天的 a ***deadly*** poison 致命毒药 // Fog is the sailor's ***deadly*** enemy. 雾是航

海者最致命的敌人。

②极度的 We are *deadly* short of staff at present. 目前我们极缺职员。

ad. 非常 *deadly* dull 极其枯燥无味

【辨析】表示"致命"的形容词

deadly：致命的，偏指杀伤力强

fatal：指使人致命的或使事物毁灭的，偏重于重要性上的"至关重要"

expedition /ˌekspɪˈdɪʃən/

【助记】ex(out)+pedi(脚)+tion→脚往外走→出行

n. ①(常指带有特定目的的)短途出行；探险，远征 a fishing/shopping *expedition* 非法调查/购物之行 // Chinese scientists have made several scientific *expeditions* to Antarctica. 中国科学家对南极进行过好几次科学考察。

②探险队 a hunting *expedition* 狩猎(队)

③迅速 We carried out the captain's orders with all possible *expedition*. 我们毫不迟疑地迅速执行船长的命令。

hike /haɪk/

n. ①徒步旅行 After the *hike* to the river the soldiers camped for the night. 战士们行军到那条河后便支起帐篷过夜。

②增加 a *hike* in living expenses 生活费用高涨

vi. 徒步旅行 He wants to *hike* round the world. 他打算徒步旅行环游世界。

vt. 提高 Did you notice that the price of the milk has been *hiked*? 你注意到牛奶已涨价了吗?

派 **hiker** *n.* 徒步旅行者

dismay /dɪsˈmeɪ/

【助记】dis(not)+may(可能)→不可能做到，所以"失望"

n. ①失望 to one's *dismay* 使某人失望的是

②惊恐 "Someone stolen my house! " she said in *dismay*. "我们家被偷了！"她惊恐地说。

vt. 使失望；使惊恐，使惊愕 Philadelphia 76ers felt *dismayed* at being defeated for the third time in one month. 费城76人队对于本队一个月之内第三次被击败沮丧不已。// We were *dismayed* at the cost of the repairs. 我们对修理费用感到惊愕。

illustrate /ˈɪləstreɪt/

【助记】il+lustr(明亮的)+ate(使)→使内容更明朗→说明

vt. ①说明 A recent survey *illustrates* that the divorce rate has rocketed. 最近的调查说明离婚率急剧上升。

②给……做插图说明 This English textbook is well *illustrated*. 这本英语教科书有精美的插图。

派 **illustrative** *a.* 图例的；解说性的

【辨析】表示"阐明，说明"的动词

explain：为最普通用词，指向人阐明、解释原来所不知的或不清楚的事情

illustrate：偏指用图或例子说明某事物

interpret：特指解释疑难之处，用另外一种表达方式阐释文学作品等抽象事物

illustration /ˌɪləsˈtreɪʃən/

n. ①说明 The scientist cited vivid instances in *illustration* of his theory. 科学家以生动的例子说明他的理论。

②插图 Fashion magazines have lots of beautiful *illustrations*. 时尚杂志有很多漂亮的插图。

exemplify /ɪgˈzemplɪfaɪ/

【助记】exempli(例子)+fy(使)→举例证明

vt. ①是……的典型 The modern spirit of revolt was best *exemplified* by the work of Kafka. 卡夫卡的作品是现代反叛精神的最佳典型。

②举例证明 It is written to *exemplify* the division of science and the humanities. 写这篇文章的目的是为了举例证明科学与人文学科的分裂。

demonstrate /ˈdemənstreɪt/

【助记】de(fully)+monstrate(表示)→清楚地表示→说明

vt. ①论证 How do you *demonstrate* that the earth is round? 你怎样证明地球是圆的?

②说明，演示 Please *demonstrate* how to use this microwave cooker. 请示范说明一下如何使用这个微波炉。

③显示 *demonstrate* a willingness to cooperate 显示出合作的意愿

vi. 举行示威游行 *demonstrate* against tax hikes 示威反对税收上涨

派 **demonstration** *n.* 论证；示威游行

symptom /ˈsɪmptəm/

n. ①**症状** The doctor told her to watch out for ***symptoms*** of measles. 医生叫她注意麻疹出现的症状。

②**征兆** The disappearance of certain jobs is a ***symptom*** of a deeper socioeconomic change. 某些职业的消失是更深层的社会经济变化的征兆。

syndrome /ˈsɪndrəum/

【助记】syn(together)+drome(跑)→(疾病)跑到一起→综合病症

n. ①**综合病症** This ***syndrome*** is associated with frequent coughing. 这种综合病症与经常咳嗽有关。

②**一系列表现** a jealousy ***syndrome*** 妒忌的种种表现

diagnose /ˈdaɪəgnəuz/

vt. **诊断，判断** If cancer is ***diagnosed*** in its early stages, it can be cured. 癌症如果在初期诊断出来就可能治愈。// The teacher ***diagnosed*** the boy's reading difficulties. 老师找出那孩子阅读困难的原因。

搭 diagnose... as/with (having)... 诊断某疾病为……，诊断某人患有……，判断某问题为……

派 **diagnosis** *n.* 诊断(结论) // **diagnostic** *a.* 诊断的

terminal /ˈtɜːmɪnəl/

a. ①**晚期的** He is suffering from ***terminal*** cancer. 他患晚期癌症。

②**末端的，终点的** a ***terminal*** date 最后日期 // ***terminal*** examinations 期末考试

n. ①**(海、陆、空运输路线的)终点(站)** I'll accompany you to the bus ***terminal***. 我陪你到公共汽车终点站。

②**(计算机)终端；接线端** The outdated ***terminal*** needs to be upgraded. 落伍的终端需要升级。

terminate /ˈtɜːmɪneɪt/

v. **(使)终止**【同 end】The game ***terminated*** in a victory for the home team. 比赛以主队获胜告终。// You have no right to ***terminate*** the contract. 你无权终止合同。

派 **termination** *n.* 终止，结束；人工流产

hint /hɪnt/

【助记】撞(hit)在门(n)上留下一些细微的迹象(hint)

n. ①**暗示** Did Sam give you any ***hints*** about where he was going? 山姆有没有向你暗示过他要去哪里呢？

②**细微的迹象** There was a ***hint*** of anger in his voice. 他的声音中流露出一丝恼怒。

③[常 *pl.*]**建议** helpful ***hints*** 有益的忠告

v. **暗示** I ***hinted*** to him that I was dissatisfied with the results of their experiment. 我向他暗示，我对他们的实验结果不满意。

搭 take a hint 领会，明白；根据别人的暗示采取行动

imply /ɪmˈplaɪ/

【助记】im(in)+ply(折叠)→意思叠在里面→暗示

vt. **暗示** His silence ***implied*** resentment. 他的缄默暗含着愤怒。

> 【一言辨异】imply, infer
>
> The speaker or writer ***imply*** what they mean, the listener or reader ***infer*** what are meant. 言者或作者暗示他们意在说明的意思，听者或读者推断其所要表达的含义。

implication /ˌɪmplɪˈkeɪʃən/

n. ①**含意，暗示** Did you gather the ***implications*** of her remark? 你猜到她那番话的含义了吗？

②**卷入，牵连** Nixon was forced to resign because of his ***implication*** in the Watergate affair in 1972. 由于在1972年的水门事件中受牵连，尼克松被迫辞职。

派 **implicate** *v.* 涉嫌；暗示

patience /ˈpeɪʃəns/

n. **耐心**【反 impatience】I have no ***patience*** with people who are too slow. 我对反应太迟钝的人没什么耐心。

tone /təun/

n. ①**语气** His ***tone*** was hesitant. 他的语气有些犹豫。

②**音调，声调** Her voice has a pleasant ***tone***. 她的声音有一种悦耳的声调。

③**风格** Sarah had kept the ***tone*** of the meeting businesslike. 萨拉一直使会议保持着务实的风格。

④**色调** soft green ***tone*** 浅绿的色调

vt. (~*up*) 增强 Aerobics is good for generally ***toning up*** the body. 健身操对于普遍增强体质很有益处。

搭 tone down (使)缓和

cite /saɪt/

vt. ①引用 The minister ***cited*** the latest crime figures as proof of the need for more police. 部长引用最近犯罪的数字证明需要更多的警察。

②传唤 The policeman ***cited*** her for a traffic violation. 警察以交通违规为由传唤她到法院。

③表彰 Joe was ***cited*** for bravery in World War II. 乔在二战中作战英勇,受到了嘉奖。

recite /rɪˈsaɪt/

【助记】re(again)+cite(呼叫)→一再诵读→背诵

v. ①背诵,朗诵 ***recite*** a poem 背诵一首诗 // It's your turn to ***recite***, Mr. Kaplan. 卡普兰先生, 该轮到你背诵了。

②列举 Don't encourage him, or he will ***recite*** the whole family history! 你可别鼓励他,要不他会把他的家族史和盘托出!

派 **recital** ***n.*** 独唱/奏会;详述;朗诵 // **recitation** ***n.*** 吟诵,背诵

quote /kwəʊt/

v. ①引用,援引 He ***quotes*** (from) the *Bible*. 他引用《圣经》的话。

②报……的价,开价 This is the best price I can ***quote*** you. 这是我能报给你的最优惠的价格。

n. ①引文,引语 a ***quote*** from Albert Einstein 阿尔伯特·爱因斯坦的话

②报价 Always get a ***quote*** before proceeding with repair work. 维修之前必须先取得报价。

③[*pl.*]引号 in ***quotes*** 在引号中

派 **quotation** ***n.*** 引用;报价

【辨析】表示"引用"的动词

cite:指引经据典以示证明或凭据

quote:指不加剪裁地直接引用原文或原话

notion /ˈnəʊʃən/

【助记】not(标记)+ion→有了"想法"就要记下来

n. 概念,想法,观点 The ***notion*** that the earth is flat was rejected long ago. 认为地球是扁平的观念早已被否定。

搭 have a good notion of... 很懂得 // have a notion that... 认为 // have no notion of 不明白;完全不懂;没有……的意思或想法

phrase /freɪz/

n. 短语 ***phrases*** and idioms 习语和成语

vt. 用语言表达 He ***phrased*** his criticisms in careful terms. 他的批评用语十分谨慎。

thesis /ˈθiːsɪs/

n. ①论文,毕业论文 I am going to write my graduate ***thesis*** on contemporary American Literature. 我打算毕业论文写当代美国文学。

②论题 These latest findings support the ***thesis*** that sexuality is determined by nature rather than choice. 这些最新发现证实了性别特征取决于自然而不是选择这一论点。

用 表示"论文"时,其复数形式为 theses。

dissertation /ˌdɪsəˈteɪʃən/

n. 专题论文, 学位论文 He is currently writing a ***dissertation*** on the Somali civil war. 他最近在写一篇关于索马里内战的专题论文。

article /ˈɑːtɪkl/

n. ①文章 a travel ***article*** 一篇游记

②条款 The country appears to be violating several ***articles*** of the convention. 这个国家似乎违反了公约中的好几项条款。

③商品 household ***articles*** 家居用品

grasp /grɑːsp/

vt. ①抓紧 She ***grasped*** the rope and pulled herself up. 她抓住绳子攀了上去。

②理解【同 comprehend】Skim the text to ***grasp*** its main idea. 通篇快速浏览,抓住文章大意。

n. 抓紧; 理解 These ideas are all beyond his ***grasp***. 他完全无法理解这些观点。

grip /grɪp/

n. ①紧握,抓牢 Hurriedly, he took ***grip*** on a rope. 慌忙之中,他抓紧一根绳子。

②掌握,控制 have the power in one's ***grip*** 大权在握

v. ①握紧【同 grasp】I ***gripped*** the handrail tightly and tried not to look down. 我紧紧抓住扶手,尽量不往下看。// The brake does not ***grip*** properly. 刹车不灵。

②吸引住……的注意力 I was ***gripped*** by the

tragic stories of his childhood. 他童年时的悲惨故事引起了我的注意。

搭 come/get to grips (认真)对付(或处理)

polish /ˈpɒlɪʃ/

vt. ①磨光，擦亮 ***Polish*** your shoes before going to an interview. 去面试前把你的皮鞋擦亮点。

②润色 The statement was carefully ***polished*** and checked before release. 这项声明是经仔细润色检查后才发表的。

n. 擦光剂 shoe/floor ***polish*** 鞋油/地板蜡

搭 polish off (飞快地)完成

【归类卡片】清洁种种

sweep 清扫	polish 擦亮	wash 洗
mop 拖；擦	wipe 擦拭	scrub 擦洗

embody /ɪmˈbɒdɪ/

【助记】em(in)+body(形体)→使有形→使具体化

vt. ①使具体化 Words ***embody*** thoughts and feelings. 言语具体表现各种思想和感情。

②包括 This book ***embodies*** all the rules. 这本书把所有的规则都包括进去了。

派 **disembodied** ***a.*** 无实体的

irony /ˈaɪərənɪ/

【助记】iron(铁)+y→只有铁石心肠的人才会在危难中"嘲弄"他人

n. ①反语，冷嘲热讽 He is too slow to understand the ***irony*** of his opponent. 他反应太迟钝，居然没有听出对手的讽刺挖苦之意。

②具有讽刺意味的事，嘲弄 The tragic ***irony*** is that the drug was supposed to save lives. 悲剧性的讽刺在于这药本来应该是用来挽救生命的。

派 **ironic(al)** ***a.*** 讽刺的；反语的

sarcastic /sɑːˈkæstɪk/

a. 讥讽的，挖苦的 She poked fun at people's shortcomings with ***sarcastic*** remarks. 她用挖苦的话来取笑别人的缺点。

派 **sarcasm** ***n.*** 讽刺，反话

同义替换练习

1. You should try to restrain your ambition and be more realistic.
   A. sustain B. suppress C. chase D. replace
2. I'd like to book a table for six for dinner this evening.
   A. preserve B. retain C. reserve D. sustain
3. Europe's earlier industrial growth was maintained by the availability of key resources, abundant and cheap labor, coal, iron ore, etc.
   A. exemplified B. suppressed C. sustained D. quantified
4. Many people like white color as it is a symbol of purity.
   A. sign B. notion C. hint D. symptom
5. Diamonds have little intrinsic value and their price depends almost entirely on their scarcity.
   A. extinct B. permanent C. surplus D. essential
6. Among all the changes resulting from the heavy entry of women into the work force, the transformation that has occurred in the women themselves is not the least important.
   A. massive B. quantitative C. disastrous D. terminal
7. The 1986 Challenger space-shuttle tragedy was caused by unusually low temperatures immediately before the launch.
   A. expedition B. controversy C. dismay D. disaster
8. During the lecture, the speaker occasionally explained his point by relating his own experiences.
   A. illustrated B. hinted C. cited D. recited

9. There is a sign of impatience in the tone of Taylor's voice.

A. hint B. notion C. dot D. phrase

10. Shireen's understanding of the basic structure is good but her vocabulary is limited.

A. hold B. demonstration C. grasp D. seizure

11. Sea food of all kinds is plentiful in the states that border the oceans.

A. abandoned B. advantageous C. abundant D. deficient

12. The boy cycling in the street was knocked down by a minibus and received deadly injuries.

A. fatal B. excessive C. feeble D. awkward

13. If Korea terminates its relation with that country, it will have to find another supplier of raw materials.

A. retains B. ends C. evolves D. detains

答案与译文

1. [B] 你应该尽量抑制一下你的野心，再现实一些。
2. [C] 我想预订一张今天晚上可供6人用餐的餐台。
3. [C] 欧洲早期的工业发展是由于有丰富的重要资源、充足而廉价的劳动力、煤炭、铁矿石等作支撑。
4. [A] 许多人喜欢白颜色，因为它象征着纯洁。
5. [D] 钻石本身并没有什么价值，它的价格完全取决于其在数量上的稀缺程度。
6. [A] 在大量妇女加入劳动大军所引起的所有变化中，妇女本身的转变也是很重要的。
7. [D] 1986年“挑战者号”航天飞机的灾难是由临起飞前的异常低温引起的。
8. [A] 在讲座中，演讲者不时地讲述他的亲身经历以阐明他的观点。
9. [A] 泰勒的语调中带有一丝不耐烦。
10. [C] 希琳对基本结构的掌握还不错，只是词汇量有限。
11. [C] 沿海的各州都盛产各种海鲜。
12. [A] 在街上骑自行车的那个男孩被一辆小公共汽车给撞了，受了致命伤。
13. [B] 如果韩国终止和那个国家的关系，它就不得不寻找另外的原材料供应商。

Lesson 13

词根词缀表

path 感情	sympathy ***n.*** 同情	**pre-** 在~之前	present ***n.*** 现在
multi- 许多	multitude ***n.*** 大量	**title** 标题	entitle ***vt.*** 给……提名
loc 地方	locate ***vt.*** 探明	**fund** 资金	refund ***n.*** 退款
cid 落下	coincide ***vi.*** 同时发生	**ident** 同样的	identity ***n.*** 同一性
tend 伸展	tendency ***n.*** 趋向	**just** 法律;正义	justice ***n.*** 公正
civil 公民的	civilian ***n.*** 平民	**mit, miss** 送;投	commission ***n.*** 委托

mood /muːd/

n. ①心情 I'm not in the ***mood*** to argue with you. 我没心情跟你吵。

②语气 the indicative ***mood*** 陈述语气

搭 in a good mood 心情愉快 // in no mood to do sth. 没心情做某事

temper /ˈtempə/

n. ①脾气 ill ***temper*** 坏脾气

②韧度,硬度 ***temper*** of the clay 粘土的硬度

vt. ①调和,使缓和 Eventually, Williams taught himself to ***temper*** anger with humor. 最终,威廉斯告诫自己要用幽默来缓解怒气。

②使回火 to ***temper*** steel by heating and sudden cooling 通过加热和骤冷来炼钢

搭 lose one's temper 发脾气,发怒 ***Losing your temper*** often will add lines to your face. 经常发脾气会让你的脸增添皱纹的。

派 **bad-tempered** ***a.*** 脾气坏的

personality /ˌpɜːsəˈnælɪtɪ/

【助记】personal(个人的)+ity→个性

n. ①人格,个性 No ***personality***, no charm. 没有个性就没有魅力可言。

②人物,名人 The host of this program is a television ***personality***. 这个节目的主持人在电视圈内是一个名人。

搭 a strong personality 坚强的个性 // personality cult 个人崇拜

> 【辨析】表示"性格"的名词
>
> character:指个人、社会、民族的"天性"、"性格"、"特质",强调正、邪、坚强、软弱等方面根深蒂固的各种心理特征的综合全貌
>
> personality:指"人格"、"个性",强调在各种场合所体现的性情、举止等

trait /treɪt/

n. 特征,特性 Arrogance is a very unattractive personality/character ***trait***. 傲慢是个很不讨人喜欢的个性特征。

搭 inherited trait 遗传特性 // family trait 家族特性 // a trait of 少许,微量

landscape /ˈlændskeɪp/

【联想】land(陆地)+scape(景色)→风景

n. ①风景;风景画 The amazing ***landscape*** in Tibet attracts countless tourists every year. 西藏那令人惊叹的美景每年都吸引了无数的游客。

②形势,情状 political ***landscape*** 政治形势,政界

vt. 美化……的景观 They had ***landscaped*** their garden with shrubs and flowers. 他们用灌木丛和花卉将花园装点了一番。

climate /ˈklaɪmɪt/

n. ①气候 The earth's ***climate*** has been changing a lot all these years. 这些年来全球气候一直变化很大。

②风气,氛围,形势 the moral ***climate*** 道德风气 // economic ***climate*** 经济形势 // ***climate*** of opinion 舆论气氛

派 **climatic** ***a.*** 气候的,与气候有关的

forecast /ˈfɔːkɑːst/

【助记】fore(before)+cast(抛)→预先抛出(想法)→

预测

n. 预测 the weather *forecast* 天气预报

vt. 预测 The recent statement of the president *forecast* a change in the situation. 总统最近的一次讲话预示着形势将有所变化。

用 过去式、过去分词 forecast。

emotion /ɪˈməʊʃən/

【助记】e(out)+mot(动)+ion→动出(感情)

n. 情感,感情 The very essence of literature is the war between *emotion* and intellect. 文学的本质是情感与理智的斗争。

emotional /ɪˈməʊʃənəl/

a. ① 情感(上)的,情绪(上)的 the physical and *emotional* state 生理状态和情绪状态

② 令人激动的 The funeral was a very *emotional* experience for all of us. 那次葬礼对我们大家来说是一次令人情绪激动的经历。

③ 情绪激动的;感情用事的 He became very *emotional* when I told him I was pregnant. 当我告诉他我怀孕了的时候,他非常激动。

resent /rɪˈzent/

vt. 对……表示忿恨 Jenna *resented* having to ask her parents' permission in everything she did. 事事都得征求父母的许可,詹娜很不高兴。

派 **resentful** *a.* 憎恨的 // **resentment** *n.* 愤恨,怨恨

sympathy /ˈsɪmpəθɪ/

【助记】sym(相同)+path(感情)+y→同情

n. ① 同情,同情心 We should have *sympathy* for people in difficulty. 我们对处于困境中的人们要有同情心。

② 赞同 Many people are in *sympathy* with your views. 许多人赞同你的看法。

搭 feel/have sympathy for... 同情…… // in sympathy with 赞成;和……一致

sympathize/-ise /ˈsɪmpəθaɪz/

vi. ① 同情 I *sympathize* with you; I've had a similar unhappy experience myself. 我很同情你,我自己也有过类似的不幸遭遇。

② 赞同 *sympathize* with sth. 赞同某事

sympathetic /ˌsɪmpəˈθetɪk/

a. ① 同情的 He was enormously *sympathetic* when my father died. 他对我父亲的去世深表同情。

② (~*to*) 赞同的 She was *sympathetic to* my ideas. 她对我的想法表示支持。

③ 和谐的 We work best in a *sympathetic* atmosphere. 在和谐的气氛中工作,效率最佳。

attitude /ˈætɪtjuːd/

n. ① 态度 We should maintain a positive *attitude* towards life. 我们都应该保持积极的生活态度。

② 姿势 The ballet dancers all stood aside in a graceful *attitude*. 所有的芭蕾舞演员们站姿优美地伫立在一旁。

multitude /ˈmʌltɪtjuːd/

【助记】multi(多)+tude(状态)→大量

n. ① 大量 Vast *multitudes* of birds visit this lake in spring. 春天有大批的鸟飞临此湖。

②[*the*~] 大众 Political power has been placed in the hands of *the multitude*. 政治权力一直在民众手中。

搭 a multitude/multitudes of 许多,大量

hostile /ˈhɒstaɪl/

【助记】host(主人)+ile→鸿门宴的主人→敌意的

a. ① 敌意的 The local people are *hostile* to outsiders. 当地人敌视外地人。

② 敌方的 The town was surrounded by *hostile* troops. 城市被敌军包围。

③(~*to*) 强烈反对的 They were *hostile to* our proposals. 他们强烈反对我们的提议。

④ 艰苦的,恶劣的 a *hostile* climate/environment 恶劣的气候/环境

派 **hostility** *n.* 敌意,敌对;[*pl.*]战争

oppose /əˈpəʊz/

【助记】op(against)+pose(姿势)→摆出相反的姿态→反对

vt. 反对【反 support】Many people firmly *opposed* Cathay Pacific's hiring British pilots at a high salary. 很多人强烈反对国泰航空高薪聘用英国飞行员。

搭 be opposed to sth. 反对某事 // as opposed to sth. 与……对照,而非

派 **opposition** *n.* 反对;反对派

analyze/-yse /ˈænəlaɪz/

【助记】ana(up)+lyse(松)→把问题松开→分析

vt. 分析 You should *analyze* the essence of the problem. 你应该剖析问题的实质。

analysis /əˈnæləsɪs/

n. 分析 Recently Lang Xianping presented a detailed *analysis* of the economy. 最近郎咸平对经济做了一份详细的分析报告。

用 复数为 analyses。

analytic(al) /ˌænəlˈɪtɪk(əl)/

a. 分析的；善于分析的 She has a clear *analytical* mind. 她头脑清醒，善于分析。

雅思真题 As the chapters will illustrate, mathematics is not restricted to the *analytical* and numerical; intuition plays a significant role. 正如以下章节将会展示的那样，数学不仅限于分析性和数字性；直觉也起着重要的作用。

elastic /ɪˈlæstɪk/

n. 橡皮圈 This skirt needs some new *elastic* in the waist. 这条裙子需要换一根松紧腰带。

a. ①有弹性的 A lot of sports wear is made of very *elastic* material. 许多运动服都是用弹性好的材料做的。

②灵活的 My plans are fairly *elastic*. 我的计划相当灵活。

派 elasticity *n.* 弹性；灵活性

tolerate /ˈtɒləreɪt/

【助记】toler(忍受)+ate→容忍

vt. ①容许 The school cannot *tolerate* students cheating on their exams. 学校不容许学生考试作弊。

②容忍 *tolerate* one's bad temper 容忍某人的坏脾气

派 toleration *n.* 容忍，忍受 // tolerant *a.* 宽容的

tolerance /ˈtɒlərəns/

n. ①宽容 *Tolerance* between nations in the world is a global goal. 世界各民族间的互相宽容是全球的目标。

②忍耐(力) a *tolerance* to noise 对噪音的忍受力

派 tolerable *a.* 可容忍的

undergo /ˌʌndəˈgəʊ/

【助记】under(在……下面)+go(走)→行走于苦难之下→经历

vt. 经历，遭受 You may have to *undergo* failure before experiencing success. 你在尝到成功滋味之前，也许得经受失败。

用 过去式 underwent，过去分词 undergone。

display /dɪsˈpleɪ/

【助记】dis+play(玩)→"陈列"好玩的东西

vt. ①陈列，展览 A new kind of car was *displayed* in the shop. 商店里展出一种新汽车。

②显示 She *displayed* great self-control when she heard the news. 听到那则消息时她表现出极大的自制力。

n. ①陈列，展览 on *display* 正在展览中

②显示 a *display* of courage 显示出勇气

locate /ləʊˈkeɪt/

【助记】loc(地方)+ate→探明(位置)

v. ①探明，找出 Please *locate* this town on the map. 请在地图上找到这座城镇的位置。

②使坐落于 The West Lake of Hangzhou is *located* in the center of the city. 西湖位于杭州市的中心。

③放置，设立 The company hopes to *locate* in its new offices by June. 该公司希望在六月前搬进新的办公楼。

用 表达"位于某地"要用 be located in/at/near...，相当于 be situated in 和 lie in。

local /ˈləʊkəl/

a. ①地方性的，当地的 A good position with a *local* bank is what I'm seeking. 我希望在当地银行找到份好工作。

②局部的 a *local* infection 局部传染

n. [*pl.*]本地人 I asked one of the *locals* which way to go. 我问了一个本地人该走哪条路。

派 locally *ad.* 局部地；在本地

location /ləʊˈkeɪʃən/

n. ①位置 The new hospital is in a bad *location*. 新医院的位置不好。

②(*on*~)(电影的)外景拍摄地 The movie was shot *on location* in Guilin. 这部电影是在桂林的外景拍摄地拍的。

locality /ləʊˈkælɪtɪ/

n. 地区，地点 *Localities*, even individual villages, developed their own languages. 许多地区，甚

至各村子都有他们自己的语言。

site /saɪt/

n. 位置，场所 In case of accidents, protective helmets must be worn on ***site***. 在工地必须戴防护帽以免发生事故。

vt. 使坐落在 The house is beautifully ***sited*** to give superb views over the valley. 这座房子所选的位置优越，山谷的锦绣景色一览无遗。

situated /ˈsɪtʃʊeɪtɪd/

【助记】sit(坐)+uated→坐在那儿→位于……的

a. 位于……的，处于……境地的 Wuhan City is ***situated*** in the center of China. 武汉市位于中国的中部。

spot /spɒt/

n. ①地点 on the ***spot*** 当场，在/到现场

②污点【同 stain】an ink ***spot*** 墨水渍

③(液体的)滴 ***spots*** of rain 雨点

④少量 Mary is in a ***spot*** of bother. 玛丽遇到了点小麻烦。

vt. ①认出 She ***spotted*** her friend in the crowd. 她在人群中认出了她的朋友。

②玷污，有污渍 My overalls were ***spotted*** with paint. 我的工作服上沾了油漆。

搭 scenic/historic spot 景点/古迹 // a spot on one's fame 名誉上的污点

派 **spotless** ***a.*** 极清洁的；道德上纯洁的 // **spot-on** ***a./ad.*** 恰好的(地)

stain /steɪn/

v. 沾污 The ink ***stained*** my shirt. 墨水在我的衬衫上留下了污迹。// Pale carpets ***stain*** too easily. 浅色的地毯太容易沾污。

n. 污点 coffee ***stains*** 咖啡渍

派 **stainless** ***a.*** 无污点的；抗锈的

pollute /pəˈluːt/

vt. ①污染 The river has been ***polluted*** by waste products from the factory. 这条河已经受到工厂里排放的废料的污染。

②腐蚀 Money has ***polluted*** the democratic spirit of American politics. 金钱腐蚀了美国政治中的民主精神。

派 **pollutant** ***n.*** 污染性物质 // **pollution** ***n.*** 污染，污染物

contaminate /kənˈtæmɪneɪt/

vt. ①污染【同 pollute】The river was ***contaminated*** with waste. 这条河被垃圾污染了。

②毒害 ***contaminate*** the mind of the public 毒害公众的思想

crash /kræʃ/

v. ①碰撞，坠落 The plane ***crashed*** shortly after it took off. 飞机起飞后不久便坠毁了。// Rick ***crashed*** his bike before he'd finished paying for it. 里克还没有付清买那辆自行车的钱就把它撞坏了。

②发出撞击声 The plate ***crashed*** to the floor. 盘子哗啦一声掉在地上。

③垮台，破产 The company ***crashed*** with debts of $80 million. 那家公司由于负债 8000 万美元而告破产。

n. 破裂声；碰撞 a plane ***crash*** 飞机失事

collide /kəˈlaɪd/

【助记】col(共同)+lide(碰撞)→互撞

vi. ①互撞 ***collide*** with 与……相撞 // The Titanic ***collided*** with a floating iceberg. "泰坦尼克号"撞到了海上漂浮的冰山。

②冲突 If the aims of two countries ***collide***, there may be war. 如果两个国家的目标有抵触，就可能发生战争。

collision /kəˈlɪʒən/

n. ①碰撞 a ***collision*** between two trains 一次两列火车相撞事件

②冲突 In Britain, a ***collision*** with the Parliament could ruin the government's plans. 在英国，政府与议会的冲突可能使政府的计划破产。

搭 in collision with... 和……相撞；和……冲突

bump /bʌmp/

v. ①碰，撞 It was so dark I ***bumped*** into a tree. 天太黑，我撞到树上了。// I ***bumped*** my head on the ledge. 我的头撞到了壁架上。

②颠簸着前进 The cart ***bumped*** along the rough road. 马车在凹凸不平的道路上颠簸前进。

n. ①碰撞 ***bump*** test 碰撞试验

②肿块 She got a ***bump*** on her head. 她头上撞了一个包。

搭 bump into 偶然遇见；撞上 // bump against 撞到 // bump up 突然增加；提高

coincide /ˌkəʊɪn'saɪd/

【助记】co(共同)+in(on)+cid(fall)+e→一起落下→同时发生

vi. ①同时发生 My holiday *coincides* with John's. 我的假期与约翰的假期恰巧是同一时间。

②相符，相一致 Her taste in music *coincides* with her husband's. 她在音乐方面的爱好与她丈夫一致。

③重叠 These two lines *coincide* with each other. 这两条线相重合。

coincidence /kəʊ'ɪnsɪdəns/

n. ①巧合 Remarkable *coincidences* do happen in real life. 现实生活中确实会发生不寻常的巧合。

②一致 There is a *coincidence* of interests between us. 我们之间有着共同的利益。

搭 by coincidence 碰巧地，由于巧合

雅思真题 Macfarlane then noted that the history of tea in Britain provided an extraordinary *coincidence* of dates. 麦克法伦随即指出英国的茶史存在时间上的巧合。

crush /krʌʃ/

vt. ①压碎 The box was *crushed* when the car ran over it. 汽车辗过箱子时把它给压碎了。

②镇压【同 suppress】The rebellion was *crushed* by government forces. 政府军队已把叛乱镇压下去了。

搭 crush down 砸碎，镇压；压倒 // crush into/in 挤进，把……塞进；压成，碾成

smash /smæʃ/

【助记】sm+ash(灰烬)→使成灰烬→粉碎

v. ①粉碎 The plate dropped on the floor and *smashed* into little pieces. 盘子掉到地上，摔个粉碎。

②猛击 He *smashed* his fist down on the table in a fury. 他怒气冲冲地用拳头猛击桌子。

③使破灭，使失败 The unexpected news has *smashed* all his hopes. 意想不到的消息使他所有的希望都破灭了。

n. ①破碎声 We heard the *smash* of plates breaking in the kitchen. 我们听到厨房里盘子的碎裂声。

②轰动的演出 Her performance was a tremendous *smash*. 她的演出极其成功。

搭 smash sth. up/open 使某物粉碎，破碎 // smash sth. against/into/through... 使某物冲进或撞上……

plunge /plʌndʒ/

vi. ①纵身投入 He ran to the edge of the swimming pool and *plunged* in. 他奔到游泳池边，一头扎进水里。

②猛冲【同 dash】Firemen *plunged* into the burning building to rescue people. 消防员冲进正在燃烧的建筑物救人。

③猛跌，骤降 Share prices *plunged* as a result of the gloomy economic forecast. 经济预测前景黯淡，因而股票价格大跌。

vt. ①(猛力)把……投入 Please *plunge* the vegetables into the boiling water. 请把菜倒入沸水中。

②使突然陷入，遭受 The scandal has *plunged* the Administration into controversy. 那件丑闻使政府陷入争议之中。

搭 take the plunge (经过踌躇)冒险一试

rise /raɪz/

vi. ①升起 The sun *rose* and the sea turned gold. 太阳升起来，大海变成了金色。

②起立，站起 Charlotte *rose* from the table and went over to the window. 夏洛特从桌旁站起身走到了窗边。

③上涨，增加 House prices are likely to *rise* towards the end of this year. 今年年底房价可能会上涨。

④起义 The Russian people *rose* in rebellion in 1917. 俄国人民于1917年起义。

n. ①上涨 Tenants face a 20% rent *rise*. 房客们面临着房租上涨20%的局面。

②兴起，(地位的)升高 The band's sudden *rise* to fame took everyone by surprise. 乐队突然走红让所有人都感到意外。

③岗，高地 a slight *rise* 一个缓坡

搭 rise above 克服，不受……的影响 // give rise to 引起，造成 Two phenomena are *giving rise to* worldwide concern—mass unemployment and mass migration into cities. 有两个现象——大规模失业和向城市大规模移民——正引起全球关注。

arise /ə'raɪz/

vi. ①出现 Some unexpected difficulties have

arisen. 一些意外的困难出现了。

②(~*from, out of*)(由……)引起 Accidents usually *arise from* carelessness. 事故的发生往往由疏忽大意引起。

③起身,起床 We *arose* at dawn. 黎明时分,我们就起床了。

raise /reɪz/

vt. ①举起,抬起 *raise* one's head 抬起头

②增加 We have no plans to *raise* taxes at present. 目前我们没有提高税收的计划。

③提出 A number of objections were *raised* at the meeting. 会上提出了许多反对意见。

④养育;饲养 These kids are *raised* on a diet of junk food. 这些孩子是吃高热量但缺乏营养价值的垃圾食品长大的。// to *raise* rabbits 养兔

⑤引起,激起(某种情感或反应) His jokes barely *raised* a laugh. 他讲的笑话几乎没有引起笑声。

n. (工资、薪金)提升,增加 We can't give you a *raise* until the prices of our products are raised. 除非我们产品的价格能够提高,否则无法给你加薪。

cultivate /ˈkʌltɪveɪt/

【助记】cultiv(种植)+ate→种植

vt. ①耕作,栽培 Only one third of the land can be *cultivated*. 只有三分之一的土地可以耕种。

②培养 They often take their child to concerts to *cultivate* a love of music in him. 他们经常带孩子去听音乐会以培养他对音乐的热爱。

派 **cultivation** *n.* 培养,教育 // **cultivated** *a.* 有教养的

rear /rɪə/

n. 后部;后方 The kitchen is in the *rear* of the house. 厨房在房子的后部。

a. 后面的;后方的 the *rear* cabin of a plane 飞机后舱

vt. 抚养 My parents work hard to *rear* the family. 我父母努力工作养家。

搭 bring up the rear 处在最后的位置,殿后 In test results Tom always *brought up the rear*. 在考试结果中汤姆总是排最后。

tend /tend/

vi. ①往往会 Some people *tend* to work best under stress. 有些人处在压力下往往干得最出色。

②趋向,倾向 His views *tend* towards the extreme. 他的观点趋于偏激。

vt. 照管 Mother being ill, he had to *tend* her at home. 母亲病了,他得在家照料。

tendency /ˈtendənsɪ/

【助记】tend(趋向)+ency→趋向

n. 趋向 There is an increasing *tendency* for women to have children later in life. 现在有一种趋势,越来越多妇女较晚才生孩子。

搭 have a tendency to/towards... 有……的倾向

breed /briːd/

【助记】没有面包(bread)就养(breed)不活孩子

n. 种,品种 Rural life produces a strong and tough *breed* of people. 农村生活造就了一群身体强壮且性格坚韧的人。

vi. 繁殖,产仔 Rats *breed* quickly. 老鼠繁殖迅速。

vt. ①饲养,繁殖 The sow *breeds* piglets in the spring. 母猪在春天产猪崽。

②养育,培育 He is a well-*bred* boy. 他是一个有良好教养的男孩。

③酿成 Arrogance *breeds* his failure. 傲慢造成他的失败。

用 过去式、过去分词 bred。

tame /teɪm/

a. ①驯服的,温顺的【反 wild】He is so *tame* that he agrees with everybody. 他很随和,总是顺从他人的意见。

②沉闷的【同 dull】The film has a *tame* ending. 那部电影的结局枯燥无味。

vt. 制服;驯化 One day man will *tame* nature. 总有一天人类会征服大自然。// Pigeons are easy to *tame*. 鸽子很容易驯养。

civil /ˈsɪvəl/

a. ①公民的,国内的 Every citizen is supposed to have *civil* rights and *civil* duties. 每一个公民都有权利和义务。

②民用的 *civil* construction 民用建筑

③民事的 Many *civil* cases can be settled out of court. 许多民事案件可以在法庭外解决。

④文明的 Try at least to be *civil*. 至少要尽量礼貌些。

搭 be civil to... 对……有礼貌 // civil aviation/

engineering 民航/土木工程(学) // civil officer/service 文官/文职

civilian /sɪ'vɪljən/

【助记】civil(公民的)+ian(……的人)→平民

n. 平民，百姓 The bomb injured 12 ***civilians***. 炸弹炸伤了12名平民。

a. 平民的，百姓的 ***civilian*** demands 百姓的要求 // ***civilian*** industry 民用工业

civilize/-ise /'sɪvɪlaɪz/

vt. 使文明，使开化 The African countries hoped to ***civilize*** all the primitive tribes on the land. 非洲国家希望把非洲所有的原始部落都变成文明社会。

civilization/-isation /ˌsɪvɪlaɪ'zeɪʃən/

n. 文明，文化 The village is so cut off from ***civilization*** that it receives almost no visitors. 这个村庄与文明如此隔绝，几乎没有外人造访。

> 【辨析】表示"文明、文化"的名词
>
> civilization：指区别于野蛮状态的文明状态，也可指文明化的过程
>
> culture：指文化因素，如风俗、传统等

furnish /'fɜːnɪʃ/

vt. ①为……配备家具 The house is ***furnished*** with tasteful modern furniture. 这幢房子配备的是有品位的现代家具。

②提供 Many career offices ***furnish*** students with resource materials to help them in their searches. 许多职业介绍机构向学生提供资料，帮助他们找工作。

搭 be furnished with 备有，安装有，陈设有 // furnish sb. with sth. 供给某人某物

present /'prezənt/ *a./n.* /prɪ'zent/ *vt.*

a. ①出席的 A number of local personalities were ***present*** at the meeting. 一些当地名人出席了会议。

②现在的 What is your ***present*** address? 你现在的住址在哪里?

n. ①现在 There is no time like the ***present***. 机不可失，时不再来。

②礼物 a Christmas ***present*** 一件圣诞礼物

vt. ①赠送 They ***presented*** a sum of money to the college in memory of their son. 他们向学院赠送了一笔款项以纪念他们的儿子。

②陈述；提出 The team is ***presenting*** its report to the board on Tuesday. 该工作组将在星期二向董事会提出报告。

搭 at present 目前，现在 // for the present 目前，暂时

presence /'prezəns/

n. ①出席，存在【同 attendance】The concert will be performed in the ***presence*** of the Queen. 女王将出席音乐会。

②仪表，仪态 She has a nice voice but absolutely no stage ***presence***. 她声音不错，但毫无台风。

搭 presence of mind 镇定自若 // in sb.'s presence 当着某人的面，有某人在场

absent /'æbsənt/

【助记】ab(away)+sent(存在)→不在的

a. ①缺席的 ***absent*** from school/class 不上学/缺课

②缺乏的，不存在的 Long ***absent***, soon forgotten. [谚]别久情疏。

③心不在焉的 an ***absent*** look 心不在焉的样子

用 他没来参加会议。
- He was absent at the meeting. ×
- He was absent from the meeting. √

派 absent-minded *a.* 心不在焉的

absence /'æbsəns/

n. ①缺席 ***Absence*** sharpens love between lovers. 小别加深恋人间的感情。

②缺乏 Darkness is the ***absence*** of light. 黑暗就是缺乏光亮。

absentee /ˌæbsən'tiː/

n. 缺席(缺勤)者，旷工(旷课)者 There are some ***absentees*** from school this week, because many people have flu. 因为流感肆虐，这周有一些学生缺课。

派 absenteeism *n.* 旷工，旷课

attendance /ə'tendəns/

【助记】attend(*v.* 参加)的名词

n. ①出席人数 a poor ***attendance*** record (学生)糟糕的出勤记录

②出席，参加 There was a large *attendance* at the party. 参加聚会的人很多。

③护理 Now that the patient is out of danger, the doctor is no longer in *attendance*. 既然病人已经脱离险境，医生就不在身边护理他了。

title /'taɪtl/

n. ①标题 What's the *title* of her new book? 她的新书书名是什么？

②称号 A doctor has the *title* "Dr." in front of his name, so has a person who has been granted a doctorate degree. 医生的名字前有"Dr."这个称呼，被授予博士头衔的人也一样有。

③权益 He holds *title* to dozens of buildings in the city. 他拥有该市几十幢大楼的所有权。

派 **subtitle** *n.* 副标题；字幕

entitle /ɪn'taɪtl/

【助记】en+title(标题)→给……题名

vt. ①给……权利 This ticket *entitles* you to a free French fries. 凭此券你可免费得到一份炸薯条。

②给……题名 The new book is *entitled* "Love Story". 新书叫《爱情故事》。

搭 be entitled to (do) sth. 对……享有权利，有(做某事)的资格、权利 // be entitled... 叫做……；题目是……

grant /grɑːnt/

n. 拨款 The government gave the poor village a *grant* to build a small school. 政府给了这个贫困村庄一笔补助金，用来盖一所小学校。// a student *grant* 助学金 // a research *grant* 科研津贴

vt. ①授予，准予 Your request for housing benefit has been *granted*. 你的住房补贴申请已得到批准。

②同意 We *grant* the truth of what you said. 我们同意你说的是事实。

搭 grant sb. sth. / grant sth. to sb. 同意给某物予某人(正式表达) // take sth. for granted / take it for granted that... 对某事想当然，认为……理所当然

雅思真题 It took humans 10,000 years to learn how to grow most of the crops we now *take for granted*. 如今我们认为很多作物的种植是理所应当的，而人类用了一万年学习如何种植它们。

privilege /'prɪvɪlɪdʒ/

【助记】privi(私有的)+leg(法律)+e→法律上的独享权→特权

n. 特权 One of the obstacles to social harmony is *privilege*. 导致社会不协调的障碍之一是特权。

派 **underprivileged** *a.* 下层社会的，贫困的

fund /fʌnd/

n. ①基金 The successful entrepreneur established a scholarship *fund* in his Alma Mater. 那位成功的企业家在他的母校设立了一个奖学金基金。// relief/scholarship/pension *fund* 救济基金/奖学金基金/退休基金

②储备 There is a *fund* of information in our school library. 我们学校的图书馆有丰富的资料。

③[pl.]存款，资金 in/out of *funds* 手头有/缺钱花，有/无资本

vt. 为……提供资金 The work is *funded* by the government. 这项工程由政府拨款。

refund /'riːfʌnd/ *n.* /rɪ'fʌnd/ *vt.*

【助记】re(back)+fund(资金)→返还资金→退款

n. 退款 She took the faulty radio back to the shop and demanded a *refund*. 她把有毛病的收音机退还给商店并要求退款。

vt. 退还 *refund* one's money 退钱

identify /aɪ'dentɪfaɪ/

【助记】identi(同样的)+fy(使)→把……等同于

vt. ①认出 The porters may be *identified* by their red caps. 从他们戴的红帽子就可辨认出他们是行李搬运工。

②(~*with*)把……等同于 Do you *identify* beauty *with* wisdom? 你认为美貌与智慧能相等同吗？

vi. (~*with*)认同 I *identified with* the main character in the play. 我与该剧的主角有着相同的感受。

派 **identifiable** *a.* 可以确认的；可辨认的

identification /aɪˌdentɪfɪ'keɪʃən/

n. ①身份证明 His only means of *identification* was his passport. 唯一能证明他身份的就是他的护照。

②鉴定 The *identification* of the accident victims took some time. 验明事故遇难者身份的工作费了不少时间。

③认同 *identification* effect 认同作用

identity /aɪˈdentɪtɪ/

n. ①身份 The *identity* of the killer is still a complete mystery. 凶手的身份仍然是个谜。

②个性；特性 We should preserve the *identities* of the local region. 我们应该保留这些地方特色。

③同一性 We fail to note the *identities* in the two cases. 我们没能注意到两个案例的相同之处。

justify /ˈdʒʌstɪfaɪ/

【助记】just(正义)+ify(使)→证明……正当

vt. 证明……正当，为……辩护 The pursuit of good ends does not *justify* the employment of bad means. 追求正当的目的并不能为使用不正当的手段辩护。// Nothing can *justify* such careless mistakes. 如此粗心的错误不可原谅。

派 **unjustified** *a.* 不公正的，无正当理由的

justice /ˈdʒʌstɪs/

n. ①正义，公正【反 injustice】If we do not maintain *justice*, *justice* will not maintain us. 我们不维护正义，正义就不会维护我们。

②司法 the Department of *Justice* [美]司法部

搭 treat... with justice 秉公对待 // do oneself justice 发挥自己的才能 // do justice to 公正地评判 // bring... to justice 把……交付审判 The police must do all they can to *bring* criminals *to justice*. 警方必须竭尽全力追捕罪犯，将他们绳之以法。

jury /ˈdʒʊərɪ/

n. 陪审团；(竞赛或展览的)评判委员会 The *jury* found the prisoner guilty. 陪审团裁定犯人有罪。

judicial /dʒuːˈdɪʃəl/

【助记】judic(判断)+ial→审判的

a. ①司法的，审判的 The workers decided to take *judicial* proceedings against the company. 工人们决定对公司正式提起诉讼。

②明断的 He is a man with a *judicial* mind. 他是个公正的人。

penalty /ˈpenəltɪ/

n. 处罚，罚金 What is the *penalty* for dangerous driving? 对危险驾车给予什么处罚？

搭 on/under penalty of... 违则受……处罚，违则处以……刑罚 // pay the penalty 遭受惩罚；受到恶报；自食其果

> 【辨析】表示"惩罚"的名词
>
> penalty：侧重处罚所采取的具体形式，如囚禁、罚款、剥夺权利等
>
> punishment：一般指因做了错事或坏事而受到惩处，侧重"维护法制纪律"、"惩戒他人"的意思

authority /ɔːˈθɒrətɪ/

n. ①权力 The police have the *authority* to arrest lawbreakers. 警察有权逮捕犯法的人。

②[*pl.*]官方 *Authorities* say the fires do look suspicious. 官方表示，火灾看起来确实很可疑。

③当权者 This is the idea of higher *authority*. 这是上级的主意。

④权威，专家 The old man is an *authority* on American Revolution. 这位老人是美国独立战争问题的权威。

搭 have/establish authority over... 具有/确立对……的管辖权 // have the authority to do sth. 有权做某事 // in authority 处于当权的地位，掌权 // report sth. to the authorities 向当局报告某事

派 **authoritative** *a.* 具权威性的，可信赖的

commission /kəˈmɪʃən/

n. ①委员会 the housing *commission* 住房委员会

②佣金 Insurance salesmen can get considerable *commission* on their successful sales. 保险推销员可从成功销售中获得可观的佣金。

③委托 He had received the *commission* to build a new bridge over the river. 他受委托在这条河上建一座新桥。

vt. ①委托 You can *commission* them to paint something especially for you. 你可以委托他们专门为你画点什么。

②委任 He has just been *commissioned* (as a) pilot officer. 他刚被任命为空军少尉。

派 **commissioner** *n.* 专员，委员；地方长官

committee /kəˈmɪtɪ/

n. 委员会 The *committee* has decided to dismiss him. 委员会已决定辞退他。

派 **subcommittee** *n.* 附属委员会

panel /ˈpænəl/

n. ①**面，板** flat-***panel*** screen 平面荧屏

②**专门小组** The date for the ***panel*** discussion is fixed now. 座谈会的日期现已确定。

③**控制板** camera control ***panel*** 摄像机控制板

同义替换练习

1. In the present economic <u>landscape</u> we can make even greater progress than previously.

A. air　B. mood　C. area　D. climate

2. The manager gave one of the salesgirls an accusing look for her <u>unfriendly</u> attitude toward customers.

A. impartial　B. mild　C. hostile　D. sympathetic

3. The committee <u>disagree with</u> any changes being made in the plan.

A. is resentful at　B. is in no mood to　C. is opposed to　D. is in sympathy with

4. Being <u>open-minded</u> towards people with different ideas is an indication that one has been well educated.

A. analytical　B. bearable　C. elastic　D. tolerant

5. There were beautiful clothes <u>displayed</u> in the shop windows.

A. spread　B. shown　C. exposed　D. located

6. The more a nation's companies <u>locate</u> factories abroad, the smaller that country's recorded exports will be.

A. lie　B. spot　C. stand　D. build

7. Many difficulties have <u>come up</u> as a result of the changeover to a new type of fuel.

A. collided　B. arisen　C. smashed　D. arrived

8. Though <u>brought up</u> in a big city, Peter always prefers to paint the primitive scenes of country life.

A. civilized　B. raised　C. located　D. cultivated

9. In preparing scientific reports of laboratory experiments, a student should <u>introduce</u> his findings in logical order and clear language.

A. furnish　B. justify　C. identify　D. present

答案与译文

1. [D] 在当前的经济气候下，我们可以取得比以往更大的进步。
2. [C] 经理向其中一位女售货员投去了责备的目光，因为她对顾客的态度不友好。
3. [C] 委员会一致反对计划的任何变动。
4. [D] 对持有不同观点的人采取宽容的态度，这表明一个人受过良好的教育。
5. [B] 橱窗里陈列着漂亮的衣服。
6. [D] 一个国家，其公司在国外建厂越多，那么它所记录的出口量就越小。
7. [B] 改用新型燃料后出现了许多困难。
8. [B] 尽管在大城市长大，彼得还是喜欢画乡村生活的质朴景象。
9. [D] 学生在准备对实验结果做科学报告时，应该按逻辑顺序用清楚的语言把研究发现陈述出来。

Lesson 14

词根词缀表

dic 指出	indicate *vt.* 表明	myst 神秘	mysterious *a.* 神秘的
spec(t) 看	prospect *n.* 前景	test 证据	testimony *n.* 证词
vis 看见	provision *n.* 准备	err 犯错	error *n.* 错误
nutri 养育	nutrition *n.* 营养	doc 教导	document *n.* 文件
ceive 拿,取	deceive *vt.* 欺骗	com- 一起	compile *vt.* 汇编

indicate /ˈɪndɪkeɪt/

【助记】in+dic(宣告)+ate→向……宣告→表明

vt. ①标示,指示;指出 an arrow *indicating* north 指向北方的箭头 // A research *indicates* that dinosaurs were warm-blooded animals. 一项研究指出恐龙是热血动物。

②表明 Fever *indicates* sickness. 身体发烧表明有病。

派 **indication** *n.* 标示,指示 // **indicator** *n.* 指示器;指示牌

indication /ˌɪndɪˈkeɪʃən/

n. ①指示 This map gives no *indication* of the heights of the hills. 这张地图没有标出这些山的高度。

②象征,迹象 He gave no *indication* of his own feelings at all. 他一点儿也没有显露自己的感情。

indicative /ɪnˈdɪkətɪv/

a. ①(~*of*)标示的,象征的 Is a high forehead *indicative of* great mental power? 前额高表示有大智慧吗?

②陈述的 Use the *indicative* mood to make a sentence. 请用陈述语气造句。

n. 陈述语气 There are three moods, *indicative*, imperative and subjunctive in English. 英语中有三种语气,即陈述语气、祈使语气和虚拟语气。

conceive /kənˈsiːv/

【助记】con(一起)+ceive(拿)→吸取精华→构想出

v. ①(~*of*)构想出 *conceive* (*of*) a plan 想出一个计划 // Who first *conceived* the idea *of* building nuclear power plants? 第一个想到建核能电厂的人是谁?

②怀孕 Traditionally in China it is a shame for a girl to *conceive* a baby before she marries. 中国的传统观念是,女孩未婚先孕是可耻的。

搭 conceive (of) (doing) sth. 构想,设想(做)某事

派 **conceivable** *a.* 可想到的,可能的

> **雅思真题** It is difficult to *conceive of* vigorous economic growth without an efficient transport system. 没有高效的交通运输系统,就很难想象经济会迅猛增长。

prospect /ˈprɒspekt/

【助记】pro(forward)+spect(看)→向前看→前景

n. ①前景 What do you think about the *prospect* of cyber economy? 你对网络经济的前景有何看法?

②景象 a beautiful *prospect* over the valley 山谷之上的美丽景色

③有希望的候选人 She's considered a good *prospect* for the next election. 她被认为是下次选举有希望获胜的人。

搭 in prospect 可期待;有希望;在考虑中 // open up prospects for 为……开辟前景

prospective /prəˈspektɪv/

a. 预期的,可能的 They want to sell their house and already have a *prospective* buyer. 他们想卖房,并且已经有了一位有意向的买主。

搭 prospective benefits 预期的利益 // prospective bride 未来的新娘 // a prospective statute 将会生效的法令

speculate /ˈspekjuleɪt/

【助记】spec(看)+ulate→根据看到的来判断→推测

vi. ①(~*about, on*)**推测，推断** I wouldn't like to ***speculate on*** the reasons for her resignation. 我不愿意猜测她辞职的原因。

②**投机** It's dangerous to ***speculate***. 投机是很危险的。

vt. **推测，推断** He ***speculated*** that the two events might be linked. 他推测那两件事可能有联系。

派 **speculative** ***a.*** 推测出的；投机的 // **speculator** ***n.*** 投机者，投机商 // **speculation** ***n.*** 推测；投机活动

reckon /ˈrekən/

vt. ①**认为** What do you ***reckon*** our chances are of arriving on time? 你认为我们有没有可能按时到达？

②(~*on*)**指望** Can I ***reckon on*** you to help? 你能帮助我吗？

③**测算** Did you ***reckon*** in the cost of the taxi? 你把出租车费算进去了吗？

搭 reckon with 估计到；处理 // reckon in 把……计算在内 // reckon on 指望，盼望 // reckon... as... 认为……是…… // reckon for... 对……负责；说明理由；考虑到，估计到

ponder /ˈpɒndə/

【助记】pond(衡量)+er→掂量分量→考虑

v. **考虑**【同 consider】Many people are ***pondering*** (on) the meaning of life. 许多人都在苦苦思索生活的意义。

搭 ponder on/over 思索，深思

remote /rɪˈməʊt/

【助记】re(back, away)+mote(移动)→往远处移动→遥远的

a. ①**遥远的；偏远的** Space probes operate in dark, cold, ***remote*** parts of the solar system. 太空探测器在太阳系黑暗、冰冷、遥远的地方进行探测。// the ***remote*** future/ages 遥远的未来/年代 // a ***remote*** farm 偏僻的农场

②**关系疏远的** a ***remote*** relative 远亲

③**绝少的，微乎其微的** Chances of success are ***remote***. 成功的可能性微乎其微。

④**孤高的** She was a silent girl, cool and ***remote***. 她是一个沉默寡言的女孩，冷漠且孤傲。

isolate /ˈaɪsəleɪt/

vt. **使隔离，使孤立** Should AIDS patients be ***isolated*** from others? 应不应该把艾滋病人和其他人隔离开？

派 **isolation** ***n.*** 孤立，隔离

isolated /ˈaɪsəleɪtɪd/

a. ①**偏僻的**【同 remote】an ***isolated*** village 偏僻的村庄

②**孤立的，个别的** They were just several ***isolated*** cases of violent behaviour. 它们只是几例孤立的暴力事件。

③**孤单的，孤独的** Working at home makes him feel ***isolated***. 在家工作让他觉得与世隔绝。

> **雅思真题** After this remote Pacific island was settled by the Polynesians, it remained ***isolated*** for centuries. 波利尼西亚人在这个遥远的太平洋岛屿定居之后，在几个世纪里它都与世隔绝。

block /blɒk/

n. ①**街区** He walked around the ***block*** three times. 他绕着这个街区转了3圈。

②**大厦，大楼** an office ***block*** 写字楼 // a ***block*** of flats 公寓大楼

③**大块** a ***block*** of ice 一大块冰

④**障碍(物)** A ***block*** in the pipe was preventing the water from coming through. 管道中的东西堵住了水流。

vt. **堵塞；阻碍** A large crowd ***blocked*** the corridors and exits. 人群把走廊和出口都堵死了。

stake /steɪk/

n. ①**桩，标桩** A wooden ***stake*** was driven firmly into the ground. 木桩被牢牢钉进土地里。

②**利害关系，股份** She acquired a four per cent direct ***stake*** in the business. 她获得了这家企业4%的直接股权。

③**赌注** We're playing for very high ***stakes*** here. 我们这是下了大赌注。

vt. **以……打赌，拿……冒险** He ***staked*** his whole fortune on one card game. 他把他的财产全都押在一场牌戏上。// Kevin is ***staking*** his reputation on the trade talks. 凯文把自己的声誉都押在这些贸易谈判上了。

搭 at stake 在危急关头，在危险中 Firemen must act quickly because lives are ***at stake***. 消防员必须行动迅速，因为生死攸关。

provision /prəˈvɪʒən/

【助记】pro(forward)+vis(看)+ion→向前看，未雨绸

缪→准备

n. ①供应 The government is responsible for the ***provision*** of education for all the children. 政府有责任向所有儿童提供教育。

②准备 He did not make any ***provision*** for his children's education. 他没为孩子的教育作任何准备。

③条款 They failed to carry out the ***provisions***. 他们没有按照规定办事。

④[*pl.*] 给养,口粮 We went into town to stock up on ***provisions***. 为了储备食物我们进了城。

preparation /ˌprepəˈreɪʃən/

【助记】prepare(*v.* 准备)的名词形式

n. ①准备(工作) ***Preparation*** for a wedding can exhaust a couple. 婚礼的准备工作可以使一对夫妇筋疲力尽。

②制剂 biological ***preparation*** 生物制剂

搭 make/do preparations for... 为……做准备 // be in preparation 在准备中

派 **preparatory** ***a.*** 预备的,筹备的

requirement /rɪˈkwaɪəmənt/

【助记】require(要求)+ment→要求

n. ①要求,必要条件 A ***requirement*** for this job is that the applicants should have experience in a related field. 这份工作的一个要求是求职者应有相关的经验。

②需要的东西 The refugees' main ***requirements*** are food and shelter. 难民的主要需求是食物和住所。

command /kəˈmɑːnd/

【助记】com(共同)+mand(命令)→命令大家一起做→指挥

n. ①命令;指挥 Soldiers must obey ***commands*** unconditionally. 军人必须无条件地服从命令。

②掌握,运用能力 be in ***command*** of yourself 能控制自己 // He has a good ***command*** of English. 他精通英语。

vt. ①命令,指挥 The officer ***commanded*** his men to fire. 军官命令士兵开火。

②拥有,掌握 The party that ***commands*** a majority of seats in Parliament forms the government. 由在国会拥有多数席位的党派组成政府。

③值得,博得 Doctor Young ***commands*** a great deal of respect as a surgeon. 作为一位外科医生,杨博士赢得极大的尊敬。

④俯瞰 Baiyun Mountain ***commands*** a magnificent view of Guangzhou City. 从白云山可以清楚地俯瞰广州城。

用 command 作动词表示"命令"时,后跟 that 从句,谓语动词要用"(should)+动词原形"表虚拟。

派 **commander** ***n.*** 海军中校;指挥官 // **commandment** ***n.*** 戒律,圣诫

specific /spɪˈsɪfɪk/

a. ①特定的,特有的 My research deals with customs ***specific*** to West Africa. 我专门研究西非特有的风俗习惯。

②明确的,具体的 Instructions for a nation-wide test must be ***specific***. 全国统考的考试指令必须详细而明确。

n. [*pl.*] 详情 Okay, that's the broad plan—let's get down to the ***specifics***. 好,这是总的计划——下面来谈谈具体细节。

> 【辨析】表示"具体"的形容词
>
> concrete:指通过感官能看到、听到、触到的具体东西,其反义词是 abstract
>
> specific:侧重指具体的细节,是与 general(一般)、vague(模糊)相对的具体

specify /ˈspesɪfaɪ/

vt. 明确说明 The regulations ***specify*** that calculators may not be used in the examination. 规则中明确说明考试时不得使用计算器。

specification /ˌspesɪfɪˈkeɪʃən/

【助记】specific(详细的)+ation→标有详细说明的小册子→说明书

n. ①[常 *pl.*] 规格 fall short of ***specifications*** 不合规格

②明确说明 The First Amendment to the American constitution is the ***specification*** that each citizen enjoys freedom of religion. 美国宪法的第一条修正案是关于公民享有宗教信仰自由的规定。

③说明书 machine ***specification*** 机器说明书

sponsor /ˈspɒnsə/

n. 发起者,赞助者 The presidency campaign needs lots of ***sponsors***. 总统竞选需要很多的资助者。

vt. ①发起,主办 The meeting was ***sponsored*** by 16 countries. 此次会议是由16个国家发起召开的。

②资助 It is a pity that he doesn't have enough money to ***sponsor*** the project. 遗憾

的是他没有足够的钱来资助这项计划。

③支持 Eight senators *sponsored* legislation to stop the military funding. 8位参议员支持立法停止军事拨款。

endow /ɪn'daʊ/

【助记】en(in)+dow(给予)→赋予

vt. ①捐赠，资助 He *endowed* the hospital with a large fortune. 他捐赠一笔巨款给这家医院。

②(~*with*)赋予 Great musicians certainly were *endowed with* musical talent. 大音乐家确实具有音乐天赋。

搭 endow sb./sth. with... 赋予、给予某人/某事物…… // be endowed with... 有……的天赋，天生具有……

donate /dəʊ'neɪt/

【助记】don(给予)+ate→捐赠

v. 捐赠 The millionaire *donated* a large sum of money to an orphanage. 富豪向孤儿院捐了一大笔钱。// *donate* to cancer research 为癌症研究捐款

派 **donator** *n.* 捐赠者 // **donation** *n.* 捐赠，捐款 // **donor** *n.* 捐赠者 *a.* 赠与的

patron /'peɪtrən/

n. ①资助人，赞助人 a *patron* of arts 艺术的赞助者

②老主顾，顾客 A number of *patrons* were waiting for tables at the restaurant. 餐馆有许多顾客在等着上菜。

派 **patronage** *n.* 光顾 // **patronize** *v.* 光顾

gross /grəʊs/

a. ①总的 GDP stands for *Gross* Domestic Product. GDP是国内生产总值的缩写。

②严重的，显著的 He made a *gross* mistake. 他犯了严重的错误。

③粗俗的 You can tell from his *gross* language that the man was uneducated. 从他那粗俗的语言可以看出，这个人没受过教育。

④臃肿的 I feel fat, *gross*—even my legs feel flabby. 我觉得自己又胖又臃肿，我甚至觉得腿上的肉都是松弛的。

vt. 获得……总收入 The firm *grossed* $3 million annually. 该公司每年获得300万美元毛利。

搭 gross out 使厌恶，令人充满厌恶，使恶心

evaluate /ɪ'væljʊeɪt/

【助记】e(out)+valu(看作value)+ate→评定出价值→评价

vt. 评估，评价【同 assess】We shall need to *evaluate* how the new material stands up to wear and tear. 我们需要对新材料的耗磨损性进行评估。

派 **evaluation** *n.* 评价，估计

nurture /'nɜːtʃə/

vt. 养育，培育；培养(情感等) children *nurtured* in an overprotective environment 在过分保护的环境下养育出来的孩子 // *Nurture* your mind with good reading. 用优秀读物来陶冶你的心智。

n. 养育，培育 The tree grows well in his *nurture*. 在他的培育下这棵树长得很好。 // nature and *nurture* 本性和教养，遗传和环境

nutrition /njuː'trɪʃən/

【助记】nutri(养育)+tion→能滋养身体的物质→营养

n. 营养【反 malnutrition】A balanced diet provides *nutrition* for your body. 均衡的饮食使你的身体获得营养。

派 **nutritious** *a.* 有营养的，滋养的 // **nutrient** *n.* 营养品

fitness /'fɪtnɪs/

n. ①健壮；健康 Sam is trying to improve his *fitness* by cycling to work. 山姆每天骑车上班，想以此来改善健康状况。

②合适；胜任 Her *fitness* for the new position is not in question. 她胜任那个新职位，这毫无疑问。

notable /'nəʊtəbl/

【助记】not (标记)+able (可……的)→有标记可辨认的→显著的

a. 显著的，著名的 Sled dogs are *notable* for their stamina. 雪橇狗以它们的忍耐力而著称。

n. 名人 businessmen and local *notables* 商界要人和当地名流

expend /ɪk'spend/

【助记】ex(out)+pend(衡量)→"消费"前要衡量一下钱包

vt. 花费，消费 My sister *expended* most of her incomes on all sorts of luxuries. 我姐姐把她的

大部分收入用在奢侈品上。// *expend* energy/time/resources 耗费精力/时间/资源

派 expense *n.* 消费；消耗；[*pl.*]开支 // expenditure *n.* 经费；支出，消耗

expense /ɪk'spens/

n. ①花费 Don't involve yourself in unnecessary *expense*. 不做不必要的花费。

②[*pl.*]开支 Holidays and other *expenses* reduced her bank balance to almost nothing. 度假和其他开销使她在银行的存款所剩无几。

搭 spare no expense 不惜代价 // at the expense of 由……付费；以……为代价 He finished the job ***at the expense of*** his health. 他以牺牲健康为代价完成了这项工作。

expenditure /ɪk'spendɪtʃə/

n. 费用；花费【同 spending】The municipal government will increase its anti-epidemic *expenditure*. 市政府将增加防疫经费。

【辨析】表示“花费，开支”的名词

expense：指水费、电费等一般性费用支出

expenditure：多用在正式场合，如政府开支、国防开支等

purchase /'pɜːtʃəs/

【助记】pur(for)+chase(追)→追求喜欢的东西→购买

vt. 购买 They have *purchased* 30 percent of the shares of the company. 他们购买了该公司30%的股份。

n. 购买，购买的物品 make a *purchase* 买件东西

costly /'kɒstlɪ/

a. 昂贵的 It would be too *costly* to repair the car. 修理这辆汽车要花很多钱。

【归类卡片】-ly结尾的形容词

lovely 可爱的	friendly 友好的
cowardly 胆小的	orderly 有秩序的
brotherly 兄弟般的	

routine /ruː'tiːn/

n. 例行公事 He checked under the car for bombs as a matter of *routine*. 他例行公事地查看汽车底部是否有炸弹。

a. 例行的 A *routine* medical examination is advisable at least once a year. 一年至少要做一次例行的体检。

搭 go into one's routine 说自己照例要说的话；做自己照例要做的事

agenda /ə'dʒendə/

n. 议事日程 The *agenda* of the meeting consisted of ten items. 会议议程包括10项内容。

搭 place/put sth. on the agenda 把某事提到日程上来

schedule /'skedʒʊl, 'ʃedjuːl/

n. ①时刻表 a train *schedule* 火车时刻表

②明细表 a *schedule* of freight rates 运费明细表

vt. 安排 The meeting is *scheduled* on Friday. 会议安排在星期五。

搭 ahead of schedule 提前 // on schedule 按时间表，及时 Filming began ***on schedule***. 拍摄如期开始。

bulletin /'bʊlɪtɪn/

【助记】BBS是Bulletin Board System（电子公告板）的简称

n. ①最新消息；公告 He tacked the notice on the *bulletin* board. 他把通知钉在了布告板上。

②学报 school *bulletin* 校刊

forum /'fɔːrəm/

【助记】for+u(看作you)+m(看作me)→供你我发表意见的地方→论坛

n. 论坛，讨论会 The letters page of this newspaper is a *forum* for public argument. 这份报纸的读者来信栏是公众意见的论坛。

curse /kɜːs/

vi. 咒骂 She *cursed* terribly. 她大肆咒骂。

n. ①咒骂 be under a *curse* 受到诅咒

②祸害 Gambling is often a *curse*. 赌博常常是祸根。

派 cursed *a.* 可憎的，可恶的

cheat /tʃiːt/

vt. 欺骗，骗取 The salesman *cheated* me into buying a fake. 那个推销员骗我买了假货。

vi. 行骗，作弊 *cheat* on/in an exam 考试作弊 //

Jack always *cheats* at cards. 杰克打牌时总是作弊。

n. 欺骗；骗子 The whole thing was a *cheat*. 这件事完全是骗局。

【一言辨异】cheat, deceive

George *cheated* in the exam, but the teacher was not *deceived*. 乔治在考试中作弊，可没有骗过老师。

deceive /dɪ'siːv/

【助记】de(away)+ceive(拿)→用不正当手段拿走→欺骗

vt. 欺骗 Good friends shouldn't *deceive* one another. 好朋友之间不应互相欺骗。// *deceive* sb. with fair words 用花言巧语欺骗某人

派 **deceit** *n.* 欺骗，欺诈；骗术 // **deceitful** *a.* 欺诈的，不诚实的 // **deception** *n.* 欺骗；诡计，骗局 // **deceptive** *a.* 欺骗的，虚假的

【辨析】表示"欺骗"的动词

cheat：指用不诚实的手段占便宜、骗钱财；也指考试作弊

deceive：指通过歪曲事实、隐瞒真相等使人上当受骗

accuse /ə'kjuːz/

【助记】ac(to)+cuse(诉讼)→指控

vt. 指控，指责 The police *accused* him of murder. 警方指控他犯了谋杀罪。

搭 accuse sb. of (doing) sth. 指责某人(做错)某事，控告某人(犯)某罪

派 **accusation** *n.* 控告；罪名；谴责

mysterious /mɪ'stɪərɪəs/

a. 神秘的 He died in *mysterious* circumstances, and there is still a possibility that it was murder. 他死得蹊跷，仍不排除是谋杀的可能。

mystery /'mɪstərɪ/

n. 神秘(性)，神秘的人(或事物) His death remains a *mystery*. 他的死仍然是个谜。

witness /'wɪtnɪs/

【助记】wit(了解)+ness→了解情况的人→目击者

n. ①目击者，见证人 Police have appealed for *witnesses* to the accident. 警方呼吁这个事故的目击者出来作证。

②证据 She was punished for giving false *witness*. 她因作伪证受到惩处。

vt. ①目击 Did anyone *witness* the traffic accident? 有谁目击了这场交通事故？

②以……作证，证明 There are alternative ways to teach children, as *witnessed* by Rosemont Elementary's program. 教育孩子还有其他可供选择的方法，罗斯蒙特小学的课程证明了这一点。

搭 bear witness to 构成……的证据；为……作证，证明

用 该词意为"目击、见证"时，用主动语态，主语可以是时间、人或物、地点等，如：This old church has witnessed many wedding ceremonies.（这个古老的教堂见证了许多次婚礼。）

testimony /'testɪmənɪ/

n. ①证词 The grand jury today heard *testimony* from numerous witnesses. 大陪审团今天听取了众多证人的证词。

②证据，证明 These results are a *testimony* to your hard work. 这些成果是你辛勤劳动的证明。

verify /'verɪfaɪ/

【助记】veri(真实)+fy(使)→使……认为是真的→证实

vt. ①核实 We have no way of *verifying* his story. 我们无法核实他所说的情况。

②证实 Subsequent events *verified* my suspicions. 接着发生的事件证实了我的猜测。

rectify /'rektɪfaɪ/

【助记】rect(正确的)+ify(使)→使……正确→纠正

vt. 纠正，修复 I want to *rectify* my error before it was too late. 趁还来得及我想纠正我的错误。

error /'erə/

n. 错误 Irrationally held truths may be more harmful than reasoned *errors*. 无理性地推崇真理会比合理的错误更有害。

派 **erroneous** *a.* 错误的，不正确的

shortcoming /'ʃɔːtˌkʌmɪŋ/

【助记】short(不足)+coming→缺点

n. 缺点 It's a virtue to admit and overcome

one's ***shortcomings***. 正视并克服自己的缺点是一种美德。

用 该词多用其复数形式。

flaw /flɔː/

n. 缺点，瑕疵；缺陷【同 defect】The ***flaw*** in this vase makes it less valuable. 这个花瓶因为有点瑕疵，不那么值钱了。// Vanity is the great ***flaw*** in the character of many women. 爱慕虚荣是很多女性性格中的重大缺陷。

detect /dɪ'tekt/

【助记】de(away)+tect(遮盖)→拿走遮盖物→发现

vt. ①察觉，发现 Some sounds can not be ***detected*** by the human ear. 有些声音是人耳无法察觉的。

②查明 The tests are designed to ***detect*** the disease early. 这些检查旨在早期查出疾病。

派 **detector** *n.* 发现者；探测器

雅思真题 That course is presumably all about means: how to ***detect*** and prosecute criminal activity. 这一课程大概只与方法有关：如何发现和起诉犯罪行为。

predict /prɪ'dɪkt/

【助记】pre(before)+dict(说)→预先说→预测

vt. 预测 The witch said that her crystal ball could ***predict*** the future. 女巫说她的水晶球可以预测未来。

派 **prediction** *n.* 预言 // **unpredictable** *a.* 无法预料的，不稳定的

predictable /prɪ'dɪktəbl/

a. 可预计的，可预料的【反 unpredictable】Comets appeared at ***predictable*** times. 彗星在预计的时间出现。

派 **predictability** *n.* 可预测性

behave /bɪ'heɪv/

【助记】be+have(有)→有好的"表现"

vi. ①表现 Tom ***behaved*** awfully during his first date with the pretty girl. 汤姆和那个漂亮女孩第一次约会时表现得差劲极了。

②运转 How is the new car ***behaving***? 新车的性能怎么样？

vt. (*~oneself*)检点(自己的)行为 The children do not know how to ***behave themselves*** decently. 小孩子不懂得怎样举止得体。

派 **behavio(u)r** *n.* 行为；运转情况

abnormal /æb'nɔːməl/

【助记】ab(away)+normal(正常的)→反常的

a. 反常的 El Nino has resulted in the ***abnormal*** weather in many parts of the world. 厄尔尼诺现象已经导致世界很多地区气候反常。

派 **abnormality** *n.* 反常，异常

exotic /ɪg'zɒtɪk/

【助记】ex(out)+otic→外来的

a. 奇异的，外来的，异国情调的 There are some ***exotic*** words in English language. 英语中有一些外来词。

absurd /əb'sɜːd/

a. 荒谬的 It's ***absurd*** that the number "13" brings bad luck. 认为数字13不吉利太荒唐了。

eccentric /ɪk'sentrɪk/

【助记】ec(out)+centr(中心)+ic→远离中心的→古怪的

a. 古怪的 The old lady has some ***eccentric*** habits. 这位老妇人有一些古怪习惯。

n. 古怪的人 Many of Mr. Brown's colleagues consider him an ***eccentric***. 布朗先生的很多同事认为他是个怪人。

queer /kwɪə/

a. ①奇怪的 She gave a ***queer*** laugh. 她古怪地笑了笑。

②不舒服的，想呕吐的 I'm feeling a little ***queer***; I think I'll go home. 我感到有些不舒服，我想还是回家吧。

搭 in queer street [口]欠债的；(在金钱上)有困难的

【辨析】表示"奇怪"的形容词

eccentric：行为举止与他人不同，特别是以一种令人发笑而无恶意的方式

queer：无法解释的怪诞，强调事物的奇特和不可思议

odd：一反常态或出乎意料

unique /juː'niːk/

【助记】uni(one)+que→唯一的

a. ①唯一的，独特的 Each person's fingerprints are ***unique***. 每个人的指纹都是独一无二的。

②极不寻常的，极好的 His talent is quite

unique. 他的天才是无与伦比的。

搭 unique to... 只有……才有的 // unique opportunity 极难得的机会

用 unique 意为"独一无二的",没有比较级和最高级。

odd /ɒd/

a. ①奇特的，古怪的 Scientists are trying to crack the ***odd*** signs in the great pyramid. 科学家们正尝试破译大金字塔内的奇特符号。

②临时的,不固定的 ***odd*** jobs 零工

③单的;奇数的 ***odd*** number 奇数

④剩余的,余下的 ***odd*** money 零钱

n. [*pl.*] 可能性 The ***odds*** are 10 to 1 that Ang Lee's movies would be a box office success. 李安的电影十之八九会有好的票房收入。

搭 at odds with 与……不和 // odds and ends 零星杂物 // against all (the) odds 尽管有极大的困难

peculiar /pɪˈkjuːlɪə/

a. ①奇怪的 The fish has a ***peculiar*** taste. 这鱼有股怪味。// They behaved in a very ***peculiar*** way. 他们的举止很奇怪。

②特有的【同 unique】be ***peculiar*** to... ……独有的 // This is a species of bird ***peculiar*** to Asia. 这是一种亚洲独有的鸟。

n. 特有财产，特权 It's the manager's ***peculiar*** to use this meeting room. 使用这间会议室是经理的特权。

派 **peculiarity** *n.* 特色;怪癖;特殊的东西

particular /pəˈtɪkjʊlə/

a. ①特定的,特指的 Fred hasn't seen that ***particular*** film. 弗雷德还没看过那部电影。

②特殊的 That day, for no ***particular*** reason, I decided to go for a little run. 那天,也没什么特别的原因,我决定跑一小段。(《阿甘正传》)

③讲究的，挑剔的 Marty's very ***particular*** about his food. 马蒂对吃东西非常挑剔。

n. [常 *pl.*] 详情，细目 For ***particulars***, please ask the information desk. 详情请向问询处查询。

搭 in particular 特别，尤其 Was there anything ***in particular*** that you wanted to talk about? 你有什么特别想说的吗?

particularly /pəˈtɪkjʊləlɪ/

ad. 特别,尤其,异乎寻常地【同 especially】I didn't ***particularly*** want to go, but I had to. 我并不是特别想去,但我不得不去。// The restaurant is ***particularly*** popular with young people. 这家餐馆特别受年轻人欢迎。

unusual /ʌnˈjuːʒʊəl/

【助记】un(not)+usual(平常的)→不平常的

a. ①不平常的 Snow is an ***unusual*** sight in this warm place. 下雪在这个温暖的地方是一种罕见的景象。

②独特的 I like that painting; it's most ***unusual***. 我喜欢那幅画,它很与众不同。

rare /reə/

a. ①稀有的，罕见的 Stealing is of ***rare*** occurrence in this area. 盗窃在这个地区很少发生。

②珍奇的 The panda is a ***rare*** animal in the world. 熊猫是世界上一种稀有动物。

③(空气等)稀薄的 The higher you climb up the mountain, the ***rarer*** the air is. 越往山上爬,空气越稀薄。

④煎得嫩的 Would you like the steak well done or ***rare***? 你喜欢牛排煎得透一点，还是略生一点?

派 **rarity** *n.* 罕见;稀有的事物

rarely /ˈreəlɪ/

ad. 不常，难得 ***Rarely*** is progress made in giant leaps. 很少有一步登天的事情。

用 由 rarely、only、very 开头的句子要主谓倒装。

> 【归类卡片】置于句首引起句子主谓倒装的短语或副词
>
> ★ 含 no 的副词短语(表示"无论如何都不……"): by no means, in no way, in no case, on no account, under no circumstance...
>
> ★ 含否定意义的副词:seldom, rarely, barely, scarcely, nowhere...

extraordinary /ɪkˈstrɔːdənərɪ/

【助记】extra(在……之外)+ordinary(平常的)→平常之外的→不平常的

a. 不平常的,非凡的 Her strength of will was ***extraordinary***. 她的意志力非凡。

manner /ˈmænə/

【助记】man(人)+ner→做人就得有礼貌→礼貌

n. ①方式,方法 This seems rather an odd ***manner*** of deciding things. 这似乎是一种十分古怪的决定事情的方法。

②举止 His rude *manner* made the customers very angry. 他粗鲁的态度令顾客非常生气。

③礼貌 Mind your *manners* at the dinner party. 宴会上要注意礼貌。

搭 in a manner of speaking 不妨说 // all manner of 各种各样的 The problem can be solved in *all manner of* ways. 这个问题可以用各种方法加以解决。

draft/draught /drɑːft/

n. ①草稿 make out a *draft* of 起草

②汇票 Payment must be made by bank *draft*. 必须用银行汇票付款。

③征兵 a *draft* system 征兵制

④通风 You may catch cold if you sit in a *draft*. 你坐在通风的位置会着凉的。

vt. ①起草 Jefferson *drafted* *The Declaration of Independence*. 杰斐逊草拟了《独立宣言》。

②征募,征召……入伍 Her brother was *drafted* into military service. 她哥哥应征入伍。

file /faɪl/

n. ①档案 It is important to update customer *files*. 更新客户档案很重要

②文件夹 Put this letter in the main *file*. 把这封信放在主要文件夹中。

③纵列 in single *file* 排成一路纵队

vt. ①把(文件)归档 *Filing* the clippings is part of the daily work of the secretary. 把剪报归档是这个秘书的日常工作之一。

②提出(申请书等) They *filed* an application to have their case heard early. 他们申请早日审理他们的案子。

vi. ①(~*for*)提出 to *file for* bankruptcy/divorce 申请破产/离婚

②排成纵队行进 I saw the policemen *file* away a moment ago. 刚才我看见警察排成一列纵队出发了。

搭 on file 存档

document /ˈdɒkjumənt/ *n.* /ˈdɒkjument/ *vt.*

n. 公文,文件 confidential *document* 保密文献 // legal *documents* 法律文件

vt. 用文件(或文献)等证明,记载 *Interpretation of Dreams* is highly *documented* with actual cases.《梦的解析》记录了大量真实病例。

documentary /ˌdɒkjuˈmentərɪ/

a. 文献的,书面的 He provided no *documentary* evidence to support his claims. 他没有提供书面证据来支持自己的索赔要求。

n. 纪录片 a full length *documentary* 大型纪录片

compile /kəmˈpaɪl/

【助记】com(共同)+pile(堆)→汇编

vt. 汇编,编纂 Each year the State Statistical Bureau will *compile* a yearbook by fields and by regions. 每年国家统计局都会按照行业和地区编撰年刊。

insert /ɪnˈsɜːt/

【助记】in(into)+sert(加)→插入

vt. 插入,嵌入 When you draw money from an ATM, you should *insert* your debit card first. 当你要从自动提款机上取钱时,首先得插入你的借记卡。

delete /dɪˈliːt/

【助记】电脑键盘上的Delete(删除)键

vt. 删除 First love can't be easily *deleted* from the memory. 初恋总是不能轻易地从记忆中抹去。

duplicate /ˈdjuːplɪkɪt/ *n./a.* /ˈdjuːplɪkeɪt/ *vt.*

【助记】du(两,双)+plic(重叠)+ate→复制品

n. 复制品 Is this a *duplicate* or the original? 这是复制件还是原件?

a. 复制的 a *duplicate* copy 副本

vt. ①复制 Please *duplicate* the document for me! 请帮我复写下这份公文。

②重复 This research merely *duplicates* work already done elsewhere. 这项研究仅仅是重复别人已经做过的工作。

搭 in duplicate 一式两份

派 duplication *n.* 副本;复制

stuff /stʌf/

n. 原料,材料 Real life is the *stuff* of all good novels. 真实生活是所有优秀小说的创作题材。

vt. ①填进,塞满 The bus is *stuffed* with passengers. 汽车里挤满了乘客。

②让……吃饱 Our greatest enjoyment now is to *stuff* ourselves. 现在我们最大的享乐就是吃饱肚子。

派 stuffing *n.* (垫子等的)填料

同义替换练习

1. Some American colleges are state-supported, others are privately <u>funded</u>, and still others are supported by religious organizations.
A. ensured B. attributed C. authorized D. endowed
2. These teachers try to be objective when they <u>assess</u> the integrated ability of their students.
A. justify B. evaluate C. indicate D. reckon
3. The <u>prospects</u> of finding gold in California attracted a lot of people to settle down there.
A. possibility B. mystery C. stakes D. provisions
4. Whether you live to eat or eat to live, food is the major <u>spending</u> in every family's budget.
A. nutrition B. expenditure C. routine D. provision
5. The shop assistant was dismissed as she was <u>charged with</u> cheating customers.
A. accused of B. identified with C. punished for D. cursed out
6. The plane found the spot and hovered close enough to <u>check</u> that it was a car.
A. predict B. rectify C. verify D. witness
7. Various efforts have been made over the centuries to predict earthquakes, including observing lights in the sky and <u>abnormal</u> animal behavior.
A. odd B. mysterious C. absurd D. erroneous
8. It seems somewhat <u>ridiculous</u> to expect anyone to drive 3 hours just for a 20-minute meeting.
A. erroneous B. impossible C. absurd D. unique
9. With <u>uncommon</u> exceptions, the former president does not appear in public now.
A. rare B. singular C. extraordinary D. unique
10. The rapid development of communications technology is transforming the <u>manner</u> in which people communicate across time and space.
A. routine B. behaviour C. vision D. way
11. It is my hope that everyone in this class should <u>correct</u> their errors before it is too late.
A. direct B. exclude C. expel D. rectify
12. Mr. Smith asked his secretary to <u>insert</u> a new paragraph in the annual report she was typing.
A. duplicate B. install C. invade D. add

答案与译文

1. [D] 有些美国大学是由政府资助的，有些是由私人资助的，还有一些则由宗教组织出资。
2. [B] 这些老师尽量客观地评价学生们的综合能力。
3. [A] 找到黄金的希望吸引了许多人来到加利福尼亚定居。
4. [B] 无论是活着为了吃饭、还是吃饭为了活着，食物都是每一个家庭预算的主要支出。
5. [A] 这位店员被辞退了，因为她被控欺骗顾客。
6. [C] 飞机发现了那个小黑点，飞到很近才确认那是一辆汽车。
7. [A] 数个世纪以来，人们都在尝试着运用各种方法来预测地震，包括观察天空的光和异常的动物行为。
8. [C] 指望任何人仅仅为了一个20分钟的会议而驾车3个小时似乎有些荒唐。
9. [A] 除了少数情况下，前总统如今不在公共场合露面了。
10. [D] 通讯技术的迅速发展正在改变人们跨越时空进行交流的方法。
11. [D] 我希望这个班的每个人都能在无法弥补之前纠正自己的错误。
12. [D] 史密斯先生让他的秘书在她正在打印的年度报告里插入一个新段落。

Lesson 15

词根词缀表

gage 保证	engage *v.* 从事	homo- 相同	homogeneous *a.* 同种类的
sue 跟随	pursue *vt.* 追赶	grat, grati 喜好	grateful *a.* 感激的
spons 约定	responsible *a.* 有责任感的	sent 感觉	consent *n.* 同意
com-, con-, co- 一起	combine *v.* 结合	opt 选择	option *n.* 选择
part 分开	depart *vi.* 离开	lect, lig 挑选	select *vt.* 选择
stinct 刺	distinct *a.* 有区别的	dem(o) 人民	democracy *n.* 民主
ceed 走	exceed *vt.* 超过	leg 法律	legal *a.* 法律的

engage /ɪn'geɪdʒ/

【助记】en(in)+gage(保证)→保证会去做→从事于

vt. ①吸引，占用 The new toy didn't ***engage*** the child's interest for long. 这个新玩具对孩子的吸引力没有维持多久。

②(*~in*)使从事，使参与 Do you want to be ***engaged in*** politics or business? 你想从政还是从商？

③雇，聘 We must ***engage*** a lawyer to argue our case in the court. 我们必须聘请律师出庭为我们辩护。

④使订婚 Tom is ***engaged*** to Anne. 汤姆已与安妮订婚。

vi. 从事于 I have never ***engaged*** in drug trafficking. 我从来没有从事过贩毒。

engagement /ɪn'geɪdʒmənt/

n. ①订婚 Their ***engagement*** was announced in the local paper. 他们订婚的消息已登在当地报纸上。

②约会，约定 I won't be able to make it—I have a prior ***engagement***. 我不能去了，我另外有约在先。

搭 be under an engagement (to) 与……有约 // enter into/make an engagement with 同……订约 // meet one's engagements 履行(契约等)义务；偿还债务 // break an engagement 违约

couple /'kʌpl/

n. ①一对；两三(个) I saw a ***couple*** of men get out. 我看见有两个人出去了。

②夫妻，情侣 The ***couple*** have no children. 这对夫妻没有孩子。

vt. 连接，结合 Living apart ***coupled*** with lack of communication caused the couple to break up. 两地分居加之缺少交流，导致这对情侣分手了。

> 【辨析】表示"约会"的名词
>
> engagement：正式用语，表示同意别人提出的会面、外出或婚约的请求
>
> appointment：多指咨询、治疗性质或商业性约会
>
> date：口语常用词，尤指男女间的约会

pursue /pə'sjuː/

【助记】pur(向前)+sue(跟随)→跟随前进→追赶

vt. ①继续，从事 She decided to ***pursue*** her studies after obtaining her bachelor's degree. 她决定在获得学士学位之后继续深造。

②追赶，追击 The police ***pursued*** the stolen vehicle along the motorway. 警察在高速公路上追赶被盗的车辆。// Hounds ***pursued*** the fox for miles. 猎狗追击狐狸几英里。

③追求，寻求 Everyone has the freedom to ***pursue*** their dreams. 每个人都有追求各自梦想的自由。

pursuit /pə'sjuːt/

n. ①追求 The ***pursuit*** of profit was the main reason for the changes. 做出这些改变主要是为了追求利润。

②追赶 He was captured without much ***pursuit***. 没有经过多少追捕就把他捉住了。

③[常 *pl.*]嗜好，消遣，娱乐 They both love outdoor *pursuits*. 他们都喜欢户外活动。

搭 in pursuit of 追踪,追求 // in hot pursuit 穷追不舍

trail /treɪl/

vi. ①拖,下垂 Her skirt *trails* on the floor. 她的裙子拖在地(板)上。

②(比赛等中)输,失败 The Democrats are still *trailing* in the latest poll. 在最近的民意调查中,民主党仍然落在后面。

vt. 跟踪 They *trailed* the criminal to a house in the wood. 他们追踪罪犯到了树林中的一座房子里。

n. ①小路 nature *trail* 通往自然景观的小径

②踪迹 The hunters followed the tiger's *trail*. 猎人们跟着老虎的踪迹。

搭 trail along 没精打采地(跟在后面)走 // trail away/off 逐渐减弱,缩小 She *trailed off*, silenced by the look Kris gave her. 她看到克里斯给她的眼色,说话的声音越来越小,最后默不作声了。

indulge /ɪn'dʌldʒ/

【助记】in(towards)+dulge(温和的)→过于温和地对待→纵容

vt. ①使沉溺于 He no longer *indulged* himself in smoking. 他不再过度吸烟了。

②纵容 The mother *indulges* her children too much. 这位妈妈对她的孩子太放任了。

vi. (~*in*) 沉溺 The bitter taste of disappointed love made him *indulge in* his own daydreams. 苦涩的失恋滋味使他成天沉浸在自己编织的白日梦之中。

派 **indulgence** *n.* 放纵;沉溺;爱好 // **indulgent** *a.* 纵容的

addict /'ædɪkt/ *n.* /ə'dɪkt/ *vt.*

【助记】add(增加)+ict→欲望不断增加→使成瘾

n. 入迷的人 He has been an ice hockey *addict*. 他一直是个冰上曲棍球迷。

vt. 使成瘾,使入迷 The children are *addicted* to computer games. 孩子们对电脑游戏上了瘾。

用 addict 为及物动词,用于主动结构时,其宾语为反身代词:addict oneself to (doing) sth.,其中 to 为介词,后接名词或动名词。

派 **addiction** *n.* 沉溺,瘾

responsible /rɪ'spɒnsɪbl/

【助记】re(back)+spons(约定)+ible→能遵守约定的→有责任感的

a. ①需负责任的 The police are *responsible* for the preservation of public order and security. 警察有责任维护公共秩序和安全。

②有责任感的,可靠的 We should give the job to a *responsible* person. 我们应将该工作委托给一个有责任感的人。

③责任重大的,重要的 Mr. March held a *responsible* position. 马奇先生担任过要职。

搭 be responsible for... 对……负责

派 **irresponsible** *a.* 不负责任的,不可靠的 // **responsibility** *n.* 责任;职责,义务

slack /slæk/

a. ①马虎的【同 careless】Those who are *slack* in their work will never have a chance to be successful. 干活马虎的人永远都不会成功。

②萧条的,清淡的 Winter is the *slack* season at most hotels. 对大多数旅馆来说,冬天是淡季。

③松(弛)的 He tightened a few *slack* screws. 他旋紧了几只松动的螺丝。

n. ①松弛部分 Leave a little *slack* in the line. 线不要拉得太紧。

②[*pl.*] 宽松裤 a pair of *slacks* 一条宽松裤

vi. 懈怠 Don't *slack* off in your studies. 不要荒废学业。

搭 slack work 马虎的工作// a slack pace 慢吞吞的步子 // have a good slack 舒舒服服地休息一下 // pull up one's slacks [口]振作起来

involve /ɪn'vɒlv/

【助记】in(into)+volve(卷)→使卷入;牵涉

vt. ①包含,含有 Inventions typically *involve* minor improvements in technology. 发明创造往往包括技术上的小改进。

②使卷入 I hate to get *involved* in other people's quarrels. 我讨厌参与别人的争吵。

③牵涉,影响 The matter is serious because it *involves* your reputation. 这件事很严重,因为它影响到你的声誉。

搭 involve sb. in sth. 使某人牵涉进某事 // be/get involved in sth. 参与、卷入某事

派 **involved** *a.* 复杂的；有关的

> 雅思真题 Generally speaking, those who are most cautious about geo-engineering are the scientists ***involved*** in the research. 一般而言，参与研究的科学家对地球工程最为谨慎。

combine /kəm'baɪn/

【助记】com(共同)+bi(两)+ne→结合

v. 结合，联合 Some films ***combine*** education with recreation. 有些电影把教育与娱乐结合起来 // The two old schools are to ***combine*** to form one big new school. 这两所老学校将合并成一所大规模的新型学校。

搭 be combined in 化合成 // be combined with 与……结合 // combine... with... 把……与……结合起来

combination /ˌkɒmbɪ'neɪʃən/

n. 结合(体) The oil exporting countries formed a ***combination*** to sell oil at best price. 石油输出国家组成联盟，以便石油能卖个好价钱。

company /'kʌmpənɪ/

n. ①公司【同corporation】the National Bus ***Company*** 全国公共汽车公司

②陪伴 The children are very good ***company*** at this age. 和这个年龄的孩子在一起很开心。

③宾客，来宾 I didn't realize you had ***company***. 我不知道你有客人。

搭 in company with 与……一起 // keep sb. company 陪伴某人

board /bɔːd/

n. ①板，牌子 a chopping ***board*** 砧板

②董事会，委员会 ***board*** of education 教育委员会

③膳食，伙食 Free room and ***board*** are provided for all hotel staff. 宾馆的所有员工都可享受免费膳宿。

vt. 上(船、车或飞机) I ***boarded*** the plane bound for England. 我登上了飞往英格兰的飞机。

搭 on board 在船(飞机)上 // above board (尤指商业交易)光明正大的 // across the board 全面的

depart /dɪ'pɑːt/

【助记】de(away)+part(分开)→离开

vi. ①离开【同 leave】We ***departed*** for London at 10 a.m. 我们上午10点动身前往伦敦。

②(~*from*)背离 The new method ***departs from*** the old in several respects. 新方法在某些方面与旧方法不同。

> 【一言辨异】departed, parted
>
> The two business partners ***departed*** together from the hotel in the morning and ***parted*** at the airport in the afternoon. 那两个生意伙伴上午同时离开宾馆，下午在机场分别。

departure /dɪ'pɑːtʃə/

n. ①离开【反 arrival】The station represents ***departure*** as well as arrival. 车站代表归来，也代表离别。

②背离 The new policy is a ***departure*** from previous one. 新政策背离了以前的政策。

搭 take one's departure 动身，离开 // departure date 动身日期 // departure hall/lounge 候机室/候车室

exit /'eksɪt/

【助记】ex(out)+it(走)→走出去的通道→出口

n. ①出口 There are four emergency ***exits*** in the department store. 这家百货公司有四个紧急出口。

②退出 make one's ***exit*** 退场，退出

v. 退出 As the actors ***exited*** the stage the lights went on. 演员们退场时灯光便亮了起来。

collaborate /kə'læbəreɪt/

【助记】co(共同)+labor(工作)+ate→共同工作→合作

vi. ①(尤指在文艺、科学等方面)合作 She ***collaborated*** with her sister on a biography of their father. 她和姐姐合作写父亲的传记。

②通敌 He was accused of ***collaborating*** with the enemy. 他被指控通敌。

搭 collaborate with 与……勾结

派 **collaboration** *n.* 合作；勾结

connection/-exion /kə'nekʃən/

n. ①联系，(因果)关系 There is a close ***connection*** between food and health. 食物和健康之间有着密切的联系。

②连接(部分) The television isn't working; is there a loose ***connection***? 电视机坏了，有没有哪个地方接触不良？

③[*pl.*]熟人,关系(户) He'll get the job—he has all the right ***connections***. 他会得到那个职位的,因为他有各种管用的关系。

搭 in connection with 关于

link /lɪŋk/

vt. ①连接 The Suez Canal ***links*** the Red Sea and the Gulf of Suez with the Mediterranean Sea. 苏伊士运河将红海和苏伊士湾与地中海连接起来。

②联系 The police suspect that the two crimes may be ***linked***. 警方怀疑这两起案件可能有关联。

n. 环节,联系 weak ***link*** 薄弱环节 // Is there a ***link*** between smoking and lung disease? 吸烟与肺部疾病之间有关系吗?

搭 link... with/and... 把……与……连接或联系起来 // commercial/cultural/diplomatic links (between...) (……之间的)商业/文化/外交来往

collection /kəˈlekʃən/

【助记】col(共同)+lect(收集)+ion→收藏品

n. ①收藏品 a stamp ***collection*** 一批邮票藏品

②收取 Garbage ***collections*** are made every morning. 每天早上收一次垃圾。

③聚集,积聚 There is a ***collection*** of rubbish in the corner. 角落里有一堆垃圾。

派 **collector** ***n.*** 收藏家;征收员

collective /kəˈlektɪv/

a. 集体的 ***Collective*** effort and cooperation are extremely important in winning a ball game. 要赢得球赛,集体力量与配合是极其重要的。

n. 集体 class ***collective*** 班集体

派 **collectivism** ***n.*** 集体主义

concern /kənˈsɜːn/

【助记】con(一起)+cern(分离)→把分开的东西联系起来→关系

n. ①关切的事 a matter of the utmost ***concern*** 关系重大的事

②关心,担心 Thanks for the ***concern***. 让您费心了,谢谢。

③关系,关联 What ***concern*** is it of yours? 此事与你何干?

④公司 a going ***concern*** 生意兴隆的公司

vt. ①有关于 Where money is ***concerned***, I always try to be careful. 在有关钱的问题上,我总是尽量小心谨慎。

②使关心 More and more people are ***concerning*** themselves with environmental problems. 越来越多的人关心起环境问题。

搭 as/so far as... be concerned 就……而言 // concern oneself about/in/with 忙于,从事;关心,关切 // be concerned about 关心 // be concerned in sth. 和某事有牵连

concerning /kənˈsɜːnɪŋ/

prep. 关于 What do you know ***concerning*** this? 关于这事你知道些什么?

relevant /ˈreləvənt/

【助记】re(again)+lev(提出)+ant→"相关的"问题被再次提出来

a. 有关的,切题的【反 irrelevant】It's said that a person's fate is ***relevant*** to his character. 据说人的命运与性格有关。

搭 be relevant to... 与……有关

派 **relevance** ***n.*** 相关,切题

dependent /dɪˈpendənt/

a. ①(*~on, upon*)依靠的 You can't be ***dependent on*** your parents all your life. 你不可能一辈子靠父母生活。

②取决于……的 Despite technical progress, food production is still completely ***dependent on*** weather. 尽管技术进步了,食物生产仍然完全取决于天气。

派 **dependence** ***n.*** 依靠;相信

independent /ˌɪndɪˈpendənt/

【助记】in(not)+depend(依靠)+ent→独立的

a. ①独立的 He is economically ***independent***. 他在经济上是独立的。// Many colonies became ***independent*** nations in the 1950's. 许多殖民地在20世纪50年代成了独立国家。

②无偏见的,中立的 an ***independent*** witness 无偏见的证人

③不相关连的 a decision ***independent*** of the outcome of the study 与研究结果无关的决定

搭 be independent of 与……无关;不依赖;不取决于;不受……制约

派 **independence** ***n.*** 独立

respective /rɪˈspektɪv/

a. 各自的 All men have their ***respective*** duties.

各人有各人的职责。

用 respective 后接复数名词。

irrespective /ˌɪrɪˈspektɪv/

【助记】ir(not)+respect(考虑)+ive→不考虑的

a. (~*of*) 不考虑的 ***Irrespective of*** where you decide to turn to for help and support, it is important that you do not delay. 不管你决定从哪里得到帮助和支持，重要的是你不能耽误。

distinct /dɪˈstɪŋkt/

a. ①有区别的 Mozart's style is quite ***distinct*** from Haydn's. 莫扎特的风格与海顿的风格截然不同。

②清楚的 The outline of the ship became more ***distinct***. 船的轮廓变得更加清晰了。

③明确的，显著的 ***distinct*** improvement 显著的进步

distinction /dɪˈstɪŋkʃən/

n. ①差别，不同 What is the ***distinction*** between butterflies and moths? 蝴蝶与飞蛾有什么不同之处？

②区分，区别对待 The school makes no ***distinction*** between male and female students. 学校并没有对男女学生区别对待。

③优秀，杰出 Wordsworth is a poet of ***distinction***. 华兹华斯是位卓越的诗人。

④荣誉 win/gain a ***distinction*** for... 因……而获得荣誉或奖励

搭 without distinction 无差别地 // draw a distinction between 对……加以区别 He ***draws a distinction between*** art and culture. 他区分了艺术和文化的不同。

discriminate /dɪˈskrɪmɪneɪt/

【助记】dis(apart)+crim(罪行)+inate→把人区别对待的一种罪行→歧视

vi. ①(~***between***) 区别 The law ***discriminates between*** accidental and intentional killing. 意外杀人和故意杀人在法律上是有区别的。

②(~***against***) 歧视 Society still ***discriminates against*** women. 社会上仍然歧视女性。

派 **discrimination** ***n.*** 歧视；辨别力

division /dɪˈvɪʒən/

【助记】divis(分)+ion→分配

n. ①分；分配 ***Division*** of labour is important in industry today. 劳动分工在今天的企业中很重要。

②分歧 There are signs of growing ***division*** about the strategy to adopt. 有迹象表明采取何种策略分歧越来越大。

③除(法) processes of ***division*** 除法的运算

④部门 ***division*** of business 营业部

fundamental /ˌfʌndəˈmentəl/

a. 基本的，根本的 There are ***fundamental*** differences between your outlook on life and mine. 我和你的人生观有着本质的不同。

n. [*pl.*] 基本原则 Knowledge of the ***fundamentals*** of the trade is necessary. 对本行业基本原则的了解是必要的。

雅思真题 A ***fundamental*** difference between paintings and other art forms is that there is no prescribed time over which a painting is viewed. 绘画和其他艺术形式的一个根本区别在于，欣赏一幅画绘画作品没有既定的时间。

comparison /kəmˈpærɪsən/

【助记】com(with)+par(相等的)+ison→比较

n. ①比较 My garden doesn't stand ***comparison*** with his. 我的花园无法与他的相比。

②比拟 His ***comparison*** of the heart to a pump helped the children understand its action. 他将心脏比作打气筒有助于孩子们了解心脏的运作。

搭 by/in comparison 相比之下 // in comparison with 与……比较起来 This painting is impressive ***in comparison with*** that one. 同那幅画相比，这幅画给人的印象更深刻。

comparable /ˈkɒmpərəbl/

a. ①(~***with, to***) 可比较的 This dinner is ***comparable to*** the best French cooking. 这餐饭可与最好的法国烹饪媲美。

②比得上的 No horse has a speed ***comparable*** to that of his. 没有一匹马的速度能比得上他的马。

派 **incomparable** ***a.*** 无比的，无双的，不可比拟的

comparative /kəmˈpærətɪv/

a. 比较的，相对的 Let's make a ***comparative*** study of the two languages. 让我们对这两种语言做一个比较研究吧。// Now I'm living in *comparative* comfort. 我现在生活相对舒适。

派 **comparatively** ***ad.*** 比较地

compatible /kəm'pætɪbəl/

【助记】com(共同)+pat(承受)+ible→兼容的

a. ①兼容的 Hard work and play are ***compatible***. 努力工作和玩乐是可以兼得的。
②能和睦相处的，合得来的 Their marriage came to an end because they were simply not ***compatible*** with each other. 他俩简直无法和睦相处，所以就离婚了。

搭 be compatible with 与……相适应、不矛盾、一致、相似

派 **incompatible** ***a.*** 不谐调的；合不来的

harmony /'hɑːmənɪ/

n. 和谐，一致【反 disharmony】The ***harmony*** of sea and sky makes a beautiful picture. 大海和天空和谐交融，构成一幅美丽的图画。// live together in perfect ***harmony*** 和睦地生活在一起

搭 in harmony (with) (与……)协调一致，(与……)和睦相处 His ideas were no longer ***in harmony with*** those of his friends. 他和他朋友们的想法不再一致了。

exceed /ɪk'siːd/

【助记】ex(out)+ceed(走)→走出界限→超过

vt. 超过 ***Exceeding*** the speed limit in urban areas will be fined. 在市区内超速驾车会被罚款。// His success ***exceeds*** his hope. 他的成功超过自己所望。 // ***exceed*** one's authority 越权

exceedingly /ɪk'siːdɪŋlɪ/

ad. 极其【同 extremely】The team played ***exceedingly*** well. 这支球队打得非常出色。

instantaneous /ˌɪnstən'teɪnɪəs/

【助记】instant(立即的)+aneous→即刻的，瞬间的

a. 即刻的 I'm looking forward to an ***instantaneous*** reply to this letter. 本人翘首盼望对此信件的即刻答复。

simultaneous /ˌsɪməl'teɪnɪəs/

【助记】simul(相同)+taneous→相同时间发生的→同时的

a. 同时发生的 There will be a ***simultaneous*** broadcast of the game on TV and radio. 比赛将同时在电视和广播中进行转播。

派 **simultaneously** ***ad.*** 同时发生地

contemporary /kən'tempərərɪ/

【助记】con(共同)+tempor(时间)+ary(表人)→同代人

a. ①当代的 ***contemporary*** literature 当代文学
②同时代的 Beethoven was ***contemporary*** with Napoleon. 贝多芬与拿破仑是同时代的人。

n. 同代人 Shelley and Keats were ***contemporaries***. 雪莱和济慈是同时代的人。

existing /ɪg'zɪstɪŋ/

a. 现存的，现行的 the ***existing*** laws 现行法律 // Under the ***existing*** conditions many children are going hungry. 在目前情况下，会有很多儿童挨饿。

homogeneous /ˌhəʊmə'dʒiːnɪəs/

【助记】homo(same)+gene(种)+ous→同种类的

a. 同种类的 Japan has a largely ***homogeneous*** population. 日本的人口基本上属于同一个种族。

humo(u)r /'hjuːmə/

n. ①幽默 My grandfather has a good sense of ***humor*** and always can make us happy. 我的祖父很有幽默感，他常常逗我们开心。
②情绪 The meeting dissolved in ill ***humor***. 会议不欢而散。

搭 out of humour 情绪不好的，易发怒的

派 **good-humored** ***a.*** 心情愉快的 // **humo(u)rous** ***a.*** 幽默的，诙谐的

> 词源 借自拉丁语，意为“体液”。古时候认为人有血液、黏液、胆汁和忧郁液，会影响心情，故该词又表示“情绪”。喜剧作家认为，体液失衡会使人行为怪异可笑，故该词又有“幽默、诙谐”之义。

appreciate /ə'priːʃɪeɪt/

【助记】ap(to) + preci(价值)+ate→对价值给予肯定→赏识，欣赏

vt. ①重视，欣赏 Teachers are highly ***appreciated*** in our country. 在我们国家，教师受到高度重视。

②为……表示感激 I deeply *appreciated* your thoughtfulness. 我对你的体贴周到深表谢意。

③(充分)意识到，领会 I am afraid you have not *appreciated* the urgency of the matter. 恐怕你还没有意识到这件事的紧迫性。

vi. 增值 Gold has recently *appreciated*. 黄金最近涨价了。

派 appreciation *n.* 欣赏；感谢 // appreciative *a.* 有欣赏力的；感激的

mostly /ˈməʊstlɪ/

ad. 主要地【同 mainly】I am *mostly* out on Saturdays. 我星期六多半不在家。

grateful /ˈgreɪtfəl/

a. 感激的【同 thankful】I am very *grateful* for all you have done to direct my academic program. 我很感谢你在指导我专业学习方面所做的一切。

gratitude /ˈgrætɪtjuːd/

n. 感激 Take this in token of my *gratitude* for all your help. 请接受这个以表我对你的帮助的感激之情。

搭 in token of one's gratitude 藉表谢意 // out of gratitude 出于感激 // with gratitude 带着感谢 // express one's gratitude to sb. for sth. 为某事对某人表示感谢

approve /əˈpruːv/

【助记】ap(to)+prove(证明)→批准

vt. ①赞成，同意 The firm's directors quickly *approved* the new idea. 公司的董事们很快赞同了这个想法。

②批准 China will *approve* more foreign insurers to sell policies in China. 中国将批准更多外资保险公司在中国销售保单。

vi. (~*of*) 赞成【反 disapprove】The committee didn't *approve of* the decision. 委员会不赞成这个决定。

approval /əˈpruːvəl/

n. ①赞成，同意【反 disapproval】Do the plans meet with your *approval*? 这些计划你赞成吗？

②批准 The new proposals have won the *approval* of the board. 新提议得到董事会的批准。

搭 on approval (商品)供试用的，包退包换的

consent /kənˈsent/

【助记】con(共同)+sent(感觉)→同意

n. 同意 Silence means *consent*. 沉默就是默许。

vi. (~*to*) 同意 What will you do if your parents don't *consent to* your marriage? 如果你父母不同意你的婚事，你会怎么办？

搭 by common consent 经一致同意

> 【辨析】表示"同意"的动词
>
> agree：强调意见的一致性
>
> consent：表示同意或接受别人所提的建议、请求，常和 to 连用
>
> approve：强调官方或正式批准或同意；作不及物动词用时，与 of 连用

consensus /kənˈsensəs/

【助记】con(共同)+sens(感觉)+us→有同感→一致同意

n. 一致，一致同意 The voters' *consensus* was that the capital penalty should not be abolished. 选民一致认为不应该废除死刑。

content /ˈkɒntent/ *n.* /kənˈtent/ *a./vt.*

n. ①[*pl.*]所含之物 the *contents* of a room 屋里的东西

②[*pl.*]目录 the *contents* page 目录页

③内容 It's a very stylish film, but it lacks *content*. 这部电影很新潮，但内容空洞。

a. 满意的 He had to be *content* with third place. 他只好屈居第三名。

vt. 使满意 Such concepts and contents in the book will never *content* him. 这本书的理念和内容不会令他满意。

搭 be content with sth. 满足，满意 // be content to do sth. 愿意做某事

apply /əˈplaɪ/

vi. ①申请 I want to *apply* for the job. 我想申请这项工作。

②适用于(某人、某种情况) The rule doesn't *apply* to this case. 这条规则不适用于这种情形。

vt. ①使用，运用，实施 New technology is being *applied* to almost every industrial process. 几乎所有的工业生产都采用新技术。

②涂，敷 You needn't *apply* so much make-up

to your face. 你不必在脸上涂那么多化妆品。

搭 apply (to...) for... （向……）申请…… // apply to do sth. 申请做某事 // apply sth. to... 将某事物运用于……；把某物涂在……上

派 **reapply** *v.* 重新申请 // **applicant** *n.* 申请人

> 雅思真题 ***Applying*** the most conservative estimates to current demographic trends, the human population will increase by about three billion people by then. 对当前的人口发展趋势采用最保守的估算，那时人类将增加约 30 亿人。

application /ˌæplɪˈkeɪʃən/

n. ①申请 Please fill out this job ***application***. 请填写这张就业申请表。

②应用，实用性 Geometry has practical ***application*** in aviation and navigation. 几何学在航空和航海中有其实用性。

③敷用 the ***application*** of fertilizer 施肥

applicable /ˈæplɪkəbl/

a. ①可应用的 This part of the form is not ***applicable*** to foreign students. 表格中的这一部分不适用于外国学生。

②合适的 The rule "Look before you leap" is always ***applicable***. "三思而后行"这一准则几乎任何时候都适用。

advisable /ədˈvaɪzəbl/

a. 明智的 It is not ***advisable*** to act without planning. 不谋而动是不明智的。

> 【归类卡片】主语从句中的虚拟
>
> "It is/was+形容词+that"句型中，如果形容词表达愿望、建议、请求、命令等，则从句的谓语需用(should+)动词原形表虚拟。这类形容词有：
>
> necessary important essential
> desirable urgent crucial

available /əˈveɪləbl/

a. 现成可使用的；可得到的 All the ***available*** money has been used. 手头上所有的钱都用完了。// I'm not ***available*** in the office now. 我现在不在办公室。

派 **availability** *n.* 可用性

intend /ɪnˈtend/

【助记】in+tend(趋向)→趋向做→打算

vt. ①计划 What do you ***intend*** to do today? 你今天打算做些什么？

②打算使(成为) The book is ***intended*** for beginners. 本书是为初学者编写的。

搭 intend sth. for sb. 为某人准备某物，打算把某物给某人 // intend doing/to do sth. 打算做某事 // intend that sb. do sth. 打算让某人做某事

intention /ɪnˈtenʃən/

n. 意图，目的 The road to hell is paved with good ***intentions***. [谚]好心办坏事。// Good acts are better than good ***intentions***. 好的行动胜于好的意图。

派 **intentional** *a.* 有意的，故意的

option /ˈɒpʃən/

n. ①选择；选择权 Sometimes, too many options are no better than no ***options***. 有时候，选择太多跟没有选择一样糟糕。

②(供)选择的事物(或人) He's argued that the US is putting too much emphasis on the military ***option***. 他争论说美国过于着重军事这个选项。

③选修课 There are many ***options*** in our university. 我们大学里有许多选修课。

搭 have no option but to (do) 除……外没有他法 // leave one's options open 不做选择；不表态；不做承诺；留有回旋余地 // leave... to one's option 任某人选择

派 **optional** *a.* 可以任选的

opt /ɒpt/

vi. 选择 Fewer students are ***opting*** for majors of mathematics and physics nowadays. 时下选择数理专业的学生少了。// Many workers ***opted*** to leave their jobs rather than take a pay cut. 许多工人宁肯下岗也不接受减薪。

搭 opt out (of sth.) 决定退出；选择不参与 // opt to do sth. 选择做某事

select /sɪˈlekt/

【助记】se(apart)+lect(选择)→选择

vt. 选择 You can *select* goods from our catalogue. 你可以从我们的目录中选择商品。

a. ①精选的 A *select* group were invited to the wedding reception. 一群经过挑选的人士被邀请参加婚宴。

②优等的 This is a very *select* area; you have to be rich to live here. 这是高级住宅区,你必须有钱才能住在这里。

派 **selective** *a.* 选择的;挑拣的

selection /sɪˈlekʃən/

n. ①选择 A wise *selection* of clothes is important to women shoppers. 明智地挑选衣服对于女性顾客很重要。

②被挑选出来的人(或物) The performance includes some musical *selections*. 演出包括一些音乐选段。

③可供选择的东西 That store has a good *selection* of furniture. 那家店有很多家具可供挑选。

elect /ɪˈlekt/

【助记】e(out)+lect(选择)→选举

v. ①选举 We *elected* James (to be) chairman. 我们选出詹姆斯当主席。

②选择,决定 Purchasers can *elect* to pay in monthly installments. 购买者可选择逐月分期付款。

派 **election** *n.* 选举 // **elector** *n.* 选民

eligible /ˈelɪdʒɪbl/

【助记】e(out)+lig(挑选)+ible(能……的)→能被挑选出的→有资格的

a. ①有条件被选中的,有恰当资格的 Anyone over the age of 18 is *eligible* to vote. 超过18岁就有选举资格。

②合适的 I know an *eligible* young lady who would be an excellent cooperator for you. 我认识一个合适的年轻女士,她能成为你最称心如意的合作者。

搭 be eligible for 有资格……,符合……条件 // be eligible to do 有资格做

candidate /ˈkændɪdɪt/

【助记】can(能)+did(做)+ate(吃)→"候选人"是能做事、吃得开的人

n. ①申请求职者 There were a large number of *candidates* for the job. 有许多求职者申请这份工作。

②投考者 Most *candidates* passed in grammar. 大部分应试者语法及格。

③候选人 There were no suitable *candidates* for the position. 这个职位没有适合的候选人。

雅思真题 The strong economic growth expected in countries which are *candidates* for entry to the EU will also increase transport flows, in particular road haulage traffic. 欧盟候选国所预期的巨大经济增长也会增加交通运输量,尤其是公路的交通运输量。

delegate /ˈdelɪgɪt/ *n.* /ˈdelɪgeɪt/ *vt.*

【助记】de(离开)+legate(派出使节)→代表

n. 代表 a *delegate* to a conference 赴会的代表

vt. ①委派……为代表 I've been *delegated* to organize the weekly meeting. 我受委派组织每周的会议。

②授(权) The Chinese people *delegate* their power to the People's Congress. 中国人民授权给人民代表大会。

派 **delegation** *n.* 代表团,委派

democracy /dɪˈmɒkrəsɪ/

【助记】demo(人民)+cracy(统治)→民主

n. ①民主 The military regime has promised to restore *democracy* soon. 军事政权承诺不久将恢复民主。

②民主国家 A true *democracy* allows free speech. 真正的民主国家允许言论自由。

派 **democrat** *n.* 民主人士

democratic /ˌdeməˈkrætɪk/

a. 民主的,有民主精神的 The *Democratic* Party is one of the two main political parties in the United States. 民主党是美国两大政党之一。

republican /rɪˈpʌblɪkən/

a. ①共和政体的 a *republican* system of government 共和政体

②[*R*-]共和党的 the *Republican* Party 共和党

n. [*R*-]共和党人 Davis is a dyed-in-the-wool *Republican*. 戴维斯是个彻头彻尾的共和党人。

conservative /kən'sɜːvətɪv/

【助记】con(共同)+serv(保存)+ative→保守的

a. ①保守的 Old people are usually more *conservative* than young people. 老年人通常比年轻人更保守。

②不时新的 a *conservative* suit 一套老式衣服

n. 保守的人 a complete *conservative* 一个完全保守的人

派 conservatism *n.* 保守;保守主义

conservation /ˌkɒnsə'veɪʃən/

n. 保存,保护 People are more and more aware of the importance of the *conservation* of wildlife. 人们越来越意识到保护野生生物的重要性。

liberal /'lɪbərəl/

【助记】liber(自由)+al→自由的

a. ①心胸宽阔的,开明的 The headmaster has *liberal* views about what pupils should wear. 校长对学生应该穿什么持开明的态度。

②自由主义的 *liberal* Democrats 自由民主党人

③慷慨的 a *liberal* donation 慷慨的捐助

④自由的,不拘泥文字的 a *liberal* interpretation of the original play 对原剧的灵活诠释

派 liberalism *n.* 宽容;自由主义

vote /vəʊt/

n. ①选票 They were up all night counting the *votes*. 他们通宵计算选票。

②投票;表决结果 Let's put it to the *vote*. All those in favor raise your hands. 让我们投票表决,赞成的举手。// take a *vote* on 投票表决

v. 选举,投票 In 1918 British women got the right to *vote*. 1918年,英国妇女获得了选举权。// The football team have *voted* me their new captain. 足球队投票选我为新队长。

搭 vote for/against... 投票赞成/反对…… // put sth. to the vote 付诸表决

派 voter *n.* 投票人,表决者

ballot /'bælət/

n. ①(无记名)投票表决 The jury cast their vote by secret *ballot*. 陪审团用无记名投票的方式表决。

②选票;投票总数 He won 54 per cent of the *ballot*. 他获得了投票总数的54%。

v. (使)投票表决 The union is preparing to *ballot* its members on further action. 工会正准备举行投票了解其成员对下一步行动的意见。// *ballot* for a decision 投票赞成一项决定

> **词源** 古罗马人在选举时采用无记名投票的方式,用的是小石球或小金属球,白色表示赞成,黑色表示反对。意大利语把小球叫做 ballotta, ballot 即源于此,后转义为“选票;投票”。

poll /pəʊl/

n. ①民意测验 carry out/conduct a *poll* 进行民意调查

②[常 *pl.*]政治选举 win a victory at the *polls* 在选举中获胜

vt. ①对……进行民意测验 16% of the women we *polled* said their husbands had a drinking problem. 16%的受访妇女说她们的丈夫酗酒。

②获得(……张选票) Labour *polled* just 4% of the vote. 工党仅获得4%的选票。

legal /'liːgəl/

【助记】leg(法律)+al→法律的

a. ①法律(上)的 The general manager of a company usually is also the *legal* person of the company. 公司的总经理通常也是公司的法人。

②合法的 Should euthanasia be made *legal*? 是否应将安乐死合法化?

illegal /ɪ'liːgəl/

【助记】il(not)+legal(合法的)→不合法的

a. 不合法的 Many European nations consider euthanasia *illegal*. 许多欧洲国家都认定安乐死是不合法的。

同义替换练习

1. A slack official is one who is irresponsible in his work.
   A. timid B. tedious C. suspicious D. careless
2. The main road was blocked for four hours today after an accident involving two lorries.
   A. concerning B. linking C. combining D. containing
3. Tim was looking admiringly at the photograph published by Collins in collaboration with the Imperial Museum.
   A. collection B. connection C. cooperation D. combination
4. Topics for composition should be related to the experiences and interests of the students.
   A. comparative B. dependent C. addicted D. relevant
5. The computer revolution may well change society as fundamentally as did the Industrial Revolution.
   A. certainly B. insignificantly C. essentially D. extremely
6. Don't trust the speaker, since the remarks he made in his lectures are not consistent with the facts.
   A. applicable B. comparable C. compatible D. responsible
7. The endless cycle of life and death is a subject of interest to scientists and philosophers alike.
   A. incompatible B. exceeding C. instantaneous D. eternal
8. Fiber-optic cables can carry hundreds of telephone conversations at the same time.
   A. simultaneously B. instantaneously C. homogeneously D. exceedingly
9. The rules stated that anyone who had held office for three years was not qualified for reelection.
   A. inclusive B. permissible C. eligible D. admissible
10. Being ignorant of the law should not be accepted as your excuse for breaking the law.
    A. reason B. intention C. option D. approval

答案与译文

1. [D] 一个疏于职守的官员是在工作中不负责任的官员。
2. [A] 今天的一场车祸涉及到2辆载重货车,大路因此被阻塞了4小时。
3. [C] 提姆正赞叹地观赏着柯林斯出版公司和帝国博物馆合作出版的这张照片。
4. [D] 作文题应该与学生的经历和兴趣相关。
5. [C] 计算机革命和工业革命一样,将会对社会变革产生根本的影响。
6. [C] 不要相信那位演讲者,因为他在讲座中所讲的话与事实不符。
7. [D] 生死之间永恒的轮回是科学家和哲学家这类人感兴趣的主题。
8. [A] 光纤电缆能同时传输数百门电话的交谈信号。
9. [C] 法律明令规定,任期满3年者无再次竞选资格。
10. [A] 不懂法律不能作为你违法的借口。

Lesson 16

词根词缀表

syn- 同时;一起	synthesis *n.* 合成	voc, voke 呼喊	provoke *vt.* 对……挑衅
sect, seg 切割	segment *n.* 部分	rot 旋转	rotate *v.* 转动
frag 破裂	fragment *n.* 碎片	vol, volut 滚;卷	volume *n.* 卷,册
ess 存在	essence *n.* 本质	pict 描写	depict *vt.* 描绘
sol 太阳	solar *a.* 太阳的	nov 新的	novel *a.* 新颖的
ject 扔	eject *vt.* 驱逐	her 继承	inherit *vt.* 继承

aggregate /ˈæɡrɪɡɪt/ *n./a.* /ˈæɡrɪɡeɪt/ *vt.*

n. 总数,合计;集合体 Jones purchased an ***aggregate*** of 5,000 shares in the company. 琼斯总共买了这家公司的5000股股票。

a. 总计的,合计的 The four companies have an ***aggregate*** turnover of $3.2 million. 这4家公司的总营业额为320万美元。

vt. 总计达;使聚集 Coulson's earnings from all sources ***aggregated*** £200,000. 科尔森的各项收入总计达20万英镑。

paradigm /ˈpærədaɪm/

n. ①模式 a new ***paradigm*** of production 新的生产范式

②范例,样式 Charles had become the ***paradigm*** of the successful man. 查尔斯已经成为成功人士的典范。

ongoing /ˈɒŋˌɡəʊɪŋ/

a. 持续的,继续的 There is an ***ongoing*** debate on the issue. 对此问题的争论一直没有间断过。

whereby /weəˈbaɪ/

ad. 靠那个,借以 We've set up a plan ***whereby*** you can spread the cost over a four-year period. 我们已经制订了这样一个计划,通过该计划,你可以在四年内分期付款。

albeit /ɔːlˈbiːɪt/

conj. 虽然,尽管【同 although】Hilary's letter was indeed published, ***albeit*** in a somewhat abbreviated form. 尽管有所删节,但希拉里的信确实被刊登出来了。

synthesis /ˈsɪnθɪsɪs/

【助记】syn(together)+thesis(放)→放在一起→综合,合成

n. ①综合 Their beliefs are a ***synthesis*** of Eastern and Western religions. 他们的信仰是东西方宗教的综合体。

②(化学中的)合成 Humans need some sunlight for the ***synthesis*** of vitamin D which takes place in the skin. 人需要阳光才能在皮肤里合成维生素D。

搭 analysis by synthesis 综合分析 // automatic synthesis 自动合成,自动综合处理

派 synthesize *v.* 用合成法制造;合成

synthetic /sɪnˈθetɪk/

a. ①合成的,人造的 ***synthetic*** fabrics like nylon 尼龙等人造纤维

②虚假的 ***synthetic*** friendliness 虚情假意

compound /ˈkɒmpaʊnd/ *n./a.* /kəmˈpaʊnd/ *vt.*

n. ①化合物 Medicines are usually ***compounds***. 药品通常是化合物。

②(有围墙或篱笆的)楼群,院落 The gates opened and the troops marched into their ***compound***. 大门开了,军队进入他们的大院。

a. 复合的 ***compound*** substance 合成物质

vt. ①使恶化 High winds ***compounded*** the difficulties of the firefighters. 大风使消防队员的灭火工作更加困难。

②使化合 Scientists ***compounded*** a number of substances to produce new drugs. 科学家们将不同的物质混合在一起制造出新药品。

section /ˈsekʃən/

n. ①部分 cut the cake into four equal *sections* 把饼切成四等份 // the shopping *section* 购物区
②章节 Please refer to *Section* 3 of the fifth chapter. 请参考第五章第三节。
③部门，科 an information *section* 情报部门 // director of the finance *section* 财务处处长
④截面，剖面 This illustration shows a *section* through the timber. 本图所示为木材的纵剖面。

sector /ˈsektə/

n. ①(尤指商业、贸易等的)部门 the private/public *sector* 私营/国营部门 // the agricultural *sector* of the economy (国民)经济中的农业部门
②防御地段 The enemy have attacked the British *sector*. 敌人已进攻英国防区。
③扇形 *sector* gear 扇形齿轮

【辨析】表示"部分;部门"的名词

sector 和 section 都可以表达"部分"的意思，都可指某部分路段、地段；但在指"部门"时，sector 指的是全国的各行业部门，而 section 则指机关的一个部门、处、科等。

segment /ˈsegmənt/

【助记】seg(切割)+ment→切割下来的东西→部分

n. ①部分，片段 Do you still remember the most wonderful *segment* of *Gone with the Wind*? 你还记得《飘》中最精彩的片段吗？
②(橘子等的)瓣 a *segment* of an orange 橘子的一瓣

搭 in segments 成节，成段；分节，分段

雅思真题 One of the largest *segments* of the service industry, although largely unrecognised as an entity in some of these countries, is travel and tourism. 虽然在其中一些国家中，旅游观光业大体上没被认可为实体行业，但它是服务产业中最大的组成部分之一。

fragment /ˈfrægmənt/ *n.* /frægˈment/ *v.*

【助记】frag(破裂)+ment→碎片

n. 碎片 The bowl dropped on the floor and broke into *fragments*. 碗掉在地上，摔成了碎片。

v. (使)成碎片 His day was *fragmented* by interruptions and phone calls. 他一天中有各种事情干扰，又电话不断，弄得时间支离破碎的。// The vase fell and *fragmented* into small pieces. 花瓶掉下，摔成碎片。

派 fragmentary *a.* 不完整的，片断的

extract /ɪksˈtrækt/ *vt.* /ˈekstrækt/ *n.*

【助记】ex(out)+tract(拉)→把精华拉出来→提取

vt. ①抽出，拔出 He tried to *extract* the pole from mud. 他试图用力将杆子从泥中拔出来。
②提取，提炼 This substance is *extracted* from seaweed. 这种物质是从海藻中提取的。
③获得，索取 Journalists managed to *extract* all kinds of information about her private life. 记者们终于得到了有关她私生活的各种情况。
④摘录 He *extracted* some sentences from the book. 他从那本书中摘录了几个句子。

n. 摘录【同 excerpt】; 提出物 an *extract* from a book 书上的一小段摘录

essence /ˈesəns/

【助记】ess(存在)+ence→存在的根本→本质

n. ①本质 In his paintings, Picasso tries to capture the *essence* of his subjects. 毕加索在画中努力抓住所选对象的实质。
②精髓，精华 This shampoo contains herbal *essence*. 这种洗发露含有草本精华。

搭 of the essence 极其重要的 // in essence 本质上，基本上 These two matters are different *in essence*. 这两件事有本质上的区别。

threshold /ˈθreʃhəuld/

【助记】thres(踩踏)+hold(阻挡)→将踩踏的脚步阻挡在外→门槛

n. ①门槛 He paused on the *threshold* before ringing the doorbell. 按门铃前他在门口停了下来。
②开端 The treaty will be the *threshold* of lasting peace. 这个条约将成为持久和平的开端。

搭 on the threshold of 在……的开始，即将经历 She was *on the threshold of* a new life. 她即将开始新的生活。

despatch/dispatch /dɪˈspætʃ/

vt. 派遣，调遣，发送 We have arranged for the goods to be *dispatched* to you at once. 我们已为立即向贵方发运商品做好了准备。

n. ①(公文)急件，电文 a *dispatch* from headquarters从总部发来的电文
②(记者发回的)新闻报道 In one *dispatch* from New York, negotiators were said to be

close to an agreement. 纽约消息，据说谈判代表们快要达成一致意见了。

③派遣，调遣 The *dispatch* of military forces did not seem likely at that time. 当时似乎不可能派遣军队了。

搭 dispatch sb./sth. to 派遣某人到，发送某物到 // send (sth.) by dispatch 把(某物)作快件发送

historic /hɪˈstɒrɪk/

a. 历史上著名的，具有重大历史意义的 The two nations signed a *historic* peace treaty. 两国签订了一项具有历史意义的和平条约。

historical /hɪˈstɒrɪkəl/

a. 历史(上)的 The legend of John Henry is based on a real, *historical* figure. 约翰·亨利的传说是基于一位真实的历史人物。

【辨析】同根词 historical，historic

historical：历史的，修饰的人或事都是过去的真人真事

historic：具有重大历史意义的，用来修饰一些重大的、有特殊历史意义的人或事

calendar /ˈkælɪndə/

n. 日历 The Chinese celebrate the Spring Festival according to the lunar *calendar*. 中国人按农历庆祝春节。

lunar /ˈluːnə/

a. 月的，月球的 The astronauts piloted their craft down to the *lunar* surface. 宇航员驾驶宇宙飞船在月球表面降落。

solar /ˈsəʊlə/

【助记】sol(太阳)+ar→太阳的

a. ①太阳的 the *solar* system 太阳系 // *solar* calendar 阳历

②太阳能的 *solar* battery 太阳能电池组

elapse /ɪˈlæps/

【助记】e(away)+lapse(溜)→(时间)消逝

vi. 消逝 Two years have *elapsed* since I entered the university. 我进大学读书到现在，已过去两年了。

overlap /ˌəʊvəˈlæp/

v. ①(与……)部分重叠 Tiles on the roof *overlap* one another. 屋顶上的瓦片相互交搭在一起。

②(与……)部分相同 The study of sociology *overlaps* with the study of economics. 社会学与经济学的研究在部分内容上互有交叉。

n. 重叠，重叠的部分 The *overlap* between the two subjects is considerable. 这两门学科间交叉的内容极多。

recede /rɪˈsiːd/

【助记】re(back)+cede(走)→向后走→退

vi. ①(水)退去 As the tide *receded* we were able to look for shells. 潮水退去，我们就能寻找贝壳了。

②(景物、声音)渐渐远去 footsteps *receding* into the distance 渐渐远去的脚步声

③向后倾斜 a slightly *receding* chin 稍微向后倾斜的下巴

eclipse /ɪˈklɪps/

n. ①(日、月)食 A solar *eclipse* occurs when the moon passes between the sun and the earth. 当月球从地球和太阳之间穿过时就会发生日食。

②(地位、声誉等的)消失 Many actors go into *eclipse* after death. 许多演员死后声名衰退。

vt. ①(日、月)食 The moon is partly *eclipsed*. 月偏食了。

②使暗淡【同 overshadow】She is quite *eclipsed* by her clever younger sister. 在聪明的妹妹映衬之下，她变得黯然失色。

搭 be under an eclipse 命运乖张 // be in eclipse 处于隐晦之中，失势

erupt /ɪˈrʌpt/

【助记】e(out)+rupt(断裂)→断裂而出→爆发

vi. ①(火山、喷泉等)喷发 The volcano in a Philippine island *erupted* after years of dormancy. 菲律宾一个岛屿上的火山在沉睡多年后突然喷发了。

②(战争、问题等)爆发【同 break out】Violence *erupted* outside the embassy gates. 大使馆门外突然发生了暴乱。

派 **eruption** *n.* 喷发；爆发

eject /ɪˈdʒekt/

【助记】e(out)+ject(扔)→被扔出来→驱逐

vt. ①驱逐 The police *ejected* those who made noises in the restaurant. 警察赶走了在餐厅里闹事的人。

②排出 It's annoying that the chimneys of those plants in the city *eject* a lot of smoke every day. 城里工厂的烟囱每天都吐出大量的烟尘，很是讨厌。

③弹出 *eject* a disk 弹出光盘

propel /prə'pel/

【助记】pro(forward)+pel(驱使)→推动

vt. ①推动 The rocket was *propelled* into space from the launching pad. 火箭从发射台发射升空。

②驱使，迫使 Fury *propelled* her into action. 怒火驱使她行动起来。

provoke /prə'vəʊk/

【助记】pro(forward)+voke(呼喊)→向前大声呼喊→对……挑衅

vt. ①对……挑衅 The lawyer claimed his client was *provoked* into acts of violence by the defendant. 律师声称，他的当事人是受到被告的挑衅才采取暴力行动的。

②激起 The students tried to *provoke* the teacher into losing her temper. 学生们故意捣乱，惹老师发脾气。

搭 provoke a riot 煽动骚乱 // provoke sb. to anger 激怒某人 // provoke sb.'s interest 引起某人兴趣

派 **provocation** *n.* 挑衅；激怒 // **provocative** *a.* 刺激的；挑衅的

invoke /ɪn'vəʊk/

v. ①实施，行使 The UN threatened to *invoke* economic sanctions if the talks were broken off. 联合国威胁说如果会谈破裂，将会实施经济制裁。

②唤起，引起 The music *invoked* the wide open spaces of the prairies. 该音乐营造出了一幅大草原上宽广辽阔的景象。

③援引 She *invoked* history to prove her point. 她援引历史来证明自己的观点。

④求助于，祈求 Rev. Moran *invoked* a blessing. 莫兰牧师祈求上帝保佑。

clue /klu:/

n. 线索 A fingerprint is an important *clue* to the identity of the murderer. 指纹是鉴定凶手的一个重要线索。

搭 (give) a clue to sth. (提供)关于某事的线索

词源 源自古英语词clew，意为“线团”。古希腊有个传说，雅典王子前往迷宫杀死吃人的怪物后，依靠一个小线团引路才得以逃离迷宫。因此该词现在多被用于喻指解决问题的“线索”。

cue /kju:/

n. ①暗示，信号 The fall in the interest rates may be a *cue* for an upturn in consumer spending. 利率的降低可能暗示消费的上升。

②(给演员等所作的)提示，提词 Actors have to learn their *cues* as well as their own lines. 演员不仅要记住台词，还要记住其他演员的提示。

vt. 暗示，提示 The studio manager will *cue* you when it's your turn to come on. 该你上场的时候，演播室监督会提示你的。

搭 take one's cue from 学……的样，听……的劝告 // on cue 恰好在这时候

code /kəʊd/

n. ①准则 They are expected to comply with the company's *code* of conduct. 希望他们能够遵守公司的行为准则。

②密码，代码 In the film *You've Got Mail*, the heroine Katherine's online *code* is “salesgirl”. 在电影《电子情缘》中，女主角凯瑟琳的网上代码是“女售货员”。

vt. 把……编码 This computer program is *coded* so profoundly that it is hard for us to break it. 该计算机程序的编码如此复杂，我们很难破解。

派 **encode** *v.* 编码

revolve /rɪ'vɒlv/

【助记】re(again)+volve(滚，卷)→旋转

v. 旋转 The earth *revolves* round the sun, right? 地球围绕太阳转，是吗？// *Revolve* the drum to get all the clothes out of the dryer. 转动滚筒把所有衣服从烘干机中取出。

搭 revolve around 以……为主要内容

rotate /rəʊ'teɪt/

【助记】rot(旋转)+ate(使)→使转动

v. ①(使)转动 The earth *rotates* on its axis. 地球绕地轴自转。

②轮流，轮换 The post of chairman *rotates*

among members of the committee. 主席一职由委员会的成员轮流担任。// *rotate* the worst jobs 轮流做最棘手的工作

派 **rotational** *a.* 轮流的 // **rotary** *a.* 旋转的

【辨析】表示"转动、旋转"的动词
rotate：指物体围绕自己的轴或中心旋转
revolve：指物体围绕本身以外的中心旋转
whirl：指旋转或作圆周运动，侧重急速或力量

whirl /wɜːl/

v. ①使旋转，急转 The leaves *whirled* as they fell. 树叶打着转飘落下来。// Jim *whirled* the bike around. 吉姆飞快地骑着自行车。
②发晕 My brain *whirled*. 我的头眩晕。

n. ①旋转 the *whirl* of the propeller blades 螺旋桨叶片的旋转
②混乱 His brain is in a *whirl*. 他的头脑一片混乱。

搭 give (sth.) a whirl 尝试一下（某事/物）// whirl about 旋转，盘旋 // whirl away 卷走；溜掉

solemn /'sɒləm/

a. ①严肃的【同 grave】That *solemn* girl never smiles. 那个严肃的姑娘从来不笑。
②庄严的 Every day in the Tian'anmen Square the hoist of our national flag is a *solemn* ceremony. 每天在天安门广场的升国旗是个庄严的仪式。

rigorous /'rɪgərəs/

a. ①严密的 He made a *rigorous* study of the plants in the area. 他对该地的植物进行了缜密的研究。
②严格的 The young men were put through *rigorous* army training. 那些年轻人经历了严格的军事训练。

erect /ɪ'rekt/

【助记】e(up)+rect(正，直)→直立起来→竖立

a. 竖直的【同 upright】She held her head *erect* and her back straight. 她昂着头，挺直腰背。

vt. ①建造，建立 Officials plan to *erect* a monument in Lindbergh's honor. 官员们计划建造一座纪念碑以纪念林德伯格。
②竖立，使直立 Police have *erected* barriers across the main roads into the town. 警察在通往市区的主干道竖起障碍物。

派 **erection** *n.* 建立，树立；建筑物

column /'kɒləm/

n. ①柱，圆柱 The dome was supported by white marble *columns*. 圆顶由白色大理石柱支撑着。
②纵队 A *column* of soldiers marched through the streets. 一个士兵纵队沿着街道行进。
③栏，专栏（文章）I always read her *column* in the local paper. 我经常在当地报纸上看她的专栏文章。

派 **columnist** *n.* 专栏作家

stereotype /'sterɪətaɪp/

n. 陈规，老套 break through the *stereotypes* 打破陈规

vt. 对……形成固定看法 It's wrong to *stereotype* people, as if they were all alike. 先入为主地对人产生固定看法就好似把人看作都是一样的，这是错误的。

patrol /pə'trəul/

v. 巡逻 The waters here are *patrolled* by the enemy mariners day and night. 敌人的潜艇日日夜夜都在这一带海域巡逻。// Police *patrol* at night guarding the town. 警察夜间巡逻，护卫城市。

n. 巡逻；巡逻兵 on *patrol* 在巡逻，侦察中

safeguard /'seɪfgɑːd/

【助记】safe(安全的)+guard(保卫)→保护

vt. 保护，维护 Their full political rights must be *safeguarded*. 他们的全部政治权利必须得到保障。

n. 预防措施 Keeping clean is a *safeguard* against disease. 保持清洁是抵御疾病的防护措施。

escort /'eskɔːt/ *n.* /ɪ'skɔːt/ *vt.*

n. 护卫者 When the head of a state pays a visit, there will always be a group of *escorts*. 国家元首出访时，总会有大批护卫者。

vt. 护送 A group of soldiers *escorted* the President. 一队士兵护卫着总统。

搭 under the escort of 在……护送下

cruise /kruːz/

v. ①航游 She *cruised* the canals of France in a barge. 她乘游艇航游法国的运河。// a vacation *cruising* around the Caribbean 环游加勒比海的度假航行

②缓慢巡行 Quite a few taxis are ***cruising*** for fares near the cinema. 不少计程车在电影院附近转悠着等着拉客。

n. 航游 go on a ***cruise*** to... 乘游船去……

派 **cruiser** ***n.*** 巡洋舰;有船舱的游艇

bully /'bʊlɪ/

【助记】bull(公牛)+y→像公牛一样吓唬人→威吓

n. 恃强欺弱者 The little girl stood up to a ***bully***. 小女孩勇敢地对付暴徒。

vt. 威吓 He ***bullies*** all the other little boys in the playground. 他在运动场上称王称霸，欺侮其他小男孩。

daunt /dɔːnt/

vt. 使胆怯，使畏缩 Danger didn't ***daunt*** the hero. 危险并没有吓住那个英雄。

派 **daunting** ***a.*** 使人畏缩的 // **dauntless** ***a.*** 无所畏惧的

kidnap /'kɪdnæp/

【助记】kid(小孩)+nap(小睡)→偷偷将熟睡的小孩抱走→绑架

vt. 绑架 Police have uncovered a plot to ***kidnap*** the boy. 警方已侦破一起绑架那个男孩的阴谋。

派 **kidnapper** ***n.*** 绑匪

hijack /'haɪdʒæk/

n. 劫持 The ***hijack*** took place just after the plane took off. 劫持是飞机刚起飞后发生的。

vt. ①劫持 The plane was ***hijacked*** by two armed men on a flight from London to Cairo. 班机在从伦敦飞往开罗途中遭到了两名持械男子劫持。

②操纵(会议等) Some people think the party has been ***hijacked*** by right-wing extremists. 有人认为该党已经被右翼极端分子所把持了。

> **词源** 据说劫车大盗抢劫前假装成搭便车的路人，拦车前先假装友好，跟司机打招呼时说"Hi, Jack!"后来人们将两词合为一词，意为"劫持"。

hostage /'hɒstɪdʒ/

n. 人质 Two children were taken ***hostage*** during the bank robbery. 在银行抢劫案中有两名儿童被扣为人质。

搭 take sb. hostage 将某人扣留作为人质 // give hostages to fortune 听天由命;有家室之累

blackmail /'blækmeɪl/

【助记】black(黑色)+mail(邮件)→寄黑信→敲诈

vt. 敲诈，勒索，要挟 She ***blackmailed*** him for years by threatening to tell the newspapers about their affair. 她以要在报纸上公开他们的私情要挟了他很多年。

n. 敲诈 It's a clear case of ***blackmail***! 这显然是敲诈！

bleed /bliːd/

vi. 流血 Teddy lay on the ground, ***bleeding*** profusely. 特迪躺在地上，鲜血直流。

vt. 勒索……的钱 He ***bled*** them for $1,500. 他向他们勒索1500美元。

用 过去式、过去分词 bled。

sack /sæk/

【助记】缺少(lack)干劲，被解雇(sack)

n. ①麻袋，包 a ***sack*** of flour 一袋面粉

②[***the***~]解雇 If you don't work harder you'll get ***the sack***. 如果你不更加卖力工作，就会被炒鱿鱼。

③[***the***~]洗劫 ***the sack*** of Rome in 1527 1527年罗马大洗劫

vt. ①解雇 He was ***sacked*** for being drunk. 他因酗酒而被解雇。

②洗劫 The invaders ***sacked*** the city. 侵略者把这座城市洗劫一空。

burglar /'bɜːglə/

n. 窃贼 He said I should have more adequate protection than a ***burglar*** alarm. 他说我应该加强保护措施，而不能只依赖一个防盗警铃。

派 **burglary** ***n.*** 夜盗行为，盗窃

rob /rɒb/

vt. ①抢劫，盗窃 The tomb had been ***robbed*** of its treasures. 这座坟墓里的财宝早已被盗。

②(~***of***)(非法)剥夺，使丧失 Poor health has ***robbed*** her ***of*** a normal social life. 身体不好使她无法参与正常的社交活动。

派 **robbery** ***n.*** 抢夺;剥夺

theft /θeft/

n. 偷窃，失窃 I reported the ***theft*** of my wallet to the police. 我向警察报告钱包被盗了。

【归类卡片】"犯罪"种种

robbery 抢劫　murder 谋杀
burglary 入室偷窃　car theft 偷车
terrorism 恐怖主义　shoplifting 顺手牵羊

smuggle /ˈsmʌgl/

【助记】不断进行反走私(smuggle)的斗争(struggle)

vt. ①走私 ***Smuggling*** is prohibited because it will make countries suffer losses in customs duties. 禁止走私，因为它会减少国家不少关税。

②偷运 He managed to ***smuggle*** his notes into the examination. 他设法偷偷把笔记带进考场。

pirate /ˈpaɪərət/

n. ①非法盗印者 A law was passed to squash pop music ***pirates***. 通过了一项法规，旨在打击流行音乐翻录者。

②海盗 ***Pirates of the Caribbean*** was quite a hit in the world. 电影《加勒比海盗》曾在全球轰动一时。

vt. 盗用，非法盗印 We will immediately call the police once we find our CDs being ***pirated***. 一旦发现我们的唱片被盗版，我们会立即报警。

counsel /ˈkaʊnsəl/

n. ①律师 The court heard the ***counsel*** for both sides. 法庭听取了双方律师的陈述。

②劝告 He refused to listen to the old man's ***counsel***. 他拒不听从老人的劝告。

vt. 提议 The doctor ***counsel(l)ed*** operating at once. 医生建议立即动手术。

搭 defence/prosecution counsel 辩方/控方律师 // give counsel 提出忠告或建议 // follow sb.'s counsel 牢记某人忠告 // take/hold counsel with sb. 征求某人意见 // keep one's own counsel 将意见(或计划)保密

派 counsellor *n.* 顾问，参谋

volume /ˈvɒljuːm/

【助记】vol(卷)+ume→卷，册

n. ①卷，册 We have a set of Dickens's works in 24 ***volumes***. 我们有一套24册的狄更斯作品集。

②体积 The ***volume*** of this container is 3 cubic meters. 这个容器的容量是3立方米。

③音量 The television's too loud; turn the ***volume*** down. 电视声音太大，请把音量开小一点。

index /ˈɪndeks/

n. ①索引 The ***index*** is arranged in alphabetical order. 这索引是按字母顺序排列的。

②标志，表征 Manner of walking gives an ***index*** to one's character. 行路的姿态是人的性格的表征。

③指数 the Dow-Jones ***index*** 道琼斯指数 // price/cost-of-living ***index*** 物价/生活费用指数

vt. 为……编索引 All the books in the library are ***indexed*** in the computer. 图书馆里所有的书都编入电脑索引目录中了。

搭 compile an index (=to index) 编索引

用 复数为indexes/indices。

词源 在拉丁语里，index的意思是"食指"。人们在书籍目录上查询时，习惯用食指指引自己的视线，因此从"食指"引申到"索引"。

preface /ˈprefɪs/

n. 前言，序 the ***preface*** to a book 书的序

vt. ①给……作序 He ***prefaced*** the diaries with a short account of how they were discovered. 他给这本日记写了序言，简述日记发现的经过。

②作为……的开始，作为……的开场白 A short documentary ***prefaced*** the feature movie. 故事片开始前放映了一部短纪录片。

denote /dɪˈnəʊt/

【助记】de+note(注解)→表示

vt. ①意思是 It is a universal fact in the world that a smile often ***denotes*** pleasure. 在全世界，微笑常意味着愉快。

②表示 In algebra, the sign X usually ***denotes*** an unknown quantity. 在代数中，符号X常用来表示未知数。

carve /kɑːv/

vt. ①切 He ***carved*** me a piece of meat. 他切了一块肉给我。

②雕刻 The artist ***carved*** an interesting decoration from this piece of tree root. 艺术家把这块树根雕成一件有趣的装饰品。

搭 carve out 创(业)，发(财) // carve up 分割 They ruthlessly ***carved up*** Poland. 他们无情地瓜分了波兰。

雅思真题 The moai were *carved* with stone tools, then transported for many kilometres, without the use of animals or wheels, to massive stone platforms. 摩艾像由石器工具雕刻而成，之后在没有使用动物或车辆的情况下长途运送，到达巨大的石台上。

portray /pɔːˈtreɪ/

vt. ①描写【同 depict】The novel *portrayed* the life in Europe after World War II. 这部小说描写了二战后欧洲的生活。

②扮演 The role of Forrest Gump was *portrayed* by Tom Hanks. 阿甘的角色由汤姆·汉克斯扮演。

搭 portray sb. as 把某人描绘成

portrait /ˈpɔːtrɪt/

n. 肖像 He had his *portrait* painted in uniform. 他让人画了一幅身着制服的画像。

depict /dɪˈpɪkt/

【助记】de(down)+pict(描写)→描绘

vt. 描绘 The book vividly *depicts* French society of the 1930s. 这本书生动地描绘了 20 世纪 30 年代的法国社会。

profile /ˈprəʊfaɪl/

【助记】pro+file(线)→外部的线条→轮廓

n. ①侧面(像)，轮廓 draw in *profile* 画侧面像或轮廓

②传略 a *profile* of the new prime minister 新首相传略

③姿态 keep a high/low *profile* 保持高姿态/低姿态

vt. 为……描绘(轮廓等)，写……的传略(或概况) The new editor was *profiled* in the Sunday paper. 星期天的报纸登载了这位新编辑的传略。

narrative /ˈnærətɪv/

n. ①叙述文 *Narrative* makes up most of the book. 这本书大部分是由记叙文组成。

②叙述 The novel contains more *narrative* than dialogue. 那部小说里的叙述比对话多。

novel /ˈnɒvəl/

【助记】nov(新的)+el→新颖的

n. (长篇)小说 plot a *novel* 构思小说

a. 新颖的 She came up with a *novel* solution to the problem. 她想出了一个解决问题的新奇办法。

novelty /ˈnɒvəltɪ/

【助记】novel(新奇的)+ty→新奇事物

n. ①新奇 The *novelty* of her new job soon wore off. 新工作带给她的新鲜感逐渐消失了。

②新奇事物 Cars were a *novelty* in 1900. 在 1900 年，汽车还是个新奇的玩意。

③新颖小巧而廉价的物品 Christmas *novelties* 圣诞小饰物

criterion /kraɪˈtɪərɪən/

【助记】crit(判断)+erion→判断的依据→标准

n. 标准 It is unacceptable to say popularity is the only *criterion* of a good novel. 把是否流行作为判断一本好小说的唯一标准是让人难以接受的。

用 该词的复数形式为 criteria 或 criterions。

grand /grænd/

a. ①宏伟的【同 magnificent】We had a *grand* view of a sea of clouds when we climbed to the top of the Yellow Mountain. 我们爬上黄山之巅时，看到了云海的壮观景象。

②重大的 a *grand* banquet 盛大的宴会

③傲慢的 He likes to put on a very *grand* air when he is with strangers. 与生人打交道时他很喜欢摆出一副骄傲的姿态。

④绝佳的 We had a *grand* weather for our trip. 我们旅游时的天气好极了。

⑤总的 the *grand* total 总计

glory /ˈglɔːrɪ/

n. ①光荣 Scientific achievement may bring greater *glory* than fighting. 科学成就可能会比战争带来更大荣耀。

②壮丽 I was fascinated by the *glory* of the sunset. 落日的壮观景象把我吸引住了。

派 glorify *v.* 赞美；使增光

glorious /ˈglɔːrɪəs/

a. ①光荣的 *glorious* traditions 光荣的传统

②壮丽的 On top of the mountain, you can enjoy the *glorious* sunrise. 在山顶上，你可以欣赏到壮丽的日出。

③令人愉快的 What a *glorious* party! 多么令人愉快的宴会啊!

bow /bəʊ/ *n.* /baʊ/ *vi./vt.*

n. ①弓 The arrow was still held in the *bow*. 箭仍搭在弓上。

②鞠躬，低头 take a *bow* 谢幕

vi. 鞠躬，低头 I raised my hat to her and she *bowed* in return. 我向她脱帽示礼，她鞠躬答礼。

vt. ①低下(头) *bow* one's head in shame 羞愧地低下了头

②使俯下 The creepers were *bowed* down with flowers. 蔓草被花压弯了。

搭 bow out 退出，辞职 Reeves thinks it is time for him to *bow out* of politics. 里夫斯认为到了自己从政界退出的时候了。

salute /sə'luːt/

vt. ①向……敬礼 We *salute* the flag everyday at school. 我们在学校每天向国旗行礼。

②赞扬 Today we *salute* these citizens for their commitment to our community. 今天，我们要赞扬这些公民对我们社会所做出的奉献。

vi. 敬礼，致意 The soldier *saluted* when he saw the general. 士兵看见将军时举手敬礼。

n. 敬礼；鸣礼炮 give/make a *salute* 敬礼 // fire a *salute* 鸣礼炮

搭 salute a friend with a smile 笑迎友人 // salute the spring/dawn 迎接春天，迎接黎明 // at the salute 以敬礼姿势 // acknowledge/answer/return a/the salute 答礼

compliment /'kɒmplɪmənt/ *n* /'kɒmplɪment/ *vt.*

【助记】com+pli(满足)+ment→"恭维"使其满足

n. ①赞美(话)，恭维(话) A sincere *compliment* boosts one's morale. 由衷的称赞鼓舞人的斗志。

②[*pl.*]致意，问候 Extend my *compliments* to your mother! 向您母亲代为致意！

vt. 赞美 The groom was so nervous that he forgot to *compliment* the bridesmaids. 新郎太紧张了，都忘了称赞伴娘。

搭 fish for compliments 博取赞扬

派 **complimentary** *a.* 恭维的；赠送的，免费的

flatter /'flætə/

vt. ①奉承 Most inferiors *flattered* their superiors with an exception of Mr. Parkson. 大多数下级都奉承上级，唯有派克逊先生例外。

②使满意，使感到荣幸 I was *flattered* to be asked to write an article for the magazine. 获邀为那本杂志写一篇文章，我受宠若惊。

③使显得(比实际)好看 His portrait *flatters* him. 他的肖像比他本人漂亮。

搭 flatter oneself 自鸣得意

派 **flattery** *n.* 恭维(话)，奉承

commend /kə'mend/

【助记】com(共同)+mend(委托)→推荐

vt. ①表扬 We should *commend* good people and good deeds. 我们应当表扬好人好事。

②推荐【同 recommend】I should like to *commend* this method to you. 我想向您推荐这一方法。

派 **commendation** *n.* 赞扬；奖状

inherit /ɪn'herɪt/

【助记】in+her(继承)+it→继承

vt. ①继承 *inherit* the tradition 继承传统 // She *inherited* the land from her grandfather. 她从祖父那里继承了这块土地。

②经遗传而得(性格或特征) He *inherited* his father's bad temper. 他继承了他父亲的坏脾气。

搭 inherit sth. from sb. 从某人处继承某物；从某人身上遗传了某特性

派 **inheritance** *n.* 继承；继承物 // **inheritor** *n.* 继承人

> **雅思真题** And although many candidate countries *inherited* a transport system which encourages rail, the distribution between modes has tipped sharply in favour of road transport since the 1990s. 尽管很多候选国家继续沿用其鼓励铁路的运输系统，但自20世纪90年代以来，运输模式发生显著变化，公路运输更受青睐。

heritage /'herɪtɪdʒ/

n. 遗产，传统 Every generation has the duty to pass down *heritage* of knowledge from the past. 每一代人都有责任把过去继承的知识传下去。

heir /eə/

n. 继承人 The King's eldest son is the *heir* to the throne. 国王的长子是王位的继承人。

派 **heiress** *n.* 女继承人

同义替换练习

1. During the reading lesson, the teacher asked students to read a few excerpts from the novel.
A. pieces B. essays C. fragments D. extracts

2. The core of the scientific attitude is that the human mind can succeed in understanding the universe.
A. essence B. content C. texture D. threshold

3. Weeks passed before anyone was arrested in connection with the bank robbery.
A. terminated B. elapsed C. overlapped D. expired

4. When you put up wallpaper, should you cover the edges or put them next to each other?
A. coincide B. extend C. overlap D. collide

5. The prospect of increased prices has already caused worries.
A. provoked B. invoked C. inherited D. extracted

6. Under the guidance of their teacher, the pupils are building a model boat driven by steam.
A. dispatched B. ejected C. propelled D. inspired

7. America has now adopted stricter European-style inspection systems, and the incidence of food poisoning is falling.
A. more glorious B. more solemn C. more rigorous D. more crucial

8. Peter will soon find out that real life is seldom as simple as it is described in commercials.
A. drafted B. depicted C. alleged D. permeated

9. It is one thing to locate oil, but it is quite another to take out and transport it to the industrial centers.
A. smuggle B. extract C. distinguish D. concentrate

10. Many types of rock are thrown out from volcanoes as solid, fragmentary material.
A. excluded B. raised C. ejected D. injected

11. Several international events in the early 1990s seem likely to turn the trends that emerged in the 1980s.
A. revolt B. revolve C. reverse D. revive

答案与译文

1. [D] 在阅读课上,老师让学生们读了几节该小说中的选段。
2. [A] 科学态度的核心就在于人类的思维能正确地了解宇宙。
3. [B] 几周过去了,与银行盗窃案有关的人连一个都还没抓到。
4. [C] 贴墙纸时,是应该将墙纸的边缘重叠还是让它们相互紧挨着呢?
5. [A] 对价格持续上涨的预测已经引起了人们的焦虑。
6. [C] 在教师的指导下,小学生们正在造一艘由蒸汽推动的模型船。
7. [C] 美国现已采用更加严格的欧式检查体系,食物中毒的发生率也随之下降。
8. [B] 彼得很快就会发现真实生活很少像商业广告上描述的那么简单。
9. [B] 发现石油是一回事,而将其开采出来并输送到工业中心又是另一回事。
10. [C] 很多种岩石以固体碎片的形式从火山中喷出。
11. [C] 20 世纪 90 年代初发生的若干国际事件似乎可能会扭转 80 年代出现的趋势。

Lesson 17

词根词缀表

per- 透过;彻底地	permeate *v.* 弥漫	insul 岛屿	insulate *vt.* 隔离
secut 跟随	persecute *vt.* 纠缠	urb 城市	suburb *n.* 郊区
reg 统治	regime *n.* 政权	divid 分割	dividend *n.* 分红
bel(l) 战争	rebellion *n.* 反抗	-ship 表状态	worship *n.* 崇拜
turb 扰乱	turbulent *a.* 混乱的		

squeeze /skwi:z/

vt. ①压，挤，捏 Alice *squeezed* his arm affectionately. 爱丽丝疼爱地捏了捏他的胳膊。// *Squeeze* out the last of the toothpaste. 把最后的牙膏硬挤出来。

②榨取，压榨 We *squeezed* the juice from an orange. 我们从橙子中榨出汁来。

vi. 挤,挤过 We *squeezed* through the crowd to the exit door. 我们挤过人群,来到出口处。

n. ①挤,拥挤 There's room for one more, but it'll be a *squeeze*. 这里还能容下一个人,但是会挤一点的。

②握(手) give sb. a *squeeze* (of the hand) 紧握某人的手

③拮据 I often feel the *squeeze* at the end of every month. 我通常在每个月底就感到手头拮据。

搭 squeeze in 挤进去 // squeeze sth. into... 把某物挤成…… // squeeze sth. out of sb. 向某人榨取、敲诈、勒索某物

toss /tɒs/

v. ①扔,抛 He *tossed* the beggar a coin. 他丢给那乞丐一枚硬币。

②猛抬(头) He *tossed* his head angrily and left the room. 他气愤地一仰头,离开了房间。

③拌(食品) *Toss* the carrots in some butter before serving. 用一些黄油把胡萝卜搅拌一下,然后端上桌。

④使摇动，使颠簸 The ship was *tossed* by the waves. 船被浪打得东摇西晃。

⑤掷钱币来决定 Let's *toss* up to decide who will pay the bill. 我们抛硬币决定谁付账吧。// They *tossed* a coin to decide who would go first. 他们抛硬币来决定谁先走。

⑥翻来覆去，辗转反侧 I was *tossing* and turning all night. 我整夜翻来覆去睡不着。

n. ①掷硬币 win/lose the (coin) *toss* 掷硬币赌赢/输,在掷硬币中猜对/错了

②猛一仰头 With a *toss* of head, he walked out of the room. 他猛一仰头,走出了房间。

③(轻轻的)抛,投 Gibbons faked a *toss* to George, and ran in for a touchdown. 吉本斯假装把球抛给乔治,然后冲进去触地得分。

搭 toss sth. to sb. / toss sb. sth. 把某物扔给某人 // toss... aside 扔弃,搁置不管 // a toss-up 一半的机会;很难肯定的事情

mo(u)ld /məuld/

n. ①霉,霉菌 *mold* on cheese 奶酪上的霉

②模子,铸模 They are cast in the same *mold*. 它们是一个模子浇铸成的。

③(人的)性格 He is a man of gentle *mold*. 他是个性格温和的人。

vt. ①浇铸【同 cast】The car body is *molded* in the factory. 汽车车身是在这家工厂里模压成型的。

②使形成 A teacher can help to *mold* the minds of his students. 老师能影响学生心智的成长。

cast /kɑ:st/

vt. ①投射(光、视线等) *cast* a glance at sb. 瞥了某人一眼 // The moon *cast* a pale light over the cottages. 苍白的月光洒落在农舍上。

②投，扔 Sparks leapt as more wood was

cast on the fire. 往篝火中丢入更多的木头时，火星四射。

③丢弃，剔除 cast doubts from one's mind 将顾虑抛诸脑后

④蜕(皮) Every year the snake *casts* its skin. 蛇每年都要蜕皮。

⑤浇铸，铸造 The statue was *cast* in bronze. 这座雕像是用青铜铸的。

n. ①演员表 a *cast* list 演员清单

②石膏绷带 Her leg's in a *cast*. 她的腿打了石膏。

③铸型 He made a *cast* of a bust. 他铸了一座半身像。

④投，抛 The fisher man made a long *cast* into the middle of the lake. 那位渔夫将鱼网远远撒向湖心。

搭 cast about/around for 到处寻找，试图找到 // cast aside 把……丢在一边，去掉 // cast off 抛弃，丢弃 // cast out 赶出，驱逐

hurl /hɜːl/

vt. ①猛投 Riots *hurled* a brick through the windscreen of a car. 暴力者用力把砖头掷进一辆汽车的挡风玻璃。

②大声叫骂 The naughty boy hurled a stone at my window and I *hurled* curses at him. 那个顽皮的小男孩向我的窗户扔石子，我狠狠地对他大声叫骂。

搭 hurl... at... 向……扔…… // hurl curses/threats/insults/abuse at sb. 恶狠狠地咒骂/威胁/辱骂/谩骂某人 // hurl oneself upon/at the enemy 向敌人猛扑过去

hoist /hɔɪst/

vt. 举起，吊起 The sailors *hoisted* the cargo onto the deck. 水手们把货物吊到甲板上。

n. ①起重器械 hand control *hoist* 手控起重机

②举起 give sth./sb. a *hoist* 将某物/某人举起

permeate /ˈpɜːmieɪt/

v. 弥漫，渗透 Water had *permeated* through cracks in the wall. 水从墙缝里渗了进来。// The smell of leather *permeated* the house. 屋子里弥漫着皮革的气味。// A feeling of sadness *permeates* all his music. 他所有的音乐充满着一种悲伤的情绪。

sweat /swet/

vi. 出汗 She was *sweating* as she reached the top of the hill. 当她到达山顶时，出了一身汗。

n. 汗水 *Sweat* poured down his face as he ran. 他跑步时汗水从他脸上淌下来。

melt /melt/

v. ①(使)融化，(使)熔化 Don't skate on the lake. The ice is *melting*. 别到湖上去溜冰，湖面的冰正在融化。// Great heat *melts* iron. 高温使铁熔化。

②(使)消散 Her anger slowly *melted* away. 她的怒气渐渐消了。

stream /striːm/

n. ①小河，溪流 The *stream* is clear, and you can drink from it. 溪水清澈，可以饮用。

②流，一股 A *stream* of people was going into the cinema. 一股人流走进影院。

v. 流(出) Cars *stream* along the highway day and night. 公路上车流日夜不息。

steep /stiːp/

【助记】step(阶梯)中又加一个 e→陡峭的

a. ①陡的，陡峭的 The path grew *steeper* as we climbed higher. 我们越往上爬路就越陡。

②(价格等)过高的 *steep* rents 租金奇高

③急剧的(上升或下降) There is a *steep* rise in oil prices since the war. 自开战以来石油价格急剧上升。

vt. 浸泡 You have to *steep* this tea in hot water. 你必须把这包茶叶泡在热水中。

spray /spreɪ/

v. 喷，(使)溅散 She *sprayed* herself with perfume. 她往自己身上喷香水。// Champagne *sprayed* from the bottle. 香槟从瓶里喷出来。

n. ①浪花，水花 Salt *spray* eroded the bridge. 含盐份的浪花腐蚀了这座桥。

②喷雾 Fruit can be discolored by the use of *spray*. 使用喷雾剂就可以使水果改变其颜色。

splash /splæʃ/

v. 溅，泼 Water *splashed* into the bucket from the tap. 水从龙头里喷溅着注入水桶。// He *splashed* water on his face. 他用水泼脸。

n. ①溅泼声 The children jumped into the river with a *splash*. 孩子们劈啪跳进河里。

②溅出的水(或泥浆等) Do you see the *splash*

I made when I jumped into the pool? 我跳进水池时，你看到我溅起的水花了吗？

③(光、色等的)斑点 a *splash* of color 一小片鲜艳的颜色

搭 splash (sth.) on/over/against... (把某物)泼洒到……，溅到……

evil /ˈiːvl/

a. 邪恶的 *evil* thoughts/deeds 邪念/恶行

n. 邪恶，罪恶 We should return good for *evil*. 我们应该以德抱怨。

词源 该词拼写刚好与表示"生活"的 live 字母排列顺序相反。据说有一名犯人在服刑之前感慨说：我颠倒了生活(live)，因而铸成了罪恶(evil)。该词于是有了"罪恶的，邪恶的"之义。

fraud /frɔːd/

n. ①欺诈 In recent years there has been a noticeable increase in sophisticated financial *fraud*. 近年来用高科技的金融诈骗有明显增加。

②骗子 He's nothing but a liar and a *fraud*. 他只不过是个撒谎者和骗子。

sanction /ˈsæŋkʃən/

vt. 批准 The plan wasn't *sanctioned* by the board of directors. 该计划没有得到董事会的批准。

n. ①批准 Official *sanction* has not yet been given. 尚未获得正式批准。

②约束力 Some people believe that shame may operate as the principal *sanction* against wrongdoing. 有些人认为，羞耻之心可成为防止干坏事的主要约束力。

③[常 *pl.*]国际制裁 Western nations imposed tough *sanctions* on the country. 西方各国对这个国家实行了严厉制裁。

搭 give sanction to... 批准……，同意…… // take sanctions against... 对……采取制裁手段

sue /sjuː/

v. ①控告 If the builders don't fulfill their side of contract, we'll *sue*. 如果建筑商一方不履行合同，我们就要提出诉讼。// She is *suing* her husband for divorce. 她正在和丈夫打官司要求离婚。

②(~*for*)请求，要求 The rebels were forced to *sue for* peace. 反叛分子被迫要求和解。

vt. 控告 *sue* sb. for negligence 控告某人玩忽职守

用 sue 通常用在民事案件中，近义词有 charge, accuse；而 prosecute 多用于刑事案件。

prosecute /ˈprɒsɪkjuːt/

【助记】pro(forward)+secut(跟随)+e→跟着去法院→起诉

vt. ①对……提起公诉，告发 Shoplifters will be *prosecuted*. 在商店偷窃者将被起诉。

②继续从事 We cannot *prosecute* the investigation further. 我们无法继续深入调查。

vi. 告发，起诉 The police decided not to *prosecute*. 警方决定不予起诉。

派 prosecution *n.* 起诉，告发；执行 // prosecutor *n.* 检察官；控方

attorney /əˈtɜːnɪ/

n. [美]律师【同 lawyer】He acted as *attorney* for me. 他当我的律师。

persecute /ˈpɜːsɪkjuːt/

【助记】per(through)+secut(跟随)+e→穷追不舍→纠缠

vt. ①迫害 Jewish was cruelly *persecuted* by Nazis during the Second World War. 二战期间犹太人遭到纳粹的残酷迫害。

②纠缠 Actors complained of being *persecuted* by the press. 演员们抱怨说受到新闻界的纠缠。

prey /preɪ/

n. ①捕获物 Mice and other small creatures are the owl's *prey*. 老鼠以及其他小动物都是猫头鹰的捕食物。

②受害者 He, with his simplicity and inexperience, was an easy *prey* for ambitious females. 由于单纯而缺乏经验，他常常轻易成为野心勃勃女子的牺牲品。

vi. ①(~*on*)捕食 Cats *prey on* mice. 猫捕食老鼠。

②折磨，使烦恼 The accident has been *preying* on my mind all week. 那次事故使我整个星期都惴惴不安。

搭 fall prey to 成为……的牺牲品，深受……之害

雅思真题 The lynx presents no threat to human beings: there is no known instance of one *preying* on people. 猞猁对人类完全不构成威胁：没有任何已知的关于猞猁伤害人的记载。

predator /ˈpredətə/

n. ①捕食性动物，食肉动物 Scientists are trying

to return another *predator* to its former hunting grounds. 科学家正尝试让另一种食肉动物回到其原先的狩猎地。

②利用别人弱点谋利的人，尾随作案者 a sexual *predator* 尾随作案的色魔

warrant /ˈwɒrənt/

n. ①授权令 search *warrant* 搜查证

②(正当)理由 You had no *warrant* for doing that. 你那样做毫无道理。

vt. 证明……是正当的 The evidence produced so far does not *warrant* the conclusion that the driver was negligent. 到目前为止得到的证据尚不足以得出那个司机因疏忽而出事的结论。

grab /græb/

vt. ①抓取【同 snatch】Kay *grabbed* hold of my arm to stop herself falling. 凯抓住我的手臂，以免摔倒。

②赶紧做 Let's *grab* a bite to eat. 我们赶紧吃点东西吧。

③抓住(机会) You should *grab* your chance to travel while you're young. 你应该趁年轻的时候抓住机会旅行。

vi. (~*at*)抓(住) She *grabbed at* the money. 她一把抓住钱。

n. 抓，夺 make a *grab* at a rope 抓住绳索

搭 grab sth. from... 从……抢走某物

snatch /snætʃ/

vt. ①夺，夺走 The thief *snatched* my handbag and ran off. 小偷一把夺走我的手提包便逃之夭夭。

②一把抓住 He *snatched* the girl out of the icy water. 他一把抓住女孩，将她从冰冷的水中救了起来。

③抓住机会做，抽空做【同 grab】I managed to *snatch* an hour's sleep on the train. 我在火车上抓紧时间睡了1个小时。

vi. (~*at*)一把抓住 Jessie *snatched at* the bag but I pulled it away. 杰西伸手想抓包，但我把包拉开了。

n. 片断 We caught *snatches* of conversation from the room next door. 我们断断续续地听到隔壁房间的谈话。

搭 snatch away 迅速拿走，拿开 // snatch up 突然掏出，抓起，抱起 // make a snatch at 抢夺 // in/by snatches 断断续续地

staple /ˈsteɪpl/

n. ①订书钉 He used a pair of scissors to take the *staple* out of the document. 他用剪刀将订书钉从文件上取了出来。

②主食 Rice is a *staple* in many Asian countries. 大米是许多亚洲国家的主食。

③主要产品 Bananas and sugar are the *staples* of Jamaica. 香蕉和蔗糖是牙买加的主要产品。

vt. 用订书钉订 *Staple* the invoice and the receipt together. 把发票和收据订在一起。

a. ①主要的 *staple* market 主要市场

②经常需要(或使用)的 He came out with his *staple* excuse that he was too busy. 他又拿出惯用的借口，说他太忙了。

seal /siːl/

【助记】经典情歌"Sealed With a Kiss"《以吻封缄》

n. ①封条；图章 The letter bears the *seal* of the king. 这封信有国王的封印。

②海豹 *seal* fishery 海豹渔业

vt. (密)封 *seal* an envelope 把信封口 // My lips are *sealed*. 我一定会守口如瓶。

搭 seal off 封闭，封锁 Following a bomb warning, police have *sealed off* the whole area. 接到有炸弹的警报后，警方封锁了整个地区。

shell /ʃel/

n. ①壳，贝壳 Who will eat the kernel of the nut must break the *shell*. [谚]欲吃坚果仁，必先破其壳。

②框架 Starvation left the child a mere *shell* of a boy. 那个孩子饿成了皮包骨。

③炮弹 The gun holds six *shells*. 这门炮装有六发炮弹。

vt. ①剥……的壳 We sat down and *shelled* the peas. 我们坐下来剥豌豆。

②炮击 The troops were *shelled* unceasingly. 部队不断地遭到炮击。

③(~*out*)付款 I shall be expected to *shell out* for the party. 这次聚会可能要让我花钱。

派 **shellfish** *n.* 贝，甲壳类动物

reciprocal /rɪˈsɪprəkəl/

【助记】re(相互)+cip(拿)+rocal→相互收取优惠的→互惠的

a. 互惠的，交互的 Such treaties provide *reciprocal* rights and obligations. 这一协议提供了互

惠的权利和义务。

reign /reɪn/

vi. ①当政，统治 He **reigned** over the country for ten years. 他统治这个国家长达十年。

②主导地位 After the storm, quietness **reigned**. 风暴过后是一片寂静。

sovereign /ˈsɒvrɪn/

n. 君主，元首 The true **sovereigns** of a country are those who determine its mode of thinking. 国家的真正领袖是那些决定该国思想方式的人。

a. ①至高无上的 Most European monarchs no longer have **sovereign** control. 大多数欧洲君主已经不再拥有至高无上的控制权了。

②具有独立主权的 The UN was designed as an association of **sovereign** states. 联合国是作为各主权国家的联合体而构建成的。

派 **sovereignty** *n.* 最高统治权；国家的主权

regime /reɪˈʒiːm/

【助记】reg(统治)+ime→政权

n. 政权 Things in this war-ridden country will change under the new **regime**. 在新政权的治理下，这个饱受战乱之苦的国家情况会有所改变。

boycott /ˈbɔɪkɒt/

vt. 抵制 For a few days every year, people in South Korea will **boycott** everything Japanese. 韩国人每年都有几天会抵制一切来自日本的东西。

n. 抵制 They are now trying to organize a **boycott**. 他们正在试图组织一场抵制活动。

词源 1880年爱尔兰作物歉收，农民生活困苦，但土地承租管理人Boycott却不肯给农民减租，还收回了租地。于是愤怒的居民采取了联合抵制行动，最后他仓皇出逃。从此，boycott就成了“联合抵制”的代用语。

loom /luːm/

n. 织布机 a hand **loom** 一台手工织布机

vi. ①隐现 The mountainous island **loomed** on the horizon. 那座巨大的岛屿隐隐约约浮现在地平线上。

②即将来临 Final exams are **looming**. 期末考试正日益临近。

派 **looming** *a.* 隐现的，逼近的

riot /ˈraɪət/

n. ①暴乱 When a **riot** occurs the police and the army will be sent to maintain the social order. 当发生暴乱的时候，军队和警察会被派出来维持社会秩序。

②(色彩、声音等的)极度丰富 Flowers are blooming in a **riot** of color. 百花齐放，万紫千红。

vi. 聚众闹事 They **rioted** in the streets. 他们在大街上闹事。

搭 run riot 胡作非为，撒野

rebellion /rɪˈbeljən/

n. 反叛，反抗 an armed **rebellion** 武装叛乱 // a **rebellion** against the military regime 反抗军事政权的起义

revolt /rɪˈvəult/

【助记】re(back)+volt(转)→反转过来→反抗

vi. ①反叛，起义 Autocracy often causes the people to **revolt**. 独裁统治常常引起人民的反抗。

②反抗，违抗 Teenagers often **revolt** against parental discipline. 青少年常常不遵从父母的训导。

vt. 使厌恶 Such cruelty **revolted** him. 这样的残暴行为使他很反感。

n. 反叛；反抗 The French Revolution began with a popular **revolt** against a new “salt tax”. 法国大革命始于反对新“盐税”的民众起义。

搭 revolt against... 反抗……，反叛…… // in revolt (在)叛乱中

【辨析】表示“反叛，反抗”的名词

rebellion：通常指有组织的、公开的大规模武装叛乱，常以失败告终

revolt：指规模相对较小，持续时间较短，侧重对压迫或不能容忍的情况的反抗

notorious /nəuˈtɔːrɪəs/

a. 臭名昭著的【同 infamous】English soccer fans are **notorious** for their craziness and barbarism. 英国的足球迷因他们的疯狂和野蛮而臭名昭著。

render /ˈrendə/

vt. ①使得 Fatness **renders** a person clumsy. 身体肥胖使人笨拙。

②给予 We are ready to **render** them assistance. 我们乐意给予援助。

③**翻译** This sentence cannot be literally *rendered*. 这个句子不能直译。

搭 render thanks to... 感谢,报答…… // render... into... 把……翻译成…… // render good for evil 以德报怨

雅思真题 If appropriate works of fine art could be *rendered* permanently accessible to the public by means of high-fidelity reproductions, as literature and music already are, the public may feel somewhat less in awe of them. 如果通过保真度高的复制品,使得恰当的艺术品能一直被大众接触到,就像文学和音乐已经做到的那样,那么公众对艺术品可能不那么敬畏了。

exile /'egzaɪl/

n. **流放;被流放者** drive sb. into *exile* 流放某人 // Some of his best works were written while he was in *exile*. 他的一些最好的作品是在他流亡期间写的。

vt. **流放** Napoleon was once *exiled* to the island of St. Helena. 拿破仑曾被放逐到圣赫勒拿岛。

搭 go into exile 逃亡 // live in exile 过离乡背井的生活;流亡(异乡)

turbulent /'tɜːbjulənt/

【助记】turb(扰乱)+ulent→混乱的

a. ①**动荡的,混乱的** There still exist *turbulent*, revolutionary undercurrents in this seemingly peaceful world. 在这个表面上和平的世界里,骚乱与动荡的潜流依然存在。

②**汹涌的** The sea is too *turbulent* for sailing. 海浪太大,不宜航行。

派 turbulence *n.* 动荡,骚乱;猛烈的水气流

turmoil /'tɜːmɔɪl/

n. **骚动,混乱** emotional/political *turmoil* 纷乱的情绪/政治动乱 // Her mind was in a *turmoil*. 她心乱如麻。

搭 in (a) turmoil 混乱中

insulate /'ɪnsjuleɪt/

【助记】insul(岛)+ate(使)→使成为孤岛→隔离

vt. ①**使绝缘** We can *insulate* a live wire with rubber. 我们可用橡胶使带电的电线绝缘。

②**隔离(以免受到影响)** The royal family is *insulated* from many of the difficulties faced by ordinary people. 王室成员都无须应付平民所面临的许多困难。

concede /kən'siːd/

vt. ①**(不情愿地)承认** I was forced to *concede* that she might be right. 我不得不承认可能是她对。

②**允许** Women were only *conceded* full voting rights in the 1950s. 妇女在 20 世纪 50 年代才被容许完全享有选举权。

vi. **让步,认输** Don't *concede* without a contest! 不要没经过比赛就认输!

搭 concede to (sb.) 对(某人)让步

condemn /kən'dem/

vt. ①**谴责** Adding erotic contents in children's websites should be seriously *condemned*. 在儿童网站加载色情内容应受到严厉的谴责。

②**判……刑**【同 sentence】He was *condemned* to death for murder and later hanged. 他因凶杀罪被判处死刑,后被绞死。

搭 condemn sb. for sth. 因某事谴责某人 // condemn sb. to (do) sth. 宣告某人要受的惩罚;判某人刑

denounce /dɪ'nauns/

【助记】de(down)+nounce(报告)→告发

vt. ①**指责** The president's speech *denounced* the killing of hostages by the terrorists. 总统的讲话谴责了恐怖分子杀害人质的暴行。

②**告发** They were at the mercy of informers who might at any moment *denounce* them. 他们完全受那些随时可能告发他们的告密者的摆布。

territory /'terɪtərɪ/

【助记】terr(地)+it+ory(地点)→领土

n. ①**领土** The Taiwan Island is part of our *territory*. 台湾岛是我国领土的一部分。

②**领域,范围** The company is moving into unfamiliar *territory* with this new software. 该公司正通过这种新开发的软件进入一个陌生的领域。

region /'riːdʒən/

【助记】reg(统治)+ion(表场所)→统治的"区域"

n. ①**地区,区域** The invaders occupied important coastal *regions*. 入侵者占领了沿海要地。

②**范围,领域** the *region* of folk art 民间艺术

领域

搭 in the region of 在……左右，接近 The school received a grant somewhere *in the region of* £2,500. 学校收到一笔大约2500英镑的补助款。

zone /zəʊn/

【助记】动感地带 M-zone

n. 地区，区域 Danger *zone*—keep out! 危险区——不可靠近！// a nuclear-free *zone* 无核区

confer /kənˈfɜː/

【助记】con(一起)+fer(带来)→聚在一起"商议"

vi. 商议 The engineers and technicians are still *conferring* on the unexpected accident. 工程师和技术员们还在讨论此次意外事故。

vt. (~*on*)授予 An honorary degree was *conferred on* him by Oxford University in 1995. 牛津大学于1995年授予他荣誉学位。

搭 confer with sb. on/about sth. 与某人协商、商议某事 // confer a medal/title on/upon sb. 授予某人以勋章/称号

【辨析】表示"商议"的动词

confer：指与自己的阅历、知识水平相当的人交换意见，商讨解决的方式和办法等

consult：指就重大事件与能够提出忠告的人协商以得到解决问题的办法

autonomy /ɔːˈtɒnəmɪ/

【助记】auto(自己)+nomy(治理)→自治

n. ①自治 The separatist is demanding full *autonomy* for their state. 分裂主义者在要求他们的州完全自治。

②人身自由 The *autonomy* of every individual should be respected. 每个人的人身自由应该受到尊重。

派 autonomous *a.* 自治的

雅思真题 Too much dependence on the teachers risks loss of *autonomy* and motivation to discover. 过度依赖老师有失去自主性和探索的动机的风险。

rural /ˈrʊərəl/

a. 农村的 *Rural* areas have been worst hit by the strike. 受罢工影响最严重的是乡村地区。

suburb /ˈsʌbɜːb/

【助记】sub(near)+urb(城市)→市郊

n. 市郊，郊区 He lives in the *suburb* of Beijing and works in the city. 他住在北京郊区，而在城里工作。

派 suburban *a.* 郊区的；见闻不广的 // suburbanization *n.* 郊区化

metropolitan /ˌmetrəˈpɒlɪtən/

a. 大城市的 He was fed up with the crowded *metropolitan* streets. 他厌倦了拥挤的大城市街道。

派 metropolis *n.* 大城市，都会

urban /ˈɜːbən/

【助记】urb(城市)+an→城市的

a. 城市的 The *urban* poor are in need of homes. 城市里的穷人需要住房。

dividend /ˈdɪvɪdend/

【助记】divid(分)+end(结束)→年底分红→红利

n. ①红利 What *dividend* did you receive? 你得到多少红利？

②回报 It pays enormous *dividends* if we learn not to worry about little things. 如果我们学会不为琐事所困扰，我们就会大受裨益。

③被除数 In 8÷2, 8 is the *dividend*. 在8除以2这个式子中，8是被除数。

allowance /əˈlaʊəns/

n. ①津贴 IBM offers quite a high traveling *allowance* to its employees. IBM公司给员工比较高的出差津贴。

②零用钱 The child has a weekly *allowance* of five dollars. 这孩子每星期有五元零用钱。

③定量；限额 Passengers' baggage *allowance* is 60 pounds per person. 每人的行李限重为60磅。

④顾及，考虑；体谅 The budget makes *allowances* for extra staff when needed. 预算考虑了必要时人员的增加。// We should make *allowances* for her—she's been quite ill recently. 我们应该体谅她——她最近病得不轻。

搭 make allowance(s) for 考虑到；体谅 // at no allowance 无限制，尽情地

bonus /ˈbəʊnəs/

n. ①奖金 To some degree *bonus* is an effective way to motivate the workers. 从某种程度上来说，奖金是调动工作积极性的一种有效方法。

②额外给予的东西 The win on the pools was

a real ***bonus***. 赌博赢钱真是意外收获。

welfare /ˈwelfeə/

n. ①福利【同 well-being】social ***welfare*** 社会福利 ②福利救济 Most of the families in this neighborhood are on ***welfare***. 这一带的大多数家庭都领政府的福利救济。

generous /ˈdʒenərəs/

a. ①慷慨的【反 mean】It's her nature to be ***generous***. 慷慨大方是她的天性。

②宽厚的 She was ***generous*** enough to overlook my little mistake. 她非常宽宏大量，不计较我的小错误。

③大量的 The farmers receive ***generous*** subsidies from the government. 农民们从政府那里得到大量的补贴。

派 **generosity** ***n.*** 慷慨，大方

subsidy /ˈsʌbsɪdɪ/

n. 津贴，补助金 Food ***subsidies*** are necessary for keeping down the price of dairy products and bread. 食品补贴对控制乳制品和面包的价格是必要的。

派 **subsidize** ***v.*** 给……补助金，资助 // **subsidiary** ***a.*** 辅助的；次要的 ***n.*** 子公司，附属公司

【辨析】表示"津贴"的名词

subsidy：指政府或社团为赞助某项工业或某个公用事业而给予的"补助金"

allowance：常指定期给某人的"补贴，零用钱"

charity /ˈtʃærɪtɪ/

n. ①救济金 Many families in this area live on ***charity***. 这个地区的很多家庭靠救济金生活。

②慈善团体；慈善事业 The Red Cross is an international ***charity***. 红十字会是个国际性的慈善机构。// He does a lot of work for ***charity***. 他做了很多慈善工作。

③宽容 She regards his moral faults with ***charity***. 她宽恕他的品行不端。

搭 do sth. out of charity 出于慷慨助人而做某事

派 **charitable** ***a.*** 慈善的；慷慨的

pension /ˈpenʃən/

n. 养老金 In the days of inflation people on retirement ***pensions*** find it difficult to live. 在通货膨胀的日子里，靠退休金生活的人发现很难过活。

vt. 发给……养老金 Many soldiers were ***pensioned*** for their years of loyal service. 很多忠诚服役多年的士兵拿到了发放的退休金。

搭 live on a pension 靠退休金生活 // draw one's pension 领取退休金

favo(u)r /ˈfeɪvə/

n. ①帮助，恩惠，善意的行为 Paul, can I ask you a ***favour***? 保罗，你能帮我一个忙吗？

②支持，赞同；喜爱 These plans are unlikely to find ***favour*** unless the cost is reduced. 这些计划除非缩减费用，否则不大可能得到支持。// Some politicians have said they are in ***favour*** of term limits. 一些政治家已经说过他们赞同任期限制。

③优惠；偏袒 Teachers should not show ***favour*** to any pupil. 老师不该偏袒任何学生。

vt. ①更喜欢 In the survey, a majority of people ***favoured*** higher taxes and better public services over tax cuts. 调查显示，大多数人赞同提高税收并改善公共服务，不赞成削减税收。

②给予优惠，偏袒 a tax cut that ***favours*** rich people 一项偏袒富人的减税政策

③有助于，有利于 The current economy does not ***favour*** the development of small businesses. 当前的经济对小企业的发展不利。

搭 in sb's favour 对某人有利 // out of/in favour (with sb) 不受/受到(某人)喜爱、欢迎

favo(u)rite /ˈfeɪvərɪt/

a. 特别喜爱的，最喜欢的 my ***favourite*** toy 我最喜欢的玩具

n. ①特别喜爱的物；受宠的人 Prague, capital of Czech, is the ***favourite*** of many artists. 捷克首都布拉格是很多艺术家最喜欢的城市？

②最有希望赢的参赛者 Brazil are ***favourites*** to win this year's World Cup. 今年世界杯，巴西队是夺冠热门。

搭 a favourite son 故乡骄子(受家乡欢迎的政治家、运动员等)

estate /ɪˈsteɪt/

n. ①土地 Li Jiacheng owns a large ***estate*** in Hong Kong. 李嘉诚在香港有大量的地产。

②财产，遗产 She left her ***estate*** to her husband. 她把财产留给了丈夫。

③庄园 He has a beautiful ***estate*** near London. 他在离伦敦不远处有一个美丽的庄园。

搭 real estate 不动产，房地产 // housing / industrial estate 住宅区/工业区

asset /ˈæset/

n. ①优点，有用的人 Ability to get along with people is an ***asset*** in business. 在商界善于跟别人相处是可贵的优点。// Rachel was an ***asset*** to the department. 雷切尔是这个部门中难得的人才。

②财产 The bank has ***assets*** of more than £1 billion. 该银行有十亿多英镑的资产。

worship /ˈwɜːʃɪp/

vt. ①崇拜 In Argentina, Maradona is a hero ***worshipped*** by young children. 在阿根廷，马拉多纳被小孩子当作英雄来崇拜。

②敬奉 Christians ***worship*** God. 基督教徒信仰上帝。

n. 崇拜；敬奉 He regarded the famous scientist with ***worship*** in his eyes. 他以敬慕的目光注视着这位著名科学家。

派 **worshipper** ***n.*** 礼拜者，崇拜者

ritual /ˈrɪtʃuəl/

n. ①(宗教等的)仪式 the ***ritual*** of an inauguration 就职典礼

②例行公事 My household chores have become a morning ***ritual***. 家务已经成了我早晨的例行公事。

a. 作为仪式一部分的；例行的 We make our ***ritual*** visit to the pub. 我们照例去了酒吧。

bless /bles/

vt. ①使有幸得到 Fortunately we're both ***blessed*** with good health. 所幸，我们俩都有健康的身体。

②为……祈神赐福(或保佑) The farmers are ***blessing*** propitious winds and rains. 农民们正在祈求风调雨顺。

搭 be blessed with 有幸得到 // bless sb. for his kindness 感激某人的好意

派 **blessed** ***a.*** 受上帝恩宠的；带来愉快的 // **blessing** ***n.*** 祷告；祝福；幸事

superstition /ˌsuːpəˈstɪʃən/

【助记】super(above)+stit(站)+ion→立于不科学的观念上→迷信

n. 迷信 Science was once cramped by ignorance and ***superstition***. 科学的发展一度受到无知和迷信的束缚。

派 **superstitious** ***a.*** 迷信的

entry /ˈentrɪ/

n. ①参赛的人(或物) The winning ***entry*** was a short film for France. 获奖作品是一部法国短片。

②进入 The PLA made a triumphant ***entry*** into the town. 解放军凯旋入城。

③入口处 You can leave your umbrella in the ***entry***. 雨伞可放于入口处。

④登记 He made an ***entry*** in his diary every night. 他每天晚上记日记。

divorce /dɪˈvɔːs/

n. ①离婚 ***divorce*** rate 离婚率

②分离 They advocated a complete ***divorce*** of government and religion. 他们主张政教完全分离。

v. ①(与……)离婚 He ***divorced*** his wife last week. 他上个星期和妻子离婚了。// The couple ***divorced***.这对夫妇离婚了。

②(使)分离【同 separate】It's difficult to ***divorce*** sport from politics. 体育很难完全脱离政治。

married /ˈmærɪd/

a. 已婚的 a newly ***married*** couple 一对新婚夫妇 // They decided to get ***married*** at the end of this year. 他们决定于年底结婚。

marital /ˈmærɪtl/

a. 婚姻的 He is faced with the fact of an irremediable ***marital*** breakdown. 他面临着婚姻破裂不可挽救的事实。

pregnant /ˈpregnənt/

【助记】pre(before)+gnant(生产)→生产前的状态→怀孕的

a. 怀孕的 A ***pregnant*** woman needs to have a regular body check-up. 孕妇要定期去体检。

派 pregnancy *n.* 怀孕；蕴含

hatch /hætʃ/

vt. ①孵 Don't count the chickens before they are *hatched*. [谚]鸡蛋还未孵，别忙数鸡雏。
②筹划，秘密策划 What mischief are you *hatching* (up)? 你们在搞什么鬼花样？

vi. (~*out*)孵出 All the chickens have *hatched out*. 所有小鸡都已破壳而出。

n. 舱门；开口；孵化 escape *hatch* 安全舱口 // The oil spill will affect next spring's *hatch*. 油泄露会影响到来年春季的孵化。

flock /flɒk/

n. ①羊群，(鸟、兽等)一群 a *flock* of sheep 一群羊
②一大批，众多 a *flock* of tourist 一大群游客

vi. 群集 Birds of a feather *flock* together. [谚]物以类聚，人以群分。

herd /hɜːd/

n. ①兽群；牧群 The *herd* of cattle are scattered over the field. 牛群散布在田野上。
②[*the*~]民众，人群 They are individuals and they won't follow *the herd*. 他们是独立的个体，他们不会随大流。
③大批，大量 a *herd* of tourists 一大群游客 // *herds* of new cars 大批新车

vt. 使集中在一起；放牧 The prisoners were *herded* together. 囚犯被集中到一起。// Dogs are often trained to *herd* sheep. 狗常被训练来放羊。

搭 follow the herd 随大流，人云亦云

派 herdsman *n.* 牧民

swarm /swɔːm/

n. ①(昆虫等的)群 a *swarm* of locusts 一群蝗虫
②人群 *Swarms* of tourists visit the resort every summer. 每年夏天，成群结队的游客来到这个度假胜地。

vi. ①(人们)成群结队地移动，蜂拥 The beach is *swarming* with bathers. 海滩挤满海浴的人。
②(昆虫或动物)成群移动 Bees *swarmed* around him. 一群蜜蜂在他周围飞来飞去。

搭 swarm into 涌进，涌往 // a swarm of 一群

bundle /ˈbʌndl/

n. 捆，包，束 A single twig breaks, but the *bundle* of twigs is strong. 一根筷子易折断，一捆筷子难折断。

vt. 收集，把……归拢 We *bundled* everything up. 我们把每件东西都捆扎起来。

搭 bundle up 把……捆扎起来；使穿得暖和

bunch /bʌntʃ/

n. ①(非正式)群，伙 John is the best of the *bunch*. 约翰是这群人中的佼佼者。
②束，串 A *bunch* of flowers is never an outdated gift to a lady. 一束花是送给女士的永不过时的礼物。// a *bunch* of grapes 一串葡萄

vi. 集中 We *bunched* around the fire for warmth. 我们聚在火炉周围取暖。

vt. 使成一束 He *bunched* the flowers and sold them. 他把花捆成束出售。

cluster /ˈklʌstə/

n. (果实、花等的)串，簇；(人、物等的)群，组【同 bunch】 a *cluster* of grapes 一串葡萄 // a *cluster* of fans 一批球迷 // You can see stars in *clusters* in the night sky. 你可以看到夜空中的星群。

v. (使)群集 The mountain-climbers *clustered* together for warmth. 登山者聚集在一起取暖。// Industries in Britain tend to be *clustered* together. 英国的工业往往集中在一块。

同义替换练习

1. The boys in the dorm <u>threw</u> a coin to decide who would clean the floor.
   A. held　　B. tossed　　C. put　　D. collected

2. During the construction of skyscrapers, cranes are used to <u>lift</u> building materials to the upper floors.
   A. toss　　B. tow　　C. hoist　　D. hurl

3. Coffee is the main product of this district and brings local farmers a lot of money.

A. majority B. staple C. spice D. elite

4. That part of the city has long been infamous for its street violence.

A. historical B. responsible C. illegal D. notorious

5. The fact that the golden eagle usually builds its nest on some high cliffs makes it almost impossible to obtain the eggs or the young birds.

A. renders B. reckons C. regards D. relates

6. Rumors are everywhere, spreading fear, damaging reputations, and turning calm situations into unstable ones.

A. turbulent B. tragic C. vulnerable D. suspicious

7. An honorary degree was awarded to the distinguished journalist.

A. conferred on B. made allowances for C. submitted to D. cast over

8. The elderly Russians find it hard to live on their state retirement accounts.

A. pensions B. earnings C. salaries D. donations

9. Since the attack, she had fallen victim to irrational fears.

A. rebel B. exile C. distress D. prey

10. Whoever drops fast food litter on the beach should be criticised.

A. sued B. arrested C. condemned D. persecuted

11. The authors of the United States Constitution attempted to establish an effective national government while preserving autonomy for the states and liberty for individuals.

A. independence B. dignity C. monopoly D. stability

12. An obvious change of attitude at the top towards women's status in society will permeate through the current law system in Korea.

A. penetrate B. mould C. melt D. steep

答案与译文

1. [B] 宿舍里的男孩通过抛硬币决定由谁负责打扫地板。
2. [C] 建造摩天大楼时,人们用起重机将建筑材料吊上楼。
3. [B] 咖啡是这个地区的主要产品,给当地农民带来很多收入。
4. [D] 该市的那个地区素来因街头暴力而臭名远扬。
5. [A] 金鹰通常把巢筑在很高的悬崖上,因此,要得到它的蛋或者幼鸟几乎是不可能的。
6. [A] 流言无处不在,散布着恐怖,毁坏着名誉,把平静的局面搅得一团糟。
7. [A] 那位杰出的新闻记者被授予名誉学位。
8. [A] 上了年纪的俄罗斯公民发现靠政府的养老金维持生计很艰难。
9. [D] 自从那次袭击之后,她的心头总是笼罩着莫名的恐惧。
10. [C] 无论谁在沙滩上乱扔快餐垃圾都应受到谴责。
11. [A] 美国宪法的缔造者们试图建立一个有效的全国政府,同时又要保护各州的自治权及个人的自由权利。
12. [A] 上层社会对妇女在社会中的地位有了明显的态度转变,而这将渗透到韩国现有的法律体系中。

Lesson 18

词根词缀表

pet 寻求	petition *n.* 请愿书	twi- 两	twist *vt.* 使缠绕
tri- 三	tribe *n.* 部落	pact 同意；系紧	compact *a.* 紧凑的
soph 聪明的；智慧	sophisticated *a.* 世故的	dign 有价值的	dignity *n.* 庄严
vers, vert 转向	versatile *a.* 多才多艺的	liber 自由的	liberty *n.* 自由
san 健康的	sane *a.* 心智健全的		

trigger /ˈtrɪɡə/

n. ①扳机 I pulled the ***trigger*** and the gun went off. 我一扣扳机，枪就响了。

②引起反应的行动 It was the ***trigger*** for a whole new investigation. 这是新一轮调查的直接起因。

vt. ①扣扳机(开枪) The new recruit accidentally ***triggered*** his rifle and the bullet went through a flying eagle. 那个新兵无意中扣发了步枪的扳机，子弹竟然射中了一只飞行中的老鹰。

②触发，引起 A spark ***triggered*** the explosion. 一个火花引起了这场爆炸。

搭 pull/squeeze the trigger 扣扳机 // be the trigger (for sth.) 是引发某事的因素 // trigger off 触发；引起

sensation /senˈseɪʃən/

【助记】sens(感觉)+ation→感觉能力

n. ①感觉能力；感觉 color ***sensation*** 色彩感 // It was a strange ***sensation***—it seems I've been there before. 那是一种奇怪的感觉——仿佛我以前到过那地方似的。

②轰动 The mass media go a long way to pursue whatever that can cause a ***sensation***. 为了达到轰动效应，媒体会不遗余力。

派 **sensational** *a.* 轰动的；极好的

scrutiny /ˈskruːtɪnɪ/

【助记】scru+tiny(微小的)→连细微的东西都发现了→详细检查

n. 详细检查，仔细观察 Your argument just won't stand up to close ***scrutiny***. 你的论点经不起仔细推敲。

搭 make a scrutiny into sth. 对某事进行详细研究 // subject to the scrutiny of... 有待……的审查，受到……的彻查、追究 // bear scrutiny 经得起检查

uphold /ʌpˈhəʊld/

【助记】up(向上)+hold(举)→举过头顶→支持

vt. 维护，支持 Men should also do everything to ***uphold*** women's legal rights. 男人也应该竭其所能去维护妇女们的合法权益。

echo /ˈekəʊ/

n. 回音，共鸣 find an ***echo*** in one's heart 在某人心中引起共鸣

vi. 发出回声 The hall ***echoed*** with laughter and stamping feet. 大厅内回荡着笑声和脚步声。

vt. 模仿，附和 He ***echoed*** every word of his superior. 他随声附和上级的每一句话。

词源 希腊神话中，Echo是居于山林水泽的仙女，因得罪了天后赫拉，被罚永远不能说自己的话，只能重复别人说话的尾音。因此Echo进入英语后，被赋予了“回音”、“附和”等含义。

justification /ˌdʒʌstɪfɪˈkeɪʃən/

n. 正当的理由，借口 There is no ***justification*** for holding her in jail. 没有理由关押她。

plea /pliː/

【助记】为自己辩护(plead)而找的借口(plea)

n. ①恳求 The prisoner made a ***plea*** for mercy. 囚犯恳求宽恕。

②抗辩 The accused entered a ***plea*** of “not guilty”. 被告做了“不承认有罪”的抗辩。

③借口 He refused to contribute, on the ***plea*** that he couldn't afford it. 他借口无能为力，拒不捐献。

plead /pliːd/

vi. ①恳求【同 beg】The student *pleaded* for another chance to pass the test. 那个学生请求再给一次通过考试的机会。

②申诉 You are charged with theft. How do you *plead*? 你被指控犯有盗窃罪。你如何申诉？

vt. ①为……辩护 Residents have a chance to *plead* their case at tonight's council meeting. 居民们有机会在今晚的议事会议上为他们的情况进行辩解。

②提出……为理由 He *pleaded* illness as the reason for his absence. 他以生病作为缺席的理由。

搭 plead with sb. (to do sth.) 恳求某人(做某事) // plead for... 恳求…… // plead guilty (to...) 服罪，认罪

petition /pɪˈtɪʃən/

【助记】pet(寻求)+ition→寻求(帮助)→请愿书

n. 请愿书，诉状 They signed a *petition* in support of the workers' demands. 他们在请愿书上签名，支持工人的请求。

v. (向……)请愿 Villagers *petitioned* the local authority to provide better bus services. 村民请求地方当局提供更好的公共汽车服务。// Residents are *petitioning* against the new road. 居民们正在请愿，反对修建这条新路。

ethnic /ˈeθnɪk/

a. 种族的，具有民族特色的 The city's population includes a wide range of different *ethnic* groups. 这座城市居住着许多不同种族的人。// *ethnic* unrest/division 种族骚乱/分裂

ethic /ˈeθɪk/

n. ①伦理，道德体系 The old *ethic* of hard work has given way to a new *ethic* of instant gratification. 旧有的崇尚勤勉的道德观已被及时行乐的新观念所取代。

②[*pl.*]道德标准，道德规范 a code of *ethics* 道德准则 // medical *ethics* 医德 // The *ethics* of journalism are much debated. 新闻业的职业道德是个广受讨论的问题。

③[-*s*]伦理学 *Ethics* is a branch of philosophy. 伦理学是哲学的分科。

派 ethical *a.* 伦理的，道德的；合乎道德的

tribe /traɪb/

【助记】tri(三)+be→三个人成一群→部落

n. ①部落 Some African *tribes* have no written languages. That's why they are so backward. 一些非洲部落没有书面文字，这正是他们落后的原因。

②族(生物分类) the cat *tribe* 猫族

派 tribal *a.* 部落的

diplomatic /ˌdɪpləˈmætɪk/

【助记】di(二)+plomat(折叠，重)+ic→双重手段的→外交的

a. ①外交的 The two countries established *diplomatic* relations last year. 两国去年建立了外交关系。

②有策略的，(言行)得体的 Try to be *diplomatic* when you refuse her invitation. 你拒绝她的邀请时，尽可能婉转些。

派 diplomacy *n.* 外交(手腕)，策略 // diplomat *n.* 外交官

protocol /ˈprəutəkɒl/

n. ①礼仪，礼节 diplomatic *protocol* 外交礼仪 // a breach of Royal *protocol* 对皇家礼仪的违反

②草案，议定书 the Montreal *Protocol* on greenhouse warming 关于温室效应的《蒙特利尔议定书》

strategy /ˈstrætɪdʒɪ/

n. 战略，策略 Mao Zedong was a great strategist skilled in military *strategy*. 毛泽东是一位善于制定军事策略的伟大的军事战略家。

派 strategist *n.* 战略家，兵法家

雅思真题 For many trees—evergreen conifers being an exception—the best *strategy* is to abandon photosynthesis until the spring. 对很多树种来说——四季常青的针叶树除外——最好的战略就是在来年春天到来前，先放弃光合作用。

tactic /ˈtæktɪk/

n. ①[*pl.*]战术，兵法 The coach was criticized for his negative *tactics*. 教练由于战术消极而受到了批评。

②策略，手法 The salesman employed all

sorts of clever *tactics* to persuade you. 推销员用尽各种聪明的手法来说服你。

派 **tactical** *a.* 战术上的，兵法上的；善于筹划的

> 【辨析】表示"战略，战术"的名词
> tactic(s)：指在战场或军事行动中如何用兵的具体战术
> strategy：指全局性的前线战略部署

mediate /ˈmiːdɪeɪt/

vi. (~*in*, *between*)调解，斡旋 Negotiators were called in to ***mediate between*** the two sides. 请来了谈判人员为双方调解。

vt. 改变……的影响 Exercise may ***mediate*** the effects of a bad diet. 运动可以减弱不健康的日常饮食对身体的不良影响。

派 **mediation** *n.* 调停，斡旋

sophisticated /səˈfɪstɪkeɪtɪd/

【助记】soph(智慧)+ist(表"……人")+icated→聪明的人都是"老于世故的"

a. ①老于世故的，精通的【反 naive】a ***sophisticated*** person 一个老于世故的人

②复杂的【同 complicated】The inner system of a spaceship is rather ***sophisticated***. 宇宙飞船的内部系统相当复杂。

③高雅的 The fashion magazines show what the ***sophisticated*** woman is wearing. 时装杂志展示品味高雅的女性都穿什么时装。

派 **sophisticate** *n.* 老于世故的人

skilled /skɪld/

a. 熟练的；需要技能的 Those earthen pots are made by the ***skilled*** man. 那些陶壶是那个熟练工做的。// Bricklaying is very ***skilled*** work. 砌砖工作要求技能非常熟练。

派 **semi-skilled** *a.* 半熟练的 // **unskilled** *a.* 不熟练的；无特殊技能的

skil(l)ful /ˈskɪlfəl/

a. 娴熟的 Are you ***skillful*** at using the computer? 你能熟练地使用电脑吗？

搭 be skillful at/in (doing) sth. 熟练地做某事

> 【辨析】形近词 skilled、skillful
> 表达"有技术、熟练"的意思时，skillful 可与 skilled 换用，但 skilled 还有"需要技能的、技术性的"意思，而 skillful 没有此义，在这种情况下不换用，如：skilled job 技术性工作，不能说 skillful job。

craft /krɑːft/

n. ①工艺，手艺 Making jewels requires great ***craft***. 制作珠宝需要高超的工艺。

②船，航空器 The harbor was full of all kinds of ***craft***. 港内泊满了各式各样的船只。

③诡计，手腕 ***Craft*** and cunning are necessary for the scheme to work. 实施阴谋需要轨迹和狡诈。

vt. 精制 a beautifully ***crafted*** silver brooch 做工精美的银质胸针

搭 by craft 用诡计、手腕 // with craft 有技巧地

用 意为"船"、"航空器"时，craft 单复数相同。

派 **craftsman** *n.* 工匠 // **crafty** *a.* 狡猾的

shrewd /ʃruːd/

a. 敏锐的，精明的 Paul is a ***shrewd***, aggressive manager. 保罗是个精明而勇于进取的经理。

alert /əˈlɜːt/

a. 警觉的【同 watchful】Keeping ***alert*** in the fire is important for people's finding the way out. 发生火警时，保持机警对于人们逃生来讲很重要。

vt. ①向……报警 The radio ***alerted*** the citizens to prepare for the hurricane. 电台警告市民们作好预防暴风准备。

②使认识到 Montessori ***alerted*** teachers to the importance of observing children at play. 蒙台梭利提醒教师们，孩子玩耍时注意观察是很重要的。

n. 警戒；警报 air ***alert*** 空袭警报

搭 be alert to sth. 警惕某事/物 // alert sb. to sth. 提醒某人注意某事 // on the alert (against/for...) 警戒着 Be ***on the alert for*** pickpockets in the crowds. 人多拥挤时要时刻提防扒手。

stern /stɜːn/

a. 严厉的 The police are planning ***sterner*** measures to combat crime. 警方正制定更严厉的措施打击犯罪活动。

n. 船尾 She seated herself in the ***stern***. 她坐进了船尾。

搭 be stern to sb. 对某人严厉

nasty /ˈnɑːstɪ/

a. ①令人讨厌的【同 disgusting】This room has a very ***nasty*** smell. 这房间有一股很难闻的气味。

②不友善的 My sister is so ***nasty*** to me when

Mummy isn't here. 妈妈不在时，姐姐对我很凶。

③**难弄的** a *nasty* problem 难题

④**严重的** a *nasty* accident 严重事故

⑤**下流的** You've got a *nasty* mind. 你心术不正。

versatile /ˈvɜːsətaɪl/

【助记】versat(转)+ile(易于……的)→容易转换角色的→多才多艺的

a. ①**多才多艺的** Andy is a *versatile* actor who has played a wide variety of parts. 安迪是个多才多艺的演员，扮演过各种各样的角色。

②**多功能的** The machine is amazingly *versatile*. 这台机器用途之多令人称奇。

slide /slaɪd/

v. ①**(使)滑动** Children like *sliding* on the ice. 孩子们喜欢溜冰。// Peter *slid* his glass across the table. 彼得把玻璃杯推到桌子对面。

②**(使)悄悄地移动** The man *slid* behind the door. 那个人溜到了门后面。

③**逐渐变坏；逐渐陷入** She had *slid* into a depression. 她渐渐变得抑郁寡欢起来。

n. ①**滑动** The car went into a *slide* on the surface. 汽车在地面上打滑。

②**滑道** playground *slide* 儿童滑梯

③**幻灯片** color *slide* 彩色幻灯片

搭 let slide 放任自流，听其自然 // slide into... 悄悄溜进；不知不觉地渐渐陷入

用 过去式、过去分词 slid。

glide /glaɪd/

vi. **滑行** The plane *glided* to a halt just short of the control tower. 飞机滑行到紧挨控制塔的地方停了下来。

n. **滑行** free *glide* 自由滑行

派 **glider** ***n.*** 滑翔机

> 【辨析】表示"滑动"的动词
>
> glide：指自由、顺畅地流动，也指不费力、无声响地滑动
>
> slide：多指与光滑表面保持接触并且迅速地连续滑动
>
> slip：强调由于表面平滑而突然不由自主地滑动

slip /slɪp/

vi. ①**滑(倒)** Be careful, not to *slip* on the ice. 小心别在冰上滑倒了。

②**溜走**【同 elapse】The years *slipped* by. 岁月在不知不觉中消逝。

③**下降** Profits have *slipped* slightly this year. 今年利润略有下降。

vt. **悄悄放进** Jerry *slipped* the waiter $5 to get them a good table. 杰里悄悄塞给侍者 5 美元，以便给他们安排个好桌位。

n. **疏漏** The judge made a *slip* in his summing up. 法官在结案陈词中有个小错误。

搭 a slip of the pen/tongue 笔误/口误 // give... the slip 避开，甩掉 // let slip 偶然泄露 // slip up 失误 // slip in/out/away 溜进/溜出去/溜走

slippery /ˈslɪpərɪ/

a. ①**滑的** Drive carefully: the roads are wet and *slippery*. 小心驾驶：路面又湿又滑。

②**狡猾的**【同 tricky】I don't like those *slippery* salesmen. 我不喜欢那些油嘴滑舌的推销员。

awe /ɔː/

n. **敬畏** Kate gazed at the mountains with *awe*. 凯特敬畏地注视着群山。

vt. **使敬畏** They were *awed* into silence by the enormous ancient buildings. 他们看到这些庞大的古代建筑敬畏得说不出话来。

搭 be/stand in awe of 敬畏

awful /ˈɔːfəl/

【助记】aw(e)(恐惧)+ful →可怕的

a. ①**可怕的**【同 terrible】The plight of starving people is too *awful* to think about. 饥民的境况糟得不敢去想。

②**难过的** I feel *awful* about the news. 这条消息让我难过。

③**非常的** an *awful* lot of work 一大堆工作

派 **awfully** ***ad.*** 令人畏惧地；非常

sane /seɪn/

a. ①**心智健全的** No *sane* person would accept a high-level job there. 没有一个神志正常的人会接受那里高要求的工作。

②**明智的，清醒的** take a *sane* view of the situation 对局势持清醒的观点

派 **sanity** ***n.*** 神志正常；明智 // **insane** ***a.*** 精神失常的；荒唐的

plastic /ˈplæstɪk/

n. ①[常 *pl.*]**塑料** These spoons are made of *plas-*

tics. 这些汤匙是塑料制成的。

②信用卡 a wallet full of *plastic* 塞满信用卡的钱包

a. 塑料(制)的;可塑的 a *plastic* bag/substance 塑料袋/可塑物质

poison /ˈpɔɪzən/

n. 毒药 One man's gravy is another man's *poison*. 萝卜白菜,各有所爱。

vt. 使中毒 The soil has been *poisoned* with chemical waste from the factory. 土壤被工厂排出的化学废物污染了。

poisonous /ˈpɔɪzənəs/

a. ①有毒的 This medicine is *poisonous* if taken in large quantities. 这种药如服过量是会中毒的。

②恶毒的 The man apologized for his *poisonous* racist comments. 那个人为他恶意的种族主义言论道歉。

sow /səʊ/

vt. 播(种) Whatever a man *sows*, that he will also reap. 种瓜得瓜,种豆得豆。

用 过去式 sowed,过去分词 sown/sowed。

reap /riːp/

vt. ①收割 The farmers were busy *reaping* the rice. 农民们忙着割稻。

②获得,得到 This firm is likely to *reap* a big profit this year. 这家公司今年很可能获得巨额利润。

搭 reap the benefit/reward/profit (of sth.) (从某事物中)得到好处,获得报偿

irrigate /ˈɪrɪgeɪt/

vt. 灌溉 They built canals to *irrigate* the desert. 他们建造水渠以灌溉沙漠。

派 **irrigation** ***n.*** 灌溉;冲洗法

twist /twɪst/

【助记】twi(两)+st→两个编在一起→缠绕

vt. ①使缠绕 She *twisted* the long scarf round her head. 她把那条长围巾围在头上。

②转动 She *twisted* her ring round and round on her finger. 她不停地转动着手指上的戒子。

③捻,搓 String is made of threads *twisted* together. 绳子是由线捻在一起做成的。

④歪曲【同 distort】The papers *twisted* everything I said. 报纸把我的话全都歪曲了。

⑤扭伤 He fell and *twisted* his ankle. 他摔了一跤,把脚踝扭伤了。

vi. ①转身 I *twisted* round in my seat to speak to her. 我坐在位子上转过身来跟她说话。

②曲折前进 The path *twists* down the hillside. 小路沿山坡蜿蜒而下。

n. ①弯曲 a road full of *twists* and turns 弯弯曲曲的路

②转变 a *twist* of fate 命运的转变

雅思真题 But twin studies took a surprising *twist* in the 1980s, with the arrival of studies into identical twins who had been separated at birth and reunited as adults. 但是双胞胎研究在20世纪80年代出现了惊人的转变,当时出现一种研究思路:将那些出生即被分开而成年后重聚的同卵双胞胎列为研究对象。

screw /skruː/

n. 螺丝(钉) tighten the *screws* 拧紧螺丝

vt. ①用螺丝固定 The table legs are *screwed* to the floor. 用螺丝把桌腿固定在地板上。

②拧,拧紧 Don't forget to *screw* the cap back onto the toothpaste. 不要忘记拧好牙膏的盖子。

搭 put the screw(s) on 对……施加压力 // screw up 扭歪,把……弄糟 Breaking my ankle really *screwed up* our holiday plans! 我扭伤了脚踝,因而完全打乱了我们的度假计划!

派 **screwdriver** ***n.*** 螺丝刀

scratch /skrætʃ/

v. ①抓,搔 *Scratching* the rash will make it worse. 抓搔皮疹会使它更严重。// The dog is always *scratching*. 那只狗老是搔痒。

②刮擦,刻画 Mind you don't *scratch* the table with those scissors! 小心别用剪刀划坏桌面!

n. 抓;抓痕 a *scratch* on a car door 车门上的刮痕

搭 up to scratch 合格,处于良好状态 // from scratch 从零开始,从头做起 He lost all his money and had to start again completely *from scratch*. 他损失了所有的钱,只好再从头做起。

compact /kəm'pækt/ *a./vt.* /'kɒmpækt/ *n.*

【助记】com(一起)+pact(压紧)→紧凑的

a. ①紧凑的 The dormitory rooms are very *compact*, with a desk, bed, and closet built in. 宿舍房间小巧紧凑,有一张书桌、床和嵌入式衣橱。

②紧密的 He received a *compact* package. 他收到一个扎得很紧的包裹。

vt. 把……压实 Heat and lack of rain have *compacted* the soil. 高热少雨使土壤固结。

n. 合同 make a *compact* 签订合同

harness /'hɑːnɪs/

n. 马具 a horse in *harness* 套着马具的马

vt. ①治理,利用 The Yellow River has been *harnessed*. 黄河已被治理。

②给……上挽具 The farmer *harnessed* the horse to the cart. 农夫把马套到马车上。

gear /gɪə/

n. ①齿轮,(排)挡 Most cars have four forward *gears*. 大部分汽车有四个前进排挡。

②(从事某项活动所需的)用具 hunting/fishing *gear* 打猎用具/钓鱼用具

vt. 使适应 Education should be *geared* to society's needs. 教育应适应社会的需要。

搭 gear up(使)准备好,(使)做好安排 The party is all *geared up* for the election. 该党已为选举作好了准备。

episode /'epɪsəʊd/

n. ①(一连串事件中的)一个事件 When she recounted that *episode*, she couldn't help laughing. 当她讲到那段情节时,忍不住笑了起来。

②插曲,连续剧的一集 *Family Album U.S.A.* consists of 26 *episodes*.《走遍美国》有 26 集。

paralyze/-yse /'pærəlaɪz/

vt. ①使瘫痪 Mr. Smith had been *paralyzed* by a stroke. 史密斯先生中风瘫痪了。

②使丧失作用 The electricity failure *paralyzed* the train service. 电力中断使得列车无法运行。

③使惊愕,使呆若木鸡 He was *paralyzed* with terror. 他吓得目瞪口呆。

派 **paralysis** ***n.*** 瘫痪

cripple /'krɪpl/

n. 跛子 He that lives with *cripples* learns to limp. [谚]近朱者赤,近墨者黑。

vt. ①使跛 She was *crippled* in the car accident. 她在车祸中受伤致残。

②严重削弱 Asia's economy was once *crippled* by inflation. 亚洲的经济曾一度因为通胀陷入了瘫痪。

numb /nʌm/

a. ①麻木的 My hands went *numb* in the icy water within 5 minutes. 在这冰冷的水里,我的手不到 5 分钟就麻木了。

②惊呆的 The shock left me *numb*. 我惊呆了。

v. ①使麻木 His leg was *numbed* by the intense pain. 他的腿因剧痛而麻木。

②使目瞪口呆 *numb* with fear/shock/terror 吓呆了

limp /lɪmp/

a. ①软弱的;无生气的 a *limp* response 没精打采的反应 // His *limp* body collapsed forward. 他软弱的身体向前瘫倒了。

②软的 a *limp* edition 软皮书

vi. 蹒跚 He *limped* off the football field. 他一瘸一拐地走出足球场。

n. 跛行 He walks with a *limp*. 他走起路来一瘸一拐。

lame /leɪm/

a. ①瘸的 *Lame* from the accident, he walked with a cane. 在一次事故中变跛了后,他只能拄着拐杖走路了。

②站不住脚的 *lame* excuse 蹩脚的借口

vt. 使跛,使残废【同 cripple】He was *lamed* in the accident. 他在该事故中受伤致残。

crawl /krɔːl/

vi. ①爬行 Does the baby *crawl* yet? 宝宝会爬了吗? // The snake *crawled* into its hole. 蛇爬进洞里。

②缓慢地行进 The traffic was *crawling* by at 5 miles an hour. 路上的车以每小时 5 英里的速度缓慢行驶。

n. 爬行;缓慢的行进 The queue of traffic moved forward at a *crawl*. 路上的车辆排成队缓缓向前蠕动。

搭 crawl with 爬满,布满

creep /kriːp/

vi. ①爬行【同 crawl】Children learn to ***creep*** before they can go. 小孩学走路，先得学爬行。

②蹑手蹑足地走 She ***crept*** up to him from behind. 她从后面蹑手蹑脚地走近他。

用 过去式、过去分词 crept。

雅思真题 This example suggests how dishonest and illegal behavior, with the help of higher education, can ***creep*** into every aspect of public and business life. 这个例子说明，欺诈和不合法行为在高等教育的帮助下，是如何悄悄进入公众生活和商业生活的。

wrap /ræp/

vt. 包，裹 You'd better ***wrap*** it with a piece of clean cloth. 你最好用一块干净的布把它包起来。

n. 披肩，围巾 a chiffon/silk ***wrap*** 雪纺/丝绸披肩

搭 keep sth. under wraps 将某事保密，不公开

package /ˈpækɪdʒ/

【助记】pack(包裹)+age→包裹

n. ①小包，包裹，包装 a ***package*** of cigarettes 一包香烟 // Police destroyed the suspect ***package*** in a controlled explosion. 警察通过受控爆破引爆了那个可疑包裹。// ***package*** design 包装设计

②一揽子交易（或计划、建议等）***package*** tour 包办旅游 // The bank is offering a special financial ***package*** for students. 这家银行正给学生提供一整套特殊的金融服务。

vt. ①把……打包 Have you finished ***packaging*** the Christmas presents? 你将圣诞礼物打包好了吗？

②包装，把……装袋（或盒等）Their products are always attractively ***packaged***. 他们的产品总是包装得非常精美。

派 **packaging** ***n.*** 包装

parcel /ˈpɑːsəl/

n. 包裹 The postman has brought a ***parcel*** for you. 邮递员给你送来了一个包裹。

vt. (~*out*)分配 The work was ***parceled out*** among the staff. 工作分派给了各个职员。

liable /ˈlaɪəbəl/

a. ①(~*to*)可能的 The car is ***liable to*** overheat on long trips. 这辆车跑长途容易过热。

②(~*for*)有义务的 Is a wife ***liable for*** her husband's debts? 妻子有义务偿还丈夫的债务吗？

③(~*to*)易于……的 The river is ***liable to*** flood in the summer. 那条河在夏天容易泛滥。

【辨析】表示"可能"的形容词

liable：暗示暴露在某种危险面前，强调存在偶然性而不是可能性

likely：强调可能，指未来，带有预言的含义

apt：暗示一种固有的或习惯的倾向，如意向、爱好和性情

liability /ˌlaɪəˈbɪlɪtɪ/

n. ①责任 The driver admitted his ***liability*** for the accident. 司机承认自己对这起事故负有责任。

②[*pl.*]负债 heavy ***liabilities*** 沉重的债务

③不利条件 Lack of education was a ***liability*** in getting a job. 缺少教育对找工作不利。

apt /æpt/

a. ①易于 The former world heavyweight boxing champion, Tyson, is ***apt*** to get irritable. 世界前重量级拳击冠军泰森很爱发怒。

②适宜的 an ***apt*** remark 恰当的话语

③聪明的 an ***apt*** student 聪明的学生

搭 be apt at 善于，巧于 // be apt for 适合 // be apt to (do sth.) 易于、有可能(做/发生某事)

adore /əˈdɔː/

vt. ①敬慕，钟爱，崇拜 We ***adore*** him for his integrity and brilliant diplomatic accomplishment. 我们因他的正直和辉煌的外交成就而敬重他。

②非常喜欢 She ***adores*** working with children. 她热爱为儿童工作。

esteem /ɪˈstiːm/

vt. 尊重 The professor was much loved and ***esteemed***. 这位教授深受爱戴。

n. 尊重 hold sb. in great/high ***esteem*** 非常尊重某人 // She had earned the ***esteem*** of everyone in the town. 她赢得了城里每个人的尊重。

雅思真题 Even now, silk processed in the province of Como in northern Italy enjoys an *esteemed* reputation. 即使是在今天，意大利北部的科莫省加工的丝绸依然享有盛誉。

redeem /rɪ'di:m/

vt. ①**赎回** She is going to ***redeem*** her diamond ring. 她将赎回她的钻石戒指。

②**挽救，弥补** Jones ***redeemed*** his earlier poor performance by scoring two goals. 琼斯射入两球方弥补其初时表现之不足。

dignity /'dɪgnɪtɪ/

【助记】dign(有价值的)+ity→庄严

n. ①**庄严** The ***dignity*** of the occasion was spoilt when she fell down the steps. 她跌倒在台阶上,破坏了该场合的庄严气氛。

②**尊严** Only a truly free person has human ***dignity***. 只有真正自由的人才具有人的尊严。

搭 beneath one's dignity 有失身份，损害尊严 // stand on one's dignity 保持尊严；坚持受到应有的礼遇

派 **dignify** *v.* 使有尊严;抬高……的身价

liberty /'lɪbətɪ/

n. ①**自由** The hostage was given his ***liberty*** and allowed to leave the country. 那名人质获得了自由,被允许离开这个国家。

②**许可** I am not at ***liberty*** to discuss these matters. 我无权讨论这些问题。

③**放肆** They've got a ***liberty***, not even sending me a reply. 他们真无礼，连个答复也不给我回。

搭 at liberty 自由的,不受囚禁的

preach /pri:tʃ/

vt. ①**宣讲(教义)** The pastor ***preached*** a sermon on brotherly love. 牧师在布道会上宣讲兄弟之爱。

②**竭力鼓吹** Jack is always ***preaching*** the virtues of a healthy outdoor life. 杰克一直在宣扬健康的户外生活的好处。

vi. ①**布道** Christ began ***preaching*** to large crowds. 基督开始向大批群众布道。

②**告诫，说教** Teachers are always ***preaching*** at us about the evils of drugs. 老师总是在告诫我们毒品的危害。

搭 preach down 贬损;当众谴责 // preach up 赞扬;吹捧 // preach at/to sb. about... 对某人谆谆告诫……

派 **preacher** *n.* 传教士

imperative /ɪm'perətɪv/

【助记】imper(命令)+ative→命令的

a. ①**必要的，极重要的**【同 vital】It is ***imperative*** that we make a quick decision. 我们有必要尽快做出决定。

②**命令的** an ***imperative*** tone 命令式的语调

n. ①**必要的事** Job creation has become an ***imperative*** for the government. 创造就业机会是政府必须做的事。

②**祈使语气** the ***imperative*** sentence 祈使句

dictate /dɪk'teɪt/ *v.* /'dɪkteɪt/ *n.*

【助记】dict(说话)+ate→命令

v. ①**口授** The boss is ***dictating*** a letter to her secretary right now. 老板现在正在给秘书口述一封信。// He cannot write but he can ***dictate***. 他不会写,但可以口述。

②**命令，强制规定** He ***dictated*** how everything should be done. 他专横地规定各种事物应如何处理。

n. **命令** Employees should learn to say "no" to their bosses' unreasonable ***dictates***. 雇员应学会对上司的不合理要求说"不"。

派 **dictator** *n.* 独裁者;口授者;权威

offset /'ɒfset/

【助记】由 set off(抵消)颠倒顺序构成的动词

vt. **抵消**【同 counterbalance】He has to ***offset*** his small salary by living economically. 他以节俭的生活来抵消其微薄的收入。

console /kən'səʊl/ *vt.* /'kɒnsəʊl/ *n.*

vt. **安慰** ***Console*** yourself with the thought that it might have been worse! 事情本来可能会更糟,用这种想法自我安慰吧!

n. **控制台** There are many lights and electrical instruments on the computer ***console***. 电脑控制板上有许多小灯和电子设备。

commence /kə'mens/

v. **开始** At what time will the opening ceremony ***commence***? 开幕式什么时候开始？// They *commenced* a systematic search. 他们开始了系统的搜查。

用 commence 通常用于书面语，可后接名词、动名词、with 短语(commence with sth.)或动词不定式。

torture /ˈtɔːtʃə/

【助记】tort(扭曲)+ure→使人扭曲→折磨

vt. ①拷问，拷打 He *tortured* his prisoners to confess their crimes. 他拷打犯人，逼他们招供。

②折磨，使痛苦 *tortured* by guilt 因内疚感到痛苦

n. ①拷问，拷打 The *torture* made him confess. 严刑拷打使他招供了。

②折磨，煎熬 It was sheer *torture* to hear him play the violin so badly. 听他那样糟糕地拉小提琴，简直是受罪。

torment /ˈtɔːment/ *n.* /tɔːˈment/ *vt.*

n. ①痛苦，折磨 She lay awake all night in *torment*. 她一整晚都没睡着，在痛苦中煎熬。

②令人痛苦的人或物 The journey must have been a *torment* for them. 这次旅行一定让他们吃尽了苦头。

vt. ①折磨，使痛苦【同 torture】He was *tormented* by jealousy. 他饱受嫉妒之苦。

②骚扰，烦扰 The older boys would *torment* him whenever they had the chance. 那些年纪较大的男孩子一有机会就骚扰他。

rim /rɪm/

n. (圆形物体的)边 the *rim* of a cup 杯边 // the *rim* of a pair of glasses 眼镜框

vt. 环绕……边缘 Mountains *rimmed* the valley. 群山环绕着山谷。

verge /vɜːdʒ/

n. 边缘 the *verge* of a lake 湖边

vi. (~*on*) 接近 Sometimes his beliefs *verge on* the fanatical. 有时他的信仰近乎狂热。

搭 bring sb. to the verge of... 使某人濒于……// on the verge of 接近于，濒临于 Don't blame her; she is *on the verge of* tears. 别再责备她了，她都要哭了。

fringe /frɪndʒ/

n. ①刘海 She wore her hair in a *fringe*. 她留着刘海。

②饰以流苏的边 There's a beautiful *fringe* round the edge of the bedspread. 床罩四沿饰有美丽的流苏。

③边缘，外围 It was easier to move about on the *fringe* of the crowd. 在人群外围移动比较容易。

a. 附加的 *fringe* benefit(s) 额外福利

vt. 作为……的边缘 The road was *fringed* with willows. 道路两旁柳树成行。

fling /flɪŋ/

vt. ①(用力地)扔，掷 Don't *fling* your clothes about on the chair; hang them up. 别把衣服乱扔在椅子上，把它们挂起来。

②使投身 After the divorce he *flung* himself into his work to forget her. 离婚后他一心扑在工作上以忘记她。

n. 尽情欢乐的一阵 Ted had a *fling* during the summer vacation. 特德在暑假里纵情玩乐了一番。

搭 fling sth. into... 把某物扔到……当中 // fling sth. at... 把某物朝……扔去 // fling oneself into... 使自己投身于…… // have a/one's fling 恣意行乐

用 过去式、过去分词 flung。

vibrate /vaɪˈbreɪt/

v. (使)振动，(使)摇摆 The whole station seemed to *vibrate* as the express train rushed through. 当高速列车疾驰而过时，整个车站都仿佛在震动。// The noise *vibrated* the table. 噪音使桌子颤动起来。

派 vibration *n.* 振动，颤动；感触，共鸣

swing /swɪŋ/

v. ①摇摆 A large pendulum *swung* back and forth inside the grandfather clock. 在老式落地座钟里面有一个大钟摆在摆来摆去。// The soldiers *swung* their arms as they marched. 士兵们行进时摆动着双臂。

②旋转 He *swung* the axe and with one blow split open the door. 他挥动着斧子一下就把门劈开了。

③突然转向 The car *swung* round the corner. 那辆小汽车在街角转弯。

n. 摇摆；秋千 kids playing on the *swings* 荡秋千的孩子们

搭 in full swing 正在全力进行中

用 过去式、过去分词 swung。

雅思真题 Sophia Murphy, senior advisor to the Institute for Agriculture and Trade Policy, suggested that the procurement and holding of stocks by governments can also help mitigate wild *swings* in food prices by alleviating uncertainties about market supply. 农业与贸易研究所的高级顾问索菲亚·墨菲认为,政府采购和持有的公债,也可以缓解市场供给的不确定性,从而平缓食物价格的大幅波动。

sway /sweɪ/

v. ①摇摆 The branches are *swaying* gently in the wind. 树枝在风中轻轻摇曳。// Jimmy *swayed* his body in time with the music. 吉米随着音乐节拍摇摆身体。

②使改变看法,使动摇 Don't allow yourself to be *swayed* by his promise. 你可不要听了他的许诺就改变主意呀。

n. ①摇摆 He felt the *sway* of the deck under his feet. 他感觉到脚下甲板的摇动。

②起支配作用的影响 No one has more *sway* with Congress than the media. 没有人比媒体更能左右国会了。

【辨析】表示"摆动,摇动"的动词

vibrate:较频繁地、快速地震动

sway:随意摇动、摇摆不定

swing:有节奏地来回或前后摆动

bounce /baʊns/

v. (使)反弹 The ball hit the wall and *bounced* off it. 球打在墙上又反弹回来。// *bounce* a ball over a net 击球过网

n. 弹,反弹 Players complained about the uneven *bounce* of the tennis court. 运动员们抱怨网球场的反弹力不均匀。

hop /hɒp/

vi. (人)单足跳跃;(鸟、昆虫等)齐足跳跃 The birds were *hopping* about on the lawn. 小鸟在草坪上跳来跳去。

vt. 跳上(汽车、火车、飞机等) Wilson *hopped* a plane and arrived in time for the auction. 威尔逊坐上了飞机,及时赶上了拍卖会。

n. ①蹦跳 The pursuer cleared the fence in one *hop*. 追捕者一跳越过了栅栏。

②短程航行 It's a short *hop* from London to Paris. 从伦敦到巴黎是短途飞行。

leap /liːp/

vi. ①跳,跃 The dog *leapt* over the fence. 狗跳过了围栏。

②急速行动 Look before you *leap*. [谚]三思而后行。

n. ①跳,跃 a *leap* forward/ahead 跃进,大变化

②激增 There was a *leap* in oil prices. 石油价格猛增。

搭 by/in leaps and bounds 极其迅速地

用 过去式、过去分词 leapt/leaped。

abide /əˈbaɪd/

v. ①容忍,经受住【同 bear】I can't *abide* people with no sense of humor. 我讨厌和没有幽默感的人打交道。

②遵守 You have to *abide* by the referee's decision even though he may have missed something. 就算裁判看走了眼,你们也必须服从他的判决。

搭 abide by 遵守,履行

deviate /ˈdiːvieɪt/

【助记】de(away)+vi(道路)+ate→离开正道→偏离

vi. (~*from*)偏离 You should not *deviate from* your present course. 你不能偏离目前的路线。

派 **deviation** *n.* 背离,越轨,反常;偏差

swamp /swɒmp/

n. 沼泽 Be careful when stepping over the *swamp*, or you may sink in. 踏入沼泽地时,请小心,不然会陷下去。

vt. ①淹没【同 flood】The sink overflowed and *swamped* the kitchen. 洗涤槽的水溢出来了,厨房里到处都是水。

②难倒,压倒 be *swamped* by debt 为债务所困

搭 be swamped with/by... 忙得应接不暇;面临大量的……

dissipate /ˈdɪsɪpeɪt/

【助记】dis(away)+sip(小口喝)+ate(吃)→不小口吃喝→挥霍

v. ①(使)消散 Her laughter soon *dissipated* the tension in the air. 她的笑声很快消除了紧张的气氛。// Eventually, his anger *dissipated*. 他

的愤怒终于平息了。

②**挥霍** In a few years Francis *dissipated* his large fortune inherited from his grandfather. 弗朗西斯在几年的时间里就把他从祖父那里继承下来的一大笔财产挥霍光了。

同义替换练习

1. In order to repair barns, build fences, grow crops, and care for animals, a farmer must indeed be versatile.
   A. restless　B. skilled　C. strong　D. all-round
2. When supply exceeds demand for any product, prices are likely to fall.
   A. timely　B. simultaneous　C. subject　D. liable
3. Shoes of this kind tend to slip on wet ground.
   A. are feasible　B. are appropriate　C. are apt　D. are fitting
4. Military orders are authoritative and cannot be disobeyed.
   A. diplomatic　B. sophisticated　C. alternative　D. imperative
5. Growth in the fabricated metals industry was able to counterbalance some of the decline in the iron and steel industry.
   A. gear　B. paralyse　C. offset　D. uphold
6. Many ecologists believe that lots of major species in the world are on the edge of extinction.
   A. torment　B. commencement　C. verge　D. bounce
7. Each workday, the workers followed the same schedules and rarely deviated from this routine.
   A. differed　B. disconnected　C. slipped　D. distorted
8. Although the model looks good on the surface, it will not bear close examination.
   A. temperament　B. contamination　C. scrutiny　D. symmetry
9. In mountainous regions, much of the snow that falls is pressed into ice.
   A. irrigated　B. embodied　C. compiled　D. compacted
10. Some journalists often overstate the situation so that their news may cause great excitement.
    A. explosion　B. sensation　C. petition　D. echo

答案与译文

1. [D] 一个农民要会修谷仓、筑篱笆、种庄稼、养牲口，必须是个多面手。
2. [D] 当供过于求时，任何产品的价格都可能会下降。
3. [C] 这种鞋在湿地上容易打滑。
4. [D] 军令是命令性质的，不能不遵守。
5. [C] 金属合金工业的增长可以抵消钢铁工业衰颓所带来的损失。
6. [C] 许多生态学者认为世界上很多的主要物种都正濒临灭绝。
7. [A] 每个工作日，工人们都遵循着相同的日程表，很少违背。
8. [C] 这个模型外表看起来不错，但经不起仔细的考量。
9. [D] 在山区，大量的降雪被压实为冰。
10. [B] 有些记者经常夸张地叙述势态以便制造出轰动一时的新闻。

Lesson 19

词根词缀表

cata-, cat- 向下;全面	catalogue ***n.*** 目录	**over** 超过	overwhelm ***vt.*** 征服
fess 说	profession ***n.*** 公开表示	**timi, tim** 害怕	intimidate ***vt.*** 恐吓
plen, ple, pli, ply 充满	complement ***n.*** 补充	**press** 压	oppress ***vt.*** 压迫
tut, tuit 监护,看管	tuition ***n.*** 教学	**rud** 天然的;粗糙的	crude ***a.*** 天然的
pos(it) 放,置	deposit ***n.*** 存款		

random /ˈrændəm/

a. 任意的,随机的 We asked a ***random*** sample/selection of people what they thought. 我们随机挑选一些人,问了他们的想法。

搭 make a random choice 随意选择 // at random 任意地 The magician asked the audience to choose a card ***at random***. 魔术师让观众随意抽一张牌。

interval /ˈɪntəvəl/

n. ①间隔,间距 They planted trees in the ***intervals*** between the houses. 他们在房子与房子之间种上了树。

②幕间(或工间)休息 in the ***interval*** 中场休息时

搭 at intervals 每隔一段时间(或距离),不时 The train leaves this station ***at*** 15-minute ***intervals***. 这个火车站每隔15分钟发一趟车。

margin /ˈmɑːdʒɪn/

n. ①页边空白 While he read the book, he made many notes in the ***margin***. 他读书的时候,在页边做了很多笔记。

②差数,差额 He failed to be a member of the board by only a small ***margin***. 他仅以极少的票数之差而未当选委员会成员。

③余裕,利润 The gross profit ***margin*** could be as high as 50% for a successful restaurant. 一家成功的饭店毛利润可高达50%。

④边,边缘 The village is situated at the ***margin*** of a forest. 这个村子地处森林的边缘。

marginal /ˈmɑːdʒɪnəl/

a. ①微小的,不重要的【同 slight】There's only a ***marginal*** difference between the two estimates. 这两种估计差别很小。

②仅以微弱多数票获胜的 He won the most ***marginal*** seat by only two votes. 他只以两票的微弱优势当选。

③记(或印)在页边的 Students should develop a habit of making ***marginal*** notes while reading. 学生应养成阅读时在书的页边上做笔记的习惯。

border /ˈbɔːdə/

n. ①边,边缘 Her handkerchief has a blue ***border***. 她的手帕有一条蓝边。

②边界 ***border*** clashes 边界冲突

vt. ①给……加上边,围 Meadows ***bordered*** the path to the woods. 通往森林的小径两边都是草坪。

②邻接,毗连 Canada ***borders*** the United States. 加拿大与美国毗邻。

vi. ①(~***on***)近似,接近 His words ***bordered on*** rudeness. 他的话近乎粗鲁。

②与……接壤 Myanmar ***borders*** on India. 缅甸与印度接壤。

搭 on the border of A and B 在A和B的交界上 // the border between A and B / A's border with B A和B的交界处

boundary /ˈbaundərɪ/

【助记】bound(范围)+ary(表场所)→界限

n. 边界,界限 The river marks the ***boundary*** between the two regions. 这条河是这两个地区的分界线。// the country's ***boundary*** line 国界 // the ***boundaries*** of human knowledge 人类知识的范围

frontier /ˈfrʌntɪə/

【助记】front(前方)+ier→"边境"是领土的最前方

n. ①边境 a ***frontier*** town 边陲小镇

②[***the***~]边远地区 Wilder's novel is about a family's struggle on ***the*** American ***frontier***. 怀尔德的小说是关于一个家庭在美国边疆的奋斗历程。

③[常 ***pl.***]前沿，新领域 He is eager to explore the ***frontiers*** of knowledge. 他渴望探索新的知识领域。

> 【辨析】表示"边界，边境"的名词
>
> border：指国与国之间或两地区之间的分界线
>
> boundary：指地图上标定的实际地理区域的分界线，尤指江河、山脉等自然边界
>
> frontier：指与邻国接壤的国土，常有军队戍卫的边境地区

range /reɪndʒ/

n. ①一系列 A ***range*** of buildings have sprung up along the river. 沿河建起了一排楼房。

②幅度，范围 Several cars are available within this price ***range***. 在这个价格范围内，有好几种汽车可供选购。

③距离 What is the ***range*** of your gun? 你的枪射程有多远？

④(山)脉 a ***range*** of mountains in the distance 远方的山脉

⑤靶场 a rifle ***range*** 步枪靶场

vi. ①(在某范围内)变化 These children's ages ***range*** from three to eighteen. 这些孩子的年龄在3岁到18岁之间。

②(***~over***)论及，涉及 His lecture ***ranged over*** a number of topics. 他的讲座涉及许多话题。

③漫游【同 wander】***range*** through woods 在森林里来回走

vt. 使排列成行 His trophies were ***ranged*** on the shelf. 他的奖杯都排列在架子上。

搭 range from... to... 在……到……范围内变化 // a wide range of 各式各样的

extent /ɪkˈstent/

n. ①程度，范围 I don't know to what ***extent*** his debt is. 我不知道他负债的程度。

②广度，宽度，面积 From the window we could see the full ***extent*** of the park. 从这个窗户我们可以看到公园的全景。

搭 to some/a certain extent 在一定程度上

> **雅思真题** Because IQ tests are decidedly influenced by what the child has learned, they are ***to some extent*** measures of current achievement based on age-norms. 由于智力测试受到儿童所学知识的决定性影响，因此它们在一定程度上是基于年龄常模来测试儿童的当前成绩的。

scope /skəʊp/

n. ①(学科、活动、书籍等的)范围 Some technical terms are beyond the ***scope*** of this dictionary. 有些专门术语不在本词典的范围内。// widen one's ***scope*** of knowledge 扩大知识面

②(发挥能力等的)余地，机会 There's still plenty of ***scope*** for improvement. 还会有很大的改进余地。

搭 beyond/outside the scope of 超出……的范围 // within the scope of 在……的范围内 // widen/broaden/extend the scope of 拓宽、扩展……的范围 // narrow/limit the scope of 收窄/限制……的范围 // beyond sb.'s scope 在某人理解的范围以外 // give free/full scope to 给予……以充分的自由 // give (sb.) scope for... 给(某人)发挥……的机会

scale /skeɪl/

n. ①规模，程度 We had underestimated the ***scale*** of the pollution problem. 我们低估了污染问题的程度。// a large-***scale*** research project 大规模的研究项目

②等级，级别 Where do secretaries come on the company's pay ***scale***? 秘书在公司的薪酬级别表上属于哪一级？

③[***pl.***]天平 a set of kitchen ***scales*** 一台厨用磅秤

④比例(尺) The map is drawn on a thousand to one ***scale***. 这张地图是按照1000:1的比例画的。

⑤刻度；鳞 a ruler with a metric ***scale*** 公尺，刻度尺 // ***scales*** of fish 鱼鳞

vt. 攀登 Rescuers had to ***scale*** the cliff to rescue the injured climber. 救援人员要登上悬崖才能救受伤的登山者。

搭 in scale (with...)(与……)相称、成比例 // scale up(按比例)增加 // scale down 缩减 // on a... scale 在……规模上 He entertained his friends ***on a*** large ***scale***. 他大规模宴请亲朋好友。

span /spæn/

n. ①一段时间 life *span* 寿命

②跨距，跨度 The arch has a *span* of 60 meters. 这拱门内宽60米。

vt. ①持续 Their friendship *spanned* a lifetime. 他们的友谊持续了一辈子。

②横跨，跨越 The stream was *spanned* by a narrow bridge. 一座窄窄的小桥横跨在小河上。

雅思真题 Within the *span* of several centuries, the Lapita stretched the boundaries of their world from the jungle-clad volcanoes of Papua New Guinea to the loneliest coral outliers of Tonga. 在几个世纪的时间里，拉皮塔人开拓他们那个世界的疆土，从巴布亚新几内丛林密布的火山到汤加最偏远的珊瑚礁外岛。

rank /ræŋk/

n. ①军衔 promotion to the *rank* of General 晋升为将军

②地位，社会阶层 a man of *rank* 有地位的人 // people of all *ranks* 各阶层人士 // He is very young to hold such a senior *rank*. 他年纪轻轻便担任了如此高的职务。

③[*the pl.*]成员；普通士兵 The pay freeze led to a lot of discontent in the *ranks*. 工资冻结导致职员牢骚满腹。

④排，行列 *rank* after *rank* of liquor bottles 一排排的酒瓶 // They fired at random into the enemy *ranks*. 他们随意朝敌军的行列射击。

v. 把……分等；列入 *Rank* them in order of ability. 按能力给他们排序。// She always *ranked* first in the class. 她总是在班上名列前茅。

搭 the rank and file 普通成员

classify /ˈklæsɪfaɪ/

vt. 把……分类，把……分级 Whales are *classified* as mammals rather than fish. 鲸被归为哺乳动物，而不是鱼类。

派 **classified** *a.* 分类的；保密的 // **reclassify** *v.* 重新分类

classification /ˌklæsɪfɪˈkeɪʃən/

n. ①分类，分级 Science is the systematic *classification* of experience. 科学是对经验有系统的分类。

②类别，级别 There is a hierarchy in the *classification* of all living creatures. 一切生物均可按等级分类。

category /ˈkætɪɡərɪ/

【助记】cat(down)+egory(集合)→集合在一起→种类

n. 种类，类 Books are placed in *categories* in libraries and bookstores. 图书馆和书店的书是分门别类摆放的。

派 **categorize** *v.* 将……分(归)类

catalog(ue) /ˈkætəlɒɡ/

【助记】cata(down)+log(ue)(说话)→罗列下面要说的内容→目录

n. ①目录 Would you please tell me how to use the card *catalogue*? 请告诉我怎样使用卡片目录好吗？

②一系列 a *catalog* of failures/disasters 一连串的失败/灾难

vt. 将……编入目录 Can you *catalog* the DVD sets you sell and send me a copy? 你能不能把你们出售的DVD机的型号编成目录送我一份？

occupy /ˈɒkjʊpaɪ/

【助记】oc(at)+cupy(抓住)→占有

vt. ①占用；占领 Is this seat *occupied*? 这个座位有人吗？// The town was *occupied*. 这个城镇被占领了。

②使忙碌 Linda was *occupied* with the work of redecorating her house. 琳达忙于重新装修她的房子。

搭 keep sb. occupied 使某人忙碌 // be occupied with sth. 忙于某事

派 **unoccupied** *a.* 未被占用的；未沦陷的 // **preoccupation** *n.* 全神贯注

occupation /ˌɒkjʊˈpeɪʃən/

n. ①职业 What kind of *occupation* is your friend looking for? 你的朋友在找什么样的工作？

②消遣【同 pastime】 Her main *occupation* seems to be shopping. 逛商店购物似乎是她的主要消遣。

③占领 The World War II German *occupation* of France lasted four years. 二战中德国对法国的占领持续了四年。

派 **occupational** *a.* 职业的

career /kəˈrɪə/

n. 职业 Many university students plan their future *career* in the financial circle. 许多大学

生都将自己的未来职业计划在金融界。

profession /prəˈfeʃən/

【助记】pro(公开地)+fess(说)+ion→公开地说→公开表示

n. ①职业 Teaching is a respectable ***profession***. 教师是令人尊敬的职业。

②[*the*~]同行 It is rather difficult to win acclaim from ***the profession***. 要赢得同行的好评是相当困难的。

③公开表示 His speech was simply a ***profession*** of his briefs. 他的讲话只是他自己信念的表白。

搭 exercise the profession of... / make it a profession to do... 从事……职业

> 【辨析】表示"职业"的名词
> occupation:可泛指任何一种职业
> career:指受过专门训练,愿终生从事的"职业"
> profession:指受过相当的高等教育,以脑力劳动为主的知识性职业,如医生、律师等

professional /prəˈfeʃənəl/

a. 职业的 a ***professional*** player 一名职业运动员

n. 专业人员 My father wanted me to become a ***professional*** and have more stability. 我父亲希望我成为一名专业人员,生活更加稳定。

派 **professionalisation** *n.* 专业化 // **unprofessional** *a.* 违反职业准则的;未按专业水平做的

amateur /ˈæmətə/

n. 业余爱好者 Although he's only an ***amateur***, he's a first-class player. 虽然他只是个业余爱好者,但却是一流的高手。

a. ①业余的 an ***amateur*** golfer 业余高尔夫球员

②外行的 Her acting was very ***amateur***. 她的演技实在不敢恭维。

employment /ɪmˈplɔɪmənt/

n. ①工作 Graduates are finding it more and more difficult to find ***employment***. 毕业生感到找工作越来越难。

②雇用,使用 The number of people in ***employment*** has fallen. 就业人数减少了。

> **雅思真题** In turn, international tourism became the concern of a number of world governments since it not only provided new ***employment*** opportunities but also produced a means of earning foreign exchange. 反过来看,国际旅游成了众多国家政府的关注点,因为它不仅能提供新的工作机会,而且还创造出一条赚取外汇的途径。

unemployment /ˌʌnɪmˈplɔɪmənt/

n. 失业,失业人数 ***unemployment*** rate 失业率

employee /ˌɪmplɔɪˈiː/

【助记】employ(雇用)+ee(被……的人)→雇员

n. 雇员 Freelance workers do not enjoy the benefits of ***employee*** status. 自由职业者没有像雇员那样的福利。

employer /ɪmˈplɔɪə/

n. 雇主 The government may step in to settle the disagreement between the union and the ***employers***. 政府可能会出面干预,解决工会和雇主之间的纠纷。

complement /ˈkɒmplɪmənt/ *n.* /ˈkɒmplɪment/ *vt.*

【助记】com(with)+ple(填满)+ment→补充

n. ①补充 Love is the ***complement*** of the law. 爱的精神是法律的补充物。

②编制名额 At last the English department has its full ***complement*** of teachers. 英语系的教师定员终于满额了。

③补(足)语 the ***complement*** of a sentence 句子中的补语

vt. 补充 Our local bus and rail services ***complement*** each other very well. 我们这里市内公共汽车和市郊列车互相补充,使交通极为便利。

用 complement 和 compliment 发音相同,意义完全不一样,后者意为"赞美,赞扬"。

派 **complementary** *a.* 互补的

redundant /rɪˈdʌndənt/

a. ①被解雇的 Seventy men at the factory were made ***redundant***. 该厂有70人作为冗员被裁。

②多余的 The illustration had too much ***redundant*** detail. 解说中不必要的细节太多。

toil /tɔɪl/

n. 苦工,苦活,长时间的辛苦劳作 The wealth comes from the ***toil*** of the masses. 财富来自大众的辛勤劳动。

vi. ①辛苦工作 I've been ***toiling*** away at this essay all weekend. 我整个周末一直在辛苦地写

这篇文章。

②艰难跋涉 They *toiled* across the desert. 他们艰难地穿越沙漠。

haste /heɪst/

n. 急速，急忙【同 hurry】More *haste*, less speed. [谚]欲速则不达。

搭 in haste 急忙，慌忙

派 **hasten** *v.* 催促，(使)赶快；加快

hasty /ˈheɪstɪ/

a. 轻率的，匆忙的【同 hurried】He soon regretted his *hasty* decision to get married. 他很快就后悔轻率地做出结婚的决定。// a *hasty* departure 匆匆离去

prompt /prɒmpt/

【助记】pro(forward)+mpt(拿)→最先去拿→敏捷的

vt. ①促使 The poor boy confessed that it was hunger that *prompted* him to steal the bread. 可怜的男孩承认他是因为太饿了才偷了面包。

②提示 She needed to be occasionally *prompted*. 她需要不时给予提示。

a. 敏捷的，及时的 He is always *prompt* in answering letters. 他总是迅速回复各种来信。

n. 提词，提示 He managed to finish the whole speech without a single *prompt*. 他一个提示词也不用就做完了整个演讲。

punctual /ˈpʌŋktʃʊəl/

a. 准时的 The cat makes a *punctual* appearance at mealtimes. 这只猫不早不晚吃饭时准到。

salary /ˈsælərɪ/

n. 薪水 How can they afford that car on Harvey's *salary*? 靠哈维的工资他们怎能买得起那辆汽车？

> **词源** 来自于 salarium，意为"盐"。盐在古代被视为珍品，古罗马军队把盐作为军饷的一部分，按日实行定量配给。后来军饷都被金钱所取代，而该词也被用以泛指"薪水"。

wage /weɪdʒ/

n. [常 *pl.*]工资 *Wages* are higher in service trades than in industry. 服务业的工人工资比工业领域的要高。// living *wage* 仅够维持生活的工资 // *wage* claim 增加工资的要求

vt. 开始 People are beginning to *wage* war on / against pollution. 人们开始向污染宣战。

> **【辨析】表示"工资，薪水"的名词**
> salary：一般指脑力劳动者的月薪
> wage：多指体力劳动者按天或按周领取的工钱

payment /ˈpeɪmənt/

【助记】pay(支付)+ment→支付的款项

n. ①支付的款项 The *payment* of the goods is payable in installments. 货款可以分期支付。

②支付 *Payment* may be made by credit card. 付款可用信用卡。

派 **payable** *a.* 应付的

overtime /ˈəʊvətaɪm/

n. ①超时工作 Assembly workers were striking for all improvement in their *overtime* earnings. 流水线上的工人们正为提高超时工作的工资而罢工。

②加班费 They pay £58 a day plus *overtime*. 报酬为每天 58 英镑，外加加班费。

ad. 加班 There are a few people working *overtime*. 有些人正在加班。

retire /rɪˈtaɪə/

【助记】re(back)+tire(拉)→拉回来，不干了→退休

vi. ①退休，退役 *retire* from the army 从军队退役 // *retire* on a pension 领退休金退休

②退出 He is now *retiring* from political life and has gone abroad. 他正在退出政治舞台，并已出国。

③就寝 I like to *retire* early whenever possible. 只要可能我就早睡。

派 **retirement** *n.* 退休

fare /feə/

n. 票价 Air *fares* have shot up by 20%. 飞机票价已猛涨 20%。

vi. 进展 How are you *faring* with your project? 你的计划进展如何？

fee /fiː/

n. 费，酬金 legal *fee* 诉讼费 // Nothing will dispel enthusiasm like a small admission *fee*. 没有什么能像小小的会费一样令人热情顿失的了。

tuition /tjʊˈɪʃən/

n. ①教学，讲授 individual *tuition* 个别讲授

②学费 The *tuition* of higher education in the

US is much higher than that in China. 美国高校的学费比中国要高许多。

deposit /dɪˈpɒzɪt/

【助记】de(down)+posit(放置)→被放置起来的钱→存款

n. ①订金 You must pay a ***deposit*** if you want to reserve the room. 你要预订房间,就得先付定金。

②存款 The interest of the current account is lower than that of the ***deposit*** account. 活期存款的利息比定期存款的低。

③沉积物 biochemical ***deposit*** 生物化学沉积

vt. ①使沉淀,使沉积 When the River Nile is in flood, it ***deposits*** a layer of mud on the fields. 尼罗河泛滥时在田野上沉积一层泥。

②存放,寄存 You can ***deposit*** your bags at the counter. 你可将袋子存放在柜台处。

③储蓄 I ***deposited*** all my money in the bank. 我把所有的钱都存在银行里。

cash /kæʃ/

n. 现款 I have no ***cash*** on me. May I pay by credit card? 我没带现金,可以用信用卡付款吗?

vt. 把……兑现 I wonder if I can ***cash*** a cheque here. 我想知道我能否在这儿兑换支票。

搭 cash in on 靠……赚钱 // cash down 用现金支付

用 "付现金"是 pay in cash,但表示"用支票支付"时,用 by check。

rent /rent/

v. ①租借 ***rent*** a car 租车 // Nick's been ***renting*** for years, and he can't afford to buy. 尼克租房已经好几年了,他买不起。

②出租,出借 Many hotels ***rent*** apartments to long-staying guests. 许多酒店出租公寓房给长住客。

n. 租金,出租 house ***rent*** 房租

派 rental *n.* 缴付或收取的租金数额;租赁

lease /liːs/

n. 租约 on ***lease*** 租的,以租用的形式

vt. ①出租 We will ***lease*** you the house for two years. 我们将把这房屋租给你两年。

②租得 The firm ***leases*** an office with views over the river. 公司租了一个带临河风景的办事处。

搭 put out to lease 出租 // take... on lease 租用,租得 // take a lease on sth. 签约租借某物 // give... a new lease of/on life 使重新恢复生气;延长……的寿命

> 【辨析】表示"出租,租用"的动词
> hire:一般指短期的租借
> lease:长期租用,尤指有契约等的租用
> rent:指较长时间租用或租出房屋、土地

host /həʊst/

n. ①主人,东道主 To keep the table laughing is an important thing which a ***host*** should do during a party. 主人应在他的派对上好好娱乐宾客,这一点是很重要的。

②节目主持人 a game show ***host*** 游戏节目主持人

③许多,一大群 a ***host*** of possibilities 许多可能性

vt. ①主办,作……的东道主 Which country is going to ***host*** the next World Cup? 哪个国家将主办下一届世界杯?

②作……的节目主持人 a chat show ***hosted*** by Oprah Winfrey 欧普拉·温弗里主持的访谈节目

toast /təʊst/

n. ①烤面包 We had ***toast*** for breakfast. 我们早餐吃的是烤面包片。

②祝酒辞 exchange ***toasts*** 相互敬酒

vt. ①烘,烤 She put two pieces of beef under the grill to ***toast***. 她把两片牛肉放到烤架下烘烤。

②为……干杯 Let's ***toast*** our friendship! 让我们为友谊干杯!

> 词源 源自拉丁语 tostus"烤过的"。莎士比亚时代英国人饮酒时喜欢把一块有香料的烤面包片加入酒中,据说可以使酒味更香醇。所以 toast 既有"烤面包片"的意思,还有"祝酒"的意思。

expel /ɪkˈspel/

【助记】ex(out)+pel(推)→将……推出去→把……开除

vt. ①把……开除 The pupil was ***expelled*** for stealing. 那学生因偷窃被开除了。

②驱逐 Russia lately ***expelled*** a US diplomat from its land. 俄罗斯最近驱逐了一名美国外交官。

③排出 The lungs ***expel*** carbon dioxide when we exhale. 当我们呼气时,肺排出了二氧化碳。

refute /rɪ'fjuːt/

【助记】re(back)+fute(流动)→流回来→驳斥

vt. 驳斥,驳倒 The lawyer made good use of the favorable evidence to ***refute*** his counterpart's testimony. 律师充分利用有利证据驳倒了对手的证词。

搭 be refuted down to the last point 被驳得体无完肤

defy /dɪ'faɪ/

【助记】de(away)+fy(信赖)→远离公众信赖→违抗

vt. ①违抗,藐视 If you ***defy*** the law, you may find yourself in prison. 如果不服从法律,就可能会坐牢。

②使成为不可能 The beauty of the scene ***defies*** description. 这里的风景无法用语言描述。

③挑,激 He ***defied*** me to jump down. 他刺激我跳下去。

派 **defiance *n.*** 违抗,蔑视 // **defiant *a.*** 违抗的,藐视的

veto /'viːtəʊ/

vt. 否决 ***veto*** a bill 否决一项议案 // My father ***vetoed*** my plan. 我的父亲不同意我的计划。

n. 否决 The President exercised his ***veto*** against the Congressional bill. 总统对国会的法案行使了否决权。

搭 put a veto upon/on sth. 否决;不批准;禁止

overwhelm /ˌəʊvə'welm/

【助记】over(above)+whelm(淹没,压倒)→在……上压倒→征服

vt. ①(感情上)使受不了,使不知所措 Despair ***overwhelmed*** me when I got to know that the last train to the town had left. 当我得知最后一班去镇上的火车已开走时,我绝望极了。

②征服 In last week's semifinal, the Manchester United ***overwhelmed*** Liz by 4-0. 在上周的半决赛中,曼联队以4比0击败利兹队。

雅思真题 Chlorophyll, although exquisitely evolved to capture the energy of sunlight, can sometimes be ***overwhelmed*** by it, especially in situations of drought, low temperatures, or nutrient deficiency. 尽管叶绿素经过了精密的进化,能够捕捉阳光的能量,但有时也受不了过多阳光,尤其是在干旱、低温或营养不足的情况下。

overwhelming /ˌəʊvə'welmɪŋ/

a. ①势不可挡的,压倒的 Beijing took an ***overwhelming*** majority of votes and won the Olympic bid. 北京得到压倒多数的选票,申奥获胜。

②巨大的 I can hardly resist the ***overwhelming*** temptation. 我几乎不能抗拒如此巨大的诱惑。

intimidate /ɪn'tɪmɪdeɪt/

【助记】in+timi(害怕的)+date→使人害怕→恐吓

vt. 恐吓 They failed in their attempt to ***intimidate*** the witness into silence. 他们想恐吓目击证人迫使他保持缄默的企图失败了。

搭 intimidate sb. into (doing) sth. 胁迫某人做某事

oppress /ə'pres/

【助记】op(against)+press(压)→对……施加压力→压迫

vt. ①压迫 In feudalistic societies, the working people were ***oppressed*** by emperors. 在封建社会,劳动人民受到皇帝的压迫。

②使(心情等)沉重 A sense of trouble ahead ***oppressed*** my spirits. 前面的重重困难使我心情沉重。

派 **oppressive *a.*** 压迫的;抑郁的

depress /dɪ'pres/

【助记】de(down)+press(挤压)→按下

vt. ①使沮丧 I was ***depressed*** because someone had stolen my wallet on the bus. 我很沮丧,因为我的钱包在公共汽车上被人偷了。

②削弱,使不景气 When business is ***depressed***, there is usually an increase in unemployment. 商业萧条时,失业通常就会增加。

③按下 ***Depress*** this button to rewind the tape. 按下这个按钮倒带。

派 **depressed *a.*** 沮丧的;不景气的;凹陷的 // **depressing *a.*** 令人沮丧的;压抑的;使降低的

depression /dɪ'preʃən/

n. ①抑郁,沮丧 Mr. Thomas is suffering from ***depression***. 托马斯先生患上了抑郁症。

②不景气,萧条(期) The stock market crash marked the start of a severe ***depression***. 股市大跌标志着大萧条的开始。

③洼地,凹陷 There was a ***depression*** in the sand where she'd been lying. 她躺过的沙滩上留下了一个凹坑。

despair /dɪ'speə/

【助记】des(away)+pair(一对)→一对情侣被分开→

绝望

n. 绝望；使人绝望的人(或事物) Do not abandon yourself to ***despair***. 不要悲观失望。

vi. (~*of*)绝望 They ***despaired of*** winning the game. 他们不抱比赛得胜的希望。

> 【一言辨异】disappointed, despair
> He was a little ***disappointed***, but didn't ***despair***. 他感到有些失望，但不至于绝望。

desperate /ˈdespərɪt/

【助记】de(away)+sper(希望)+ate→失去希望→绝望的

a. ①不顾一切的 Several prisoners made a ***desperate*** attempt to escape. 几名囚犯孤注一掷企图逃亡。

②极想望的 The man lost in the desert was ***desperate*** for water. 在沙漠中迷失方向的人极度渴望喝到水。

③绝望的【同 despairing】We had no food left at all and were getting ***desperate***. 我们一点儿食物都没了，十分绝望。

搭 be desperate for/to do sth. 极需要某物/做某事

派 **desperately** ***ad.*** 不顾一切地；绝望地 // **desperation** ***n.*** 绝望；铤而走险

grief /griːf/

n. 悲伤；悲伤的事 Friendships multiply joys and divide ***griefs***. 友谊增进欢乐，分担忧愁。

搭 Good grief! 哎呀！天哪！ // bring... to grief 使遭到不幸 // come to grief 失败，遭受不幸 All his little schemes for making money seem to ***come to grief***. 他为赚钱而耍的花招儿看来都要失败。

grieve /griːv/

vi. (~*for, over*)感到悲痛 I ***grieve*** very much ***for*** what I have done. 我为自己的行为感到痛心。

vt. 使伤心【同 upset】It ***grieves*** me to think that China's football team has never appeared in the finals of the World Cup. 一想到中国国家足球队从没打进过世界杯决赛，我就感到悲伤。

misery /ˈmɪzərɪ/

n. ①痛苦 ***Misery*** loves company. [谚]同病相怜，同忧相救。

②悲惨的境遇 One who hasn't suffered any ***misery*** in his life will not mature quickly enough. 一个在生活中没经历磨难的人，不容易变得成熟。

miserable /ˈmɪzərəbl/

a. ①痛苦的 The lady felt ***miserable*** for months after she got divorced. 那位女士离婚后心里难受了好几个月。

②令人难受(或痛苦)的 It's raining nonstop—what ***miserable*** weather! 雨下个不停，多烦人的天气！

> **雅思真题** Unfortunately, he was ***miserable*** as his research wasn't compatible with his curiosity about healing. 不幸的是，他倍感痛苦，因为他的研究与他对治疗方法的好奇并不兼容。

overflow /ˌəuvəˈfləu/ *v.* /ˈəuvəfləu/ *n.*

【助记】over(beyond)+flow(流动)→溢出

v. ①满得外溢 I forgot to turn off the faucet and the toilet ***overflowed***. 我忘了关水龙头，结果卫生间里的水溢了出来。// The river ***overflowed*** its banks. 河水溢过了堤岸。

②(~*with*)充满，洋溢 His heart ***overflowed with*** gratitude. 他的心里充满了感激之情。

n. 容纳不下的物(或人)；溢流口 The ***overflow*** will be accommodated in another hotel. 容纳不下的人将安排在另一家旅馆里。

overthrow /ˌəuvəˈθrəu/ *vt.* /ˈəuvəθrəu/ *n.*

【助记】由 throw over(抛弃)颠倒顺序构成

vt. 推翻；使终止【同 overturn】***overthrow*** slavery 废除奴隶制 // The rebels have ***overthrown*** the government. 反叛者已推翻了政府。

n. 推翻，终止 After the ***overthrow*** of the government, the country was in chaos. 政府被推翻后，这个国家处于混乱中。

prominent /ˈprɒmɪnənt/

【助记】pro(forward)+min(伸出，突出)+ent→突出的

a. ①突出的，杰出的 The mayor has played a ***prominent*** part in public life. 市长在公共事务中起了重要的作用。

②突起的 His ***prominent*** paunch left me a strong impression. 他的罗汉肚给我留下了深刻印象。

noticeable /ˈnəutɪsəbl/

【助记】notice (注意)+able (能……的)→能注意到的→显而易见的

a. 显而易见的【同 obvious】There's been a ***noticeable*** improvement in his handwriting. 他的书法有了明显的进步。

conspicuous /kən'spɪkjuəs/

【助记】con(完全)+spic(看)+uous→能够完全看清楚→显眼的

a. 显眼的；引人注目的 ***conspicuous*** mistakes 明显的错误 // She's always ***conspicuous*** because of her bright clothes and queer hair style. 因为她衣着鲜艳，发型古怪，所以总是惹人注目。

dim /dɪm/

a. ①昏暗的【反 bright】Reading in ***dim*** light does harm to the eyes. 在昏暗的光线下看书对眼睛有害。

②朦胧的，隐约的 The ***dim*** outline of a building loomed up out of the mist. 一幢建筑物朦胧的轮廓在雾霭中隐现出来。

③(视力等)模糊不清的 Isaac was old and his eyes were ***dim***. 艾萨克老了眼睛花。// ***dim*** awareness 模糊的意识

④暗淡的，不乐观的 Prospects for an early settlement of the dispute are ***dim***. 争端得到早日解决的希望非常渺茫。

v. (使)暗淡，(使)变模糊 The lights in the theatre began to ***dim***. 戏院里的灯光开始暗下来。// The boss's words ***dimmed*** my hope of a promotion. 老板的一席话浇灭了我升迁的希望。

gloomy /'gluːmɪ/

a. ①忧郁的；令人沮丧的 Anne dismissed these ***gloomy*** thoughts from her mind. 安妮驱散了脑海中那些令人沮丧的念头。

②昏暗的 a ***gloomy*** room 阴暗的房间

搭 take a gloomy view of 对……悲观

obscure /əb'skjuə/

【助记】ob(离开)+scure(跑)→离题→费解的

a. ①不著名的，不重要的 an ***obscure*** poet 无名诗人

②费解的，模糊不清的 ***obscure*** legal phrases 费解的法律词语

vt. 使模糊，掩盖 Thick cloud ***obscured*** the stars from view. 浓云遮住了星星。// Recent successes ***obscured*** the fact that the company is still in trouble. 近来的一些成功使人看不清公司依然处于困境。

vague /veɪg/

【助记】vag(漫游)+ue→思路四处游走→模糊的

a. ①模糊的 In a fog everything looks ***vague***. 在雾中一切东西都显得模糊。

②含糊的 a ***vague*** answer 含糊的答复

派 **vaguely** *ad.* 含糊地；大致上；心不在焉地

> 【辨析】表示“含糊”的形容词
>
> dim：因光线暗、年代远或身体欠佳等产生视觉或察觉方面的困难。
>
> vague：因语言不确切、太笼统或因构思含糊、不完善而造成模糊难解。
>
> ambiguous：指文章或讲话中，意思可能有多种理解、存在歧义。
>
> obscure：语气最强，指晦涩难懂。

blur /blɜː/

n. 模糊(的东西) The island was a faint ***blur*** through misty rain. 烟雨中小岛隐隐约约一片模糊。

v. (使)变模糊 Dust ***blurred*** my vision. 灰尘模糊了我的视线。// ***blurred*** photos/writing 模糊不清的照片/字迹 // eyes ***blurred*** with tears 迷蒙的泪眼

explicit /ɪk'splɪsɪt/

【助记】ex(out)+plicit(折叠的)→把折叠的部分展开→明晰的

a. ①详述的，明晰的 an ***explicit*** statement/direction 明确的陈述/指示

②直言的 They were ***explicit*** in their criticism. 他们直截了当地提出了他们的批评。

keen /kiːn/

a. ①热心的，渴望的【同 eager】Many parents are ***keen*** to send/on sending their children to the best schools. 许多父母亲热衷于把他们的孩子送往最好的学校。

②敏锐的 Dogs have a ***keen*** sense of smell. 狗有十分灵敏的嗅觉。

③激烈的 a ***keen*** football match 一场激烈的足球比赛

④锋利的 The razor has a very ***keen*** edge. 这把剃刀有锋利的口。

搭 be keen to do/on doing sth. 渴望、热衷于做某事 // be keen for something to happen 渴望发生某事 // be keen on sb./sth. 喜欢某人/某事物 // be mad keen on sth. 非常喜爱某事物

spontaneous /spɒn'teɪnɪəs/

【助记】sponta(发自内心的)+neous→自发的

a. ①自发的，无意识的 He made a *spontaneous* offer of help. 他主动提供帮助。

②天真率直的 a *spontaneous* personality 天真的个性

rough /rʌf/

a. ①(表面)粗糙的 *rough* hands 粗糙的双手 // a *rough* road 崎岖的小路

②粗野的 Rugby is a very *rough* game. (英式)橄榄球是一种很粗野的运动。

③艰难的【同 tough】I've had a really *rough* day. 今天我很不走运。

④粗略的，大致的【同 approximate】a *rough* translation/estimate 粗略的翻译/估计

⑤狂暴的，有暴风雨的 In the evening we were sick, it was a very *rough* crossing. 渡海时碰上了大风暴，晚上我们晕船了。

vt. ①(~*out*)草拟 *rough out* a report 草拟报告

②(~*up*)殴打 The mob *roughed up* the speaker. 暴徒殴打演讲人。

readily /'redɪlɪ/

【助记】readi(情愿的)+ly→乐意地

ad. ①乐意地【同 willingly】He *readily* agreed to help us. 他欣然同意帮助我们。

②容易地；很快地 Wherever he goes, he *readily* accommodates to changed conditions. 不管到哪儿，他都能迅速适应变化了的情况。

派 **readiness** *n.* 准备妥当；意愿

raw /rɔː/

a. ①自然状态的，原料状态的；生的 Coal and oil are important *raw* materials for the manufacture of plastics. 煤和石油是塑料制品的重要原料。// *raw* fish 生鱼

②(数据等)未经分析的 *raw* data 原始数据

③生疏无知的，未经训练的 The new teacher is very capable but he's still a bit *raw*. 这位新教师很能干，但是还缺少点经验。

④露肉而刺痛的 a *raw* wound 露肉而刺痛的伤口

搭 in the raw 处在自然状态的；裸体的 Some nameless Indian tribes are living *in the raw*. 一些不知名的印第安部落过着未开化的生活。

refine /rɪ'faɪn/

【助记】re(again)+fine(好的)→使……再次变得更好→精炼

vt. ①精炼，提炼 Sugar, salt, oil must be *refined* before use. 糖、盐、油在使用前须先提炼。

②使优美 Reading good books helps to *refine* one's speech. 阅读好的书籍有助于使一个人的言谈文雅。

派 **refined** *a.* 精炼的；有教养的 // **refinement** *n.* 精炼；文雅 // **refinery** *n.* 精炼加工厂

crude /kruːd/

a. ①粗鲁的，粗俗的【同 vulgar】Don't make such *crude* jokes. 不要开这些粗俗的玩笑。

②天然的，未加工的 The *crude* oil needs processing further into fuel. 原油须经过进一步加工才能成为燃料。

③粗糙的 *crude* sketch/drawing 粗略的草图

> 【辨析】表示"天然的，未加工的"的形容词
>
> raw：指任何未加工过的自然物，如：raw material(原材料) // raw silk(生丝)
>
> crude：指那些不纯的、需要精练或经过化学处理等方式加工的自然物，如：crude oil(原油)

conscientious /ˌkɒnʃɪ'enʃəs/

a. 认真的，谨慎的 Nothing in all the world is more dangerous than sincere ignorance and *conscientious* stupidity. 世界上再也没有比纯粹的无知和认真的愚蠢更危险的了。

派 **conscientiously** *ad.* 认真地

earnest /'ɜːnɪst/

a. 认真的，诚挚的 Nowadays some young people are not *earnest* about their marriage. 如今有些年轻人对他们的婚姻大事并不认真。

搭 in earnest 认真的(地)

diligent /'dɪlɪdʒənt/

a. 勤奋的 Success always smiles upon people who are *diligent*. 成功总是青睐那些勤奋的人。

派 **diligence** *n.* 勤奋，用功

同义替换练习

1. As soon as the boy was able to earn his own living he disobeyed his parents' strict rules.
   A. defied　B. refuted　C. excluded　D. vetoed
2. Their claims to damages have not been convincingly refuted.
   A. denied　B. depressed　C. overwhelmed　D. intimidated
3. Many people lost their jobs during the business recession.
   A. desperation　B. decrease　C. despair　D. depression
4. The little girl was upset by the death of her dog since her affection for the pet had been real and deep.
   A. grieved　B. suppressed　C. oppressed　D. sustained
5. Very few people understood his lecture, the subject of which was very difficult to understand.
   A. professional　B. obscure　C. dim　D. conspicuous
6. Unfortunately I must have moved the camera, because the picture is rather blurred.
   A. marginal　B. confused　C. crude　D. unclear
7. Creating so much confusion, Mason realized he had better make clear what he was trying to tell the audience.
   A. exclusive　B. explicit　C. objective　D. obscure
8. His temper and personality show that he can become a soldier of the top rank.
   A. circle　B. level　C. category　D. range
9. We should always bear in mind that hurried decisions often result in serious consequences.
   A. urgent　B. instant　C. prompt　D. hasty
10. Personal computers are no longer something beyond the ordinary people; they are easily available these days.
    A. promptly　B. instantly　C. readily　D. quickly
11. By the late seventies, the amount of fixed assets required to produce one vehicle in Japan was approximately equivalent to that in the United States.
    A. conspicuously　B. roughly　C. readily　D. coarsely
12. You shouldn't have written in the empty space since the book belongs to the library.
    A. interval　B. border　C. margin　D. edge

答案与译文

1. [A] 这个男孩刚有能力养活自己就抗拒父母的严格管束。
2. [A] 他们要求赔偿损失的请求还未得到有力驳斥。
3. [D] 很多人在经济萧条时期失去了工作。
4. [A] 小女孩对宠物狗的死深感悲痛，因为她对它的感情真挚、深沉。
5. [B] 很少有人能听懂他的演讲，因为主题过于晦涩。
6. [D] 不幸的是，我一定动了相机，因为照片很模糊。
7. [B] (看到自己)造成了如此多的困惑，梅森意识到最好把自己的意思直截了当地告诉听众。
8. [B] 他的脾气和个性说明他能够成为顶尖的士兵。
9. [D] 我们应该时刻记住：仓促的决定会带来严重的后果。
10. [C] 对普通人来说，个人电脑不再遥不可及；如今，个人电脑很容易获得。
11. [B] 到70年代末，在日本生产一辆车所需的固定资产的数目和在美国的大致相等。
12. [C] 你不该在书页边缘的空白处乱写乱画，因为这本书是图书馆的。

Lesson 20

词根词缀表

feder 联盟	federation *n.* 联邦	spond, spons 约定	correspond *vi.* 相符合
-ion 表行为/过程/状态	function *n.* 功能	inter 相互	interact *vi.* 相互作用
manu, man 手	manipulate *vt.* 操纵	cite 呼叫	excitement *n.* 激动
mob 移动	mobile *a.* 运动的	claim, clam 呼喊	exclaim *v.* 呼喊
fer 搬运	reference *n.* 参考	ori 升起;开始	orientation *n.* 方向
cord 心	accord *n.* 一致		

administer /əd'mɪnɪstə/

【助记】ad(to)+minister(部长)→当部长→掌管

vt. ①掌管 It takes brains to ***administer*** a large corporation. 管理大公司要有头脑。// ***administer*** a trust fund 掌管信托基金

②实施，执行 the courts ***administering*** justice 主持正义的法庭 // The test was ***administered*** fairly and impartially. 考试举办得公平、公正。

③给予，用(药) The doctor ***administered*** some medicines to his patient. 医生给他的病人开了一些药。

【辨析】表示"管理"的动词

administer：指官方地或正式地对事务进行管理

manage：强调对具体事务机构进行管理

supervise：侧重指运用本身或被授予的权力来管理、检查工作，含监督意味

administration /əd,mɪnɪ'streɪʃən/

n. ①管理 The ***administration*** of a big business requires skill in dealing with people. 管理一个大企业需要与人相处的技巧。

②行政机关 Obama ***Administration*** 奥巴马政府

③执行 the ***administration*** of justice 司法，执法

派 **administrative** ***a.*** 管理的；政府的；执行的 // **administrator** ***n.*** 管理者；行政人员

management /'mænɪdʒmənt/

n. ①管理 He began to take over the ***management*** of the estate. 他开始接手管理那宗物业。

②管理部门，管理人员 The union has agreed to hold talks with senior ***management***. 工会同意同高层管理人员谈判。

govern /'gʌvən/

v. ①统治；治理【同 rule】In Great Britain, the sovereign reigns but does not ***govern***. 在英国，君主当朝但不执政。// ***govern*** a country 统治国家

②支配，影响 He is likely to be ***governed*** by the opinions of others. 他容易受别人的意见左右。

mode /məud/

n. 方式 Kangaroos have a peculiar ***mode*** of carrying their young. 袋鼠用奇特的方式装带幼崽。

federal /'fedərəl/

【助记】FBI(Federal Bureau of Investigation)联邦调查局

a. 联邦的，联邦政府的 Switzerland is a ***federal*** republic. 瑞士是个联邦制的共和国。

federation /,fedə'reɪʃən/

n. ①联合会 the International ***Federations*** 国际联合会

②联邦 The United States is a ***federation*** of fifty individual states. 美国是由50个州组成的联邦。

function /'fʌŋkʃən/

n. ①功能，职能 the ***function*** of language 语言的功能

②重大聚会 It's necessary to attend a social ***function***. 出席社交聚会是必须的。

③函数 X is a ***function*** of Y. X是Y的函数。

vi. 运行【同 operate】An old machine won't ***function*** properly if you don't oil it regularly. 旧

机器如果不经常上油是不能正常运转的。

execute /'eksɪkjuːt/

vt. ①处死 McVeigh was *executed* for his crime. 迈克维被处决，他是罪有应得。

②执行【同 carry out】The directors make the decisions, but the managers have to *execute* them. 董事们做出决定，但要由经理们来执行。

搭 execute one's duties/office 尽职

派 **execution** *n.* 执行；死刑 // **executor** *n.* 执行者 // **executioner** *n.* 刽子手

executive /ɪg'zekjutɪv/

n. ①主管，行政官 His nomination as chief *executive* was approved by the board. 他被提名为行政总裁的事被董事会批准了。

②行政部门 The government, the *executive* and the judiciary are supposed to be separate. 政府、行政部门和司法部门应该彼此分离。

a. 行政的 She has been given full *executive* powers in this matter. 她在这方面享有完全的执行权。

preside /prɪ'zaɪd/

【助记】pre(before)+side(坐)→坐在前面→主持

vi. (~*at, over*) 主持，主管【同 chair】Whoever *presides at* the meeting will need patience and tact. 无论谁主持会议，都既要有耐性，又要机敏老练。

manipulate /mə'nɪpjuleɪt/

vt. ①操纵 It was a shameless attempt to *manipulate* public opinion. 操纵舆论是一种无耻的图谋。

②(熟练地)操作 Do you know how to *manipulate* a computer? 你知道怎样操作计算机吗？

派 **manipulation** *n.* 操纵；操作；推拿

supervise /'suːpəvaɪz/

【助记】super(above)+vise(看)→在上面看着→监督

vt. 监督，管理 She *supervises* the whole department. 她管理整个部门。

派 **supervision** *n.* 监督，管理；指导 // **supervisor** *n.* 监督人，管理员；指导者

mobile /'məubaɪl/

【助记】中国移动 China Mobile

a. ①运动的；机动的 John converted the truck into a *mobile* library. 约翰将卡车改装成了一个流动图书馆。

②多变的 He has the *mobile* face of an actor. 他有一张演员一样的表情多变的脸。

n. 移动电话 Give me a call on my *mobile*. Have you got my *mobile* number? 给我电话吧。你有我的手机号码吗？

派 **mobility** *n.* 可动性，机动性

mobilize/-ise /'məubɪlaɪz/

【助记】mobil(可移动的)+ize(动词词尾)→调动

v. ①动员，鼓动 The unions *mobilized* thousands of workers in a protest against the cuts. 各级工会组织了数千名工人抗议削减工资。

②调动，调用 The army was *mobilized* and encircled the airport. 调动了陆军部队包围了机场。

drift /drɪft/

vi. ①漂流 The boat *drifted* down the river. 船顺河漂流而下。

②漂泊 I think I'll *drift* around for a few years, then maybe try to find a job. 我想我会先漂泊几年，之后没准找个工作。

n. ①漂流物，吹积物 The road is blocked with massive *drifts* of snow. 风吹成的大堆积雪把路给堵死了。

②大意，主旨 I couldn't hear you clearly, but I did catch the *drift* of what you said. 你说的话我听不清楚，但能听明白大意。

③趋势 A *drift* towards anarchy must be prevented at all costs. 无论花什么代价都要制止住朝无政府状态发展的趋势。

搭 drift along 随波逐流；混日子 // drift apart(两者)漂移；疏远 // drift away (人)渐渐离开；(烟雾等)慢慢散去 // catch/get/see the drift of... 理解……的含义，明白……的要旨

wander /'wɒndə/

vi. ①漫游，闲逛 She *wandered* aimlessly around the streets. 她在大街上漫无目的地到处游荡。

②偏离正道 Please don't *wander* off the point. 请不要离题。

③走神 I found my attention *wandering*. 我发觉自己的注意力集中不起来。

handy /ˈhændɪ/

a. ①方便的 This manual of college English vocabulary is a ***handy*** reference book. 这本大学英语词汇手册是一本使用简易方便的参考书。

②手边的，近旁的 Keep a dictionary ***handy*** while study. 学习的时候手边应备有一本字典。// ***handy*** shops 就近的商店

③(~***with***)手巧的 The girl is ***handy with*** needle and thread. 那女孩巧于针线活儿。

搭 come in handy 迟早有用，早晚会用得上

convenience /kənˈviːnɪəns/

n. ①方便 Would it be possible for you to drop by at your ***convenience***? 方便的话能否顺便来拜访一下？

②便利设施 modern ***conveniences*** 现代化的便利设施

搭 as a matter of convenience 为了方便 // at one's (own) convenience 在方便时 // for the sake of convenience 为了方便起见 // for the convenience of 为……方便起见

派 **inconvenience** *n./v.* (给……带来)不便，打扰

conference /ˈkɒnfərəns/

n. ①会议 Many international ***conferences*** are held in Geneva. 许多国际会议在日内瓦举行。

②商谈 have a ***conference*** with 和……商议

搭 be in conference 正在开会讨论

reference /ˈrefərəns/

【助记】re(back)+fer(搬运)+ence→把资料搬回使用→参考

n. ①提到 He made many ***references*** to his father in his conversation. 他在谈话中多次提及他的父亲。

②参考；参考书目 We are now forwarding you a catalog for your ***reference***. 现寄去我方产品目录以供参考。

③证明书(或人)，推荐信(或人) We will need to have ***references*** from your former teachers. 我们需要你以前的老师的介绍信。

搭 with reference to 关于，就……而论 ***With reference to*** your recent advertisement I am writing to request further details. 关于贵方最近的广告，现特函查询详情。

infer /ɪnˈfɜː/

vt. 推断 I ***infer*** from your letter you have not made up your mind yet. 我从你信中推测，你还没有下定决心。

inference /ˈɪnfərəns/

n. 推断结果；推论 From her reply King Solomon drew the ***inference*** that she was the real mother of the baby. 从她的回答，所罗门王推断出她就是婴儿的亲生母亲。

搭 draw/make an inference from... 由……而推断出 // arrive at an inference 得出推论

preference /ˈprefərəns/

【助记】prefer(更喜欢)+ence→偏爱

n. ①偏爱【同 liking, fondness】In computer games, I have a ***preference*** for *The Age of the Empire*. 在电子游戏中，我偏爱《帝国时代》。

②偏爱的事物(或人) What are your musical ***preferences***? 你喜爱什么音乐？

preferable /ˈprefərəbl/

a. 更可取的，更好的 Cold food would be ***preferable*** in this heat. 在这样的热天吃冷食更好。

favo(u)rable /ˈfeɪvərəbl/

a. ①称赞的 The film received ***favorable*** reviews. 这部影片得到了好评。

②有利的 ***favorable*** weather for working outside 有利于室外工作的天气

hono(u)r /ˈɒnə/

n. ①名誉；尊敬；荣幸 It's a great ***honor*** to meet you. 见到你真是很荣幸。

②[*pl.*]优异成绩 pass with ***honors*** in mathematics 数学考试成绩优异

vt. ①给……以荣誉 Will you ***honor*** me with a visit? 可否请您光临？

②尊敬 He was ***honored*** for his courage in battle. 他因在战斗中的英勇表现而受到尊敬。

搭 do the hono(u)rs 尽地主之谊 // on/upon one's hono(u)r 以名誉担保 // in hono(u)r of 为了向……表示敬意，为纪念

hono(u)rable /ˈɒnərəbl/

a. 光荣的，可敬的 It's not ***honorable*** to deceive them. 欺骗他们是不光彩的。// Will the ***honorable*** member please answer the question? 请尊敬的议员先生回答这个问题好吗？

搭 lead an honorable life 过着体面的生活 // honorable service to one's nation 为祖国增光的贡献

派 **dishonorable** *a.* 不光彩的，可耻的 // **dishonor** *n./v.* (使)丢脸

decent /ˈdiːsənt/

a. ①体面的 Most university graduates consider white-collared positions as ***decent*** jobs. 绝大多数大学毕业生都认为白领是体面的工作。

②宽厚的 a ***decent*** old man 一位宽厚的老人

③得体的 ***decent*** language and behavior 得体的谈吐和行为

appropriate /əˈprəupriɪt/ *a.* /əˈprəuprieɪt/ *vt.*

【助记】ap(to)+propri(适当的)+ate→适当的

a. 适当的【同 suitable】Casual dresses are not ***appropriate*** for a formal ball. 便装不适合在正式的舞会上穿。

vt. ①私占，侵吞，挪用 The minister was found to have ***appropriated*** government money. 部长被查出挪用了公款。

②拨出(款项等)供专用 The government has ***appropriated*** some funds for education. 政府拨出了一些款项用作教育基金。

gracious /ˈgreɪʃəs/

a. ①和蔼的 The queen always appears in the public with a ***gracious*** smile. 女王在公共场合出现时总是面带和蔼的笑容。

②优美的，雍容华贵的 ***gracious*** living 安逸的生活

int. 天哪！My ***Gracious***! 天哪！

positive /ˈpɒzətɪv/

a. ①确实的【同 definite】***positive*** proof 确凿的证据

②积极的 He has a ***positive*** attitude towards life. 他对生活持积极的态度。

③正的 The ***positive*** sign is +. 正数的符号是+。

搭 be positive about/of... 确信，确知 // positive fact/answer/help 无疑的事实/肯定的答复/积极的援助

雅思真题 For example, a very close ***positive*** relationship was found when children's IQ scores were compared with their home educational provision. 比如，当把儿童的智商分数与家庭教育情况进行比较时，人们发现这两者存在一种很密切的正相关关系。

negative /ˈnegətɪv/

【助记】neg(否定)+ative→否定的

a. ①否定的 a ***negative*** vote 反对票 // They received a ***negative*** reply. 他们得到一个否定的答复。

②消极的 Her ***negative*** attitude really annoys me. 她的消极态度令我十分恼火。

③负的 the ***negative*** sign 负号

n. ①底片 The travelers were very unhappy because they couldn't find the ***negatives*** to their favorite photos. 这些旅客很不高兴，因为找不到他们心爱的照片底片。

②负数 Two ***negatives*** make a positive. 负负得正。

correlate /ˈkɒrɪleɪt/

【助记】cor(共同)+relate(有关)→相关

v. (~*to, with*)相关，关联 We should ***correlate*** theory ***with*** practice. 我们必须把理论与实践联系起来。

expectation /ˌekspekˈteɪʃən/

【助记】ex(out)+pect(看)+ation→向外看→期待

n. ①期待，预期 Many things in our life are beyond our ***expectation***. 我们生活中很多事情都是意想不到的。

②[*pl.*]前程 a young man with great ***expectations*** 有远大前程的年轻人

派 **expectancy** *n.* 预料，期待

雅思真题 In his book *Lost City of the Incas*, he relates that he made the ascent without having the least ***expectation*** that he would find anything at the top. 在《印加失落的城市》一书中他提到，爬山时，他完全没期望能在山上发现什么。

unexpected /ˌʌnɪksˈpektɪd/

a. 想不到的，意外的 Her angry outburst was totally ***unexpected***. 她的勃然大怒完全出人意料。

fantasy /ˈfæntəsɪ/

n. ①想象，幻想 Stop looking for a perfect job—it's just a ***fantasy***. 别想找到十全十美的工作了——那简直是幻想。

②想象的产物 Most of the fairy tales are

fantasies. 大部分的神话故事都是想象的产物。

fantastic /fæn'tæstɪk/

a. ①极好的 My mum is sixty this year, but she still looks *fantastic*. 我妈妈今年60岁了，但她的气色好极了。

②难以相信的 What a *fantastic* story! 这件事真令人难以相信！

③异想天开的 Your proposals are utterly *fantastic*; we couldn't possibly afford them. 你的那些建议太不切实际了，我们实在无法接受。

④奇异的，古怪的 *fantastic* dreams 怪异的梦

fashion /'fæʃən/

【助记】fashion show(时装秀)

n. ①方式 behave in a strange *fashion* 表现不正常

②流行款式 Long skirts have come into *fashion* again. Faded jeans are still in *fashion*, too. 长裙子又流行起来。泛白的牛仔裤也还很流行。

派 **old-fashioned** *a.* 过时的；守旧的

fashionable /'fæʃənəbl/

a. 流行的 What color is *fashionable* now? 现在流行什么颜色？

style /staɪl/

n. ①风格，文体 literary *style* 文学体裁 // *styles* of architecture 建筑风格

②式样 a hair *style* 发式

③流行式样 Paris always sets the latest *style* of dress for the world. 巴黎总是开世界服装流行样式的新风。

vt. 设计 to *style* an evening dress 设计出一套晚礼服

搭 come into style 变得时髦，流行起来 // in the style of... 仿……式

派 **lifestyle** *n.* 生活方式

genre /'ʒɒnrə/

n. (文艺作品的)类型，流派 My favorite music *genre* is blues. 我最喜欢的音乐种类是蓝调。// Leo's movies are outstanding examples of the *genre*. 利奥的电影是这种风格的杰出代表。

current /'kʌrənt/

【助记】curr(流)+ent→正流行的→潮流

a. ①当前的【同 present】*current* news 时事

②流行的【同 prevalent】Every language has words that are no longer *current*. 每种语言都有现已不通用的词汇。

n. ①潮流 Newspapers influence the *current* of thought. 报纸影响思想潮流。

②电流；水流；气流 an alternating/a direct *current* 交流电/直流电

③趋势 go with/against the *current* of the times 顺应/违反时势

搭 go/swim with the current 随波逐流

派 **currently** *ad.* 现在，目前

concurrent /kən'kʌrənt/

a. ①同时发生的 Galerie St. Etienne is holding three *concurrent* exhibitions. 圣艾蒂安美术馆同时举办3场展览。

②同意的 My opinions are *concurrent* with yours. 我同意你的观点。

accord /ə'kɔːd/

【助记】ac(to)+cord(心)→使双方都称心→一致

n. ①一致 Their views were found to be in perfect *accord*. 人们发现他们的意见是完全一致的。

②协议 The two countries reached an *accord*. 两国签订了一项协议。

vi. (~*with*)相符合，相一致 His opinion *accorded with* mine. 他的意见与我的一致。

vt. 授予，给予 We *accord* great importance to education. 我们对教育给予高度重视。

搭 of one's own accord 出于自愿 // with one accord 一致地 // in accord with 与……一致 The two sides are completely *in accord with* each other on this matter. 双方在这个问题上意见完全一致。

accordance /ə'kɔːdəns/

n. 一致 The skill of commercial negotiations is not always in *accordance* with textbooks. 商务谈判的技巧不总是和教科书上的一样。

搭 in accordance with 与……一致

unify /'juːnɪfaɪ/

【助记】uni(one)+fy(使)→统一

vt. 统一；使一致 Abraham Lincoln was honored mostly in the U.S. because he *unified* the country. 美国人敬重林肯，主要是因为他统一了美国。// His music *unifies* traditional and modern themes. 他的音乐结合了古典和现代主题。

union /juːnjən/

n. ①工会，联盟 The labor *union* struck for higher wages. 工会为争取更高薪酬而罢工。// the European *Union* 欧盟

②结合，联合 The artist's work shows the perfect *union* of craftsmanship and imagination. 这位艺术家的作品体现出技艺和想象力的完美结合。

③团结，融洽 All the nationalities live together in perfect *union*. 各族人民非常和睦地生活在一起。

unity /ˈjuːnɪtɪ/

n. ①团结，统一 The party is calling for greater political and economic *unity* in Europe. 该党呼吁欧洲在政治和经济上进一步统一。// European *unity* 欧洲的统一

②和睦，协调 The design lacks *unity*. 这个设计整体不够协调。

comply /kəmˈplaɪ/

vi. (~*with*)遵从 All the citizens must *comply with* the law. 所有公民都必须遵守法律。

派 **compliant** *a.* 顺从的，服从的 // **compliance** *n.* 遵从，依照

> 【辨析】表示"遵守"的动词
>
> comply：常常与 with 连用，顺从别人与遵守规矩的意味更强烈
>
> obey：常用词，服从别人的权威或命令

correspond /ˌkɒrɪˈspɒnd/

【助记】cor(共同)+respond(反应)→作出相同的反应→相符合

vi. ①(~*with*)相符合 Your account of events does not *correspond with* hers. 你对事情的陈述与她说的不符。

②(~*to*)相当，相类似 The American Congress *corresponds to* the British Parliament. 美国国会相当于英国议会。

③通信 They began to *correspond* frequently. 他们开始频繁通信。// I've been *corresponding* with several experts in the field. 我一直在与该领域的几位专家保持通信往来。

correspondence /ˌkɒrɪˈspɒndəns/

n. ①信件【同 letters】The book was compiled from the *correspondence* between Xu Zhimo and Lu Xiaoman. 这本书是由徐志摩和陆小曼的书信汇编而成的。

②通信 be in *correspondence* with sb. 和某人有通信联系

③符合，相似 There is a close *correspondence* between the two texts. 这两篇文章极其相似。

corresponding /ˌkɒrɪˈspɒndɪŋ/

a. ①相应的 All rights carry with them *corresponding* responsibilities. 所有的权利都带有相应的义务。

②一致的，对等的 *corresponding* fingerprints 指纹一致

interact /ˌɪntərˈækt/

【助记】inter(between)+act(作用)→相互作用

vi. ①相互作用，相互影响 All things are interrelated and *interacted* on each other. 所有的事物都是相互联系相互作用的。

②交流，交往 Harry Potter *interacts* well with other children in the class. 哈利·波特和班里的其他孩子相处得很好。

派 **interactive** *a.* 互相影响的；交互式的 // **interaction** *n.* 相互作用

interfere /ˌɪntəˈfɪə/

【助记】inter(between)+fere(打)→"干涉"导致相互打斗

vi. ①(~*in*)干涉，介入 Don't *interfere in* my business. 请不要干涉我的事。

②(~*with*)妨碍，干扰 Anxiety can *interfere with* children's performance at school. 忧虑会影响孩子在学校的表现。

interference /ˌɪntəˈfɪərəns/

n. ①干涉 They resent foreign *interference* in the internal affairs of their country. 他们憎恶别国对他们国家内政进行干涉。

②干扰 We met *interference* from foreign broadcasting stations. 我们遭到外来广播电台的干扰。

bother /ˈbɒðə/

v. ①打扰，烦扰 Danny, stop *bothering* me while I'm trying to work! 丹尼，我要工作的时候别再打扰我！

②使担心，使苦恼 Being in a crowd really *bothers* me. 挤在人群里真让我苦恼。

③费心，尽力 You'd have found it if you'd *bothered* to look/looking. 如果你去找的话，你早就找到了。

n. 烦恼，麻烦 It's an old car but it's never caused me any *bother*. 那是辆旧车，但从来没有给我带来任何麻烦。

搭 bother sb. with sth. 拿某事去麻烦、打扰某人 // bother with/about (doing) sth. 或 bother doing/to do sth. 为(做)某事而操心，费心(做)某事

offend /ə'fend/

v. ①冒犯，伤害……的感情 Don't be *offended*. I am just fooling around. 别恼火，我只是在开玩笑。

②使厌恶，使不舒服 Some music *offends* rather than pleases the ear. 有些音乐不是悦耳，而是刺耳。

③(~*against*) 违反，违背 These comments *offend against* people's religious beliefs. 这些评论有悖于人们的宗教信仰。

派 **offender** *n.* 冒犯者，犯罪者

offense/offence /ə'fens/

n. ①违法行为，罪行，违例 a serious/minor/parking *offense* 重罪/轻罪/违章停车

②冒犯，伤害 I didn't mean (to cause/give) any *offence*—I was just stating my opinion. 我不想冒犯任何人——我只是在陈述自己的意见。

搭 no offense [口]请别见怪，没有冒犯之意 // take offense 生气，觉得受了冒犯 Do you think she *took offense* at what I said about her hair? 你觉得我对她头发的评论得罪她了吗？

offensive /ə'fensɪv/

a. ①冒犯的 *offensive* manner 无礼的态度

②攻击性的 Don't glare at wild animals' eyes. That will be taken as an *offensive* gesture. 别盯着野生动物的眼睛看，那会被视作攻击性的姿态。

n. 进攻【反 defense】 take the *offensive* 采取攻势；发动攻势

rage /reɪdʒ/

n. ①狂怒 Don't turn your *rage* on others. 不要把你的怒气发泄在别人身上。

②[*the*~]风靡一时的事物【同 craze】 Long hair is all *the rage* now. 现今时兴长发。

vi. ①(风)狂吹 The storm *raged* all day. 暴风雨整日肆虐不止。

②发怒 You are not yourself when you *rage* like that. 你那样大发雷霆有点失常。

搭 in a rage 怒气之下，十分生气

outrage /'aʊtreɪdʒ/

【助记】out(beyond)+rage(愤怒)→过分愤怒→义愤

n. ①义愤，愤慨 When he heard the news he reacted with a sense of *outrage*. 他得悉此事时义愤填膺。

②暴行 These terrorist attacks are an *outrage* against society. 恐怖分子的这类袭击是一种反社会的暴行。

vt. 激怒 The public were *outraged* by the decision. 公众对这一决定非常愤怒。

派 **outrageous** *a.* 激起义愤的；骇人听闻的

indignant /ɪn'dɪgnənt/

a. 愤怒的【同 angry, annoyed】 The *indignant* customer complained to the manager. 那个愤怒的顾客向经理投诉。

搭 be indignant at/over/about sth. 对某事感到愤慨 // be indignant with... 对……表示愤愤不平

派 **indignation** *n.* 愤怒

insult /ɪn'sʌlt/ *vt.* /'ɪnsʌlt/ *n.*

vt. 侮辱 You *insult* a person by calling him an idiot. 称一个人为白痴是对他的一种侮辱。

n. 侮辱 Carol will take it as an *insult* if you don't come to the party. 你要是不来参加聚会，卡罗尔会认为是对她的不敬。

搭 add insult to injury 雪上加霜，更糟的是 // pocket/swallow an insult 忍受侮辱，忍辱含垢

派 **insulting** *a.* 侮辱的；伤害人的

react /rɪ'ækt/

【助记】re(back)+act(起作用)→反应

vi. ①(~*to*) 反应，作出反应 Local residents have *reacted* angrily *to* the news. 当地居民对这一消息表示愤怒。

②(~*against*) 反对 Feminists *reacted against* the limitations of women's traditional roles. 女权主义者反抗妇女传统角色的局限。

③(~*with*) 起化学反应 Acids *react with* bases

to form salts. 酸与碱反应生成盐。

④(~on, upon) 影响 **react on** each other 相互起作用

派 **reactor** *n.* 反应器;反应物 // **reaction** *n.* 反应,反作用

humiliate /hjuː'mɪlieɪt/

【助记】humili(卑下的)+ate(使)→使蒙羞

vt. 使蒙羞 He felt ***humiliated*** by her scornful remarks. 她那些嘲讽的话使他感到屈辱。

派 **humiliating** *a.* 使蒙受耻辱的 // **humiliation** *n.* 丢脸;蒙羞

abuse /ə'bjuːz/ *vt.* /ə'bjuːs/ *n.*

【助记】ab(away)+use(使用)→滥用

vt. ①滥用 Some officials ***abuse*** their power and treat people with contempt. 一些官员滥用权力,盛气凌人地对待人民。

②虐待 People who were ***abused*** as children often turn into child-abusers themselves. 孩提时代遭受虐待的人往往会变成虐待儿童者。

③辱骂【同 insult】She ***abused*** him for his neglect. 她痛骂他的疏忽。

n. ①滥用 drug ***abuse*** 药品滥用

②虐待;辱骂 child ***abuse*** 虐待儿童

humanity /hjuː'mænɪtɪ/

n. ①人类 The invention of paper is a great contribution to ***humanity***. 纸的发明对于人类是一个巨大贡献。

②人性 ***Humanity*** is a mixture of good and bad qualities. 人性是善与恶的混合体。

③人道 They treated the prisoners with ***humanity***. 他们人道地对待俘虏。

④[*pl.*] 人文学科 There are eight departments in the ***humanities***. 人文学科共有八个系。

派 **humanistic** *a.* 人文主义的

hospitality /ˌhɒspɪ'tælɪtɪ/

n. 好客 Chinese people are famous for their ***hospitality***. 中国人以热情好客著称于世。

派 **hospitable** *a.* 好客的,殷勤的

excitement /ɪk'saɪtmənt/

【助记】ex(out)+cite(叫喊)+ment→"激动"得喊出来

n. ①激动 As the end of the game grew nearer, the crowd's ***excitement*** increased. 随着比赛接近尾声,观众越来越激动。

②令人兴奋的事 The visiting circus was an ***excitement*** to every child in town. 马戏团的到来使镇上每个孩子都感到兴奋。

派 **excited** *a.* 激动的 // **excitable** *a.* 易激动的

enthusiastic /ɪnˌθjuːzɪ'æstɪk/

a. 满腔热情的,极感兴趣的 The retired workers are very ***enthusiastic*** about community affairs. 退休工人对社区工作非常热心。

搭 be enthusiastic for/about/over sth. 对某事热心

派 **enthusiast** *n.* 热心者

enthusiasm /ɪn'θjuːzɪæzəm/

n. ①热情 She shows boundless ***enthusiasm*** for the work. 她对工作表现出无限的热情。

②巨大兴趣,热衷的事物 Hunting is his latest ***enthusiasm***. 他最近热衷于打猎。

thrill /θrɪl/

n. ①兴奋 It gave me a ***thrill*** to know I had passed the examination. 我得知考试及格后很兴奋。

②引起激动的事物 Meeting the President was a great ***thrill***. 会见总统是一件令人兴奋不已的事情。

v. (使)非常兴奋 We ***thrilled*** at the good news. 听到那个好消息我们感到很兴奋。// We're immensely ***thrilled*** to learn of your success. 听说你获得成功,我们真是兴奋极了。

搭 give sb. a thrill 使人为之一振 // a thrill of joy/horror 一阵喜悦/恐怖 // thrill with joy 为喜悦所激动

雅思真题 The remains of 62 individuals have been uncovered so far, and archaeologists were also ***thrilled*** to find six complete Lapita pots. 目前已有62人的遗骸被发掘出来,而且考古学家还兴奋地发现了六个完整的拉皮塔罐子。

exclaim /ɪk'skleɪm/

【助记】ex(out)+claim(喊)→呼喊

v. 呼喊,惊叫 The little girl ***exclaimed*** in delight when she saw the presents. 小女孩一见到礼物就高兴得叫了起来。// He ***exclaimed*** that he was hungry. 他叫喊说他饿了。

搭 exclaim in/with delight 欢呼 // exclaim against 指责 // exclaim at/on/upon 抗议 // exclaim over 感叹

派 **exclamation** *n.* 呼喊;惊叹,感叹词

> **【辨析】表示"叫"的动词**
> exclaim:指由于惊讶、愤怒或兴奋等而高声"叫喊",常与说话者所说的话连用
> scream:指"尖叫",是近乎歇斯底里地突然叫喊
> shout:指"高声叫喊",强调声音大,是予以警告、注意或表达愤怒地"叫喊"

substance /ˈsʌbstəns/

【助记】sub(under)+stan(站)+ce→立于表象之下的东西→实质

n. ①物质 Celery contains a valuable chemical *substance* that helps lower blood pressure. 芹菜里含有一种宝贵的能帮助降低血压的化学物质。

②实质,重要性【同 significance】There is no *substance* in your argument. 你的争论没有实质性内容。

③大意,主旨 the *substance* of a speech 讲话的要旨

④根据 The commission's report gives *substance* to these allegations. 委员会的报告为这些说法提供了事实根据。

substantial /səbˈstænʃəl/

a. ①大量的 We will place an order with *substantial* amount on this item. 我方将下订单大量订购这项产品。

②牢固的 The house is *substantial* to last a hundred years. 这幢房子非常坚实,足够使用一百年。

③实质的 *substantial* modification 实质性修改

> **雅思真题** The number of cars on European Union (EU) roads saw an increase of three million cars each year from 1990 to 2010, and in the next decade the EU will see a further *substantial* increase in its fleet. 1990 年到 2010 年,欧盟的汽车数量每年增加 300 万辆,并且在接下来十年中欧盟的汽车数量将进一步大幅增长。

aggressive /əˈgresɪv/

a. ①侵略的,挑衅的 *Aggressive* nations threaten world peace. 侵略成性的国家威胁世界和平。

②有进取心的 A successful businessman has to be *aggressive*. 成功的企业家必须有一股冲劲。

派 **aggression** *n.* 侵略,侵犯 // **aggressor** *n.* 侵略者

ambition /æmˈbɪʃən/

n. ①抱负 A good soldier should have the *ambition* to become a general. 一个好的士兵应有想当将军的抱负。

②企望得到的东西,追求的目标 My *ambition* is to become a pilot. 我的志向是当一名飞行员。

ambitious /æmˈbɪʃəs/

a. ①有抱负的;有野心的【同 aspiring】He was very *ambitious* to become a famous painter like Da Vinci. 他一心想成为像达·芬奇那样有名的画家。

②(计划、想法等)需要极大努力和才干的 This is the most *ambitious* engineering projects of modern times. 这是当代最宏伟的工程之一。

orient /ˈɔːrɪənt/

【助记】ori(升起)+ent→太阳升起的地方→东方

vt. ①使适应 It took quite a long time for a freshman to *orient* himself. 大学新生要经过好长一段时间才能适应新环境。

②(~*to, toward*)使朝向,以……为方向(目标) The building is *oriented* south and north. 这座楼房坐北朝南。// an English language course *oriented towards* the needs of business 为适应商务人士需要而开设的英语课程

n. [*the O-*] 东方 They love paintings from *the Orient*. 他们喜欢来自东方的绘画。

oriental /ˌɔːrɪˈentl/

a. 东方的,东方文化的 China is an *oriental* country with a long history. 中国是一个有着悠久历史的东方国家。

orientation /ˌɔːrɪenˈteɪʃən/

n. ①方向 The winding trail caused the hikers to lose their *orientation*. 弯弯曲曲的小径使徒步旅行者迷失了方向。

②熟悉情况,适应 This is the *orientation* week for all the freshmen. 本周是专门让大一新生熟悉情况的。

同义替换练习

1. The members of Parliament were indignant that the government had not consulted them.
A. impatient B. tolerant C. crude D. angry

2. I was deeply impressed by the hostess' friendliness and enjoyed the dinner party very much.
A. hostility B. indignation C. hospitality D. humanity

3. In Africa, educational costs are very low for those who are lucky enough to get into universities.
A. ambitious B. fortunate C. aggressive D. substantial

4. My sister is quite ambitious and plans to get an M.A. degree within one year.
A. positive B. enthusiastic C. aspiring D. considerate

5. Their diplomatic principles completely laid bare their strong desire for world conquest.
A. admiration B. ambition C. administration D. orientation

6. As the manager was away on a business trip, I was asked to preside over the weekly staff meeting.
A. execute B. introduce C. chair D. dominate

7. He never arrives on time and my assumption is that he feels the meetings are useless.
A. preference B. conference C. inference D. reference

8. Christmas is a Christian holy day usually celebrated on December 25th in memory of the birth of Jesus Christ.
A. in accordance with B. in terms of
C. in favour of D. in honour of

9. Every culture has developed its fondness for certain kinds of food and drink.
A. preference B. expectation C. fantasy D. fashion

10. Psychologists have done extensive studies on how well patients follow doctors' orders.
A. comply with B. correspond to C. interfere in D. interact with

11. I'm very sorry to have bothered you with so many questions on such an occasion.
A. interfered B. offended C. impressed D. disturbed

答案与译文

1. **[D]** 政府不和议员们协商，这使得他们很愤怒。
2. **[C]** 女主人的热情好客给我留下了深刻的印象，我在晚宴上玩得很开心。
3. **[B]** 在非洲，对于那些可以进入大学的幸运儿来说，教育的花费十分低。
4. **[C]** 我姐姐很有抱负，计划在一年内拿到硕士学位。
5. **[B]** 他们的外交方针充分暴露了他们征服世界的野心。
6. **[C]** 因为经理出差了，上司让我主持一周一次的员工会议。
7. **[C]** 他从来不按时到达，因此我推断他认为这些会议毫无用处。
8. **[D]** 每年的12月25日，是基督教徒纪念耶稣诞生的日子，称为圣诞节；该节是基督教徒的神圣日子。
9. **[A]** 每种文化都有自己偏爱的饮食。
10. **[A]** 心理学家已经广泛地研究了病人遵从医嘱的情况。
11. **[D]** 在这个时候问这么多问题来打扰你，实在不好意思。

Lesson 21

词根词缀表

lig 绑	oblige *vt.* 迫使	nov 新的	innovation *n.* 革新
mor 风俗	morality *n.* 道德	mot 移动	motive *n.* 动机
sist 站立	consist *vi.* 构成	gno(s) 知道	ignorance *n.* 无知
sta 站立	establish *vt.* 建立	spec(t) 看见	suspect *vt.* 怀疑
press 压	impressive *a.* 给人印象深刻的	liter 文字	literally *ad.* 逐字地
out- 向外;超越	outlook *n.* 景色	pass 承受;感觉	compassion *n.* 同情

obligation /ˌɒblɪˈɡeɪʃən/

【助记】ob(to)+lig(绑住)+ation→"义务"把人绑住了

n. 义务，责任 Supporting elderly parents is every adult's ***obligation***. 赡养上年纪的父母是每个成年人的义务。

搭 meet/fulfil an obligation 履行义务 // lay sb. under an obligation 使某人承担义务 // be/lie under an obligation to 对……有义务

oblige /əˈblaɪdʒ/

vt. ①迫使 The prime minister was ***obliged*** to resign from the cabinet. 首相不得不辞去内阁的职务。

②施恩于，帮……的忙 Please ***oblige*** me by closing the door. 劳驾，替我把门关上。

③使感激 I'm ***obliged*** to you for your help. 非常感激你的帮助。

undertake /ˌʌndəˈteɪk/

【助记】under(在……下面)+take(接受)→将责任接受下来→承担

vt. ①承担 Who should ***undertake*** the responsibility for white pollution? 谁该为白色污染负责？

②同意，保证 The firm ***undertook*** to keep price increases to a minimum. 公司承诺价格涨幅保持最低水准。

moral /ˈmɒrəl/

a. 道德(上)的【反 immoral】A post-modernist novelist usually refuses to make any ***moral*** judgments in his work. 后现代主义作家通常拒绝在他的作品中做任何道德评判。

n. ①[*pl.*]道德 Some people have no business ***morals***. 有些人毫无商业道德。

②寓意 What's the ***moral*** of the story? 这个故事的寓意是什么？

morality /məˈrælɪtɪ/

n. 道德；德行；道德观 I wonder if there's any ***morality*** in political affairs. 我怀疑政治事务中是否有道德可言。// a direct crash in ***moralities*** 不同道德体系的直接冲突

雅思真题 Trust in the corporation has been eroded and academics such as Michael Sandel, in his thoughtful and bestselling book *What Money Can't Buy*, are questioning the ***morality*** of capitalism and the market economy. 人们对公司的信任受到了损害，一些学者，例如迈克尔·桑德尔在他那本充满思考的畅销书《钱买不到什么》里质疑资本主义和市场经济的道德准则。

mortal /ˈmɔːtl/

【助记】mort(死)+al→致命的

a. ①终有一死的 It is an indisputable fact that man is ***mortal***. 人(早晚)都会死，这是无可争辩的事实。

②致命的 a ***mortal*** wound 致命伤

③不共戴天的 ***mortal*** enemy 不共戴天的敌人

n. 人 I just assumed you were a mere ***mortal*** like the rest of us. 我想当然地以为你和我们一样是平常人了。

派 **immortal** *a.* 永垂不朽的，流芳百世的

mortality /mɔːˈtælətɪ/

n. ①死亡率，死亡数 Infant ***mortality*** is much higher in the poorest areas of the city. 在这个城市最贫困的地区，婴儿的死亡率要高得多。

②必死性，生死无常 Her death made him more aware of his own *mortality*. 她的去世让他更加意识到自己终有一死。

comprise /kəm'praɪz/

vt. 包含；构成 The United Kingdom *comprises* England, Wales, Scotland and Northern Ireland. 英国由英格兰、威尔士、苏格兰和北爱尔兰构成。// Fifty states *comprise* the United States. 50个州组成美国。

用 该词既可表示"整体包括……部分"，也可以表示"……部分构成整体"，还可用于 be comprised of 的结构表示"整体由……构成"。

compose /kəm'pəʊz/

【助记】com(共同)+pos(放)+e→放到一起→组成

vt. ①组成 Water is *composed* of hydrogen and oxygen. 水是由氢和氧化合而成的。

②创作 *The Blue Danube* was *composed* by the German composer Johann Strauss Junior.《蓝色多瑙河》是由德国作曲家小约翰·施特劳斯创作的。

③使平静 Silence *composes* the nerves. 安静能镇定神经。

搭 be composed of 由……组成

派 **composer** *n.* 作曲家，创作者

consist /kən'sɪst/

【助记】con(一起)+sist(站)→站在一起→构成

vi. ①(~*of*)构成 The American Congress *consists of* the House of Representatives and Senate. 美国国会由众议院与参议院构成。

②(~*in*)在于 Happiness does not *consist in* how many possessions you own. 是否快乐不在于你拥有多少财产。

用 由……构成 { consist of（主动语态）; be composed of（被动语态）}

constitute /'kɒnstɪtjuːt/

【助记】con(一起)+stitute(站立)→站在一块→组成

vt. ①组成 Twelve months *constitute* a year. 十二个月组成一年。

②设立，任命 Governments should be *constituted* by the will of the people. 政府应当按照人民的意志建立。

用 constitute 表示"部分构成整体"，用于主动结构，不用于进行时态。

constituent /kən'stɪtʃʊənt/

n. ①选民 The candidate has the full support of her *constituents*. 该候选人得到本区选民的全力支持。

②成分【同 component】Please explain to me the *constituents* of an atom. 请向我解释一下原子的成分。

a. 组成的 Hydrogen and oxygen are the *constituent* parts of water. 氢和氧是构成水的元素。

basis /'beɪsɪs/

n. 基础 A good scenario is the *basis* of a successful movie. 一个好剧本是一部电影成功的基础。

搭 on the basis of... 以……为根据，在……基础上

用 复数为 bases。

派 **basically** *ad.* 基本上

establish /ɪ'stæblɪʃ/

【助记】e+sta(站立)+bl+ish(使)→建立

vt. ①建立，设立，创办 Diplomatic ties between China and the US were *established* in 1979. 中国和美国在1979年建立了外交关系。// My grandfather *established* the family business. 我祖父创立了这个家族企业。

②确定，证实 It has been firmly *established* that she was not there at the time of the crime. 有确凿的证据证明案发时她不在场。

establishment /ɪ'stæblɪʃmənt/

n. ①建立 The *establishment* of the university took several years. 这所大学的成立花了几年的时间。

②企业 The hotel is a well-run *establishment*. 这家旅馆是一家经营完善的企业。

③当权人物 The *establishment* is trying to hide the truth. 当局想要掩盖真相。

interior /ɪn'tɪərɪə/

【助记】inter(among)+ior(比较级词尾)→内部的

n. ①内部 The *interior* of the church was dark. 教堂的内部很暗。

②[*the*~]内地 travel in *the interior* 在内地旅行

a. 内部的 Nowadays *interior* design is a very promising industry. 室内设计是当今颇具前途的行业。

exterior /ɪk'stɪərɪə/

【助记】exter(out)+ior(比较级词尾)→外部的

n. 外部，外表 Quasimodo has a tough ***exterior***, but he is actually very kind. 加西莫多(小说《巴黎圣母院》中人物)外表凶恶,但心地非常善良。

a. 外部的 ***exterior*** design 外观设计

element /'elɪmənt/

n. ①元素 Both hydrogen and oxygen are ***elements***, but water is not. 氢和氧都是化学元素,但水不是。

②成分，要素 Words are the ***elements*** of a sentence. 词是句子的组成部分。// Is money an ***element*** of happiness? 金钱是幸福的一个要素吗?

③[*pl.*]基础，原理 The ***elements*** of calculus are difficult to grasp. 微积分的基础原理很难掌握。

④[*pl.*]自然力 These trees are exposed to the ***elements***. 这些树经受着风吹雨打。

component /kəm'pəʊnənt/

【助记】com(共同)+pon(放)+ent(表物)→放到一起→成分

n. ①成分 Vitamin C is the major ***component*** of many fruits and vegetables. 维生素C是很多水果和蔬菜中主要的成分。

②部件，元件 A computer consists of thousands of ***components***. 电脑由成千上万个部件组成。

a. 组成的 Can you resolve it into its ***component*** elements? 你能把它分解为组成它的元素吗?

ingredient /ɪn'gri:dɪənt/

n. ①成分 The ***ingredients*** of the canned Natural Coconut Juice are natural mineral water, coconut juice and cane sugar. 罐装天然椰子汁的配料有天然矿泉水、椰子原汁和蔗糖。

②要素 Imagination and hard work are the ***ingredients*** of success. 想象力和勤奋是成功的要素。

> 【辨析】表示"成分"的名词
>
> element:用于物质的、非物质的、有形的或无形的东西,强调整体中某个基本的、不可缺少的组成部分
>
> component:指一个整体中某个部分,这一部分虽关系密切,却是可分割的并独立成体
>
> ingredient:常指构成混合物的"成分、配料"

impress /ɪm'pres/

【助记】im(upon)+press(压)→压在心上→使铭记

vt. ①给……以深刻的印象，使铭记 The scenery of the Lugu Lake is strongly ***impressed*** on my memory. 泸沽湖的景色给我留下了深刻的印象。

②印，压印 The design was ***impressed*** on the cloth. 图案被印在布上。

搭 impress sb. with... 以(因)……给某人留下印象 // be impressed by/with... 对……有深刻印象,钦佩……,为……所感动 // impress sth. on sb. 使某人铭记某事物 // impress... on/in sth. 把……压印在某物上/压入某物

用 impress 常用于被动语态,不用于进行式。

impressive /ɪm'presɪv/

a. 给人印象深刻的 She has an ***impressive*** singing voice. 她的嗓音令人印象深刻。

impression /ɪm'preʃən/

n. ①印象 What were your first ***impressions*** of New York? 你对纽约的最初印象如何?

②印记 An ***impression*** of a heel was left in the mud. 泥地上留下了一个脚后跟的压痕。

搭 make/leave an impression on sb. 给某人留下印象

illusion /ɪ'lu:ʒən/

n. ①幻想 The girl is always under the ***illusion*** that her prince charming will take her away on a white horse one day. 这姑娘成天幻想着有朝一日她的白马王子会将她带走。

②错觉 The mirrors in the room gave an ***illusion*** of greater space. 镜子给人一种房间变大了的错觉。

搭 be under an illusion 错觉，误以为 // have no illusions about... 对……不抱幻想 // give/create an illusion of... 造成……的错觉

派 **disillusion** *v.* 使幻想破灭,使醒悟 // **disillusioned** *a.* 幻想破灭的

illuminate /ɪ'lju:mɪneɪt/

【助记】il(upon)+lumin(光)+ate→光线照在……上→照明

vt. ①照明，照亮 Tian'anmen Square really looks magnificent at night when it is ***illuminated***. 在夜晚灯光的照耀下，天安门广场看起来确实很

壮观。

②阐明 His lecture *illuminated* and explained many scientific phenomena. 他的讲座阐明并解释了许多科学现象。

派 **illuminating** *a.* 富有启发性的 // **illumination** *n.* 照明;阐明;[*pl.*]彩灯

imagination /ˌɪmædʒɪˈneɪʃən/

n. ①想象(力) have a good/poor *imagination* 想象力好/差

②空想,幻觉 Did you hear that noise, or was it my *imagination*? 你听到那个声音了吗,还是我的幻觉?

③想象出来的事物 Someone believes that UFOs are just people's *imagination*. 有人认为不明飞行物只是人们想出来的。

搭 beyond (all) imagination(完全)出乎意料地 // draw on (one's) imagination 杜撰,编造

派 **imaginary** *a.* 想象中的,虚构的

imaginative /ɪˈmædʒɪnətɪv/

a. 富有想象力的 The examiner was looking for *imaginative* answers. 主考人希望找到具有丰富想象力的答卷。

派 **imaginable** *a.* 想象得到的

fancy /ˈfænsɪ/

vt. ①喜欢 He is not at all the kind of man I *fancy*. 他根本不是我所喜欢的人。

②想象 I *fancy* they're getting on well with each other. 我猜想他们相处得不错。

n. ①喜欢 have a *fancy* for travelling 热衷旅行

②想象(力),幻想 Is it fact or *fancy*? 这是事实还是幻想?

a. ①昂贵的 *fancy* prices 昂贵的价格

②别致的,花式的 *fancy* skating 花样滑冰

搭 take a fancy to 喜欢上,爱上 // be full of fancies 异想天开;充满幻想

insight /ˈɪnsaɪt/

【助记】in(into)+sight(见)→能看见人的内心→洞察力

n. 洞察力;深刻见解 Hemingway's novels show deep *insight* into human character. 海明威的小说深刻地洞察了人性。

outlook /ˈautluk/

【助记】out(外面)+look(看)→朝外面看到的景象→景色

n. ①观点 She has an optimistic *outlook* on life. 她具有乐观的人生观。

②展望,前景【同 prospect】The weather *outlook* for the weekend is bad. 本周末天气形势不佳。// a poor *outlook* for the tourist trade 旅游业的暗淡前景

③景色 a pleasant *outlook* 宜人的景色

frame /freɪm/

n. ①框架 a window/picture *frame* 窗框/相框

②体格 a man of gigantic *frame* 身材魁梧的人

vt. ①给……镶框 The picture is *framed* in oak. 这张照片镶在橡木框里。

②陷害 The accused man said he had been *framed*. 被告说他被人陷害了。

③制定 The government is *framing* a new bill to control gambling. 政府正拟定新的法案以控制赌博。

perspective /pəˈspektɪv/

【助记】per(through)+spect(看)+ive→透过……看→视角

n. ①视角 *The Little Prince* was written from a child's *perspective*. 《小王子》是从小孩子的视角写出来的。

②远景 You can get a *perspective* of lakes and hills at this point. 在这个点上你可以看到湖山远景。

③透视图,透视画法 the *perspective* of drawing 绘画中的透视法

> **雅思真题** Boards of companies in all sectors will need to widen their *perspective* to encompass these issues and this may involve a realignment of corporate goals. 各行业部门的公司董事会都需要拓宽视野,全面思考这些问题,这也许会牵扯到企业目标的重新调整。

angle /ˈæŋgl/

n. ①角,角度 acute/right *angles* 锐角/直角

②观点,立场 You can look at the issue from many different *angles*. 你可以从多个不同的角度看这个问题。

vt. ①把……放置成一角度 The stage had been steeply *angled*. 舞台的坡度很陡。

②使(新闻、报道等)带上倾向性 She *angles* her

reports to suit the people she is speaking to. 她带着一定的倾向性作报告以迎合她的听众。

搭 angle for 谋取,猎取

dimension /daɪˈmenʃən/

n. ①方面 The new finds have added another ***dimension*** to man's early story. 这些新发现为人类早期历史又增加了一个方面。

②尺寸,长度 actual ***dimension*** 实际尺寸

③[*pl.*]面积 What are the ***dimensions*** of the laboratory? 这个实验室的面积是多少?

派 **dimensional** ***a.*** 尺寸的;……维的

horizon /həˈraɪzən/

n. ①地平线 I could see a ship on the ***horizon***. 我可以看见一艘轮船出现在地平线上。

②[*pl.*]眼界,见识 Science gives us a new ***horizon***. 科学为我们开拓了新的视野。

搭 on the horizon 即将发生的

horizontal /ˌhɒrɪˈzɒntəl/

a. 地平的,水平的 Time is graphed along the ***horizontal*** axis. 横轴表示的是时间。

practically /ˈpræktɪkəlɪ/

ad. ①几乎 It rained ***practically*** every day. 几乎天天下雨。

②实际上,从实际出发 Joey just doesn't think ***practically***. 乔伊想问题就是不从实际出发。

virtual /ˈvɜːtʃuəl/

a. ①实质上的,事实上的 Our deputy manager is the ***virtual*** head of the business. 我们的副经理是公司的实际负责人。

②虚拟的 an online ***virtual*** library 在线虚拟图书馆

派 **virtually** ***ad.*** 实际上,事实上 // **virtualization** ***n.*** 虚拟化

theory /ˈθɪərɪ/

n. ①理论 in ***theory*** 在理论上

②学说 There're many ***theories*** about the origin of life. 关于生命起源的学说有很多。

③意见 He has a ***theory*** that wearing hats makes man bald. 他认为戴帽子会使人秃顶。

派 **theorize** ***v.*** 理论化

theoretical /θɪəˈretɪkəl/

a. 理论(上)的 This book is too ***theoretical***; I need a practical one. 这本书理论性太强,我需要一本实用的。

formulate /ˈfɔːmjuleɪt/

【助记】form(形式)+ul+ate(使)→使模式初步现形→构想出

vt. ①构想出 The idea of setting up this corporation was ***formulated*** over coffee. 喝咖啡的时候,成立该公司的想法形成了。

②系统地阐述 His ideas are always very carefully ***formulated***. 他总是将想法阐述得非常精确。

派 **formulation** ***n.*** 公式化,模式化

ingenious /ɪnˈdʒiːnɪəs/

a. ①设计独特的 an ***ingenious*** device 精巧的装置

②灵巧的 An ***ingenious*** idea suddenly came upon me. 我突然想到了一个绝妙的主意。

派 **ingenuity** ***n.*** 心灵手巧;独创性

innovation /ˌɪnəˈveɪʃən/

【助记】发音:"以脑为生"→需要创新→创新

n. ①新方法 The ***innovation*** of air travel has made the world seem smaller. 空中飞行似乎使世界变小了。

②革新 We all expect great educational ***innovation***. 我们都期待着教育的重大革新。

派 **innovative** ***a.*** 创新的

motive /ˈməʊtɪv/

【助记】mot(移动)+ive→动机

n. 动机,目的 The police believe the ***motive*** for this murder was jealousy. 警察认为这次谋杀是由忌妒引起的。

motivate /ˈməʊtɪveɪt/

【助记】motiv(动机)+ate(使)→使产生动机→激励

vt. ①激励 What can ***motivate*** a student to seek more knowledge? 什么能促使学生追求更多的知识?

②作为……的动机 Was he ***motivated*** solely by a desire for power? 他仅仅是受权欲的驱动吗?

派 **motivation** ***n.*** 动力;激发因素

雅思真题 Fear, for example, can limit the development of curiosity, which is a strong force in scientific advance, because it ***motivates*** problem-solving behaviour. 比如说，好奇心是科学进步的重要动力，因为它会促进人们解决问题，而害怕则会限制好奇心的发展。

impact /ˈɪmpækt/ *n.* /ɪmˈpækt/ *v.*

n. ①影响 Her speech made a tremendous ***impact*** on everyone. 她的演说对大家震动很大。
②冲击 The bomb exploded on ***impact***. 炸弹在撞击时立即爆炸。

v. ①影响 These costs will ***impact*** on our profitability. 这些费用会影响到我们的利润。// Imports of stainless products continued to ***impact*** profits. 进口的不锈钢产品继续冲击利润。
②冲击，碰撞 The ball ***impacted*** against the bat with a loud noise. 球撞击球棒，发出很大的响声。

搭 the impact on/upon 对……的影响 // impact (on) sth. 对某事物有影响

license/-ence /ˈlaɪsəns/

n. 执照，许可 Drivers who violate traffic regulations will be fined and their ***license*** will be suspended. 违反交通规则的司机会被罚款并扣留驾驶执照。

vt. 给……发许可证 A doctor is ***licensed*** to practice medicine. 医生行医需要获得许可。

certificate /səˈtɪfɪkɪt/

n. 证(明)书 a birth ***certificate*** 出生证 // Show me your health ***certificate***, please. 请给我看看你的健康证明。

diploma /dɪˈpləumə/

n. 毕业证书 He obtained a ***diploma*** in architecture. 他获得了建筑学的学位证书。

tissue /ˈtɪʃuː/

n. ①组织 skin ***tissue*** 皮肤组织
②薄纱，薄纸 He bought a box of ***tissues*** for his cold. 他感冒了，就买了一盒纸巾备用。

complicate /ˈkɒmplɪkeɪt/

【助记】com(共同)+plic(重叠)+ate→变复杂

vt. ①使复杂化 These events will greatly ***complicate*** the situation. 这些事将使局势变得极为复杂。
②使(疾病)恶化 a heart condition ***complicated*** by pneumonia 因肺炎发作而恶化的心脏病

vi. 变复杂 The problems grew, multiplied, and ***complicated*** beyond all reason. 这些问题发展了，增多了，而且复杂化了，简直不可思议。

complicated /ˈkɒmplɪkeɪtɪd/

a. 复杂的 The rules are rather ***complicated*** to follow. 这些条例过于繁杂，不便遵循。

complex /ˈkɒmpleks/

【助记】com(共同)+plex(重叠)→复杂的

a. ①复合的 ***complex*** sentences 复合句
②复杂的 There is a ***complex*** network of roads round the city. 这座城市周围有一个复杂的道路网。

n. ①综合体 They are building a vast new shopping ***complex*** in the town. 他们正在市区新建一处大型综合购物楼群。
②情结，夸大的情绪反应 You'll give Graham a ***complex*** if you keep going on about how fat he is. 如果你老是对格雷厄姆说他有多胖，就会惹得他心绪不宁。// inferiority ***complex*** 自卑情结

派 **complexity** *n.* 复杂性；错综复杂的事物

intricate /ˈɪntrɪkɪt/

a. 错综复杂的 The plot is ***intricate*** and full of interest. 情节曲折有致。

> **【辨析】表示"复杂"的形容词**
>
> complex：指某物由许多部分组成，内在关系或内在结构复杂，需深入研究才能掌握
>
> complicated：语气比 complex 更强，强调复杂得难以解释或理解
>
> intricate：语气最强，指事物各个部分相互缠绕、交错，使人迷惑不解

simplify /ˈsɪmplɪfaɪ/

【助记】simpli(简单)+fy(使)→简化

vt. 简化 ***Simplify*** the story to make it easier to understand. 把故事简化一点，让它更容易理解。

simplicity /sɪmˈplɪsɪtɪ/

n. ①简单 The advantage of the idea was its ***simplicity***. 这个主意的优点就在于它简单明了。
②朴素 a beautiful ***simplicity*** of style 优美而朴素的风格

arbitrary /ˈɑːbɪtrərɪ/

a. ①随意的 My choice was quite ***arbitrary***. 我的选择相当随意。

②专断的 Dictators are ***arbitrary*** rulers. 独裁者即独断专横的统治者。

ambiguous /æmˈbɪɡjuəs/

【助记】ambi(两)+guous→模棱两可的

a. 模棱两可的 Don't try to fool me and give me an ***ambiguous*** answer. 别用模棱两可的答案来骗我。

派 **ambiguity** ***n.*** 模棱两可，含糊

ignorance /ˈɪɡnərəns/

【助记】i(not)+gnor(知道)+ance→无知

n. 无知 There is so much ***ignorance*** about mental illness. 人们对精神疾病很不了解。

搭 be in ignorance of... 对……全然不知

skeptical/sceptical /ˈskeptɪkəl/

a. 表示怀疑的【同 doubtful】Many Americans took ***skeptical*** attitude toward the rationality of American war on Iraq. 许多美国人对美国攻打伊拉克的合理性持怀疑态度。

搭 be skeptical of/about 对……表示怀疑

派 **scepticism** ***n.*** 怀疑态度，怀疑主义

suspect /səˈspekt/ *vt.* /ˈsʌspekt/ *n./a.*

【助记】su(under)+spect(看)→在私底下偷偷地看→怀疑

vt. ①推测 We ***suspect*** they'll be a little late. 我们揣想他们会晚一点来。

②对……表示怀疑 I ***suspect*** his motives. 我怀疑他的动机。

n. 可疑分子 He's a prime ***suspect*** in the murder case. 他是这次谋杀案的主要怀疑对象。

a. 可疑的 His statements are ***suspect***. 他的陈述可疑。

搭 suspect sb. of (doing) sth. 怀疑某人(干了)某事

susceptible /səˈseptɪbl/

【助记】sus(under)+cept(接受)+ible(能……的)→能经受的

a. ①(~***to***)易受影响的；易受伤害的 Some people are ***susceptible to*** advertising. 一些人易受广告的影响。

②易受感动的，感情丰富的 They persuade ***susceptible*** teenagers to part with their money. 他们劝说这些易被感动的年轻人捐出他们的钱。

③(~***of***)能经受……的，容许……的 Is this situation not ***susceptible of*** improvement by legislation? 这种状况有无可能通过立法加以改善?

dubious /ˈdjuːbɪəs/

【助记】du(两，双)+bious→两边倒→犹豫不决的

a. ①疑惑的，犹豫不决的 I'm a bit ***dubious*** about the idea of lending him my car. 我有点拿不定主意是不是该借车给他。

②靠不住的，令人生疑的 This deal sounds highly ***dubious*** to me. 这笔交易在我看来十分靠不住。

interpret /ɪnˈtɜːprɪt/

【助记】inter(between)+pret(传播)→解释

vi. 口译 To ***interpret*** at the UN is a difficult task. 在联合国做口译是件难度很大的差事。

vt. 解释 He ***interpreted*** a difficult passage in a book. 他解释了书中一段难懂的文字。

派 **interpreter** ***n.*** 解释者；口译者

interpretation /ɪnˌtɜːprɪˈteɪʃən/

n. ①诠释；口译 It's difficult to put an accurate ***interpretation*** on the survey results. 要对该研究的结果作出准确的解释很难。

②演绎，表演 Her ***interpretation*** of Juliet was one of the best performances I have ever seen. 她对朱丽叶的演绎是我见到的最出色的表演之一。

搭 be open to interpretation 可有不同的解释

literally /ˈlɪtərəlɪ/

【助记】liter(文字)+ally→逐字地

ad. ①逐字地 translate ***literally*** 逐字翻译，直译

②确实地 There are people in the world who ***literally*** do not know how to boil water. 世界上确实有不知道该怎么烧水的人。

③简直 Mum was ***literally*** blazing with anger. 妈妈简直是火冒三丈。

translation /trænsˈleɪʃən/

n. ①翻译 The ***translation*** of poetry is very difficult. 诗歌很难翻译。

②译文 authorized ***translation*** 认可译本，审定译文

fluent /ˈfluːənt/

a. 流利的 An interpreter must be ***fluent*** in at least two languages. 一名口译人员必须至少能流利地讲两门语言。

派 **fluency** ***n.*** 流利，流畅

eloquent /ˈeləkwənt/

a. ①雄辩的 Martin Luther King's ***eloquent*** speeches have moved men throughout the US. 马丁·路德·金雄辩的演讲感动了全美国的人。

②明白显示出的 The photographs are an ***eloquent*** reminder of the horrors of war. 这些照片形象地提醒人们不要忘记战争的恐怖。

派 **eloquence** ***n.*** 雄辩，口才

articulate /ɑːˈtɪkjʊlɪt/ *a.* /ɑːˈtɪkjʊleɪt/ *vt.*

a. 善于表达的 She's unusually ***articulate*** for a ten-year-old. 对一个10岁的孩子来说，她异乎寻常地能说会道。

vt. 明确有力地表达；清晰地发(音) I was feeling emotions that I found difficult to ***articulate***. 我当时的感情难以表达清楚。

context /ˈkɒntekst/

【助记】con(共同)+text(文本)→共同所处的文本语境→上下文

n. ①背景 We should judge the past in its historical ***context***. 我们应当根据时代背景来看待过去。

②上下文 You can often tell the meaning of a word from its ***context***. 我们往往可以从一个字的上下文知道它的意思。

搭 in/out of context 在上下文中/脱离上下文 // in/outside the context of... 在……情况下/在……情况之外

version /ˈvɜːʃən/

【助记】vers(转)+ion→从原文转化而来→译本

n. ①版本，译本 abridged ***version*** 节(略)本 // original ***version*** 原版

②说法 The two witnesses gave contradictory ***versions*** of what had happened that night. 两位证人对那天晚上发生的事情说法不一。

faithful /ˈfeɪθfəl/

a. ①忠诚的【同 loyal】Maria has remained ***faithful*** to her principles. 玛丽亚一直忠于她的原则。

②尽职的 She has provided the company with many years of ***faithful*** service. 她为公司奉献了多年的尽职尽责的服务。

③如实的 This is a ***faithful*** account of the accident. 这是对该事故的如实报导。

派 **faithfully** ***ad.*** 忠实地；谨启 // **unfaithful** ***a.*** 不忠的；背叛的

loyal /ˈlɔɪəl/

a. 忠诚的【反 disloyal】We should be ***loyal*** to our motherland. 我们应当忠诚于祖国。

> 【辨析】表示"忠实的、忠诚的"的形容词
>
> loyal：指"坚定不移地忠于某人、事业或国家等"，含有"愿为其不顾艰苦而奋斗到底"的意味
>
> faithful：指"一贯忠于誓言、责任和义务等的"

loyalty /ˈlɔɪəltɪ/

n. 忠诚 Every dog has a strong ***loyalty*** to its master. 每条狗都非常忠于它的主人。

obedient /əˈbiːdɪənt/

a. 服从的，顺从的【同 compliant】Do all parents like ***obedient*** and well-behaved children? 所有父母都喜欢顺从和循规蹈矩的孩子吗？

派 **obedience** ***n.*** 服从，顺从

betray /bɪˈtreɪ/

vt. ①背叛 No conscientious man would ***betray*** his country. 没有一个有良知的人会背叛他的祖国。

②失信于 She ***betrayed*** her friends by breaking her promises. 她不遵守自己的诺言，因而失信于她的朋友。

③泄露 The officer ***betrayed*** the secret to his friends. 那位军官向朋友泄露了秘密。

④(非故意地)暴露 The tremor in his voice ***betrayed*** his nervousness. 他颤抖的声音暴露出他很紧张。

搭 betray sb./sth. to... 向……出卖某人/泄露某事 // betray oneself 露出本来面目，原形毕露

contrive /kənˈtraɪv/

vt. ①谋划，策划 The notorious drug-pusher has been ***contriving*** an escape from the prison. 这个臭名昭著的大毒枭一直都在图谋越狱。

②设法做到 Can you ***contrive*** to be at the station by noon? 你能设法在中午前赶到车站吗？

③设计 *contrive* a new kind of engine 设计一种新的发动机

scheme /skiːm/

n. ①计划 form/lay a *scheme* 订计划，拟方案

②阴谋【同 plot】All the *schemes* and intrigues are doomed to failure/fail. 一切阴谋诡计都是注定要失败的。

vi. 密谋 He *schemed* to keep his rivals in ignorance of his plans. 他图谋不让他的对手们知道他的计划。

hunt /hʌnt/

v./n. ①打猎 Wolves *hunt* in packs. 狼是成群猎食的。// a fox *hunt* 猎狐

②搜寻，寻找 Many people are *hunting* for better jobs in big cities. 许多人都在大城市里寻找更好的工作。// a treasure *hunt* 觅宝

③追逐，追捕 Police are *hunting* the killer. 警方正在追捕杀人凶手。

搭 hunt down 对……穷追到底 // hunt for/after sth. 寻找某物，寻求某物

【辨析】表示"追逐，追捕"的动词

pursue：指警察"追捕"罪犯或野兽"追赶"小动物

hunt：侧重追捕或搜寻逃犯等

trail：一般指跟踪追击

mercy /ˈmɜːsɪ/

n. ①仁慈 I won't show *mercy* to the cockroaches. 我对蟑螂从不仁慈。

②恩惠，幸运 It's a *mercy* that the building was empty when the fire started. 幸运的是火灾发生的时候这幢楼是空的。

搭 at the mercy of 任凭……的摆布 She was *at the mercy of* her cruel husband. 她任凭残酷的丈夫摆布。

派 **merciful** ***a.*** 仁慈的，宽大的 // **merciless** ***a.*** 冷酷无情的

kindness /ˈkaɪndnɪs/

n. ①亲切，好意，体贴 I think it would be a *kindness* to tell him the bad news straight away. 我认为直截了当地告诉他这个坏消息倒是好意的行为。

②仁慈的行为 Beauty lives with *kindness*. 美寓于善。

compassion /kəmˈpæʃən/

【助记】com(共同)+pass(承受)+ion→共同承受→同情

n. 同情 *compassion* for the poor and sick 对穷人和病人的同情

派 **compassionate** ***a.*** 有同情心的

同义替换练习

1. The magician made us think he cut the girl into pieces but it was merely <u>a false impression</u>.
   A. an illusion　B. a scheme　C. an interpretation　D. an imagination
2. The film provides a deep <u>insight into</u> a wide range of human qualities and feelings.
   A. understanding of　B. imagination of　C. attitude to　D. angle of
3. His ideas are invariably condemned as <u>unfeasible</u> by his colleagues.
   A. imaginative　B. ingenious　C. impractical　D. theoretical
4. Professor Taylor's talk has indicated that science has a very strong <u>influence</u> on the everyday life of non-scientists as well as scientists.
   A. motivation　B. dimension　C. impression　D. impact
5. If businessmen are taxed too much, they will no longer be <u>driven</u> to work hard, with the result that tax revenues might actually shrink.
   A. cultivated　B. licensed　C. motivated　D. innovated
6. His <u>unclear</u> directions confused us; we did not know which of the two roads to take.
   A. ambiguous　B. arbitrary　C. complicated　D. dubious

7. In some countries, students are expected to be quiet and compliant in the classroom.

A. skeptical　　B. faithful　　C. obedient　　D. subsidiary

8. Cancellation of the flight forced many passengers to spend the night at the airport.

A. obliged　　B. demanded　　C. resulted　　D. recommended

9. Although the body is made up of many different tissues, these tissues are arranged in a (n) intricate and orderly fashion.

A. complicated　　B. virtual　　C. internal　　D. ambiguous

10. The damage to my car was slight in the accident, but I have a lingering fear even today.

A. insufficient　　B. ambiguous　　C. negligible　　D. impressive

11. I have my eyes tested and the report says that my sight is perfect.

A. horizon　　B. vision　　C. outlook　　D. perspective

12. The book gives a brief overview of the course of his research up till now.

A. outline　　B. reference　　C. frame　　D. outlook

答案与译文

1. [A] 魔术师让我们以为他把那个女孩切成了碎片,但那只不过是个错觉。
2. [A] 这部电影充分表现了对人的各种品质和情感的洞察。
3. [C] 他的想法总是被同事们指责为不切实际。
4. [D] 泰勒教授的演讲表明:科学对于科学家和非科学家的日常生活都具有重要的影响。
5. [C] 如果对商人征税过高的话,他们就不会再有动力努力工作了,所造成的后果便是税收实际上会萎缩。
6. [A] 他方向指得不明确,把我们都弄糊涂了;不知道该走两条路中的哪一条。
7. [C] 在有些国家,人们期望学生在课堂上保持安静、顺从听话。
8. [A] 航班的取消迫使许多乘客在机场过夜。
9. [A] 尽管身体是由许多不同的器官组成,但这些器官却组合得复杂而有序。
10. [C] 事故中我的车倒无大碍,但我至今仍心有余悸。
11. [B] 我测了双眼的视力,报告单上写着我的视力很好。
12. [A] 这本书简要概述了他迄今为止的研究历程。

Lesson 22

词根词缀表

volunt 自愿	volunteer ***n.*** 志愿者	**pos(it)** 放,置	proposition ***n.*** 提议
tempor 时间	temporary ***a.*** 暂时的	**di-** 两,双	dilemma ***n.*** 困境
semble 类似,一起	assemble ***v.*** 集合	**plex** 重叠	perplex ***vt.*** 使困惑
just 正确	adjust ***vt.*** 校准	**ord(er)** 顺序,秩序	disorder ***n.*** 混乱
reg 统治;王	regulation ***n.*** 规则	**fect** 使;做	defect ***n.*** 缺点
form 形成	reform ***v.*** 改革	**vert** 转移;转向	divert ***vt.*** 使转向
bat 打	debate ***n.*** 辩论		

volunteer /ˌvɒlənˈtɪə/

【助记】volunt(自愿)+eer(表人)→志愿者

n. 志愿者;志愿兵 The office is staffed by unpaid ***volunteers***. 这个办公室的工作人员都是志愿者。

v. 自愿(做) Some graduates have ***volunteered*** to work in poor mountain areas. 一些毕业生自愿到贫困山区工作。// I ***volunteered*** my services as a teacher. 我自告奋勇去当教师。

voluntary /ˈvɒləntərɪ/

a. 自愿的 She does ***voluntary*** social work. 她从事义务社会工作。

派 **involuntarily** ***ad.*** 非自愿地,无意地

temporary /ˈtempərərɪ/

【助记】tempor(时间)+ary→暂时的

a. 暂时的【反 permanent】This arrangement is only ***temporary***. 这一安排只是临时的。

bilingual /baɪˈlɪŋgwəl/

a. ①双语的,包含两种语言的 A ***bilingual*** dictionary 双语词典

②会说两种语言的 About 60 percent of the school's students are ***bilingual***. 这个学校约60%的学生会说两种语言。

derive /dɪˈraɪv/

vt. ①得到 I ***derived*** a lot of pleasure from meeting new people in college. 在大学里,我从结识新交那里得到许多乐趣。

②追溯……的起源 Many English words are ***derived*** from Latin. 很多英语单词源于拉丁语。

vi. (~***from***)起源 The two attitudes ***derive from*** different historical perspectives. 这两种态度源于不同的历史观点。

派 **derivation** ***n.*** 得到;起源;派生 // **derivative** ***a.*** 派生的,衍生的

reward /rɪˈwɔːd/

【助记】re(again)+ward(守卫)→对守卫边疆的士兵再次给予"奖赏"

n. ①报答,奖赏 Good people will eventually get good ***reward***. 好人终有好报。

②报酬,酬金 The police are offering a ***reward*** for information about the robbery. 警方悬赏那起抢劫案的破案线索。

vt. 报答 How can I ***reward*** you for all your help? 我该怎样报答你的种种帮助?

搭 give/offer a reward to sb. for sth. 为某事而给某人报酬 // in reward of 为酬答……;作为奖励 // reward sb. for sth. 为某事报答某人 // reward sb. with... for sth. 为某事而以……报答某人

> **雅思真题** In order to get a ***reward***, the infants had to adjust the rule they'd learned; only the bilingual babies were able to successfully learn the new rule. 为了获得奖赏,婴儿需要调整他们学到的规则,而只有双语婴儿能够成功学习新的规则。

award /əˈwɔːd/

vt. ①授予 Martin Luther King was ***awarded*** the Nobel Peace Prize in 1964. 马丁·路德·金在

1964 年被授予诺贝尔和平奖。

②判给 After six years of litigation, he was *awarded* $45,000 compensation. 经过 6 年的诉讼，他终于获得 4.5 万美元的赔偿。

n. 奖，奖品，奖金 The novel earned him a literary *award*. 这部长篇小说为他赢得了文学奖。

worthwhile /ˌwɜːˈθwaɪl/

【助记】worth(值得)+while(时间)→值得的

a. 值得(做)的 You'd better spend your time on some *worthwhile* reading. 你最好把时间花在读一些有价值的书上。

worthy /ˈwɜːðɪ/

a. ①(~*of*) 值得的 His deed is *worthy of* praise./His deed is *worthy* to be praised. 他的行为值得称赞。

②可尊敬的 I consider him a *worthy* opponent. 我认为他是一个值得尊敬的对手。

派 **trustworthy** *a.* 值得信任的

accumulate /əˈkjuːmjuleɪt/

【助记】ac(to)+cumulate(堆积)→积累

vt. 积累 By investing wisely she *accumulated* a fortune. 她由于投资精明而积蓄了一笔财产。

vi. 累积，聚积【同 gather】Dust quickly *accumulates* if we don't sweep our room. 我们如果不打扫房间，灰尘很快就会积聚起厚厚的一层。

派 **accumulation** *n.* 积累，积聚；堆积物

rally /ˈrælɪ/

n. ①集会，(群众)大会 stage antiwar *rallies* 举行反战大会

②公路汽车赛 Middle East *Rally* Championship 中东汽车拉力赛

v. ①集合 The leader *rallied* his men round him. 指挥官重新集结其部属。// The voters *rallied* to the Conservatives. 选民们团结在保守派一边(支持保守派)。

②恢复(健康等)【同 recover】*rally* from an illness 从疾病中复元

assemble /əˈsembl/

【助记】as(to)+semble(类似)→物以类聚→集合

v. ①集合，召集 The general *assembled* his troops. 将军把他的军队调集起来。// If the fire alarm goes, staff should *assemble* outside the building. 火警警报响时，全体人员应到楼外集合。

②装配 He was busy *assembling* parts into a machine. 他忙着把机器零件组装起来。

派 **reassemble** *v.* 重新收集；重新装配

assembly /əˈsemblɪ/

n. ①立法机构，议会 the power of *assembly* 议会的权力

②集会 The United Nations General *Assembly* is held annually. 联合国大会一年召开一次。

③装配 a car *assembly* plant 汽车装配厂

【归类卡片】各种“会议”

assembly 集会	conference (专门)会议
rally 群众大会	congress 代表大会
session (一届)会议	convention (正式)会议

adopt /əˈdɒpt/

【助记】ad(to)+opt(选择)→通过选择→采纳

vt. ①收养【同 foster】Many childless couples *adopted* children. 许多无子女的夫妇收养了孩子。

②采用，采纳 Circumstances will force us finally to *adopt* this policy. 情况最终会迫使我们采用这项政策。

③正式通过，批准 *adopt* a resolution unanimously 全体一致通过决议

派 **adoption** *n.* 收养，领养；采用 // **adoptive** *a.* 收养的

system /ˈsɪstəm/

n. ①系统，体系 The *system* can translate English into Chinese. 这个系统能将英语译为汉语。

②制度，方法 What is the *system* for making pronunciation in the dictionary? 这本词典用什么系统注音?

③身体 Alcohol is bad for your *system*. 喝酒对身体有害。

systematic /ˌsɪstəˈmætɪk/

a. 系统化的 The teacher made a *systematic* work of teaching. 这个教师进行系统的教学工作。

adapt /əˈdæpt/

vt. ①使适应 She *adapted* herself quickly to the new climate. 她很快就适应了这种新气候。

②修改 This machine has been specially *adapted* for underwater use. 这机器是为在水

下使用而特别改装的。

③改编 *adapt* a novel into movie 把小说改编成电影

vi. (~*to*)适应 Some people can't *adapt to* the humid weather. 有些人不适应潮湿的天气。

派 **adaptable** *a.* 能适应新环境的 // **adaptation** *n.* 改编;适应 // **adapter/-or** *n.* 适配器;改编者

adjust /ə'dʒʌst/

【助记】ad(to)+just(正确)→使正确→调整

vt. 校准，调整；改变……以适应 Astronauts in flight must *adjust* themselves to weightlessness. 宇航员在飞行中必须适应失重。

vi. (~*to*)适应【同 adapt】*Adjusting to* the tropical heat was more difficult than they had expected. 适应热带的高温比他们预料的难得多。

派 **adjustment** *n.* 调整,调节

regulate /'regjuleɪt/

【助记】reg(统治)+ul+ate(做)→进行治理→管理

vt. ①管理，控制 We must try our best to *regulate* our expenditure. 我们必须尽力控制开支。

②调节 Sweating helps *regulate* body temperature. 流汗帮助调节体温。

regulation /ˌregju'leɪʃən/

n. ①规则 It is against traffic *regulations* to overtake other vehicles without signaling. 没有示意信号就超车是违反交通规则的。

②管理，调节 A thermostat was used for the *regulation* of the temperature in the building. 恒温器被用来调节大楼内的温度。

generate /'dʒenəreɪt/

【助记】gener(产生)+ate→产生

vt. ①生成(能量),发(电) We can't *generate* enough power for the entire city. 我们不能为整个城市提供足够的电量。

②引起，产生 A lot of publicity was used to *generate* interest in the new film. 媒体对这部新影片做了大量宣传以引起公众的兴趣。

yield /ji:ld/

vi. ①(~*to*)屈服 They won't *yield to* difficulties. 他们不会向困难低头。

②倒塌，断裂 The shelf is beginning to *yield* under that heavy weight. 架子承受不了那样的重量,开始塌下去了。

vt. ①产生；出产 an investment that *yielded* high profits 产生高额利润的投资// Fertile land *yields* good crops. 沃土出好庄稼。

②让出,放弃 They refused to *yield* the fortress to the enemy. 他们拒绝把要塞拱手让给敌人。

n. 产量 a high *yield* of fruit 水果的产量高

concession /kən'seʃən/

【助记】con(一起)+cess(让步)+ion→妥协

n. ①让步,妥协 We will never make any *concession* to terrorists. 我们决不向恐怖分子做出任何让步。

②特许 mining *concessions* 采矿权

③承认，认可 There is a call for the *concession* of certain rights. 有人要求承认某些权利。

搭 make a concession to... 对……让步

compromise /'kɒmprəmaɪz/

n. 妥协 A bad *compromise* is better than a good lawsuit. 吃亏的和解好过胜利的诉讼。

vi. 妥协 We can not *compromise* on such terms. 我们不能接受这样的条件而和解。

vt. 危及 *compromise* sb.'s reputation 损害某人的名誉

搭 compromise with sb. on... 在……方面同某人妥协、和解

派 **uncompromising** *a.* 不妥协的,坚定的

【辨析】表示"妥协"的名词

concession：通常指"让步",结果往往不利于妥协的一方

compromise：表示通过协调达到双方都能接受的结果

entail /ɪn'teɪl/

vt. 使承担，需要 The construction of the Three Gorges Project *entails* large migration. 三峡工程建设需要大规模移民。

treaty /'tri:tɪ/

【助记】treat(处理)+y→处理问题的文件→协定

n. 条约，协定 The *treaty* was the result of long negotiation. 这项条约是长时间谈判的结果。

default /dɪ'fɔ:lt/

【助记】de+fault(欺骗)→违约

n. ①违约 The company is already in *default* on

its loans. 该公司因其拖欠贷款已经违约。

②弃权 He lost the chance to win champion by *default*. 他因弃权而失去了夺冠的机会。

③(计算机)预设(值),缺省 The *default* setting on Windows Explorer will not show these files. 视窗浏览器上的默认系统设定不显示这些文档。

vi. 拖欠 The factory has *defaulted* on its payments for the goods. 该厂拖欠货款。

搭 in default of 在缺乏……时 They accepted what he had said *in default of* any evidence to disprove it. 由于没有相反的证据,他们相信了他的话。

outcome /ˈaʊtkʌm/

【助记】由短语 come out(出来)颠倒顺序构成的名词

n. 结果 Chance usually governs the *outcome* of the game. 运气经常操纵比赛的结果。

【辨析】表示"结果"的名词

consequence:带有贬义,指不太好的后果

outcome:常指某项活动、比赛或未解决的事情的最后分晓和输赢

conflict /ˈkɒnflɪkt/

n. ①冲突 serious political *conflict* 严重的政治冲突 // the *conflict* between tradition and innovation 传统与革新的冲突

②战争 Military *conflicts* are very frequent in the west bank of Jordan River and Gaza zone. 约旦河西岸与加沙地带武装冲突频繁。

vi. 冲突,抵触 Do American immigration laws *conflict* with any international laws? 美国的移民法与国际法有抵触吗?

搭 in conflict with... 与……相冲突的、相矛盾的

protest /ˈprəʊtest/ *n.* /prəˈtest/ *v.*

【助记】pro(forward)+test(考试)→提前考试,会遭到学生"反对"

n. 抗议,反对 The region is open to tourists over environmentalists' *protest*. 尽管环保主义者反对,这一地区仍向旅游者开放。

v. 抗议,反对 There was a large crowd in the square, *protesting* (against) the war. 广场上聚集了一大群反对这场战争的人。

搭 make a protest 提出抗议 // under protest 被迫地;持异议地;抗议地 // without protest 乖乖地;心甘情愿地;毫无反对地 // protest (against/at/about) sth. 反对某事

reform /rɪˈfɔːm/

【助记】re(again)+form(形成)→重新形成→改革

v. ①改革,改良 plans to *reform* the tax system 改革税收制度的计划

②改正,改过自新 You have had every chance to *reform*. 你是一直有改过自新的机会的。

n. ①改革,改良 Tax *reforms* did not benefit the middle class. 税制改革对中产阶级没有好处。

②改正 The family rejoiced in the drunkard's *reform*. 一家人对那个酒鬼的改过自新深感高兴。

revolutionary /ˌrevəˈluːʃənərɪ/

a. 革命的,革新的 a *revolutionary* leader 革命领袖 // The new cancer drug is a *revolutionary* breakthrough. 这种新抗癌药是创新性的突破。

n. 革命者 The *revolutionaries* laid down their arms. 这些革命者放下了武器。

impetus /ˈɪmpɪtəs/

【助记】im+pet(追求)+us→有追求才有动力→推动

n. ①推动,促进 Her speech gave an *impetus* to my ideas. 她的讲话激发了我的思绪。

②推动力 The reform and opening-up policy is the primary *impetus* behind China's economic recovery. 改革开放政策是促进中国经济恢复的主要推动力。

counter /ˈkaʊntə/

n. ①柜台 I asked the girl behind the *counter* if they had any postcards. 我问柜台后的女营业员是否有明信片卖。

②计数器;筹码 The bank teller used a mechanical *counter* to count the pennies. 银行出纳员使用机械计数器点硬币。

vt. 反驳;对抗 I *countered* her arguments by pointing out the advantages of my plan. 我指出自己所做计划的优点以反驳她的论点。// Extra police have been moved into the area to *counter* the risk of violence. 加派了警察进驻该地区以镇压可能出现的暴力事件。

ad. 反方向地 The demands they put forward run ***counter*** to the will of most people. 他们提出的要求违背大多数人的意愿。

搭 run/go counter to sth. 与某事物相反、背道而驰 // counter clockwise 逆时针方向

bargain /ˈbɑːɡɪn/

n. ①特价商品,便宜的东西 These shoes are a ***bargain*** at $22. 这鞋每双才22美元,很便宜。

②(买卖等双方的)协议,交易 Fischer was determined to drive a hard ***bargain***. 费希尔决心要迫使对方接受苛刻的条件。

vi. 讨价还价 ***bargain*** for better pay 要求涨薪

搭 bargain for/on 企图廉价获取;[通常和否定词连用]预料,指望 We hadn't ***bargain for*** such heavy rain and got really wet. 我们没料到会下这么大的雨,结果全身湿透了。

negotiate /nɪˈɡəʊʃɪeɪt/

vt. ①协商 They are ***negotiating*** a contract. 他们正在协商合同。

②顺利通过,成功越过 My horse ***negotiated*** the fence well. 我的马轻易地跳过围栅。

vi. 协商 It is difficult to ***negotiate*** when neither will trust. 双方彼此不信任便很难进行协商。

派 **negotiation** ***n.*** 谈判,协商

dispute /dɪsˈpjuːt/

【助记】dis(apart)+pute(思考)→思考方式不同易产生争论→争论

n. 争论,争吵 There has been much ***dispute*** over the question of legalized abortion. 堕胎合法化问题引起了许多争论。

vt. 对……表示异议,就……发生争论 The election result was ***disputed***. 选举的结果引起异议。

vi. 争论,争吵 The two brothers ***disputed*** over the ownership of the company. 两兄弟就这一公司的所有权发生争执。

搭 in dispute 在争论中 // beyond dispute 不容争辩,无可厚非

派 **disputable** ***a.*** 有讨论余地的

debate /dɪˈbeɪt/

【助记】de(down)+bate(打)→用言语将对方打倒→辩论

n./v. 辩论,争论 have a ***debate*** (with sb.) (与某人)进行辩论 // The two candidates for mayor will ***debate*** environmental issues. 两位市长候选人将针对环境问题进行辩论。

> **【辨析】表示"争论"的动词**
> argue:通常表示通过证据和理由来支持某种见解
> debate:强调正式地、公开地辩论
> dispute:常指激烈地辩论,力争在辩论中占上风,或指激烈、频繁地争论

proposition /ˌprɒpəˈzɪʃən/

【助记】pro(before)+posit(放)+ion→放在代表们面前的"提议"

n. ①论点 The students discussed the ***proposition*** that man is basically good. 学生们讨论了这么一个论点,即人性本善。

②建议,提议【同 suggestion】make a ***proposition*** to sb. 向某人提出建议

③命题 a false ***proposition*** 一个假命题

搭 a tough proposition [口]难处理的事或人,棘手的事

retort /rɪˈtɔːt/

vt. 反驳,回嘴 "It's none of your business," he ***retorted***. "你管不着!"他反驳道。

n. 反驳 His sharp ***retort*** clearly make an impact. 他的尖锐反驳显然起了作用。

campaign /kæmˈpeɪn/

【助记】camp(阵营)+aign→战役

n. ①运动 The government has launched a ***campaign*** to crack down on smuggling. 政府已经发动了一场打击走私的活动。

②战役 The ***campaign*** to seize the city was a failure. 攻占这个城市的战役失败了。

vi. 参加或发起运动,参加竞选 He hasn't decided whether to ***campaign*** for the senate. 他尚未决定是否参加参议员的竞选。

advertise /ˈædvətaɪz/

v. ①做广告 If you want to sell your product, you must ***advertise*** it. 如果你要推销自己的产品,你就必须做广告。// Have you tried that new shampoo they've been ***advertising*** on TV? 你试过他们一直在电视上做广告的那种新洗发液吗?

②公布,宣扬 It is unwise of them to ***advertise*** their willingness to make concessions at the negotiations. 他们宣扬愿意在谈判中让步,这是不明智的。

搭 advertise sth. (for...) (为了……)做广告宣传某

物 // advertise for sth./sb. 在报刊等上面刊登征聘某事物或某人的广告

派 **advertisement** *n.* 广告 // **advertising** *n.* 广告宣传，广告业

publicity /pʌ'blɪsɪtɪ/

【助记】public(公开的)+ity→宣传

n. ①公众的注意 The case received great *publicity*. 这个案子受到媒体极大关注。

②宣传 the *publicity* department 宣传部

introduction /ˌɪntrə'dʌkʃən/

n. ①介绍 a letter of *introduction* 介绍信

②引进 foreign word of recent *introduction* 新引进的外来词

③引言 an *introduction* to the book 书的序言

用 表示"对……的介绍，……的引言"用introduction to；表示"(某事物)的引进"用introduction of。

派 **introductory** *a.* 引导的，介绍的

prejudice /'predʒʊdɪs/

【助记】pre(before)+judice(判断)→先入为主的判断，产生"偏见"

n. 偏见 Women still have to face a great deal of *prejudice* in the workplace. 妇女在工作场所仍然必须面对很多的偏见。

vt. ①使有偏见 One unfortunate experience *prejudiced* him against all lawyers. 一次不幸的遭遇使他对所有的律师都抱有偏见。

②损害 I don't want to do anything that would *prejudice* my chances of getting the job. 我不想做任何不利于我得到这份工作的事情。

搭 prejudice against/in favour of... 对……不利/有利的偏见 // without prejudice (to...) 无偏见地，(对……)没有不利，无损(于……) // to the prejudice of... 对……不利，有损于…… // prejudice sb. against/in favour of... 使某人对……产生偏见/好感

派 **unprejudiced** *a.* 无偏见的，公正的

bias /'baɪəs/

n. 偏心；偏见；偏好 *Bias* against women permeates every level of the judicial system. 各级司法机构普遍存在对女性的偏见。 // As a teacher you shouldn't have a *bias* toward your student, no matter he is smart or naughty. 作为一名老师你不能对你的学生有偏颇，不论他们是聪明还是顽皮。

vt. 使有偏见，使倾向一方 Judgment is often *biased* by interest. 判断往往因利害关系而产生偏差。

搭 have a bias against 对……有偏见 // have a bias toward/in favour of... 偏重、偏爱 // be biased against sb. 对某人抱有偏见

> **【辨析】表示"偏见"的名词**
>
> bias：指根据个人的好恶，做出不正确的、或好或坏的判断
>
> prejudice：指毫无根据的判断或成见，常带有恶意，尤指种族、性别、宗教等上的偏见

neutral /'nju:trəl/

【助记】neutr(两者都不)+al→中立的

a. ①中立的 That country remained *neutral* in the war. 那个国家在那场战争中保持中立。

②中性的 Is there a *neutral* word for "terrorist"? "恐怖分子"一词有中性的说法吗？

overcome /ˌəʊvə'kʌm/

vt. ①克服 The Chinese Women's Volleyball Team *overcame* a lot of difficulty to win the match. 中国女排克服重重困难，赢得了这场比赛的胜利。

②战胜 In the final game, Australia *overcame* the Netherlands 2:1. 决赛中澳大利亚队以2:1战胜荷兰。

③(感情等)压倒 He was *overcome* by emotion. 他激动得难以自持。

triumph /'traɪəmf/

n. ①胜利 The football team achieved a complete *triumph*. 足球队大获全胜。

②喜悦 The winning team held up the golden cup in *triumph*. 获胜的队伍高兴地举起金杯。

vi. 获胜 Our team *triumphed* over theirs. 我们这队胜了他们那队。

派 **triumphant** *a.* 胜利的，成功的

dilemma /dɪ'lemə/

【助记】di(二)+lemma(前提)→二重前提→困境

n. (进退两难的)窘境，困境 She was in a *dilemma* as to whether to stay at school or go to work. 是继续读书还是去工作，她进退两难。

搭 in a dilemma / on the horns of a dilemma 左右为难 // place sb. in/into a dilemma 使某

人左右为难，使某人进退两难

paradox /'pærədɒks/

【助记】para(contrary to)+dox(观点)→看似对立的观点→似非而是的话

n. ①似乎矛盾而(可能)正确的说法 "More haste, less speed" is a well-known ***paradox***. "欲速则不达"是人们熟知的似非而是的隽语。

②自相矛盾的人(或事物) Your answer to the question is full of ***paradox***. 你对这个问题的回答矛盾百出。

派 **paradoxical** ***a.*** 荒谬的

perplex /pə'pleks/

【助记】per(thoroughly)+plex(重叠)→重重叠叠→使困惑

vt. 使困惑 Modern men are often ***perplexed*** by what to do. 现代人常常感到非常困惑，不知如何是好。

搭 be perplexed for an answer 不知怎么回答才好 // perplex sb. with questions 用问题使人困窘 // perplex an issue 使问题复杂化

bewilder /bɪ'wɪldə/

vt. 使迷惑 Some unclear and confusing road signs ***bewildered*** drivers. 一些含糊不清的路标使司机一头雾水。// She was totally ***bewildered*** by his sudden change of mood. 他的情绪突变，搞得她全然不知所措。

> **【辨析】表示"困惑，迷惑"的动词**
>
> perplex：除困惑外，含有焦虑或缺乏把握之意，因而难于做出决定，无从下手处理
>
> bewilder：指因迷惑不解或惊愕而慌乱，不知所措、无法清醒地思考

hamper /'hæmpə/

vt. 妨碍 The search was ***hampered*** by bad weather conditions. 糟糕的天气妨碍了搜寻工作。

n. 大篮子 a picnic ***hamper*** 野餐用的大篮子

tangle /'tæŋgl/

v. (使)乱作一团 The power failure had traffic ***tangled*** in the city. 电力的中断使城市内的交通陷入混乱状态。// Long hair ***tangles*** easily. 长头发容易打结。

n. ①乱糟糟的一堆 The string was in a ***tangle***. 线乱成一团了。

②复杂的问题(或形势) My emotions were in a complete ***tangle***. 我百感交集。

搭 in a tangle 纠缠不清，陷于混乱之中 // tangle with 与……争吵(或打架)，与……有纠葛

mess /mes/

n. ①凌乱状态，脏乱状态

The house was in an awful ***mess*** after the party. 聚会之后屋里一片狼藉。

②混乱的局面，困境 How did you get into a ***mess*** like this? 你怎么会陷入这般困境？

vt. 弄糟，弄脏，搞乱 Who ***messed*** up the kitchen? 谁把厨房弄得又脏又乱？

搭 mess about/around 瞎忙；浪费时间闲荡；轻率地对待 // mess with 干预，介入 // mess up 把……弄糟

chaos /'keɪɒs/

n. 混乱 The game ended in ***chaos***. 这场比赛以混乱告终。

派 **chaotic** ***a.*** 混乱的，无秩序的

disorder /dɪs'ɔ:də/

【助记】dis(not)+order(秩序)→无秩序→混乱

n. ①混乱，凌乱 The room is in ***disorder***. It's time to tidy it up. 房间很乱，该收拾一下了。

②骚乱 The prison abuse scandal caused social ***disorder*** in Iraq when it was revealed by press. 虐俘丑闻被媒体披露后在伊拉克引起了社会骚乱。

③(身心、机能的)失调 a ***disorder*** of the digestive system 消化系统失调

搭 fall into disorder 陷入混乱 // throw... into disorder 使……混乱，把……卷入动乱

orderly /'ɔ:dəlɪ/

a. 整齐的 The crowd left the square in an ***orderly*** way. 人群秩序井然地离开了广场。

tidy /'taɪdɪ/

a. 整齐的 I pride myself on always having a ***tidy*** room. 我为自己总能保持房间整洁而感到骄傲。

v. (使)整洁 A tidy tiger tied a tie to ***tidy*** her tiny tail. 一只爱整洁的老虎用一根带子把她的小尾巴扎整齐。

搭 tidy away 收起（某物），放好 // tidy sth. (up) 使某物整齐，把某处收拾整齐

blunder /'blʌndə/

n. 错误 Success covers a multitude of ***blunders***. 成功由大量的失误铸就。

vi. ①跌跌撞撞地走 Hearing that his mother had died, he ***blundered*** out of the room. 听说母亲去世了，他跌跌撞撞地走出房间。

②犯错误 Police admitted that they ***blundered*** when they let Wylie go. 警方承认把怀利放走是个愚蠢的错误。

【辨析】表示"错误"的名词

blunder：表示由于愚蠢或无知而导致的本不该出现的过失或错误

mistake：泛指任何过失或错误

error：与 mistake 基本相同，但更多地用于表示伦理道德方面的过失

slip：多指无心之过

drawback /'drɔːbæk/

【助记】draw(拉)+back(向后)→拖后腿→缺点

n. 缺点，不利条件【同 disadvantage】Everything has its ***drawback***. 凡事皆有不足之处。

handicap /'hændɪkæp/

n. ①(身体或智力方面的)缺陷 Despite her ***handicap***, Judy is able to hold down a full-time job. 尽管朱迪有生理缺陷，她却能够保住一份全职工作。

②障碍，不利条件 Her lack of experience on Wall Street may prove to be a ***handicap***. 没有在华尔街工作过可能会成为她的劣势。

vt. 妨碍，不利 Lack of money ***handicapped*** him in his business badly. 缺少资金对他的生意十分不利。

派 **handicapped** ***a.*** 有生理缺陷的

defect /dɪ'fekt/

【助记】de(away)+fect(做)→没做好→缺点

n. 缺点，缺陷 a hearing ***defect*** 听力缺陷 // I think there are still lots of ***defects*** in our educational system. 我认为我们的教育体制还有很多弊病。

vi. 叛变 A number of musicians ***defected*** from the Soviet Union to the West in the 1960s. 20世纪60年代，一些音乐家背叛了苏联投奔到西方。

deprive /dɪ'praɪv/

【助记】de(away)+prive(私有的)→把他人的私有财产带走→剥夺

vt. (~*of*) 剥夺 Women in old China were ***deprived of*** the right to education. 在旧中国，妇女被剥夺了受教育的权利。

unfortunately /ʌn'fɔːtʃənɪtlɪ/

ad. 遗憾的是 ***Unfortunately***, he won't be here tomorrow evening. 遗憾的是他明晚不在这儿。

misfortune /mɪs'fɔːtʃən/

【助记】mis(bad)+fortune(运气)→不幸，逆境

n. 不幸，逆境；不幸事故 ***Misfortunes*** never come alone. [谚]祸不单行。

搭 suffer misfortune 遭受不幸 // companions in misfortune 患难之交 // by misfortune 不幸地

lucky /'lʌkɪ/

a. 幸运的 Daniel was ***lucky*** enough to be selected for the baseball team. 丹尼尔幸运地入选了棒球队。

deficit /'defɪsɪt/

【助记】de(向下)+fic(make)+it→收入不断下滑，入不敷出→亏损

n. 赤字，亏损 The financial ***deficit*** of the USA is now even more serious than Japan. 美国现在的财政赤字比日本要严重得多。

inflation /ɪn'fleɪʃən/

【助记】in(into)+flat(吹)+ion→吹入空气→膨胀

n. ①通货膨胀(率) The government's prime task is to reduce the level of ***inflation***. 政府的主要任务是降低通货膨胀水平。

②膨胀 the ***inflation*** of a balloon 膨胀的气球

派 **inflate** ***v.*** 使充气；使通货膨胀

curb /kɜːb/

vt. 控制 ***curb*** one's anger 抑制愤怒

n. ①控制 High interest rates put a ***curb*** on spending. 高利率抑制了消费。

②(街道或人行道的)路缘 I pulled over to the ***curb***. 我把车靠路边停下了。

雅思真题 In the short term it might ***curb*** the growth in road transport through the better loading ratio of goods vehicles and occupancy rates of passenger vehicles expected as a result of the increase in the price of transport. 运输价格增加，预计会优化货运车的荷载比例和客运车的载客率，短期内或许能控制公路运输的增长。

undermine /ˌʌndəˈmaɪn/

【助记】under(在……下面)+mine(挖)→在下面挖→破坏

vt. ①暗中破坏，逐渐削弱 Unfair criticism can ***undermine*** employees' self-confidence. 不公正的批评会削弱雇员的自信心。

②侵蚀……的基础 Water has ***undermined*** the stone foundations. 水已逐渐侵蚀了石头地基。

搭 undermine sb.'s confidence/authority/position/credibility 削弱某人的自信/权威/地位/可信性

divert /daɪˈvɜːt/

【助记】di(away)+vert(转)→转向

vt. ①使转向 The policeman was ***diverting*** the traffic. 警察在指挥车辆绕道行驶。// The company should ***divert*** more resources into research. 公司应该把更多的财力转投在研究上面。

②转移……的注意力 A loud noise ***diverted*** my attention. 一阵喧闹声转移了我的注意力。

③使娱乐【同 amuse】The children are ***diverted*** by the clown. 小丑把孩子们逗乐了。

diversion /daɪˈvɜːʃən/

n. ①转移，转向；改变用途 Some students marred their writings by a ***diversion*** into irrelevant material. 一些学生由于插入无关材料偏离主题而把作文写糟了。// the ***diversion*** of money to other projects 将资金转用于其他项目

②消遣 London offers lots of ***diversions*** for every type of person. 伦敦为各种人提供许多消遣。

③临时绕行路 The road was closed and ***diversions*** put into operation. 道路被封，临时通道开始使用。

④转移注意力的事物 make/create a ***diversion*** 分散注意力；声东击西；进行牵制

evoke /ɪˈvəʊk/

【助记】e(out)+voke(叫唤)→唤起

vt. 唤起，使人想起 The review on the book has ***evoked*** much controversy. 这篇书评引起了很多争议。

stir /stɜː/

vt. ①搅拌，搅动 ***Stir*** the paint to make sure it is smooth. 将油漆搅拌以确保其均匀。

②使微动 The wind ***stirs*** the leaves. 风吹动树叶。

③打动 A large audience was deeply ***stirred*** by the sad love story of Rose and Jack in *Titanic*. 众多观众被《泰坦尼克号》里罗丝与杰克悲伤的爱情故事深深打动。

vi. ①微动 The leaves ***stirred*** in the wind. 树叶在风中摇动。

②(某种感情)产生 A strange feeling began to ***stir*** in him. 他心中泛起一种奇怪的感觉。

n. ①搅拌 Give the porridge a ***stir***. 把粥搅一搅。

②激动，骚乱 Plans for the motorway caused quite a ***stir*** among locals. 修建高速公路的计划在当地居民中引起相当大的轰动。

搭 stir up 激起，挑起

同义替换练习

1. Salaries for short-term jobs seem to be higher than for permanent ones.
   A. legal　B. optional　C. voluntary　D. temporary
2. I suggested he should adjust himself to his new conditions.
   A. adopt　B. divert　C. surrender　D. adapt
3. Extensive reporting on television has helped to arouse interest in a wide variety of sports and activities.
   A. assemble　B. generate　C. derive　D. gather
4. He gave in to his customers and halved the price.
   A. adjusted　B. contributed　C. responded　D. yielded

5. We have planned an exciting publicity campaign with our advertisers.

A. struggle B. activity C. battle D. conflict

6. Many pure metals have little use because they are too soft, rust too easily, or have some other disadvantages.

A. drawbacks B. outcomes C. errors D. blunders

7. Millions of people around the world have some type of physical, mental, or emotional handicap that severely limits their abilities to manage their daily activities.

A. scandal B. misfortune C. deficit D. disability

8. When the farmers visited the city the first time, they were confused by its complicated traffic system.

A. evoked B. bewildered C. diverted D. undermined

9. This project would require a huge increase in defense spending.

A. result B. assure C. entail D. accomplish

10. Not only the professionals but also the amateurs will benefit from the new training facilities.

A. derive B. acquire C. profit D. reward

11. If people feel hopeless, they don't bother to learn the skills they need to succeed.

A. adopt B. acquire C. accumulate D. assemble

12. Thousands of people turned out into the streets to demonstrate against the local authorities' decision to build a highway across the field.

A. contradict B. reform C. counter D. protest

13. The test results are beyond dispute; they have been repeated in labs all over the world.

A. compromise B. measure C. concession D. debate

答案与译文

1. [D] 做临时性的工作拿到的工资好像比固定工作的要高。
2. [D] 我建议他应该使自己适应新的环境。
3. [B] 大量的电视报道激起人们对各种各样的体育活动的兴趣。
4. [D] 他向顾客作了让步,降了一半的价。
5. [B] 我们和广告商一起策划了一次激动人心的宣传活动。
6. [A] 很多纯金属用处不大,因为它们太软,很容易生锈,或者还有其他一些缺点。
7. [D] 世界上有数百万人患有某种限制他们日常活动的在身体、精神或情绪方面的障碍。
8. [B] 农民们第一次参观这座城市时,复杂的交通系统使他们晕头转向。
9. [C] 这个计划需要大大增加国防支出。
10. [C] 专业运动员和业余选手都将受益于新的训练设施。
11. [B] 人们感到绝望时,就不愿费神去掌握成功所需要的技能。
12. [D] 上千名群众出现在街头,抗议当地政府做出修建横穿田野的高速公路的决定。
13. [D] 测试结果不容争辩——因为全球的实验室都得出同样的结果。

Lesson 23

词根词缀表

domin 统治	dominate *v.* 支配	quest 追求	conquest *n.* 征服
greg 收集；群	segregate *vt.* 使隔离	milit 战斗	military *a.* 军事的
prior 优先的	priority *n.* 优先权	vad, vas 行走	invade *v.* 侵入
super- 在……之上	superiority *n.* 优越	necess 必要的	necessity *n.* 必需品
para- 旁边	parallel *a.* 并列的	solid 坚固的	consolidate *v.* 巩固
migr 移动	migrate *vi.* 移居	merg, mers 沉	submerge *vt.* 浸没
colon 栖息	colony *n.* 殖民地	(s)ting 扑灭；刺	extinguish *vt.* 熄灭

dominate /ˈdɒmɪneɪt/

【助记】domin(统治)+ate→支配

v. ①支配 The team has ***dominated*** international football for years. 该球队雄霸国际足坛多年。// a society in which males ***dominate*** 一个由男性支配一切的社会

②耸立于 The cathedral ***dominates*** the city. 大教堂高高矗立，俯瞰整个城市。

雅思真题 As chlorophyll is depleted, other colours that have been ***dominated*** by it throughout the summer begin to be revealed. 随着叶绿素耗尽，之前整个夏天一直受其压制的其他颜色便开始显现。

dominant /ˈdɒmɪnənt/

a. ①占优势的 P&G is in a ***dominant*** position in the market of its daily chemical products. 宝洁公司在日用化工产品市场上处优势地位。

②居高临下的 The castle was built in a ***dominant*** position on a hill. 城堡建在山上一处居高临下的地方。

predominant /prɪˈdɒmɪnənt/

【助记】pre(before)+domin(统治)+ant→在前面统治的→占主导地位的

a. 占主导地位的，显著的 Sunny days are ***predominant*** over rainy days in desert regions. 在沙漠地带，雨天很少，绝大多数日子是艳阳高照。

派 **predominantly** *ad.* 最显著地，占主导地位

drastic /ˈdræstɪk/

a. 严厉的；激烈的 ***Drastic*** measures will have to be taken to restore order. 为恢复秩序必须采取严厉措施。

integral /ˈɪntɪgrəl/

a. 构成整体所必需的 Practice is an ***integral*** part of language learning. 练习是语言学习必不可少的一部分。

integrity /ɪnˈtegrɪtɪ/

n. ①正直 A qualified judge should be a person of complete ***integrity***. 一位称职的法官应该刚正不阿。

②完整 They tried to keep the ***integrity*** of their culture. 他们竭尽全力保持自己的文化完整无缺。

搭 a man of integrity 正直的人 // moral integrity 骨气，气节 // territorial integrity 领土完整

integrate /ˈɪntɪgreɪt/

v. (*~into, with*)(使)成为一体 The buildings are well ***integrated with*** the landscape. 这些建筑和周围的自然景物浑然一体。// The child was only adopted a year ago, but she has completely ***integrated into*** the family's life. 这个孩子虽然才领养一年，但她已经完全融入了这个家庭的生活中。

派 **disintegrate** *v.* 粉碎，瓦解

integration /ˌɪntɪˈgreɪʃən/

n. 综合，融合 the ***integration*** of European economies 欧洲各国经济的一体化 // ***Integration*** of the public schools is still a goal. 在公立学校实现种族融合仍然是一个目标。

segregate /ˈsegrɪgeɪt/

vt. 使隔离 Some restaurants began to ***segregate*** smokers from other diners. 一些饭店开始把吸烟的顾客同其他顾客分隔开。

搭 segregate... and/from... 把……和……分开

treatment /ˈtriːtmənt/

n. ①治疗;疗法 dental ***treatment*** 牙科治疗

②对待; 待遇; 处理 She has been giving me the silent ***treatment***. 她在跟我冷战。

③(对某一主题)探讨,讨论 I didn't think the film gave the issue serious ***treatment***. 我认为这部电影没有严肃探讨这个问题。

emergency /ɪˈmɜːdʒənsɪ/

【助记】emerg(出现)+ency→突然出现→紧急情况

n. 紧急情况,非常时刻 It's an ***emergency***! 十万火急!

搭 in an emergency / in case of emergency 遇到紧急情况, 在紧急关头 // rise to the emergency (occasion) 能够应付紧急事变 // emergency treatment 急诊,急救

crisis /ˈkraɪsɪs/

n. 危机; 决定性时刻 Cars lined up for gas during the energy ***crisis*** of 1972. 在1972年能源危机期间, 汽车排着长队加油。// In times of ***crisis*** you find out who your real friends are. 危难关头你就会发现谁是真正的朋友。

搭 at a crisis 在紧急关头 // come to/face a crisis 陷入危机/面临危局 // pass a crisis 渡过危机,脱离危险期

用 复数形式为crises。

> 【归类卡片】名词复数不规则变化中的规则
>
> analysis—analyses 分析
>
> basis—bases 基础
>
> diagnosis—diagnoses 诊断
>
> emphasis—emphases 重点
>
> hypothesis—hypotheses 假设
>
> thesis—theses 论文

trend /trend/

n. ①趋势 The ***trend*** of modern living is to exercise regularly and eat wisely. 有规律地锻炼、有节制地饮食是现代生活的趋势。

②时尚 SOHO has become a new international ***trend***. 在家办公已成为一种国际新时尚。

pace /peɪs/

n. ①(一)步 I moved forward a couple of ***paces***. 我向前移动了几步。

②速度 I cannot walk at that ***pace***. 我无法以那种速度行走。

vi. 踱步 She ***paced*** up and down the room, waiting for the phone to ring. 她在房里踱来踱去,等着电话响。

搭 pace up and down 来回踱步,走来走去 // set the pace 起带头作用 // keep pace (with) (与……)齐步前进 She found it hard to ***keep pace with*** him as he strode off. 他大步走开了,她感到很难跟上他。

stride /straɪd/

vi. 大踏步走 The policemen ***strode*** along the road. 警察沿路大踏步行走。

n. ①大步;步法 have a fine ***stride*** 大踏步悠然自得地走

②[常 *pl.*]进展 We've made great ***strides*** in medical technology this century. 本世纪我们在医疗方面取得了巨大的进步。

搭 stride across/over sth. 一步跨越某物 // take in (one's) stride 轻而易举地应付// make great/rapid strides 大有进步,进展迅速,大跃进 // get into/hit/strike one's stride 达到最佳竞技状态

用 过去式 strode,过去分词 stridden。

prior /ˈpraɪə/

a. 优先的,在前的 It happened ***prior*** to her departure. 这事是在她走前发生的。// In emergency, children are always ***prior*** to all others to be considered. 在发生紧急情况时,总是优先考虑儿童。

搭 prior to 在……之前

priority /praɪˈɒrɪtɪ/

n. ①优先(权)【同 precedence】If medical supplies are short, children will be given ***priority***. 如果医疗供应品短缺的话,儿童将得到优先考虑。

②优先考虑的事 top ***priority*** 最优先考虑的事情

搭 give (first/top) priority to... 给……以(最)优先权,优先处理……

superior /suːˈpɪərɪə/

【助记】super(above)+ior(比较级词尾)→上级的

a. ①上级的，较高的【反 inferior】 a ***superior*** court 上级法院

②(~*to*)较好的；优良的【反 inferior】 This candidate is clearly ***superior to*** others. 这个候选人显然比别的候选人强。// They counted themselves the most ***superior*** race in the world. 他们把自己看作世界上最优等的民族。

③有优越感的 a ***superior*** smile/look/air 带优越感的微笑/样子/神态

n. 上级 obey one's ***superiors*** 服从上级

> 【归类卡片】本身含有比较的意义，不需用比较级的形容词
> inferior superior junior senior prior

superiority /suːˌpɪərɪˈɒrɪtɪ/

n. 优越 The official always has a sense of ***superiority***, as he often assumes an air of ***superiority*** before others. 这个当官的总有那么一种优越感，老在别人面前摆架子。

用 superiority (of A) over/to B (in...) 表示"(在……方面)(A)相对于B的优势或优越性"。

parallel /ˈpærəlel/

【助记】para(旁边)+llel→在彼此的旁边→并列的

n. ①相似处 There are few ***parallels*** between the American football and European football. 美式橄榄球和欧洲足球没有什么相似之处。

②平行线；纬线 the area north of the 35th ***parallel*** 35度纬线以北的地区

a. ①平行的；并列的 ***parallel*** lines 平行线

②类似的 Stamp collecting and coin collecting are ***parallel*** hobbies. 集邮和收藏硬币是相似的爱好。

vt. 与……相似，比得上 Does the geology of Mars ***parallel*** in any way that of Earth? 火星和地球的地质状况有什么相似之处吗？// No one has ***paralleled*** his success in business. 没有人能与他在商业上的成功相匹敌。

搭 have no parallel / be without parallel 无与伦比，举世无双 // be parallel to/with... 与……平行；与……相似 // parallel... with... 把……和……相比

派 **unparalleled** *a.* 无比的，空前的

subordinate /səˈbɔːdɪnət/ *a./n.* /səˈbɔːdɪneɪt/ *vt.*

【助记】sub(under)+ordin(顺序)+ate→顺序在下的→下级的

a. ①下级的，级别低的 a ***subordinate*** officer 下级军官

②(~*to*)次要的 All the other issues are ***subordinate to*** this one. 这个问题是最主要的问题。

n. 下级，部属 Nearly all his ***subordinates*** adored him. 几乎所有的下属都崇拜他。

vt. 使从属于 We should ***subordinate*** our personal interests to those of the collective. 我们应该让个人利益服从集体利益。

派 **subordination** *n.* 下属；隶属；(语法)主从关系

affiliate /əˈfɪlɪeɪt/ *vt.* /əˈfɪlɪɪt/ *n.*

vt. 使隶属于 The Radcliffe College is ***affiliated*** with Harvard University. 拉德克利夫学院附属于哈佛大学。

n. 附属机构 foreign ***affiliate*** 外国联属企业

搭 be affiliated to/with 附属于…… // affiliate oneself to/with 成为……的会员，加入

派 **affiliation** *n.* 联系，从属关系；并入

prestige /preˈstiːʒ/

n. 威信，威望 The old universities of Oxford and Cambridge still have a lot of ***prestige***. 历史悠久的牛津大学和剑桥大学仍有很高的声望。

派 **prestigious** *a.* 有声望的，有威信的

envy /ˈenvɪ/

vt. 妒忌 Don't ***envy*** what they gained; they sweat for it! 别嫉妒他们得到的，他们是付出了努力才获得的。

n. ①妒忌，羡慕 I'm green with ***envy***. 我羡慕死啦。

②妒忌的对象，羡慕的目标 Her new sports car was the ***envy*** of all. 她的新跑车成了大家羡慕的对象。

派 **envious** *a.* 羡慕的，嫉妒的

jealous /ˈdʒeləs/

a. ①妒忌的 Some girls easily get ***jealous*** of other girls' beauty. 有些女孩容易妒忌其他女孩的美貌。

②精心守护的 He's ***jealous*** of his reputation. 他珍惜自己的名誉。

搭 be jealous of... 妒忌、羡慕；珍视

派 **jealousy** *n.* 嫉妒，妒忌

commute /kəˈmjuːt/

vi. 通勤，经常乘车往返于两地 She ***commutes*** from

Oxford to London every day. 她每天往返于牛津和伦敦之间。

vt. ①减(刑) The sentence was later ***commuted*** to life imprisonment. 这个判决后来减为终身监禁。

②折合 He ***commuted*** his pension for a lump sum. 他把按时分期领取的退休金改为一次领清。

n. 上下班交通 My morning ***commute*** takes 45 minutes. 我早上在上班路上要花 45 分钟。

搭 commute A for/into B 将 A 换成 B，将 A 折算为 B

migrate /maɪˈgreɪt/

【助记】migr(移动)+ate→迁移

vi. ①(候鸟等)迁徙 Some birds ***migrate*** to find warmer weather. 有些鸟迁徙以寻找更温暖的气候。

②移居 Americans have been ***migrating*** south and west in larger number since World War II. 二战后，美国人一直在以更大的规模向南部和西部迁徙。

派 **migration** ***n.*** 迁徙,移居

emigrate /ˈemɪgreɪt/

【助记】e(out)+migrate(移动)→向外移动→移居国外

vi. 移居国外【反 immigrate】He ***emigrated*** from Britain to America to find work. 为了找工作，他从英国移居到了美国。

派 **emigrant** ***n.*** 移居外国的人 // **emigration** ***n.*** 移居外国

immigrate /ˈɪmɪgreɪt/

vi. (为定居而从外国)移入 Robert ***immigrated*** from Jamaica when he was 10. 罗伯特 10 岁时从牙买加移民到这里。

派 **immigration** ***n.*** 移民入境；移民总数；移民局入境检查处

immigrant /ˈɪmɪgrənt/

n. 移民 New York has a huge number of ***immigrants***. 纽约有大量的移民。

派 **immigrate** ***v.*** 移居入境

mingle /ˈmɪŋgl/

v. ①(使)混合 excitement ***mingled*** with nervousness 既兴奋又紧张 // The smell of perfume and sweat ***mingled*** in the air. 空气中香水味和汗臭味混在一起。

②相交往 The old woman didn't ***mingle*** much with people. 那位老太太不大与人交往。

搭 mingle with sth. / be mingled with sth. 与某事物混合 // mingle with sb. 与某人交往、交流

colony /ˈkɒlənɪ/

【助记】colon(栖息)+y→(外来人)栖息的地方→殖民地

n. ①殖民地 Australia is a former British ***colony***. 澳大利亚以前是英国殖民地。

②(侨民等)聚居区 There are many Chinese ***colonies*** in San Francisco. 在旧金山有很多华侨聚居区。// an artists' ***colony*** 艺术家聚居区

③(动植物的)群体，集群 a ***colony*** of ants 一个蚂蚁群

派 **colonialist** ***n.*** 殖民主义者 ***a.*** 殖民主义的

colonial /kəˈləʊnɪəl/

a. 殖民地的 The Latin American and African people have successfully fought against ***colonial*** rule. 拉丁美洲和非洲人民成功地进行了反对殖民统治的斗争。

conquer /ˈkɒŋkə/

【助记】con(完全)+quer(追求)→追求的目标全部得到→征服

vt. ①攻占，征服 The Normans ***conquered*** England in 1066. 诺曼人于 1066 年攻占了英格兰。

②击败 The Zulus ***conquered*** all the neighboring tribes. 祖鲁人打败了所有邻近的部落。

③破除，克服 ***conquer*** bad habits 克服不良习惯 // There has been a tremendous international effort to ***conquer*** cancer. 全世界都已经为攻克癌症花费了大量的精力。

派 **conqueror** ***n.*** 征服者 // **conquest** ***n.*** 征服

military /ˈmɪlɪtərɪ/

【助记】milit(战斗)+ary→军事的；军队

a. 军事的 He advocates reducing ***military*** spending. 他主张削减军费开支。

n. [*the*~]军队 My brother is in ***the military***. 我兄弟在部队服役。

militant /ˈmɪlɪtənt/

a. 好斗的 The ***militant*** Palestinian guerrillas often attack the Israeli soldiers. 激进的巴勒斯坦游击队经常袭击以色列士兵。

n. 激进分子 an Islamic ***militant*** 一名以色列激进分子

invade /ɪn'veɪd/

【助记】in(into)+vad(走)+e→强行走进去→侵入

v. ①侵入，侵略 Hitler ***invaded*** Poland in 1939. 希特勒于1939年入侵波兰。// troops awaiting the signal to ***invade*** 等待入侵信号的部队

②侵扰，侵犯(权利等) Famous people often find their privacy ***invaded*** by the press. 名人常常发现他们的隐私被新闻界侵犯。

派 **invader** ***n.*** 侵略者;侵入物 // **invasive** ***a.*** 入侵的 // **invasion** ***n.*** 入侵

assault /ə'sɔːlt/

vt. 猛烈地攻击 Policemen were ***assaulted*** by demonstrators. 警察遭到示威者的袭击。

n. 攻击 There are many violent ***assaults*** in Jerusalem between the Israelites and Palestinians. 耶路撒冷常常爆发以色列人与巴勒斯坦人的暴力冲突。

搭 make a surprise assault on... 对……进行突袭 // take a town by assault 强占一座城市

raid /reɪd/

vt. ①突袭 Japanese ***raided*** the Pearl Harbor, which made Americans involved in the war. 日本人对美国珍珠港进行了突然袭击，从而使美国卷入了战争。

②(警察等)突击查抄 Suspected drug dealers' homes were ***raided***. 贩毒嫌疑分子的家被突击搜查。

③抢劫，打劫 She ***raided*** Jim's cash-box. 她洗劫了吉姆的钱箱。

n. (突然)袭击;(警察等)突入查抄;打劫 an air ***raid*** 空袭 // dawn ***raid*** 拂晓搜查 // a bank ***raid*** 银行抢劫

搭 make/launch a raid on... 突袭……

派 **raider** ***n.*** 袭击者

impair /ɪm'peə/

【助记】im+pair(一对)→将力量一分为二→削弱

vt. 损害，削弱 Do not boil the sauce as this can ***impair*** the flavor. 调味汁不要煮沸，否则会影响味道。// His age ***impaired*** his chances of finding a new job. 年龄影响他找到新工作的机会。

compel /kəm'pel/

【助记】com(with)+pel(驱使)→强迫

vt. 强迫 I was ***compelled*** to acknowledge the force of his argument. 我不得不承认他的论据有力。

搭 compel sb. to do sth. 强迫、迫使某人做某事

派 **compelling** ***a.*** 令人信服的;引人入胜的

> **雅思真题** Throughout the course of history, people have travelled for purposes of trade, religious conviction, economic gain, war, migration and other equally ***compelling*** motivations. 纵观历史长河，人们出行的理由很多：贸易、宗教信仰、经济利益、战争、移民以及其他一些强有力的动机。

impose /ɪm'pəuz/

【助记】im(upon)+pos(放)+e→置于其上→强加给

vt. ①(~*on*)把……强加于 You can express your opinion, but don't try to ***impose*** your ideas ***on*** others. 你可以发表意见，但不要试图把自己的想法强加给别人。

②征(税等) New duties were ***imposed*** on wines and spirits. 酒类被加征新税。

派 **imposing** ***a.*** 壮丽的，雄伟的 // **imposition** ***n.*** 强加;征收;施加

tax /tæks/

n. ①税(款) Some movie stars were fined for ***tax*** evasion. 一些电影明星因为逃税被罚款。

②负担 Climbing stairs is a ***tax*** on a weak heart. 爬楼梯对于心脏不好的人是一个负担。

vt. ①对……征税 It's unfair to ***tax*** rich and poor alike. 贫富同样课税不公平。

②使负重担 Reading in a poor light ***taxes*** the eyes. 在暗淡的光线下看书很累眼睛。

派 **taxation** ***n.*** 课税，税款

revenue /'revɪnjuː/

n. ①收入，收益 advertising ***revenue*** 广告收入

②(政府的)税收，岁入 Tax fraud costs the country millions in lost ***revenue***. 骗税使国家损失数以百万计的税收。

tariff /ˈtærɪf/

n. ①关税 There is a very high *tariff* on jewelry. 宝石类的税率很高。

②(旅馆、饭店等)价目表 A copy of the *tariff* is placed in each bedroom. 每一卧室有一份价目表。

levy /ˈlevɪ/

vt. 征收(税等) The government has decided to *levy* a tax on import cars. 政府决定征收进口汽车税。

n. 征税,税款 They want to impose a *levy* on landfill waste. 他们想对需要填埋的垃圾课税。

necessity /nɪˈsesɪtɪ/

n. 必需品;必要 Food and water are the *necessities* of life. 食品和水是生活的必需品。// He seemed to feel the *necessity* of some slight explanation. 他似乎感到有必要略做解释。

搭 be in necessity 处于贫困的境地 // the necessities of life / daily necessities 生活必需品 // of necessity 无法避免地,必定 The summary of his findings is, *of necessity*, very brief. 他研究成果的总结必定很简短。

雅思真题 Using alternative fuels and improving energy efficiency is thus both an ecological *necessity* and a technological challenge. 使用代替燃料、提高能源的利用效率既是生态的需要,也是技术的挑战。

necessitate /nɪˈsesɪteɪt/

【助记】necessit(必要的)+ate(使)→使成为必要

vt. 需要 The increase in population *necessitates* a greater food supply. 人口的增加需要更多的食物供应。

enterprise /ˈentəpraɪz/

n. ①事业 undertake an *enterprise* 创办事业

②进取心 a woman with *enterprise* and creativity 富有开创精神的妇女

③企业单位 Conservative governments in Britain favour private *enterprise*. 英国的保守党政府赞成企业由私人经营。

merge /mɜːdʒ/

v. (使)结合,(使)合并 The steel trusts *merged* various small businesses. 钢铁托拉斯联合兼并了许多小企业。

搭 merge with... 与……合并 // merge sth. with... 将某物与……合并 // merge sth. into... (将某物)合并进、合并成…… // merge into sth. 慢慢融入某物,逐渐消失在某物之中

incorporate /ɪnˈkɔːpəreɪt/

【助记】in(into)+corpor(团体)+ate→使进入团体→合并

v. ①包含 Our original proposals were not *incorporated* in the new legislation. 新立法没有包括我们当初的提议。

②把……合并,使并入 The three largest Japanese banks *incorporated* into the world's largest banking group. 日本最大的三家银行合并,组建了全球最大的金融集团。// The computer company will be *incorporated* with another. 该计算机公司将与另一家合并。

consolidate /kənˈsɒlɪdeɪt/

【助记】con(完全)+solid(固体)+ate→巩固

v. ①巩固 His successful negotiations with the Americans helped him to *consolidate* his position. 他与美国人的成功谈判巩固了他的地位。

②合并 Several small businesses *consolidated* to form a large powerful company. 几家小企业合并成了一家实力雄厚的大型公司。

solidarity /ˌsɒlɪˈdærɪtɪ/

【助记】solid(固定的)+arity→把……固定在一起→团结

n. 团结一致 A lot of people joined with us as an act of *solidarity*. 许多人都加入我们以示团结一致。

搭 in solidarity with 声援

solitary /ˈsɒlɪtərɪ/

【助记】sol(单独的)+itary→单独的

a. ①单独的,独自的 She enjoys long *solitary* walks. 她喜欢独自长距离散步。

②唯一的,单个的 A *solitary* light burned dimly in the hall. 大厅点着一盏孤灯。

③独居的,孤独的 He lived a poor and *solitary* life. 他过着孤苦伶仃的生活。

desolate /ˈdesələt/ *a.* /ˈdesəleɪt/ *vt.*

【助记】de(away)+sol(单独)+ate→孤独的

a. ①荒芜的，荒废的 *desolate* moorland 荒凉的高沼地

②孤独的，忧伤的 He has been *desolate* since his wife died. 自从妻子去世后，他一直很孤独。

vt. ①使悲伤孤独 The old man was *desolated* after his son went abroad. 儿子出国后，老人变得孤苦伶仃。

②使荒芜 The land was *desolated* by floods. 洪水使田野一片荒芜。

派 desolation *n.* 荒芜；凄凉，孤寂

emerge /ɪˈmɜːdʒ/

【助记】e(out)+merg(浸没)+e→从浸没状态中浮现出来→出现

vi. ①(~*from*)浮现，出现 The moon *emerged from* behind the clouds. 月亮从云层后露出来。

②(事实等)暴露 Eventually the truth of the matter *emerged* from the fact. 事情的真相终于暴露了。

派 emergence *n.* 出现；暴露 // emergent *a.* 突然出现的；紧急的 // emerging *a.* 新兴的

雅思真题 Excellence does not *emerge* without appropriate help. 没有恰当的帮助，很难成就优秀。

submerge /səbˈmɜːdʒ/

【助记】sub(under)+merg(浸没)+e→浸没到下面→淹没

vi. 潜入水中 The submarine *submerged*. 潜艇潜入水中。

vt. 浸没，淹没 The tunnel entrance was *submerged* by rising sea water. 隧道入口被涨起的海水淹没。

immerse /ɪˈmɜːs/

【助记】im(into)+mers(沉)+e→沉浸

vt. ①使浸没 He lay *immersed* in a hot bath. 他躺在浴缸中，把身子浸泡在热水里。

②(~*in*)使专心于 Nowadays, very few men can *immerse* themselves completely *in* research work. 如今，很少有人能够潜心钻研学问。

dip /dɪp/

vt. 浸，蘸 *Dip* the strawberries into melted chocolate. 把草莓浸到溶化的巧克力里。

vi. 落下 We watched the sun *dip* below the horizon. 我们看着太阳落到地平线下。

搭 dip into 随便翻阅，浏览；从……中取出 It's the kind of book you can *dip into* now and again. 这是可以不时翻阅一下的那种书。

> 【辨析】表示“沉浸，浸入”的动词
>
> immerse：侧重全部被液体所覆盖，也可用于比喻义“使专心于”
>
> dip：指部分地、短暂地或轻微地放进液体
>
> submerge：指长时间完全浸入、潜入，强调浸入液体深层

soak /səʊk/

v. ①浸泡 *Soak* the vegetables before cooking to clear the remnant of pesticides. 蔬菜在烹饪之前要浸泡以清除农药残余物。// Your shirt is *soaking* in the tub. 你的衬衫在桶里泡着。

②(使)湿透 If you don't take your umbrella, you're going to get *soaked*. 你如果不带伞，就会被淋成落汤鸡。

搭 soak up 吸收，摄取 The cells will promptly start to *soak up* moisture. 细胞会很快开始吸收水分。

saturate /ˈsætʃəreɪt/

【助记】satur(full)+ate(使)→使饱和

vt. ①使湿透，浸湿【同 soak】Water poured through the hole, *saturating* the carpet. 水从洞里流出来，浸湿了地毯。

②使饱和 The market for used cars is *saturated*. 旧车市场已经饱和。

派 saturation *n.* 饱和

spill /spɪl/

【助记】s+pill(药丸)→药丸洒了一地→洒落

v. 溢出，洒落 It's no use crying over *spilt* milk! 牛奶洒了，哭也没用！// He slipped and the wine *spilled* all over the carpet. 他滑了一下，酒洒得满地毯都是。

n. 溢出 The oil *spill* in Alaska threatens ecological catastrophe. 发生在阿拉斯加的石油外溢将会造成生态灾难。

用 过去式、过去分词 spilled/spilt。

drain /dreɪn/

v. ①排走 The rainwater *drained* away slowly because the drain was blocked. 雨水排得很慢，因为排水沟给堵住了。// We *drained* the pond and filled it with fresh water. 我们把池塘中的水放干后重新注入清水。

②渐渐耗尽 The state's finances have been *drained* by drought and civil disorder. 国家财

政已经被旱灾和内乱消耗殆尽了。

③使疲劳 The long journey completely ***drained*** me. 这次长途旅行可把我给累垮了。

④喝光 Hanna ***drained*** her cup. 汉娜把杯子里的饮料喝光了。

n. ①耗竭 Military spending is a huge ***drain*** on the country's resources. 军费开支是对国家资源的巨大消耗。// brain ***drain*** 人才外流

②排水管 Tony built his own house and laid his own ***drains***. 托尼盖了自己的房子，铺设了自己的排水管道。

搭 down the drain 处于被浪费或丢失的状态

派 **drainage *n.*** 排水系统；排水

split /splɪt/

v. ①分裂 They tried to ***split*** the United Church of Catholicism. 他们曾经试图分裂联合天主教会。

②撕裂 He ***split*** his pants at the seams when he bent over. 他弯下身去时，把裤子接缝绷裂了。

③分担，分摊 Let's ***split*** the cost of the meal. 我们分摊餐费吧。

n. ①裂口 a ***split*** in the trousers 裤子上的一个口子

②分裂 Arguments over admitting women to the club may lead to a ***split***. 在接受妇女参加俱乐部问题上的争论能导致分裂。

搭 split up 断绝关系；划分 In 1991, the USSR ***split up*** into its constituent republics. 1991年，前苏联分裂成为联邦的各个共和国。

用 过去式、过去分词 split。

crack /kræk/

v. ①(使)破裂，(使)产生裂纹 In cold weather, boiling water can ***crack*** the glass. 在寒冷的天气，沸腾的开水会把玻璃杯烫裂。

②(使)噼啪地响 The whip ***cracked*** threateningly. 鞭子挥得噼啪响，很吓人。

③打，击，撞 I slipped and ***cracked*** my head on the door. 我滑了一跤，头撞在门上。

n. ①裂缝 There's a ***crack*** in this cup. 这个杯子上有个裂缝。

②噼啪声 a ***crack*** of thunder 一声霹雳 // the sharp ***crack*** of a twig 树枝清脆的断裂声

搭 get cracking 赶紧，尽快 // crack up (精神)崩溃 // crack down 镇压 The government ***cracked down*** on violators. 政府对于违法者采取严厉手段。

leak /liːk/

v. ①(使)漏 My car seems to be ***leaking*** oil. 我的汽车好像正在漏油。// The water pipes ***leak***. 水管漏了。

②泄露【同 disclose】 Details of his business dealings were ***leaked*** to the press. 他商务往来的详情已被泄漏给新闻界了。

n. ①漏洞；泄漏 There's a ***leak*** in the roof—the rain's coming in. 房顶有漏洞，雨往里进。// A gas ***leak*** can result in a fire. 煤气泄漏可能会引起火灾。

②(消息等的)走漏 There has been a ***leak*** of information. 走漏了风声。

drip /drɪp/

v. 滴 He was ***dripping*** with sweat. 他浑身是汗。// John come in, his arm ***dripping*** blood. 约翰进来了，他的手臂在滴血。

n. ①滴水声 The silence was broken only by the steady ***drip*** of water from the roof. 只有屋顶上滴答滴答持续不断的滴水声打破了寂静。

②滴下的液体 A ***drip*** of water ran down her forehead. 一滴水顺着她的前额往下淌。

omit /əʊˈmɪt/

vt. 省略；遗漏 ***omit*** an item from a list 从目录中略去一项 // Tell us everything that occurred. Don't ***omit*** any detail. 告诉我们所发生的一切，不要漏掉任何细节。

搭 omit to do/doing sth. 未做某件事/漏做某件事

派 **omission *n.*** 省略；遗漏

erase /ɪˈreɪz/

【助记】e(out)+rase(擦)→擦掉

vt. 擦掉，清除 The computer crashed, and all our records were ***erased***. 电脑死机了，我们所有的记录都清除了。

派 **eraser *n.*** 擦除器，消磁器

extinguish /ɪkˈstɪŋgwɪʃ/

vt. ①熄灭 The fire was finally ***extinguished*** by the firemen. 大火终于被消防队员们扑灭了。

②使消亡，使破灭 All hope was almost ***extinguished***. 几乎所有的希望都破灭了。

派 **extinguisher *n.*** 灭火器，熄灭者

horror /'hɒrə/

n. ①恐怖,震惊【同 terror】*Horror* films make your flesh crawl. 恐怖影片令人毛骨悚然。

②憎恶 He has a *horror* of snakes. 他非常怕蛇。

③令人恐怖的事物(或人) Her son is right a little *horror*. 她儿子是个不折不扣的小淘气。

派 **horrify** *v.* 使恐怖;使震惊 // **horrible** *a.* 令人恐惧的;极讨厌的

dread /dred/

vt. 担忧,畏惧 I've got an interview tomorrow and I'm *dreading* it. 明天我要去面试,我正为此担心呢。// I *dread* to think what will happen if she finds out. 我不敢去想她一旦发现后会出什么事。

n. 担忧,畏惧 They live in *dread* of being caught. 他们生活在会遭到拘捕的恐惧之中。

派 **dreadful** *a.* 可怕的,讨厌的

startle /'stɑːtl/

vt. 使惊吓,使吃惊 He was *startled* by the news. 这消息使他大吃一惊。

terror /'terə/

n. ①恐怖 be in *terror* of... 害怕……

②引起恐怖的人(或事) The whole world has been called on to be against *terror*. 全世界都被号召起来与恐怖活动作斗争。

派 **terrorist** *n.* 恐怖分子

terrify /'terɪfaɪ/

【助记】terri(惊吓)+fy(使)→使惊吓

vt. 使惊吓 The brutal policeman *terrified* the old man into compliance. 那个粗暴的警察恐吓老人,老人只有同意。

myth /mɪθ/

n. ①杜撰出来的人(或事物) It's just a *myth* that divorced dads don't care about their kids. 说爸爸离婚后就不关心自己的孩子了,这不过是无稽之谈。

②神话 *Chang'e Flies to the Moon* is an ancient Chinese *myth*.《嫦娥奔月》是中国古代的一个神话。

legend /'ledʒənd/

n. ①传说 Robin Hood was a well-known figure in English *legends*. 罗宾汉是英国传奇故事中的著名人物。

②传奇人物 Pele, Maradonna and other footballing *legends* have become household figures. 贝利、马拉多纳等足球界传奇人物早已成为家喻户晓的名人。

affirm /ə'fɜːm/

【助记】af(to)+firm(坚固的)→证实

vt. 断言,坚称,证实 The famous singer *affirmed* rumors of an attack. 那位著名歌手证实了袭击的传言。

派 **affirmative** *a.* 肯定的 *n.* 肯定词,肯定的方式

alien /'eɪlɪən/

a. ①外国(人)的【同 foreign】*alien* corporation 外国公司

②怪异的;陌生的【同 strange, unfamiliar】He quickly adjusts to the *alien* environment. 他很快适应陌生的环境。

③截然不同的 The opinions are *alien* to our own ideas. 这些想法与我们的意见截然不同。

④外星人的 an *alien* spacecraft 外星人飞船

n. 外国人;外星人 resident *alien* 外籍居民

alienate /'eɪlɪəneɪt/

【助记】alien(陌生的)+ate(使)→使疏远

vt. ①使疏远,使不友好 The latest tax proposals will *alienate* many voters. 最新的税收建议会使很多选民不投我们的票。

②转让 *alienate* lands 转让土地

differentiate /ˌdɪfə'renʃɪeɪt/

vi. (*~from, between*)区别 Men are *differentiated* from animals in that men can use tools. 人与动物的区别在于人能够使用工具。

vt. ①区别 It is hard to *differentiate* one sample from another. 有时候很难把一个样品和另一个样品区分开来。

②使不同 Quality is what *differentiates* our product from our competitors'. 质量使我们的产品不同于竞争对手的产品。

派 **differentiation** *n.* 区别

同义替换练习

1. One third of the Chinese in the United States live in California, mostly in the San Francisco area.
A. remarkably B. severely C. drastically D. predominantly

2. This book is expected to top the best-seller lists.
A. exemplify B. promote C. prevail D. dominate

3. We find that some birds travel twice a year between hot and cold countries.
A. transfer B. commute C. migrate D. emigrate

4. It is believed that the authorities are thinking of introducing new taxes to raise extra revenue.
A. impairing B. imposing C. invading D. integrating

5. They were completely involved in their scientific research, not knowing what happened just outside their lab.
A. segregated B. dominated C. immersed D. incorporated

6. A house with a dangerous gas leak can be broken into immediately.
A. flow B. split C. mess D. crack

7. I hope that you'll be more careful in typing the letter. Don't miss out anything.
A. lack B. withdraw C. omit D. leak

8. In today's class, the students were asked to remove their mistakes on the exam paper and put in their possible corrections.
A. cancel B. segregate C. extinguish D. erase

9. All the arrangements should be completed before your departure.
A. prior to B. superior to C. contrary to D. parallel to

10. Crime is increasing worldwide, and there is every reason to believe the trend will continue into the next decade.
A. emergency B. tendency C. pace D. schedule

答案与译文

1. **[D]** 在美国的华人有1/3居住在加利福尼亚州，主要分布在旧金山地区。
2. **[D]** 预计这本书将长时间占据畅销书排行榜榜首。
3. **[C]** 我们发现一些鸟每年都会在炎热和寒冷的国家之间迁徙两次。
4. **[B]** 人们相信政府在考虑征收新的税款以增加收入。
5. **[C]** 他们埋头于科学研究，连实验室外面发生了什么事情都不知道。
6. **[A]** 如果一个房子有严重的煤气泄漏现象，他人可以立即破门而入。
7. **[C]** 我希望你在打这封信时更仔细一些，不要遗漏任何东西。
8. **[D]** 在今天的课上，学生们被要求擦掉试卷上的错误并写上可能的改正内容。
9. **[A]** 在你出发前，所有的安排都必须完成。
10. **[B]** 全世界的犯罪率在上升，有充分的理由认为这种倾向会继续到下一个10年。

Lesson 24

词根词缀表

min(i) 小的	diminish ***v.*** 变少	**rupt** 断裂	interrupt ***v.*** 打断
solv 松开	dissolve ***vi.*** 溶解	**ven, vent** 来	intervene ***vi.*** 干涉
ple, pli, ply 充满	supplement ***n.*** 补充	**forc** 力量,强壮	enforce ***vt.*** 强迫
tempt 尝试	temptation ***n.*** 诱惑	**leg** 法律	legislation ***n.*** 法律
bat 打	combat ***n.*** 战斗	**simul** 相同	simulate ***vt.*** 模仿

soar /sɔː/

vi. ①猛增 The temperature ***soared*** to 35℃. 气温骤升到35℃。

②高飞,升腾 The space shuttle ***soared*** into orbit. 航天飞机直冲而上,进入了轨道。

③(情绪、期望等)高涨【反 sink】Adam's smile sent her spirits ***soaring***. 亚当的微笑使她的神采飞扬。

④高耸,屹立【同 tower】The tower ***soars*** skyward. 此塔高高耸立。

shrink /ʃrɪŋk/

v. ①收缩 This detergent won't ***shrink*** wool. 这种洗洁液不会使毛料收缩。// Will it ***shrink*** if I wash it? 要是我用水洗,它会缩水吗?

②退缩 A shy man ***shrinks*** from meeting strangers. 羞怯的人怕见生人。

搭 shrink from (doing) sth. 回避(做)某事

用 过去式 shrank,过去分词 shrunk。

decrease /dɪˈkriːs/

v. 减小,减少【反 increase】They are making efforts to ***decrease*** the military spending. 他们正在努力减少军费开支。// The population of the area has ***decreased*** radically. 该地区的人口急速下降。

n. 减少,减小 There has been a steady ***decrease*** in population in this city. 这个城市的人口在持续下降。

搭 decrease to... 减少到…… // decrease by... 减少了……

diminish /dɪˈmɪnɪʃ/

【助记】di+mini(小的)+sh(使)→变小

v. 变少,变小,降低 The heat ***diminished*** after the heavy rain. 一场大雨后,温度降了下来。// These drugs ***diminish*** blood flow to the brain. 这些药物会减少流向大脑的血液量。

> **雅思真题** Conversely, teachers who have a tendency to "overdirect" can ***diminish*** their gifted pupils' learning autonomy. 相反,有"过度指导"倾向的教师会减弱有天赋的学生的学习自主性。

compress /kəmˈpres/

【助记】com(一起)+press(压)→压缩

v. ①压紧,压缩 The machine ***compresses*** old cars into blocks of scrap metal. 机器把废旧汽车压成一块块的废钢铁。// Her face ***compressed*** into a frown. 她紧绷着脸,眉头皱了起来。

②使(语言)变简练 Try to ***compress*** and simplify your notes so that they are easier to learn. 尽量压缩并简化你的笔记,这样记起来比较容易。

搭 condense... into... 把……压缩或浓缩成……;把……简述成……

派 **compressor** ***n.*** 压缩机,压气机

condense /kənˈdens/

【助记】con(一起)+dens(密集的)+e→压缩

v. ①(使)凝结 The drop in temperature ***condensed*** the steam to water. 温度下降使蒸汽凝成了水。// Steam ***condenses*** into water when cooling down. 蒸汽冷却时凝结成水。

②浓缩,压缩,简缩 ***condensed*** soup 浓汤 // The lecturer was asked to ***condense*** his speech into only one sentence. 那个演讲者被要求用一句话来总结他的演讲内容。

【辨析】表示“压缩”的动词

compress:“压缩”,指被压缩的东西仍保持原来的整体,但体积变小,强调通过外力的挤压使变小或成某种形态

condense:“浓缩”,指增加某物的密度或浓度;还有“精简”的意思,即把一本书、一篇文章、一段讲话等作提炼,但保持其原有本质

dissolve /dɪ'zɒlv/

【助记】dis(apart)+solve(松开)→分解开来→溶解

vi. ①溶解 The tablet hasn't ***dissolved*** completely yet. 药片还没有完全溶解。

②变弱,消失 Her objections to the plan began to ***dissolve***. 渐渐地,她对这项计划不再持反对意见了。

vt. ①使溶解 ***dissolve*** sugar in water 把糖溶解在水里

②解散 People ***dissolved*** parliament and called for new elections. 人们解散议会,要求重新选举。

派 **dissolution** ***n.*** 解散;溶解

soluble /'sɒljubl/

a. ①可溶的 Salt is ***soluble*** in water very easily. 盐在水中很容易溶解。

②可解决的 ***soluble*** mysteries 能解之谜

vanish /'vænɪʃ/

【助记】van(空的)+ish→空无一物→消失

vi. 消失 Wonderful dreams may come true or may ***vanish*** into thin air. 美梦也许会成真,也许会成为泡影。

搭 vanish into thin air / vanish from sight 消失不见 // vanish into nothing 化为乌有

【辨析】表示“消失”的动词

disappear:一般用词,指突然地或逐渐地、暂时地或永久地消失

vanish:指突然而神秘地消失,且常有不留任何痕迹的意思

fade /feɪd/

vi. ①褪去,褪色 The colors of the photograph have ***faded*** with time. 随着时间的推移,相片褪色了。

②逐渐消失,变微弱 The sound of the cheering ***faded*** away in the distance. 欢呼声在远处逐渐消失了。

③凋谢,枯萎【同 wither】The flowers were ***fading*** in the vase. 花瓶里的花在凋谢。

vt. 使褪色 The strong sunlight can ***fade*** the curtains. 强烈的阳光会使窗帘褪色。

diet /'daɪət/

n. ①日常饮食 Proper ***diet*** and exercise are both important for health. 适当的饮食和运动对健康都很重要。

②特种饮食 A sugar-free ***diet*** is recommended for diabetics. 糖尿病患者建议使用无糖食谱。

vi. 节食 I've ***dieted*** all the month and lost only one pound. 我整个月都节食,但体重只减轻了一磅。

搭 on a diet 节食

dine /daɪn/

vi. 进餐 The manager's going to ***dine*** with us tonight. 今晚经理要和我们一起吃饭。

搭 dine and wine sb. 款待某人吃喝;设宴招待 // dine on sth. 吃某物(作为一餐) // dine in/out 在家吃饭;外出吃饭

appetite /'æpɪtaɪt/

n. ①胃口,食欲 A good ***appetite*** is a good sauce. [谚]饥不择食。(好胃口是好的调味汁。)

②欲望 She has an amazing ***appetite*** for knowledge. 她有很强的求知欲。

搭 have an/no appetite for... 喜欢/不喜好……,对……有/没兴致、欲望 // to sb.'s appetite 合某人的口味或心意

supplement /'sʌplɪmənt/ *n.* /'sʌplɪment/ *vt.*

n. ①补充(物) a dietary ***supplement*** 饮食补充物

②增刊 Sunday ***supplement*** 星期天的增刊

vt. 补充 Kate ***supplements*** her regular salary by tutoring in the evening. 凯特靠在晚上当家庭教师来补贴她的固定薪水。

派 **supplementary** ***a.*** 补充的,增补的,额外的

slim /slɪm/

a. ①苗条的 The medicine claims to help ladies to have a ***slim*** body without a diet. 这药物声称可以帮助女士们无须节食就拥有苗条身材。

②薄的 an ultra ***slim*** phone 一部超薄手机

③(机会)少的 There was just a ***slim*** chance of success. 成功的机会很渺茫。

vi. (用运动、节食等)减轻体重 I don't want any

cake; I'm *slimming*. 我什么蛋糕都不想吃，我正在减肥。

slender /ˈslendə/

a. ①苗条的 She has a ***slender*** figure. 她身材苗条。

②微薄的 He lives on a ***slender*** income. 他靠微薄的收入生活。

> **【辨析】表示“瘦的，苗条的”形容词**
> slender：褒义词，指身体细长、苗条的，常含有优雅轻盈的美感，多用于指女性
> slim：指身体细长、苗条，可用于不同性别
> lean：含褒义，强调没有脂肪，指人瘦而健康的

withstand /wɪðˈstænd/

【助记】with(和……在一起)+stand(站)→和你站在一起“承受”压力

vt. 经受，承受 Shakespeare's works undoubtedly ***withstands*** the test of time. 莎士比亚的作品无疑经受住了时间的考验。

用 过去式、过去分词为 withstood。

tempt /tempt/

vt. ①吸引 She was ***tempted*** by the novel advertisement. 她被这新颖的广告吸引住了。

②引诱 The salesman tried to ***tempt*** us into buying a more expensive camera. 那个推销员怂恿我们买更贵的相机。

搭 tempt sb. to do sth./into (doing) sth. 劝说、诱惑某人做某事 // tempt fate/fortune 玩命，冒险

temptation /tempˈteɪʃən/

n. 诱惑 I can resist everything except ***temptation***. (Oscar Wilde) 除了诱惑之外我能抵抗一切。(奥斯卡·王尔德)

搭 resist the temptation of... 抵制……的诱惑，不受……的诱惑

lure /ljʊə/

vt. 诱惑 He's been ***lured*** to the Middle East by the promise of high wages. 他被高工资引诱去了中东。

n. ①吸引力 He couldn't resist the ***lure*** of money. 他不能抵制金钱的诱惑。

②诱饵 Cheese is really a good ***lure*** for mice. 奶酪是很好的引诱老鼠的诱饵。

> **【辨析】表示“引诱，诱惑”的动词**
> tempt：强调明知是错的，还引诱人去做
> lure：强调通过某种物质或是回报来引诱人做某事

bait /beɪt/

【助记】等着(wait)鱼儿来吃饵(bait)

n. ①饵 The fish wouldn't take the ***bait***. 鱼不会上钩。

②诱惑物 The customer takes the ***bait*** and that's it, you've got another sale. 顾客受了诱惑，这一来你又做成了一笔生意。

vt. ①装饵于 The hunter ***baited*** his traps. 猎人在陷阱里下了诱饵。

②故意激怒 Goodman refused to be ***baited*** into saying anything bad about his co-star. 古德曼没有被激怒，对与他共同演出的明星没作任何负面评价。

hook /hʊk/

n. 钩，钩状物 The bait hides the ***hook***. [谚]饵中必有诈。

vt. 钩住 How many fish did you ***hook*** this afternoon? 你今天下午钓到了多少鱼？

搭 hook up 将……接上电源；(~to)将……连接起来 // by hook or crook 不择手段地 // off the hook 脱离困境 The teacher let him ***off the hook*** with a warning this time. 这一次老师放过他，只给了一个警告。

kit /kɪt/

n. ①成套工具 a first-aid ***kit*** 急救包 // shaving/sewing/repair ***kit*** 剃须/缝纫/修理等用的成套工具

②配套元件 an aircraft ***kit*** 一套飞机元件 // He made the model from a ***kit***. 他用一套元件组装成模型。

vt. (~*out*)装备 They were all ***kitted out*** in brand-new ski outfits. 他们配备齐全，包括全新的滑雪服装。

combat /ˈkɒmbæt/

【助记】com(共同)+bat(打)→互相打→战斗

n. 战斗，斗争 The two men were locked in mortal ***combat***. 那两人在进行生死决斗。

vt. 战斗，斗争 The police are now using computers to help ***combat*** crime. 警方现在用计算机来帮助打击犯罪。// They have been ***combating*** the rebels for months. 几个月以来，他们一直在和叛乱分子作战。

派 **combatant** ***n.*** 参加战斗者 // **combative** ***a.*** 好斗的

interrupt /ˌɪntəˈrʌpt/

【助记】inter(between)+rupt(断裂)→打断

v. 打断 It is not polite to ***interrupt*** when someone is talking. 在别人讲话时插嘴是不礼貌的。// She began to explain but I ***interrupted*** her. 她开始解释，但我打断了她。

intervene /ˌɪntəˈviːn/

【助记】inter(between)+vene(来)→来到两者中间→干预

vi. ①干涉 The superpower country likes to ***intervene*** in the internal affairs of other countries. 那个超级大国总是喜欢干涉别的国家的内政。②干扰，阻碍 He would have his degree by now if his laziness hadn't ***intervened***. 如果不是由于他的懒惰，现在他已经获得学位了。

搭 intervene in 插手，干预，调停

派 **intervention** ***n.*** 干涉，介入 // **interventionist** ***n.*** 干涉主义者

disrupt /dɪsˈrʌpt/

【助记】dis(apart)+rupt(断裂)→使中断

vt. 使中断，扰乱 The heavy storm has ***disrupted*** telephone service. 暴风雨使电话中断了。

disregard /ˌdɪsrɪˈɡɑːd/

【助记】dis(not)+re(一再)+gard(留意)→不再留意→漠视

vt. 漠视 He utterly ***disregarded*** my warnings and met with an accident. 他全然不听我的警告，结果出了事故。

n. 漠视 She shows a total ***disregard*** for other people's feelings. 她丝毫不顾及别人的感受。

irritate /ˈɪrɪteɪt/

vt. ①使恼怒 His disloyalty ***irritated*** his wife, who resolutely left home. 他的不忠激怒了他的妻子，她毅然离开了这个家。②使(身体某部分)不适 If you get bits of hair down on the back of your neck, they will ***irritate*** you. 如果头发碎屑落在你脖子后面，你会感到很不舒服。

派 **irritable** ***a.*** 易怒的；过敏的 // **irritating** ***a.*** 恼人的 // **irritation** ***n.*** 激怒；恼人事

intrigue /ɪnˈtriːɡ/

vt. 激起……的好奇心 You once wrote something that has always ***intrigued*** me. 你曾写过一些一直让我感兴趣的东西。

vi. 耍阴谋 I'll never ***intrigue*** against my friends. 我决不会对我的朋友耍阴谋，施诡计。

n. 阴谋 The royal palace was full of ***intrigue***.

搭 intrigue with sb. 与某人阴谋策划 // a master of intrigue 搞阴谋的老手

stimulate /ˈstɪmjuleɪt/

vt. ①刺激，促进 An interest rate increase directly ***stimulates*** saving and reduces real expenditure. 利率的增长直接刺激储蓄并降低实际支出。// The discussions ***stimulated*** a free exchange of ideas. 讨论促进了思想的自由发展。②激励 An inspiring teacher can ***stimulate*** students to succeed. 一个富有启发性的教师可以激励学生取得成功。

派 **stimulation** ***n.*** 激励，促进 // **stimulus** [*pl.* **stimuli**] ***n.*** 刺激(物)；激励

> **雅思真题** The financial crisis ***stimulated*** a debate about the role and purpose of the company and a heightened awareness of corporate ethics. 金融危机激起人们对公司角色和目标的广泛辩论和对企业道德的更多关注。

incur /ɪnˈkɜː/

vt. 招致 ***incur*** criticism 招致批评 // ***incur*** debts 负债 // ***incur*** a loss 蒙受损失 // We ***incurred*** her displeasure. 我们把她惹得很不高兴。

incentive /ɪnˈsentɪv/

n. 刺激，鼓励 Money is still a major ***incentive*** in most occupations. 在许多职业中，钱仍是主要的激励因素。

impulse /ˈɪmpʌls/

【助记】im+puls(驱使)+e→推动

n. ①冲动，一时的念头 Gerry couldn't resist the ***impulse*** to skip work and go down to the beach. 格里抑制不了放下工作去海边的冲动。②推动，驱使 For some people, the prime ***impulse*** of doing business is the making of money. 对有些人来说，经商的主要动力就是赚钱。③脉冲 voltage ***impulse*** 电压脉冲

搭 on impulse 一时冲动 // give an impulse to... 促进…… // a man of impulse 易冲动的人

派 **impulsive** *a.* 易冲动的

instinct /ˈɪnstɪŋkt/

n. ①本能，天性 a lion's ***instinct*** to hunt 狮子猎食的本能 // Struggling for survival is a human ***instinct***. 求生是人类的本能。

②直觉 Her ***instincts*** had been right. 她当时的直觉是对的。

搭 act on instinct 凭直觉行动 // by instinct 出于本能 // have an instinct for... 生来就有……的本能

intuition /ˌɪntjuˈɪʃən/

n. 直觉【同 instinct】Most women like to depend on their ***intuition*** to judge. 大多数女人喜欢凭直觉对事情做出判断。

派 **intuitive** *a.* 直觉的；天生的

surge /sɜːdʒ/

vi. ①(人群等)蜂拥而出 The crowd ***surged*** through the gates. 人群蜂拥通过各个进出口。

②(感情等)洋溢，奔放 Helpless rage ***surged*** up within me. 无法抑制的怒火在我胸中涌起。

③(波涛等)汹涌 The floods ***surged*** over the valley. 水奔腾着涌过山谷。

n. ①(感情等的)洋溢 a ***surge*** of excitement 一阵兴奋

②急剧上升，猛增 We are having trouble keeping up with the recent ***surge*** in demand. 对于近来出现的需求猛增，我们难以应对。

inherent /ɪnˈhɪərənt/

a. (~*in*)内在的，固有的 Polarity is ***inherent in*** a magnet. 极性是磁铁的固有性质。

convention /kənˈvenʃən/

【助记】con(共同)+vent(来)+ion→共同来遵守→公约

n. ①习俗，惯例 social ***conventions*** 社会习俗 // By ***convention***, north is at the top on most maps. 按照惯例，在大部分的地图上北面都在上方。

②公约 the *Geneva* ***Conventions***《日内瓦公约》

③(正式)会议 the Democratic Party ***Convention*** 民主党大会

conventional /kənˈvenʃənəl/

a. 常规的；符合习俗的，因循守旧的 He made a few ***conventional*** remarks about the weather. 他说了几句关于天气的客套话。 // Mother is rather ***conventional*** in her views. 妈妈的观点颇为保守。

remedy /ˈremɪdɪ/

【助记】re+medy(治疗)→治疗

n. ①补救办法 A good night's sleep would be the best ***remedy*** for your headache. 好好地睡一晚是治疗你头痛的最好方法。

②药品，治疗法 There is as yet no known ***remedy*** for cancer. 对癌症尚无治疗的方法。

vt. ①补救 The situation could not be ***remedied***. 情况已无可挽回。

②医治，治疗 ***remedy*** bad eyesight 矫正视力

搭 remedy mistakes/injustice/losses 纠正、挽救错误/不公/损失 // a remedy for a disease 治疗某种疾病的办法、药方 // beyond/past remedy 无法补救

exaggerate /ɪgˈzædʒəreɪt/

v. 夸大，夸张 Commercial advertisements tend to ***exaggerate*** virtues of the advertised products. 商业广告有夸大产品好处的倾向。// I couldn't sleep for three days—I'm not ***exaggerating***. 我三天没睡过觉了——我可不是在说大话。

boast /bəust/

v. ①(~*of*, *about*)夸耀，吹嘘 Nobody should ***boast of*** his learning. 谁也不应当夸耀自己的学识。

②以拥有……而自豪 Our school library ***boasts*** quite a few rare books. 我们学校图书馆以藏有好多珍本书而自豪。

n. 自吹自擂 That brother of yours is full of ***boasts***. 你那个宝贝兄弟满口大话。

搭 make a boast of sth. 夸耀某事

leading /ˈliːdɪŋ/

a. ①最重要的 play a ***leading*** role (in...)(在……中)扮演主角；起主要作用

②首位的，带头的 Ericsson is one of the ***leading*** companies of telecom networking around the world. 爱立信是全球领先的电信网络公司之一。

enrich /ɪnˈrɪtʃ/

【助记】en(使)+rich(富的)→使丰富

vt. ①充实，使丰富 An education ***enriches*** your

mind. 教育能充实人的头脑。

②**使富裕** The expanding economy *enriched* the peasants. 不断发展的经济使农民们富裕起来。

overtake /ˌəuvəˈteɪk/

vt. ①**超过** The car *overtook* the truck. 小汽车超过了大卡车。

②**突然降临于** A storm *overtook* the children. 孩子们遇到了暴风雨。

surpass /səˈpɑːs/

【助记】sur(over)+pass(通过)→超过

vt. **超过，优于** The beauty of the scenery *surpassed* all my expectations. 我万万没想到风景那么漂亮。

enforce /ɪnˈfɔːs/

【助记】en(使)+forc(力量)+e→使有力量实行→实施

vt. ①**实施，执行** Don't stand in the way when the police *enforce* the law. 别妨碍警察执法。

②**强迫** I won't compromise. Don't *enforce* obedience on me. 我不会妥协,不要强迫我服从。

派 **enforcement** *n.* 执行,实施

> 【辨析】表示"强迫、迫使"的动词
>
> compel:由于外力或环境迫使,不得不做自己不愿做的事
>
> enforce:指用强力或威胁迫使某事发生或促使某人行动
>
> force:指用武力等使不情愿的人做某事

violate /ˈvaɪəleɪt/

vt. ①**违反** The construction company *violated* the terms of the contract. 这家建筑公司违反了合同里的条款。

②**亵渎** The soldiers *violated* the church by using it as a stable. 士兵们把教堂当马厩用而亵渎了它。

③**侵犯** You *violated* my privacy. 你侵犯了我的隐私。

派 **violation** *n.* 违反;亵渎;干扰

breach /briːtʃ/

n. ①**破坏，违反** be in *breach* of contract 违反契约

②**(关系的)破裂** A trivial misunderstanding caused a *breach* between them. 小小的误会引起了他们之间的不和。

③**缺口** The huge waves made a *breach* in the sea wall. 大浪在堤上冲出一个缺口。

vt. ①**攻破，在……造成缺口** Demonstrators *breached* police lines around the embassy. 示威者突破了使馆四周的警戒线。

②**破坏，违反**【同 violate】*breach* an agreement 违反协议

legislation /ˌledʒɪsˈleɪʃən/

【助记】leg(法律)+is+lat(带来)+ion→带来法律→立法

n. ①**法律** The government will introduce *legislation* to restrict the sale of firearms. 政府将制定法规限制枪支出售。

②**立法** In the U.S. the right of *legislation* belongs to the Congress. 美国的立法权属于国会。

派 **legislative** *a.* 立法的,有立法权力和职责的 // **legislature** *n.* 立法机关

legitimate /lɪˈdʒɪtɪmɪt/ *a.* /lɪˈdʒɪtɪmeɪt/ *vt.*

【助记】leg(法律)+itim+ate(使)→使合法

a. ①**合情合理的** Sickness is a *legitimate* reason for asking for leave. 生病是请假的一个正当的理由。

②**合法的** *Legitimate* business transactions are under the protection of the law. 合法的商业交易受法律的保护。

vt. **使合法** We want to *legitimate* this process by passing a law. 我们希望通过立法来使这一程序合法化。

派 **illegitimate** *a.* 非法的;不合理的 *v.* 确认为违法

lobby /ˈlɒbɪ/

n. ①**大厅,休息室** the *lobby* of a hotel 酒店大堂

②**院外活动集团** The clean-air *lobby* are/is against the plans for the new factory. 空气清洁运动团体反对设立新工厂的计划。

v. **向(议员等)进行游说** They *lobbied* the bill through Parliament. 他们通过游说使国会通过了这一法案。// The group is *lobbying* for a reduction in defense spending. 该团体正在游说削减国防开支。

> **词源** 本义指"大厅,休息室"。美国国会开会,各地区各行业都派代表去游说议员,维护自己集团的利益。这些游说者通常在议员们必经的大厅等候,因此该词也表示"游说,疏通"。

congress /ˈkɒŋɡres/

【助记】con(一起)+gress(行走)→走到一起开会→代表大会

n. ①代表大会 The National People's *Congress* is regularly held in Beijing. 全国人民代表大会定期在北京举行。

②国会,议会 *Congress* approved the budget. 国会批准了这项预算。

派 congressman *n.* 国会议员

parliament /ˈpɑːləmənt/

【助记】parlia(说话)+ment→"议会"是谈论政事的地方

n. 议会,国会 The *Parliament* decided to impeach the President. 国会决定弹劾总统。

派 parliamentary *a.* 议会的,国会的

supreme /suːˈpriːm/

【助记】supr(above)+eme(最高级)→最高的

a. ①最高的,至上的 Michael Jordan used to reign as the *supreme* player in the NBA. 迈克尔·乔丹曾在美国职业篮球赛中占据至高无上的地位。

②极度的 For me, dieting requires a *supreme* effort of will. 对我来说节食需要极大的意志力。

council /ˈkaʊnsəl/

n. 委员会,理事会 Security *Council* 联合国安理会 // The *council* will not permit you to build here. 委员会不会允许你们在这一带搞建筑。

summon /ˈsʌmən/

vt. ①召唤,传唤 He was *summoned* to appear in court as a witness. 他被传唤出庭作证。

②(~*up*)鼓起(勇气),振作(精神) He could hardly *summon up* the strength to stand up. 他几乎连站起来的力气都没有了。

③召集,召开 *summon* the shareholders to a general meeting 开股东大会

派 summons *n.* 传票,用传票传唤

exempt /ɪɡˈzempt/

【助记】ex(out)+empt(拿)→拿出去→免除

vt. (~*from*)免除,豁免 His identity of a foreign official *exempted* him *from* the customs duties for these basic necessities. 他的外国官员身份使他免缴这些基本必需品的关税。

a. 被免除的 He is *exempt* from military service because of his bad sight. 他由于视力不好而免服兵役。

pledge /pledʒ/

n. 发誓,保证,誓言 Eisenhower fulfilled his election *pledge* to end the war in Korea. 艾森豪威尔履行了他竞选时所许下的结束朝鲜战争的诺言。

vt. 发誓,保证 They *pledge* themselves never to tell the secret. 他们发誓决不泄密。

用 名词和动词 pledge 后面都可以接带 to 的不定式或 that 从句,动词 pledge 后面还可以直接接宾语(pledge sth.)或接反身代词再接不定式(pledge oneself to do sth.)。

搭 make a pledge 发誓,宣誓 // pledge one's honor 以名誉作担保 // pledge oneself 保证,宣誓

swear /sweə/

v. ①诅咒,咒骂 Don't *swear* in front of the children. 不要在孩子面前骂人。

②发誓 Do you *swear* on your honor that you will never tell anyone? 你能以你的名誉发誓永远不会告诉别人吗?

③宣誓 Before giving evidence, you have to *swear* an oath to tell the truth. 在提供证词前,你必须宣誓保证说实话。

搭 swear by 极其信赖 // swear in [常用被动语态] 使宣誓就职 // swear off 保证戒掉,放弃 I'm *swearing off* alcohol after last night! 昨晚之后,我宣告戒酒了。

用 过去式 swore,过去分词 sworn。

inaugurate /ɪˈnɔːɡjʊreɪt/

vt. ①开始,开创 The moon landing *inaugurated* a new era in space exploration. 登上月球开启了太空探索的新纪元。

②为……举行就职典礼 American presidents are always *inaugurated* on January 20th. 美国总统总是在1月20日宣誓就职。

③为……举行开幕式,为……举行落成仪式 The new library was *inaugurated* by the mayor. 市长为新建成的图书馆举行开幕仪式。

派 inaugural *a.* 就职的;开幕的

abrupt /ə'brʌpt/

a. ①突然的;意外的 ***abrupt*** ending/departure 突然的终止/离去 // There are ***abrupt*** weather changes. 天有不测风云。

②鲁莽的 That young man has an ***abrupt*** manner. 那个年轻人态度很无礼。

派 abruptly *ad.* 突然;粗暴地

adverse /'ædvɜːs/

【助记】ad(to)+verse(转)→转过来→不利的

a. 不利的 The excess use of fertilizer is ***adverse*** to the environment. 过度使用化肥对环境不利。

搭 adverse to 不利于……的

派 adversity *n.* 逆境

abolish /ə'bɒlɪʃ/

vt. 彻底废除 Some superstitious practices should be ***abolished*** as soon as possible. 有些迷信做法应尽早废除。

派 abolition *n.* 废止,废除

amend /ə'mend/

vt. 修订 The constitution was ***amended*** in 1920 to give women the right to vote. 美国宪法于1920年修订,赋予妇女投票权。

n. [*pl.*]赔偿 The new law offers no ***amends*** to victims of crime. 新的法律不对犯罪受害者给予赔偿。

搭 make amends (to sb./for sth.) (向某人/为某事)赔罪、补偿

派 amendment *n.* 修改,修正

charter /'tʃɑːtə/

n. ①宪章,共同纲领 the UN ***Charter*** 联合国宪章

②特许状,特权 Proposals to cut customs staff amount to little more than a drug-smuggler's ***charter***. 削减海关人员数量的提议差不多等于给予毒品走私者特权。

③(飞机、汽车等的)包租 boats available for ***charter*** 供包租的船

vt. 包,租 We ***chartered*** a boat to take us to tour around the small islands. 我们包了一艘船围着小岛游玩。

a. 租用的 It is a ***charter*** plane. 那是一架包机。

constitution /ˌkɒnstɪ'tjuːʃən/

n. ①宪法 The powers of the President are defined in the ***constitution***. 总统的权力在宪法中有明确规定。

②体质 The old man still has a strong ***constitution***. 这位老人的体格仍然强壮。

③组成,成立 the ***constitution*** of an advisory group 咨询小组的设立

派 constitutional *a.* 体质上的;构成的;符合宪法的

mission /'mɪʃən/

【助记】电影《谍中谍》*Mission Impossible*

n. ①使命 This time, James Bond's ***mission*** is to save three hostages kidnapped by some terrorists. 这次,詹姆士·邦德(007)的使命是去解救3个被恐怖分子绑架的人质。

②代表团 business ***mission*** 企业代表团

implement /'ɪmplɪment/ *vt.* /'ɪmplɪmənt/ *n.*

vt. 使生效,实施 Cost-cutting measures have been ***implemented*** in most hospitals. 大多数医院已采取了降低成本的措施。// ***implement*** a contract 履行合同 // ***implement*** one's ideas 实施某人的设想

n. 器具 Rakes, ploughs, hoes and spades are simple farming ***implements***. 耙、犁、锄、铲是简单的农具。

派 implementation *n.* 实施,贯彻,执行

> **雅思真题** It's true there are new regulations for mercury emissions from power plants, but these will need billions of dollars to ***implement***, and increase costs for everyone. 对发电厂的汞排放量确实有新的管理措施,但这些措施需要几十亿美元才能实施,这会使每个人的支出都变大。

signify /'sɪgnɪfaɪ/

【助记】sign(标记)+ify(做)→做标记→表示……的意思

vt. 表示……的意思,预示 What do these marks ***signify***? 这些符号表示什么意思?// A fever usually ***signifies*** that there is something wrong with the body. 发烧预示着身体有毛病。

simulate /'sɪmjʊleɪt/

【助记】simul(相同)+ate(使)→使相同→模仿

vt. ①模仿,模拟 The computer ***simulates*** conditions on the sea bed. 这台计算机能模拟海底环境。

②假装 We tried to *simulate* surprise. 我们假装吃惊。

派 **simulation** *n.* 仿真,模拟

shiver /ˈʃɪvə/

vi. 发抖 I *shivered* with fear when the lights went out. 灯熄灭时,我害怕得浑身一阵哆嗦。

n. 发抖 a *shiver* of fear 一阵哆嗦

tremble /ˈtrembl/

vi. ①颤抖 My legs were *trembling* with fear. 我吓得双腿直发抖。

②摇晃 The whole house *trembled* as the train went by. 火车经过时,整座屋子都在震颤。

③担心,焦虑 I *tremble* to think what's going to happen. 我一想到即将发生的事就担心。

n. 颤抖;摇晃 There was a *tremble* in his voice. 他的声音有点颤抖。

quiver /ˈkwɪvə/

vi./n. 颤抖 The memory of that day made him *quiver* with anger. 一想到那天的事他就气得发抖。// She was panic stricken. You could feel the *quiver* in her voice. 她惊恐万状,你可以感觉到她的声音在颤抖。

stagger /ˈstægə/

vi. 摇晃,蹒跚 The old man *staggered* drunkenly to his feet. 老汉醉醺醺地摇晃着站了起来。

vt. ①使吃惊【同 amaze】The event *staggered* the whole country. 这个事件震惊全国。

②使错开 The holidays are *staggered* so that we can keep the factory running. 假期被错开以便工厂正常运作。

n. 蹒跚 He gave a *stagger* on hearing the news. 他听到这一消息两腿摇晃起来。

stumble /ˈstʌmbl/

vi. ①绊脚,绊倒【同 trip】A horse *stumbles* that has four legs. 人有失手日,马有失蹄时。

②跌跌撞撞地走【同 stagger】*stumble* along the road 沿大路蹒跚而行

③结结巴巴 It's amazing that the foreigner didn't *stumble* over any of the tongue twisters. 那个老外说绕口令时竟然没有一点结巴,真了不起。

搭 stumble across/on 偶然遇到 // stumble over/against... 被……绊跌 // stumble over one's words 结结巴巴地说话 // stumble at... 对……踌躇不决 // a stumbling block 绊脚石

tumble /ˈtʌmbl/

vi. ①跌倒,翻滚 When a baby is just learning to walk, he will often *tumble* over. 幼儿刚学走路时会经常跌倒。

②(价格等)暴跌 Stock market prices have *tumbled* over the past week. 股市价格在过去的一周里猛跌。

③不由自主地卷入 Don't *tumble* for that old trickster. 不要上那个老骗子的当。

n. 跌倒 have a slight *tumble* 轻轻跌了一跤

搭 tumble to (突然)明白,领悟 It was a long time before she *tumbled to* what I meant. 过了很久她才忽然明白我的意思。

shatter /ˈʃætə/

vt. ①使粉碎,砸碎 The explosion *shattered* all the windows in the building. 大楼内所有的玻璃都在爆炸中震碎了。

②使破灭 This event *shattered* all my previous ideas. 这件事把我以前所有的想法都摧毁了。

scatter /ˈskætə/

v. ①撒,撒播;散布 The marbles *scattered* and rolled across the room. 弹珠散落,滚得满屋都是。// The sky was *scattered* with stars. 天上繁星点点。

②(使)散开 Soldiers used tear gas to *scatter* the crowd. 士兵们用催泪弹驱散人群。// There was a sudden crack of gunfire and the crowd *scattered* in all directions. 突然一声枪响,人群向四处逃散。// When the tree falls, the monkeys *scatter*. 树倒猢狲散。

disperse /dɪˈspɜːs/

【助记】di(apart)+sperse(散开)→分散

v. 分散;消散 The police used tear gas to *disperse* the crowd. 警察用催泪弹驱散人群。// The clouds *dispersed* as quickly as they had gathered. 云聚集得快,散得也快。

同义替换练习

1. The boxer stumbled and almost fell when his opponent hit him.
A. staggered　B. shattered　C. scattered　D. stamped

2. She was standing outside in the snow, trembling with cold.
A. tumbling　B. shivering　C. shaking　D. staggering

3. Grain production in the world is climbing quickly, but still millions go hungry.
A. staggering　B. shrinking　C. soaring　D. suspending

4. One minute Pierce was by my side, the next he had disappeared into the crowd.
A. faded　B. vanished　C. entered　D. slid

5. Mrs. Morris's daughter is pretty and slim, and many girls envy her.
A. slender　B. light　C. faint　D. minor

6. Although he was on a diet, the delicious food tempted him enormously.
A. distracted　B. stimulated　C. inspired　D. lured

7. The university has launched a research center to develop new ways of fighting bacteria which have become resistant to drug treatments.
A. regulating　B. halting　C. interrupting　D. combating

8. Please do not be annoyed by his offensive remarks since he is merely trying to attract attention.
A. distracted　B. disregarded　C. irritated　D. interrupted

9. John doesn't believe in traditional medicine; he has some remedies of his own.
A. standard　B. regular　C. routine　D. conventional

10. There are occasions when giving a gift betters spoken communication, since the message it offers can cut through barriers of language and cultural diversity.
A. enriches　B. nourishes　C. surpasses　D. enforces

11. He gave a pledge to handle the affairs in a friendly manner.
A. promise　B. mission　C. plunge　D. impulse

12. Medical students are advised that the wearing of a white coat means the acceptance of a professional code of conduct expected of the medical profession.
A. supplements　B. simulates　C. signifies　D. swears

答案与译文

1. [A] 被对手击中时，那个拳击手摇摇晃晃，差点儿摔倒。
2. [B] 她站在外面大雪中，冷得直哆嗦。
3. [C] 虽然世界谷物产量正在快速增长，但仍有数百万人在挨饿。
4. [B] 皮尔斯刚才还在我身边，一忽儿便消失在人群里。
5. [A] 莫莉太太的女儿又漂亮又苗条，令许多女孩子羡慕。
6. [D] 尽管他在节食，但是美食对他仍有极大的诱惑力。
7. [D] 大学建立了一个研究中心开发新方法对付已经有抗药性的细菌。
8. [C] 请不要因为他无礼的言论而恼怒，他只不过是想吸引别人的注意。
9. [D] 约翰不相信传统医药，他有自己的治疗方法。
10. [C] 有时候赠以礼物胜过语言交流，因为礼物传达的信息可以跨越语言障碍和文化差异。
11. [A] 他保证他会以友好的方式来处理这些事。
12. [C] 医学系学生被告知穿上白大褂就意味着接受了医学专业所期望具有的专业行为准则。

Lesson 25

词根词缀表

re- 再次	recall *vt.* 回忆起	counter- 相对的	counterpart *n.* 对应的人
struct 建造	obstruct *vt.* 阻碍	mono 单一	monopoly *n.* 垄断
nomin 名字	nominate *vt.* 提名	man 手	maneuver *v.* 操纵
fer 结果实	fertile *a.* 肥沃的	ven, vent 来到	venture *v.* 冒险
super- 超级;在……上	superficial *a.* 表面的		

recall /rɪˈkɔːl/

【助记】re(back)+call(唤)→唤回→回忆起

vt. ①回忆起【同 recollect】*Recall* the misery of the past and contrast it with the happiness of today. 忆苦思甜。

②召回;收回(有问题的产品) The U. S. envoy was *recalled* to Washington. 美国特使被召回了华盛顿。// All substandard products should be *recalled* promptly. 凡是次品均应立即收回。

③撤销 *recall* a decision 撤销决定

recollect /ˌrekəˈlekt/

【助记】re(again)+collect(收集)→回忆

vt. 回忆 Davenport tried to *recollect* when he had last used his car. 达文波特努力回想他最后一次使用他的汽车是在什么时候。

派 recollection *n.* [常 *pl.*]记忆力,回想

celebrate /ˈselɪbreɪt/

v. 庆祝 My folks are *celebrating* their 50th anniversary. 我父母正在庆祝他们的50周年纪念。

commemorate /kəˈmeməreɪt/

【助记】com(共同)+memor(记住)+ate(做)→纪念

vt. 纪念,庆祝 Christmas *commemorates* Christ's birth. 圣诞节是为了纪念耶稣的诞辰。

> 【辨析】表示"纪念、庆祝"的动词
> commemorate:纪念,含使人记住某个日子或伟人的业绩
> celebrate:隆重热烈地庆祝某个节日

obstacle /ˈɒbstəkl/

【助记】ob(against)+sta(站立)+cle→反着立在中间→障碍物

n. 障碍物;障碍 Fear of change is an *obstacle* to progress. 害怕变革是进步的拦路虎。

obstruct /əbˈstrʌkt/

【助记】ob(against)+struct(建造)→反对建造→阻止

vt. ①阻塞,堵塞【同 block】The broken-down truck *obstructed* the traffic. 这辆出故障的货车堵塞了交通。

②阻碍,阻挠 It is a crime for the President to *obstruct* justice. 总统阻碍司法是犯罪。

派 obstruction *n.* 妨碍,阻挠;堵塞;障碍物

barrier /ˈbærɪə/

【助记】barr(栅栏)+ier(表物)→栅栏

n. ①栅栏,关卡 The football fans broke through the *barriers* and rushed onto the pitch. 球迷们冲破栅栏进入球场。

②障碍 Lack of confidence is the biggest *barrier* to the improvement of your English. 缺乏信心是你提高英语水平的最大障碍。// break down trade *barriers* 打破贸易壁垒

③屏障 The Sahara Desert is a natural *barrier* between North and Central Africa. 撒哈拉沙漠是北非和中非之间的天然屏障。

bar /bɑː/

n. ①酒吧间 He had a drink in the *bar* just now. 他刚才在酒吧喝了一杯。

②条 a *bar* of gold 金条

③闩 There's a strong *bar* on the door. 门上有一个很坚固的闩。

④[*the*~]律师界 I have to pass *the bar* exam before I can start practicing law. 我在从事律师工作之前必须通过律师考试。

vt. ①闩 Be sure to *bar* all the doors before you leave. 在离开前,务必把所有的门都闩上。

②阻止,拦阻 Members voted to *bar* women from the club. 会员表决不允许妇女加入俱乐部。

③封锁 A wall *bars* the way into the garden. 一堵墙挡住了进花园的路。

搭 behind bars 在狱中

transcend /træn'send/

vt. 超出,超越……的范围 She far *transcends* others in beauty and intelligence. 她才貌出众。// The desire for peace *transcended* political difference. 对和平的渴望超越了政治上的分歧。

派 **transcendentalist** *n.* 先验论者

jam /dʒæm/

n. ①果酱 strawberry *jam* 草莓酱

②堵塞 The truck loaded with jam was stuck in a traffic *jam* for hours. 运送果酱的车因交通堵塞而被耽搁了好几个小时。

③卡住 paper *jam* (打印机)卡纸

vt. ①堵塞 The parade *jammed* traffic all over the town. 游行堵塞了全城的交通。

②卡住 His leg was *jammed* between two logs. 他的腿被两根圆木卡住了。

③干扰(广播等) The US has been *jamming* Arabian broadcasts to Iraq. 阿拉伯对伊拉克的广播节目一直受到美国的干扰。

vi. ①挤入 People *jammed* into the hall. 人们涌进大厅。

②卡住 The key turned halfway and then *jammed*. 钥匙转了一半就卡住了。

plug /plʌg/

n. ①插头,插座 He has put the *plug* in the outlet. 他把插头插在插座内。

②塞子 stop up a leak with a *plug* 用塞子堵住漏洞

vt. ①把……塞住 You don't need to *plug* your ears. The music is not so loud. 你不用塞住耳朵,音乐又不是很吵。

②(在电视或广播)为……做广告 Arnie was on the show to *plug* his new movie. 阿尼在节目中宣传他的新电影。

搭 plug... in 给……接通电源 // plug the gap 填补空缺

派 **unplug** *v.* 拔插头

inhibit /ɪn'hɪbɪt/

vt. 抑制 Penicillin can *inhibit* the spread of the bacteria and inflammation. 青霉素可以抑制细菌和炎症的扩散。// Failure to set up a good transport network *inhibited* the expansion of trade. 未能建立良好的运输网络限制了贸易的发展。

搭 inhibit sb. from doing sth. 禁止某人做某事

派 **inhibition** *n.* 抑制,顾忌,拘谨

> 雅思真题 Authority doesn't have to *inhibit* innovation but it often does. 权威不必去抑制创新,但实际上却经常抑制。

allege /ə'ledʒ/

vt. 宣称 Saddam's bodyguard is *alleged* to have betrayed him. 据称是萨达姆的保镖出卖了他。

搭 allege sth. as a reason 提出某事作为理由 // it is alleged that 据说

派 **allegedly** *ad.* 据称,据指控

appoint /ə'pɔɪnt/

【助记】ap(to)+point(指向)→任命

vt. ①任命 *appoint* sb. to be/as... 任命、委派某人为…… // She has been *appointed* to the board. 她被任命为董事会董事。

②约定,指定(时间、地点) The committee *appointed* a time for the press conference. 委员会定了个时间召开新闻发布会。

派 **appointee** *n.* 被任命人,被指定人

appointment /ə'pɔɪntmənt/

n. ①约会, 约定 I made an *appointment* to see the doctor. 我约定好时间去看医生。

②任命 In the U.S., federal judges are appointed by the President, and the *appointment* is for life. 在美国,联邦法官由总统任命,而且这种任命是终身的。

③委任的职位 take up an *appointment* 上任

搭 make an appointment (with sb.) (与某人)约好 // keep/cancel an appointment 守约/取消约会

nominate /'nɒmɪneɪt/

【助记】nomin(名字)+ate(使)→提名

vt. ①提名 The film was ***nominated*** for several Oscars. 那部影片被提名好几项奥斯卡奖。// I ***nominated*** John to represent us at the meeting. 我推荐约翰代表我们出席会议。
②任命【同 appoint】The prime minister has ***nominated*** the former defense minister as the new foreign minister. 首相已任命前国防部长为新任外交部长。

搭 nominate sb. for... 提名某人为……的候选人 // nominate sb. to do sth. 推荐某人做某事 // nominate sb. as... 任命某人为…… // nominate sb. to (后接机构)任命某人为……的成员

派 **nomination** ***n.*** 提名,任命

nourish /ˈnʌrɪʃ/

vt. ①养育;滋养 They needed good food to ***nourish*** their bodies. 他们需要好食品滋养身体。
②怀有(希望等) No matter how bad things are, we should always ***nourish*** a hope in our mind. 无论事情多么糟糕,我们心里都要满怀希望。

派 **nourishment** ***n.*** 滋养品;滋养状况

cherish /ˈtʃerɪʃ/

vt. ①珍爱;爱护 The old man ***cherished*** the girl as if she were his daughter. 老人疼爱那女孩,就好像她是自己的女儿一般。
②怀有(希望、想法、感情等) We never ***cherish*** any unrealistic fancies about those desperate criminals. 我们对那些亡命之徒从来不抱任何不切实际的幻想。

foster /ˈfɒstə/

vt. ①收养,养育 People who cannot have a baby of their own sometimes ***foster*** a child. 不能生育的人有时收养别人的孩子。
②促进【同 encourage, promote】The teacher's task is to ***foster*** learning. 教师的任务是促进学习。

a. 收养的 ***foster*** child 养子,养女

> 【辨析】表示"收养"的动词
> foster:指出于道义的"收养",并无法律上的"父子"等关系
> adopt:指存在法律关系的"收养"

deem /diːm/

vt. 认为【同 consider】Murdock ***deemed*** it was time for a change. 默多克觉得是时候换换环境了。

contemplate /ˈkɒntəmpleɪt/

vt. ①盘算 He is ***contemplating*** buying a new car. 他打算买一辆新汽车。
②思量 We must ***contemplate*** the problem from all sides. 我们须从各方面慎重考虑该问题。
③凝视 ***contemplate*** a beautiful sunset (默默而沉思地)凝视美丽的落日

派 **contemplative** ***a.*** 沉思的,冥想的

meditate /ˈmedɪteɪt/

【助记】medit(想)+ate(动词词尾)→沉思

vi. ①冥想 He ***meditates*** for an hour every morning. 他每天早上默想一个小时。
②想,沉思 She sat quietly, ***meditating*** on the day's events. 她静静地坐着,思考着当天发生的事。

vt. 策划 Silently she ***meditated*** revenge. 她默默策划实施报复。

派 **meditation** ***n.*** 默想;冥想

anticipate /ænˈtɪsɪpeɪt/

【助记】anti(先)+cip(take)+ate→先拿来考虑→预料

vt. ①期望,预料 Organizers are ***anticipating*** a large crowd at the carnival. 组织者预计狂欢节时人会很多。// It is ***anticipated*** that next year interest rates will fall. 人们预计明年的利率会下调。
②先于……行动 ***anticipate*** the opponent's next move 先发制人

搭 anticipate (doing) sth. 期盼(做)某事

用 anticipate 有时被用作 expect 的同义词,但通常它不仅仅是"期望"这个意思,有时还指提前采取行动,来阻止预料中某事的发生,或者在一项要求或愿望说出之前使它得到满足。

派 **anticipation** ***n.*** 预期,期望

foresee /fɔːˈsiː/

【助记】fore(before)+see(看)→预先看到→预知

vt. 预知 No one can ***foresee*** what will happen in the future. 谁也无法预见将来会发生什么事。

派 **foresight** ***n.*** 先见之明,远见

> 【辨析】表示"预知,预料"的动词
> anticipate:强调预知未来将要发生的事并及时采取预防措施
> foresee:指对将要发生的事情有所预见

fabricate /ˈfæbrɪkeɪt/

vt. ①捏造，伪造，编造 *fabricate* evidence 捏造证据 // The excuse for her absence was obviously *fabricated*. 她缺席的借口显然是瞎编的。

②建造 You will have to *fabricate* an exhaust system. 你得组装一个排气系统。

forge /fɔːdʒ/

vt. ①伪造（货币、文件等） They *forged* their manager's signature on the cheque. 他们在支票上伪造了经理的签名。

②锻造 The blacksmith is *forging* the horseshoe. 铁匠正在打造马蹄铁。

派 forgery *n.* 伪造；伪造品

disguise /dɪsˈgaɪz/

【助记】dis(apart)+guise(外表)→伪装

vt. ①假扮，伪装 Mulan *disguised* herself as a man and became a soldier. 木兰女扮男装从军。

②掩盖，掩饰 He *disguised* his handwriting by writing with his left hand. 他用左手写字来掩盖自己原来的笔迹。// Try as he might, Peter couldn't *disguise* his feelings for Alice. 不管彼得怎么努力，都无法掩盖自己对爱丽丝的感情。

n. 伪装；掩盖 Nobody saw through his *disguise*. 没有人识破他的伪装。

搭 in disguise 伪装，假扮 // under the disguise of 伪装成，在……伪装下 // a blessing in disguise 因祸得福之事

mask /mɑːsk/

【助记】戴上防毒面具(mask)，执行灭火任务(task)

n. ①面具；假面具 an oxygen *mask* 氧气面具

②伪装，掩饰 Her sarcasm is a *mask* for her insecurity. 她说挖苦的话是为了掩饰她的焦虑不安。

vt. ①用面具遮住 All the robbers were *masked*. 所有的强盗都戴着面具。

②掩饰 A smile *masked* his disappointment. 微笑遮掩了他的失望。

screen /skriːn/

n. ①屏幕 a wide *screen* film 宽银幕电影

②屏风 a folding *screen* 折叠屏风

vt. ①掩蔽，遮蔽 A large hat *screened* her face. 一顶大帽子遮住了她的脸。

②放映 The new film was first *screened* only last month. 这部新电影在上个月才首次放映。

③审查 All applicants are *screened* for security. 对所有申请人都要审查以保安全。

派 windscreen *n.* 挡风玻璃 // screenplay *n.* 电影剧本，剧本

veil /veɪl/

n. 面纱；遮盖物 There is a *veil* of mist over the hill. 小山上笼罩着一层薄雾。

vt. 遮盖，掩饰 The sun was *veiled* by clouds. 太阳被云层遮住了。// Some people *veiled* their crafty nature under the mask of loyalty. 有些人在忠诚的外表下掩藏着奸诈的本性。

搭 cast/throw/draw a veil over 避而不谈，隐瞒 // under the veil of 以……为托词、借口 // take the veil 作修女

派 unveil *v.* 除去……的面纱(盖布)等；为……揭幕

naked /ˈneɪkɪd/

a. ①赤身的，裸露的 The children swam *naked* in the lake. 孩子们光着身子在湖里游泳。

②赤裸裸的 *naked* truth/self-interest/aggression 明摆着的事实/明显的利己/赤裸裸的侵略

③无遮蔽的 *naked* light/sword 无罩灯/无鞘剑

bare /beə/

a. ①赤裸的 in *bare* feet 赤脚

②光秃的 The garden looked *bare* in winter, with few flowers. 冬天，花园里光秃秃的，几乎没有花草。

③勉强的 He earns a *bare* living by his work. 他的工作收入勉强维持生活。

vt. 使露出；暴露 The dog *bared* its teeth and growled. 那条狗龇牙咧嘴地低吼。// The author *bared* his heart to the world. 作家向全世界敞开他的心扉。

搭 bare headed / with one's head bare 光着头（即没有戴帽子）

> 【辨析】表示“裸露的，赤裸的”形容词
> bare：修饰人时多指身体的部分裸露
> naked：修饰人时指全身一丝不挂，暴露无遗

barren /ˈbærən/

a. ①贫瘠的，荒芜的 Cold winds swept over the *barren* plains. 寒风刮过荒芜的平原。

②不结果实的 a *barren* tree 不结果的树

③无益的 a *barren* discussion 毫无结果的讨论

lean /liːn/

v. ①倾斜 The trees ***lean*** in the wind. 树木在风中倾斜。

②靠,倚 Romeo ***leaned*** the ladder against the house and climbed up to the window. 罗密欧把梯子靠在房前,爬上窗口。

a. ①瘦的,少脂肪的 ***lean*** meat 瘦肉

②贫乏的,贫瘠的【反 fertile】a ***lean*** year for business 生意不景气的一年

fertile /ˈfɜːtaɪl/

【助记】fer(结果实)+tile→能产果实的→肥沃的

a. ①肥沃的【反 infertile】There are ***fertile*** fields in the Nile Delta. 尼罗河三角洲土地肥沃。

②可繁殖的,能生育的【反 infertile】Most men remain ***fertile*** into old age. 大多数男子直到老年还有生育能力。

③(想象力)丰富的 This successful film is the result of the writer's ***fertile*** imagination. 这部成功的电影源自那位作家丰富的想象力。

fertilize/-ise /ˈfɜːtəlaɪz/

vt. ①使受精,使受孕 After the egg has been ***fertilized***, it will hatch in about 5 weeks. 卵在受孕后,大约5周之后就会孵化。

②施肥于 chemically ***fertilized*** fields 施用化肥的田地

派 **fertilizer/-iser** *n.* 肥料,化肥

pesticide /ˈpestɪsaɪd/

n. 农药,杀虫剂 The ***pesticides*** that farmers spray on their crops kill pests, but they can also damage people's health. 农民在作物上喷洒的农药在杀死害虫的同时也会危害人的健康。

bald /bɔːld/

a. ①秃头的,秃的 as ***bald*** as an egg 头顶光秃秃的

②(织物、轮胎等)磨光的 A ***bald*** tyre has no tread left. 磨光了的轮胎没有一点胎面花纹。

③不加修饰的,直截了当的 The letter was a ***bald*** statement of our legal position. 那封信是对我们的法律立场的直截了当的声明。

bleak /bliːk/

a. ①没希望的,凄凉的 The future of a firm will be very ***bleak*** indeed if it can't devise new products. 一个公司如果不能设计出新产品,那它的前景就非常暗淡。

②寒冷刺骨的;荒凉的 It's a ***bleak*** winter. 这是个寒冬。// a ***bleak*** hillside 荒凉的山坡

blank /blæŋk/

a. ①空白的,空着的 If you press this key the screen will go ***blank***. 如果你按一下这个键,荧屏上就什么都没了。// a ***blank*** passport application 一张空白护照申请表

②茫然的,无表情的 a ***blank*** look 毫无表情的眼神

n. 空白;空白表格 fill in the ***blanks*** 填空

> 雅思真题 Efforts to explain this sudden reduction in child deaths appeared to draw a ***blank***. 解释儿童死亡率突然减少,这样的努力似乎一无所获。

gap /gæp/

n. ①缺口,裂口 a ***gap*** in the wall 墙上的缺口

②差距 The ***gap*** between the rich and the poor has widened. 贫富之间的差距扩大了。

③缺陷,漏洞 We must see that there is no ***gap*** in our defense. 我们必须确保我们的防御没有漏洞。

vacant /ˈveɪkənt/

【助记】vac(空)+ant→空缺的

a. ①未被占用的 There's a ***vacant*** place over there where we can park. 那里有个空位,我们可以把车停在那儿。

②(职位、工作等)空缺的 Are there any positions ***vacant*** in your company? 你们公司有空缺的职位吗?

③茫然的 He stared into space with a ***vacant*** expression. 他茫然地凝视着天空。

派 **vacancy** *n.* 未占用;空白;茫然;空缺

opening /ˈəʊpənɪŋ/

n. ①口子 There was an ***opening*** in the wall. 墙上有个洞。

②开始 The book's ***opening*** is dull, but the last chapters are interesting. 那本书的开始部分枯燥乏味,但最后几章很有意思。

③(职位的)空缺 There are several ***openings*** in the sales department. 销售部有几个空缺。

a. 开的 the ***opening*** flowers 开放的花朵

slot /slɒt/

n. ①狭缝,狭槽;投币口 Put a coin in the ***slot***.

将硬币放入投币口。

②(名单、日程安排或节目表中的)位置，空位 He has a regular *slot* on the late-night programme. 他在深夜节目中有一档固定栏目。

vt. 把……放入狭长开口中；把……纳入其中 He *slotted* the magazines neatly into the rack. 他把杂志整齐地插到架子上。

hollow /ˈhɒləʊ/

a. ①中空的 a *hollow* tree trunk 中空的树干

②(声音)沉闷的 We heard a *hollow* boom of thunder. 我们听到低沉的隆隆雷声。

③虚伪的，空虚的 *hollow* words/promise 空洞的话/空口许诺

n. 洼地 The cottage is in that *hollow*. 村舍在那片洼地上。

shallow /ˈʃæləʊ/

a. ①浅的 *shallow* water 浅水

②浅薄的【同 superficial】The lecturer's arguments seemed *shallow* and tedious. 演讲人的论点显得浅薄乏味。

n. [常 *pl.*]浅滩 a clear *shallows* 清澈的浅滩

shore /ʃɔː/

n. (河、湖、海的)滨，岸 We could see a boat about a mile from *shore*. 我们可以看见距海岸一英里处有一艘船。

vt. (~*up*)支撑，支持 The roof had been *shored up* with timbers. 房顶一直用旧木材支撑着。

搭 on shore 在岸上

superficial /ˌsuːpəˈfɪʃəl/

【助记】super(above)+fici(脸)+al→表面的

a. ①肤浅的 I have only a *superficial* knowledge of this subject. 我对这个问题仅略知皮毛。

②表面的 This is only *superficial* prosperity. 这只是表面繁荣。

void /vɔɪd/

a. ①无效的 a *void* contract/agreement 无效的合同/协议

②缺乏的 His suggestions are totally *void* of common sense. 他的建议完全缺乏常识。

n. ①空虚感 Why do many rich people feel a *void* in their life? 为什么许多富人会感觉空虚无聊？

②真空 It vanished into the *void*. 它消失得无影无踪。

vt. 使无效 *void* a check 使支票作废

搭 emerge out of the void 凭空出现

avail /əˈveɪl/

n. [一般用于否定句或疑问句中]效用 be to no *avail* // be of no *avail* 没有效果，没结果

v. 使……有价值，有益，有助于 I'm afraid my help didn't *avail* you much. 恐怕我的帮助对你用处不大。// All his efforts *avail* to nothing. 他的一切努力无济于事。

搭 avail oneself of 利用 Guests are encouraged to *avail themselves of* the full range of hotel facilities. 旅馆鼓励旅客充分利用各种设施。

imitate /ˈɪmɪteɪt/

vt. ①模仿，模拟 His handwriting is difficult to *imitate*. 他的笔迹很难模仿。// The fabrics are made to *imitate* silk. 这种织物是仿丝织物。

②(为逗乐而)戏仿，学……的样子 James can *imitate* his teacher's speech perfectly. 詹姆斯能惟妙惟肖地模仿他老师的言语。

派 **inimitable** ***a.*** 无法仿效的

imitation /ˌɪmɪˈteɪʃən/

n. ①模仿 An artist who can only give *imitation* of others' styles will not achieve acclaim. 一个只会模仿他人风格的艺术家是不会获得人们称赞的。

②仿制品；赝品 It's not real leather; it's only an *imitation*. 那不是真皮，只不过是仿制品。

mimic /ˈmɪmɪk/

vt. ①(尤指为逗乐)模仿(他人的言行)【同 imitate, take off】She was *mimicking* the various people in our office. 她在学我们办公室里各种人的样子。

②酷似，模拟 The taste and texture *mimic* that of ice cream, without all the fat. 味道和质地酷似冰激凌，但没有冰激凌那么多的油脂。// This insect *mimics* the appearance of a wasp. 这种昆虫长得很像黄蜂。

n. 善于模仿的人或动物 Parrots are excellent *mimics*. 鹦鹉极善学舌。

派 **mimicry** ***n.*** 模仿，学样

用 过去式、过去分词 mimicked，现在分词 mimicking。

mock /mɒk/

vt. ①嘲笑 She was openly *mocked* for her skinny body. 她因身体太瘦而被人公开嘲笑。

②(为了取笑)模仿 He made us laugh by ***mocking*** the way the teacher spoke. 他模仿老师说话的样子，把我们逗笑了。

vi. 嘲笑 It's cruel to ***mock*** at his misfortune. 嘲笑他的不幸是很残酷的。

a. ①模拟的 a ***mock*** interview 模拟面试

②假的 ***mock*** leather 人造革 // ***mock*** horror 假装的害怕

genuine /ˈdʒenjuɪn/

a. ①真的，非人造的【反 fake】***genuine*** pearls 真珍珠 // Shoes made of ***genuine*** leather are more comfortable and more durable. 用真皮做的鞋子更舒服，也更耐穿。

②真诚的 ***genuine*** love 真诚的爱

authentic /ɔːˈθentɪk/

a. ①真正的，真迹的 Is that an ***authentic*** painting from Picasso, or a modern copy? 那幅油画是毕加索的真迹还是现代仿制品？// Experts have confirmed that the signature on the letter is ***authentic***. 专家鉴定信上的签名是真的。

②可靠的，可信的 ***authentic*** news 可靠的消息

【辨析】表示"真的"形容词

authentic：指某事物来源真实，强调经过正式鉴定证明为真实的、可靠的

genuine：指某物货真价实的，不是假冒或掺有杂质的，强调物体本身的纯真度

frank /fræŋk/

a. 坦白的，直率的 You should have been ***frank*** with me. 你应该对我直说的。

搭 to be frank (with you),... 坦白(对你)说，……

派 **frankly** ***ad.*** 坦白地，直率地

blunt /blʌnt/

a. ①钝的，不锋利的【反 sharp】***blunt*** scissors 钝的剪刀

②率直的，直言不讳的 I'm rather ***blunt*** in speech. 我说话很直率。

③(感觉、理解方面)迟钝的 Too much alcohol made the young driver's senses ***blunt***. 过量饮酒使得那个年轻司机感觉迟钝。

vt. ①使迟钝，使减弱 Wine can ***blunt*** the senses. 酒会使感觉迟钝。

②使钝 Wood can ***blunt*** your axe. 木头会使你的斧头变钝。

sincere /sɪnˈsɪə/

a. 真诚的【反 insincere】She is ***sincere*** and quite without affectation. 她对人真诚，毫不矫揉造作。

派 **sincerity** ***n.*** 真实，诚挚

grace /greɪs/

n. ①优美 The gymnast performed on the balance beam with an easy ***grace***. 体操运动员在平衡木上表演得优美自如。

②[常 *pl.*]风度 She didn't fit in and had few social ***graces***. 她不适应而且没有什么社交风度。

③宽限 Payment is due today, but I gave her a week's ***grace***. 今天付款到期，但我给了她一个星期的宽限。

vt. 使优美，美化 Fine paintings ***graced*** the walls of the room. 这些精美的绘画使四壁生辉。

搭 with good grace 欣然地 You must learn to accept defeat ***with good grace***. 你必须学会欣然接受失败。

派 **graceful** ***a.*** 优美的；得体的

elegant /ˈelɪgənt/

【助记】e(out)+leg(挑选)+ant→精心挑选出来的→讲究的

a. ①优美的，讲究的 Princess Diana's ***elegant*** manners are always within the memory of people. 戴安娜王妃优雅的举止总是留在人们的记忆中。

②简练的 His ***elegant*** piece of reasoning impressed me deeply. 他简要明确的论证给我留下深刻的印象。

派 **elegance** ***n.*** 高雅，精美

counterpart /ˈkaʊntəpɑːt/

【助记】counter(相对的)+part(部分)→对应的人(或物)

n. 与对方地位相当的人，与另一方作用相当的物 Their Secretary of State is the ***counterpart*** of our foreign minister. 他们的国务卿相当于我们的外交部长。

equivalent /ɪˈkwɪvələnt/

【助记】equi(相等的)+val(价值)+ent→等价物

a. 相等的 Your behavior is ***equivalent*** to cheating. 你的行为相当于欺骗。

n. 等价物 Not every word in one language has an ***equivalent*** in another. 一种语言中不是每个词都在另外一种语言中有对等的词。

搭 be equivalent to... 等(同)于,与……等效

派 **equivalence** ***n.*** 等值;相当

bulk /bʌlk/

n. ①(巨大)物体 It was a ship of great ***bulk***. 这是一艘巨大的船。

②主体,绝大部分 In fact, the ***bulk*** of the book is taken up with criticizing other works. 事实上这本书的大部分内容都是在批评其他的作品。

③(大)量 The ***bulk*** of the chickens had to be killed because of the bird flu virus. 由于禽流感病毒,大部分的鸡都只能被宰杀掉。

vi. 变得越来越大(或重要) Safety considerations ***bulked*** large during the development of the new spacecraft. 在建造新的宇宙飞船时,对安全问题的考虑占了很大比重。

vt. 使更大(或更厚) They added extra pages to ***bulk*** a book out. 他们增加额外页数使书更厚。

搭 in bulk 大量,大批

giant /ˈdʒaɪənt/

n. 巨人;才智超群的人 Shakespeare is a ***giant*** among writers. 莎士比亚是作家中的大文豪。

a. 巨大的 a ***giant*** photograph 巨幅照片

gigantic /dʒaɪˈgæntɪk/

a. 巨大的 Flying very high, the new airplane looked like a ***gigantic*** bird. 因为飞得很高,这架新飞机看起来像一只巨大的鸟。

immense /ɪˈmens/

【助记】im(not)+mense(测量)→大到不能测量的→巨大的

a. 广大的,巨大的 The Atlantic Ocean is ***immense***. 大西洋浩瀚无边。

【辨析】表示"大"的形容词

giant:非正式用词,常使人想到形体尺寸的变化,如巨人般的庞大体积,多为褒义

gigantic:指面积或体积的巨大,但多用于引申意义、夸张手法,指某事物超出普通比例,极端的大

immense:正式用词,侧重空间的广阔,也指面积或分量的巨大

auction /ˈɔːkʃən/

vt. 拍卖 The costumes from the movie are to be ***auctioned*** for charity. 这部电影用过的服装将用于慈善拍卖。

n. 拍卖 ***auction*** price 拍卖价

discount /ˈdɪskaʊnt/ *n.* /dɪsˈkaʊnt/ *vt.*

【助记】dis(away)+count(计算)→不计算在内的部分→折扣

n. 折扣 They give 10% ***discount*** for cash payment. 如果现金付款,他们就给九折优惠。

vt. ①把……打折扣 The store ***discounted*** all clothing for the sale. 该店服装全部减价出售。

②漠视,低估 Take care not to ***discount*** his accomplishments. 当心别低估了他的成就。

用 打三折 { 70% discount √ / 30% discount ×

brand /brænd/

n. 商标的牌子 What ***brand*** of soap do you like? 你喜欢什么牌子的肥皂?

vt. ①打烙印于 On big farms cattle are usually ***branded***. 在大农场里,牲畜身上通常都打上烙印。

②加污名于 It's unfair to ***brand*** all football fans as troublemakers. 把所有的球迷都当成闹事者是不公平的。

tag /tæg/

n. 标签【同 label】 a price ***tag*** 价格标签

vt. 给……加上标签 All his suitcases were ***tagged*** with his name and address. 他所有的手提箱都贴着有他名字和地址的标签。

搭 tag along 尾随,跟随

agent /ˈeɪdʒənt/

n. ①代理商 I booked my holiday through the local travel ***agent***. 我是由本地的旅游代理商预先安排的度假事宜。

②政府代表 a revenue ***agent*** 税务官

③原因 Rain and frost are natural ***agents*** that wear away rocks. 雨和霜都是腐蚀岩石的自然因素。

④剂 drying ***agent*** 干燥剂

agency /eɪdʒənsɪ/

【助记】ag(to do)+ency(表机构)→代理处

n. ①代理行 banker's ***agency*** 银行代理行

②专业行政部门 There are many specialized ***agencies*** in the United Nations. 联合国有许多专门机构。

client /ˈklaɪənt/

n. 委托人，顾客 He has been a ***client*** of our bank for many years. 他多年来一直是我们银行的客户。

deputy /ˈdepjʊtɪ/

n. ①副职 ***deputy*** mayor 副市长

②代表，代理人 I must find someone to act as my ***deputy*** during my absence. 我必须找一个人，当我不在时代理我的职务。

搭 act as a deputy for sb. / act as sb.'s deputy 代理某人，做某人的代表 // appoint a deputy to do sth. 派人代做某事

ally /ˈælaɪ/

【助记】all(全部)+y→(使)联合

n. ①同盟者 Portugal is a traditional ***ally*** of England. 葡萄牙是英国的传统盟国。

②支持者 She felt she needed an ***ally*** so badly. 她感到她极需一个支持者。

v. (使)联合 Several tribes ***allied*** to fend off the invaders. 几个部落联合起来抵抗侵略者。// They ***allied*** themselves to the other western states after the war. 战后他们与其他西方国结盟。

搭 ally sb./oneself with/to... 使某人/自己与……结盟、联合或联姻

alliance /əˈlaɪəns/

n. 联盟 Britain's military ***alliance*** with her NATO partners 英国与其北约伙伴的军事联盟

搭 enter into/go into/make/form/forge an alliance with 与……结成联盟，与……联合 // in alliance (with...) (与……)联盟的

monopoly /məˈnɒpəlɪ/

【助记】mono(单独)+poly(卖)→垄断，专卖

n. ①垄断 ***monopoly*** enterprise 垄断企业

②垄断商品 In many countries tobacco is a government ***monopoly***. 在许多国家，烟草是政府的垄断商品。

派 **monopolize/-ise** *v.* 垄断，独占

雅思真题 The Byzantines were as secretive as the Chinese, however, and for many centuries the weaving and trading of silk fabric was a strict imperial ***monopoly***. 然而，拜占庭人和中国人一样守密不宣，在很多世纪里，丝绸的纺织和交易都受到帝国的严格把控和垄断。

menace /ˈmenɪs/

n. ①具有危险性的人(或物) A careless driver is a ***menace*** to all road users. 漫不经心的驾驶员对于路上所有的车辆和行人都是危险的。

②威胁，恐吓 military ***menace*** 军事威胁

vt. 威胁 In *Fulltime Killer*, Chin suddenly felt Tok ***menacing*** and with him she was playing with fire. 在电影《全职杀手》中，阿清突然感到托克很可怕，和他在一起，无异于玩火自焚。

manoeuvre/maneuver /məˈnuːvə/

【助记】man(手)+euver→操纵

n. ①谨慎而熟练的动作 basic skiing ***maneuvers*** 滑雪的基本动作

②策略 diplomatic ***maneuvers*** 外交策略

③[*pl.*]演习 perform ***maneuvers*** 进行演习

v. ①设法使变动位置 He ***maneuvered*** his car into the garage. 他设法把汽车开进车库。// The yachts ***maneuvered*** for position. 游艇灵活地寻找位置。

②操纵，用策略，耍花招 She ***maneuvered*** her way to the top of the company. 她施展手腕使自己进入了公司的最高领导层。// ***maneuver*** for a position of power 策划谋取权位

hazard /ˈhæzəd/

n. 危险 Polluted water sources are a ***hazard*** to wildlife. 受污染的水源会对野生生物造成危害。

vt. ①尝试着做(或提出)，大胆猜测 Would you like to ***hazard*** a guess as to how much he earns? 你想不想猜猜他挣多少钱？

②冒……风险 Rock climbers sometimes ***hazard*** their lives. 攀岩运动员有时要冒生命危险。

搭 in (at) hazard 冒险，在危险中 // at all hazards 不顾一切危险

venture /ˈventʃə/

n. 风险投资 joint ***venture*** 合资企业

vi. 冒险 Nothing ***ventured***, nothing gained. [谚]不入虎穴，焉得虎子。

vt. ①敢于，大胆表示 If I may ***venture*** an opinion, I'd say the plan needs more thought. 我斗胆提一点意见，我认为这个计划尚欠考虑。

②拿……冒险，以……作赌注 Jeff ***ventured*** his whole fortune on one throw of the dice. 杰夫把全部财产全押在这次的掷骰子上。

同义替换练习

1. The Beatles, the most famous British band of the 1960s, traveled worldwide for many years, going beyond cultural barriers.

A. transporting　B. transplanting　C. transferring　D. transcending

2. It was accused that the restaurant discriminated against black customers.

A. addicted　B. alleged　C. assaulted　D. appealed

3. Bill Gates and Walt Disney are two people America has formally suggested to be the Greatest American.

A. appointed　B. asserted　C. nicknamed　D. nominated

4. Anyone not paying the registration fee by the end of this month will be considered to have withdrawn from the program.

A. contemplated　B. deemed　C. acknowledged　D. anticipated

5. My grandfather, a retired worker, often contemplates the past with a feeling of longing and respect.

A. considers　B. ponders　C. contrives　D. contacts

6. His productive brain has worked away on the idea of a universal cure.

A. rich　B. quick　C. intelligent　D. fertile

7. Although they plant trees in this area every year, the tops of some hills are still uncovered.

A. blank　B. hollow　C. vacant　D. bare

8. They're going to build a big office block on that unused land.

A. void　B. vacant　C. blank　D. shallow

9. At yesterday's party, Elizabeth's boyfriend amused us by mimicking Charlie Chaplin.

A. masking　B. following　C. imitating　D. forging

10. The bride and groom promised to love and care about each other through sickness and health.

A. nourish　B. nominate　C. foster　D. cherish

答案与译文

1. **[D]** 20世纪60年代最著名的英国乐队——甲壳虫乐队超越了文化障碍，多年来巡演全世界。

2. **[B]** 有人指控这家餐馆歧视黑人顾客。

3. **[D]** 比尔·盖茨和沃尔特·迪斯尼是被美国提名为"最伟大的美国人"的两位。

4. **[B]** 到本月底任何没有交注册费的人将被视为已经退出该课程。

5. **[B]** 我的祖父是个退休工人，他经常带着思念和敬意回忆过去。

6. **[D]** 他那才思泉涌的大脑已在进一步思考着要寻找一种普遍运用的治疗方案。

7. **[D]** 尽管他们每年都在这一区域种树，但一些山的顶上还是光秃秃的。

8. **[B]** 他们打算在那块空地上建造一座办公大楼。

9. **[C]** 在昨天的聚会上，伊丽莎白的男友模仿查理·卓别林逗我们开心。

10. **[D]** 新郎和新娘发誓无论健康还是疾病都会珍爱对方。

Lesson 26

词根词缀表

viv 生命	vivid *a.* 生动的	**lev** 升；轻的	elevate *vt.* 举起
radi 光线	radiate *v.* 发出(光和热)	**scend** 爬	ascend *vt.* 攀登
-le 表动作小幅度重复	twinkle *vi.* 闪烁	**cess** 走	successive *a.* 连续的
em- 在~之内；使	embrace *v.* 拥抱	**sequ, secut** 跟随	sequence *n.* 连续
hab, habit 持有	inhabitant *n.* 居民	**grav** 重	gravity *n.* 重力

classic /ˈklæsɪk/

a. ①最优秀的 modern *classic* writers 当代第一流的作家

②经典的；典型的 a *classic* design 经典设计

③传统式样的 a *classic* raincoat 传统式样的雨衣

n. ①文学名著 *Tale of Two Cities* is my favorite English *classic*.《双城记》是我最喜爱的英国文学名著。

②优秀的典范 Her beauty has been the eternal *classic*. 她的美丽将成为永恒的经典。

③[*pl.*]古典文学 the *classics* of Chinese literature 中国古典文学名著

classical /ˈklæsɪkəl/

a. 古典的，经典的 The Forbidden City is typically Chinese *classical* architecture. 紫禁城是典型的中国古典建筑。

> 【辨析】形近词 classical, classic
> classical：指历经时间考验的，古典的
> classic：指质量等一流的、最佳的；或文学作品、人物等典型的

glitter /ˈglɪtə/

【助记】glitt(发光)+er(表示反复动作)→闪耀

vi. 闪耀 All that *glitters* is not gold. [谚]闪光的不都是金子。// The water *glittered* in the sunlight. 水面在阳光下闪闪发光。

n. 闪光；耀眼，辉煌 The child was attracted by the *glitter* of the Christmas tree decorations. 这孩子被圣诞树上闪闪发光的装饰品吸引住了。

glare /gleə/

vi. ①(~*at*)怒视 The old gentleman just stood there *glaring at* the pickpocket and did not say a word. 这位老先生只是站在那里对那个扒手怒目而视，一句话也没有说。

②发出刺眼的光线 The sun *glared* out of the blue sky. 太阳在蓝天上发出强烈的光。

n. ①强光 To avoid the *glare* of the sun, you had better wear a pair of sunglasses. 为避免耀眼的阳光(照射)，最好戴上墨镜。

②怒视 She gave him an icy *glare*. 她以冷冰冰的目光怒视着他。

③炫耀 They were in the full *glare* of publicity. 他们大肆炫耀。

派 **glaring** ***a.*** 耀眼的；显眼的；怒目而视的

glimpse /glɪmps/

n. 一瞥 I caught only a *glimpse* of the president's car. 我只瞥见了总统的汽车。

vt. 瞥见，看一眼 I *glimpsed* her face in the crowd, but then she was gone. 我在人群中瞥见她的脸，但随即她就消失了。

搭 catch a glimpse of sb./sth. 瞥见某人/某物

> 【辨析】表示"一瞥"的动词
> glance：匆匆看一眼或粗略扫一眼，强调动作
> glimpse：指无意间"瞥见"，强调结果，是 glance 的结果

gaze /geɪz/

vi. 注视 In those boring lectures, many students just sat *gazing* through the classroom window. 在那些沉闷的课堂教学中，许多学生只是呆呆地坐着望着窗外。

n. 注视 He rested a curious *gaze* on the strange woman. 他好奇地盯着那个怪异的女人看。

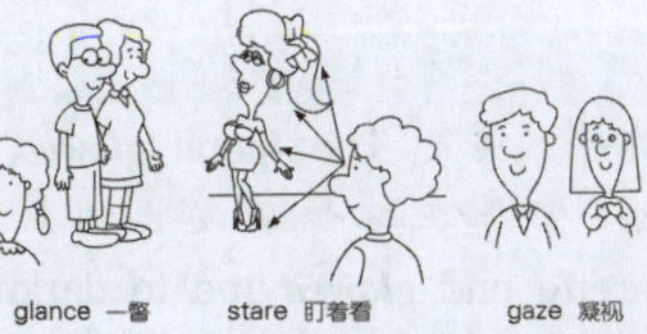

contempt /kən'tempt/

n. 轻视，轻蔑 That sort of behavior is simply beneath ***contempt***. 那种行为简直为人所不齿。

搭 hold in contempt 认为……不屑一顾

派 **contemptuous** ***a.*** 藐视的

despise /dɪ'spaɪz/

【助记】de(down)+spise(看)→往下看→鄙视

vt. 鄙视，看不起 No one will ***despise*** you so long as you respect yourself. 只要你尊重自己，没有人会鄙视你。

scorn /skɔːn/

n. 轻蔑【同 contempt】She has nothing but ***scorn*** for the new generation of politicians. 她对新一代政客只有鄙视。

vt. ①轻蔑，鄙视 As a professional painter, she ***scorns*** the efforts of amateurs. 她是专业画家，看不起业余画家的创作。

②拒绝，不屑(接受或做) He ***scorned*** my help. 他不屑接受我的帮助。

搭 be a scorn to... / be the scorn of... 是……的嘲笑对象；遭到……的鄙视 // have scorn for... 藐视…… // pour scorn on sb./sth. 以鄙夷的口气说到某人/某事

vivid /'vɪvɪd/

【助记】viv(生命)+id→生动的

a. ①生动的 I gave my friends a ***vivid*** description of my journey in Tibet with pictures. 我用照片生动地向朋友们描绘了我的西藏之旅。

②鲜艳的 The ***vivid*** green of leaves in spring is my favorite color. 春天嫩叶的鲜绿色是我最喜爱的颜色。

搭 vivid performance 传神的表演 // vivid imagination/memory 活跃的想象力/鲜活的记忆 // vivid flash of lightning 耀眼的闪电

brilliant /'brɪljənt/

【助记】brilli(发光)+ant→灿烂的

a. ①灿烂的 Many impressionistic painters' inspiration stems from the ***brilliant*** sunshine. 许多印象派画家的灵感来源于明媚的阳光。

②卓越的 Freud was a ***brilliant*** psychologist. 弗洛伊德是一位杰出的心理学家。

派 **brilliance** ***n.*** 辉煌；聪颖

blaze /bleɪz/

vi. ①熊熊燃烧，着火 When the firemen arrived, the whole building was ***blazing***. 消防队到达时，整座建筑物正在熊熊燃烧着。

②发(强)光 Lights were ***blazing*** in every room. 每个房间都灯火通明。

③迸发 His eyes ***blazed*** with hate. 他的眼神充满了怨恨。

n. ①火焰，烈火 Dry wood makes a good ***blaze***. 干柴烧得很旺。// Three people died in the ***blaze***. 火灾中有三人丧生。

②强烈的光 a ***blaze*** of sunshine 太阳的光辉

③爆发 a ***blaze*** of anger 突发的怨恨

④灿烂 In the fall, the trees are a ***blaze*** of color. 秋天，树木色彩绚丽。

搭 blaze a trail 开拓道路，作先导 // blaze away (枪炮)连续发射 // blaze up 燃烧起来，(人)发起怒来 // like blazes 猛烈地，激烈地

dazzle /'dæzl/

vt. ①使眩目 I was ***dazzled*** by the car's headlights. 汽车前灯的灯光照得我睁不开眼睛。

②使赞叹不已 He ***dazzled*** the crowd with his oratory. 他的雄辩口才使听众赞叹不已。

n. ①耀眼的光 the ***dazzle*** of spotlights 聚光灯耀眼的光

②令人赞叹的东西 The art of ice sculpture is a real ***dazzle***! 冰雕艺术真令人赞叹！

搭 dazzle sb. with... 以……使某人赞叹不已 // be dazzled by sb.'s beauty 为某人的美貌所倾倒

discern /dɪ'sɜːn/

【助记】dis(apart)+cern(分离)→识别

vt. 识别，认出；看出，察觉出 It was so dark outside that I was just able to ***discern*** the road in the dark. 外面一片漆黑，我在黑暗中勉强能分辨出道路。// It is difficult to ***discern*** which of them was telling the truth. 很难弄清楚他们之中谁说的是实话。

用 该词不用于进行式。

beam /biːm/

n. ①(光线等的)束【同 ray】The sun shed its ***beams*** on the orchard. 太阳照耀着果园。

②梁，横梁 The thief was found bending over the **beam**. 人们发现小偷正趴在横梁上。

③笑容 a **beam** of delight 笑逐颜开

vi. 面露喜色 The captain **beamed** with satisfaction. 上尉露出了满意的微笑。

vt. 定向发出（无线电信号等），播送 This is a programme **beamed** at Japan. 这是对日本广播的节目。

radiate /ˈreɪdieɪt/

【助记】radi(光线)+ate(使)→使发出光线→发出

v. ①发出（光或热） The sun **radiates** light and heat. 太阳散发光和热。

②流露 There was a tenderness that **radiated** from her that touched and ached me. 她身上散发出的柔情让我感动，也让我心痛。

派 **radiation** *n.* 放射，辐射 // **radiator** *n.* 散热器；冷却器 // **radiant** *a.* 容光焕发的；光芒四射的；辐射的

flare /fleə/

vi. ①（火焰）闪耀，（短暂地）烧旺 The fire **flared** up as I added more wood. 我添了些木柴，火顿时旺起来。

②突然发怒 He **flared** up in a fury and shouted at her. 他一下子火冒三丈，对她大喊大叫。

n. 闪光信号 signal **flare** 信号弹

搭 a flare of temper 大发雷霆 // flare point [化学]燃烧点，着火点

flash /flæʃ/

vi. ①闪烁，闪光 The lightning **flashed** across the sky. 闪电掠过天空。// the **flashing** blue lights of a police car 警车闪烁的蓝灯

②飞驰 The days seem to **flash** by. 光阴似箭。

n. ①闪光，闪烁，闪现 quick as a **flash** 快如闪电 // a **flash** in the pan 昙花一现的人或事物

②闪光灯 Did you use **flash** when you took these pictures? 你拍这些照片时用闪光灯了吗？

搭 flash into one's mind 突然从脑中闪现 // flash back to 回想起 // in a flash 即刻；一瞬间

> 【辨析】表示“闪耀，闪光”的动词
>
> flare：尤指在黑暗中或从即将熄灭的火中突然射出亮光或火焰
>
> flash：指耀眼的光突然、短暂地“闪烁”，如闪电

glow /gləʊ/

vi. ①灼热，发光 The metal **glowed** in the furnace. 金属在熔炉里发出灼热的光。// A cigarette end **glowed** red in darkness. 一个烟头在黑暗中发着红光。

②（脸）红 Her face was **glowing** with embarrassment. 她尴尬得脸都红了。

③（感情等）洋溢 He is **glowing** with enthusiasm. 他热情洋溢。

n. ①光亮 The **glow** of the setting sun is splendid; it is a pity that the dusk is fast approaching. 夕阳无限好，只是近黄昏。

②脸红 Her face has the **glow** of health. 她脸色红润。

③激情，心满意足 She felt a **glow** of satisfaction at her son's achievements. 儿子的成就让她感到心满意足。

搭 glow with health 脸色红润，容光焕发 // glow with shame 因羞愧而脸红

flame /fleɪm/

n. ①火焰，火舌 the tiny yellow **flame** of a match 火柴小小的黄色火焰 // **Flames** poured out of the windows of the building. 火焰从大楼的窗户里不断冒出。

②强烈的情感 He is bursting into **flames**. 他正怒火中烧。

> 【辨析】表示“火焰”的名词
>
> blaze：指大火、火灾，多用单数形式
>
> flame：多指小火、火舌、火苗，也可指火灾，多用复数形式

sparkle /ˈspɑːkl/

【助记】spark(火花)+le(表动作反复)→发光

vi. ①发光，闪烁【同 glitter】The diamond ring **sparkled** in the sunlight. 钻石戒指在阳光下闪闪发光。// The stars **sparkle** in the dark sky. 夜晚的天空上星星闪闪发光。

②活跃，（才智等）焕发 His wit **sparkles**. 他才华横溢。

n. ①闪光，闪耀 the **sparkle** of the diamonds 闪闪发光的钻石

②活力 The new play didn't have much **sparkle** to it. 这部新剧缺乏生气（相当沉闷）。

用 sparkle 多指光线在物体表面的反射而发出短暂而明亮的光；也可指星星发光或眼睛闪耀着泪花(sparkle with tears)。

ignite /ɪɡˈnaɪt/

vt. 点燃 A lighted cigarette can ***ignite*** a big forest fire. 一根点燃的香烟就可以引起森林大火。

vi. 着火 The paper ***ignited*** when the spark fell on it. 当火星落在那张纸上时，它立即燃烧起来。

quench /kwentʃ/

vt. ①止(渴) Iced tea really ***quenches*** your thirst. 冰茶真的很解渴。

②扑灭 ***quench*** a fire/flames 灭火 // The disapproval of my colleagues ***quenched*** my enthusiasm for the plan. 同事们的反对扑灭了我对这项计划的热情。

搭 quench sb.'s hope 断绝某人的希望

twinkle /ˈtwɪŋkl/

vi. ①闪烁 Stars ***twinkled*** in the night sky. 星星在夜空闪烁。// The lights ***twinkled*** in the distance. 远处有灯光闪烁。

②闪亮，(眼睛)闪闪发光 Her eyes ***twinkled*** when she heard the news. 当听到这个消息时，她两眼闪闪发光。

n. 闪烁；闪亮 From the ***twinkle*** in her eyes we know she is joking. 我们从她闪烁的眼神知道她在开玩笑。

flush /flʌʃ/

n. 脸红【同 blush】A ***flush*** of embarrassment rose to her cheeks. 由于尴尬她双颊绯红。

v. ①冲洗(马桶) Don't forget to ***flush*** the toilet after use. 用完厕所，不要忘了冲。

②脸红【同 blush】She ***flushed*** with anger. 她气得脸发红。

③赶出 The police managed to ***flush*** the gang from their hideout. 警方设法把这伙匪徒赶出了躲藏处。

a. ①(~***with***)齐平的 The river is ***flush with*** its banks. 河水齐岸。

②充裕的 Let him pay; He's ***flush*** tonight. 让他付，他今晚有很多钱。

搭 a flush of anger/excitement/pleasure 一阵愤怒/激动/高兴 // flush away 冲去，洗去 // flush out (彻底)冲洗，清洗 // flush... from/out of 把……从……驱逐出去

blush /blʌʃ/

vi. 脸红【同 go red】He ***blushed*** with the embarrassment when the girl whistled at him. 女孩子向他吹口哨，他窘迫地脸红起来。

n. 脸红 She bent her head to hide her ***blushes***. 她低下头去掩饰自己羞红的脸。

embarrass /ɪmˈbærəs/

vt. 使尴尬 Don't you feel ***embarrassed***? 你不觉得难为情吗？

派 **embarrassing** *a.* 使人尴尬的 // **embarrassment** *n.* 窘迫，局促不安

embrace /ɪmˈbreɪs/

【助记】em(in)+brace(双臂)→在双臂里→拥抱

vt. ①拥抱【同 hug】She ***embraced*** her son before leaving. 她在离开前拥抱着儿子。

②包括，包含【同 include】This course ***embraces*** several different aspects of psychology. 这门课程涉及心理学的几个不同方面。

③包围，环绕 The hills ***embrace*** the village. 山丘环绕着村庄。

④欣然接受，采纳 We hope these regions will ***embrace*** democratic reforms. 我们希望这些地区会欣然接受民主改革。

vi. 互相拥抱 The two lovers ***embraced***, holding each other tightly. 一对恋人紧紧地相拥在一起。

n. 拥抱 a loving ***embrace*** 深情的拥抱

搭 embrace a good chance 抓住好时机

shelter /ˈʃeltə/

n. ①掩蔽处 a ***shelter*** for the homeless 无家可归者的收容所

②住所 Food, clothing and ***shelter*** are all basic necessities of life. 衣、食、住所是生活的基本必需品。

③掩蔽 Don't take ***shelter*** from the rain under a tree when there is thunder and lightning. 有雷电时不要在树下避雨。

vt. 掩蔽，庇护 You can't ***shelter*** your brother from blame in the accident. 你不可以庇护你的兄弟，使其免受事故的责难。

vi. 躲避 We sat in the shade, ***sheltering*** from the sun. 我们坐在树荫下免得晒太阳。

搭 be a shelter from... 成为躲避……的处所 // take/find/seek shelter 避难，躲避 // shelter... from... 给……提供躲避……的地方，庇护……使

其免遭…… // shelter from... 避开……，躲避……

accommodate /əˈkɒmədeɪt/

vt. ①容纳【同 hold, contain】The hotel can *accommodate* 1,000 guests. 这个旅馆能容纳1000人。

②向……提供住处（或膳宿）*accommodate* sb. for the night 留某人住一夜

③使适应【同 adapt】Wherever he goes, he readily *accommodates* himself to new circumstances. 不管到哪儿，他都能迅速适应新环境。

搭 accommodate sth. to... 使某物适应、迁就、迎合……

accommodation /əˌkɒməˈdeɪʃən/

n. 住宿 *Accommodation* is expensive in this city. 这个城市住宿昂贵。

lodge /lɒdʒ/

vi. 借宿 The travelers *lodged* in motels every night. 这些旅行者每晚都借宿汽车旅馆。

vt. 供……以临时住宿 The refugees are being *lodged* in an old army camp. 难民们暂时被安置在一座旧军营里。

n. 乡间小屋 a hunting *lodge* 狩猎小屋

派 **lodger** *n.* 房客，租住者 // **lodging** *n.* 住所；[*pl.*] 出租的房间

resident /ˈrezɪdənt/

n. ①居民 It is reported that rats outnumber *residents* in New York by 9 to 1. 据报道，纽约的老鼠的数量是其居民的9倍。

②住院医生 the neurosurgery *resident* 神经外科住院医师

a. ①居住的 I've been *resident* in this hotel for five years. 我住在这家旅馆5年了。

②住校的，住院的 *resident* doctor/student 住院医生/住校学生

搭 be resident at/in 住在……

派 **residential** *a.* 住宅的；与居住有关的

residence /ˈrezɪdəns/

n. ①住处 No. 10 Downing Street is the British Prime Minister's official *residence*. 唐宁街10号是英国首相的官邸。

②居住 He's taken up *residence* in an old castle. 他在一座旧城堡里住了下来。

inhabit /ɪnˈhæbɪt/

vt. 居住于 The region was *inhabited* by Indians. 这个地区为印第安人所居住。

派 **inhabitable** *a.* 可居住的，可栖居的

inhabitant /ɪnˈhæbɪtənt/

n. 居民 American Indians were the earliest *inhabitants* of America. 美洲印第安人是美洲最早的居民。

indigenous /ɪnˈdɪdʒənəs/

a. 土生土长的，本地的【同 native】the country's *indigenous* population 该国的本土人口 // Are there any species of frog *indigenous* to the area? 这一地区是否有本地品种的青蛙？

habitat /ˈhæbɪtæt/

n. （动物的）栖息地 The polar bear's *habitat* is the icy wastes of the Arctic. 北极熊的栖息地是冰冷的北极荒原。

派 **habitable** *a.* 适于居住的 // **habitation** *n.* 居住

dwell /dwel/

vi. 居住 We *dwell* in the country but work in the city. 我们住在乡下，但在城里工作。

搭 dwell on/upon 老是想着，详述 Let bygones be bygones. Don't *dwell on* the past too much. 让过去的事情过去吧，不要沉湎于过去。

派 **dweller** *n.* 居民，居住者

【辨析】表示"居住"的动词

dwell：常见于文学语言中，口语中常用 live 替代

reside：指合法的永久性居住

lodge：指短时间或临时住宿

inhabit：强调人或动物居住在某个地区并已适应某种特殊环境

dwelling /ˈdwelɪŋ/

n. 住宅 change one's *dwelling* 搬家

linger /ˈlɪŋɡə/

【助记】ling(long)+er(比较级词尾)→比应该待的时间更长→留恋徘徊

vi. ①留恋徘徊 The two lovers *lingered* over coffee and didn't realize it was long past midnight. 这对恋人流连于咖啡馆，一点儿也没意识到时间早就过了午夜。

②继续存留 The pain *lingered* on for weeks. 疼痛持续了好几个星期。

雅思真题 While the fashions of the time might shape what is currently popular, works that are best adapted to our visual system may be the most likely to ***linger*** once the trends of previous generations have been forgotten. 一时的时尚可能造就当今流行什么，但一旦之前的流行趋势被忘记，那么最适应我们视觉系统的作品或许最有可能被留下。

lag /læg/

vi. 走得慢 The tortoise ***lagged*** behind the rabbit when they recompeted in the race. 龟兔重新赛跑时，乌龟远远地落在兔子后面。

n. 滞后，(时间上的)间隔 There was a long ***lag*** in forwarding mail to us. 转寄给我们的邮件晚了很久才拿到。

peak /piːk/

n. ①山峰，山顶 snow-covered mountain ***peaks*** 积雪的山峰

②顶点，顶峰【同 summit】He's at the ***peak*** of his career. 他正处于事业的巅峰。

vi. 达到高峰 Toy sales ***peaked*** just before Christmas and are now decreasing. 玩具销售额在圣诞节前夕达到最高峰，现已逐渐下降。

a. 最大值的 The engine is tuned to ***peak*** efficiency. 发动机调到最高功效了。

搭 reach the peak of... 达到……的高峰 // at the peak of... 处在……的顶峰 // at peak periods 在高峰期间，在最繁忙的时刻

summit /ˈsʌmɪt/

【助记】sum(最高)+mit→最高点

n. ①(山等的)最高点，峰顶 climb to the ***summit*** 登上山顶

②最高级会议 Fruitful negotiations on East-West tension can be achieved only at the ***summit***. 只有举行高峰会议，缓和东西方紧张关系的谈判才能卓有成效。

③顶峰，极点 Sales have reached a new ***summit***. 销售额已达到新的高峰。

mount /maʊnt/

vt. ①登上；骑上 We ***mounted*** some stone steps to a gallery. 我们登上几级石阶，来到一间陈列室。// Mr. Rochester ***mounted*** his horse and rode off. 罗切斯特先生上了马，疾驰而去。

②发起，组织 He is ***mounting*** a campaign against drunk drivers. 他正在发起一场反对酒后驾车的运动。

③安放，安装 A compass was ***mounted*** on the dashboard. 一架罗盘安装在仪表上。

vi. 增加，增长 Prices are ***mounting***. 物价在上涨。

n. [*M*-](用于山名前)山 ***Mount*** Everest 珠穆朗玛峰

elevate /ˈelɪveɪt/

【助记】e(out)+lev(举)+ate(使)→举起

vt. ①晋升【同 promote】He was ***elevated*** to the post of president. 他被提拔到总裁的职位。

②提高(思想、文化教养等) Reading good books ***elevates*** one's mind. 阅读好书可提高人的心灵修养。

③使情绪高昂 We need candidates who can ***elevate*** and inspire the American people. 我们需要能振奋美国人民的精神，能鼓励他们士气的候选人。

④举起【同 lift】Lie down and ***elevate*** your feet. 躺下，然后把脚抬起来。

派 **elevation** ***n.*** 提高；高地；仰角

escalate /ˈeskəleɪt/

v. (使)逐步增长，逐步升级 The conflict has ***escalated*** into violence. 冲突已激化为暴力行为。

ascend /əˈsend/

【助记】a(to)+scend(爬)→攀登

vi. 升高 The rocket ***ascended*** into the sky until it disappeared altogether. 火箭高高地飞向天空直至完全消失。

vt. 攀登 He ***ascended*** the stairs with great difficulty. 他非常费力地爬上楼梯。

派 **ascent** ***n.*** 上升，攀登；上坡(路)

descend /dɪˈsend/

【助记】de(down)+scend(爬)→下来

vi. ①下来【反 ascend】We rode up, but ***descended*** on foot. 我们骑车上去，但步行下来。

②(~*from*)起源(于) Buddhism ***descends from*** ancient India. 佛教起源于古印度。

③(~*on*)袭击 Armed thieves ***descended on*** the helpless travelers. 一群武装盗贼袭击了无助的旅客。

④(~*to*)把身份降至 I refused to ***descend to*** petty personal attacks. 我拒绝降低身份去对别

人进行卑劣的人身攻击。

vt. 走下 Mrs. Davers ***descended*** the steps. 丹佛斯太太走下楼梯。

> **雅思真题** As their name suggests, stepwells comprise a series of stone steps ***descending*** from ground level to the water source (normally an underground aquifer) as it recedes following the rains. 正如其名称所示，阶梯井由一系列石阶构成，这些石阶从地平面向下延伸至水源处（通常是地下含水层），水位随着雨水变化。

descent /dɪˈsent/

n. ①下降 Passengers must fasten their seat belts prior to ***descent***. 乘客在飞机降落前必须系好安全带。

②斜坡 a steep ***descent*** 陡峭的坡道

③血统 He's of German ***descent***. 他祖籍德国。

descendant /dɪˈsendənt/

n. 后代，后裔；派生物 ***descendants*** of Queen Victoria 维多利亚女王的后裔 // Today's bicycles are ***descendants*** of the earlier velocipede. 今天的自行车是从早期的脚踏车发展而来的。

predecessor /ˈpriːdɪsesə/

n. ①前辈 As a scholar he is not in the same street with his ***predecessors***. 作为学者，他远不如其前辈。

②前身，（被取代的）原有事物 My present car is much better than its ***predecessor***. 我现在的汽车比原来的那辆好得多。

offspring /ˈɒfˌsprɪŋ/

n. ①后代 His ***offspring*** are diligent and intelligent. 他的后代既勤奋又聪明。

②（动物的）崽 Animals protect their ***offspring***. 动物懂得保护它们的幼崽。

ancestor /ˈænsestə/

n. ①祖先 His ***ancestors*** came to America on the Mayflower. 他的祖先是乘"五月花"号来到美洲的。

②原型，先驱 Babbage's invention was the ***ancestor*** of the modern computer. 巴比奇的发明是现代计算机的原型。

派 **ancestral** ***a.*** 祖先的 // **ancestry** ***n.*** 祖先

【归类卡片】单称 V.S. 总称

单称	总称	词义
ancestor	ancestry	祖先
machine	machinery	机器
poem	poetry	诗歌
scene	scenery	景色

ancient /ˈeɪnʃənt/

a. ①古代的 This book gives you a good idea of life in ***ancient*** Greece. 这本书使你对古希腊生活有一个清楚的概念。

②年老的 That photo makes me look ***ancient***! 那张照片显得我很老！

successive /səkˈsesɪv/

a. 连续的 It has rained for ten ***successive*** days. 已经连续下了10天雨。

搭 successive years of good harvest 连年丰收 // successive victories/attempts 接连的胜利/尝试

succession /səkˈseʃən/

n. ①连续 He was late for school three times in ***succession***. 他连续三次上学迟到。

②一连串 a ***succession*** of defeats 一连串的失败

③接替，继任 The ***succession*** to the Crown was disputed. 王位继承权引起了争议。

搭 in succession 接连地，连续地 // by succession 按照继承顺序 // in due succession 按自然的次序

array /əˈreɪ/

n. ①展示，陈列，一系列 This library contains an impressive ***array*** of books on every subject. 这个图书馆藏有数目可观的图书，涉及所有主题。

②排列，队形 a battle ***array*** 战斗队形

③衣服，盛装 The royal family appeared in splendid ***array***. 王室成员身着盛装出现。

④数组，阵列 line ***array*** 线性阵列

vt. ①排列 The table was ***arrayed*** with all sorts of delicacies. 餐桌上布满了各式各样精美的食物。

②配置（兵力） His soldiers were ***arrayed*** along the river bank. 他的士兵沿着河岸摆开阵势。

③打扮 We were ***arrayed*** in our best clothes. 我们穿了最好的服装。

string /strɪŋ/

n. ①弦，线，细绳 I broke a ***string*** in my tennis racket. 我把网球拍上的一根绷绳给弄断了。

②一串 a ***string*** of questions 一连串问题

vt. ①用线串 She had ***strung*** the shells on a silver chain. 她把贝壳串在一条银链子上。

②(用线)悬挂 We ***strung*** paper lanterns up in the trees. 我们在树上挂了纸做的灯笼。

搭 with no strings (attached) 无附带条件，无任何限制 // string up 悬挂；吊死 // string along 欺骗；(with)跟随 // string out (使)成行地展开 The parade ***strung out*** for miles. 游行行列长达数英里。

用 过去式、过去分词 strung。

【归类卡片】"绳子"种种

string 细绳	ribbon 丝带	rope 粗绳
line 线	cord 细绳	cable 缆绳

sequence /ˈsiːkwəns/

【助记】sequ(跟随)+ence→一个跟着一个→次序

n. ①连续，一连串 New employees had to attend a ***sequence*** of orientation meetings. 新职员得参加一系列的情况介绍会议。

②次序 in ***sequence*** 依次，逐一

serial /ˈsɪərɪəl/

n. 连续剧；连载故事 This drama ***serial*** is very popular. 这部连续剧很受欢迎。

a. 连续的，顺序排列的 placed in ***serial*** order 按顺序放置的 // Jing Yong's Kongfu novels often appear as ***serial*** novels in newspapers. 金庸的武侠小说经常以连载小说的形式出现在报纸上。

series /ˈsɪəriːz/

n. ①一系列 There's been a whole ***series*** of accidents on this stretch of road recently. 近来在这一路段发生了一连串事故。

②连续剧 TV ***series*** 电视连续剧

搭 a series of 一连串，一系列，一套

用 本词的单复数同形。

procession /prəˈseʃən/

【助记】pro(forward)+cess(走)+ion→一队人往前走→队伍

n. 队伍，行列 Streets are crowded with people dancing the samba in parading ***processions***. 街上到处都是跳着桑巴舞的游行队伍。

parade /pəˈreɪd/

n. 游行，检阅 a military ***parade*** 军事检阅 // a victory ***parade*** 庆祝胜利的游行

v. 列队行进，游行 Some of the audience began to scream when the Italian football team ***paraded*** the football field. 当意大利足球队列队出场时，一些观众尖叫起来。// Officers will ***parade*** through the town centre. 军官们将列队经过市中心。

搭 take part in a parade 参加游行 // make a parade of one's learning 炫耀学问

recruit /rɪˈkruːt/

【助记】re(again)+cruit(增加)→再增加成员→招募

vt. 招募(新兵)，吸收(新成员) Many companies like to ***recruit*** experienced personnel. 许多公司喜欢招收有经验的员工。

n. 新兵，新成员 We've gained a lot of ***recruits*** to our club. 我们俱乐部吸收了很多新成员。

being /ˈbiːɪŋ/

n. ①人 Has anybody ever seen any ***beings*** from outer space? 有人见到过外星人吗？

②存在 What is the purpose of our ***being***? 我们生存的目的是什么？

搭 bring into being 使出现，使存在 // come into being 出现，形成

corrupt /kəˈrʌpt/

【助记】cor(完全)+rupt(断裂)→人格完全断裂→腐败的

a. ①堕落的 a ***corrupt*** society 堕落的社会

②腐败的，贪污受贿的 ***Corrupt*** judges have taken millions of dollars in bribes. 贪污的法官接受了几百万美元的贿赂。

vt. ①使堕落 He believes violence on television and film is ***corrupting*** our children. 他认为电视上的暴力镜头带坏孩子。

②使腐败，行贿 The businessman was sent to prison for trying to ***corrupt*** a tax official with money. 那个商人因企图向税务官员行贿而被判入狱。

搭 a corrupt official 贪官污吏 // corrupt practices 受贿，行贿，营私舞弊 // corrupt the child 惯坏孩子

派 **corruption** *n.* 贪污,腐败

bribe /braɪb/

vt. 贿赂 The traffic offender ***bribed*** the policeman to let him go. 交通肇事者贿赂警察,让警察放他走。

n. 贿赂 take/accept a ***bribe*** 受贿 // give/offer sb. a ***bribe*** 向某人行贿

派 **bribery** *n.* 行贿,行贿的财物

breakdown /ˈbreɪkdaʊn/

n. ①垮台 the ***breakdown*** of an empire 帝国的垮台

②衰竭,衰弱 After the trial, Paul had a ***breakdown***. 审讯后,保罗神经崩溃。

③(机器等的)损坏 Our car had a ***breakdown*** on the road. 我们的汽车在路上抛锚了。

④分类 Can you prepare a full ***breakdown*** of labor costs? 你能准备一份详细的劳工成本分类清单吗?

collapse /kəˈlæps/

【助记】col(共同)+lapse(滑倒)→倒塌

vi. ①倒塌 Numerous houses ***collapsed*** in the Wenchuan Earthquake in 2008. 2008年,无数的房屋在汶川地震中倒塌。

②崩溃,垮掉 The enterprise ***collapsed*** through lack of support. 缺少支援,企业垮掉了。

n. 倒塌;崩溃 the ***collapse*** of the building 建筑物的倒塌 // the ***collapse*** of a negotiation 谈判失败

雅思真题 Hunt and Lipo also see no evidence that Rapanui civilisation ***collapsed*** when the palm forest did. 亨特和利波也发现,没有证据能证明拉帕努伊文明在棕榈树林消失时坍塌。

mourn /mɔːn/

v. ①哀悼 ***mourn*** for the dead 哀悼死者 // The whole nation ***mourned*** the death of the much-loved leader. 举国上下哀悼这位敬爱的领导人。

②(对……)感到痛心(或遗憾)【同 grieve】We all ***mourn*** the destruction of a well-loved building. 我们都为毁掉心爱的建筑物而痛惜。

派 **mournful** *a.* 悲哀的,令人伤心的

groan /grəʊn/

vi. ①抱怨【同 moan】The kids all ***groaned*** when I switched off the TV. 我关掉电视时,孩子们都发出不满的哼哼声。

②发出呻吟般的声音 The patient can't help ***groaning*** with pain. 这位病人因疼痛而忍不住发出呻吟。

n. 呻吟;嘎吱声 The chair gave a ***groan*** when the heavy woman sat down. 当那个胖女人坐下时,椅子发出了吱吱声。

搭 moan and groan 不停地抱怨 // groan out 用低沉的声音说出

grave /greɪv/

n. 坟墓 from the cradle to the ***grave*** 从生到死

a. ①严重的 The situation poses a ***grave*** threat to world peace. 这局势对世界和平构成了严重的威胁。

②严肃的 as ***grave*** as a judge 非常严肃

派 **graveyard** *n.* 墓地,坟墓

gravity /ˈgrævɪtɪ/

【助记】grav(重)+ity(表性质)→重力

n. ①重力,地心引力 Enormous energy is needed to launch a spacecraft against (the force of) ***gravity***. 发射飞船需要巨大的能量来摆脱地心引力。

②严重 I could not hide from her the ***gravity*** of the situation. 我无法向她隐瞒事态的严重性。

③严肃 He could hardly keep his ***gravity***. 他忍不住要笑出来。

搭 keep one's gravity 持重,不苟言笑

aggravate /ˈægrəveɪt/

【助记】ag(to)+grav(重)+ate→加重

vt. ①加重;使恶化【反 improve】His bad temper was ***aggravated*** by his headache. 头痛使他的坏脾气变得越来越糟糕。

②激怒【反 irritate】The talking in the audience began to ***aggravate*** us. 听众的交谈使我们感到恼火。

搭 be aggravated at sth. 因某事而发怒 // be aggravated with sb. 生某人的气

acute /əˈkjuːt/

a. ①严重的 There is an ***acute*** shortage of water in the remote areas in western China. 中国西部的偏远地区严重缺水。

②敏锐的【同 keen】an *acute* sense of smell 灵敏的嗅觉 // Sherlock Holmes was a man of *acute* observation. 夏洛克·福尔摩斯是个观察力敏锐的人。

③(疾病)急性的 *acute* pain 剧痛

④尖的,锐的 an *acute* leaf 尖尖的叶子

harsh /hɑːʃ/

a. ①严厉的 The movie has received *harsh* criticism from the press. 该影片遭到了新闻界的严厉批评。

②刺耳的 Some modern music sounds *harsh* and tuneless. 现代音乐中有一些既刺耳又不成调子。

hinder /ˈhɪndə/

vt. 妨碍 Anger and haste *hinder* good counsel. 愤怒和急躁妨碍好忠告。

搭 hinder sb./sth. from doing sth. 阻碍某人做某事/阻碍某事的进展 // hinder sb. in sth. 妨碍、耽搁某人在做的某事

派 **hindrance** ***n.*** 妨碍;妨碍的人(物)

spur /spɜː/

n. 驱策,刺激(物) Ambition is an excellent *spur* for the young. 雄心对年轻人来说是最有效的鞭策力。

vt. 激励,促进 Rising consumer sales *spurred* the economy to faster growth. 销售额的增长使经济更快发展。

搭 on the spur of the moment 一时冲动之下

同义替换练习

1. Her jewelry shined under the spotlights and she became the dominant figure at the ball.

A. glared　B. glittered　C. blazed　D. dazzled

2. Put on dark glasses or the sun will blind you and you won' t be able to see.

A. discern　B. distort　C. distract　D. dazzle

3. He is too young to be able to distinguish between right and wrong.

A. discard　B. discern　C. disperse　D. disregard

4. It is a well-known fact that the cat family includes lions and tigers.

A. enriches　B. recruits　C. adopts　D. embraces

5. The city government is building more roads to provide enough space for the increasing number of cars.

A. accommodate　B. receive　C. accept　D. hold

6. Only a selected number of landladies in the neighborhood have been allowed by the university to take in tenants.

A. residents　B. lodgers　C. settlers　D. inhabitants

7. All the people in the stadium cheered up when they saw hundreds of colorful balloons rising slowly into the sky.

A. ascending　B. elevating　C. descending　D. lingering

8. The old couple now still grieve for their beloved son, 30 years after his death.

A. cherish　B. groan　C. immerse　D. mourn

9. The financial problem of this company is further aggravated by the rise in interest rates.

A. decreased　B. strengthened　C. reinforced　D. worsened

10. The girl's face reddened with embarrassment during the interview when she couldn't answer the tough question.

A. beamed　　B. dazzled　　C. radiated　　D. flushed

11. In the Spring Export Commodities Fair the display of fine china attracted much attention of customers from all over the world.

A. succession　　B. array　　C. string　　D. procession

12. Ruth did not enter the museum at once, but stayed for a while in the courtyard.

A. paraded　　B. dwelled　　C. lingered　　D. rested

答案与译文

1. **[B]** 聚光灯下她所佩戴的珠宝闪闪发光,她也成为了舞会的焦点人物。
2. **[D]** 戴上墨镜,否则阳光会令你眼花看不见东西。
3. **[B]** 他过于年轻以致不能分辨是非。
4. **[D]** 众所周知,猫科动物包括狮子和老虎。
5. **[A]** 市政府正在修建更多的道路以容纳不断增加的车辆。
6. **[B]** 大学只允许附近一些经过挑选的女房东接纳学生租房。
7. **[A]** 看到数以百计的彩色气球徐徐升上天空,体育馆里所有的人都欢呼起来。
8. **[D]** 爱子夭折都30年了,老两口现在还在为他而悲伤。
9. **[D]** 利率的提高使该公司的财政问题进一步恶化。
10. **[D]** 当那个姑娘回答不出面试中的难题时,她尴尬得脸都变红了。
11. **[B]** 在春季出口商品交易会上,精美的瓷器产品吸引了世界各地客商的注意力。
12. **[C]** 鲁斯没有马上走进博物馆,而是在院子里逗留了一会儿。

Lesson 27

词根词缀表

log, loqu 说话	analogy *n.* 类比	verg 倾斜	converge *vi.* 会合
un- 相反	undo *vt.* 取消	auto 自己	automatic *a.* 自动的
vict, vinc 征服	convict *vt.* 证明……有罪	circ 圆	circulate *v.* 循环
-fy 使	magnify *vt.* 放大	cid, cas 落下	casualty *n.* 受害者
magn(i) 巨大的，伟大的	magnitude *n.* 广大	by- 旁边	bypass *n.* 旁道
mass 大量	massacre *n.* 大屠杀	claim 呼喊	proclaim *vt.* 宣告

analogy /ə'nælədʒɪ/

【助记】ana(upon)+logy(说)→类比

n. 类比 The physiology teacher drew an *analogy* between the human heart and the pump. 生理学老师将人的心脏比作水泵。

搭 by analogy 用类推的方法

analogous /ə'næləɡəs/

a. (~*to, with*)类似的，相似的 The report's findings are *analogous with* our own. 这份报告的发现跟我们的很相似。

analog(ue) /'ænəlɒɡ/

n. 类似物；模拟 Scientists are attempting to compare features of extinct animals with living *analogues*. 科学家们正试图把已灭绝动物的特征与现存类似动物的相比较。

bind /baɪnd/

v. ①捆绑 The hostage was *bound* hand and foot. 人质的手脚都被捆住了。

②使结合，使黏合 The flour mixture isn't wet enough to *bind* properly. 面粉糨糊加水不够，所以不黏。

③约束 Such a slogan will *bind* our hand and foot. 这个口号会约束我们的手脚。

④装订 He is *binding* a new book. 他正在装订一本新书。

用 过去式、过去分词 bound。

派 binder *n.* 装订机；活页封面 // binding *n.* 书籍的封皮

fasten /'fɑːsən/

vt. 系牢 Please *fasten* your seat belt while the plane is taking off/landing. 飞机起飞/降落时请系好安全带。

loose /luːs/

a. ①松的；散的 The older you become, the *looser* your skin will be. 年纪越大，皮肤就会越松弛。

②不精确的，不严密的 *loose* thinking 不严谨的思想

③自由的 *loose* hour 闲暇时间

搭 loose garment/shoes 宽松的外衣/鞋子 // loose soil 疏松的土壤 // loose candies 散装的糖果

雅思真题 Water-borne diseases had a much *looser* grip on the Japanese population than those in Britain. 水源性疾病对日本人的影响比对英国人的小得多。

loosen /'luːsən/

v. ①(使)松开，解开 *loosen* a fast knot 解开死结 // You should *loosen* up (your muscles) before and after doing physical exercises. 运动前后，应该放松一下(肌肉)。

②放宽(限制) It was time to *loosen* economic constraints. 该是放宽经济限制的时候了。

undo /ˌʌn'duː/

【助记】un(not)+do(做)→不做了→取消

vt. ①解开，使松开【同 loosen】She *undid* the string round the parcel. 她解开了缠在包裹上的细绳。

②取消，废除 What is done cannot be *undone*. 覆水难收。

unfold /ʌn'fəuld/

【助记】un(not)+fold(折叠)→展开

v. ①展开，打开 Chiara ***unfolded*** the map and spread it on the table. 基娅拉打开地图，把它铺在桌子上。// Buds ***unfold*** in the sunshine. 花蕾在阳光下开放。

②显露，展现 ***unfold*** one's intentions 表明意图 // As the story ***unfolds***, we learn more about Max's childhood. 随着故事的展开，我们对麦克斯的童年了解得更多。

convict /kən'vɪkt/ *vt.* /'kɒnvɪkt/ *n.*

vt. 证明……有罪，宣判……有罪 He was ***convicted*** of murder. 他被判犯有谋杀罪。

n. 囚犯 the escaped ***convict*** 逃犯

搭 convict sb. of... 判某人有……罪 // be convicted of... 被判有……罪

conviction /kən'vɪkʃən/

n. ①确信 I have the ***conviction*** that he is right. 我深信他是对的。

②说明，信服 Her explanation failed to carry ***conviction*** in the face of the facts. 在事实面前，她的解释没有说服力。

③定罪，判罪 The ***conviction*** of the accused man surprised us. 被告被判定有罪使我们吃惊。

amplify /'æmplɪfaɪ/

vt. ①放大(声音等)，增强 The radio signal can be ***amplified***. 无线电的信号可以放大。

②详述，进一步阐述 Can you ***amplify*** your statement so that we will understand the overall problem? 你能否对你的说法进一步说明以使我们理解整个问题？

magnify /'mægnɪfaɪ/

【助记】magni(大的)+fy(使……)→放大

vt. ①放大 Cells must be ***magnified*** by a microscope several times before they can be seen. 细胞要经过显微镜放大好几倍才看得见。

②夸大【同 exaggerate】He is inclined to ***magnify*** difficulties. 他老是爱夸大困难。

【辨析】表示"放大"的动词

magnify：强调事物比它本来的样子放大了很多倍

amplify：强调通过电器设备对声音等进行放大或加强

magnitude /'mægnɪtjuːd/

【助记】magni(大的)+tude(表状态)→广大

n. ①巨大，广大；重要性 The auditorium is a building of great ***magnitude***. 这个大礼堂是一栋巨大的建筑物。// of the first ***magnitude*** 头等重要的

②量(值) The ***magnitude*** of traffic flow of Guangzhou City is greatly increasing these years. 这几年广州的车流量猛增。

magnificent /mæg'nɪfɪsənt/

a. ①宏伟的；豪华的 The ***magnificent*** scene of the waterfall is perfect delight to the eye. 瀑布的宏伟景象真是好看极了。// a ***magnificent*** house 豪华的住宅

②极好的 ***magnificent*** weather 极好的天气

gorgeous /'gɔːdʒəs/

a. ①华丽的 You look absolutely ***gorgeous*** in that dress! 你穿那身衣服真是漂亮极了！

②令人十分愉快的，极好的 The children have a ***gorgeous*** time in the amusement park. 孩子们在露天游乐场玩得快活极了。

terrific /tə'rɪfɪk/

【助记】terr(惊吓)+ific→好到惊人的→极妙的

a. ①极妙的 The film is ***terrific***! 这部电影妙极了！

②极大的 drive at a ***terrific*** speed 以极高的速度开车

marvel(l)ous /'mɑːvələs/

a. 惊人的 Migrating birds have ***marvelous*** directional sense. 候鸟有非凡的方向辨别力。

派 **marvel** *n.* 令人惊奇的事物 *v.* 惊奇

excel /ɪk'sel/

vi. (*~at, in*)突出 Rick has always ***excelled at*** foreign languages. 里克的外语从来都是出类拔萃的。

vt. 胜过【同 surpass】He ***excels*** all other composers of his period. 他胜过同时代的所有其他作曲家。

派 **excellence** *n.* 优秀；优点

aspire /ə'spaɪə/

vi. (*~to, after*)渴望，有志于 At that time, all artists ***aspired to*** go to Rome and paint. 那时，所有的画家都渴望去罗马作画。

envisage /ɪn'vɪzɪdʒ/

vt. 想象，设想 Nobody can ***envisage*** the consequences of a nuclear war. 没有人能想象得出核战争带来的后果。

搭 envisage a bright future 设想一个光明的未来 // envisage realities 正视现实

用 envisage 为英式用法，美式英语常用 envision。

starve /stɑːv/

【助记】挨饿(starve)雕刻(carve)工艺品

v. ①(使)挨饿，(使)饿死 ***starve*** to death 饿死 // She's ***starving*** herself to try to lose weight. 她正在用节食的办法减肥。

②(使)缺乏 Industry is being ***starved*** of technical expertise. 工业界技术力量匮乏。

派 **starvation** ***n.*** 饥饿，饿死

revenge /rɪ'vendʒ/

【助记】re(again)+venge(报仇)→报复

n. 报复 Hamlet was seeking ***revenge*** for his father's murder. 哈姆雷特在设法报杀父之仇。

vt. 为……报仇 The terrorist group is still looking to ***revenge*** itself on its attackers. 恐怖团伙在伺机报复袭击它的人。

搭 get/have/take (one's) revenge on sb. for sth. 因某事向某人报仇 // give sb. his revenge 给某人雪耻的机会 // in revenge for 作为对……的报复，为了报复…… // seek one's revenge on 找机会向……报仇 // revenge oneself on sb. / be revenged on sb. 向某人报仇

slaughter /'slɔːtə/

vt. ①屠杀 Millions were ***slaughtered*** in the war. 战争中数百万人遭到屠杀。

②屠宰 The panic of mouth and foot disease caused the British government to ***slaughter*** millions of cattle. 口蹄疫造成的恐慌使英国政府宰杀了数百万头牛。

n. 屠杀；屠宰 The battlefield was a scene of terrible ***slaughter***. 战场上呈现出恐怖的杀戮景象。

massacre /'mæsəkə/

vt. 大规模屠杀 They cruelly ***massacred*** all the people in the village. 他们残酷地屠杀了村里所有的人。

n. ①大屠杀 the ***massacre*** of Jews by Nazi in World War II 第二次世界大战中德国纳粹分子对犹太人的大屠杀

②(比赛等)惨败 United lost in a 9–0 ***massacre***. 联队以0:9惨败。

> 【辨析】表示“屠杀”的动词
>
> slaughter：本义指大批宰杀动物，也指对人的大量残杀
>
> massacre：不加区别地大屠杀，特别是对无抵抗能力的人

brutal /'bruːtl/

a. ①野兽般的，残忍的 Those four white policemen gave the black suspect ***brutal*** treatment. 那四个白人警察野蛮拷打那个黑人嫌疑人。

②难以忍受的 Here the winters are not so ***brutal*** as in other parts of the country. 这儿的冬天不像该国其他地方那样冷得让人难以忍受。

ruthless /'ruːθləs/

【助记】ruth(怜悯)+less(无……的)→残酷的

a. ①残酷的【同 cruel】In order to ascend the throne royal families had often gone through the most ***ruthless*** power struggles. 为登上王位，皇室人员常会经历极其残酷的权力斗争。

②坚决的 We'll have to be ***ruthless*** if we want to eliminate unnecessary waste. 要减少不必要的浪费，我们不得不采取坚决果断的措施。

savage /'sævɪdʒ/

a. ①残暴的，凶猛的【同 brutal】a ***savage*** lion 一只凶残的狮子 // The punishment seemed too ***savage***. 这种惩罚似乎太凶残了。

②未开化的，野蛮的 Is a civilized man who kills his fellows with guns less ***savage*** than a primitive man killing animals with bows and arrows? 原始人用弓箭捕杀动物比现代人用枪射杀同类更野蛮吗？

n. 野蛮人 ***savage*** tribe 野蛮人的部落

vt. ①(狗等)乱咬 He was ***savaged*** by wild animals. 他遭到野兽的凶猛袭击。

②激烈抨击 Her latest novel has been ***savaged*** by the critics. 她最近的一部小说受到批评家们的猛烈批评。

搭 as savage as a meat axe 暴跳如雷的；狼吞虎咽的 // get savage with 向……大发脾气 //

make sb. savage 使某人大发脾气

foremost /'fɔːməust/

【助记】fore(before)+most(最)→排在最前面的→首要的

a. 首要的，最佳的 Bernard Shaw was the ***foremost*** playwright of his time. 萧伯纳是他那个时代最重要的戏剧作家。

搭 first and foremost 首先 What children need ***first and foremost*** from their parents is a sense of security. 孩子首先需要从父母那儿得到的是安全感。

phase /feɪz/

n. ①阶段；方面 The election campaign has now entered its final ***phase***. 竞选活动现在已进入最后阶段。// You shouldn't consider only one ***phase*** of the problem. 你不应只考虑问题的一个方面。

②(月亮、行星等的)相位 a calendar based on the ***phases*** of the moon 根据月相盈亏制定的日历

vt. 分阶段实行 The new rules will be ***phased*** in beginning January 1. 新的规则将从1月1日起逐步施行。

搭 phase in 逐步采用 // phase out 逐步淘汰

epoch /'iːpɒk/

n. (尤指重要事件发生的)时期，时代 The invention of the computer makes an ***epoch***. 计算机的发明是划时代的大事。

派 **epoch-making** *a.* 划时代的，开创新纪元的

era /'ɪərə/

【助记】反过来拼写就是 are

n. 时代，纪元 In the Victorian ***era*** such behavior was socially unacceptable. 在维多利亚时代，这种行为不为社会所接受。

> **【辨析】表示"时代，时期"的名词**
>
> era：指历史上相对独立或重要的时代
>
> epoch：通常指由某个重大事件或巨大变化为起点的新历史时期

converge /kən'vɜːdʒ/

【助记】con(共同)+verg(倾斜)+e→会合

vi. ①(在一点上)会合【反 diverge】Parallel lines ***converge*** at infinity. 平行线永不相交。

②聚集 Enthusiasts from around the world ***converge*** on Le Mans for the annual car race. 热心观众从世界各地聚集到勒芒市观看一年一度的汽车赛。

③(思想、观点等)趋近 Our previously opposed views are beginning to ***converge***. 我们原先相互对立的观点开始趋于一致。

搭 converge on 汇聚于一点，聚集

派 **convergence** *n.* 集中

junction /'dʒʌŋkʃən/

【助记】junct(连接)+ion→联结点

n. 联结点 The hydro-power station stands at the ***junction*** of two rivers. 水力发电站位于两条河流的汇合处。

grope /grəup/

vi. ①(~*for, around*)暗中摸索 He ***groped for*** the door handle in the dark. 他在黑暗中摸索门把手。

②(~*for*)搜寻(恰当的言辞或解决办法) She hesitated, seeming to ***grope for*** words. 她犹豫着，似乎在寻思该说些什么。

vt. 摸索(路等) She blew out the candle and ***groped*** her way into bed. 她吹灭了蜡烛摸黑上床。

搭 grope for an answer 搜寻答案 // grope one's way 摸着走；探索解决办法

probe /prəub/

v. ①探索，查究 It's impolite to ***probe*** too deeply into other's personal affairs. 对别人的私事刨根究底是不礼貌的。// a report ***probing*** the official's involvement with drug dealing 关于官员与贩毒活动有牵连的调查报告

②探测 The surgeon ***probed*** for the bullet in the man's back. 外科医生用探针在那个男人的背部探查子弹。

n. ①探测器 biological space ***probe*** 生物宇宙探测器

②探索，深入调查 The police have launched a ***probe*** into the suspected drug dealing. 警方已对这起涉嫌毒品交易的案件展开了调查。

prudent /'pruːdənt/

a. 审慎的，小心谨慎的 It might be ***prudent*** to

get a virus detector for the network. 给网络装一个病毒检测程序是一种谨慎的措施。

blossom /ˈblɒsəm/

n. 花 apple ***blossom*** 苹果树花

vi. ①开花 Those trees are ***blossoming***. 那些树正在开花。

②(**~out, into**) 长成 Their friendship ***blossomed into*** love. 他们的友谊发展成了爱情。

搭 be in (full) blossom 盛开;全盛时期

bloom /bluːm/

【助记】种在房间(room)里的花开了(bloom)

n. ①花; 开花(期) The gardens are all in ***bloom***. 春色满园。

②青春焕发(的时期) The man is in his ***bloom*** of youth. 那人风华正茂。

vi. 开花【反 wither】 Chinese plum flowers ***bloom*** in cold winters. 梅花在寒冷的冬天盛开。

搭 be in (full) bloom 开花(花盛开) // be in the bloom of... 正当……的最佳时期

> **【辨析】表示"花"的名词**
> flower:指开放的花朵或泛指花卉
> bloom:主要指牡丹、玫瑰等供观赏的花
> blossom:一般指树木开花,尤指果树上开的花

mushroom /ˈmʌʃrʊm/

n. 蘑菇 The beautiful ***mushrooms*** are usually poisonous. 漂亮的蘑菇通常有毒。

vi. 迅速成长 New blocks of flats and offices ***mushroomed*** all over the city. 在全市各地如雨后春笋般出现了一座座新公寓和写字楼。

automatic /ˌɔːtəˈmætɪk/

【助记】auto(自己)+mat(想)+ic→自动的

a. ①自动的 This heating system has an ***automatic*** temperature control. 这个暖气系统有自动的温度调节控制功能。

②不假思索的 an ***automatic*** response 不假思索的回答

③必然的 an ***automatic*** increase 必然的增长

n. 自动手枪 the ***automatics*** 自动器械

派 **automatically** *ad.* 自动地;不由自主地;必然地

brake /breɪk/

n. 闸, 刹车 The car accident was attributed to faulty ***brakes***. 这一汽车事故起因于刹车不灵。

v. 刹车 Don't ***brake*** the car when it has a sudden flat tire. 汽车突然爆胎时不要刹车。// He ***braked*** suddenly. 他来了个急刹车。

friction /ˈfrɪkʃən/

n. ①不和,抵触 Creative differences led to ***friction*** within the band. 创作上的分歧导致乐队内部不和。

②摩擦 The force of ***friction*** slows the spacecraft down as it re-enters the earth's atmosphere. 宇宙飞船重返地球大气层时因摩擦力影响而速度减慢。

grease /griːs/

n. ①油脂 Oil and ***grease*** will rot the rubber of the tyre. 油污会腐蚀轮胎的橡胶。

②润滑油 Because the ***grease*** was almost gone, the gears suffered from serious wear and tear. 由于润滑油差不多耗尽了,齿轮磨损很严重。

vt. ①用油脂涂 ***Grease*** the pan before you pour the batter in. 将面糊倒入锅里之前,要在锅底涂上油脂。

②给……加润滑油 to ***grease*** axles 给车轴加润滑油

lubricate /ˈluːbrɪkeɪt/

【助记】lubric(光滑)+ate(使……)→使润滑

vt. 使润滑 ***Lubricate*** all moving parts with grease. 给所有活动部件加润滑油。

cycle /ˈsaɪkl/

n. ①自行车,摩托车 He goes to work by ***cycle***. 他骑自行车上班。

②循环 Sunspots increase and decrease in intensity in an 11-year ***cycle***. 太阳黑子以11年为一个周期增强和减弱。

vi. ①骑车 I ***cycle*** to school every day. 我每天骑车上学。

②循环 The machine ***cycles*** automatically. 这台机器自动循环运转。

派 **cyclist** *n.* 骑自行车的人 // **cycling** *n.* 骑自行车运动

recycle /ˌriːˈsaɪkl/

【助记】re(again)+cycle(循环)→回收利用

vt. 回收利用 Fossil fuels cannot be ***recycled***. 矿物燃料不可重复利用。

雅思真题 As less energy is needed to melt ***recycled*** glass than to melt down raw materials, this also saves fuel and production costs. 跟熔化生料(来制造玻璃)相比,熔化回收玻璃所需的能源更少,这么做还能节省燃料和生产成本。

circulate /ˈsɜːkjuleɪt/

【助记】circ(圆的)+ul+ate(使)→循环

v. ①(使)循环;(使)流通 The heart ***circulates*** blood round the body. 心脏使血液在身体中循环流动。// Blood ***circulates*** around the body. 血液在全身循环。

②散布;传播;流传 Those who ***circulate*** false news should be condemned. 散布流言者应该受到谴责。// Rumours began ***circulating*** that the mayor was seriously ill. 开始有传言说市长身染重病。

搭 circulate about 在……附近流传 // circulate among 在……中流传

派 **circulation** ***n.*** 循环;流通;流传;发行量

circuit /ˈsɜːkɪt/

n. ①电路 There must be a break in the ***circuit***. 电路中一定有断路。

②环行 We did a ***circuit*** of the old city walls. 我们绕着旧城墙走了一圈。

派 **short-circuit** ***v.*** 短路

pedal /ˈpedl/

【助记】ped(脚)+al→脚踏的东西→踏板

n. 踏板 a bicycle ***pedal*** 自行车的脚蹬子

vi. 踩踏板 We ***pedaled*** slowly up the hill. 我们慢慢蹬车上山。

vt. 脚蹬 ***pedal*** a bicycle 骑自行车

派 **bipedal** ***a.*** 两足动物的

vehicle /ˈviːɪkl/

【助记】vehi(运载)+cle(个体)→车辆

n. ①交通工具,车辆 It became the first reusable ***vehicle*** in space. 它成为第一个能重复使用的宇宙交通工具。

②传播媒介,工具,手段 Television has become an important ***vehicle*** for spreading political ideas. 电视已成为传播政治思想的重要媒介。

shuttle /ˈʃʌtl/

n. ①短程穿梭运行的飞机 I'm flying to Boston on the ***shuttle***. 我将乘穿梭班机去波士顿。

②航天飞机 The U.S. made the first space ***shuttle*** in the world. 美国制造了世界上第一架航天飞机。

③(织机的)梭子 The ***shuttle*** flies back and forth on the loom. 织布机上梭子来回飞动。

vi. 穿梭般来回 Trucks and cars were ***shuttling*** to and fro on the highways. 公路上卡车和汽车正来回奔驰穿梭。

vt. 短程穿梭运送 We ***shuttled*** the passengers to the city center by helicopter. 我们来来回回地用直升机把旅客运送到市中心。

steer /stɪə/

vt. ①驾驶,为……操舵 He ***steered*** the ship carefully between the rocks. 他小心地在礁石间驾驶船。

②引导【同 guide】The close-door policy couldn't ***steer*** a country to prosperity. 闭关自守的政策不能引导国家走向繁荣。

vi. 驾驶 The car ***steers*** badly. 这车不好开。

搭 steer clear of 绕开,避开 I prefer to ***steer clear of*** downtown during the rush-hour. 在交通高峰期,我宁愿避开去闹市区。

freight /freɪt/

n. 货物 This ***freight*** must be carefully handled when loading. 这些货物在装载时必须小心轻放。

vt. 运送(货物) We ***freighted*** the goods to the warehouse by truck 我们用卡车把货物运到仓库。

cargo /ˈkɑːgəʊ/

n. 货物 The port handles ***cargo*** from all over Europe. 这个港口处理从欧洲各地运来的货物。

unload /ʌnˈləʊd/

【助记】un(not)+load(装货)→卸货

vt. ①卸(货) ***unload*** cargo from a ship 从船上卸下货物

②退出(枪的)子弹 That young soldier was being trained to ***unload*** a gun. 那个年轻的士兵正在受训退子弹。

vi. 卸货 The ship is ***unloading*** at the dock right now. 船此时正在码头卸货。

anchor /'æŋkə/

n. ①锚 The ship was at ***anchor***. 船抛锚了。

②给人安全感之物(或人) Letters from home were an ***anchor*** to him when he worked abroad. 他在国外工作时,家书是他的精神支柱。

v. ①抛(锚) The ship was ***anchored*** off the shore. 船在海岸处抛了锚。// ***anchor*** in the harbor 在港湾泊船

②固定 Make sure the table is securely ***anchored***. 务必要把桌子固定好。

③担任主持人 She ***anchored*** the evening news for six years. 她主持了6年晚间新闻报道。

派 **anchorage** *n.* 抛锚地 // **anchorman** *n.* 电(视)台新闻节目主持人

harbo(u)r /'hɑːbə/

n. 海港,避风港 A boat in the ***harbor*** will eventually rot out. 不离开港湾的船最终会腐烂的。

vt. ①庇护 ***Harboring*** criminals is an offense in law. 窝藏罪犯是犯法的。

②心怀(怨恨等) I think he's ***harboring*** some sort of grudge against me. 我想他心里隐藏着对我的莫名的怨恨。

dock /dɒk/

n. ①码头 The ship is in ***dock*** for repairs. 轮船进港维修。

②被告席 She was in the ***dock*** on charges of attempted fraud. 她因被控企图诈骗在被告席上受审。

v. ①使(船)靠码头 The sailors ***docked*** the ship. 船员把船靠了码头。// We can't land until the ship ***docks***. 船只有靠了码头,我们才能上岸。

②减少,扣除 ***dock*** one's wages/pay 扣某人的工资/薪酬

③(宇宙飞行器)在外层空间对接 The space shuttle Atlantis is scheduled to ***dock*** with Russia's Mir space station. 亚特兰蒂斯号航天飞机计划与俄罗斯的米尔号空间站对接。

wreck /rek/

vt. ①破坏【同 ruin】 It was drink that ***wrecked*** their marriage. 酗酒毁了他们的婚姻。// The car was completely ***wrecked*** in the accident. 车在事故中完全毁坏了。

②造成……失事 The ship was ***wrecked*** off the coast of America. 那艘船在美国沿岸失事。

n. ①(失事汽车、飞机等的)残骸 The rescuers are searching for the ***wreck*** of the plane. 救援人员正在搜寻失事飞机的残骸。

②精神或身体已垮的人 His uncle was a complete ***wreck*** after the illness. 他叔叔病后身体完全垮了。

派 **shipwreck** *n.* 船难 *v.* 使船遭难

drag /dræg/

vt. ①拖 The poor old horse ***dragged*** a heavy load. 可怜的老马拉着重载。

②迫使 She ***dragged*** herself out of bed, still half asleep. 她挣扎着起了床,仍然睡眼惺松。

vi. ①拖着脚步走 She always ***drags*** behind. 她总是在后面吃力地跟着。

②慢吞吞地进行,拖延 The battle ***dragged*** and the rainy season set in. 战争拖延着,雨季却来临了。

n. ①累赘 He felt that his family was a ***drag*** on his success. 他觉得家庭是自己获得成功的绊脚石。

②一吸,一饮 He took last ***drags*** at his cigarette and stood up. 他抽完最后几口烟,站了起来。

搭 drag in 塞进(不相干的话题),把……拉进来 // drag on/out (使)拖延 The meeting ***dragged on*** for hours. 会议拖拖拉拉地开了好几个小时。

haul /hɔːl/

vt. ①拖,拉 When dusk came, the fishermen ***hauled*** the boat up onto the shore. 黄昏降临,渔夫们用力把船拖上岸。

②拖运 A truck ***hauled*** the load away. 一辆卡车将货拉走。

n. ①拖,拉,拖运;旅程 a heavy ***haul*** 费力的拉// From there it was a long ***haul*** back to our camp. 从那里回到我们的营地是一段漫长而艰辛的旅程。

②一次获得的数量 We caught home a big ***haul*** of fish. 我们捕了一大网鱼回家。

搭 long-haul/short-haul flights 长/短途飞行 // a long haul 长途旅行或运输;相当长的时间 // in/over the long/short haul 长期/短期内

overhaul /ˌəuvə'hɔːl/ *vt.* /'əuvəhɔːl/ *n.*

vt. ①大检修 The engines were ***overhauled*** completely before our departure. 在我们出发之前

马达都彻底检修过。

②彻底改革 They promised to reduce taxes and ***overhaul*** the whole welfare system. 他们承诺减税，并全面改革整个福利制度。

n. 大检修；彻底改革 The Chevy needs a complete ***overhaul***. 这辆雪佛莱汽车需要彻底检修一下。

tow /təʊ/

vt. 拖，拉，牵引 We have to ***tow*** that car to the nearest garage. 我们不得不把汽车拖到了最近的修车厂。

n. 拖，拉，牵引 My car won't start. Can you give me a ***tow***? 我的汽车发动不起来了，你能帮我拖一下吗？

搭 in tow (被)拖着，陪伴着

casualty /ˈkæʒuəltɪ/

n. ①伤亡人员 In Iran-Iraq war, both sides incurred heavy ***casualties***. 在两伊战争中，双方均遭受惨重伤亡。

②受害者，损失的东西 Mr. Jones was the first ***casualty*** of the firm's cut-backs. 琼斯先生在公司裁员中是第一个受害者。

toll /təʊl/

n. ①过路费 Anyone traveling across the bridge has to pay a ***toll***. 过这座桥的人都要付通行费。

②伤亡人数 The death ***toll*** has risen to 200. 死亡人数已上升到200人。

v. (缓慢而有规律地)敲(钟) The Abbey bell ***tolled*** for those killed in the war. 大教堂为战争中的死难者鸣钟。// ***toll*** a funeral knell 敲响丧钟

搭 take its toll (on) 对……产生严重的不良影响

> **雅思真题** Massive floods, long droughts, hurricanes and severe monsoons ***take their toll*** each year, destroying millions of tons of valuable crops. 每年大洪水、持续干旱、飓风以及强烈的季风都会产生严重的影响，数百万吨珍贵的作物被毁坏。

fate /feɪt/

n. 命运 No flying from the ***fate***. [谚]劫数难逃。

搭 decide one's fate 决定某人的命运 // have sb.'s fate in one's hand 掌握着某人的命运 // take one's fate into one's own hand 掌握自己的命运

destination /ˌdestɪˈneɪʃən/

【助记】destin(e)(指定)+ation→预定到达的地方→目的地

n. ①目的地 I am bound for Lhasa; that is my ***destination***. 我前往拉萨，那是我的目的地。

②目标【同 aim】The ***destination*** of his study is the law. 他的攻读目标是法律。

destiny /ˈdestɪnɪ/

n. 命运；定数【同 fate】Do you believe marriage is the result of ***destiny***? 你认为婚姻是命中注定的吗？// It was her ***destiny*** to become famous. 她命里注定出名。

派 **destined** ***a.*** 命中注定的 // **destine** ***v.*** 注定；指定

> **【辨析】表示"命运"的名词**
>
> fate：多指不幸的命运，暗示不可避免，使人有畏惧和无可奈何感，宿命论色彩较浓
>
> destiny：除含有"命运注定"之义外，还隐含好运气之义

doom /duːm/

vt. 注定 Many species are ***doomed*** to extinction. 很多物种注定要灭绝。

n. 厄运 The recession spelled ***doom*** for many small businesses. 经济衰退意味着许多小企业的消亡。

搭 be doomed to 注定会（后接名词或不定式）// go to/fall to/meet one's doom 死，灭亡 // send sb. to his doom 处死某人

bypass/by-pass /ˈbaɪpɑːs/

【助记】by(旁边)+pass(通过)→旁道

n. ①(绕过市镇的)旁道 Traffic in the town has dropped off since the ***bypass*** opened. 这条旁道通车后，城里来往的车辆就减少了。

②分流术 He's had heart ***bypass*** surgery. 他做了心脏分流手术。

vt. ①绕过 If we ***bypass*** the town we'll miss the rush hour traffic. 如果我们绕过市中心，就可避开交通高峰时间的拥挤。

②置……于不顾 You cannot ***bypass*** this question. 你不能回避这个问题。

pave /peɪv/

vt. 铺(路)，铺筑 His economic policies ***paved***

the way for industrial expansion. 他的经济政策为工业的扩展铺平了道路。

搭 pave the way (for) (为……)铺平道路

route /ruːt/

n. 路线，路程 This is the shortest ***route*** from Boston to New York. 这是从波士顿到纽约的最短路线。

reclaim /rɪˈkleɪm/

【助记】re(back)+claim(呼喊)→喊回来→要回

vt. ①要回 You may be entitled to ***reclaim*** some tax. 你也许有权要求退回部分税款。

②开垦(荒地) A legend goes that Holland ***reclaims*** more land from the sea than its original size. 传说荷兰填海造地获得的土地面积比它原来的国土面积还大。

③回收 ***reclaim*** valuable materials from wastes 从废物中回收有价值的材料

搭 reclaim sth. from... 从……恢复或收回某物 // baggage reclaim 行李领取处（美式英语常用baggage claim）

proclaim /prəˈkleɪm/

【助记】pro(before)+claim(呼喊)→在众人前面大叫→宣告

vt. ①宣告 The government ***proclaimed*** a state of emergency. 政府宣布了紧急状态。

②显示 In Britain one's accent ***proclaims*** his social status. 在英国，一个人的口音显示他所处的社会地位。

搭 proclaim victory/independence 宣告胜利/独立 // be proclaimed king/queen 被拥立为王/女王

acclaim /əˈkleɪm/

【助记】ac(to)+claim(呼喊)→欢呼

vt. 向……欢呼，为……喝彩 This book has been widely ***acclaimed*** as a modern classic. 这本书被广泛誉为现代的经典之作。

n. 称赞 Gail's artwork has won her international ***acclaim***. 盖尔的艺术作品为她赢得了国际声誉。

retrieve /rɪˈtriːv/

【助记】re(again)+trieve(找到)→重新得到

vt. ①找回，收回，取回 We taught our dog to ***retrieve*** a ball. 我们教狗捡球。// Divers ***retrieved*** a body from the river. 潜水员从河里打捞出一具尸体。

②挽回，补救 He did his best to ***retrieve*** the situation, amidst some laughter. 他在哄笑中尽力挽回尴尬的局面。

③检索 ***retrieve*** data [计]检索数据

搭 retrieve... from... 拯救……以使其免于……，从……救出…… // retrieve a loss 挽回损失 // retrieve one's fortunes 重新聚敛大笔钱财 // retrieve one's spirit 重振精神

weird /wɪəd/

a. ①古怪的，离奇的 Mike's got a really ***weird*** sense of humor. 迈克有一种很怪异的幽默感。

②怪诞的，神秘而可怕的 A ***weird*** green glow lit the sky. 神秘的绿光照亮了天空。

bizarre /bɪˈzɑː/

a. 奇形怪状的，怪诞的 The frost made ***bizarre*** patterns on the windowpane. 霜冻在窗玻璃上形成了奇形怪状的图案。

monster /ˈmɒnstə/

n. ①怪物 Do you believe in the Loch Ness ***monster***? 你相信尼斯湖有水怪吗？

②极其残酷的人 those ***monsters*** of greed 那些贪婪的恶吏

③巨人 This machine is a real ***monster***. 这台机器真是个庞然大物。

a. 巨大的 Many ***monster*** high-rise buildings spring up all over the city. 许多巨大的高层建筑在这座城市拔地而起。

miracle /ˈmɪrəkl/

n. 奇迹 Every time a baby is born, the ***miracle*** of life is renewed. 每一次婴儿的诞生就是生命奇迹的重演。

搭 perform/work miracles/a miracle 创造奇迹，有奇效

派 **miraculous** ***a.*** 奇迹般的

spectacle /ˈspektəkl/

【助记】spect(看)+acle→看到的东西→景象

n. ①(大规模)演出，场面 The carnival parade was a magnificent ***spectacle***. 狂欢节游行场面热烈，蔚为大观。

②景象，奇观 Viewed from the top of Mount Tai, the sunrise was indeed a ***spectacle***. 从泰山顶上看去，日出真是个奇观。

③[*pl.*]眼镜 look sth. through colored ***specta-***

cles 戴着有色眼镜看

搭 look/see... through colored/blue spectacles 戴着有色眼镜看；抱着成见看待 // see all things through rose-colored spectacles 对一切事物持乐观态度 // make a spectacle of oneself 出洋相，大大出丑

spectacular /spekˈtækjulə/

a. **壮观的，引人注目的** Cloning technology was a ***spectacular*** achievement in science. 克隆技术是科学上的一项惊人成就。

n. **壮观的演出，惊人之举** a television ***spectacular*** 一场盛大的电视演出

同义替换练习

1. As the trial went on, the story behind the murder was becoming clearer.
A. amplifying B. progressing C. unfolding D. groping

2. By turning this knob to the right you can turn up the sound from the radio.
A. fasten B. amplify C. loosen D. release

3. Erik's website contains gorgeous photographs and hundreds of articles and short videos from his trip around the globe.
A. prosperous B. magnificent C. analogous D. automatic

4. He blew out the candle and felt his way to the door.
A. steer B. groped C. strove D. envisaged

5. If you want to get into that tunnel, you first have to haul away all the rocks.
A. repel B. drag C. blast D. drive

6. Some people believe that since oil is scarce, the fate of the motor industry is uncertain.
A. estimate B. toll C. future D. route

7. Nowadays many rural people flock to the city to look for jobs on the assumption that the streets there are covered with gold.
A. overwhelmed B. stocked C. paved D. overlapped

8. It took four days to recover all the bodies from the plane crash.
A. reclaim B. reconcile C. reassure D. retrieve

9. The system was redesigned to embrace the network and eventually steer it in a profitable direction.
A. adapt B. control C. install D. drive

答案与译文

1. **[C]** 随着审讯的进行，这宗谋杀案逐渐水落石出。

2. **[B]** 把这个旋钮向右转，你就能放大收音机的声音。

3. **[B]** 埃里克的网站包含他在环球旅行中拍摄的漂亮的照片、写下的数百篇文章以及录制的短片录像。

4. **[B]** 他吹熄蜡烛，摸索着走到门口。

5. **[B]** 如果你想进隧道，首先必须把这些岩石统统拖走。

6. **[C]** 一些人认为，既然石油资源短缺，那么汽车行业的命运就不确定。

7. **[C]** 如今，许多农民蜂拥到城市找工作，他们以为那里的大街上满地都是金子。

8. **[D]** 花了4天时间才把坠机事故中的所有尸体找到。

9. **[D]** 重新设计该系统旨在进入网络并最终使它沿着有利可图的方向前进。

Lesson 28

词根词缀表

mari 海	marine a. 海洋的	medi 中间	medieval a. 中世纪的
nav 船	navigation n. 航海	later 边	lateral a. 侧面的
forth 向前	forthcoming a. 即将到来的	mot 移动	locomotive n. 机车
dur 持续	duration n. 持续	fer 运载	ferry n. 渡运
secut, su 跟随	consecutive a. 连续的		

tenant /ˈtenənt/

【助记】ten(十)+ant(蚂蚁)→十只蚂蚁成了"房客"

n. 房客，佃户 ***Tenants*** of apartments often try to find partners in order to pay less rent. 公寓套房的租户常常试图找到合住者以少付些房租。

派 tenancy *n.* 租赁期限；租用

landlord /ˈlændlɔːd/

【助记】land(土地)+lord(领主)→房东，地主

n. 地主，房东 My ***landlord*** was threatening to put the rent up by 10 dollars a week. 我的房东要挟说要把每周房租提高10美元。

landlady /ˈlændˌleɪdɪ/

n. 女房东 The ***landlady*** was nosing around the house while we were out. 女房东在我们外出时在屋里四处查看。

owner /ˈəunə/

n. 物主 House shows the ***owner***. 观其房可知其人。

ownership /ˈəunəʃɪp/

n. 所有(权) The ***ownership*** of the house is still unknown. 这栋房子的所有权至今无人知道。

batch /bætʃ/

n. ①一批，一组，一群 a ***batch*** of visitors 一群来访者 // Every year migratory birds fly to Kunming in ***batches*** to survive the winter. 每年有成群的候鸟飞到昆明来越冬。

②一批生产量 The first ***batch*** of products to be tested are ready. 第一批要检测的产品已经准备好了。

搭 in batches 分批地，成批地 // of the same batch 同样货色，一丘之貉

gang /gæŋ/

n. (一)帮，(一)伙 The ***gang*** was planning a robbery of a bank. 这伙歹徒正在计划抢劫一家银行。

vi. (~up)结成一伙 At school the older boys ***ganged up*** on him and called him names. 在学校读书时那些大男孩联合起来欺负他、辱骂他。

派 gangster *n.* 匪徒，歹徒

heap /hiːp/

n. ①(一)堆 Put them in a ***heap***. 把它们堆在一起。

②大量 We have ***heaps*** of work to do. 我们有许多工作要做。

v. (使)成堆 Some old furniture had been ***heaped*** up in the corner. 一些旧家具已被堆放在角落里。// Snow ***heaped*** against the fence. 雪靠着篱笆堆积起来。

stack /stæk/

n. 整齐的一叠(或一堆) a ***stack*** of hay 一堆干草 // a ***stack*** of papers 一叠文件

vt. 堆放于 The floor was ***stacked*** high with piles of books. 地板上高高地堆放着书籍。

handful /ˈhændfəl/

【助记】hand(手)+ful→一手抓"一把"

n. ①一把 Her hair began to fall out in ***handfuls***. 她的头发开始一把一把地脱落。

②少量 We invited 30 people, but only a ***handful*** of them came. 我们邀请了30个人，但是只到了几个。

headquarters /ˌhedˈkwɔːtəz/

【助记】head(头)+quarters(驻扎处)→总部，总店

n. 总部；司令部 Nokia's ***headquarters*** is/are in Finland. 诺基亚公司的总部在芬兰。

用 headquarters 单复数同形。

marine /məˈriːn/

【助记】mari(海)+ne→海的

a. ①海(洋)的 The oil leak in the Persian Gulf seriously threatened the ***marine*** life around the sea. 波斯湾的油泄漏严重威胁了附近海域的海洋生物。

②海军的；海事的 a ***marine*** corps 海军陆战队 // the ***marine*** court 海事法庭

n. [*M-*]海军陆战队士兵 A small number of ***Marine*** were wounded. 几名海军陆战队士兵受了伤。

submarine /ˈsʌbməriːn/

【助记】sub(under)+marine(海的)→水下的→在海下作业→潜水艇

n. 潜水艇 At the first sign of danger the ***submarine*** will submerge. 一有危险迹象，潜艇就会潜入水中。

a. 水底的 They are building a ***submarine*** cable tunnel. 他们正在建设一条海底电缆隧道。

navy /ˈneɪvɪ/

【助记】nav(船)+y→在船舰上工作的人→海军

n. 海军 My father joined the ***Navy*** during the war. 战时我父亲参加了海军。

naval /ˈneɪvəl/

a. 海军的 Jack looks well in ***naval*** uniform. 杰克穿海军制服很好看。

navigation /ˌnævɪˈgeɪʃən/

【助记】nav(船)+ig+ation(行为)→开船→航海

n. ①航行(学)，航海(术)，航空(术) ***Navigation*** is difficult on this river because of the hidden rocks. 因这河上有暗礁，所以在这条河上航行是困难的。

②导航，领航 ***navigation*** light (飞机的)导航灯

派 **navigate** *v.* 航行；驾驶

compass /ˈkʌmpəs/

n. ①罗盘 The ***compass*** was first used in sailing. 罗盘首先用在航海上。

②[*pl.*]圆规 a pair of ***compasses*** 一只圆规

③界限 Finance is not within the ***compass*** of this department. 财政不在这个部门的管辖范围之内。

vt. 包围 Suddenly we ***compassed*** the enemies on all sides. 我们突然从四面八方将敌人包围了。

waterproof /ˈwɔːtəpruːf/

【助记】water(水)+proof(防……的)→防水的

a. 防水的 These are ***waterproof*** fabrics. 这些是防水面料。

finally /ˈfaɪnəlɪ/

【助记】fin(结束)+ally→最后

ad. 最后 It's not ***finally*** settled yet. 这件事还没有彻底解决。

forth /fɔːθ/

ad. 向前，往外 The sun came ***forth*** from behind the cloud. 太阳从云后露出来。

搭 and so forth 等等

forthcoming /ˌfɔːθˈkʌmɪŋ/

【助记】forth(往前)+coming(就要来的)→即将到来的

a. ①即将到来的 the ***forthcoming*** elections 即将到来的选举

②乐于提供消息的 We asked several villagers the way to the mine, and they are very ***forthcoming***. 我们向几个村民询问通往矿山的路，他们都很乐意相告。

shortly /ˈʃɔːtlɪ/

ad. ①立刻，不久 I will be with you ***shortly***. 我马上就来。

②不耐烦地 "You ought to be in bed," Mother said ***shortly***. 妈妈不耐烦地说道："你该上床去了。"

meantime /ˈmiːntaɪm/

【助记】mean(在……中间)+time(时间)→其间

n. 其间 The doctor will be here soon. In the ***meantime***, try and relax. 医生很快就来，在此期间，你努力放松一下。

ending /ˈendɪŋ/

n. 结局，结尾 A bad beginning makes a bad ***ending***. 不善始者不善终。

fortnight /ˈfɔːtnaɪt/

【助记】fort(fourteen 的缩略)+night(夜晚)→十四天

n. 十四天，两星期 Mid-autumn is still a ***fortnight*** away, but many shops have already been selling moon cakes. 虽然离中秋节还有两星期，但许多商店早已在销售月饼了。

overnight /ˌəuvəˈnaɪt/

【助记】over(从头到尾)+night(夜)→一整夜的

a. ①一整夜的 make an ***overnight*** stop 停留一晚

②突然的 an ***overnight*** success 突如其来的成功

ad. ①一整夜地 stay ***overnight*** at a friend's house 在朋友家过夜

②突然地 Byron became famous ***overnight***. 拜伦突然间成名了。

duration /djʊˈreɪʃən/

【助记】dur(持续)+ation→持续

n. 持续，持续期间 He will be in hospital for the ***duration*** of the school year. 整个学年他都要住院。

beforehand /bɪˈfɔːhænd/

【助记】before(在……之前)+hand(手)→抢在……之前下手→事先

ad. 预先 No one expected this ***beforehand***. 没人事先预料到这事。

consecutive /kənˈsekjʊtɪv/

【助记】con(共同)+secut(跟随)+ive→一个跟着一个的→连续的

a. 连续的 It's been raining for 3 ***consecutive*** days. 连续下了三天的雨。

intermittent /ˌɪntəˈmɪtənt/

【助记】inter(between)+mitt(送)+ent→在空档间传送进来→断断续续的

a. 断断续续的 Sometimes there are ***intermittent*** thunderstorms all day in summer. 夏天有时整天有断断续续的暴风雨。

interim /ˈɪntərɪm/

【助记】inter(between)+im→在……之间→过渡期间

a. 暂时的 The full report isn't ready yet, but you can see the ***interim*** report. 正式报告尚未写好，但你可以先看看这份临时报告。

n. 过渡期间 Nothing has happened in the ***interim***. 在过渡期间，没发生过任何事。

搭 in the interim 在其间

antique /ænˈtiːk/

a. 古老的 ***Antique*** clocks from all over the world are on display. 来自世界各地的古钟正在展出。

n. 古董 an ***antique*** dealer 古董商

派 antiquity *n.* 古老；古物，古迹

museum /mjuːˈzɪəm/

n. 博物馆 The ***museum*** has many immemorial cultural relics. 该博物馆收藏了很多极其古老的文物。

monument /ˈmɒnjʊmənt/

n. ①纪念碑 This ***monument*** was built to commemorate the unity of the country. 这座纪念碑是为纪念这个国家的统一而建造的。

②历史遗迹 The ruins of the castle are preserved as a historical ***monument***. 这座城堡废墟作为历史遗迹受到保护。

database /ˈdeɪtəbeɪs/

【助记】data(数据)+base(基地)→数据库

n. 数据库 I discovered some new information in the ***database***. 我在数据库里发现了一些新信息。

update /ʌpˈdeɪt/ *vt.* /ˈʌpdeɪt/ *n.*

【助记】up(向上)+date(日期)→日期不断向上"更新"

vt. 更新，使现代化 It's about time we ***updated*** our software. 我们的软件应该更新了。

n. 最新信息 For an ***update*** on road conditions, contact the highway department. 欲获悉最新路况，与公路部门联系。

up-to-date /ˌʌptəˈdeɪt/

a. ①现代化的，最新的 He bought an ***up-to-date*** textbook. 他买了一本最新的教科书。

②跟上时代的 an ***up-to-date*** way of communication 现代的交流方式

modernization/-isation /ˌmɒdənaɪˈzeɪʃən/

【助记】modern(现代的)+iz(e)(……化)+ation→现代化

n. 现代化 International competition was a spur to ***modernization***. 国际竞争是实现现代化的动力。

sometime /ˈsʌmtaɪm/

ad. 曾经，在某一时刻，有一天 It will happen ***sometime*** and somewhere. 有朝一日，这总会在什么地方发生的。

搭 sometime or other 迟早，早晚

派 **sometimes** *ad.* 不时,有时,间或

timely /ˈtaɪmlɪ/

a. 及时的 The *timely* rain after a long time of drought will certainly bring on the crops. 久旱之后的这场及时雨肯定会有助于作物的生长。

queue /kjuː/

n. 行列,长队 I hate those who jump the *queue*. 我讨厌那些插队的人。

vi. (~*up*)排队 We *queued up* for the bus. 我们排队等车。

搭 jump the/a queue 不按次序排队,插队

await /əˈweɪt/

【助记】a(加强语气)+wait(等待)→等候

vt. ①等候 After the long vacation, busy days *await* us. 长假之后忙碌的日子等着我们呢。

②将降临到……身上 Death *awaits* us all. 死神会降临到我们所有人的头上。

obsolete /ˈɒbsəliːt/

【助记】ob(away)+solete(使用)→过时的

a. 过时的 an *obsolete* word 已废的词

medieval /ˌmedɪˈiːvəl/

【助记】medi(中间)+ev(时代)+al→中世纪的

a. 中世纪的,中古(时代)的 Jeffery Chaucer was a *medieval* British poet, considered by the British people as "the father of poetry". 乔叟是中世纪英国诗人,被英国人视为"诗歌之父"。

midst /mɪdst/

n. 中部,中间 The hut is in the *midst* of the forest. 小屋在森林深处。

搭 in the midst of 在……之中;正当……的时候 She discovered it *in the midst of* sorting out her father's things. 她在整理父亲的东西时发现了它。

amid /əˈmɪd/

prep. 在……中间 We groped *amid* the darkness. 我们在黑暗中摸索。

intermediate /ˌɪntəˈmiːdɪət/

【助记】inter(between)+medi(中间)+ate→中间的

a. 中间的;中级的 Gray is *intermediate* between black and white. 灰色介于黑色和白色之间。// I've passed the *intermediate* level exam of Japanese. 我已经通过了日语的中级水平考试。

用 basic / intermediate / advanced } course 初/中/高级课程

sprout /spraʊt/

v. ①发芽 The weather becomes hotter and trees are starting to *sprout* new leaves in early March. 3月初,天气暖和起来,树木开始吐露新芽。

②(~*up*)迅速出现 Office blocks seem to be *sprouting up* everywhere. 办公楼群似乎从各处冒了出来。

派 **bean-sprout** *n.* 豆芽

bud /bʌd/

n. 叶芽,花蕾 The roses are in *bud*. 玫瑰花正含苞待放。

vi. 发芽 When trees are *budding*, everything seems to be full of vitality. 当树发芽的时候,一切都显得生机勃勃。

momentum /məʊˈmentəm/

【助记】moment(瞬间)+um→冲力在瞬间迸发→冲力

n. ①动力,冲力 I am picking up *momentum* every single day. 我现在每天都会获得动力。

②动量 A falling object gains *momentum* as it falls. 下落的物体下落时动量增加。

搭 gain/gather momentum 发展加快 The trend towards political change was *gathering momentum*. 政治改革的趋势不断加强。

industrial /ɪnˈdʌstrɪəl/

【助记】industri(工业)+al→工业的

a. 工业的 Many European countries are developed *industrial* nations. 许多欧洲国家是发达的工业国家。

corporation /ˌkɔːpəˈreɪʃən/

【助记】corpor(团体)+ation→公司

n. 公司 New *corporation* taxes will take effect on all *corporations* soon. 过不了多久,新企业税就会对所有的公司生效。

industrialize/-ise /ɪnˈdʌstrɪəlaɪz/

【助记】industrial(工业的)+ize(……化)→工业化

v. (使)工业化 The only way we're going to compete with the west is to ***industrialize***. 我们要跟西方竞争的唯一途径就是实现工业化。// ***industrialize*** an agricultural region 使农业地区工业化

派 **industrial** ***a.*** 工业的 // **industrialist** ***n.*** 工业家

> **雅思真题** In most ***industrialised*** countries over the past few years the fastest growth has been seen in the area of services. 过去几年内，在那些工业化程度最高的国家中，发展最迅速的是服务业。

guild /gɪld/

n. 同业公会，行会；协会 The ***guilds*** worked both for the local market and for distant trade. 该协会同时为当地市场和远端贸易服务。

mill /mɪl/

n. ①碾磨机，磨坊 No ***mill***, no meal. 不推磨，没面吃。

②工厂 a textile ***mill*** 纺织厂

vt. 碾磨 The farmers have to ***mill*** the grain into flour for sale. 农民们得把谷物磨成面粉出售。

grind /graɪnd/

vt. ①磨碎，碾碎 Can you ***grind*** some coffee for me? 你能给我磨点咖啡吗？

②(~*down*)折磨，压迫 Slaves were mercilessly ***ground down*** by slave holders. 奴隶受奴隶主的残酷压迫。

vi. 摩擦得吱吱作响 The truck ***ground*** to a stop. 卡车嘎的一声刹住。

n. 苦差事 Do you find learning English a ***grind***? 你觉得学英语是一件苦差事吗？

搭 grind out 生拼硬凑地写出

用 过去式、过去分词 ground。

troublesome /ˈtrʌblsəm/

【助记】trouble(麻烦)+some→麻烦的

a. 令人烦恼的 You must learn to rid yourself of such ***troublesome*** thoughts. 你必须学会使自己摆脱如此令人烦恼的想法。

nuisance /ˈnjuːsəns/

n. 令人讨厌的东西，讨厌的人 Mosquitoes are a ***nuisance***. 蚊子令人讨厌。

nightmare /ˈnaɪtmeə/

【助记】night(夜晚)+mare(恶魔)→夜里梦见恶魔→噩梦

n. ①噩梦 I had a ***nightmare*** and cried out in horror. 我做了一个噩梦，惊恐地大叫。

②可怕的事物 Travelling on those bad mountain roads is a ***nightmare***. 在那崎岖的山路上旅行，真是件可怕事。

damn /dæm/

a. 该死的；可恶的 That ***damn*** thief deserves a real kick in the ass. 这可恶的小偷真该挨揍！

ad. 极；非常 It's ***damn*** cold. 天冷得要命。

int. [表示愤怒、厌烦、轻蔑等]该死 ***Damn***! I've left my keys in the office. 该死！我把钥匙丢在办公室了。

n. 丝毫 His promise isn't worth a ***damn***. 他的诺言毫无价值。

vt. 严厉批评 The film was ***damned*** by the critics. 这部电影受到了评论家的严厉批评。

goodness /ˈgʊdnɪs/

int. 天哪 ***Goodness*** Gracious! / ***Goodness*** me! / My ***goodness***! 啊呀！

n. 善良 He did it out of the ***goodness*** of his heart. 他是出于仁慈之心才这样做的。

remnant /ˈremnənt/

n. 残留部分 We must get rid of the ***remnants*** of the feudal thought. 我们必须消除封建思想的残余。

remainder /rɪˈmeɪndə/

【助记】remain(剩余)+der→余下部分

n. 余下的部分 Divide 2 into 7, and the answer is 3, ***remainder*** 1. 7除以2，商3余1。

remains /rɪˈmeɪnz/

n. ①剩余，残余 On the table were the ***remains*** of the Thanksgiving dinner. 桌上是感恩节晚宴后的残羹剩饭。

②遗迹 the ***remains*** of ancient Rome 古罗马的遗迹

③遗体，残骸 the ***remains*** of an aircraft 飞机残骸

ash /æʃ/

n. ①灰 cigarette ***ash*** 香烟灰

②[*pl.*]遗骸 His ***ashes*** were scattered at sea. 他的骨灰被撒向大海。

aside /ə'saɪd/

ad. 在旁边 You must put ***aside*** any idea of a holiday this year. 你得把今年要度假的想法撇开。

搭 aside from 除……之外

用 短语与 apart from 一样，有时等同于 except for，有时等同于 in addition to 或 besides。

sideways /'saɪdweɪz/

【助记】side(边)+way(路)+s→在一边

ad. ①从一边；在一边 He moved ***sideways*** along the bench. 他沿着长凳向一边挪去。

②斜着，侧身 The truck skidded ***sideways*** across the road. 卡车横着滑到公路另一侧。

a. ①从一边的；在一边的 a ***sideways*** step 向旁边跨出一步

②斜着的，侧身的 a ***sideways*** view 侧影

lateral /'lætərəl/

【助记】later(边)+al(形容词后缀)→侧面的

a. ①侧面的 a ***lateral*** view 侧面图

②横(向)的 ***lateral*** coordinate 横坐标

adjacent /ə'dʒeɪsənt/

a. (~*to*)邻近的 Guangdong Province is ***adjacent to*** Hunan Province. 广东省与湖南省交界。

alongside /əˌlɒŋ'saɪd/

ad. 在旁边 We have to bring our boat ***alongside*** before we disembark. 我们得把船靠边，然后才能上岸。

prep. ①在……旁边 The car drew up ***alongside*** the road. 小汽车在路边停下来。

②和……在一起 Charles spent a week working ***alongside*** the miners. 查尔斯花了一个星期的时间和矿工们一起工作。

aircraft /'eəkrɑːft/

【助记】air(空中)+craft(航空器)→飞机

n. 飞机 military ***aircraft*** 军用飞机 // All ***aircraft*** must fuel before a long flight. 所有飞机均须先加油方能作长途飞行。

【归类卡片】各种"飞机"

喷气式飞机 jet	滑翔机 glider
直升机 helicopter	侦察机 scout
轰炸机 bomber	战斗机 fighter

airline /'eəlaɪn/

n. 航空公司 The ***airline*** has ordered 25 new aircraft. 这家航空公司已订购了25架新飞机。

派 airliner *n.* 客机

aerial /'eərɪəl/

a. ①飞机的 an ***aerial*** attack 空袭

②架空的 An ***aerial*** cableway is set up across the Yellow River. 一条架空索道横跨于黄河之上。

n. 天线 The ***aerial*** receives signals from the ground. 这根天线接收地面信号。

helicopter /'helɪkeptə/

n. 直升机 The criminal escaped by a ***helicopter***. 罪犯乘直升机逃走了。

scout /skaʊt/

n. ①侦察员(或机、舰) The aircraft crashed and the ***scout*** survived fortunately. 飞机失事后，侦察员幸存。

②童子军 the Boy ***Scouts*** of America 美国童子军

vi. 寻找 We ***scouted*** around for a shop that was open late. 我们四处寻找，看看有没有夜间还营业的商店。

vt. 侦察 A group was sent off to ***scout*** the area ahead. 一队人被派去侦察前面的地区。

词源 原义是"在听的人"。古代的侦察没有什么高科技手段，基本上都靠偷听别人的讲话，从中分析自己需要的情报。现在该词表示"侦察，侦察员"等。

jet /dʒet/

n. ①喷气式飞机 travel by ***jet*** 乘喷气式飞机旅行

②喷嘴 Put a match to the gas ***jet*** to light the gas. 把火柴放在煤气灶的喷嘴上来点燃煤气。

③喷射 The pipe burst and ***jet*** of water shoot across the kitchen. 管子破了，水从厨房的这边喷到那边。

vi. 乘喷气式飞机 We will ***jet*** to Las Vegas for the weekend. 我们将乘坐喷气式飞机去拉斯维加斯度周末。

steward /ˈstjuːəd/

【助记】ste+ward(保护)→在旅途中保护乘客的人→乘务员

n. ① 乘务员 His neighbor is a chief *steward*. 他的邻居是一个乘务员领班。

② (房屋、田地等的)看管人 He is the *steward* of that great estate. 他是那笔大财产的管理人。

③ (大学等的)膳食管理员 the *steward* of the feast 管宴席的人

automation /ˌɔːtəˈmeɪʃən/

【助记】auto(自己)+mat(想)+ion→自动化

n. 自动化 office *automation* 办公自动化

locomotive /ˌləukəˈməutɪv/

n. 机车 The *locomotive* pulled a long line of freight cars. 那台机车拖了一长列货车。

engine /ˈendʒɪn/

n. ① 发动机 The *engine* coughed and died. 发动机嘎嘎响了一会便熄了火。

② 机车,火车头 a fire *engine* 一辆救火车

steamer /ˈstiːmə/

【助记】steam(蒸汽)+er→使用蒸汽做动力的船→汽船

n. 汽船,轮船 The *steamer* ploughed her way across the rushing waters. 轮船穿过急流,吃力地前进。

tanker /ˈtæŋkə/

【助记】油轮(tanker)富国,坦克(tank)强兵

n. 油轮 These planes can be refueled in the air by *tanker*. 这些飞机可在空中接受加油。

shipment /ˈʃɪpmənt/

【助记】ship(船运)+ment(名词后缀)→装运,装船

n. ① 装运 The goods are ready for *shipment*. 货物已可以装运。

② 装载的货物 Please arrange the *shipment* of the first lot of our order. 请安排把我们订单的首批货物运出来。

ferry /ˈferɪ/

【助记】fer(搬运)+ry→搬运到对岸→渡运

n. 渡船 A *ferry* crosses the river every hour. 渡船每小时过河一次。

vt. 渡运 Two small boats *ferry* people back and forth. 两只小船往返为人摆渡。

派 **ferryboat** *n.* 渡船

canoe /kəˈnuː/

n. 独木舟 We crossed the lake by *canoe*. 我们乘独木舟过湖去。

vi. 乘独木舟 They were *canoeing* in the lake. 他们在湖中划独木舟。

oar /ɔː/

n. 桨橹 We pulled hard on the *oars*. 我们用力地划桨。

v. 划(行) They *oared* strongly across the finish line and got the first place. 他们使劲划过终点,获得了第一名。

fleet /fliːt/

【助记】舰队(fleet)遇到突袭逃跑(flee)了

n. 舰队The Dutch *fleet* is sailing up the Thames. 荷兰舰队向泰晤士河上游驶去。

paddle /ˈpædl/

n. 桨 My grandfather lived on making *paddles*. 我祖父靠制作船桨谋生。

v. 用桨划 They *paddled* down the river in a canoe. 他们坐在独木舟上向下游划去。// *paddle* one's own canoe [口]自力更生

deck /dek/

n. 甲板,层面 As the storm began, everyone disappeared below *deck(s)*. 暴风雨来临时,所有的人都躲到甲板下面去了。

embark /ɪmˈbɑːk/

vi. ① 上船(或飞机、汽车等) We *embarked* at Liverpool for New York. 我们在利物浦上船前往纽约。

②(~*on*, *upon*) 开始工作 The railways are about to *embark on* a major programme. 铁路部门将要开始一个大项目。

派 **disembark** *v.* 下船,卸(货)

ashore /əˈʃɔː/

【助记】a(在……上)+shore(岸)→在岸上

ad. 在岸上,上岸 The wreck of boats were washed *ashore* after the typhoon. 台风过后,被毁船只的残骸被冲到岸上。

搭 go ashore (水手等)离船上岸

auto/automobile /ˈɔːtəʊ; ˈɔːtəməbiːl/

【助记】auto(自己)+mobile(可移动的)→汽车

n. 汽车 Detroit is a city famous for ***automobile*** manufacturing. 底特律是以汽车制造业闻名的城市。

派 **automotive** ***a.*** 汽车的,自动推进的

ambulance /ˈæmbjʊləns/

n. 救护车 She pulled in to let the ***ambulance*** pass. 她把车开到路边停下,好让救护车过去。

tractor /ˈtræktə/

【助记】tract(拉)+or(表物)→拖拉机

n. 拖拉机 The ***tractor*** had been damaged by rough usage. 这辆拖拉机因使用不经心而损坏了。

van /væn/

n. 运货车,面包车 The accused was taken away in a police ***van***. 被告已用警车带走。

carrier /ˈkærɪə/

n. ①运输公司 This airline is one of America's biggest international ***carriers***. 这家航空公司是美国最大的国际航空公司之一。

②带菌者 Mosquitoes are ***carriers*** of malaria. 蚊子是疟疾的传播媒介。

③载重架 They will buy a luggage ***carrier*** to be fitted to the vehicle. 他们会买一个与这辆车相匹配的行李架。

compartment /kəmˈpɑːtmənt/

【助记】com(with)+part(分开)+ment→隔间

n. 卧车包房,隔间;分隔的空间 Smoking is forbidden in the air-conditioned ***compartment***. 空调车厢内严禁吸烟。

wag(g)on /ˈwægən/

n. ①四轮马车 He harnessed the horse to a ***wagon***. 他把马套到四轮马车上。

②铁路货车 He clambered on to the ***wagon***, and sat on the edge of it. 他爬上大车,坐在车沿上。

tram /træm/

n. 有轨电车 ***tram*** rail 电车轨道

troll(e)y /ˈtrɒlɪ/

n. 手推车 He rolled the ***trolley*** across the room. 他推着手推车穿过房间。

cab /kæb/

n. ①出租汽车 to call a ***cab*** 叫出租汽车

②司机室 driver's ***cab*** 司机室,驾驶室

③轻便马车 a two-wheeled ***cab*** 双轮马车

vi. 乘出租车 We ***cabbed*** to the station. 我们乘出租汽车去车站。

Lesson 29

词根词缀表

ceive, cept 拿,取	reception ***n.*** 接受
(ex)peri 实验	experimental ***a.*** 实验的
naiss 出生	renaissance ***n.*** 复兴
sta 站立	statue ***n.*** 雕像
typ 打字;类型	prototype ***n.*** 原型
logy 学科	biology ***n.*** 生物学
soph 聪明的;智慧	philosopher ***n.*** 哲学家
pos(it) 放,置	composite ***n.*** 合成物
spec(t) 看见	spectrum ***n.*** 光谱
ultra 超过	ultraviolet ***a.*** 紫外线的
val 价值	invaluable ***a.*** 无价的
deca- 十	decade ***n.*** 十年
petr 石	petroleum ***n.*** 石油
ped 足	pedestrian ***n.*** 行人

farewell /ˌfeəˈwel/

n. **告别,欢送会** bid sb. ***farewell*** 向某人道别 // ***A Farewell to Arms*** is one of Hemingway's masterpieces.《永别了,武器》是海明威的杰作之一。

reception /rɪˈsepʃən/

【助记】re(back)+cept(拿)+ion→拿回来→接受

n. ① **招待会** A champagne ***reception*** will be held in honour of the ambassador's visit. 为欢迎大使来访将举行香槟酒招待会。

② **接受** the ***reception*** of a new theory 接受新理论

③ **接待** a warm ***reception*** 热情的接待

④ **(无线电、电视等的)接收效果** Television ***reception*** is very good in this area. 这一地区的电视接收效果很好。

派 receptionist ***n.*** 接待员

canteen /kænˈtiːn/

n. **食堂** The food sold in the school ***canteen*** isn't good, but at least it is cheap. 学校食堂卖的食物不怎么好,但至少便宜。

junior /ˈdʒuːnjə/

【助记】juni(年轻的)+or(表比较级)→年少的

a. ① **年少的** She is three years ***junior*** to me. 她比我小三岁。

② **资历较浅的** be ***junior*** to sb. 较某人地位或身份低的

n. **年少者;晚辈;三年级学生** She is my ***junior*** by three years. 她比我小三岁。// ***junior*** high school [美]初中

senior /ˈsiːnɪə/

a. ① **资格较老的** He is a ***senior*** member of the board. 他是董事会的资深成员。

② **年长的** There are a few seats on buses reserved for ***senior*** citizens and the pregnant. 公共汽车上设有一些老人和孕妇的专座。

n. **较年长者;毕业班学生** Jen will be a ***senior*** this year. 珍今年是毕业班学生了。

派 seniority ***n.*** 年长;资格老

bachelor /ˈbætʃələ/

n. ① **单身汉** He remained a ***bachelor*** all his life. 他终生未娶。

② **学士学位** To do the job, you must have at least a ***bachelor*** degree in chemistry. 至少要先取得化学学士学位才能做这项工作。

dean /diːn/

n. **教长;学院院长,系主任** Is the man in black the dean? 那位穿着黑衣服的人是系主任吗?

semester /sɪˈmestə/

n. **学期** His writing has improved greatly in this ***semester***. 这学期他的写作有了很大进步。

seminar /ˈsemɪnɑː/

n. **(大学的)研究班,研讨会** I participated in the ***seminar*** of English study methods this summer vacation. 今年暑假我参加了有关英语学习方法的研究班。

symposium /sɪm'pəuzɪəm/

n. 讨论会;专题论文集 a *symposium* on women's health 女性健康研讨会

词源 古代的希腊人流行在饭后喝酒的时候进行知识方面的探讨。哲人柏拉图曾在对话篇 *The Symposium* 中提到这种场合中的探讨。现在,symposium 仍然具有"就一个问题交换各种意见、并加以记录"的意思。

workshop /'wɜːkʃɒp/

【助记】work(工作)+shop(表场所)→工场

n. ①车间,工场 processing *workshop* 加工车间

②研讨会 a poetry *workshop* 诗歌研讨会

curriculum /kə'rɪkjuləm/

n. 课程 English is on every university's *curriculum*. 每所大学都开设英语课。

用 复数为 curriculums 或 curricula。

quiz /kwɪz/

n. ①智力竞赛 a *quiz* program 问答比赛节目

②小测验 oral *quiz* 口头考问

vt. 考查 The teacher *quizzed* the students on last week's work. 教师测验了学生上星期的功课。

词源 1780年,爱尔兰都柏林一家剧院的经理James喝醉酒时跟人打赌,说他可以造出一个新词,让它48小时内就进入英语。于是他雇人在大街小巷的墙上写上 q-u-i-z,看到这四个字母的市民互相询问它的意思,quiz 一时间成了家喻户晓的单词。quiz 把大家都考住了,于是就有了"测试"、"恶作剧"等意思。

feedback /'fiːdbæk/

n. 反馈 We need more *feedback* from the consumer to improve our goods. 我们需要从消费者那里得到更多反馈信息以提高产品质量。

textbook /'tekstbuk/

【助记】text(课文)+book(书)→课本

n. 课本 Our *textbook* has many figures to help explain the lessons. 我们的教科书中有许多帮助解释课文的图表。

empirical /em'pɪrɪkəl/

a. 经验的 Many *empirical* results supported the hypothesis. 很多经验性结论都可证明该假设成立。

experimental /ɪkˌsperɪ'mentl/

a. 实验的 Their general practice is to set up *experimental* plots. 他们的一般做法是建立试验田。

tentative /'tentətɪv/

a. 试探(性)的,试验的 Kissinger's first visit to China was a *tentative* one. 基辛格对中国的第一次访问是试探性的。

obsession /əb'seʃən/

n. ①困扰 He's convinced he was unfairly treated and it's become an *obsession*. 他认为自己受到了不公正的对待,这想法就此困扰着他。

②使人痴迷的人(或物) Fitness has become an *obsession* with him. 他迷上了健身。

aesthetic/esthetic /iːs'θetɪk/

【助记】a+esthet(感觉)+ic→用感官去体验→美学的

a. 美学的;雅致的 From an *aesthetic* point of view, it's a nice design. 从美学角度看,这是个很不错的设计。

renaissance /rɪ'neɪsəns/

【助记】re(again)+naiss(出生)+ance→再次获得新生→复兴

n. ①复兴 Folk music is currently enjoying a *renaissance*. 民间音乐现在又兴起来了。

②[*R*-]文艺复兴 Leonardo da Vinci is a famous artist in the Italian *Renaissance*. 利奥纳多·达·芬奇是意大利文艺复兴时期的一位知名画家。

artistic /ɑː'tɪstɪk/

a. 艺术的;富有艺术性的 These *artistic* handicrafts are very popular with foreign friends. 外国朋友很喜欢这些手工艺品。

sculpture /'skʌlptʃə/

n. 雕刻(术);雕刻作品 Pygmalion liked his *sculpture* so much that he couldn't but love her. 皮格马利翁是如此喜欢他的雕塑作品以至于身不由己地爱上了她。

派 sculptor *n.* 雕刻家

statue /'stætʃuː/

【助记】sta(站立)+tue→站立的"雕像"

n. 雕像 The *Statue* of Liberty was presented to the US by the people of France. 自由女神像是法国人民送给美国的。

miniature /ˈmɪnɪətʃə/

【助记】mini(小的)+ature→小型的

a. 小型的 a *miniature* book 袖珍本

n. ①微小的模型 a detailed *miniature* of the Titanic 泰坦尼克号邮轮的精细小模型

②微型画 portrait *miniatures* 微型人像画

prototype /ˈprəʊtətaɪp/

【助记】proto(原始的)+typ(类型)+e→原型

n. 原型 No matter how many *prototypes* we make, we just can not get it right. 不管做多少次样品,我们都无法满意。

botany /ˈbɒtənɪ/

n. 植物学 A walk in the woods with his son became a lesson in *botany*. 与他儿子在森林里走走给他上了一堂植物学课。

派 **botanist** ***n.*** 植物学家

biology /baɪˈɒlədʒɪ/

【助记】bio(生命)+logy(学科)→生物学

n. 生物学 He is a *biology* professor. 他是生物学教授。

派 **biologist** ***n.*** 生物学家

physiology /ˌfɪzɪˈɒlədʒɪ/

n. 生理学 A newborn's *physiology* is not the same as an older baby's. 新生儿的生理机能和大一些的婴儿是不一样的。

派 **physiological** ***a.*** 生理的

arch(a)eology /ˌɑːkɪˈɒlədʒɪ/

n. 考古学 He displayed interest in *archaeology*. 他对考古学有兴趣。

派 **archaeological** ***a.*** 考古学的 // **archaeologist** ***n.*** 考古学家

ecology /ɪˈkɒlədʒɪ/

【助记】eco(生态)+logy(学科)→生态学

n. ①生态 When the *ecology* of a region is disturbed, it takes years to return to normal. 如果一个地方的生态被破坏,往往要多年才能恢复正常。

②生态学 applied *ecology* 应用生态学

派 **ecological** ***a.*** 生态的 // **ecologist** ***n.*** 生态学家

sociology /ˌsəʊsɪˈɒlədʒɪ/

【助记】soci(交往)+ology(学科)→研究人与人交往的学科→社会学

n. 社会学 A few years ago, *sociology* was popular among undergraduates. 几年前,社会学很受大学生欢迎。

派 **sociological** ***a.*** 社会学的 // **sociologist** ***n.*** 社会学家

geology /dʒɪˈɒlədʒɪ/

【助记】geo(土地)+logy(学科)→地质学

n. ①地质学 Li Siguang is a famous expert in *geology*. 李四光是一名地质学方面的著名专家。

②地质情况 the *geology* of North America 北美地质概况

ideology /ˌaɪdɪˈɒlədʒɪ/

【助记】ideo(思想)+logy(学科)→思想体系

n. 思想(体系) As modern university students, we should be opposed to the feudal *ideology*. 作为当代大学生,我们应该反对封建思想。

cognitive /ˈkɒgnɪtɪv/

【助记】cognit(知道)+ive→认知的

a. 认知的 According to Chomsky, linguistics is a branch of *cognitive* psychology. 乔姆斯基认为语言学是认知心理学的一个分支。

philosophy /fɪˈlɒsəfɪ/

【助记】philo(爱)+soph(智慧)+y→哲学

n. ①哲学 Ethics is a branch of *philosophy*. 伦理学是哲学的分科。

②哲理 He regarded it as with profound *philosophy*. 他认为这里面有深奥的哲理。

派 **philosophical** ***a.*** 哲学的

philosopher /fɪˈlɒsəfə/

n. 哲学家 According to some *philosopher*, everything in existence is reasonable. 某位哲学家认为,存在的事物都是合理的。

psychology /saɪˈkɒlədʒɪ/

n. ①心理学 criminal *psychology* 犯罪心理学

②心理 The answers we give will reflect our own *psychology*. 我们的回答将反映出我们自己的心理。

派 psychologist *n.* 心理学者 // psychological *a.* 心理的

psychiatry /saɪˈkaɪətrɪ/

【助记】psych(精神)+iatry(治疗)→精神病治疗法

n. 精神病学;精神病治疗法 *Psychiatry* has the character of transdiscipline. 精神病学具有跨学科性质。

派 psychiatrist *n.* 精神病医师

chemist /ˈkemɪst/

n. ①化学家 The famous *chemist* won the Nobel Prize. 那位著名的化学家赢得了诺贝尔奖。

②药剂师【同 pharmacist】Ask your *chemist* for advice. 向你的药剂师征询意见吧。

③[英]药店,药房【同 pharmacy, drugstore】I went into a *chemist/chemist's* and bought some aspirin. 我进了一家药店,买了些阿司匹林。

composite /ˈkɒmpəzɪt/

【助记】com(一起)+posit(放)+e→放一起→合成物

a. 综合成的 The police artist made a *composite* picture of the murderer. 警局的拼图师拼出了一幅杀人犯的图片。

n. 合成物 English is a *composite* of many languages. 英语是多种语言的混合体。

acid /ˈæsɪd/

n. 酸 Memories are like stones, time and distance erode them like *acid*. 记忆好像石头,时间和距离像酸一样把它们逐渐销蚀。

a. ①酸的 Add more sugar if it tastes too *acid*. 如果尝着太酸的话就多放点糖。

②尖刻的 *acid* remarks 尖酸的话

physicist /ˈfɪzɪsɪst/

【助记】physic(物理)+ist(人)→物理学家

n. 物理学家 The labs are staffed by engineers and *physicists*. 实验室配备了工程师和物理学家。

atom /ˈætəm/

【助记】a(not)+tom(分)→不可分的"微粒"

n. ①原子 *atom* bomb 原子弹

②微粒 There isn't an *atom* of sense in what you say. 你说的话一点意义也没有。

neutron /ˈnjuːtrɒn/

n. 中子 *Neutron* has no charge, either positive or negative. 中子不带电荷,既不带正电荷,也不带负电荷。

molecule /ˈmɒlɪkjuːl/

n. 分子 Substances consist of small particles called *molecules*. 物质是由叫做分子的微粒组成的。

particle /ˈpɑːtɪkl/

【助记】parti(部分)+cle(表示小)→细微的部分→微粒

n. ①微粒 tiny *particles* of dust 细微的尘埃 // He choked on a *particle* of food. 他让一小粒食物噎住了。

②小品词 *particle* of speech 小品词类

radioactive /ˌreɪdɪəʊˈæktɪv/

a. 放射性的 The infant has been exposed to *radioactive* rays. 那个婴儿已经暴露于放射线中。

派 radioactivity *n.* 放射性;放射出的能量

radar /ˈreɪdɑː/

n. 雷达 They picked up the yacht on their *radar* screen. 他们在雷达屏上看到了那艘游艇。

laser /ˈleɪzə/

n. 激光 *laser* printer 激光打印机

X-ray /ˈeksreɪ/

n. X射线,X光 I had an *X-ray* examination of my teeth yesterday. 昨天我的牙进行了X光检查。

spectrum /ˈspektrəm/

【助记】spect(看)+rum→看到颜色→光谱

n. ①谱,光谱 solar *spectrum* 太阳光谱

②范围 Now computers are widely used in the whole *spectrum* of industry. 现在计算机已在工业上广泛应用。

ultraviolet /ˌʌltrəˈvaɪəlɪt/

【助记】ultra(beyond)+violet(紫色)→紫外线的

a. 紫外(线)的 *ultraviolet* light 紫外线

arithmetic /əˈrɪθmətɪk/

n. 算术 elementary *arithmetic* 初等算术

mathematical /ˌmæθɪˈmætɪkəl/

a. 数学(上)的 Einstein was a *mathematical* genius. 爱因斯坦是数学天才。

geometry /dʒɪ'ɒmɪtrɪ/

n. 几何(学) Pre-Christian ***geometry*** was incorporated into church architecture. 公元前，几何学已运用于教堂的建筑中。

appraisal /ə'preɪzəl/

【助记】ap(to)+prais(价值)+al→评价

n. 估量，评价 What's your ***appraisal*** of the situation? 你对局势如何评价？ // an annual ***appraisal*** of employees' work 对雇员工作的年度评估

派 appraise *vt.* 评价；估计质量

invaluable /ɪn'væljʊəbl/

【助记】in(not)+valuable(值钱的)→不能用钱来衡量的→无价的

a. 非常宝贵的，无价的【同 priceless】【反 worthless】Good health, not wealth, is an ***invaluable*** blessing. 健康(而非财富)才是千金难买的福气。

qualitative /'kwɒlɪtətɪv/

【助记】quality(*n.* 质量)的形容词

a. (性)质的，定性的 a ***qualitative*** study of educational services 对教育服务的定性研究

compute /kəm'pjuːt/

v. 计算，估算 We ***computed*** that the project would take 5 years to complete. 我们估算这项工程要 5 年才能完成。// ***compute*** the heartbeat rate 计算心搏率

interface /'ɪntəfeɪs/

n. ①接口 a network ***interface*** 网络接口
②界面 The new version of the program comes with a much better user ***interface*** than original. 新版程序的用户界面比原来程序的好得多。

v. (使)连接 The new system ***interfaces*** with existing telephone equipment. 新系统与现有的电话设备相连接。

format /'fɔːmæt/

【助记】form(形式)+at→形成固定的格式→使格式化

n. 设计；样式 Many literary classics are now reissued in a new ***format***. 许多文学名著现在以新的版式再版。

vt. 使格式化 You'd better ***format*** the floppy disc before you use it. 使用软盘之前最好先将它格式化。

hardware /'hɑːdweə/

【助记】hard(硬的)+ware(部件)→硬件

n. ①五金器具 a ***hardware*** shop 五金店
②硬件 A computer system is composed of software and ***hardware***. 计算机系统是由软件和硬件组成的。

software /'sɒftweə/

【助记】soft(软的)+ware(制造品)→软件

n. 软件 He was arrested for selling pirated ***software***. 他因出售盗版软件而被捕。

framework /'freɪmwɜːk/

【助记】frame(结构)+work→框架

n. ①框架 airships with a rigid metal ***framework*** 有着坚硬的金属框架的飞船
②参照标准 We usually judge others within the ***framework*** of our own experience. 我们往往根据自己经验来判断别人。
③构成方式，体系 the ***framework*** of government 政体

digital /'dɪdʒɪtəl/

a. 数字的 a ***digital*** camera 一台数码相机

numerical /njuː'merɪkəl/

【助记】numer(数)+ical→数字的

a. 数字的 We do not have any ***numerical*** information about casualties of the earthquake. 我们还没有有关地震伤亡人数方面的报告。

innumerable /ɪ'njuːmərəbl/

【助记】in(not)+numer(计数)+able→多到没法计数的→无数的

a. 无数的 There are ***innumerable*** stars in the universe. 宇宙中有数不清的星星。

billion /'bɪljən/

n. 十亿 The bank has assets of more than £1 ***billion***. 该银行有 10 亿多英镑的资产。

decade /'dekeɪd/

n. 十年 Prices have risen steadily during the past ***decade***. 过去十年间物价不断上涨。

decimal /'desɪməl/

【助记】decim(十分之一)+al→十进制的

a. 十进位的 The *decimal* system is based on the number 10 and is universally adopted. 十进位制基于数字10，在全球被广泛地采用。

n. 小数 The last figure of the *decimal* $0.2\overline{5}$ repeats. 小数$0.2\overline{5}$的末位数是循环的。

fraction /ˈfrækʃən/

【助记】fract(碎裂)+ion→碎的部分→小部分

n. ①小部分 A mere *fraction* of available wind energy is currently utilized. 目前只利用了可用风能的一小部分。

②分数 a decimal *fraction* 小数

派 **fractional** *a.* 分数的；部分的；微不足道的

plus /plʌs/

prep. 加 In the arithmetic of love, one *plus* one equals everything. 在爱情的算术中，一加一等于一切。

n. 加号；有利因素 Fluent English is certainly a *plus* for the vacancy. 毫无疑义，英语流利者会优先录用。

a. 正的 a *plus* sign 正号

minus /ˈmaɪnəs/

【助记】min(小的)+us→变小→减

prep. 减 10 *minus* 5 leaves 5. 10减5等于5。

n. 负数；减号 There is a *minus* before the number to be subtracted. 在要减去的数字前有一个减号。

a. 负的，不利的 Traffic noise is one of the *minuses* of living on a main road. 来往车辆的噪声是住在大马路边的不利条件之一。

equation /ɪˈkweɪʒən/

n. 方程，等式 What does X represent in this *equation*? 这个方程式中的X代表什么？

formula /ˈfɔːmjʊlə/

n. ①原则，方案 Managers and workers are still working out a peace *formula*. 劳资双方仍在商谈制订和解方案。

②公式 a molecular *formula* 分子式

③配方 The *formula* of the medicine is still a secret. 此药的配方仍是秘密。

用 复数为formulae。

parameter /pəˈræmɪtə/

【助记】para(旁边)+meter(测量)→在旁边辅助测量的数据→参数

n. ①[常 *pl.*]界限 The inquiry has to stay within the *parameters* laid down by Congress. 调查要局限在国会设定的范围之内。

②参数 X+2Y=7 is an equation which has 2 *parameters*. X+2Y=7是一个含有两个参数的方程式。

per /pɜː; pə/

prep. 每，每一 We were traveling at seventy miles *per* hour. 我们以每小时70英里的速度行驶。

gas /gæs/

n. ①气体 dirty *gas* 含尘气体

②煤气 Turn the *gas* off before leaving the house. 离开屋子前把煤气关掉。

③汽油 out of *gas* (汽车)没油了

④毒气 *gas* bomb 毒气弹

vt. ①用毒气毒(死) The Nazis *gassed* millions of people. 纳粹分子曾用毒气毒死了几百万人。

②(~*up*)给(汽车)加油 We'd better *gas up* before we go. 我们在走之前最好给汽车加满油。

petrol /ˈpetrəl/

n. 汽油【美 gasoline, gas】The *petrol* tank is leaking. 油箱正在漏油。

petroleum /pɪˈtrəʊlɪəm/

n. 石油 *Petroleum* can be used to produce various chemical products. 石油可用于生产多种化学产品。

tar /tɑː/

n. 柏油 We use *tar* to make roads. 我们用沥青铺路。

v. 用沥青铺路 The street is *tarred*. 街道铺上了沥青。

ridge /rɪdʒ/

n. ①脊，山脊 We drove up a hillside and finally stopped on a high *ridge*. 我们沿着山腰往上开，最后停在一个高高的山脊上。

②垄 The waves had pushed the sand into little *ridges*. 海浪推动沙子形成了小小的沙垄。

roundabout /ˈraʊndəbaʊt/

【助记】round(转)+about(周围)→转弯抹角的

n. 环状交叉路 The accident happened right at

the *roundabout*. 车祸就发生在环形交叉路口。

a. 转弯抹角的 All of those words were a *roundabout* way of saying that he wanted that stamp. 他拐弯抹角地说了那么多，无非是想要那张邮票。

intersection /ˌɪntəˈsekʃən/

【助记】inter(between)+section(部分)→两部分之间→道路交叉口

n. 道路交叉口 a motorway *intersection* 高速公路的交叉路口

subway /ˈsʌbweɪ/

【助记】sub(under)+way(路)→在下面的路→地道

n. ①[美]地铁 The new *subway* is being laid. 新地铁正在铺设。

②[英]地道 Use the *subway* to cross the road. 过马路请走地下通道。

railway /ˈreɪlweɪ/

【助记】rail(铁轨)+way(路)→铁路

n. 铁路 an overhead *railway* 高架铁路

rail /reɪl/

n. ①栏杆 Don't lean over the *rails*. You might fall off. 不要靠在栏杆上。你会掉下去的。

②铁轨，铁路 Passengers must not cross the *rails*. 乘客不得横过铁轨。

vi. (~*at, against*)咒骂，抱怨 He is always *railing at* his bad luck. 他老是抱怨自己运气不好。

【归类卡片】含有 rail 的合成词或短语

towel rail 毛巾架　　rail fence 栅栏

go off rails 出轨　　curtain rail 窗帘横杆

handrail 扶手

tube /tjuːb/

n. ①管，软管 a *tube* of toothpaste 一管牙膏

②[英]地铁 It's quicker by *tube*. 坐地铁快一些。

③电子管；[美]电视 What's on the *tube*? 电视上正演什么？

highway /ˈhaɪweɪ/

【助记】high(高)+way(路)→公路，交通要道

n. 公路 The *highway* runs parallel with the railway. 这条公路与那条铁路平行。

lane /leɪn/

n. ①(乡间)小路 Her house is in a picturesque *lane* in the Old Town. 她家在旧城区景色如画的小巷里。

②车道 bus *lane* 公共汽车专用车道

③航道 The ship went through the busy shipping *lanes* of the English Channel. 这艘轮船通过了繁忙的英吉利海峡船运航线。

aisle /aɪl/

n. 通道 I prefer *aisle* seat. 我更喜欢坐靠通道的座位。

tunnel /ˈtʌnəl/

n. 隧道 The prisoners dug a *tunnel* to try to escape, but it caved in. 囚犯挖地道企图逃跑，但是地道崩塌了。

v. 挖(地道、隧道) They *tunneled* for weeks before they reached the other side of the hill. 他们挖了几个星期的隧道，才通到小山的另一边。

trench /trentʃ/

n. 沟渠 Workers dug a *trench* for gas lines. 工人们为铺设煤气管线挖壕沟。

ditch /dɪtʃ/

n. 沟，渠道 Mind the *ditch*. 小心有沟。

v. (非正式)逃(学) Let's *ditch* school today. 今天我们逃学吧。

pump /pʌmp/

n. 泵 She blew up the flat tyre with a bicycle *pump*. 她用自行车打气筒给瘪了的轮胎打气。

vt. (用泵)抽(水)，打气 The heart *pumps* blood into the veins. 心脏把血液压送至血管。

avenue /ˈævɪnjuː/

n. 林荫道 There are big old trees on the two sides of the *avenue*. 林荫道两旁有许多高大的古树。

pavement /ˈpeɪvmənt/

n. 人行道【美 sidewalk】Tourists crowded the *pavement*. 游客把人行道挤得水泄不通。

pedestrian /pɪˈdestrɪən/

n. 行人 The cop signaled traffic to halt to allow *pedestrians* to cross the street. 警察指示车辆停下以便让行人过街。

Lesson 30

词根词缀表

sat 满的;足够的	satisfactory *a.* 令人满意的	**bio-** 生命	biography *n.* 传记
flu 流动	affluent *a.* 富裕的	**liter** 文字	literature *n.* 文学
merc 贸易	merchandise *n.* 商品	**ex-, e-** 出来	excerpt *n.* 摘录
oper 工作	operational *a.* 操作上的	**gram, graph** 书写;文字	diagram *n.* 图表
rod, ros 咬	erosion *n.* 腐蚀		

pathetic /pə'θetɪk/

【助记】path(感情)+etic→有感情的→引起怜悯的

a. ①差劲的 *pathetic* performance 拙劣的表演

②引起怜悯的 It's *pathetic* to see her best friend sink so low. 看到自己最好的朋友堕落到这种地步,她感到非常悲哀。

restless /'restlɪs/

【助记】rest(休息)+less(没有……的)→运动不止的

a. ①焦躁不安的 The children grew *restless* with the long wait. 孩子们等了很久便着急了。

②运动不止的 Jack is a man of *restless* energy. 杰克是个精力充沛的人。

furious /'fjʊərɪəs/

【助记】fur(毛皮)+ious→毛都竖起来了→狂怒的

a. ①狂怒的,暴怒的 Davis was *furious* at finding no doctors on duty at the hospital. 戴维斯发现医院没有医生值班时非常生气。

②强烈的,激烈的 a *furious* debate 激烈的辩论

fright /fraɪt/

n. ①恐怖, 恐惧 The child was wild with *fright* and began to scream. 这孩子吓坏了,开始尖叫。

②惊吓, 震惊 You gave me such a *fright* creeping up on me like that! 你偷偷朝我凑过来,吓了我一跳。

派 **frightful** *a.* 可怕的,骇人的

appal(l) /ə'pɔːl/

vt. 使大吃一惊【同 horrify】The whole idea of killing animals for fur *appalls* me. 杀死动物取其毛皮的想法令我不寒而栗。

fuss /fʌs/

n. 忙乱,大惊小怪 She gets in such a *fuss* before people come to dinner. 她在有客人来吃饭之前总要手忙脚乱一番。

vi. ①大惊小怪 Don't *fuss* over such a minor matter. 不要为这样一件小事而大惊小怪。

②(为小事)烦恼,过于忧虑 Don't *fuss*; we're sure to catch our flight. 不必紧张,我们一定能赶上班机。

搭 make a fuss of/over 对……关怀备至,过分注意 *Make a fuss of* your dog when he behaves properly. 狗儿守规矩的时候就要宠宠它。

派 **fussy** *a.* 过分注重细节的;大惊小怪的

thirst /θɜːst/

n. ①渴 Ice water may not quench your *thirst*, but a cup of warm tea may do. 冰水不一定能解渴,而一杯温茶可能可以。

②渴望 have a *thirst* for/after sth. 渴望、追求某物 // These new immigrants had a *thirst* for education. 这些新移民渴望获得教育。

vi. (~*for, after*)渴望 She *thirsted for* power. 她渴望拥有权力。

affection /ə'fekʃən/

n. 喜爱 Theodore Roosevelt had a great *affection* for little bears. 西奥多·罗斯福非常喜爱幼熊。

派 **affectionate** *a.* 深情的,爱的

sorrow /'sɒrəu/

n. 悲哀, 悲痛; 伤心事 You can't conceal your *sorrow*, because your eyes reveal everything.

你隐藏不了悲伤，因为你的眼睛已泄漏了一切。

派 **sorrowful** *a.* 悲哀的；伤心的

sore /sɔː/

a. ①**疼痛的** My stomach is still ***sore*** after the operation. 手术后，我的胃还在疼。

②**恼火的** Don't get ***sore***; I didn't mean it! 别生气，我不是故意的！

③**极度的** I'm in ***sore*** need of money. 我正急需钱。

n. **痛处** He had a ***sore*** on his foot. 他的脚疼。

派 **eyesore** *n.* 难看的东西

agreeable /əˈgriːəbl/

a. ①**令人愉快的** He is a most ***agreeable*** fellow. 他为人很随和。

②**(欣然)同意的** We are all ***agreeable*** to do what you suggest. 我们都乐意照你的建议去做。

派 **disagreeable** *a.* 令人不快的；难相处的

satisfactory /ˌsætɪsˈfæktərɪ/

a. **令人满意的** The result of the experiment was ***satisfactory***. 实验结果令人满意。

派 **satisfied** *a.* 满意的，满足的 // **dissatisfy** *v.* 使不满意

affluent /ˈæfluənt/

【助记】af(to)+flu(流动)+ent(……的)→富得流油的→富裕的

a. **富裕的，富足的** land ***affluent*** in natural resources 自然资源丰富的土地 // an ***affluent*** fountain 滔滔不断的泉水

ample /ˈæmpl/

a. ①**足够的**【同 sufficient】We have ***ample*** money for the journey. 我们有足够的钱去旅游。

②**宽敞的** an ***ample*** lobby 宽敞的休息室

suffice /səˈfaɪs/

vi. **足够** No words will ***suffice*** to convey my grief. 没有言语能够表达我的悲伤。

搭 suffice it to say (that) 只要说……就够了

superfluous /suːˈpɜːfluəs/

【助记】super(over)+flu(流)+ous→多得流出来了→过剩的

a. **过剩的，多余的** We could all see what was going on, so the commentary was ***superfluous***. 我们都能看出正在发生的一切，所以那些解说是多余的。

quota /ˈkwəutə/

n. **定额** The factory has fulfilled its production ***quota***. 工厂已经完成了生产定额。

merchandise /ˈmɜːtʃəndaɪz/

n. **商品** general ***merchandise*** 杂货，日用商品

vt. **推销(货物或服务)** There's no use in manufacturing an item unless you can ***merchandise*** it. 除非能够销售得出，否则生产产品就没有价值。

merchant /ˈmɜːtʃənt/

【助记】merch(贸易)+ant(表人)→商人

n. **商人** Honest ***merchants*** do not deceive their customers. 诚实的商人不欺骗他们的顾客。

supermarket /ˈsuːpəˌmɑːkɪt/

【助记】super(超级)+market(市场)→超市

n. **超级市场** She was caught lifting make-up from the ***supermarket***. 她在超级市场偷窃化妆品时被捉住了。

> **词源** 世界上第一家超级市场是美国茶叶商的两洋茶叶公司 1859 年于纽约市创建的 A&P 两洋超级市场。但 supermarket 一词则直到 20 世纪 20 年代才首次在加利福尼亚出现。

stall /stɔːl/

n. ①**摊位，货摊** a fruit ***stall*** 水果摊

②**畜舍，厩** She cleaned the horses' ***stalls***. 她清理了马厩。

③**(发动机的)熄火** Speed must be maintained to avoid a ***stall*** and loss of control. 必须保持速度来防止熄火和失控。

④[*pl.*]**戏院正厅的前排座位** a good seat in the front row of the ***stalls*** 正厅前排的好座位

vi. ①**熄火** On the way to London, we had to ***stall*** for our car to fuel up. 在去伦敦的途中，我们得停下来给车加点儿油。

②**拖延** Every time I ask her to set the date she ***stalls***. 我每次请她定一个时间，她总是借故拖延。

vt. **使停止转动** An inexperienced pilot may easily ***stall*** a plane. 没有经验的飞行员会很容易使飞机失速。

booth /buːð/

n. ①(隔开的)小房间,公用电话亭 an announcer ***booth*** 广播员室

②货摊 There are lots of sidewalk snack ***booths*** near the universities. 大学附近都有许多大排档。

cashier /kæˈʃɪə/

【助记】cash(现金)+ier(表人)→掌管现金的人→出纳

n. 出纳 A ***cashier*** takes and gives out money in a bank or shop. 出纳员在银行或者商店里收付钱款。

inventory /ˈɪnvəntrɪ/

n. 详细目录 make an ***inventory*** 编制目录;开列清单

vt. 开清单;清点存货 Some stores ***inventory*** their stock once a month. 有些商店每月盘货一次。

norm /nɔːm/

n. ①标准 The U.S. usually uses dual ***norms*** to judge the human rights in other countries. 美国总是用双重标准来评价别国的人权。

②[常 *pl.*] 准则 social ***norms*** 社会准则

normalization/-isation /ˌnɔːməlaɪˈzeɪʃən/

n. 正常化 The ***normalization*** of the relationship between the two countries came slowly after the war. 战后,两国关系慢慢走向正常化。

operational /ˌɒpəˈreɪʃənəl/

a. ①运转的 The telephone is fully ***operational*** again. 电话又完全可以使用了。

②操作上的 Ensure ***operational*** security of the unit. 确保操作的安全性。

discrepancy /dɪˈskrepənsɪ/

【助记】dis(apart)+crep(破裂)+ancy→意见产生分歧→不符合

n. 不符合(之处) There was a ***discrepancy*** in the two reports of the loss of the earthquake in India. 对于印度这次地震的损失,两份报告不一致。

complication /ˌkɒmplɪˈkeɪʃən/

n. ①困难 The fact that the plane was late added to a further ***complication*** to our journey. 飞机误点给我们的旅行带来更大的麻烦。

②并发症 ***Complications*** set in, and the patient died. 病人因出现并发症而死亡。

plight /plaɪt/

n. 困境 He is in a sad ***plight***. 他陷入了悲惨的境地。

hardship /ˈhɑːdʃɪp/

【助记】hard(艰难的)+ship(表状态)→艰难

n. 艰难,困苦 Inflation can cause great ***hardship*** for people. 通货膨胀会给人们带来巨大的苦难。

harden /ˈhɑːdən/

【助记】hard(硬的)+en(使)→(使)变硬

v. ①(使)变硬 Concrete will ***harden*** in 120 minutes automatically. 混凝土会在120分钟内自动硬化。

②(使)变得坚强 Her mind ***hardened*** at the thought of the difficulties awaiting her. 当她想到面临着许多困难时,她的意志更坚定了。

③(使)变得冷酷无情 His face ***hardened***. 他的脸沉了下来。

stiff /stɪf/

a. ①硬的 The cards were made of ***stiff*** paper. 卡片是用硬纸板做的。

②僵直的,不灵活的 My back was ***stiff*** after sitting for so many hours. 坐了这么长时间,我的背都僵硬了。

③拘谨的,生硬的 He replied in a ***stiff***, ironic voice. 他用生硬、讽刺的口气回答。

④艰难的 a ***stiff*** task 一次艰巨的任务

⑤(风等)强烈的 A ***stiff*** wind blew my hat off. 一阵狂风刮走了我的帽子。

ad. 极其 She was scared ***stiff***. 她非常害怕。

派 **stiffen** *v.* 使僵硬,使坚强

strenuous /ˈstrenjʊəs/

a. ①费劲的 Avoid ***strenuous*** exercise immediately after a meal. 要避免饭后剧烈运动。

②积极的 She is a ***strenuous*** supporter of women's rights. 她是妇女权利的积极支持者。

stationary /ˈsteɪʃənərɪ/

a. 固定的 Don't get off the bus until it is ***stationary***. 等公共汽车停稳了再下车。

static(al) /ˈstætɪk(l)/

【助记】sta(站立)+tic→站立不动的→静态的

a. 静的；停滞的 Civilization does not remain ***static***, but changes constantly. 文明不是静止的，而是不断变化的。

n. 静电；[-s]静力学 My hair gets full of ***static*** when I brush it. 我梳头时头发就有好多静电。

stale /steɪl/

a. ①不新鲜的 a ***stale*** cake 不新鲜的蛋糕
②陈腐的，过时的 ***stale*** joke 老掉牙的玩笑 // Their marriage had gone ***stale***. 他们的婚姻不再有激情了。

stagnant /ˈstæɡnənt/

a. ①(指水)因不流动而污浊的 ***stagnant*** ponds 死水潭
②不景气的 Due to low investment, industrial output has remained ***stagnant***. 由于投资少，工业生产一直停滞不前。

派 **stagnation** ***n.*** 不流动；不景气

rot /rɒt/

v. 腐烂，腐朽 The ripe fruit began to ***rot*** when no one came to pick it. 没有人来摘这些成熟的水果，它们已经开始烂了。// Too much TV will ***rot*** your brain. 电视看太多脑子会变迟钝。

n. 腐烂，腐朽 a tree full of ***rot*** 一棵朽树

搭 rot away 腐烂 // talk rot 胡说八道，胡话

erosion /ɪˈrəʊʒən/

【助记】e(out)+ros(咬)+ion→咬掉→腐蚀

n. ①腐蚀 wind ***erosion*** 风蚀
②削弱 The incident caused the steady ***erosion*** of the President's credibility. 这次事件导致总统的威信日渐丧失。

派 **erode** ***vt.*** 侵蚀；逐渐毁坏

decay /dɪˈkeɪ/

【助记】de(down)+cay(下降)→衰落

v. ①腐烂【同 rot】The vegetables have begun to ***decay***. 那些蔬菜已开始腐烂。// Sugar can ***decay*** the tooth. 糖会腐蚀牙齿。
②衰落 Our powers ***decay*** in old age. 我们的体力在年老时衰退。

n. ①腐烂 Fluoride is helpful in fighting tooth ***decay***. 氟化物有助于预防蛀牙。
②衰败状态 fall into ***decay*** 衰败，衰落

corrode /kəˈrəʊd/

【助记】cor(完全)+rode(咬)→全部咬掉→腐蚀

v. ①腐蚀，侵蚀(金属、石头等) Acid causes metal to ***corrode***. 酸会腐蚀金属。// Rust has ***corroded*** the steel rails. 锈侵蚀了钢轨。
②逐渐损害，损伤 Jealousy ***corroded*** her character. 嫉妒损伤了她的人格。

perish /ˈperɪʃ/

【助记】per(thoroughly)+ish(go)→完全离去→丧生，毁灭

vi. ①丧生，毁灭，消亡 The Italian city of Pompeii ***perished*** in a violent volcanic eruption. 在一次猛烈的火山爆发中，庞贝这座意大利城市被毁灭了。
②老化 Even the best quality rubber will ***perish*** with age. 就是质量最佳的橡胶也会因老化而腐烂。

appendix /əˈpendɪks/

【助记】ap(to)+pend(悬挂)+ix→附录

n. ①阑尾 He had his ***appendix*** taken out. 他的阑尾割去了。
②附录 For further information, please refer to the ***appendices*** at the end of the book. 如果想进一步了解，请参阅书后的附录。

用 该词表示"附录"时，其复数形式为 appendices 或 appendixes。

bibliography /ˌbɪblɪˈɒɡrəfɪ/

【助记】biblio(书)+graph(书写)+y→写书所用到的书→参考书目

n. 参考书目 An academic paper must include the ***bibliography*** in its end. 学术论文的最后必须注明参考书目。

writer /ˈraɪtə/

n. 作者，作家 a science-fiction ***writer*** 科幻小说家

editor /ˈedɪtə/

n. 编辑，编者 ***editor*** in chief 主编

派 **editorship** ***n.*** 编辑的地位(或职位)

author /ˈɔːθə/

n. 作者 Choose an ***author*** as you choose a friend. [谚]择书如择友。

copyright /ˈkɒpɪraɪt/

【助记】copy(复制)+right(权利)→复制的权利→

版权

n. 版权 ***Copyright*** protects only the expressions of ideas, not the ideas themselves. 版权只保护思想的表达形式，而不保护思想本身。

headline /ˈhedlaɪn/

【助记】head(头部)+line(行列)→写在文章第一行的内容→大字标题

n. 大字标题；[*pl.*]新闻提要 // the seven o'clock ***headlines*** 7点钟的新闻提要 // a front-page ***headline*** 头版大标题

heading /ˈhedɪŋ/

n. 标题 The ***heading*** was in large letters. 标题是用大号字母印刷的。

handbook /ˈhændbʊk/

n. 手册 Two very clear and comprehensive ***handbooks*** are available. 现有两种清晰易懂内容全面的手册供应。

portable /ˈpɔːtəbl/

【助记】port(拿，运)+able→可以拿的→便于携带的

a. 便于携带的 We swapped the color television for a ***portable*** black-and-white one. 我们用彩电换了一台手提式黑白电视机。

leaflet /ˈliːflɪt/

【助记】leaf(页)+let(小)→一小页纸→传单

n. 传单 an advertising ***leaflet*** 广告传单

v. (向……)散发传单 He's been out ***leafleting*** the area around City Hall. 他一直出去在市政厅附近散发传单。

brochure /ˈbrəʊʃʊə/

n. 小册子 This is the ***brochure*** for Mexico. 这是墨西哥的旅游宣传册。

pamphlet /ˈpæmflɪt/

n. 小册子 a ***pamphlet*** about road safety 关于道路安全的小册子

masterpiece /ˈmɑːstəpiːs/

【助记】master(大师)+piece(篇章)→大师写的文章→杰作

n. 杰作 The famous French writer Dumas Sr. once wrote that Dumas Jr. was his ***masterpiece***. 法国大文豪大仲马曾经写道，他的儿子小仲马是他的杰作。

biography /baɪˈɒgrəfɪ/

【助记】bio(生命)+graph(写)+y→一生的写照→传记

n. 传记 the ***biography*** of Byron 拜伦传

派 **biographical** *a.* 传记的 // **autobiography** *n.* 自传

encyclop(a)edia /enˌsaɪkləʊˈpiːdɪə/

n. 百科全书 A dictionary explains words and an ***encyclopedia*** explains facts. 词典解释词义，百科全书解释事物。

literature /ˈlɪtərətʃə/

【助记】liter(文字)+a+ture→与文字有关的→文学

n. ①文学，文学作品 He majors in Russian ***literature***. 他主修俄罗斯文学。

②文献 She is trying to keep abreast of the ***literature*** in her field. 她力图掌握本学科的最新文献资料。

literary /ˈlɪtərərɪ/

a. ①文学(上)的 London was the ***literary*** centre for the English language. 伦敦是英语语言的文学中心。

②文人的 a ***literary*** circle 文人的圈子

illiterate /ɪˈlɪtərɪt/

【助记】il(not)+liter(文字)+ate→不认识字的→文盲的

a. 文盲的；未受教育的 About half the population in the country is still ***illiterate***. 这个国家大约有一半人口仍是文盲。

派 **illiteracy** *n.* 文盲，缺乏教育

literacy /ˈlɪtərəsɪ/

n. 有文化，读写能力 The ***literacy*** campaign started from the 50s of the last century in China. 中国的扫盲运动始于上世纪50年代。

essay /ˈeseɪ/

n. 散文，随笔 The professor wrote an ***essay*** on Homer. 这位教授写了一篇关于荷马的文章。

派 **essayist** *n.* 散文作家，小品文作家

词源 源自法语essai"尝试"。1597年英国哲学家培根首次采用essay来表示"随笔"，他也因此被视为这一文学形式的创始人。

fiction /ˈfɪkʃən/

n. 小说 Truth is often stranger than ***fiction***. 真

事常常比小说还离奇。

fabulous /ˈfæbjʊləs/

a. ①**极好的** We had a ***fabulous*** time at the party. 我们在晚会上玩得很痛快。

②**极为巨大的** During the two world wars, the monopoly capitalists amassed ***fabulous*** wealth. 在两次世界大战期间，垄断资本家大发横财。

③**寓言中的** The dragon is a ***fabulous*** creature. 龙是传说中的一种动物。

manuscript /ˈmænjʊskrɪpt/

【助记】manu(手)+script(稿子)→手稿

n. **手稿；手写本** Unfortunately, parts of the original ***manuscript*** were lost in the fire. 不幸的是，部分原稿在大火中被烧毁了。

script /skrɪpt/

n. ①**(演讲的)原稿，讲稿；剧本** You can't have good acting without a good ***script***. 没有好的剧本就没有好的演出。

②**文字体系，字母表** Arabic ***script*** 阿拉伯字母表

③**笔迹** I received a letter from him in his neat ***script***. 我收到了他一封字迹工整的信。

派 **scriptwriter** ***n.*** (电影等的)撰稿人

excerpt /ˈeksɜːpt/

【助记】ex(out)+cerpt(挑选)→节选出来→摘录

n. **摘录** The newspaper is publishing ***excerpts*** from her new book. 报纸正在刊登她新书的节选。

paragraph /ˈpærəgrɑːf/

n. **段落** The editor deleted the last ***paragraph***. 编辑删除了最后一段。

chapter /ˈtʃæptə/

n. **章，回，篇** You have to wait till the last ***chapter*** to find out who the murderer was. 你要等到看完最后一章才能搞清谁是凶手。

intelligible /ɪnˈtelɪdʒɪbl/

a. **可理解的，清楚的** The manager was so drunk that his speech was barely ***intelligible***. 经理喝得醉醺醺的，连话都说不清楚了。

comprehend /ˌkɒmprɪˈhend/

v. **理解** The infinite distances of space are too great for the human mind to ***comprehend***. 太空的无垠距离遥远得让人类的大脑无法理解。// Even scientists do not ***comprehend*** these phenomena. 即使是科学家也不理解这些现象。

派 **comprehensible** ***a.*** 能理解的 // **incomprehensible** ***a.*** 难懂的

comprehension /ˌkɒmprɪˈhenʃən/

n. ①**理解** The problem is beyond my ***comprehension***. 这问题超出了我的理解力。

②**理解力测验** A large vocabulary will help much when doing the reading ***comprehension***. 丰富的词汇量对做阅读理解很有用。

blueprint /ˈbluːprɪnt/

n. **蓝图** The report is a ***blueprint*** for the reform of the nation's tax system. 该报告是一份国家税务体制改革的蓝图。

alphabet /ˈælfəbet/

n. **字母表** There are 26 letters in the English ***alphabet***. 英语字母表中有26个字母。

派 **alphabetically** ***ad.*** 按字母顺序

diagram /ˈdaɪəgræm/

n. **图解，图表** The ***diagram*** had been copied with great precision. 该图表的复印件很精确。

chart /tʃɑːt/

n. ①**图表** Can you read the weather ***chart***? 你能看懂气象图吗？

②**航图，海图** a flight ***chart*** 航空地图

vt. **用图表表示** Cook ***charted*** the coast of New Zealand. 库克绘制了新西兰的海岸图。

graph /grɑːf/

n. **图表** Martin showed me a ***graph*** of their recent sales. 马丁给我看了他们最近销售额的图表。

graphic /ˈgræfɪk/

【助记】graph(图)+ic→配有图片的→形象生动的

a. ①**生动的** In Hemingway's novels there are ***graphic*** descriptions of battles. 在海明威的小说中有生动的战争场面的描写。

②**图表的** ***graphic*** design 图表设计

metaphor /ˈmetəfə/

n. 隐喻 This *metaphor* is beyond all comprehension. 这个隐喻难以理解。

comedy /ˈkɒmɪdɪ/

n. ①喜剧 *As You Like It* is a Shakespeare's *comedy*. 《皆大欢喜》是莎士比亚写的一部喜剧。
②喜剧性(事件) There is not much *comedy* in modern war. 现代战争并不是好玩的事。

comic /ˈkɒmɪk/

a. 喜剧的 She can always be relied on to provide *comic* relief at a boring party. 在沉闷的聚会上她总能叫人喜笑颜开。

n. ①连环漫画 *comic* strip 连环漫画
②喜剧演员 a standup *comic* 滑稽说笑演员

warmth /wɔːmθ/

n. ①暖和 The sun gives us *warmth* and light. 太阳供给我们光和热。
②热烈 Kevin was touched by the *warmth* of their welcome. 受到他们的热情欢迎,凯文十分感动。

hug /hʌg/

vt. ①拥抱 Seeing her son safe and sound after the accident, the mother *hugged* him tightly. 看到儿子在事故后平安无恙，母亲紧紧地拥抱着他。
②紧抱，抱住 He was *hugging* a big pile of books. 他抱着一大堆书。

vi. 互相拥抱 They *hugged* and kissed. 他们互相拥抱亲吻。

n. 拥抱；紧抱 He gave his little boy a big *hug* at bedtime. 他在临睡时亲热地拥抱了一下年幼的儿子。

huddle /ˈhʌdl/

v. ①聚集在一起 The children *huddled* together like a flock of sheep. 孩子们像一群羊一样挤在一起。
②蜷缩 The cold wind made the boy *huddle* inside his coat. 寒风使这个男孩蜷缩在他的外套里。

n. 一堆杂乱的东西 The track led them to a *huddle* of barns and outbuildings. 那条路把他们带到了一片杂乱拥挤的谷仓和库房。

cordial /ˈkɔːdɪəl/

【助记】cord(心)+ial →热情友好的

a. 热情友好的 The talks were conducted in a *cordial* atmosphere. 谈判在友好的气氛中进行。

missing /ˈmɪsɪŋ/

a. 失踪的 He was reported *missing* in action, presumed dead. 据报他在战斗中失踪，估计已经死亡。

laughter /ˈlɑːftə/

n. 笑,笑声 Students like teachers who can make the class full of *laughter*. 学生喜欢能使课堂充满笑声的老师。

grin /grɪn/

vi./n. 咧嘴笑 Seeing his stocks on the rise, he was *grinning* from ear to ear. 眼见自己的股票一个劲地往上涨，他笑得合不拢嘴。// a broad *grin* 合不拢嘴的笑

搭 grin and bear it 无怨言地接受(或承受)

giggle /ˈgɪgl/

vi./n. 咯咯笑，傻笑 The children *giggled* hysterically. 孩子们歇斯底里地傻笑。// Susan tends to get the *giggles* at the most inappropriate moments. 苏珊总在最不合适的时候笑出来。

ridiculous /rɪˈdɪkjʊləs/

a. 可笑的，荒谬的 What a *ridiculous* suggestion! 多么荒谬的建议!

trifle /ˈtraɪfl/

n. 琐事 He is always worrying about *trifles*, losing sight of his main objectives. 他总是担心琐事,失去了人生的主要目标。

vi. (~*with*)嘲笑,轻视 Don't *trifle with* your health. 不可把健康当儿戏。

搭 a trifle 有点儿，稍微 You seem *a trifle* nervous. 你似乎有点儿紧张。

petty /ˈpetɪ/

a. ①小的，琐碎的 Our oversight of *petty* details in the contract caused us considerable loss. 由于忽视合同中的细节,我们亏损不小。
②气量小的 Don't be so *petty*-minded. 不要那么小心眼。

idiot /ˈɪdɪət/

n. 白痴 Don't treat me as (if I were) an *idiot*. 别把我当傻瓜。

Lesson 31

词根词缀表

cur(s) 流,跑	currency *n.* 流通	liqu 液体	liquid *n.* 液体
fug 逃走	refuge *n.* 庇护	therm 热	thermal *a.* 热的
tect 掩盖	detective *n.* 侦探	junct 连接	conjunction *n.* 连接
cata-, cat- 向下;全面	catastrophe *n.* 大灾难	gram, graph 书写;文字	grammar *n.* 语法

saving /ˈseɪvɪŋ/

n. ①节省 With the new boiler you can make big *savings* on fuel bills. 用这种新锅炉,能节省一大笔燃料开销。

②[*pl.*]储蓄金 When summer vacation comes, some university students spend their *savings* on traveling. 暑假一到,一些大学生便把积蓄拿去旅游了。

postage /ˈpəʊstɪdʒ/

n. 邮资 Stamps show how much *postage* has been paid. 邮票表明已付了多少邮资。

monetary /ˈmʌnɪtərɪ/

a. 货币的,金融的 The *monetary* system of certain countries used to be based on gold. 某些国家的货币制度过去一直是金本位的。

censorship /ˈsensəʃɪp/

n. 审查(制度),检查(制度) Many community leaders have called for *censorship* of the Internet. 许多社团领导人呼吁对互联网进行审查。

派 censor *n.* 审查员 *v.* 审查

shilling /ˈʃɪlɪŋ/

n. 先令 In the old days you could get a pint of beer for a *shilling*. 从前,花一先令就可以买到一品脱啤酒。

currency /ˈkʌrənsɪ/

n. ①货币 To some extent, the values of a nation's *currency* is a reflection of its economy. 一个国家的货币价值在某种程度上反映了该国的经济状况。

②流通,流传,被接受 The argument has received wide *currency*. 这一论点得到广泛接受。

cathedral /kəˈθiːdrəl/

n. 大教堂 St. Paul's *Cathedral* is the most famous cathedral in England. 圣保罗大教堂是英国最著名的教堂。

pilgrim /ˈpɪlgrɪm/

n. 朝圣者 We met many *pilgrims* on their way to Mecca. 我们遇到许多去麦加朝圣的人。

spiritual /ˈspɪrɪtʃʊəl/

【助记】spirit(精神)+ual→精神的

a. ①精神(上)的 I care more about the *spiritual* life than the substantial life. 和物质生活相比,我更注重精神生活。

②宗教的 The decision was made by the *spiritual* leaders of the tribe. 这一决定是由部落的宗教领袖们做出的。

bible /ˈbaɪbl/

n. ①[*B-*]圣经 He quotes the *Bible* to support his belief. 他引用《圣经》来支持他的信仰。

②有权威的书 the photographer's *bible*—*Amateur Photographer* 摄影师的宝典——《业余摄影师》

doctrine /ˈdɒktrɪn/

n. 教义,主义 His behavior was against Christian *doctrine*. 他的行为违背了基督教教义。// the Truman *Doctrine* 杜鲁门主义

conspiracy /kənˈspɪrəsɪ/

n. 阴谋 The *conspiracy* of the assassination of the president was brought to light in time. 一个刺杀总统的阴谋被及时揭露了。

traitor /ˈtreɪtə/

n. 叛徒 The infamous *traitor* was sentenced to

death. 那个罪大恶极的叛徒被判处死刑。

allegiance /əˈliːdʒəns/

n. 忠诚 The judge received their oath of ***allegiance***. 法官听取了他们的忠诚誓言。

promising /ˈprɒmɪsɪŋ/

a. 有希望的，有前途的 Many fresh graduates would like to have a ***promising*** job. 刚毕业的大学生都希望找一份有前途的工作。

hopeful /ˈhəʊpfəl/

【助记】hope(希望)+ful→有希望的

a. ①有希望的 The future does not seem very ***hopeful***. 前途似乎有点不妙。

②怀有希望的 Are you ***hopeful*** about the future? 你对未来怀有希望吗?

feat /fiːt/

n. 功绩，技艺 Nanjing Yangtze River Bridge is a marvelous engineering ***feat***. 南京长江大桥是一项了不起的工程伟绩。// sth. is no mean ***feat*** 某事不是轻而易举的

eminent /ˈemɪnənt/

【助记】e(out)+min(上升)+ent→卓越的

a. 卓越的 Churchill was one of the world's most ***eminent*** statesmen. 邱吉尔是世界上最卓越的政治家之一。

派 **eminence** ***n.*** 卓越，杰出

celebrity /sɪˈlebrɪtɪ/

n. ①名声【同 fame】Does he find his new ***celebrity*** intruding on his private life? 他是否感觉到他最近的成名侵扰了自己的私生活?

②名人 Lots of ***celebrities*** were at the film premiere. 许多名人出席了电影的首映式。

派 **celebrated** ***a.*** 声誉卓著的

wealthy /ˈwelθɪ/

a. 富裕的 Early to bed and early to rise, makes a man healthy, ***wealthy*** and wise. (Benjamin Franklin) 早睡早起会使人健康、富有和聪明。(本杰明·富兰克林)

slum /slʌm/

n. 贫民窟 Poverty and illness are common in the ***slums***, but things are bound to improve. 在贫民窟里，贫穷和疾病盛行，但是情况一定会改善的。

refuge /ˈrefjuːdʒ/

【助记】re(back)+fuge(逃走)→逃回安全地→庇护

n. 庇护所，庇护 They took ***refuge*** in the embassy. 他们在大使馆避难。

refugee /ˌrefjuˈdʒiː/

n. 难民 ***Refugees*** were pouring across the frontier. 难民正涌过边境。

detective /dɪˈtektɪv/

n. 侦探 *The Murders in the Rue Morgue* is considered the world's first real ***detective*** story. 《莫格街谋杀案》被认为是世界上第一本真正的侦探小说。

spy /spaɪ/

n. 间谍；秘密监视者 a military ***spy*** 军事间谍

vi. ①从事间谍活动 She was accused of ***spying*** for the enemy. 她被指控为敌方间谍。

②秘密监视 Jean's always ***spying*** on the neighbors. 吉恩总是窥探她的邻居。

vt. 发现【同 spot】She was quick to ***spy*** her friend in the crowd. 她很快在人群中发现了她的朋友。

siren /ˈsaɪərən/

n. 警报声 The ambulance sped off with its ***siren*** wailing. 救护车响着刺耳的警报声急驰而过。

hound /haʊnd/

n. 猎犬 The ***hounds*** picked up the scent of the fox. 猎狗嗅到了狐狸的气味。

vt. 追逼，纠缠 After the court case Lee was ***hounded*** relentlessly by the Press. 案件庭审后，李不断受到新闻界的骚扰。

gaol/jail /dʒeɪl/

n. 监狱 Has it ever occurred to you that ***jails*** were first invented for debtors? 你有没有想过，监狱最初是为了关押欠债人而发明的?

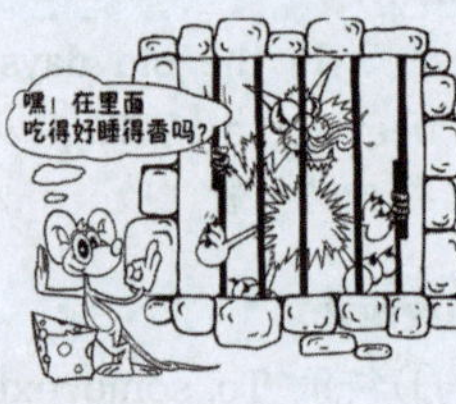

vt. 拘留 He was ***jailed*** for two years. 他被囚禁了两年。

culprit /ˈkʌlprɪt/

n. ①罪犯 Police finally managed to catch the ***culprit***. 警察最终设法抓住了那个罪犯。

②**问题的起因** High production costs are the main *culprit*. 生产成本高是主要原因。

雅思真题 Once again, road transport is the main *culprit* since it alone accounts for 84% of the CO_2 emissions attributable to transport. 公路运输再次成了罪魁祸首，因为单单公路运输就占了交通运输二氧化碳排放量的84%。

sham /ʃæm/

n. **假冒** Are these real diamonds or only *sham*? 这些是真的钻石还是赝品？

a. **假冒的，仿造的** *sham* jewelry 假珠宝

v. ①**假装** She's not ill; she's only *shamming*. 她是没病装病。

②**冒充** to *sham* Scotch whisky 造假苏格兰威士忌酒

discreet /dɪ'skriːt/

【助记】dis(apart)+creet(分开)→一个个分开→谨慎的

a. **谨慎的** It wasn't very *discreet* of you to ring me up at the office. 你往办公室给我打电话是有欠考虑的。

cunning /'kʌnɪŋ/

a. ①**狡猾的，狡诈的** A spy used *cunning* means to find out secrets. 间谍使用狡猾的手段获取机密。

②**精巧的** If you're keen on stunning kites and *cunning* stunts, buy a *cunning* stunning kite. 如果你非常想要好的风筝和精彩的表演，就去买一只漂亮、灵巧的风筝吧。

n. ①**狡猾，狡诈** The fox is believed to have a great deal of *cunning*. 人们相信狐狸十分狡猾。

②**精巧** show much *cunning* at doing sth. 做某事灵巧

audit /'ɔːdɪt/

vt. **查(账等)，审计** The fund is *audited* annually by an accountant. 会计每年都会审核基金的账目。

n. **查账，审计** the annual *audit* 年度审计

proceeding /prə'siːdɪŋ/

【助记】pro(forward)+ceed(走)+ing→向前走→进程

n. ①**进程，议程** The manager opened today's *proceedings* in several short sentences. 经理用简短的几句话开始了今天的会议。

②**诉讼** take legal *proceedings* against 对……提起诉讼

③**会议录** *proceedings* of the meeting 会议记录

session /'seʃən/

n. ①**会议；集会** This matter will go over until the next *session*. 这件事将留待下次会议讨论。

②**开庭** Be seated! This court is now in *session*. 坐下！本法庭现在开庭。

hearing /'hɪərɪŋ/

n. ①**听觉** Very loud noises can make people ill, damage their *hearing* or even drive them mad. 噪音太大会使人生病，损害人们的听觉，甚至使人发疯。

②**意见(或证言)听取会** The *hearing* is scheduled to take place tomorrow morning at eleven. 审讯定于明天上午11点举行。

statute /'stætʃuːt/

n. ①**法令** Protection for the consumer is laid down by *statute*. 保障消费者权益已在法令中做了规定。

②**章程** College *statutes* forbid drinking on campus. 大学章程禁止在校园内喝酒。

派 **statutory** *a.* 法定的，规则要求的

catastrophe /kə'tæstrəfɪ/

【助记】cata(down)+strophe(转)→完全颠倒→大灾难

n. **大灾难** The Wenchuan earthquake in 2008 was a *catastrophe*. 2008年的汶川大地震是一场大灾难。

【辨析】表示"灾难"的名词

catastrophe：大灾难(great sudden disaster)

disaster：意义最泛，侧重已发生的灾害

misfortune：指并非由于个人过错而引起的不利情况，指事态的逆转或不幸的事故

earthquake /'ɜːθkweɪk/

【助记】earth(地球)+quake(震动)→地震

n. **地震** In which season do *earthquakes* usually happen? 地震多发生在什么季节？

crust /krʌst/

n. ①**面包皮** Cut the *crusts* off when you make sandwiches. 做三明治时要把焦皮切掉。

②**外壳，地壳** the earth's *crust* 地壳

volcano /vɒl'keɪnəu/

n. 火山 An active ***volcano*** may erupt at any time. 活火山随时可能喷发。

派 **volcanic** *a.* 火山的，像火山的

drought /draut/

n. 干旱，旱灾 a severe ***drought*** 严重的旱灾

famine /'fæmɪn/

n. 饥荒 Many people die of ***famine*** every year. 每年有很多人死于饥荒。

plague /pleɪg/

n. ①瘟疫 Half the population was wiped out by ***plague***. 瘟疫夺走了一半人口的生命。

②灾难，祸患 a ***plague*** of rats/locusts 鼠灾/蝗灾

vt. 使痛苦 ***plague*** sb. with 用……折磨人 // He was ***plagued*** to death. 他被折磨得要死。

hurricane /'hʌrɪkən/

【助记】hurri(匆忙)+cane(看作 came 来)→来得很匆忙的风→飓风

n. 飓风 ***Hurricanes*** in the Atlantic are known as typhoons in the Pacific. 大西洋的飓风在太平洋就被称为台风。

【归类卡片】各种"风"

微风 breeze	龙卷风 tornado	大风 gale
风暴 storm	旋风 cyclone	台风 typhoon

typhoon /ˌtaɪ'fuːn/

n. 台风 They have received notice of a ***typhoon*** approaching. 他们已收到台风即将来临的预报。

glacier /'glæsɪə, 'gleɪʃə/

n. 冰川 The gorge was formed by a ***glacier***. 这个峡谷是由冰川形成的。

mist /mɪst/

n. 薄雾 be covered in ***mist*** 笼罩在薄雾中

v. (使)模糊 His eyes ***misted*** over at the memory of his dead wife. 想起死去的妻子，他泪眼模糊。

smog /smɒg/

【助记】smoke(烟)+fog(雾)→smog(烟雾)

n. 烟雾 A curtain of ***smog*** often hangs over big cities. 烟幕经常笼罩在大城市的上空。

fume /fjuːm/

n. ①烟 toxic ***fume*** 毒烟 // She felt sick from breathing in paint ***fumes***. 她因吸入油漆气味而感到恶心。

②一阵愤怒(或不安) be in a ***fume*** 怒气冲冲

vi. ①冒烟 ***fuming*** chimneys 冒烟的烟囱

②发怒 She sat in the car, silently ***fuming*** at the traffic jam. 她坐在车里，心中对交通堵塞感到十分恼火。

fluid /'fluːɪd/

n. 流体 He's still very weak, and must be fed ***fluids*** only. 他身体还很虚弱，只能吃一些流质食物。

a. 流动的 ***fluid*** assets 流动资产

liquid /'lɪkwɪd/

n. 液体 Air is a fluid but not a ***liquid***. 空气是流体，不是液体。

a. ①液态的 ***liquid*** oxygen/gas 液态氧/气体

②清澈的 ***liquid*** eyes 清澈的眼睛

③流畅的 the ***liquid*** grace of a ballerina 芭蕾舞女演员轻柔的舞姿

vapo(u)r /'veɪpə/

n. (蒸)汽 Water can be changed into ***vapour*** when heated. 水被加热时，可以变成水蒸气。

派 **vaporize** *v.* (使)汽化，(使)蒸发

evaporate /ɪ'væpəreɪt/

【助记】e(out)+vapor(水蒸气)+ate(使)→以水蒸气的形式挥发出去→使蒸发

v. ①蒸发 The pool of water on the playground ***evaporated*** in the sun. 操场上的积水在阳光下蒸发了。// The sun will ***evaporate*** the mist. 太阳会蒸发雾气。

②消失 Her confidence had now completely ***evaporated***. 她的信心已经消失殆尽。

frost /frɒst/

n. 霜冻；霜 a heavy ***frost*** 厚霜 // The young shoots on the trees have been damaged by a late ***frost***. 一场晚霜冻坏了树上的嫩芽。

v. 结霜(于) The cold has ***frosted*** the windows. 天气寒冷使窗上结满了霜。

thunder /'θʌndə/

n. ①雷，雷声 ***thunder*** and lightning 雷电交加

②轰隆声 a ***thunder*** of applause 雷鸣般的掌声

vi. ①打雷 It ***thundered***, but no rain fell. 光打雷不下雨。

②大声喊 The boss *thundered* out his orders at me. 老板对我吼叫着发号施令。

派 **thunderstorm** *n.* 雷雨

hail /heɪl/

n. ①雹 In summer *hail* sometimes falls and damages the crops. 夏天有时下冰雹，使农作物受到损害。

②一阵 a *hail* of bullets 一阵弹雨

vi. 下雹 It *hailed* last night. 昨夜下雹子了。

vt. ①招呼，高呼 She *hailed* a cab and left in great haste. 她叫了一辆计程车，匆匆忙忙地走了。

②为……喝彩 The crowd *hailed* the actress with joy. 人群高兴地向那位女演员欢呼。

搭 hail from 来自，出生于

lightning /ˈlaɪtnɪŋ/

【助记】light(光)+ning→电闪雷鸣→闪电

n. 闪电 During the storm flashes of *lightning* appeared in the sky. 风暴来临时天空中出现很多道闪电。

rainbow /ˈreɪnbəʊ/

【助记】rain(雨)+bow(弓)→雨后天边出现如弓的彩虹→虹

n. 虹 My little niece insisted that the *rainbow* in the sky should be the bridge for the fairies. 我的小侄女坚持说天上的彩虹是给仙女过的桥。

breeze /briːz/

n. 微风 The flags flapped gently in the *breeze*. 旗子在微风中轻轻飘动。

vi. 飘然而行 Helen *breezed* into the sitting room. 海伦轻盈地走进了起居室。

词源 16世纪英国奴隶贩子霍金斯从西非贩运奴隶到西印度群岛。在加勒比海航行期间，他常听到人们用西班牙语 breza 指“东北贸易风”，于是把它引进英语，后来变成 breeze，最初仅作航海用语，17世纪后转义指“微风”。

humid /ˈhjuːmɪd/

a. 潮湿的 Foods are easy to be mouldy in *humid* days. 潮湿的日子里，食物容易发霉。

派 **humidify** *v.* 使潮湿，使湿润

humidity /hjuːˈmɪdɪtɪ/

n. 湿度，潮湿 *Humidity* caused me another fit of rheumatism. 湿气使我的风湿病又发作了。

moist /mɔɪst/

a. 潮湿的，湿润的 Frogs produce slime to keep their skin *moist*. 青蛙分泌出黏液来使皮肤保持湿润。// Strawberries grow best in cool, *moist* climate. 草莓在阴凉潮湿的气候中生长得最好。

moisture /ˈmɔɪstʃə/

n. 潮湿，湿气 The kitchen's stone floor was shining with *moisture*. 厨房的石板地因受了潮而闪闪发亮。

雅思真题 Like grape vines, the trees thrive in poor soil, putting down deep root in search of *moisture* and nutrients. 像葡萄藤一样，这些树木在贫瘠的土壤中生长，深深扎入地里寻找水分和营养。

sticky /ˈstɪkɪ/

【助记】stick(粘贴)+y→粘稠的

a. ①黏的 The *sticky* toffee made my teeth uncomfortable. 黏糊糊的太妃糖弄得我的牙齿很不舒服。

②(天气)湿热的 It was an unusually hot and *sticky* summer. 那是一个极其湿热的夏天。

③困难的 a *sticky* diplomatic problem 一个棘手的外交问题

chill /tʃɪl/

vt. 使变冷【同 cool】The freezing weather *chilled* me to the bone. 严寒的天气使我感到冰冷刺骨。

n. ①寒冷 There is quite a *chill* in the morning air. 早晨的空气颇有寒意。

②风寒 catch/take a *chill* 患风寒，感冒，着凉

派 **chilly** *a.* 凉飕飕的

thermal /ˈθɜːməl/

a. ①热的，热量 *thermal* power station 热能发电站

②保暖的 *thermal* underwear 保暖内衣

派 **geothermal** *a.* 地热的

thermometer /θəˈmɒmɪtə/

【助记】thermo(热)+meter(测量)→测量冷热的仪器→温度计

n. 温度计 The *thermometer* reads 60 degrees. 温

度计上显示出的是 60 度。

periodical /ˌpɪərɪˈɒdɪkəl/

【助记】period(周期)+ical→周期的

n. 期刊 It's one of the best learned ***periodicals*** in the world of language study. 这是外语学习方面最好的学术期刊之一。

a. 周期的，定期的 I expect regular ***periodical*** reports from you. 我期待你定期汇报。

weekly /ˈwiːklɪ/

a. 每周的，一周一次的 a ***weekly*** wage 周薪

ad. 一周一次地 pay rent ***weekly*** 按周付租金

n. 周报 Is this magazine a ***weekly*** or a quarterly? 这份杂志是周刊还是季刊？

monthly /ˈmʌnθlɪ/

a. 每月的 a ***monthly*** season ticket 月票

ad. 每月一次，按月 Most of these people are paid ***monthly***. 这些人大多数按月领薪。

n. 月刊 *the Nairobi Law **Monthly***《内罗毕法律月刊》// a women's ***monthly*** 一本女性月刊

quarterly /ˈkwɔːtəlɪ/

a. 季度的 Our club has ***quarterly*** meetings. 我们的俱乐部每季度开一次会。

ad. 一季一次 The payments were made ***quarterly***. 按季度付酬。

n. 季刊 This journal is bimonthly, and that one ***quarterly***. 这本杂志是双月刊，那本是季刊。

yearly /ˈjɪəlɪ/

a. 每年的 a ***yearly*** income 岁入

ad. 一年一次地 The magazine is issued twice ***yearly***. 这份杂志每年发行两期。

linguistic /lɪŋˈgwɪstɪk/

【助记】lingu(语言)+ist(表人)+ic(的)→语言的

a. 语言(学)的 She is pursuing her ***linguistic*** researches. 她在从事语言学的研究。

Latin /ˈlætɪn/

n. 拉丁文 Thousands of English words derive from ***Latin***. 英语中有成千上万的词源自拉丁文。

a. 拉丁(语)的，拉丁人的 a ***Latin*** verse 一首拉丁文诗

usage /ˈjuːzɪdʒ/

【助记】us(e)(使用)+age→使用

n. ①使用，用法 Languages develop continually through ***usage***. 语言在使用中不断发展。

②惯用法 modern English ***usage*** 现代英语惯用法

plural /ˈplʊərəl/

a. ①复数的 a ***plural*** noun 复数名词

②多元的 Britain has developed into a ***plural*** society. 英国已发展成为一个多元社会。

n. 复数 irregular ***plural*** 不规则的复数

singular /ˈsɪŋgjʊlə/

a. ①单数的 The noun "bacterium" is the ***singular*** form of "bacteria". 名词 bacterium 是bacteria 的单数形式。

②非凡的 She was a lady of ***singular*** beauty. 她长得美丽非凡。

sole /səʊl/

a. ①单独的，唯一的 This is the ***sole*** means of access to the building. 这是这栋建筑物唯一的入口。

②独有的【同 exclusive】We have the ***sole*** right to the patent. 我们独享此项专利权。

n. 脚底 The ***soles*** of my boots needed repairing. 我那双靴子的底该补了。

派 **solely** *ad.* 唯一地，单独地

monotonous /məˈnɒtənəs/

【助记】mono(单个)+ton(声音)+ous→一个声音的→单调的

a. 单调的，枯燥的 He spoilt the poem by reading it in a ***monotonous*** voice. 他单调的朗读糟蹋了这首诗。

accent /ˈæksənt/

n. ①口音 She speaks English with a Chinese ***accent***. 她说英语带有中国腔。

②重音 mark with a printed ***accent*** 标注重音

vt. 重读 The first syllable should be ***accented***. 第一音节应当重读。

dialect /ˈdaɪəlekt/

【助记】dia(between)+lect(选择)→当地特别选用的

语言→方言

n. 方言 This novel is written in the ***dialect*** of Trinidad. 这部小说是用特立尼达岛方言写成的。

idiom /ˈɪdɪəm/

n. ①习语 phrase and ***idiom*** 短语和习语

②(在艺术等方面所表现的)风格 Monet's *Impression Sunrise* has the typical ***idiom*** of the French impressionists. 莫奈的《日出·印象》具有典型的法国印象主义风格。

verbal /ˈvɜːbəl/

a. ①口头的 a ***verbal*** contract 口头约定 // ***Verbal*** communication is primary in our social interaction. 口头交际是我们社交中最主要的交际方式。

②用文字的 The difference is merely ***verbal***. 差别仅仅在于措辞。

③动词的 a ***verbal*** noun 动名词

派 **nonverbal** *a.* 非言语的

conjunction /kənˈdʒʌŋkʃən/

【助记】con(共同)+junct(连接)+ion→连接

n. ①连接, 联合 The ***conjunction*** of workmanship and artistry in making jewelry decides the value of the jewelry. 在珠宝饰物的制造中,手工与艺术的结合决定了珠宝的价值。

②连词 "And", "but" and "whereas" are ***conjunctions***. And, but 和 whereas 是连词。

搭 in conjunction with 与……联合

vocabulary /vəˈkæbjʊlərɪ/

n. 词汇(量);词(汇)表 You should read more literature to enrich your ***vocabulary***. 你应该多看些文学作品以丰富词汇量。

grammar /ˈɡræmə/

【助记】gram(文字)+mar→文字的规则→语法

n. 语法(书) I find German ***grammar*** very difficult. 我发现德语语法很难学。

派 **grammatical** *a.* 语法的

clause /klɔːz/

n. ①条款 A penalty ***clause*** was added into the contract. 合同中加入了一项罚款条款。

②从句 consequence ***clause*** 结果从句

spelling /ˈspelɪŋ/

n. ①拼写 Her ***spelling*** has improved. 她的拼写已经有进步了。

②拼法 What's the American ***spelling*** of "colour"? colour 这个词的美式拼法是什么?

writing /ˈraɪtɪŋ/

n. ①著作 Some of his most powerful ***writing*** is based on his childhood experiences. 他有些最震慑人心的作品是根据儿时的经历写成的。

②写作 In 1991 she retired from politics and took up ***writing*** as a career. 1991 年她退出政界,开始了写作生涯。

oral /ˈɔːrəl/

a. 口头的 We're having an ***oral*** test in class this week. 这星期我们有一次随堂口试。

learning /ˈlɜːnɪŋ/

n. 知识 Our professor is a man of profound ***learning***. 我们的教授是一个学识渊博的人。

learned /ˈlɜːnɪd/

a. ①博学的 Qian Zhongshu was a ***learned*** professor who was able to speak up to five foreign languages. 钱钟书是一位知识渊博的教授,会说多达 5 门外语。

②学术的 ***learned*** words and popular words 学术词汇与普通词汇

reading /ˈriːdɪŋ/

n. 读(物) light ***reading*** 轻松读物

reader /ˈriːdə/

n. ①读者 This book will appeal to young ***readers***. 这本书会吸引年轻读者。

②读物 basic ***reader*** 基础读本

speaker /ˈspiːkə/

n. ①说话者,演讲者 She was a brilliant public ***speaker***. 她很擅长在公开场合演讲。

②讲某种语言的人 native ***speakers*** of English 以英语为母语的人

③扬声器 Our record player needs a new ***speaker***. 我们的唱机需要一个新的扬声器。

Lesson 32

词根词缀表

pos(it) 放,置	disposition *n.* 部署	bar 木棒,栅栏	barrel *n.* 桶
text 编织	pretext *n.* 借口	mit, miss 送;投	missile *n.* 投射物
vac 空的	evacuate *vt.* 撤离	radi 光线	radius *n.* 半径
cide, cis(e) 切	scissors *n.* 剪刀	-ward(s) 朝……方向	backward(s) *a.* 向后的

temperament /ˈtempərəmənt/

n. 气质,性格 Poets often display a romantic ***temperament***. 诗人富有浪漫的气质。// a sunny ***temperament*** 开朗的性格

派 **temperamental** ***a.*** 气质(上)的;变化无常的

disposition /ˌdɪspəˈzɪʃən/

【助记】dis(apart)+pos(放)+ition→分开放置,便于部署→部署

n. ①性情,性格【同 temperament】The film is not suitable for people of a nervous ***disposition***. 这部电影不适合神经质的人观看。

②意向 Neither side shows the slightest ***disposition*** to compromise. 双方丝毫没有表现出妥协的意思。

③部署,布置 the ***disposition*** of troops 军队部署

bearing /ˈbeərɪŋ/

【助记】bear(容忍)+ing→能忍让,有风度→风度

n. ①风度 Mary's ***bearing*** indicated that she was very timid. 玛丽的举止表明她很羞怯。

②[*pl.*]方位 They plotted their ***bearings*** on the chart. 他们在海图上记下了所处的方位。

③轴承 ball/roller ***bearings*** 滚珠轴承

搭 have a bearing on 与……有关,对……有影响 Recent market fluctuations have ***had a*** direct ***bearing on*** company policy. 近期市场的波动对公司政策有直接影响。

courtesy /ˈkɜːtɪsɪ/

n. 谦恭有礼;有礼貌的举止(或言辞) Lack of ***courtesy*** is seen as a disease of modern day society. 缺少礼貌被看作是现代社会的一种弊病。

派 **courteous** ***a.*** 有礼貌的

vanity /ˈvænɪtɪ/

【助记】van(空的)+ity→空虚

n. ①虚荣心,自负 Her sarcasm wounded his ***vanity***. 她挖苦的语言刺伤了他的虚荣心。

②空幻,无用 The poem warns of the ***vanity*** of mental ambition. 这首诗提醒世人,不付诸实践的抱负毫无用处。

selfish /ˈselfɪʃ/

【助记】self(自己)+ish→自私的

a. 自私的 Nobody but you could be so ***selfish***. 除了你之外,谁也不会这样自私。

upright /ˈʌpraɪt/

【助记】up(向上)+right(直的)→直立的

a. ①直立的 After the accident, he couldn't stand ***upright***. 那场事故之后,他再也不能站立了。

②正直的 Mother has told me to be an ***upright*** person since I was a little girl. 从小母亲就教导我要做一个正直的人。

stubborn /ˈstʌbən/

a. ①顽固的 as ***stubborn*** as a mule 非常执拗 // You're not as ***stubborn*** as everybody thinks you are. 你不是其他人所想的那么顽固。

②难对付的 This detergent can remove ***stubborn*** stains. 这种去污剂能去除难洗的污渍。

pretext /ˈpriːtekst/

【助记】pre(before)+text(编织)→提前编好"借口"

n. 借口 Don't always use a headache as a ***pretext*** for not going to school! 不要老以头痛为借口不上学!

banner /ˈbænə/

n. 横幅；旗 The marchers carried ***banners*** with the words "No Nuclear Weapons". 游行者打着写着"禁止使用核武器"的横幅。

slogan /ˈsləʊgən/

n. 口号，广告语 "Safety first" is our ***slogan***. "安全第一"是我们的口号。

siege /siːdʒ/

n. 包围，围困 The city held out for six months under ***siege***. 该城被围坚守了6个月。

搭 lay siege to 包围…… // be under siege 被包围

词源 原指"座位"，源于亚瑟王故事中的Siege Perilous"危险席"，指亚瑟王的圆桌旁留出的空座，只有注定能寻得圣杯(the Holy Grail)的骑士才能坐，其他人坐此位则会有生命危险。该词后来被应用于军事上，指军队在堡垒前坐下来，即"包围，围困"。

embed /ɪmˈbed/

【助记】em(in)+bed(床)→把……嵌入床中→把……嵌入

vt. ①把……嵌入（或埋入、插入） A piece of glass was ***embedded*** in her hand. 一块玻璃扎入她的手。

②使深留脑中 The scene was ***embedded*** in his memory. 那一幕情景深深地留在他的记忆中。

removal /rɪˈmuːvəl/

【助记】remove(*v.* 移除)的名词

n. ①除去，消除 Our ultimate objective is the ***removal*** of all nuclear weapons. 我们的最终目标是消除所有核武器。

②移动，搬迁 The ***removal*** men have been in and out all day. 搬运工一整天都在进进出出。

evacuate /ɪˈvækjueɪt/

【助记】e(out)+vacu(空的)+ate→使地方空出→撤离

vt. 转移，撤离 The village was ***evacuated*** because of the danger of a flood. 由于洪水的威胁，村里人都已撤走了。

latent /ˈleɪtənt/

a. 潜在的；潜伏的 Without training, her musical talent remained ***latent***. 由于未经训练，她的音乐天赋没有被挖掘出来。// The virus remains ***latent*** in the body for many years. 病毒在体内可潜伏多年。

deplore /dɪˈplɔː/

vt. ①哀叹，悲叹 He ***deplore*** the death of a close friend. 他悲悼挚友的离世。

②对……深表遗憾 We ***deplored*** their taking drugs. 我们对他们吸毒感到遗憾。

③谴责，指责 The UN ***deplored*** the invasion as a "violation of international law". 联合国谴责这次侵略行为"违反国际法"。

racket /ˈrækɪt/

n. ①喧嚷，吵闹 The boys are making a hell of a ***racket*** downstairs. 楼下的男孩子们太吵了。

②敲诈，非法勾当 They're involved in a drug-smuggling ***racket***. 他们卷进了毒品走私买卖。

③(网球等的)球拍 tennis ***racket*** 网球拍

搭 give away the racket 无意中泄露秘密

resultant /rɪˈzʌltənt/

a. 作为结果的，因而发生的 Her rudeness and the ***resultant*** criticism from her parents made her ashamed. 她没有礼貌结果被父母批评，这使她很羞愧。

spade /speɪd/

n. 锹，铲子；黑桃 Call a ***spade*** a ***spade***. 据实而言。

【归类卡片】纸牌(cards)

黑桃 spade	红心 heart
梅花 club	方块 diamond

wrench /rentʃ/

vt. ①猛拧，猛扭 I managed to ***wrench*** the knife away from him. 我设法从他那里把刀夺了过来。

②挣脱(某人) Tim struggled to ***wrench*** himself free from her grasp. 蒂姆奋力挣脱她的搂抱。

③使扭伤 I ***wrenched*** my ankle by accident. 我不小心把脚踝扭伤了。

n. ①痛苦 He suffered the ***wrench*** of leaving his family in his early days. 他早年就经历了离家的痛苦。

②扳手 a pipe *wrench* 圆管板钳

bolt /bəult/

n. ①螺栓 binding *bolt* 紧固螺栓

②插销，闩 He slammed the door and drove the *bolt* home. 他砰地一声关上门，把插销拴好。

vt. 闩 He *bolted* the door on the inside. 他在里面把门闩上了。

vi. 冲出去 The thief *bolted* when he saw the policeman. 小偷见到警察就一溜烟跑了。

搭 a bolt from/out of the blue 晴天霹雳，意外事件

saw /sɔː/

n. 锯，锯床 a hand *saw* 手锯

vt. 锯 He *sawed* through a power cable by mistake. 他误把电缆给锯断了。

用 区分see的过去式saw。

ax(e) /æks/

【助记】x形似两把交叉的"斧头"

n. 斧子 The heavy *ax* was awkward to use. 这把重斧头不好用。

vt. 削减 750 jobs were *axed* as a result of government spending cuts. 由于政府削减经费，有750人被解雇了。

wedge /wedʒ/

n. 楔(子) Put the *wedge* under the door so that it will stay open. 在门上塞一块楔子，好让门开着。

vt. 把……楔牢，塞进 Cloth *wedged* in the cracks failed to block out the drafts. 塞到缝隙里的布挡不住风。

weld /weld/

vt. ①焊接 They *welded* the pieces of a broken axle. 他们焊接断了的车轴。

②使紧密团结 The crisis helped to *weld* the community together. 这场危机促使整个团体紧密团结起来。

n. 焊接，焊缝 *weld* zone 焊接区

hinge /hɪndʒ/

n. 铰链 The lid of the suitcase had a broken *hinge*, so it doesn't open easily. 手提箱箱盖的铰链坏了，因此不容易打开。

vt. 装上铰链 The back door is not well *hinged*. 后门的铰链安装得不好。

搭 hinge on/upon 依……而定，以……为转移 His political future *hinges on* the outcome of this election. 这次选举结果决定了他的政治前途。

razor /ˈreɪzə/

n. 剃刀 a safety *razor* 安全剃刀

vt. 用剃刀刮去 He *razored* his face clean of his beard. 他用剃刀将脸上的胡须刮干净。

shave /ʃeɪv/

vt. 剃，刮 The nurse washed and *shaved* him. 护士给他洗了脸，刮了胡子。

vi. 刮脸 He *shaves* off his beard every day. 他每天都刮胡子。

n. 刮脸 An electric razor gives a close *shave*. 电动剃刀刮得很干净。

shear /ʃɪə/

vt. ①剪(羊毛、头发等) I wanted to have a new look and all my curls have been *shorn* off. 我想来个新形象，于是满头的卷发都被剪掉了。

②使折断 The left wing had been almost completely *sheared* off. 左翼几乎被折断了。

n. [*pl.*]大剪刀 a pair of *shears* 一把大剪刀

scissors /ˈsɪzəz/

【助记】s+cis(剪)+sors→剪刀

n. 剪刀 She took a pair of *scissors* and cut the string. 她拿了一把剪刀把绳子剪断。

blade /bleɪd/

n. 刀刃 The *blade* needs sharpening. 这刀刃需要磨一磨。

slit /slɪt/

v. 切开，撕开 *slit* cloth into strips 把布撕成细条

n. 细长的裂缝 I covered my eyes with my hands, watching through the *slits* between my fingers. 我用手遮住眼睛，透过手指缝偷看。

trim /trɪm/

vt. ①修剪 *trim* the hedge 修剪树篱 // *trim* one's beard 修胡子

②削减 The bill would *trim* the number of immigrants to the US. 该法案将削减美国接收的移民人数。

③装饰【同 decorate】They *trimmed* the Christmas tree with strings of colored lights. 他们用一串串的彩灯装饰圣诞树。

a. ①苗条的 Walking to work helps her keep *trim*. 走路去上班有助于她保持健美的身材。

②整齐的，整洁的 a *trim* garden 整洁的花园

n. 修剪 The hedge needs a *trim*. 这篱笆需要修整了。

shaft /ʃɑːft/

n. ①柄，杆 The *shaft* of an arrow is made of alloy material. 箭杆是用合金材料制作的。

②(光的)束 *Shafts* of sunlight peeked through the trees. 一束束阳光穿过树林照射进来。

③轴 the propeller *shaft* 传动轴

④竖井 mine *shaft* 矿井

weapon /ˈwepən/

n. 武器，兵器 nuclear *weapons* 核武器 // Their ultimate *weapon* was the threat of an all-out strike. 他们最后的杀手锏是威胁举行大罢工。

派 **weaponry** *n.* (总称)武器

spear /spɪə/

n. 矛，叉 The fisher used a *spear* as his weapon. 渔夫用矛作为武器。

v. 用矛刺，用叉戳 The hunters were *spearing* fish in the stream. 猎人正在小河中叉鱼。

arrow /ˈærəʊ/

n. 箭，箭状物 Time flies like an *arrow*. 光阴似箭。

barrel /ˈbærəl/

【助记】bar(木棒)+rel→用木棒围成的物体→桶

n. ①桶 *barrels* of beer 几桶啤酒

②枪管 double *barrel* 双筒枪

vi. 快速移动 He *barreled* down the road at 90 miles an hour. 他以每小时90英里的速度在公路上疾驰。

bullet /ˈbʊlɪt/

n. 子弹 He was killed by a single *bullet* in the heart. 他被一颗子弹射中心脏而死。

cannon /ˈkænən/

n. 加农炮，大炮；机关炮 The *cannon* shot the town to pieces. 大炮的射击毁了这座城市。

v. (尤指无意的)碰撞 She came running round the corner and *cannoned* into me. 她从拐角处跑过来，撞了我一个满怀。

搭 loose cannon 无法预测的人或事

tank /tæŋk/

n. 油箱，罐，槽；坦克 Water is stored in *tanks* under the roof. 水贮存于屋顶下的水槽中。

派 **think-tank** *n.* 智囊团

missile /ˈmɪsaɪl/

【助记】miss(送)+ile(表物体)→发射物

n. ①导弹 cruise *missile* 巡航导弹

②投射物 The angry soccer fans threw bottles and other *missiles* at each other. 愤怒的球迷互相扔玻璃瓶和其他投掷物。

outbreak /ˈaʊtbreɪk/

【助记】由 break out(爆发)颠倒顺序构成的名词

n. (战争、情感、火山等的)爆发 The *outbreak* of riot caused many people to die. 暴乱的发生使很多人丧生。

emit /ɪˈmɪt/

【助记】e(out)+mit(送)→射出

vt. 发出，射出 The alarm *emits* infrared rays that are used to detect any intruders. 警报器发出的红外线能用来发现任何入侵者。

派 **emission** *n.* 发出；放射物

axis /ˈæksɪs/

n. 轴；基准线 The earth whirls on its *axis*. 地球绕轴自转。

用 该词复数形式为 axes。

rectangle /ˈrektæŋgl/

【助记】rect(直的)+angle(角)→长方形

n. 长方体 He folded his newspaper into a neat *rectangle*. 他将报纸折成一个整整齐齐的长方形。

cube /kjuːb/

n. ①立方体 How many sugar *cubes* do you want in your coffee? 你的咖啡要放多少块方糖？

②立方 The *cube* of 5 is 125. 5的三次方是125。

triangle /ˈtraɪæŋgl/

【助记】tri(三)+angle(角)→三角

n. 三角，三角形 Bermuda *Triangle* 百慕大三角

派 **triangular** *a.* 三角形的；涉及三人的

pyramid /ˈpɪrəmɪd/

n. ①金字塔 One of the seven wonders of the ancient world was the *pyramids*. 金字塔是古代世界的七大奇迹之一。

②锥形建筑，(一堆)棱锥形东西 A *pyramid* of

stones marked the spot. 那个地点用一堆堆成金字塔形状的石头做了标记。

cylinder /ˈsɪlɪndə/

n. ①圆柱体 The string is wound round a cardboard ***cylinder***. 线缠绕在硬纸壳做的卷筒上。

②汽缸 a four-***cylinder*** engine 四汽缸引擎

diameter /daɪˈæmɪtə/

【助记】dia(through)+meter(测量)→通过圆心测量出的长度→直径

n. 直径 The tubes have an internal ***diameter*** of 2mm. 管的内径是2毫米。

radius /ˈreɪdɪəs/

【助记】radi(光线)+us→由中心所发的光能到达的范围→半径范围

n. 半径，半径范围 The police searched all the woods within a six-mile ***radius***. 警察搜索了方圆6英里以内的树林各处。

globe /gləʊb/

n. ①地球，世界 The ***Globe*** brings you the world in a single copy. 一册在手，纵览全球。(《环球》杂志广告)

②地球仪 A terrestrial ***globe*** is one that represents the earth. 地球仪是表现地球的器具。

③球体 The sun looked like an orange ***globe***. 太阳看上去像个橘黄色的球体。

global /ˈgləubəl/

a. ①全球的 The green campaign is a ***global*** phenomenon. 绿色运动是全球性的现象。

②总的 The report takes a ***global*** view of the company's problems. 这份报告全面审视了该公司的各种问题。

派 **globalization** *n.* 全球化

circular /ˈsɜːkjulə/

【助记】circul(圆)+ar→圆形的

a. ①圆形的 Most stadiums are ***circular***. 大多数体育场都是圆形的。

②循环的 a ***circular*** tour 环程旅行

n. 通知 Have you seen that ***circular*** from the new furniture center? 你看到那家新开的家具中心的通告了吗？

雅思真题 They built thousands of ***circular*** stone windbreaks and gardened inside them, and used broken volcanic rocks to keep the soil moist. 他们建造了上千的环形石头防风墙，在其中栽培花木，并用破碎的火山岩保持土壤湿润。

oval /ˈəuvəl/

n. 椭圆形 The playing field is a large ***oval***. 运动场很大，呈椭圆形。

a. 椭圆形的 an ***oval***-shaped box 椭圆形的盒子

loop /luːp/

n. ①圈，环 a safety ***loop*** 保险圈

②(计算机程序中的)回路，循环 major ***loop*** 主循环

v. (使)成环 The river ***loops*** around the city. 河流围绕城市形成环形。

curve /kɜːv/

n. ①曲线 ***Curves*** of different stocks indicate the trend of their rising and declining. 股票曲线(图)显示股票升降的趋势。

②弯曲部，弯曲处 The car stopped at a ***curve*** in the road. 车在路拐弯处停下。

v. (使)弯曲【同 bend】【反 straighten】The road ***curved*** around the bay. 那条路沿海湾呈曲线伸展。// ***curve*** the iron bar 使铁棒弯曲

coil /kɔɪl/

n. ①(一)卷 Hold the ***coil*** of rope in your hand. 握住这卷绳子。

②线圈 the ***coil*** in the light bulb 灯丝

v. 卷，盘绕 The snake ***coiled*** (itself) round the branch. 那蛇盘绕在树枝上。

curl /kɜːl/

n. 鬈发；卷曲，卷曲物 ***Curls*** of hair fell over her shoulders. 她卷发垂肩。

v. ①卷曲 The cat ***curled*** itself up on the rug. 猫蜷缩在地毯上。

②(烟)缭绕 The smoke ***curled*** upwards. 烟雾缭绕上升。

搭 curl up 卷起；(使)蜷曲 The pages had all ***curled up*** at the corners. 书页的角都卷曲了。

reel /riːl/

n. 卷轴，卷筒 a ***reel*** of cotton 一轴棉线

vi. ①蹒跚 ***reel*** like a drunker man 像醉汉似地摇摇晃晃地走着

②眩晕 Numbers make my head *reel*. 数字弄得我头昏脑胀。

vt. (~*in, up*) 卷 The old man slowly *reeled* the fish *in*. 老人慢慢收卷钓丝把鱼钓上来。

搭 reel off 一口气说,重复

dizzy /ˈdɪzɪ/

a. 头晕目眩的 The thin mountain air made some of the climbers feel *dizzy*. 山上稀薄的空气使一些登山者头晕起来。

seam /siːm/

n. ①缝,接缝 A *seam* broke open at the sleeve. 袖子上接缝处裂开了一点。

②煤层 able *seam* 可采矿层

streamline /ˈstriːmlaɪn/

【助记】stream(流)+line(线)→使成流线型

vt. ①使成流线型 Now cars are *streamlined* for speed and beauty. 为了提高速度、增强美观,现在小轿车均采用流线型设计。

②精简 We must *streamline* our production procedures. 我们必须简化生产程序以提高效率。

symmetry /ˈsɪmɪtrɪ/

n. ①对称(性) China's ancient buildings had a special preference for *symmetry*. 中国古代建筑对对称有着特殊的偏好。

②匀称,整齐 We admired the *symmetry* of the painting. 我们很欣赏这幅画的匀称之美。

派 symmetric *a.* 对称的

rope /rəʊp/

n. 绳,索 tie sth. with (a) *rope* 用绳子捆某物

vt. 用绳捆 Make sure you're properly *roped* together before you begin to climb. 爬山之前,要确保你们已经用绳索妥当地系在一起了。

搭 on the ropes 处境十分困难 // rope in 说服

linear /ˈlɪnɪə/

【助记】line(直线)+ar→直线的,线的

a. ①线的,直线的 *linear* design 线条图案

②长度的 *linear* measure 长度单位

③线性的 The pupil made great efforts to work out the *linear* equation. 那个小学生费了九牛二虎之力去解这个一次方程式。

cord /kɔːd/

n. ①(细)绳 He tied up the burglar with thick cord. 他用粗绳子捆住那窃贼。

②[*pl.*]灯心绒裤 He always wears the blue *cords*. 他总是穿着那条蓝色的灯心绒裤。

ribbon /ˈrɪbən/

n. 丝带;(打印机等的)色带 Her hair was tied back with a black silk *ribbon*. 她的头发用黑丝带扎在后面。

knot /nɒt/

n. ①(绳等的)结;木头上的节瘤 Tie a *knot* in the rope. 在绳上打个结。

②一小群聚在一起的人 A *knot* of people stood talking outside the door. 一群人站在门外聊天。

vt. 在……上打结【同 tie】He *knotted* a towel around his neck. 他在脖子上系了条毛巾。

stripe /straɪp/

n. ①条纹 White *stripes* are drawn at the pedestrian's street crossings. 街道的人行横道画上了白色的条纹。

②类型,类别 politicians of all *stripes* 形形色色的政客

派 striped *a.* 有条纹的

strap /stræp/

【助记】皮带(strap)反过来拼就成了部分(parts)

n. 带,皮带 Fasten the *straps* around the case. 用带子把箱子捆牢。

vt. ①用带扣住,束牢 Make sure the passengers are *strapped* to their seats before driving off. 开车前请乘客务必系好安全带。

②用绷带包扎 Keep your leg *strapped* until the wound is better. 把你的腿包扎起来直到伤口好些。

bandage /ˈbændɪdʒ/

n. 绷带 The injured arm was bound by *bandage*. 受伤的手臂用绷带扎起来了。

vt. 用绷带绑扎 After the doctor treated the wound, it was carefully *bandaged*. 医生治疗过后,伤口被仔细包扎起来。

nonetheless /ˌnʌnðəˈles/

ad. 尽管如此 The island is not a popular holiday destination, but is worth considering *nonetheless*. 这个小岛算不上什么热门度假地,但值得考虑。

notwithstanding /ˌnɒtwɪθ'stændɪŋ/

prep. 还是 He was misunderstood ***notwithstanding*** his good intentions. 虽然他的意图是好的，但是仍然被误解了。

ad. 还是 Many people told me not to try, but I went ahead ***notwithstanding***. 很多人都劝我不要尝试，我还是决意去做了。

anyhow /'enɪhaʊ/

ad. ①不管怎么说，无论如何 It was felt that the scandal would damage her reputation but the press reported it ***anyhow***. 大家认为丑闻会败坏她的名声，但不管怎样，新闻界还是对此加以报道了。

②随随便便地 She leaves things just ***anyhow***. 她就是随随便便地乱放东西。

somehow /'sʌmhaʊ/

ad. ①用某种方法 Maybe we could glue it together ***somehow*** or other. 说不定我们会有办法把它给粘起来。

②不知怎么地 ***Somehow*** we lost our way. 不知怎么地我们迷了路。

somewhat /'sʌmwɒt/

ad. 有点 He was ***somewhat*** drowsy at the meeting yesterday. 昨天他在会上有点昏昏欲睡。

anyway /'enɪweɪ/

ad. ①不管怎么说，无论如何 It's just a cold, but you should see the doctor ***anyway***. 你只是感冒了，但无论如何还是应该去看医生。

②不论以何种方式 It seemed as if I couldn't think of the right word ***anyway***. 我似乎怎么也想不出恰当的字眼来了。

whatsoever /ˌwɒtsəʊ'evə/

ad. (用于否定句中以加强语气)任何 She will have no recollection of the incident ***whatsoever***. 对所发生过的事她不会再有任何回忆。

whichever /wɪtʃ'evə/

pron. 无论哪个，无论哪些 Take ***whichever*** you like. 喜欢哪个拿哪个。

a. 无论哪个，无论哪些 ***Whichever*** way you look at it, this is a disastrous news for the shipping industry. 无论你怎么看，对航运业而言，这是骇人听闻的消息。

nowhere /'nəʊweə/

ad. 任何地方都不 ***Nowhere*** else could one find such beautiful scenery. 再也找不到这么美的景色了。

搭 nowhere near 远远不，远不及 // get nowhere 使无进展，使不能成功

hitherto /ˌhɪðə'tuː/

ad. 迄今 The printing press made books available to people ***hitherto*** unable to afford them. 印刷机使以前买不起书的人们能买得起书。

henceforth /ˌhens'fɔːθ/

ad. 从今以后 The Mitsubishi Motors has promised to attach importance to the consumers' needs in China ***henceforth***. 三菱汽车保证从今以后重视中国消费者的需要。

elsewhere /els'weə/

ad. 在别处，到别处 outbreaks of rioting ***elsewhere*** in the region 该地区别处骚乱的爆发

backward(s) /'bækwəd(z)/

【助记】back(后面的)+ward(s)(表方向)→向后的

a. ①向后的 She went without a ***backward*** glance. 她头也不回地走了。

②落后的 The Russian Empire was economically ***backward***. 俄罗斯帝国经济落后。

ad. 向后；倒 Can you say the alphabet ***backwards***? 你能倒背英文字母吗？

搭 know... backward(s) 对……极其熟悉

afterward(s) /'ɑːftəwəd(z)/

ad. 以后 The experience haunted me for years ***afterward(s)***. 那次经历在事后的好几年里都萦绕在我的心头。

downward /'daʊnwəd/

a. 向下的 a ***downward*** slope 下坡

ad. [-s] 下行地 Man struggles upwards; water flows ***downwards***. 人往高处走，水往低处流。

straightforward /ˌstreɪt'fɔːwəd/

【助记】straight(直的)+forward(向前的)→直截了当的→径直的

a. ①径直的 They took a ***straightforward*** route to the beach. 他们取直道去海边。

②正直的，坦率的 a ***straightforward*** answer 坦

率的回答

③易懂的 The directions to the campsite are fairly *straightforward*. 去野营地的行路指引相当简单明了。

inner /ˈɪnə/

a. ①内部的，里面的【反 outer】The label is on the *inner* side of the box. 标签贴在盒子内侧。

②内心的 Yoga gives Sally a sense of *inner* calm. 瑜伽使萨莉感到内心平静。

outward /ˈaʊtwəd/

【助记】out(外面)+ward(表方向)→向外

a. 外表的 *Outward* calm can usually hide inward anxiety. 外表的冷静通常能掩盖内心的焦虑。

ad. [-s]向外 Suburbs are exploding *outward*. 市郊正在向外迅速扩展。

派 **outwardly** *ad.* 表面上

clockwise /ˈklɒkwaɪz/

【助记】clock(时钟)+wise→顺时针方向的

ad./a. 顺时针方向地/的 Turn the lid *clockwise* if you want to fasten it tightly. 如果你想把盖子旋紧，就按顺时针方向拧。// Gently swing your left arm in a *clockwise* direction. 按顺时针方向轻轻摆动你的左臂。

派 **anticlockwise** [英] / **counterclockwise** [美] *ad./a.* 逆时针方向地/的

upper /ˈʌpə/

a. 上面的，较高的 He has a scar on his *upper* lip. 他的上唇有一道疤痕。// *Upper* House 参议院

overhead /ˌəʊvəˈhed/ *ad./a.* /ˈəʊvəhed/ *n.*

【助记】over(above)+head(头)→在头顶上

ad. 在头顶上 The plane flew *overhead*. 飞机在头顶上飞。

a. 在头顶上的，架空的 an *overhead* railway 高架铁路

n. [常 *pl.*]经常费用 Heavy *overheads* reduced his profits. 经费开支大因而减少了他的利润。

beneath /bɪˈniːθ/

prep. ①在……下面 Shall we rest in the shade *beneath* these trees? 我们在树荫下休息一会儿好吗？

②(地位等)低于 A captain is *beneath* a major. 上尉低于少校。

③在……掩盖下 The earth lay *beneath* a blanket of snow. 大地被厚厚的白雪覆盖。

④连……也不值得 *beneath* notice 不值得注意的

ad. 在下方 the heaven above and the earth *beneath* 天上和地下

underneath /ˌʌndəˈniːθ/

prep. 在……下面 *Underneath* his rather severe manner, he is really very kind-hearted. 虽然他举止很严厉，其实他很仁慈。

ad. 在下面 They looked down from the bridge at the water *underneath*. 他们从桥上观看桥下的水。

n. 底部 The *underneath* of the car was covered with rust. 汽车底部锈迹斑斑。

underground /ˈʌndəgraʊnd/

a. ①地(面)下的 an *underground* car park 地下停车场

②秘密的 an *underground* terrorist organization 地下恐怖组织

ad. 在地(面)下；秘密地 go *underground* 转入地下，隐匿

n. 地铁；地下组织 I always seem to get lost in the *underground*. 在地铁站里我好像总是迷路。

Lesson 33

词根词缀表

pos(it) 放，置	posture *n.* 姿势	mechan 机器	mechanic *n.* 技工
opt 视力	optical *a.* 视觉的	turb 扰乱	turbine *n.* 涡轮机
micro- 微	microphone *n.* 扩音器	lev 升，举	elevator *n.* 电梯

spouse /spaʊz/

n. 配偶 In 70% of the households surveyed, both ***spouses*** went out to work. 在调查的家庭中，有70%的家庭是夫妻双方都外出工作的。

widow /ˈwɪdəʊ/

n. 寡妇 She got a ***widow's*** pension. 她领取了孤孀抚恤金。

mate /meɪt/

n. ①伙伴 He always goes to the pub with his ***mates*** on Friday night. 星期五晚上他常和同伴一起去酒吧。

②配偶 The male hunts for food while his ***mate*** guards the nest. 雌性动物守巢时，雄性动物猎食。

v. (使)成为配偶 I will not ***mate*** with him. 我不要和他结合。

twin /twɪn/

n. 双胞胎之一 Many people thought they were ***twins***. 许多人以为他们是双胞胎。

a. 孪生的，成双的 I always confuse him with his ***twin*** brother. 我总分不清他和他的孪生兄弟。

infant /ˈɪnfənt/

n. 婴儿 The ***infant*** began to cry. 婴儿开始哭叫。

a. ①婴儿的 ***infant*** formula milk 婴儿配方奶

②幼稚的，初期的 ***infant*** industries 新兴产业

派 **infancy** *n.* 幼年期；初期

kid /kɪd/

n. 小孩 Tell that ***kid*** to stop making so much noise. 告诉那孩子别再弄出这么大声。

v. (与……)开玩笑 I'm not ***kidding***. I'm serious. 我不是开玩笑。我是认真的。

nursery /ˈnɜːsərɪ/

【助记】nurse（看护）+ry（表场所）→看护小孩的场所→托儿所

n. ①托儿所 a night ***nursery*** 夜间托儿所

②苗圃 I'm going to the ***nursery/nurseries*** in Hampton to buy some plants. 我准备到汉普敦的苗圃去买些花草。

posture /ˈpɒstʃə/

【助记】pos(放)+ture→摆放的样子→姿势

n. ①姿势 sitting ***posture*** 坐姿

②看法，态度 an uncompromising ***posture*** 毫不妥协的态度

vi. ①摆出姿势 Stop ***posturing*** in front of that mirror and listen to me. 别对着那面镜子摆姿势了，听我的吧。

②装模作样 ***posture*** as a music lover 装作音乐爱好者的样子

stoop /stuːp/

vi. ①弯腰 She ***stooped*** and hugged the little dog. 她弯下腰去，抱起小狗。

②(~to)堕落到 I think he'd never ***stoop to*** stealing. 我认为他不至堕落到偷窃的地步。

n. 弯腰 My grandfather walks with a ***stoop***. 我爷爷走路时弓着背。

lick /lɪk/

v. ①舔 She ***licked*** the honey off the spoon. 她舔光了调羹上的蜂蜜。

②打败 I think we could ***lick*** the best teams there. 我想我们能打败那儿最好的队。

③(波浪)轻拍 The waves ***lick*** at the seawall. 波浪轻轻地拍打海堤。

n. ①舔 One last ***lick*** and the milk was gone. 剩奶最后被一舔而光。

②少量,少许 He hasn't got a *lick* of common sense. 他没有一丁点儿常识。

suck /sʌk/

v. ①吸,吮 Plants *suck* up moisture from the soil. 植物从土壤中吸取水分。// a baby *sucking* at its mother's breast 在妈妈怀里吃奶的婴儿

②以强大吸力吞没 The boat was *sucked* down into the whirlpool. 船被漩涡吞没了。

n. 吸,啜,吮 a *suck* of wine 一口酒

搭 suck up 奉承,拍马屁 He's always *sucking up* to the boss. 他总是拍老板的马屁。

雅思真题 The problem of the hull being *sucked* back downwards into the mud was overcome by using 12 hydraulic jacks. 使用12台液压起重机解决了船体被向下吸回泥土的问题。

sip /sɪp/

v. 小口地喝 John was *sipping* brandy in peace. 约翰悠闲地喝着白兰地。

n. 小口喝,一小口的量 She took another *sip* of her tea. 她又啜了一小口茶。

spit /spɪt/

vi. 吐唾沫(或痰) It's rude to *spit* in public. 在公共场合随便吐痰是不礼貌的。

vt. 吐出 *spit* blood 吐血

n. 唾液 Mary's *spit* flew as she spoke. 玛丽说话时唾液四溅。

搭 spit out 厉声说出 He *spat out* an insult in some foreign language. 他用某种外语恶狠狠地骂着粗话。

用 过去式、过去分词 spat/spit。

yawn /jɔːn/

vi. 打呵欠 He closed the book, *yawned*, and went to bed. 他合起书,打了个呵欠,然后上床睡觉了。

n. 呵欠 I gave a loud *yawn*, but he just kept on talking. 我大声打了个呵欠,可他还是讲下去。

doze /dəuz/

vi. 瞌睡 He quietly left his mother *dozing* by the fire. 他悄悄离开了在火炉旁昏昏欲睡的母亲。

n. 瞌睡 I had a *doze* on the train. 我在火车上打了个盹儿。

搭 doze off 打盹儿 The film was so boring that I *dozed off* in the middle of it. 那部影片很乏味,我看了一半便打起瞌睡来了。

nap /næp/

n. 小睡,打盹 After a refreshing *nap* he was again his own man. 爽快地睡过一觉后,他又恢复精神了。

vi. 小睡,打盹 The old man *napped* on the cane chair. 那位老人在藤椅上打了个盹儿。

搭 take/have a nap 打盹,小睡片刻

choke /tʃəuk/

【助记】喝可乐(coke)给呛着(choke)了

v. ①(使)窒息,呛 There were chain-smokers in the office and the smoke almost *choked* me. 办公室里有人一支接一支地抽着烟,我被呛得几乎窒息。// He *choked* to death on a fish bone. 他被一根鱼刺噎死了。

②塞满,堵塞 The roads were *choked* with traffic. 几条马路都塞车了。

搭 choke back 忍住,抑制 // choke up (因激动等)说不出话来

perfume /ˈpɜːfjuːm/

n. 香水,香气 "Chanel NO. 5" is a very expensive French *perfume*. "香奈儿5号"是非常昂贵的法国香水。

vt. ①使充满芳香 The roses *perfumed* the air. 玫瑰花芳香四溢。

②洒香水于 He *perfumed* himself with Eau de Cologne. 他身上洒了古龙水。

用 在身上擦香水,要用 wear,如:She is wearing perfume today. (她今天擦了香水。)

fragrant /ˈfreɪgrənt/

a. ①香的,芬芳的 I ran through the cool and *fragrant* woods in the morning and got refreshed. 清晨我跑过清凉、散发着香气的树林,感到心旷神怡。

②令人愉快的 *fragrant* memories 甜美的回忆

派 **fragrance** *n.* 芳香;香水

scent /sent/

n. ①香味,气味 *Scents* of lavender and rosemary can relieve tension. 薰衣草和迷迭香的香味可以减缓精神紧张。

②踪迹，线索 We are on the *scent* of an important discovery. 我们已掌握了一条可能导致重要发现的线索。

③香水 She dabbed herself with *scent*. 她在自己身上擦了点香水。

vt. ①嗅到，嗅出……的气味 The dog *scented* a rabbit and ran off after it. 狗嗅到了一只兔子便追了上去。

②察觉 We *scented* danger and decided to leave. 我们觉察到危险，便决定离开。

odo(u)r /'əʊdə/

n. 气味 Arabs like to wear perfume and the *odor* is very strong. 阿拉伯人喜欢擦气味很浓的香水。

foul /faʊl/

a. ①难闻的 *foul* smell 恶臭的气味

②糟透了的 It's a *foul* night tonight; it's pouring with rain, with thundering and lightning. 今夜大雨倾盆，电闪雷鸣，天气坏极了。

③污浊的 He opened the window to let out the *foul* air. 他打开窗户，放出污浊的空气。

④下流的 *foul* language/tongue 下流话

⑤恶劣的，邪恶的 *foul* deed 恶劣的行为

vt. ①(比赛中)对……犯规 Smith ran into Jones and *fouled* him. 史密斯冲到琼斯身上，犯了规。

②弄脏，污染 The dog's *fouled* the path. 狗弄脏了小径。

n. (比赛中的)犯规 *foul* line 犯规线，罚球线

搭 foul up 把……搞乱 Glen completely *fouled up* the seating arrangements. 格伦把座位安排完全搞乱了。

sour /saʊə/

a. ①酸的【反 sweet】Lemons have a *sour* taste. 柠檬有股酸味。

②馊的 The milk had gone *sour*. 牛奶已经馊了。

③乖戾的 She really looks *sour* this morning. 她今天上午脾气的确有些坏。

v. ①(使)变酸 The hot weather has *soured* the milk. 炎热的天气使牛奶变酸了。// Milk *sours* quickly in warm weather. 牛奶在温暖的天气下会很快变质。

②(使)变得乖戾 Mental misery *soured* her disposition. 精神上的痛苦使她性情变得乖戾。// Her temper has *soured* after giving birth. 生产后，她的脾气变得暴躁了。

puff /pʌf/

v. ①喘气 Mason *puffed* and panted up the stairs. 梅森气喘吁吁地爬楼梯。

②吸/喷(烟等) Richard lit another cigarette and *puffed* smoke toward the ceiling. 理查德点上另一支烟，将烟雾喷向天花板。// *puff* at/on a cigar 抽一根雪茄烟

n. ①(烟、气等的)一缕 a *puff* of breeze 一阵微风

②吸，抽(烟) a *puff* at a cigarette 吸一口香烟

③松饼 cheese/cream *puff* 奶酪/奶油松饼

gasp /gɑːsp/

v. ①喘气，倒抽气 I came out of the water and *gasped* for breath. 我钻出水面，急切地喘了口气。// The audience *gasped* at the splendor of the costumes. 如此华丽的服装令观众们惊叹不已。

②喘着气说出 The excited boy *gasped* the news. 那个激动的男孩喘着气说出了这个消息。

n. 喘气，倒抽气 With a *gasp* of pure horror, Stormgren jumped up and ran. 斯托姆格伦吓得倒吸了一口气，跳起来就跑。

pant /pænt/

v. ①气喘吁吁地说 The old man was *panting* when he reached the top of the mountain. 那个老人到达山顶时喘息不止。

②(~*for*)渴望 He was *panting for* a chance to speak. 他渴望得到发言的机会。

n. 喘气 breathe in short *pants* 气喘吁吁

optical /'ɒptɪkəl/

【助记】opt(视力)+ical→视觉的

a. ①光(学)的 *optical* instruments 光学仪器

②眼的 an *optical* defect 视觉缺陷

③视觉的 I thought I saw a ghost but it was just an *optical* illusion. 我以为我看见鬼了，其实只是一种幻觉。

eyesight /'aɪsaɪt/

【助记】eye(眼睛)+sight(视力)→视力

n. 视力 She has poor *eyesight*. 她视力差。

deaf /def/

a. ①聋的 Early education is very important for *deaf* children to learn to speak. 早期教育对

聋儿学习说话非常重要。

②不愿听的 He was *deaf* to all advice. 他不听一切劝告。

搭 turn a deaf ear 不愿听，充耳不闻

audio /ˈɔːdɪəʊ/

a. 听觉的，声频的 *audio* and video equipment 视听设备

auditorium /ˌɔːdɪˈtɔːrɪəm/

【助记】audit(听)+or(表人)+ium(表地点)→听众席

n. ①观众席，听众席 The stage is thrust forward into the *auditorium*. 舞台向前突出，伸入观众席。

②礼堂 The *auditorium* seats 3,000 people. 这个礼堂可坐3000人。

amplifier /ˈæmplɪfaɪə/

n. 放大器，扩音器 Plug the guitar into this *amplifier*. 把吉他接到这个扬声器上。

microphone /ˈmaɪkrəfəʊn/

n. 扩音器，麦克风 There will be two *microphones* available for the audience. 会有两支给听众用的麦克风。

dumb /dʌm/

a. ①哑的 I was struck *dumb* with astonishment. 我惊讶得说不出话来。

②沉默的 They remained *dumb* at the meeting. 他们在会上保持沉默。

vocal /ˈvəʊkəl/

【助记】voc(声音)+al→发声的

a. ①直言不讳的 a *vocal* critic of the government 对政府直言不讳的批评者

②嗓音的 A cricket's chirps are not *vocal*; they are made by rubbing the legs. 蟋蟀的鸣声不是从嗓子发出的，而是通过摩擦双腿发出来的。

n. [常*pl.*]声乐节目，声乐作品 The album features Jim Boquist on *vocals*. 该唱片收录的是吉姆·博奎斯特的演唱。

howl /haʊl/

v. ①嗥叫，呼啸 Wind *howled* round the house. 风在房子周围呼啸。

②吼叫 The crowd *howled* its displeasure. 人群怒吼着表示不满。

n. ①嗥叫，呼啸 The *howl* of the wind made him restless. 大风的呼啸让他觉得不安。

②吼叫 let out a *howl* of rage 发出怒吼声

hysterical /hɪˈsterɪkəl/

a. 歇斯底里般的 On hearing the news that he was elected senator, he was in *hysterical* laughter. 一听到他当选参议员的消息，他一阵狂笑。

bark /bɑːk/

vi. 吠 A dog started *barking* and lights came on in the house. 一只狗叫了起来，屋子里的灯亮了。

n. ①叫声 The dog gave several fierce *barks*. 狗汪汪地吠了几声。

②树皮 take the *bark* off a tree 剥树皮

hum /hʌm/

v. ①哼曲子 She was *humming* a cheerful tune. 她哼着一首欢快的曲子。

②发嗡嗡声 The refrigerator motor *hummed*. 冰箱的马达嗡嗡地响着。// The bees were *humming* in the garden. 蜜蜂在花园里嗡嗡地叫。

③(~*with*)忙碌 The office was really *humming with* activity. 办公室里工作真的很忙。

n. 嗡嗡声；嘈杂声 the *hum* of insects 昆虫的嗡嗡声 // She heard the *hum* of voices in the house. 她听见了屋子里的嘈杂声。

buzz /bʌz/

vi. ①发出嗡嗡声 Mosquitoes were *buzzing* all around us. 蚊子在我们身边嗡嗡作响。// The machine made a loud *buzzing* noise. 机器发出很大的嗡嗡声。

②(~*around, about*)忙乱 Alice *buzzed around* the kitchen making preparation for the party. 艾丽丝在厨房里忙来忙去为这次宴会做准备。

n. 嗡嗡声；嘈杂的谈话声 A *buzz* of excitement filled the courtroom as the defendant was led in. 被告被带进来时，法庭内充满激动的嘈杂声。

murmur /ˈmɜːmə/

v. ①小声说 He began stroking her hair and gently *murmuring* her name. 他开始抚摸她的头发，喃喃地呼唤她的名字。

②小声抱怨【同 mutter】***murmur*** about/against 对……发牢骚

③(微风、流水等)发出连续而低沉的声音 The wind ***murmured*** through the trees. 风穿过树林发出沙沙声。

n. 小声说;小声抱怨;发出连续而低沉的声音 He accepted the fine without a ***murmur***. 他毫无怨言地接受了罚金。

mutter /ˈmʌtə/

v. ①轻声低语 "I didn't even want to come in the first place," he ***muttered***. "我原来甚至都不想来的,"他嘀咕着说。

②小声抱怨 Some senators ***muttered*** darkly about the threat to national security. 一些议员私下里质疑对国家安全构成的威胁。

n. 轻声低语,小声抱怨 We heard a ***mutter*** of discontent. 我们听到有人窃窃私议表示不满。

sigh /saɪ/

n. 叹息(声) She breathed a ***sigh*** of relief. 她宽慰地舒了一口气。

vi. 叹息 Elderly people often ***sigh*** for the bygone days. 老人经常叹息消逝的年华。

roar /rɔː/

vi. ①咆哮,吼叫 We heard a lion ***roar***. 我们听到一声狮吼。

②轰鸣 The engine ***roared*** on. 引擎轰隆隆地响个不停。

vt. 大声喊出 ***roar*** denials 大声否认

n. 咆哮声;轰鸣声 the ***roar*** of the traffic 来往车辆的轰鸣声

whistle /ˈwɪsl/

vi. ①吹口哨 The boy was ***whistling*** cheerfully. 那个男孩愉快地吹着口哨。

②呼啸而过 The wind ***whistled*** through the buildings. 风从建筑物之间呼啸而过。

n. ①哨子,汽笛 a police/steam ***whistle*** 警笛/汽笛

②口哨声 The dog came to his ***whistle***. 狗听到他的哨声走来了。

gossip /ˈɡɒsɪp/

n. ①流言飞语 You shouldn't listen to idle ***gossip***. 你不应听信无聊的传言。

②爱说长道短的人 She is an old ***gossip***. 她是一个长舌妇。

vi. 说长道短 She was ***gossiping*** with her friend about the boss's love life. 她正同朋友闲聊老板的爱情生活。

machinery /məˈʃiːnərɪ/

【助记】machine(机器)+ry→机器,机械

n. [总称]机器,机械 Many products are made by ***machinery*** rather than by hand. 许多产品是机器造的而不是手工做的。

mechanical /mɪˈkænɪkəl/

a. ①机械的 The flight has been cancelled due to ***mechanical*** failure. 因为机械故障,航班已经被取消。

②力学的 He borrowed a ***mechanical*** book from me. 他从我这儿借了一本力学方面的书。

③机械似的,呆板的 The superstar was asked the same question so many times that the answer became ***mechanical***. 人们向这位明星问了太多同样的问题,所以他的答案也是千篇一律。

mechanic /mɪˈkænɪk/

【助记】mechan(机器)+ic(表人)→机修工→技工

n. ①技工 The garage ***mechanic*** found a crack in the back axle of the car. 汽车修理厂的机修工发现汽车的后车轴上有一条裂缝。

②[-s]力学 computational ***mechanics*** 计算力学

③[*pl.*](制作或操作的)过程 The ***mechanics*** of staging a play are very complicated. 排演话剧的过程很复杂。

mechanism /ˈmekənɪzm/

n. ①机械装置 The watch made in Switzerland works well. The ***mechanisms*** must be very special. 这块瑞士产的表走得很好,它的装置一定很特别。

②机制 A ***mechanism*** which regulates the stock market should be set up. 一个调控股票市场的机制应该建立起来。

③办法 There's no ***mechanism*** for changing the decision. 没有办法改变这一决定。

派 **mechanics** ***n.*** 机械制造学;结构 // **mechanise/-ize** ***v.*** 使机械化

lever /ˈliːvə/

【助记】lev(举起)+er(表物)→杠杆

n. ①杆,杠杆 He is repairing the brake ***lever*** of an automobile. 他正在修理汽车的刹车杆。

②途径，工具，手段 Rich countries use foreign aid as a ***lever*** to achieve political aims. 富裕国家用对外援助来达到其政治目的。

vt. （用杠杆）撬动 She ***levered*** the lid off the pot with a screwdriver. 她用螺丝刀把罐子的盖子撬开。

rod /rɒd/

n. 杆，棒 I bought a new fishing ***rod*** last Saturday. 上周六我新买了一个鱼杆。

turbine /ˈtɜːbaɪn/

【助记】turb（扰乱）+ine→用于搅拌的机器→涡轮机

n. 涡轮机，汽轮机 The gas ***turbine*** feeds on the fuel it pumps. 燃气轮机以它所抽入的燃料为能源。

technician /tekˈnɪʃən/

【助记】technic（技术）+ian（表人）→技术员

n. 技术员，技师 Mary is training to be a hospital ***technician***. 玛丽正在接受培训，准备成为一名医务技师。

electrician /ɪˌlekˈtrɪʃən/

【助记】electric（电的）+ian（表人）→电工

n. 电工 We need an ***electrician*** to sort out the wiring. 我们需要电工来处理线路问题。

electron /ɪˈlektrɒn/

n. 电子 an ***electron*** tube 电子管

词源 古希腊人注意到，如果把琥珀（古希腊语 elektron）和布拿来摩擦，琥珀就会吸住小羽毛或纸屑等，因为产生了静电。英语 electric“电的”即由此而来。electron 就是由 electric 的词根 electr 加上后缀 ***-on*** 构成。

fuse /fjuːz/

n. ①保险丝 It seems that you've blown a ***fuse***. 看样子你把保险丝烧断了。

②导火线，导火索 He struck a match and ignited the ***fuse***. 他划了根火柴，点着了导火索。

v. ①熔合，合并 He ***fused*** the two pieces of wire together. 他把那两根金属丝熔合在一起。// The egg and sperm ***fuse*** together as one cell. 卵子和精子结合成为一个细胞。

②因保险丝熔断而中断工作 The lights have ***fused***. 电灯因保险丝断了而熄灭。

派 **fusion** ***n.*** 融合，熔合

bulb /bʌlb/

n. ①电灯泡 Coloured ***bulbs*** flashed on and off around the sign. 标牌周围闪烁着彩灯。

②球状物 the ***bulb*** of the eye 眼球

generator /ˈdʒenəreɪtə/

【助记】gener（产生）+ator→产生电的东西→发电机

n. 发电机 The factory's emergency ***generators*** were used during the power cut. 工厂的应急发电机在停电期间用上了。

elevator /ˈelɪveɪtə/

【助记】e（out）+lev（举）+ator→举起→电梯

n. 电梯 The ***elevator*** broke down and we had to walk up the tenth floor. 电梯坏了，我们只好走到十楼。

battery /ˈbætərɪ/

n. ①电池 Cell phones use rechargeable ***batteries***. 手机使用充电电池。

②排炮 the ***battery*** in the army 军队中的炮组、炮兵连

③一系列 a ***battery*** of questions 一连串的质问

laptop /ˈlæptɒp/

n. 便携式电脑 I need an Internet cable for my ***laptop***. 我需要一条笔记本电脑的网线。

keyboard /ˈkiːbɔːd/

【助记】key（键）+board（板）→键盘

n. 键盘 On the ***keyboard*** of life, always keep one finger on the escape key. 在生活的键盘上，始终要把一个手指按在“退出”键上。

web /web/

n. ①网 We were caught in a tangled ***web*** of relationships. 我们陷入了错综复杂的人际关系网。

②网络 surf the ***Web*** 网上冲浪

Internet /ˈɪntənet/

n. [***the~***]因特网 surf ***the Internet*** 上网

e-mail /ˈiːmeɪl/

n. 电子信函 Reading ***e-mail*** has become the first task of the morning. 阅读电子邮件已成为早上要做的第一件事。

vt. 给……发电子信函 Please ***e-mail*** it to me, if

you can. 如果可以的话,请用电子邮件传给我。

network /ˈnetwɜːk/

【助记】net(网)+work→网络

n. ①网状物 A *network* of railways has spread over the province. 铁路网已遍布全省。

②广播网 a radio *network* 无线电广播网

③网络 convenient *network* of public transportation 方便的公共交通网络

log /lɒg/

【助记】Blog是web log(网络日志)的缩写

n. ①原木 The cabin was built of *logs*. 这小屋是用原木建造的。

②航海(或飞行)日志 The captain described the accident in the ship's *log*. 船长在航海日志中描述了这次事故。

vt. 正式记录 By mid-July the INS had *logged* only 72 applications. 到7月中旬为止,移民归化局正式记录在案的申请仅为72个。

搭 log in/out 进入/退出计算机系统

fax /fæks/

n. 传真 We receive a *fax* of the order this morning. 我们今天上午收到一份传真订单。

vt. 传真传输 Please *fax* me the layout for the new catalogue. 请把新目录的版面设计传真给我。

cable /ˈkeɪbl/

n. ①缆绳 a steel *cable* 一条钢索

②电缆 A number of *cables* are needed in this project. 这项工程需要大量电缆。

③电报 We have already advised you by *cable*. 我们已去电通知你方。

vt. 给……发电报 Mother *cabled* her son to come immediately. 母亲打电报给儿子要他立刻回来。

robot /ˈrəʊbɒt/

n. 机器人 Chinese industry is making increasing use of *robots*. 中国的工业正越来越多地应用机器人。

词源 1920年捷克剧作家恰彼克(Capek)在一部科学幻想剧中想象有一种机器人来代替人类做苦工。他根据意为“工作,苦工”的捷克语单词robota创造出robot一词来指“机器人”。

empire /ˈempaɪə/

n. 帝国 The Age of the *Empire* 帝国时代

emperor /ˈempərə/

n. 皇帝 The *emperor* was a tyrant. 那皇帝是个暴君。

hierarchy /ˈhaɪrɑːkɪ/

n. ①等级制度 The Supreme Court is the head of a *hierarchy* of federal courts. 最高法院是联邦法院等级系统中的最高机构。

②统治集团 It's not as if he was very important in the company *hierarchy*. 他在公司的领导层中似乎无多大权力。

派 hierarchical *a.* 等级制度的,等级森严的

prince /prɪns/

n. 王子,亲王 In former times parts of India were ruled by *princes*. 从前印度的一些地区由许多王公统治。

royal /ˈrɔɪəl/

a. 王室的 The *royal* family consists of the king and queen and their relations. 王族家庭由国王、王后以及他们的亲属组成。

royalty /ˈrɔɪəltɪ/

n. ①王族(成员) People have special interest in *royalty*. 人们对王室有着特殊的兴趣。

②[常*pl.*]版税 *royalties* on books 书籍版税

雅思真题 Silk quickly grew into a symbol of status, and originally, only *royalty* were entitled to have clothes made of silk. 丝绸很快成为一种社会地位的象征,最早只有皇室成员才有资格穿丝绸做的衣物。

crown /kraʊn/

n. ①王冠;王权 She says the sovereignty of the *Crown* must be preserved. 她说君主政权必须予以保留。

②(帽子、头或山的)顶部 a hat with a high *crown* 高顶的帽子

vt. ①为……加冕 Juan Carlos was *crowned* king. 胡安·卡洛斯被加冕为国王。

②使圆满完成 The Nobel Prize *crowned* his career as an author. 获取诺贝尔奖使他的写作生涯达到了登峰造极的地步。

throne /θrəʊn/

n. ①御座 We knelt before the ***throne***. 我们在御座前跪下。

②王位，王权 Queen Elizabeth came to the ***throne*** in 1952. 伊丽莎白女王 1952 年即位。

派 **enthrone** ***vt.*** 立……为王

dynasty /ˈdaɪnəstɪ/

n. 王朝 change a ***dynasty*** 改朝换代

kingdom /ˈkɪŋdəm/

【助记】king(国王)+dom(统治)→国王的统治区→王国

n. ①王国 He ruled his ***kingdom*** wisely. 他英明地统治着他的王国。

②领域，界 the animal ***kingdom*** 动物界

oath /əʊθ/

n. ①誓言 Obama took the ***oath*** of office as the 44th President of the United States. 奥巴马宣誓成为美国第 44 任总统。

②咒骂 He shouted ***oaths*** and curses as they took him away. 他们把他带走时，他大声地诅咒谩骂。

搭 on/under oath 在法庭上宣过誓 The evidence was given ***under oath***. 证词在宣誓后提供。

badge /bædʒ/

n. ①徽章 a police ***badge*** 警徽

②标记 ***badge*** punch 标记穿孔

③象征 His gun was a ***badge*** of power for him. 他的枪对他而言是权力的标志。

realm /relm/

n. ①领域，范围 the ***realm*** of science 科学领域 // His ambitions are beyond the ***realms*** of possibility. 他追求的目标完全不可能实现。

②王国 The light music led us into a ***realm*** of peace and pleasure. 轻音乐带领我们进入一个安宁愉悦的王国。

domain /dəˈmeɪn/

【助记】do(做)+main(主要)→我的“地盘”，我做主

n. ①领域【同 field】This problem is outside the ***domain*** of science. 这个问题超出了科学领域之外。

②领地 feudal ***domains*** 封建领地

【辨析】表示“领地”的名词

domain：由某人或政府控制的领地或领土

territory：由某个国家政府所管辖的领土疆域

province /ˈprɒvɪns/

n. ①省 a ***province*** of China 中国的一个省

②领域，范围 Everything to do with our finances is my wife's ***province***. 一切有关钱财的事都由我妻子管。

outskirts /ˈaʊtskɜːts/

n. 外围地区，郊区，郊外 We live on the ***outskirts*** of the city. 我们住在这个城市的郊区。

outer /ˈaʊtə/

a. ①外面的 There are many research stations on the earth in which ***outer*** space is studied. 地球上有许多研究外太空的研究站。

②远离中心的 ***outer*** London 伦敦市郊

vicinity /vɪˈsɪnɪtɪ/

n. 周围地区 The two restaurants in close ***vicinity*** compete violently. 两家邻近餐厅竞争非常激烈。

搭 in the vicinity (of) (在……)附近，(与……)接近 We visited a number of old churches ***in the vicinity***. 我们参观了附近的许多古老的教堂。

sphere /sfɪə/

n. ①球(体) The Earth is not a perfect ***sphere***. 地球并不是一个标准的球体。

②领域 She has a good reputation in scientific ***spheres***. 她在科学领域里声誉很好。

hemisphere /ˈhemɪsfɪə/

【助记】hemi(半)+sphere(球)→半球

n. ①地球的半球 the Northern ***Hemisphere*** 北半球

②大脑半球 brain ***hemispheres*** 大脑的两半球

Lesson 34

词根词缀表

astro, aster 星	astronomy ***n.*** 天文学	**uni-, un-** 一体,一个	unanimous ***a.*** 全体一致的
spac, spat 空间	spacecraft ***n.*** 航天器	**ali** 结盟	coalition ***n.*** 同盟
phon 声音	symphony ***n.*** 交响乐	**pur** 纯洁的	purify ***vt.*** 使纯净
trans- 穿过,横过	transistor ***n.*** 晶体管	**fect** 使;做	perfection ***n.*** 完美

universe /ˈjuːnɪvɜːs/

n. ①宇宙,世界 At that time people believed the earth was the center of the ***universe***. 当时人们相信地球是宇宙的中心。

②(生活、工作等的)活动领域 His family is his whole ***universe***. 家庭就是他的整个天地。

planet /ˈplænɪt/

n. 行星 The ***planets*** move around the sun. 行星绕着太阳转。

satellite /ˈsætəlaɪt/

n. 卫星 The moon is the Earth's ***satellite***. 月球是地球的卫星。

comet /ˈkɒmɪt/

n. 彗星 Halley's ***comet*** is going to come back in 2061. 哈雷彗星将在2061年返回。

astronomy /əˈstrɒnəmɪ/

【助记】astro(星星)+nomy(规律)→研究星星运行的规律→天文学

n. 天文学 As a scientific discipline, ***astronomy*** developed earlier than most other subjects. 作为一门学科,天文学比大部分其他学科发展得早一些。

派 **astronomer** ***n.*** 天文学家 // **astronomical** ***a.*** 天文学的,天体的

cosmic /ˈkɒzmɪk/

a. 宇宙的 ***cosmic*** rays 宇宙射线

galaxy /ˈɡæləksɪ/

n. ①星系;[***the G-***]银河系 There may be millions of worlds in ***the Galaxy***. 银河系中也许有几百万个世界。

②一群 The company has a ***galaxy*** of talent. 该公司拥有一批优秀的人才。

aviation /ˌeɪvɪˈeɪʃən/

【助记】avi(鸟)+ation→"飞机制造业"的想法源于飞鸟

n. ①航空学 At that time ***aviation*** was still in its infancy. 在那时,航空学仍处在萌芽阶段。

②飞机制造业 Ten years ago they began to develop the ***aviation*** industry. 十年前,他们开始发展航空工业。

spacecraft /ˈspeɪskrɑːft/

n. 航天器,宇宙飞船【同 spaceship】Scientists are carefully charting the progress of the ***spacecraft***. 科学家密切跟踪航天器的运行。

用 spacecraft 单复数同形。

module /ˈmɒdjuːl/

n. ①模块 It is very fast to use computation ***module*** to process files. 利用计算模块来处理文档速度很快。

②(航天器的)舱 enclosed ***module*** 密封舱

orbit /ˈɔːbɪt/

n. 轨道 They successfully lofted a spaceship into ***orbit***. 他们成功地将一艘宇宙飞船射入轨道。

v. (绕……)作轨道运行 The earth ***orbits*** the sun every 365.25 days. 地球每365.25天绕太阳轨道运行一圈。// A plane ***orbited*** over the landing field. 有一架飞机在机场上空盘旋。

clip /klɪp/

n. ①夹子，回形针；弹夹 The letters were held together with a paper ***clip***. 信是用一枚回形针夹在一起的。

②剪，修剪 He gave the sheep a close ***clip***. 他把羊的毛剪得很短。

③剪报；电影或电视片断 John tried to go through all the ***clips*** on that event. 约翰想阅读有关那事件的所有剪报。

vt. ①夹住 Please ***clip*** these sheets of paper together. 请用回形针把这些纸张别在一起。

②修剪 The dog's fur was ***clipped*** short for the show. 为参加狗展，狗的毛被剪短了。

③削减 The play was ***clipped*** to three hours. 这出戏被缩短到三小时。

clutch /klʌtʃ/

vi. (~***at***)企图抓住 A drowning man will ***clutch at*** a floating straw. 一个即将被淹死的人会连一根漂浮的稻草也要抓住的。

vt. 抓紧【同 grip】The falling man ***clutched*** the rope. 那个正在坠落的男人紧紧地抓住了绳子。

n. ①离合器 air ***clutch*** 气动离合器

②[常 *pl.*]掌握，控制 She fell into the ***clutches*** of the rebel forces. 她落入了叛军的手中。

③抓紧 I shook myself free of her ***clutch***. 我从她的紧抓中挣脱出来。

pat /pæt/

vt. 轻拍 He ***patted*** my shoulder (=***patted*** me on the shoulder) in a brotherly gesture. 他以兄弟般的友好态度拍了拍我的肩膀。

n. 轻拍 He gave her a reassuring ***pat*** on the shoulder. 他轻拍了一下她的肩膀让她放心。

搭 pat on the back 赞扬，鼓励

flap /flæp/

n. ①片状垂悬物 the ***flap*** of the envelope 信封口盖 // the tent ***flap*** 帐篷的门帘

②飘动，(翅的)振动 the ***flap*** of the sails 船帆的拍动声

③慌乱状态 Everything was going on smoothly; there was no ***flap***. 一切都很顺利，没有出现慌乱现象。

v. ①飘动 The sail ***flapped*** in the wind. 帆在风中飘动。// A gust of wind ***flapped*** the tents. 一阵风吹动帐篷。

②振翅 The bird ***flapped*** (its wings) and flew away. 鸟儿振翅飞去。

slap /slæp/

vt. ①掴，掌击 The girl ***slapped*** the boy in the face. 女孩给了男孩一记耳光。

②啪的一声(用力)放 He ***slapped*** the document down on the desk. 他把文件啪的一声往桌上一扔。

n. 掴，掌击 give sb. a ***slap*** 给某人一记耳光

punch /pʌntʃ/

vt. ①猛击 He ***punched*** the thief on the head. 他一拳狠狠打在小偷的头上。

②穿孔，打孔 The conductor ***punched*** a train ticket. 列车员在火车票上打孔。

n. ①猛击 give sb. a ***punch*** 打某人一拳

②力量，感染力，活力 The speech was OK but it had no real ***punch***. 那个演讲还行，但缺乏感染力。

③穿孔机 hole ***punch*** 打孔器

bang /bæŋ/

n. ①巨响，爆炸声 The door slammed with a loud ***bang***. 门砰的一声关上了。

②猛击，猛撞【同 bump】That was a nasty ***bang*** on the head. 头撞得可不轻。

v. ①猛击 She ***banged*** the phone down. 她把电话啪的一声放下。

②砰地敲，砰砰作响 He ***banged*** his fist on the desk. 他砰地一拳砸在桌子上。// The window ***banged*** shut. 砰地一声窗关上了。

whip /wɪp/

n. 鞭子 He cracked his ***whip*** and the horse leapt forward. 他甩了个响鞭，马儿就奋蹄向前奔去。

v. ①抽打 The wind ***whipped*** their faces. 风猛烈地吹打在他们的脸上。

②猛地移动 The robber ***whipped*** out a knife. 强盗猛地拔出一把刀来。// The thief ***whipped*** round the corner and out of sight. 那个贼一溜烟儿转过街角就看不见了。

③搅打成糊状 Lightly ***whip*** the egg and add them to the mixture. 轻轻搅拌鸡蛋，然后加到混合料中。

pierce /pɪəs/

vt. 刺穿，穿透；穿孔(于) Some earrings are designed for those whose ears aren't ***pierced***.

有些耳环是为耳朵没有穿孔的人而设计的。

shrug /ʃrʌg/

v./n. 耸肩(表示冷漠、怀疑等) ***shrug*** one's shoulder 耸耸肩 // He ***shrugged*** helplessly and said nothing. 他无可奈何地耸耸肩，什么也没说。// The boy gave a slight ***shrug*** and walked away. 那男孩微微耸了耸肩，走开了。

搭 shrug off 对……满不在乎，对……不屑一顾 He ***shrugged off*** the criticism. 他对批评不予理睬。

rip /rɪp/

v. 扯破 ***rip*** the poster off the wall 把海报从墙上撕下来 // Lightening ***ripped*** the cloudy night sky. 闪电划破了乌云密布的夜空。

n. 裂口，裂缝 The jeans look fashionable with a ***rip*** in the left knee. 这牛仔裤左膝有一条裂缝看上去很时髦。

stab /stæb/

vt. 刺，戳 He was ***stabbed*** to death in a racist attack. 他遭种族主义者的袭击，被刺死了。

n. 刺，戳 I found a ***stab*** wound on his leg. 我在他的腿上发现一处刺伤。

搭 stab in the back 背后中伤，背叛

sting /stɪŋ/

vi. ①刺，蜇 Bees do not normally ***sting*** without being provoked. 如果没有人惹它，蜜蜂通常是不蜇人的。

②感到剧痛 Chopping onions makes my eyes ***sting***. 我们眼睛因为切洋葱辣得很痛。

vt. ①刺，蜇 He was ***stung*** by a jellyfish. 他被水母蜇伤了。

②刺痛 The antiseptic might ***sting*** a little. 这种消毒剂可能会引起点刺痛。

③激怒 Lathan was ***stung*** by the senator's harsh criticism. 来森因受到参议员的严厉批评感到气愤。

n. (昆虫的)蜇刺；刺(痛) the ***sting*** of the wind/smoke 风刮/烟熏的刺痛

用 过去式、过去分词 stung。

thrust /θrʌst/

v. ①挤，推，插 She ***thrust*** a letter into my hand. 她在我手上塞了一封信。

②(*~at*)戳，刺 He ***thrust at*** his opponent with his sword. 他用剑刺向对手。

n. ①戳，刺 a home ***thrust*** 打中要害的一击

②要点，要旨 The main ***thrust*** of her argument was that the education system still wanted improvement. 她的主要论点是教育制度仍需改进。

③(飞机、火箭等发动机的)推力，驱动力 It provides the ***thrust*** that makes the craft move forward. 它提供了飞机前进所需的推力。

用 过去式、过去分词 thrust。

shove /ʃʌv/

vt. ①乱推，挤 He ***shoved*** his way through the crowd to the front of the platform. 他从人群中挤到讲台前。

②乱塞，随意放 Don't ***shove*** the newspapers and magazines everywhere. 不要把报纸和杂志随意到处乱放。

vi. 用力推，挤 Everyone was pushing and ***shoving*** to get on the bus. 大家推推撞撞地挤公共汽车。

搭 shove off 动身，离开

heave /hiːv/

vt. ①举起，提起 I ***heaved*** the heavy box up the steps. 我用力把这个重箱子搬上楼梯。

②发出(叹息、呻吟等) We ***heaved*** a sigh of relief when she went out, leaving us in peace. 她出去后我们才得以安宁，大家都松了一口气。

vi. ①(*~at, on*)举起 The sailors all ***heaved on*** the rope in the storm. 暴风雨中，水手们都用力拽住缆绳。

②(有节奏地)起伏 His chest ***heaved*** after the race, breathing heavily. 赛跑之后，他喘着粗气，胸部不停地起伏。

③呕吐 He ***heaved*** up after drinking too much. 他酒喝得太多，呕吐了。

n. 举起 With a mighty ***heave*** he lifted the sack onto the truck. 他用劲一举，把大麻袋扔到卡车上。

poke /pəʊk/

v. ①戳，捅 He ***poked*** the snake with a stick. 他用树枝戳了戳这条蛇。

②伸出，突出 Passengers are not allowed to ***poke*** their heads out of the windows when the bus is moving. 公共汽车开动时，乘客不要将头伸出窗外。// Weeds had started ***poking*** through the cracks in the path. 杂草已开始从小径的缝隙中钻出来。

n. 戳，捅 He gave me a playful *poke* in the ribs. 他开玩笑地在我的肋骨上戳了一下。

搭 poke about/around 搜索，探问 // poke one's nose into 探问，干预 // poke fun at 拿……开玩笑，取笑 Some of the kids were *poking fun at* Judy because of the way she dressed. 一些孩子正在取笑朱迪的穿着。

pinch /pɪntʃ/

v. ①捏，掐 Mum, he *pinched* me! 妈妈，他掐我！

②夹痛 These shoes are too tight; they *pinch* (my toes). 这鞋子太紧，它们夹疼了我的脚。

n. ①捏 He gave her a spiteful *pinch*. 他恶意地捏她一下。

②(一)撮，微量 a *pinch* of salt 一撮盐

搭 at/in a pinch 必要时，在紧急关头 // feel the pinch 感到手头拮据

lash /læʃ/

v. ①(用绳索等)将……系牢 The oars were *lashed* to the sides of the boat. 桨拴系在船的两侧。

②鞭打 He *lashed* the horse cruelly. 他残暴地鞭打那匹马。

③猛烈抨击 The article *lashed* out at social injustice. 这篇文章猛烈抨击社会上的不公平现象。

n. ①鞭打；鞭梢 They were each given fifty *lashes*. 他们每人挨了50鞭。

②眼睫毛【同 eyelash】long *lashes* 长长的睫毛

搭 lash out (at) 猛烈抨击

slam /slæm/

vt. ①砰地关闭(门或窗) In a sudden burst of anger, I *slammed* the door. 一怒之下，我砰地把门关上。

②砰地放下 *slam* the telephone down 啪地挂了电话

③猛烈抨击 The film was *slammed* by many reviewers. 这部电影受到许多评论者的猛烈抨击。

vi. ①(门、窗等)砰地关上 The door *slammed*. 门砰地关上了。

②猛烈撞击 The plane *slammed* into the building after losing an engine shortly after take-off. 飞机起飞后不久便失去一个引擎，猛地撞到那栋建筑物上。

n. 砰的一声 The door shut with a *slam*. 门砰的一声关上了。

snap /snæp/

vi. ①喀嚓折断 A branch *snapped* off the tree in the wind. 大风中一根树枝啪地从树上断落。

②(~*at*)猛咬 Your dog *snapped at* me. 你的狗咬了我。

③(~*at*)厉声说话，怒声责骂 She was all the more inclined to *snap at* Hall. 她真想痛痛快快地骂霍尔几句。

n. ①吧嗒声 with a *snap* 啪地一下子，突然

②快照 holiday *snaps* 假日快照

a. 仓促的 You needn't make a *snap* decision. 你不必匆忙做决定。

搭 snap out of 迅速从……中恢复过来 // snap up 抢购；抢先弄到手 The cheapest goods were soon *snapped up*. 最便宜的货物很快就被抢购一空。

派 snapshot *n.* 快照

fracture /ˈfræktʃə/

【助记】fract(破裂)+ure→裂缝，裂痕

v. (使)断裂 He fell and *fractured* his upper arm. 他跌了跤，并且折断了上臂。

n. 裂缝 A *fracture* in any part of the body can be very serious in elderly people. 老年人身体的任何部位发生骨折都有可能成为严重疾患。

brittle /ˈbrɪtl/

a. ①易碎的 The branches were dry and *brittle*. 那些树枝干而易断。

②脆弱的，靠不住的 a *brittle* promise 靠不住的诺言 // a *brittle* friendship 不牢固的友谊

③冷淡的；(声音)尖利的 a *brittle* laugh 冷笑

harassment /ˈhærəsmənt/

n. ①骚扰，扰乱 sexual *harassment* 性骚扰

②烦恼，烦乱 She suffered from divorce depression and *harassment* by online rumors about her allegedly irregular financial dealings. 她饱受离婚抑郁症困扰，而且网上盛传她涉嫌非法金融交易的传闻也让她非常苦恼。

orchestra /ˈɔːkɪstrə/

n. 管弦乐队 the London Symphony *Orchestra* 伦敦交响乐团

band /bænd/

n. ①管乐队 He plays saxophone in a little-known jazz *band*. 他在一个不知名的爵士乐队里吹萨克斯管。

②群,伙 a *band* of robbers 一伙强盗

③带,箍 a *band* of ribbon for the hair 扎头发的缎带

④条纹 There are orange *bands* around the snake's back. 这条蛇的背部有橙色条纹。

⑤波段 Press FM or AM to select the desired *band* and turn on the radio. 按 FM 或 AM 选择所要的波段并打开收音机。

vt. 用带绑扎 The boy *banded* the dog's neck with a yellow string. 男孩把一条黄绳绑在狗脖子上。

symphony /ˈsɪmfənɪ/

【助记】sym(共同)+phon(声音)+y→奏出共同的声音→交响乐

n. ①交响乐 The orchestra will debut her new *symphony*. 这个管弦乐队将演奏她那首新推出的交响曲。

②和谐 In the fall the woods is a *symphony* in red, brown and yellow. 在秋天,这些树林呈现一片和谐的红色、棕色和黄色。

jazz /dʒæz/

n. 爵士乐 Do you like listening to *jazz*? 你喜欢听爵士音乐吗?

melody /ˈmelədɪ/

n. ①旋律 The *melody* of Beethoven's music has very unique style. 贝多芬音乐作品的旋律具有独特的风格。

②悦耳的音乐 The success of the popular composer depends on his *melody*. 这位深受人们喜爱的作曲家的成功在于他谱写的优美的音乐。

chorus /ˈkɔːrəs/

n. ①合唱队;合唱 a mixed *chorus* 男女合唱

②副歌 Sing the last *chorus* again. 把最后的副歌再唱一遍。

③齐声 a *chorus* of praise 一片赞扬声

vt. 齐声说 The papers all *chorused* the praises of the positive suggestions of the government. 各报不约而同地颂扬政府积极性的建议。

搭 in chorus 一齐,共同

solo /ˈsəʊləʊ/

a. 单独的,单独进行的 I made my first *solo* flight. 我第一次做了单人飞行。

n. 独奏,独唱,独舞 The concert began with a piano *solo*. 音乐会以钢琴独奏曲拉开序幕。

派 **soloist** *n.* 独唱者,独奏者

stereo /ˈsterɪəʊ/

【助记】stere(立方米)+o→立体的;立体声的

a. 立体声的 Nowadays most electronic audio systems are in *stereo*. 现今大部分的电子音频系统都是立体声的。

n. 立体声(装置) *stereo* tape 立体声录音带

tempo /ˈtempəʊ/

n. 速度;节奏 Quick *tempo* and big noise make me dislike rock music. 由于节奏快、噪音大,我不喜欢摇滚乐。// The *tempo* of life in a modern city is very quick. 现代都市生活的节奏很快。

pitch /pɪtʃ/

n. ①球场 The crowd invaded the *pitch* at the end of the match. 比赛结束时人群涌入球场。

②程度 Disagreement reached such a *pitch* that we thought a fight would break out. 意见分歧达到如此程度,我们以为会争吵起来。

③音高 concert *pitch* [乐]音乐会的音高

④沥青 They used *pitch* to cover roofs. 他们用沥青涂盖屋顶。

vt. ①投掷 As the pitcher in a baseball game, it is important to *pitch* the ball well. 棒球赛中投手把球投好至关重要。

②使猛然倒下 The carriage overturned and the passengers were *pitched* out. 车子翻了,乘客们被摔了出去。

③(用某种方式或水平)表达 He *pitched* his speech so that even the children could understand. 他带着一种特殊的表情讲话,以便孩子们也能听懂。

④定调 He decided to *pitch* the song in a lower key. 他决定把歌曲的调子定得低一些。

⑤架设,搭(帐篷) We often *pitch* a tent outside in summer. 夏天,我们常在外面搭帐篷。

vi. ①猛然倒下 His foot caught in a rock and he *pitched* forward. 他的脚被石头绊了一下,身子朝前倒下。

②(船、飞机)颠簸 The ship *pitched* in the storm. 船在风暴中颠簸。

搭 pitch in 协力,做出贡献 If we all *pitch in*, we'll have it finished in no time. 如果我们齐心协力,很快就能把工作做完。

rhythm /ˈrɪðəm/

n. 节奏 You need to feel the ***rhythm*** of the music in order to dance properly. 跳舞要跳得好，你就得感觉音乐的节奏。

ballet /ˈbæleɪ/

n. 芭蕾舞；芭蕾舞团 A ***ballet*** dancer may wear out four pairs of shoes in a single performance. 一名芭蕾舞演员在一场演出中也许会穿坏四双鞋。

opera /ˈɒpərə/

n. 歌剧 The ***opera*** is mainly adapted from local music. 这部歌剧主要根据当地音乐改编。

pop /pɒp/

vi. ①突然出现 He seem to ***pop*** up in the most unlikely place. 他往往出现在最不可能出现的地方。

②发出砰的响声 The door ***popped*** open. 砰的一声，门开了。

n. 流行音乐 The radio station plays ***pop***. 广播电台在播放流行音乐。

rehearse /rɪˈhɜːs/

vi. 排练，排演 They ***rehearse*** regularly and give periodic concerts. 他们定期排练，定期开音乐会。

vt. ①排练 In most cases, actors ***rehearse*** their parts. 在大多数情况下，演员要排演他们的角色。

②反复讲述 She ***rehearsed*** everything that happened in the park this morning. 她一遍遍地讲述今天上午在公园中发生的一切事情。

climax /ˈklaɪmæks/

n. 高潮 The story reached the ***climax*** in the last chapter. 在最后一章，故事达到了高潮。

drum /drʌm/

n. 鼓；桶 The beats of the ***drum*** were steady and slow. 鼓声平稳而缓慢。

v. 有节奏地敲击 The rain is ***drumming*** against the window. 雨点滴滴答答地打在窗上。

搭 drum up 竭力争取(支持)，招揽(生意等) We managed to ***drum up*** support for the idea. 我们尽力争取人们对这一想法的支持。

trumpet /ˈtrʌmpɪt/

【助记】trump(喇叭)+et(小)→喇叭，小号

n. 喇叭，小号 blow one's own ***trumpet*** 自吹自擂

vt. 大声宣告 Their marriage was ***trumpeted*** as the society wedding of the year. 他们的联姻被宣扬成当年的豪门良缘。

horn /hɔːn/

n. ①角 The young goat was just beginning to grow ***horns***. 这只小山羊刚开始长角。

②喇叭 The driver blew her ***horn*** when the child stepped in front of the car. 当那小孩走到汽车前面时，司机按响了喇叭。

派 **horned** ***a.*** 有角的

violin /ˌvaɪəˈlɪn/

n. 小提琴 The ***violin*** is not quite in tune with the piano. 这小提琴跟钢琴的调子不太和谐。

guitar /gɪˈtɑː/

n. 吉他 electrical ***guitar*** 电吉他

recorder /rɪˈkɔːdə/

n. ①录音机 Cassette tape ***recorders*** are out of date now. 现在，盒式磁带录音机过时了。

②记录装置 a cashier's ***recorder*** 出纳现金记录器

派 **recorded** ***a.*** 已记录的

cassette /kəˈset/

n. 盒式录音带 He inserted a ***cassette*** into the machine. 他把一盒磁带放入机器中。

disc/disk /dɪsk/

n. 圆盘；磁盘，光盘 The master ***disk*** can be duplicated as many times as required. 母盘可以无限次数地被复制。

transistor /trænˈzɪstə/

【助记】trans(across)+ist+or(物)→让传输信号穿过→晶体管

n. 晶体管，晶体管收音机 a ***transistor*** radio 晶体管收音机

studio /ˈstjuːdɪəʊ/

n. ①画室，摄影室 Some of Hollywood's leading ***studios*** are interested in signing her. 好莱坞的一些主要电影制片厂有意要和她签约。

②播音室，录音室 The band performed raggedly because they were nervous to be in a recording ***studio***. 乐队表现得一塌糊涂，因为他们一进录音棚就紧张。

stationery /ˈsteɪʃənərɪ/

n. ①文具 I took my ***stationery*** the first thing reporting for duty there. 在那里报到上班时我做的第一件事就是领文具。

②(配套的)信笺信封 hotel ***stationery*** 旅馆的信笺信封

notebook /ˈnəutbuk/

【助记】note(笔记)+book(簿册)→笔记簿

n. 笔记簿 I keep track of my expenses in a ***notebook***. 我在笔记本上记录我的开销。

pad /pæd/

n. ①垫，衬垫 Put a clean ***pad*** of cotton over the wound. 在伤口上垫一块干净的棉花团。

②便笺本 a writing ***pad*** 便笺簿

③(火箭)发射台 The helicopter was hovering above the ***pad***. 直升机在发射台上空盘旋。

vt. 填塞 The quilt was ***padded*** with goose down. 被子里充的是鹅绒。

vi. (放轻脚步)走 The dog ***padded*** along the road. 狗沿着马路轻轻走去。

album /ˈælbəm/

n. 相册 I keep the photographs in an ***album***. 我把照片放在相册里。

briefcase /ˈbri:fkeɪs/

【助记】brief(简短的)+case(容器)→公文包

n. 公文包 put the files into the ***briefcase*** 把文件装进公文包

【归类卡片】各种箱包

briefcase 公文包	suitcase 手提箱
trunk 旅行箱	safe 保险箱
handbag 手提包	shoulder bag 有肩带的女包
wallet 皮夹	purse 零钱包

purse /pɜ:s/

n. 钱包 The thief grabbed the ***purse*** and ran away. 贼猛地一把抓住钱包逃跑了。

portfolio /pɔ:tˈfəulɪəu/

n. ①文件夹，公事包 He went through drawer after drawer and eventually searched out a dusty ***portfolio***. 他一个一个抽屉查找,后来终于找出了一份沾满灰尘的文件夹。

②作品选辑 The artist showed us a ***portfolio*** of her drawings. 艺术家给我们展示了她的绘画作品选辑。

③有价证券组合 Ted was advised to diversify his ***portfolio***. 有人建议特德将投资组合多元化。

④部长职务 She resigned her ***portfolio***. 她辞去了部长职务。

glue /glu:/

n. 胶水 dry ***glue*** 干胶

vt. 胶合 It's no use tying it; you have to ***glue*** it. 捆它没用,你必须用胶把它粘上。

搭 glued to 不愿离开，盯住不放 His eyes were ***glued to*** the television. 他的眼睛老是盯着电视。

paste /peɪst/

n. 糊，浆糊 tooth ***paste*** 牙膏 // Mother mixed the flour and water to a smooth ***paste***. 妈妈把面和水和成细润的面团。

vt. 粘 Please ***paste*** these sheets of paper together. 请把这几张纸粘在一起。

unanimous /ju:ˈnænɪməs/

a. 全体一致的 People were ***unanimous*** in support of the peace effort. 人们一致支持为和平所做的努力。

coalition /ˌkəuəˈlɪʃən/

【助记】co(共同)+ali(结盟)+tion→联合

n. 同盟；结合 They didn't rule out ***coalition*** with the Social Democrats. 他们不排除与社会民主党人结盟的可能性。

membership /ˈmembəʃɪp/

【助记】member(会员)+ship(表关系)→会员资格

n. ①会员身份 You have to apply for ***membership*** to the golf club if you want to play golf. 如果你想打高尔夫球，你得向高尔夫球俱乐部申请会籍。

②全体会员 The ***membership*** voted to change the rules. 全体会员投票赞成修改规章。

accessory /əkˈsesərɪ/

n. ①附件，零件 car ***accessories*** 汽车附件

②[常 *pl.*]装饰品 Ladies like wearing ***accessories*** such as diamond rings, necklaces and earrings. 女士喜欢戴钻戒、项链、耳环之类的首饰。

③同谋 an ***accessory*** to murder 谋杀的帮凶、同谋

bond /bɒnd/

n. ①联结，联系 Common interests formed a

bond between us. 共同的利益把我们联系在一起。

②公债,债券 He put all his money into stock market ***bonds***. 他把所有的钱都投在上市债券上。

③契约，盟约 enter into a ***bond*** with sb. 与某人订契约

④黏结 Use superglue to form a strong ***bond*** on wood. 用强力胶将木头牢固地黏合起来。

v. (使)黏合 These two different materials won't ***bond*** together. 这两种不同材料粘合不起来。// ***bond*** wood to metal 把木料粘在金属上

blend /blend/

v. (使)混和;(使)交融 Oil and water do not ***blend***. 油和水不能融合。// ***blend*** grace and strength 揉合优美和力量

n. 混合物；混和 His manner was a ***blend*** of friendliness and respect. 他的态度是友好中带有尊敬。

mixture /ˈmɪkstʃə/

【助记】mix(混合)+ture(表状态)→混合

n. 混合；混合物 The city was a ***mixture*** of old and new buildings. 该市是新旧建筑物的混合体。

purify /ˈpjʊərɪfaɪ/

【助记】pur(pure)+i+fy(使)→使纯净

vt. ①使纯净，提纯 This liquid is ***purified*** by passing it through charcoal. 这种液体经炭过滤后得到了净化。

②使纯洁 The endless lea will ***purify*** your thought. 一望无际的草原会净化你的思想。

派 **purity** *n.* 纯洁,纯净

filter /ˈfɪltə/

n. 过滤器 cigarette ***filter*** 香烟过滤嘴

vt. 过滤，滤除 All drinking water must be ***filtered***. 饮用水都必须过滤净化。

vi. ①透(过) Sunlight ***filtered*** in through the thin curtains. 阳光透过薄薄的窗帘射进来。

②(消息等)走漏 The news of the defeat started to ***filter*** through. 战败的消息开始传出来。

distil(l) /dɪˈstɪl/

vt. ①蒸馏，用蒸馏法提取(去除) The Scots have ***distilled*** whisky for centuries. 苏格兰人用蒸馏法制威士忌已有数百年的历史。

②提炼，浓缩 ***distill*** the meaning of a poem 提炼出诗中的含义

派 **distillation** *n.* 蒸馏,蒸馏法

sheer /ʃɪə/

a. ①完全的【同 pure】Success is not achieved by ***sheer*** luck. 成功不是完全靠运气取得。

②陡峭的【同 steep】***sheer*** cliff 陡峭的悬崖

③(尼龙、丝绸等)很薄的，几乎透明的 ***sheer*** stockings 透明长筒丝袜

ad. 陡峭地 The rock rises ***sheer*** from the water. 崖石矗立水面。

vi. (~*off*, *away*)急转向 The boat ***sheered away*** and headed out to sea again. 这艘船突然掉头，又驶向大海。

wholly /ˈhəʊlɪ/

ad. 完全地 They don't ***wholly*** agree with you. 他们不完全同意你的意见。

perfection /pəˈfekʃən/

n. 完美 She played the music to ***perfection***. 她把这支乐曲演奏得十分完美。

搭 to perfection 完美地

intact /ɪnˈtækt/

【助记】in(not)+tact(接触)→未经触动的→完整无缺的

a. 完整无缺的 The package arrived ***intact***. 包裹完好无损地送到了。

tuck /tʌk/

vt. ①把(衬衫、餐巾等)的边塞到下面(或里面) ***Tuck*** your trousers into your boots. 把你的裤脚塞进靴子里。

②把……夹入，把……藏入 A bird usually ***tucks*** its head under its wing when it sleeps. 鸟在休息时通常把头缩进翅膀下。

n. (衣服等的)褶,裥

搭 tuck away 把……藏起来;大吃 // tuck in 痛快地吃;给……盖好被子;把……塞好 // tuck up 给……盖好被子 He ***tucked*** the children ***up*** in bed and said goodnight. 他帮孩子们盖好被子并向他们道晚安。

tug /tʌg/

vi. 用力拖(或拉) We ***tugged*** the cart behind us. 我们用力拖身后的手推车。

n. ①拖船 The ***tug*** will lead the liner into the harbor. 拖船将把那艘客轮引入港口。

②猛拉 I felt a ***tug*** at my sleeve. 我觉得袖子被猛拉了一下。

Lesson 35

词根词缀表

nomin 名字	nominal ***a.*** 名义上的	**optim** 最好的	optimum ***a.*** 最合适的
sign 标记	signature ***n.*** 签名	**gra(t)** 愉悦的	congratulation ***n.*** 祝贺
scope 看	telescope ***n.*** 望远镜	**retro-** 回	retrospect ***n.*** 回顾
pend 悬挂	pendulum ***n.*** 钟摆	**-less** 无/不……的	reckless ***a.*** 鲁莽的

attendant /ə'tendənt/

n. 服务人员 a flight ***attendant*** 客机上的乘务员

a. 随之而产生的 One of the ***attendant*** difficulties is lack of sleep. 随之而来的困难之一是睡眠不足。

barber /'bɑːbə/

n. 理发师 Go to the ***barber*** sometime. You need a haircut. 找个时间去理发厅吧！你头发该修剪了。

chef /ʃef/

n. (餐馆等的)厨师长，厨师 He is one of the top ***chefs*** in Britain. 他是英国最好的厨师之一。

porter /'pɔːtə/

【助记】port(拿，运)+er→搬运工人

n. ①搬运工人 The ***porter*** will carry your luggage to your room. 搬运工会把你的行李搬到你的房间去。

②看门人 The hotel ***porter*** will call a taxi for you. 旅馆的门卫会给你叫计程车。

operator /'ɒpəreɪtə/

n. ①话务员 Dial 100 and ask for the ***operator***. 请拨100找接线员。

②操作员 I am a computer ***operator***. 我是一名计算机操作人员。

typist /'taɪpɪst/

n. 打字员 Dave has set his cap at the new ***typist***. 戴维在追求新来的打字员。

click /klɪk/

v. ①(使)发出咔哒声 The door ***clicked*** shut. 门咔哒一声关上了。

②点击 For more information, please ***click*** here. 想得到更多信息，请点击此处。

n. 咔哒声 the ***click*** of a clock 钟的咔哒声

tick /tɪk/

n. ①滴答声 He sat listening to the ***tick*** of the grandfather clock. 他坐着倾听那个落地式大摆钟的滴答声。

②勾号 The teacher put a ***tick*** against the numbers that were correct. 老师在正确的数字旁打上了勾。

vi. 作滴答声 The clock on the wall ***ticked*** loudly. 墙上的钟滴答作响。

vt. 用记号标出 She ***ticked*** off the items on the memo. 她在备忘录上的项目作了记号。

搭 tick away/by (时间一分一秒地)过去

dot /dɒt/

n. 点，小圆点 The ship became a mere ***dot*** on the horizon. 船在远处的地平线上成了一个小点。

vt. ①打点于 Wet spots of rain began to ***dot*** his shirt. 雨点开始在他的衬衫上留下斑斑点点的印记。

②散布于，点缀 The company now has over 20 stores ***dotted*** about the country. 该公司现拥有遍布全国的二十多家商店。

雅思真题 Most stepwells are found ***dotted*** around the desert areas of Gujarat (where they are called vav) and Rajasthan (where they are known as baori), while a few also survive in Delhi. 大多数阶梯井散布在古拉吉特邦(在此处名为"vav")和拉贾斯坦邦(在此处名为"baori")的沙漠地带，还有少数阶梯井也分布在德里。

dial /ˈdaɪəl/

n. 钟面，标度盘，拨号盘 **dial** keys 拨号键

vt. 打电话给，拨（号） I've **dialed** the number so many times that I know it by heart. 这个号码我拨了很多次，都记住了。

directory /dɪˈrektərɪ/

【助记】direct(指引)+ory(物)→指引人们查询的东西→人名地址录

n. 人名地址录，（电话）号码簿 You can find the telephone number and address of any company in the **directory**. 在电话簿上可以找到任何公司的电话号码和地址。

surname /ˈsɜːneɪm/

n. 姓 On marriage some women take their husband's **surname**. 一些女性结婚后随夫姓。

nominal /ˈnɒmɪnəl/

【助记】nomin(名字)+al→名义上的

a. ①名义上的 The King was only the **nominal** head of the state. 国王只是这个国家名义上的元首。

②很少的 Our firm charges only a **nominal** fee for the service. 我们公司只收取极少的服务费。

③名词性的 a **nominal** group 一组名词

namely /ˈneɪmlɪ/

ad. 即，也就是 There are three colours in the French flag, **namely** red, white, and blue. 法国国旗有3种颜色，即红色、白色和蓝色。

nickname /ˈnɪkneɪm/

【助记】nick(小)+name(名字)→小名→绰号

n. 绰号 She called me by my **nickname**. 她叫我的外号。

vt. 给……起绰号 They **nicknamed** him "Lofty" because he was so tall. 因他个子很高，他们给他起了个绰号叫"高个儿"。

signature /ˈsɪgnətʃə/

【助记】sign(记号)+ature(表行为)→在文件上做记号→签名

n. 签名 The boy faked his father's **signature**. 那个男孩伪造了他父亲的签名。

anonymous /əˈnɒnɪməs/

【助记】an(without)+onym(名字)+ous→匿名的

a. ①匿名的 an **anonymous** letter 一封匿名信

②无特色的 an **anonymous** building 毫无特色的建筑物

so-called /ˌsəʊˈkɔːld/

a. 所谓的 The **so-called** experts couldn't tell us what was wrong. 那些所谓的专家无法告诉我们出了什么问题。

microscope /ˈmaɪkrəskəʊp/

【助记】micro(small)+scope(看)→使小的东西被看到→显微镜

n. 显微镜 Germs can only be seen with the aid of a **microscope**. 只有借助显微镜才看得见细菌。

telescope /ˈtelɪskəʊp/

【助记】tele(远)+scope(看)→望远镜

n. 望远镜 He looked through his **telescope** at the approaching ship. 他透过望远镜看着驶近的轮船。

lens /lenz/

n. 透镜，镜片 Don't smear the **lens**; I've just polished it. 别把镜头弄脏了，我刚刚擦过。

spiral /ˈspaɪərəl/

a. 螺旋的 A snail's shell is **spiral** in form. 蜗牛壳是螺旋形的。

n. 螺线，螺旋状的物体 A spring is a **spiral**. 弹簧是螺旋形的物体。

vi. ①盘旋上升（或下降） The smoke **spiral(l)ed** up. 那股烟袅袅上升。

②不断急剧地上升（或下降） Prices are **spiraling** out of control. 物价飞涨，失去控制。

zigzag /ˈzɪgzæg/

n. 之字形线条（小径等） The lightning made a **zigzag** in the sky. 闪电在天空划了一道之字形。

a. 之字形的 a **zigzag** route 之字形的路线

vi. 作之字形行进 The drunken man **zigzagged** down the street. 那醉鬼东倒西歪地沿街走去。

pendulum /ˈpendjʊləm/

【助记】pend(悬挂)+ulum→悬挂的物体→钟摆

n. ①钟摆 The **pendulum** of the Big Ben has to be cleaned every year. 大本钟的钟摆得每年清洗。

②摇摆不定的事态 The political **pendulum** has swung in favour of the liberals. 政治的钟摆

已经摆向了自由派。

hover /ˈhɒvə/

vi. ①翱翔，盘旋 Some birds ***hover*** when they look for animals to kill on the ground. 有些鸟在寻杀地上的动物时，会在空中盘旋。

②徘徊，犹豫 Judith was ***hovering*** in the doorway. 朱迪丝在门口徘徊。

slope /sləʊp/

n. ①斜坡，斜面 To slide down the grassy ***slope*** is of as much fun as skiing. 坡地滑草和滑雪一样有趣。

②倾斜，斜度 the ***slope*** of a roof 屋顶的斜度

v. (使)倾斜 The pleasant lawn ***sloped*** down gradually towards the sea. 那片宜人的草坪缓缓下斜，伸向大海。

tilt /tɪlt/

v. (使)倾斜 Suddenly the boat ***tilted*** to one side. 突然船向一侧倾斜。// During a conversation, he likes to ***tilt*** his head forward to show he is very attentive. 和人谈话的时候，他喜欢把头往前倾，表明他很专注。

n. 倾斜 The table is at a slight ***tilt***. 桌子有点倾斜。

搭 at full tilt 全速地，全力地

supersonic /ˌsuːpəˈsɒnɪk/

【助记】super(超级)+sonic(音速的)→超音速的

a. 超声的，超音速的 Nowadays it is hard to find a large civil airliner that is not ***supersonic***. 现在要找到一架不是超音速的大型民用客机很难。

swift /swɪft/

a. ①迅速的 a ***swift*** reply 迅速的回复

②敏捷的 He is ***swift*** to hear, but slow to speak. 他听力敏锐，但不善言辞。

velocity /vɪˈlɒsɪtɪ/

n. 速度，速率 A bullet goes from the gun with a ***velocity*** of 3,000 feet a second. 子弹以每秒 3000 英尺的速度从枪里射出。

superb /sjuːˈpɜːb/

a. 极好的，高质量的 The sports facilities here are ***superb***. 这里的运动设施是一流的。

optimum /ˈɒptɪməm/

【助记】opti(最好)+mum(表最高级)→最有希望的状态→最合适的

a. 最合适的 Make sure the fridge is kept at the ***optimum*** temperature. 注意让冰箱保持在最佳温度。

> **雅思真题** For instance, crops would be produced all year round, as they would be kept in artificially controlled, ***optimum*** growing conditions. 例如，可以整年生产作物，因为它们生长在人工控制的理想环境中。

toxic /ˈtɒksɪk/

a. 有毒的 This medicine is ***toxic*** if taken in large quantities. 这种药若大量服用是有毒的。

cocaine /kəʊˈkeɪn/

n. 可卡因 It is easy to get addicted to ***cocaine***. 可卡因容易使人上瘾。

fertilizer/-iser /ˈfɜːtɪlaɪzə/

n. 肥料 Most golf courses use large amounts of chemical poison and ***fertilizers***. 大多数高尔夫球场使用大量的化学毒药和化肥。

vice /vaɪs/

n. ①缺点 Drunkenness is his sole ***vice***. 酗酒是他唯一的缺点。

②邪恶(行为)，恶行 Greed is a terrible ***vice***. 贪婪是一种恶习。

派 viciousness *n.* 恶意；险恶

vicious /ˈvɪʃəs/

a. ①恶毒的，凶残的 ***Vicious*** thugs attacked an elderly man. 歹徒们袭击了一个老大爷。

②剧烈的 a ***vicious*** headache 剧烈的头痛

malignant /məˈlɪgnənt/

【助记】mali(badly)+gn(产生)+ant→恶性的

a. ①(肿瘤、疾病等)恶性的 a ***malignant*** disease 恶性的疾病

②恶毒的 Moby Dick is used as a symbol of all the ***malignant*** forces in the world. 大白鲸莫比·狄克被用来作为世上一切邪恶力量的象征。

mischief /ˈmɪstʃɪf/

n. ①恶作剧 What ***mischief*** are you up to? 你在搞什么鬼?

②淘气，调皮 Her brown eyes glimmered with ***mischief***. 她的眼睛里闪着调皮的神情。

③损害 The storm did much ***mischief*** to the

crops. 那次暴风雨对农作物造成了重大损害。

搭 get into mischief 胡闹，捣蛋

派 **mischievous** *a.* 恶作剧的

wicked /ˈwɪkɪd/

a. ①邪恶的 The *wicked* fairy bewitched the prince and turned him into a frog. 邪恶的女妖对王子施魔法，将他变成了一只青蛙。

②淘气的 a *wicked* grin 调皮的笑

honey /ˈhʌnɪ/

n. ①蜂蜜；甜蜜 He spread some *honey* on his bread. 他在面包上抹了一些蜂蜜。

②[常作爱称]亲爱的 Gee, *honey*, that's a swell dress you've got on! 哎呀，亲爱的，你穿的衣服真漂亮！

lover /ˈlʌvə/

n. ①爱好者 music *lovers* 音乐爱好者

②情人 She's taken a new *lover*. 她有了新的情人。

romance /rəʊˈmæns/

n. ①恋爱 There's *romance* in the air between her and Mike. 她和麦克之间有点谈恋爱的意思。

②浪漫气氛 the *romance* of life in the Wild West 西部蛮荒生活的浪漫情调

③爱情小说 The film *Roman Holiday* is a *romance* between a princess and a journalist. 电影《罗马假日》讲的是一位公主和一名记者的爱情故事。

romantic /rəʊˈmæntɪk/

a. ①浪漫的 a *romantic* adventure 浪漫的经历

②有浪漫色彩的 Candlelight creates a *romantic* atmosphere. 烛光营造出浪漫的气氛。

③不切实际的 She has *romantic* notions about becoming a famous actress. 她心里充满幻想，总希望有一天成为著名演员。

glamo(u)r /ˈglæmə/

n. 魅力 Now that she's an air hostess, foreign travel has lost its *glamour* for her. 她是一名空姐，到国外旅行对她已失去了诱惑力。

pub /pʌb/

n. 酒吧 The server is introducing the *pub*. 侍者正在介绍这家酒吧。

dilute /daɪˈlu:t/

【助记】di(分开)+lute(冲洗)→稀释

vt. 稀释，冲淡 The nurse *diluted* the drug with saline water. 护士用生理盐水把药加以稀释。

a. 稀释的 in *dilute* solution 在稀释的溶液里

saline /ˈseɪlaɪn/

a. 含盐的，咸的 *saline* solution 盐溶液

n. 生理盐水 a *saline* drip 生理盐水滴注器

alcohol /ˈælkəhɒl/

n. 酒精 The doctor told me to keep off *alcohol*. 医生叫我滴酒不沾。

派 **alcoholic** *a.* 酒精的 *n.* 酗酒者

liquor /ˈlɪkə/

n. 酒，烈性酒 She drinks wine and beer but no *liquor*. 她喝葡萄酒和啤酒，但不喝烈性酒。

whisk(e)y /ˈwɪskɪ/

n. 威士忌酒 straight *whisky* 纯威士忌酒

drunk /drʌŋk/

a. ①(酒)醉的 He was dead *drunk*. 他烂醉如泥。

②陶醉的 *drunk* with happiness 高兴得忘乎所以

sober /ˈsəubə/

【助记】sob(哭泣)+er→别哭泣了，要冷静→清醒的

a. ①未醉的，清醒的 as *sober* as a judge 完全清醒的

②严肃的 He is a *sober*, thoughtful and intelligent guy. 他是一个严肃、思维缜密的聪明人。

③(颜色等)素淡的 a *sober* gray suit 一套朴素的灰色西服

vt. (~*up*)(使)醒酒，使清醒 I need a black coffee to *sober* me *up*. 我需要一杯黑咖啡醒酒。

beverage /ˈbevərɪdʒ/

【助记】bever(喝)+age→喝的东西→饮料

n. 饮料 cooling *beverages* 清凉饮料

coke /kəuk/

n. ①[*C*~]可乐 Regular fries and a large *Coke*, please. 请来一份普通装薯条和一大杯可乐。

②焦炭 *Coke* is an economical fuel but it leaves a lot of ash. 焦炭是一种经济燃料，可是燃烧后剩下很多灰。

v. (使)成焦炭 Petroleum oils *coke* after distillation. 石油经过蒸馏炼焦了。

soda /ˈsəʊdə/

n. ①苏打水，汽水 orange *soda* 桔子汽水 // I'd like my whisky with just a drop of *soda*. 我想要在威士忌酒里加一点点苏打水。

②碳酸钠 baking *soda* 小苏打

cigar /sɪˈɡɑː/

n. 雪茄烟 His *cigar* glowed in the darkened room. 他的雪茄在黑暗的房间里闪着火光。

congratulation /kənˌɡrætʃʊˈleɪʃən/

n. [*pl.*]贺词；祝贺 I send you my warmest *congratulations* on/upon your success. 我对你的成功致以最热烈的祝贺。

improvement /ɪmˈpruːvmənt/

n. 改进，改进处 On my term papers, teachers always used to write "room for *improvement*". 在我的学期论文里，老师总是批道："尚需改进"。

progressive /prəˈɡresɪv/

【助记】pro(forward)+gress(行走)+ive→前进的

a. ①先进的 This is a very *progressive* firm that uses the most modern systems. 这家公司采用最现代化的系统，是一家非常先进的公司。

②前进的 History can not hold *progressive* movement. 历史无法阻挡前进的步伐。

③(动词)进行式的 the *progressive* tense/form 进行时/式

invitation /ˌɪnvɪˈteɪʃən/

n. ①邀请 I have an open *invitation* to visit my friend in France. 我在法国的朋友邀请我随时去看他。

②请柬 a letter of *invitation* 邀请函

③吸引，诱惑 Don't leave the windows open—it's an *invitation* to thieves to enter. 不要让窗子开着——那会引诱窃贼进入。

feast /fiːst/

n. ①盛宴 A great *feast* was held in Columbus' honour. 为纪念哥伦布举行了盛大的宴会。

②节日 immovable *feasts* 固定日期节日

v. ①(~*on*)尽情地吃 The children *feasted on* chicken and coconuts. 孩子们尽情地吃着鸡肉和椰子。

②参加宴会，宴请 The king *feasted* his friends. 国王盛宴款待他朋友。

festival /ˈfestəvəl/

n. 节日 the Spring *Festival* 春节

banquet /ˈbæŋkwɪt/

n. 宴会 A *banquet* was given in honor of the visiting President. 为来访的总统举行了宴会。

词源 banquet 原义是 bench"长凳"。古时西方人同坐在长凳上吃喝就算是"宴会"了，出席者一般都有一定的身份，因而 banquet 带有正式和庄重的意味，现多指宴请外国首脑或较正式的公务、商务宴会。

retrospect /ˈretrəspekt/

【助记】retro(backward)+spect(看)→回顾

n. 回顾 a brief historical *retrospect* 简单的历史回顾

搭 in retrospect 回想起来，事后看来 It was, *in retrospect*, the happiest day of her life. 回想起来，那是她一生最幸福的日子。

lantern /ˈlæntən/

n. 灯笼 *Lantern* Festival 元宵节 // There was a *lantern* hanging over the door. 门前吊着一盏灯笼。

torch /tɔːtʃ/

n. ①手电筒 He used a *torch* to see into the dark cupboard. 他用一只手电筒照看黑暗的橱柜。

②火炬，火把 hand on the *torch* 传递火炬

balloon /bəˈluːn/

【助记】ball(球)+oon(表物)→气球

n. 气球 a hot-air *balloon* 热气球 // Matt's joke went down like a lead *balloon*. 大家对马特讲的笑话反应冷淡。

customary /ˈkʌstəmərɪ/

【助记】custom(习惯)+ary→习惯上的

a. 习惯上的 Is it *customary* to tip waiters in your country? 在贵国依照惯例是否该付给服务员小费？

pastime /ˈpɑːstaɪm/

【助记】pas(t)(过去的)+time(时间)→用来使时间过去的活动→消遣

n. 消遣，娱乐 Playing cards is our favorite ***pastime*** when we travel by train. 打牌是我们乘火车旅行时最喜欢的娱乐消遣。

anecdote /ˈænɪkdəʊt/

【助记】an(not)+ec(out)+dote(give)→没有公开的事→轶事

n. 轶事 Pete was telling them an ***anecdote*** about their mother. 皮特正告诉他们一个关于他们母亲的趣闻轶事。

派 **anecdotal** ***a.*** 轶事的，趣闻的

magic /ˈmædʒɪk/

n. ①魔术 ***magic*** trick 魔术戏法

②魔力 The ***magic*** of her voice charmed the audience. 她那歌喉的魅力令观众陶醉。

a. 有魔力的 There is no ***magic*** formula for instant success. 没有立即成功的神方妙法。

派 **magical** ***a.*** 魔术的；不可思议的，迷人的 // **magician** ***n.*** 魔术师

cartoon /kɑːˈtuːn/

【助记】发音："卡通"

n. ①漫画 The ***cartoon*** represented the president as a devil. 这幅漫画把总统画成了魔鬼。

②动画片 ***Cartoon*** brings entertainment to people. 动画片给人们带来娱乐。

puppet /ˈpʌpɪt/

n. 木偶；傀儡 ***puppet*** show/plays 木偶戏 // a ***puppet*** government 傀儡政府

movie /ˈmuːvɪ/

n. ①电影 I've always wanted to work in the ***movies***. 我一直想从事电影业。

②[*the pl.*]电影院 go to ***the movies*** 去看电影

video /ˈvɪdɪəʊ/

n. 录像 The cinema has largely yielded to the home ***video***. 电影业在很大程度上已让位给家庭录像电影。

a. 录像的 a ***video*** camera 摄像机

vt. 制作……的录像 ***Videoing*** students can be a useful teaching exercise. 给学生录像可以成为有用的教学活动。

projector /prəˈdʒektə/

n. 放映机 How long will it take to set up the ***projector***? 把这个放映机安放好需要多长时间？

repertoire /ˈrepətwɑː/

n. (剧团、演员等的)全部节目 That tune is not in my ***repertoire***. 我演出的节目中没有这首曲子。

poster /ˈpəʊstə/

n. 招贴(画)，海报 The lettering on the ***poster*** is very eye-catching. 海报上的字非常醒目。

propaganda /ˌprɒpəˈgændə/

n. 宣传 There has been a good deal of ***propaganda*** about the dangers of drunk driving. 关于酒后驾驶的危害已做过大量宣传。

> **【辨析】表示"宣传"的名词**
>
> propaganda：指对主张、信息等的宣传，有时带有贬义
>
> promotion：宣传、推销，主要针对产品

journalist /ˈdʒɜːnəlɪst/

n. 新闻工作者 The ***journalist*** has handed in her copy. 这个女记者交了稿。

派 **journalism** ***n.*** 新闻业 // **journalistic** ***a.*** 新闻业的，新闻工作者的

journal /ˈdʒɜːnl/

n. ①杂志，日报 ***The Wall Street Journal***《华尔街日报》

②日志 The explorer wrote 100 ***journals*** to take notes of what he had seen every day. 探险家写了100篇日记，记录每日所见。

correspondent /ˌkɒrɪˈspɒndənt/

n. 记者【同 reporter】He volunteered as special ***correspondent*** for the conference. 他自告奋勇当这次会议的特派记者。

spokesman /ˈspəʊksmən/

n. 发言人 The ***spokesman*** announced that the news was cut out of whole cloth. 那位发言人称，这则新闻纯属凭空捏造。

politician /ˌpɒlɪˈtɪʃən/

n. 政治家，政客 ***Politicians*** are busy near election time. 在接近选举的时候政治家们都很忙。

statesman /ˈsteɪtsmən/

n. 国务活动家，政治家 Abraham Lincoln was a great *statesman*. 亚伯拉罕·林肯是一位非常伟大的政治家。

> 【一言辨异】politician, statesman
> A *politician* thinks of the next election. A *statesman*, of the next generation. (James Freeman Clarke) 政客通常考虑的是下次选举，而政治家则想到的是下一代。(詹姆士·弗里曼·克拉克)

repeatedly /rɪˈpiːtɪdlɪ/

ad. 一再 He spotted his reputation by lying *repeatedly*. 他因反复说谎而败坏了自己的名声。

repetition /ˌrepɪˈtɪʃən/

n. 重复 *Repetition* does not transform a lie into a truth. 重复不能把谎言变成真理。

派 repetitive *a.* 重复的，反复的

recipient /rɪˈsɪpɪənt/

【助记】re+cip(拿)+ient(人)→收下别人拿来的东西的人→接收者

n. 接受者，接收者 A trifling gift may have value in the eyes of the *recipient*. 礼物虽微薄，受者却可能十分珍视它。

acceptance /əkˈseptəns/

n. ①接受 Please confirm your *acceptance* of this offer in writing. 请书面确认你接受这项建议。

②承认 The idea rapidly gained *acceptance* in scientific circles. 这一想法很快得到了科学界的认可。

③容忍 I was impressed by his calm *acceptance* of whatever comes his way. 他对任何事情的从容接纳给我留下很深的印象。

派 acceptable *a.* 可接受的，合意的

circus /ˈsɜːkəs/

n. ①马戏，马戏团 *Circus* animals playing tricks of all types are among the children's favorite programs. 马戏团的动物表演是孩子们最喜爱的节目之一。

②喧闹的场面 The first day of school is always such a *circus*. 开学第一天总是那么闹哄哄的。

③环形广场 Oxford *Circus* 牛津广场

> 词源 借自拉丁语"圆形场地"，相传西方马戏就是起源于古罗马的圆形剧场。1782年一位名叫休斯的英国骑师创立了英国皇家马戏团。自此以后，circus才开始用于"马戏、马戏团"等义。

tease /tiːz/

vt. ①取笑，戏弄 The other boys *tease* him because he is fat. 因为他很胖，所以其他男生都取笑他。

②挑逗 He is *teasing* the girl in the bar. 他在挑逗酒吧里的那个女子。

n. 戏弄他人者，爱开玩笑的人 My uncle is a big *tease*, always making fun of us. 我舅舅是个爱开玩笑的人，总和我们逗乐。

scenario /sɪˈnɑːrɪəʊ/

n. ①剧本，脚本 The *scenario* was remade 12 times. 这个剧本总共修改了12次。

②可能出现的情况 A common *scenario* is that a woman marries and sacrifices her career for her husband. 一种常见的可能情况是，一个女人结了婚，就为丈夫牺牲自己的事业。

heroic /hɪˈrəʊɪk/

【助记】hero(英雄)+ic→英雄的

a. 英雄的，英勇的 The movie Kungfu Hustle has an exciting ending. Stephen Chow was portrayed as a nobody with *heroic* deeds. 电影《功夫》结局精彩，周星驰被描述成一个有英勇行为的小人物。

rash /ræʃ/

a. 轻率的 a *rash* decision 轻率的决定

n. ①皮疹 He came out in a *rash* today. 他今天出疹子了。

②爆发的一连串 a *rash* of robberies 接二连三的抢劫事件

reckless /ˈrekləs/

【助记】reck(顾及)+less(无/不……的)→无所顾忌的→鲁莽的

a. 鲁莽的 His *reckless* driving accounted for the accident. 他开车鲁莽，引起了这场事故。

Lesson 36

词根词缀表

arch- 主要的	architect *n.* 建筑师	vac, van 空的	vacuum *n.* 真空
infra- 在……以下	infrastructure *n.* 基层	fix 固定	fixture *n.* 固定装置
vent 风	ventilate *vt.* 使通风		

guy /gaɪ/

n. 家伙 Hey you ***guys***! Where are you going? 嘿,你们这帮家伙!要上哪儿去啊?

lad /læd/

n. 小伙子 Although a country ***lad***, he was thoroughly townish in outlook. 虽然是乡下少年,他的见解却完全城镇化。

maiden /ˈmeɪdn/

n. 少女 The prince fell in love with a fair young ***maiden***. 王子爱上了一位年轻美丽的少女。

a. 首次的 The ship made its ***maiden*** voyage last week. 上星期这艘船初次航行。

virgin /ˈvɜːdʒɪn/

n. 处女 Holy ***Virgin*** 神圣的处女

a. 未经开发的;处女的 America is ***virgin*** territory as far as our company is concerned. 对我们公司来说,美国是一片尚未开发的处女地。

hostess /ˈhəʊstɪs/

【助记】host(主人)+ess(表女性的名词后缀)→女主人

n. ①女主人 The ***hostess*** is profuse in her hospitality. 女主人招待得十分周到。

②女主持人 Miss Wang Xiaoya will be the ***hostess*** of today's program. 王小丫将担任今天节目的女主持。

housewife /ˈhauswaɪf/

n. 家庭主妇 She is a very nice ***housewife***. 她是一个很好的家庭主妇。

garbage /ˈgɑːbɪdʒ/

n. ①垃圾 ***garbage*** can 垃圾箱

②废话 You do talk a load of ***garbage***! 你的废话太多了!

③无用的资料 ***garbage***-in 无用输入 // ***garbage***-out 无用输出

junk /dʒʌŋk/

n. 废旧物品 There were bits of ***junk*** lying around. 到处都是破烂。

vt. 丢弃 He ***junked*** all his old furniture before moving into his new home. 他在搬入新居之前把所有的旧家具都当废物丢掉了。

litter /ˈlɪtə/

n. ①废弃物 The ***litter*** in some holiday resorts really makes people feel disgusted. 在度假胜地,扔得到处都是的废弃物令人讨厌。

②一窝(仔崽) a ***litter*** of puppies 一窝狗崽

③(一堆)杂乱的东西 in a ***litter*** 一片凌乱

vt. 乱扔东西于 Selfish picnickers ***litter*** the beach with food wrappers. 自私的野餐者乱扔包装纸使海滩杂乱不堪。

vi. 乱扔废弃物 Don't ***litter***. 勿乱丢杂物。

trash /træʃ/

n. ①垃圾 ***trash*** can [美]户外的垃圾桶 // Put out the ***trash***. 把垃圾拿出去。

②拙劣的文学(或艺术)作品 What's this ***trash*** you're watching? 你看的这个乱七八糟的节目是什么?

③没用的人 I no longer consider people on welfare white ***trash***. 我不再认为靠福利救济的人是白人当中的废物。

vt. 捣毁,糟蹋 The place got ***trashed*** last time we had a party! 我们上一次聚会时把这个地方搞得乱七八糟。

nonsense /ˈnɒnsəns/

【助记】non(无)+sense(意义)→无意义的话→废话

n. ①胡说，废话 talk ***nonsense*** 胡说八道 // The whole idea is a complete ***nonsense***. 这整个想法真是太荒谬了。

②冒失的行动 She won't stand any ***nonsense*** from the kids in her class. 她不准许孩子们在课堂上胡闹。

bin /bɪn/

n. ①垃圾箱 dust ***bin*** [英]户外带盖的垃圾箱

②大贮藏箱 He emptied several bags of rice into a ***bin***. 他把几袋米倒进大箱里。

dump /dʌmp/

vt. ①倾卸，倾倒 Where can I ***dump*** this rubbish? 我把这垃圾倒在什么地方？

②倾销 These countries have been ***dumping*** cheap fertilizers on the UK market. 这些国家一直在英国市场上倾销廉价化肥。

n. 垃圾场 They ***dumped*** their old car in the town dump. 他们把旧汽车扔到城镇的垃圾堆里。

architect /ˈɑːkɪtekt/

【助记】archi(主要的)+tect(建筑者)→建筑师

n. 建筑师 Certified ***architects*** are playing a more important role in modern city construction. 注册建筑师在现代城市建设中扮演着越来越重要的角色。

architecture /ˈɑːkɪtektʃə/

n. ①建筑学 He obtained a diploma in ***architecture***. 他获得了建筑学的学位证书。

②建筑式样 The style of ***architecture*** originated from the ancient Greeks. 这种建筑风格起源于古希腊。

> 雅思真题 This revolutionary new building encouraged the use of glass in public, domestic and horticultural ***architecture***. 这座革命性的新建筑激起了玻璃在公共建筑、私家建筑和园艺建筑的使用热潮。

engineering /ˌendʒɪˈnɪərɪŋ/

【助记】engineer(工程师)+ing→工程学

n. 工程；工程师行业 The new building is a remarkable feat of ***engineering***. 新大楼是一项杰出的工程。

> 雅思真题 According to its proponents, geo-***engineering*** is the equivalent of a backup generator: if Plan A—reducing our dependency on fossil fuels—fails, we require a Plan B, employing grand schemes to slow down or reverse the process of global warming. 据其支持者所说，地球工程相当于一台备用发电机：如果A计划(减少我们对化石燃料的依赖)失败，我们需要B计划，即开展宏大的计划来减慢或扭转全球变暖的进程。

carpenter /ˈkɑːpɪntə/

n. 木匠 The ***carpenter*** was busy sawing the logs into planks. 这位木匠正忙着把圆木锯成厚板。

laboratory/lab /ləˈbɒrətərɪ; læb/

n. 实验室 Bell's ***laboratory*** is a well equipped telecom research center. 贝尔实验室是个设备齐全的电信研究中心。

infrastructure /ˈɪnfrəˌstrʌktʃə/

【助记】infra(在……下)+structure(结构)→基层

n. 基层，基础建设 To stimulate growth, the government could increase investment in ***infrastructure***. 为刺激增长，政府可以增加基础建设的投资。

> 雅思真题 However, this approach does not include investment in new ***infrastructure***, nor does it guarantee better regional cohesion. 然而，这一方法并不包括投资新的基础设施，也不保证更好的区域凝聚力。

skyscraper /ˈskaɪˌskreɪpə/

n. 摩天大楼 the upward thrust of the ***skyscrapers*** 摩天大楼高耸入云

gallery /ˈɡælərɪ/

n. ①美术馆 This picture is on loan from the Louvre to the National ***Gallery***. 这幅画是由罗浮宫借给国家美术馆的。

②楼座，(议会等的)旁听席；走廊 The visitor's ***gallery*** in the House of Commons was full. 下议院的旁听席上坐满了人。

gym(nasium) /dʒɪm(ˈneɪzɪəm)/

n. 体育馆；健身房 The ***gymnasium*** lacks sports

facilities. 这个体育馆缺少运动器材。

stadium /ˈsteɪdɪəm/

n. (露天)运动场，体育场 Thousands of people jammed the ***stadium***. 成千上万的人把体育场挤得满满的。

用 复数为stadia/stadiums。

housing /ˈhaʊzɪŋ/

n. ①房屋；住房建筑 ***Housing*** fund is a benefit provided by the company. 住房公积金是公司提供的一项福利。

②外壳 the engine ***housing*** 发动机机壳

cabin /ˈkæbɪn/

n. ①小木屋 a log ***cabin*** 小木屋

②机舱 I flew to Paris in the First Class ***cabin***. 我乘头等舱飞去了巴黎。

hut /hʌt/

n. 小屋 The builders were collecting their wages from the site ***hut***. 建筑工人正在工棚里领工钱。

nest /nest/

n. 巢 The male hunts for food while his mate guards the ***nest***. 雄性动物猎食，雌性动物守巢。

vi. 筑巢 The swallows ***nested*** under the eaves. 燕子筑巢于屋檐下。

hive /haɪv/

n. 蜂巢，蜂群 Every worker bee is willing to lay down its life to protect the ***hive***, should its safety be threatened. 一旦蜂巢的安全受到威胁，每只工蜂都会不惜牺牲性命来守卫它。

vt. (*~off*) 出售(部分业务) the weekly magazine ***hived off*** by the BBC 从英国广播公司分立出来的周刊

搭 a hive of activity/industry 繁忙的地方 The whole house was ***a hive of activity*** on the day before the wedding. 婚礼前一天，整幢房子里是一派忙碌的景象。

apartment /əˈpɑːtmənt/

n. 一套公寓房间 Many city dwellers live in ***apartment*** buildings. 许多城市居民住在公寓楼里。

dormitory/dorm /ˈdɔːmɪtərɪ; dɔːm/

【助记】dorm(睡眠)+it+ory(表地点)→睡觉的地方→宿舍

n. 宿舍 She's not feeling well and is staying in the ***dorm***. 她感觉不舒服，因此待在宿舍里。

motel /məʊˈtel/

【助记】该词是motor(汽车)+hotel(旅馆)的缩写形式。

n. 汽车旅馆 We spent a night at a ***motel*** on the way. 路上我们在汽车旅馆过了一夜。

inn /ɪn/

n. 小旅馆，客栈 It was raining; they had to stay in the ***inn*** the whole day. 下雨了，他们不得不在旅馆里待一整天。

living-room /ˈlɪvɪŋruːm/

n. 起居室 Her ears tensed for conversation in the ***living-room***. 她使劲竖起耳朵倾听起居室里的谈话。

suite /swiːt/

n. ①套间 a honeymoon ***suite*** 蜜月套间

②一套家具 The pink bathroom ***suite*** sells well. 这套粉红色卫浴用具卖得很好。

③(同类物的)套，系列 *the Nutcracker **Suite***《胡桃夹子》组曲

stor(e)y /ˈstɔːrɪ/

n. (建筑物的)层，楼 a house of three ***storeys*** 三层楼的房子

dome /dəʊm/

n. 圆屋顶 the ***dome*** of the sky 苍穹

arch /ɑːtʃ/

【助记】arc(弧形)+h→成拱形

n. 拱门 an ***arch*** bridge 一座拱桥

v. (使)成拱形；弄弯 A bright rainbow ***arched*** above after the rain. 雨后一道亮丽的彩虹在天上形成弓状。// The wind ***arched*** the trees over the street. 风把树吹得弯向路面。

a. 调皮的 an ***arch*** tone 调皮的口吻

派 archway *n.* 拱道；拱门，牌楼

lounge /laʊndʒ/

n. 休息厅 ***lounge*** car [美](火车客车上的)休息车厢

vi. ①(懒散地)躺 ***lounging*** on the sofa 躺在沙发上

②闲逛 He was just ***lounging*** around all day.

他只是整天闲逛。

indoor /ˈɪndɔː/

a. 室内的 There is a big ***indoor*** swimming pool in this hotel. 这家旅馆内有一个大的室内游泳馆。

ad. [-*s*] 在室内 It's raining now. You had better stay ***indoors***. 此刻正在下雨，你最好待在室内。

layout /ˈleɪaʊt/

【助记】lay(放置)+out→把事物布置好→设计

n. 布局，设计 The book designer will have to redo the page ***layouts***. 该书的设计者得重新设计版面。

outlet /ˈaʊtlet/

【助记】out(出来)+let(让……)→让……出去→出口

n. ①(液体或气体的)排泄口，出口 The ***outlet*** of a water pipe was blocked. 水管的出水口堵住了。

②(感情、精力等的)发泄途径 We all need an ***outlet*** for our anger and sorrow. 我们都需要有机会发泄怒气和悲痛。

③经销点，商店 a retail ***outlet*** 零售店

④特价商店 an ***outlet*** mall 品牌特价商城

corridor /ˈkɒrɪdɔː/

【助记】corrid(走)+or(名词后缀)→供人们走的地方→走廊

n. 走廊 Go along the ***corridor***, turn left, and you'll see his office in front of you. 顺着走廊走，向左转，前面就是他的办公室。

porch /pɔːtʃ/

n. 门廊 A ***porch*** is an entrance covered by a roof outside the front door of a western house or church. 门廊是西式建筑或教堂前门外的入口，通常有顶。

balcony /ˈbælkənɪ/

n. ①阳台 You can see the sea from our ***balcony***. 你从我们的阳台上就能看见大海。

②楼厅 We've booked seats in the ***balcony***. 我们预订了楼厅包厢的座位。

shutter /ˈʃʌtə/

【助记】shut(关闭)+ter→关闭窗户后拉上"百叶窗"

n. ①百叶窗 Open the ***shutter*** and see what the weather is like. 打开百叶窗，看看外面的天气如何。

②快门 camera ***shutter*** 相机快门

ventilate /ˈventɪleɪt/

【助记】venti(风)+late(带来)→使通风

vt. ①使通风 A sea breeze ***ventilated*** the rooms. 一阵海风使房间的空气更清新。

②把……公开 The matter should not be hushed up, but freely ***ventilated***. 这事不该掩盖起来，而应公开讨论。

派 **ventilation** ***n.*** 空气流通；通风设备 // **ventilator** ***n.*** 通风设备，通风口

staircase /ˈsteəkeɪs/

n. 楼梯【同 stairway】You can go up the ***staircase*** on the right. 你可以从右边楼梯上去。

basement /ˈbeɪsmənt/

【助记】base(底部)+ment→地下室

n. 地下室 In Canada, many houses have ***basements***. 在加拿大，很多房子都有地下室。

cellar /ˈselə/

n. 地下室；酒窖 My neighbor keeps a good ***cellar***. 我的邻居藏有大量好酒。

warehouse /ˈweəhaʊs/

【助记】ware(物品)+house(房子)→放物品的房子→仓库

n. 仓库 A ***warehouse*** is a building for storing large quantities of goods. 货仓就是用于储存大量货物的建筑物。

fuel /fjʊəl/

n. 燃料 nuclear ***fuel*** 核燃料

vt. ①给……加燃料【同 fill up】Our heating is ***fuelled*** by gas. 我们的供暖系统是烧天然气的。

②促进；激起【同 provoke】Easy credit terms helped ***fuel*** the economic boom. 宽松的信贷条件有利于促进经济繁荣。// The rapid promotion of the director's son has ***fuelled*** resentment within the company. 董事的儿子升职太快，激起了公司内部的不满情绪。

搭 add fuel to the fire 火上浇油

furnace /ˈfɜːnɪs/

【助记】fur(毛皮)+nace→坐在火炉旁边就像披着温暖的毛皮→火炉

n. 火炉 Pure gold does not fear ***furnace***. [谚]真金不怕火炼。

oven /ˈʌvən/

n. 烤箱 Bake the bread in a ***oven*** for 10 minutes. 把面包放到烤箱里烤10分钟。

air-conditioning /ˈeəkənˌdɪʃənɪŋ/

【助记】air(空气)+condition(调节)+ing→空调设备

n. 空调设备 be cooled by ***air-conditioning*** 通过空调设备制冷

vacuum /ˈvækjuəm/

【助记】vac(空的)+uum→真空

n. ①真空 Sound waves cannot travel through a ***vacuum***. 声波不能在真空中传播。

②真空吸尘器 The porter turned off the ***vacuum***. 清洁工关掉真空吸尘器。

v. 用吸尘器清扫 When I arrived home, my wife was ***vacuuming*** the carpet. 我到家的时候，妻子正在用吸尘器清扫地毯。

搭 vacuum up [喻]吸收，收集

dirt /dɜːt/

n. 尘土，污垢 Take off your boots before you tread any more ***dirt*** into the carpet. 脱下你的靴子，免得把泥巴又踩到地毯上。

fitting /ˈfɪtɪŋ/

n. ①[常*pl.*]家具 office ***fittings*** 办公室的家具

②[常*pl.*]配件 light ***fittings*** 照明配件

③试穿 Mr. Harley is going to accompany his wife for a ***fitting*** on Wednesday. 哈雷先生打算在星期三陪他太太去试衣。

a. 适合的【同 appropriate】It is not ***fitting*** that he remarried so soon after his wife's death. 他在妻子死后这么快就再婚，这不太合宜。

cupboard /ˈkʌbəd/

【助记】cup(杯子)+board(木板)→放杯具的木板→碗橱

n. 碗橱 We had some new ***cupboard*** units fitted in the kitchen. 我们在厨房里装了一些新的组合橱柜。

cabinet /ˈkæbɪnɪt/

n. ①内阁 In Britain, members of the ***Cabinet*** are chosen by the Prime Minister. 在英国，内阁成员是由首相挑选的。

②陈列柜 a file ***cabinet*** 文件柜

wardrobe /ˈwɔːdrəʊb/

【助记】ward(保护)+robe(衣服，长袍)→保护衣服的地方→衣柜

n. 衣柜；(个人的)全部衣物 My ***wardrobe*** needs to be renewed. 我需要添置一些衣服了。

closet /ˈklɒzɪt/

【助记】clos (关闭)+et (小东西)→能关起来的小东西→橱

n. 橱 I have a ***closet*** full of clothes that don't fit. 我衣橱里净是不合身的衣服。

a. 私下的 ***closet*** consultation 秘密会议

vt. 把……引进密室会谈，把……关进小室 He used to ***closet*** himself with a book. 过去他常把自己关在小房间里读书。

locker /ˈlɒkə/

【助记】lock(锁)+er→带锁的箱子→寄物柜

n. 寄物柜 There is a ***locker*** charge of one dollar. 寄物柜收费一美元。

drawer /drɔː/

【助记】draw(拉)+er→可拉开的东西→抽屉

n. 抽屉 He pushed the ***drawer*** shut with a bang. 他砰的一声把抽屉推了回去。

knob /nɒb/

n. ①球形把手 Be sure not to turn that ***knob***. It is for emergency braking. 千万别转动那个球形手柄。那是供紧急刹车用的。

②旋钮 This machine has lots of ***knobs*** on it. 这机器有许多旋钮。

③小块 a ***knob*** of butter 一小块黄油

couch /kaʊtʃ/

n. 长沙发 Lie down on the ***couch*** if you're feeling ill. 如果你感觉不舒服，就请躺在长沙发上。

vt. 表达 The refusal was ***couched*** in friendly language. 他用友善的语言表达了拒绝之意。

sofa /ˈsəʊfə/

n. (长)沙发 Have you seen the fashion magazine on the ***sofa***? 你见过沙发上的那本时装杂志吗？

rug /rʌg/

n. (小)地毯 The color of the curtains approximates that of the ***rug***. 窗帘的颜色和地毯相近。

cushion /ˈkʊʃən/

n. 垫子 an air ***cushion*** 气垫

v. 缓冲；减轻 The bag ***cushions*** equipment from inevitable knocks. 袋囊可以缓冲设备受到的不可避免的碰撞。// Nothing can ***cushion*** the shock of the tragedy. 没有什么能减轻那场悲剧的冲击。

mat /mæt/

n. 席子，垫子 Father bought a new welcome ***mat*** for our new house. 爸爸为我们的新房子买了一个擦鞋垫。

pillow /ˈpɪləʊ/

n. 枕头 She was sobbing her loneliness into her ***pillow***. 她伏枕啜泣以泄心中的孤寂。

sponge /spʌndʒ/

n. 海绵 ***Sponges*** absorb water. 海绵吸水。

vt. 用海绵等擦拭或吸收 I couldn't ***sponge*** this orange juice off my dress. 我衣服上的橙汁无法擦掉。

搭 sponge off sb. 依靠某人而活

towel /ˈtaʊəl/

n. 毛巾 I dry my hands and face with the ***towel***. 我用毛巾擦干了双手和面部。

cosy/cozy /ˈkəʊzɪ/

a. ①舒适的 a ***cozy*** little house 温暖而舒适的小房子

②亲切友好的 The firm has a ***cozy*** relationship with the Ministry of Defence. 这家公司与国防部关系默契。

shampoo /ʃæmˈpuː/

n. 香波；洗头 What ***shampoo*** do you prefer? 你喜欢哪种洗发香波？

v. 洗发 She showered and ***shampooed*** her short dark hair. 她冲了凉，乌黑的短发也洗干净了。

bubble /ˈbʌbl/

n. 泡 When water boils, ***bubbles*** rise to the surface. 水开时，水面会起泡泡。

vi. 冒泡 We could hear the pot ***bubbling*** (away) quietly on the fire. 我们能听到水壶在火上发出低低的沸腾声。

foam /fəʊm/

n. ①泡沫 The waves break into ***foams*** against the rocks. 波浪在岩石上撞成了泡沫。// shaving ***foam*** 剃须泡沫

②泡沫材料 ***Foam*** rubber is soft rubber full of small air bubbles. 泡沫橡胶是充满了小气泡的软橡胶。

vi. 起泡沫 a glass of ***foaming*** beer 一杯起泡沫的啤酒

wax /wæks/

n. 蜡，蜂蜡 Bob, rub a layer of ***wax*** into the floor to make it shine! 鲍勃，把地板打上一层蜡，让它看上去有光泽！

vt. 给……上蜡 The floor is easily ***waxed***. 这地板上蜡很容易。

rack /ræk/

n. 挂架 a luggage ***rack*** 行李架

vt. ①使痛苦 She was ***racked*** by feelings of guilt. 她深受负罪感的折磨。

②使努力 Although I ***racked*** my brains, I couldn't get the right answer. 我绞尽脑汁也想不出答案。

brace /breɪs/

vt. ①使防备 ***Brace*** yourself for the bad news. 你得做好准备，有坏消息相告。

②支住，支撑 He ***braced*** one of his feet against the wall. 他用一只脚顶着墙站稳。

③使绷紧 Brian ***braced*** his muscles and heaved the fridge aside. 布赖恩绷紧肌肉，把冰箱推到了一边。

n. 托架 The table is shaky because the ***braces*** are loose. 这张桌子摇摇晃晃，因为支架全松了。

holder /ˈhəʊldə/

n. ①持有者 an account ***holder*** 账户持有人

②(台、架等)支持物 a candle ***holder*** 烛台

派 **shareholder** ***n.*** 股东 // **stockholder** ***n.*** 股东

fixture /ˈfɪkstʃə/

【助记】fix(固定)+ture→固定装置

n. ①[常 *pl.*]固定装置 light ***fixtures*** 照明灯具 // A washing basin is a ***fixture*** in the bathroom. 洗脸盆是卫生间的固定装置。

②固定在某位置的人 I can't believe she's leaving the company—I thought she was a permanent ***fixture***! 我不能相信她会离开公司——我过去以为她要在公司干上一辈子!

bracket /ˈbrækɪt/

n. ①括号 Put your name in ***brackets*** at the top of each page. 把你的名字填写在每页上端的括号内。

②等级段 Their incomes are brought into a higher ***bracket***. 他们的收入已进入一个较高的等级段。

③壁架 The worker fixed a ***bracket*** on the wall. 工人在墙上固定了一个支架。

vt. ①把……置于括号内 I think you should ***bracket*** this word. 我认为你应该给这个词加上括号。

②把……归入同一类 Most English people ***bracket*** American and Canadian accents together. 大多数英国人都把美国音和加拿大音归为同一类。

brick /brɪk/

n. 砖 Most of the houses were built of ***bricks***. 大部分房子都是用砖盖的。

vt. (~*up*)用砖砌 He ***bricked up*** a wall. 他用砖砌起了一堵墙。

cement /sɪˈment/

n. 水泥;胶结材料 a bag of ***cement*** 一包水泥

vt. ①黏结 A broken plate can be ***cemented***. 碎盘子可以胶合起来。

②巩固 His marriage to Lucy ***cemented*** important business ties with her family. 他和露西的婚姻巩固了与她家族的重要商业联系。

plaster /ˈplɑːstə/

n. ①灰浆 fill the hole with ***plaster*** 用灰泥堵洞

②石膏 When we went to see him, Malcolm's right leg was in ***plaster***—from a car collision. 我们去探望马尔科姆的时候,他的右腿还包着石膏。那是撞车造成的。

③膏药 put a ***plaster*** on a sore 贴膏药于患处

vt. 在……上抹灰泥 His coat was ***plastered*** with thick yellow mud. 他的上衣上沾着厚厚的黄泥。

layer /ˈleɪə/

n. 层,层次 Life is like an onion: You peel it off one ***layer*** at a time, and sometimes you weep. 生活就像洋葱:你一层又一层地把它剥掉,有时你会流泪。

> **雅思真题** It was not until 1500 BC, however, that the first hollow glass container was made by covering a sand core with a ***layer*** of molten glass. 不过,到公元前1500年才出现第一个空心玻璃容器,其制作方法是用一层熔化的玻璃包住砂芯。

tile /taɪl/

n. 瓦,瓷砖 We use ***tiles*** to cover roofs and sometimes floors and walls. 我们用瓦片盖房顶,有时也用瓷砖铺地面和墙面。

vt. 铺瓦于 External walls will be rendered and ***tiled***. 外墙将被粉刷,并铺上瓷砖。

mosaic /məʊˈzeɪɪk/

n. ①马赛克 Bisazza is the world No. 1 ***mosaic*** manufacturer. 碧莎是世界第一的意大利马赛克制造商。

②镶嵌图案 The forest floor was a ***mosaic*** of autumn colors. 森林里落满各色树叶的地面是一幅秋色斑斓的镶嵌图。

pillar /ˈpɪlə/

n. ①柱 Eight massive stone ***pillars*** supported the roof. 八根粗壮的石柱支撑着屋顶。

②栋梁 He is a ***pillar*** of his party. 他是他所在政党的台柱。

mud /mʌd/

n. ①泥 His shoes were covered with ***mud***. 他的鞋沾满了污泥。

②诽谤的话 They were not using criticism

but *mud*. 他们并不是批评而是诽谤。

clay /kleɪ/

n. 黏土，泥土 She moulded the *clay* into the shape of a bowl. 她用黏土做成了碗的形状。

china /ˈtʃaɪnə/

n. 瓷器 The *china* cabinet is a piece of modern art done in a classical style. 那个瓷橱柜是具有古典风格的现代艺术杰作。

词源 中国是世界上最早生产瓷器的国家，从公元前5000年就开始了。明清时中国将陶瓷出口到中东、欧洲等地，于是陶瓷扬名世界。因此这个表示"中国"的单词又表示"陶瓷器"。

porcelain /ˈpɔːsəlɪn/

n. 瓷器 The museum displays the specimen of ancient Chinese *porcelain*. 该博物馆展出中国古瓷器标本。

a. 精制的，瓷器的 *porcelain* clay 瓷土

exquisite /ɪkˈskwɪzɪt/

【助记】ex(out)+quisite(查找)→精心挑选出来的→精致的

a. ①精致的 Her skirt has very *exquisite* lace. 她的裙子有非常精致的花边。

②敏锐的，有高度鉴赏力的 She has an *exquisite* taste in painting. 她对油画有很高的鉴赏力。

③剧烈的 A cancer patient usually suffers *exquisite* pain. 癌症病人通常遭受剧烈疼痛的折磨。

container /kənˈteɪnə/

n. 容器，集装箱 Please handle and open the *container* with care. 请小心搬运、开启此容器。

jar /dʒɑː/

n. 罐子 a *jar* of mustard 一罐芥末

v. ①(使)感到不快 This experimental music *jars* (on my nerves) somewhat. 这种实验性音乐让我(的神经)有点受不了。

②震动 Their heavy footsteps *jarred* my table. 他们沉重的脚步震得我的桌子直摇晃。

jug /dʒʌg/

n. 大罐，壶 a *jug* of water 一壶水

mug /mʌg/

n. 大杯 People would like to have a *mug* of draft beer while dancing in a bar. 人们在酒吧跳舞时喜欢喝上一大杯生啤。

vt. 对……行凶抢劫 She had been *mugged* in the street in broad daylight. 光天化日之下，她在街上遭到抢劫。

kettle /ˈketl/

n. 水壶 This *kettle* whistles when it boils. 这水壶在水开时会哔哔作响。

saucer /ˈsɔːsə/

【助记】sauc(e)(调味料)+er→盛调味料的东西→碟子

n. 碟子 flying *saucer* 飞碟，不明飞行物 // The cat lapped up all the milk in the *saucer*. 猫把碟中的牛奶舔得干干净净。

tray /treɪ/

n. 盘，碟 He put the toast on the breakfast *tray*. 他把烤面包片放到早餐托盘里。

lid /lɪd/

n. 盖子 He carefully lifted the *lid* of the box. 他小心地揭开盒盖。

piston /ˈpɪstən/

n. 活塞 *piston* ring 活塞环

Lesson 37

词根词缀表

juven 年轻	juvenile *a.* 少年的	hydro- 水	hydrogen *n.* 氢
ball 球	baseball *n.* 棒球	oxy 尖锐的，刺鼻的	oxygen *n.* 氧气
-um 表元素的后缀	calcium *n.* 钙	carb(o) 碳	carbohydrate *n.* 碳水化合物
duct 引导	conductor *n.* 指挥		

elderly /ˈeldəlɪ/

a. 年长的 Tom is rather ***elderly*** now and needs the care of his family. 汤姆现在上了年纪，需要家人的照顾。

n. [*the*~]较老的人 We should provide better care for ***the elderly***. 我们应该为上了年纪的人提供更好的照顾。

【辨析】表示"老"的形容词

elderly：指"上了年纪、较年长的"，但在年龄和精力上比 old 所指的年轻

old：指"年迈的"，强调年龄大

adult /ˈædʌlt/

n. 成年人 Children cannot be admitted to the museum unless they are accompanied by an ***adult***. 儿童须有大人陪同才能进入博物馆。

a. 成年的 He spent his ***adult*** life in Canada. 他在加拿大度过了他的成年时期。

派 **adulthood** *n.* 成人期

grown-up /ˈgrəʊnʌp/

a. 成长的 What do you want to be when are ***grown-up***? 你长大后想做什么？

n. 成年人 Go to bed now and let the ***grown-ups*** have a little time to themselves. 现在去睡吧，让大人们有点时间做自己的事。

growth /grəʊθ/

n. ①增长；增长量 How did you calculate the ***growth*** of the profit? 你怎样计算出利润的增长量？

②生长 Confidence is a plant of slow ***growth***. 信心是一株生长缓慢的幼苗。

③生长物 marine ***growth*** 海洋生长物

雅思真题 In California, where population ***growth*** has averaged more than 600,000 a year for at least a decade, more residential housing is being built. 加州的人口增长平均每年增加 60 万人，这种情况至少已持续十年了，如今正在加建更多住宅建筑。

mature /məˈtʃʊə/

a. ①成熟的 The human brain isn't fully ***mature*** until about age 25. 直到 25 岁，人的大脑才发育完全。// This is the most ***mature*** of his plays. 这是他最成熟的一部剧作。

②成年人的 a man of ***mature*** years 一位中年男子

③深思熟虑的 On ***mature*** reflection I have decided to change my major to sociology. 经过深思熟虑，我决定改修社会学。

④到期的 a ***mature*** bond 到期的债券

vi. 变成熟 Our judgment ***matures*** as we grow older. 我们的判断力随着年龄增长而变得成熟。

派 **immature** *a.* 不成熟的，不够老练的；发育未完全的

juvenile /ˈdʒuːvənaɪl/

【助记】juven(年轻)+ile→少年的

a. ①少年的 He ultimately became a ***juvenile*** delinquent. 他最终成为了一名青少年罪犯。

②幼稚的【同 childish】***juvenile*** behavior 幼稚的行为

n. 未成年人 The number of ***juveniles*** in the general population has fallen by a fifth in the past decade. 总人口中少年所占比例在过去 10 年中下降了 1/5。

adolescent /ˌædəˈlesənt/

n. 青少年 It is reported that over 40% of the ***adolescents*** are smokers in China. 据报道,中国有超过40%的青少年吸烟。

a. 青春期的 in the ***adolescent*** period 在青春期

teenager /ˈtiːnˌeɪdʒə/

【助记】teen(十几岁)+ag(e)(年龄)+er→年龄十几岁的人→青少年

n. 青少年 He had to earn his own living when he was a ***teenager***. 他十几岁的时候就不得不独自谋生。

youngster /ˈjʌŋstə/

n. 年轻人 It is hard for an old man to work as long as a ***youngster***. 老年人要工作得和年轻人一样久是困难的。

badminton /ˈbædmɪntən/

n. 羽毛球运动 ***Badminton*** is an indoor game. 羽毛球是一种室内运动。

bowling /ˈbəʊlɪŋ/

n. 保龄球运动 I have a great interest in playing ***bowling***. 我对打保龄球有很大兴趣。

marathon /ˈmærəθɒn/

n. 马拉松 It takes stamina to run a ***marathon***. 跑马拉松要有耐力。

a. 马拉松式的,持续的 After a ***marathon*** round of negotiations, the two leaders reached an agreement. 在经过一轮马拉松式的谈判之后,两位领导人达成了一项协议。

派 **marathoner** *n.* 马拉松运动员

cricket /ˈkrɪkɪt/

n. ①板球 play ***cricket*** 打板球

②蟋蟀 It is a hum like the sound of ***crickets*** in the summer. 这是一种像夏天里蟋蟀发出的吱吱声。

baseball /ˈbeɪsbɔːl/

n. 棒球 a ***baseball*** team 棒球队

volleyball /ˈvɒlɪbɔːl/

n. 排球 Neither ***volleyball*** nor basketball is a hundred years old. 排球和篮球都不到一百年的历史。

golf /gɒlf/

n. 高尔夫球;高尔夫球运动 a round of ***golf*** 一场高尔夫球

soccer /ˈsɒkə/

n. 足球 Field hockey is an outdoor game similar to ***soccer***. 曲棍球是一种室外进行的类似足球的运动。

chess /tʃes/

n. 国际象棋 ***Chess*** is a kind of intellectual game. 国际象棋是一种智力游戏。

skate /skeɪt/

n. 冰鞋 I can move very fast across the ice on ***skates***. 我穿着冰鞋在冰上滑得很快。

vi. 溜冰 Shen Xue and Zhao Hongbo ***skated*** an exciting programme at the World Figure ***Skating*** Championships. 申雪和赵宏博在世界花样滑冰锦标赛上滑出了一组扣人心弦的动作。

ski /skiː/

n. 滑雪板 a pair of ***skis*** 一副滑雪板

vi. 滑雪 Switzerland is a good place for ***skiing***. 瑞士是一个滑雪的好地方。

dive /daɪv/

n. ①潜水 Our ***dive*** is a part of this expedition. 我们这次潜水活动就是属于这个远航的一部分。

②俯冲,扑 He made a sudden ***dive*** for Uncle Jim's legs to try to trip him up. 他猛地扑向吉姆大叔的双腿,试图绊倒他。

③骤降 The market values are in a nose ***dive***. 市价暴跌。

vi. ①潜水 He who would search for pearls must ***dive*** below. 欲寻珍珠就要潜到水里。(不入虎穴,焉得虎子。)

②俯冲 The eagle ***dived*** down on the rabbit. 那只鹰向兔子猛扑下来。

champion /ˈtʃæmpɪən/

n. ①冠军 He got a ***champion*** in a singing contest with flying colours. 他在音乐比赛中取得了杰出的成绩,夺得冠军。

②捍卫者 He is a ***champion*** of women's rights. 他是妇女权利的卫士。

派 **championship** *n.* 锦标赛;冠军身份;捍卫

medal /ˈmedəl/

n. 奖牌,奖章 He received a ***medal*** for his heroism. 他由于英勇而获得一枚奖章。

magnet /ˈmæɡnɪt/

n. ①磁铁 draw like a ***magnet*** 像磁铁一般吸引

②有吸引力的人（或事物） Buckingham Palace is a great ***magnet*** for tourists. 白金汉宫对旅游者来说是个有巨大吸引力的地方。

magnetic /mæɡˈnetɪk/

a. ①磁的 ***magnetic*** field 磁场

②有吸引力的 To be a successful businessman, you must be enthusiastic and ***magnetic***. 要成为一个成功的实业家，你必须有热情和吸引力。

alloy /ˈælɔɪ/

n. 合金 Brass is an ***alloy*** of copper and zinc. 黄铜是铜锌合金。

vt. 将……铸成合金 ***alloy*** sth. with sth. 将……和……铸成合金

alumin(i)um /ˌæləˈmɪn(ɪ)əm/

n. 铝 ***aluminium*** foil 锡纸 // These cooking utensils are made of ***aluminum***. 这些炊具是铝制的。

brass /brɑːs/

n. ①黄铜 My grandfather collected hundreds of ***brass*** ornaments in his spare time. 我祖父在业余时间收集了几百件黄铜装饰品。

②铜管乐器 Their band has some excellent ***brass*** players. 他们乐队有几个出色的铜管乐器手。

bronze /brɒnz/

n. ①青铜 King David's statue was made of ***bronze***. 大卫王的塑像是用青铜铸造的。

②青铜制品，铜牌 ***bronze*** medal 铜牌

③古铜色 Her hair shone ***bronze*** and gold. 她的头发闪耀着青铜色和金黄色的光彩。

copper /ˈkɒpə/

n. ①铜 ***Copper*** conducts electricity well. 铜是电的良导体。

②铜币 ask for a few ***coppers*** 要几个铜币

rust /rʌst/

n. 铁锈 The mower is covered with ***rust***. 割草机布满了锈。

v. （使）生锈 My bike has ***rusted*** and needs oil. 我的自行车生锈了，需要上油。// The rain will ***rust*** the iron roof. 雨水会使铁皮屋顶生锈。

派 rusty *a.* 生锈的；锈色的

nickel /ˈnɪkəl/

n. ①镍 ***nickel*** steel 镍钢

②五分镍币，五分钱 To buy that pudding, the poor old gentleman counted out dimes, ***nickels***, and cents. 为了买那个布丁，那位可怜的老先生数出了一堆1角、5分、1分面值的硬币。

mercury /ˈmɜːkjʊrɪ/

n. 水银 The ***mercury*** indicated 37℃ in the shade. 温度计的水银柱显示，阴凉处温度为37摄氏度。// You cannot make a ***mercury*** of every log. 并非人人能成材。

ore /ɔː/

n. 矿，矿石 This is an area rich in ***ore***. 这里是个矿产丰富的地区。

calcium /ˈkælsɪəm/

n. 钙 We need some ***calcium*** everyday. 我们每天需要些钙。

zinc /zɪŋk/

【助记】锌的化学符号是 Zn

n. 锌 Brass is formed by the fusion of copper and ***zinc***. 黄铜是由铜和锌融合制成的。

conductor /kənˈdʌktə/

n. ①指挥 the ***conductor*** of an orchestra 乐队指挥

②售票员 a bus ***conductor*** 巴士售票员

③导体 Wood is a poor ***conductor*** of heat. 木头的导热性能很差。

quartz /kwɔːts/

n. 石英 ***quartz*** clock 石英钟

sulphur/sulfur /ˈsʌlfə/

n. 硫 combined ***sulfur*** 化合硫

派 sulfuric *a.* 硫磺的

inertia /ɪˈnɜːʃə/

n. ①惰性 I'm unable to throw off this feeling of ***inertia***. 我无法摆脱这种懒散的感觉。

②惯性 Because of the ***inertia***, the train cannot stop instantly. 由于惯性，火车不能说停就停。

hydrogen /ˈhaɪdrədʒən/

【助记】hydro(水)+gen(产生)→参与生成水的物质→氢

n. 氢 Water is a compound of ***hydrogen*** and oxygen. 水是氢和氧的化合物。

nitrogen /ˈnaɪtrədʒən/

n. 氮 ***Nitrogen*** is a gas without colour or smell. 氮是一种无色无味的气体。

oxygen /ˈɒksɪdʒən/

【助记】oxy(氧)+gen(产生)→氧气

n. 氧气 There was a shortage of ***oxygen*** at the top of the mountain. 山顶上缺氧。

oxide /ˈɒksaɪd/

n. 氧化物 The reaction produced some ***oxides***. 该反应产生了几种氧化物。

dioxide /daɪˈɒksaɪd/

【助记】di(二)+oxide(氧化物)→二氧化物

n. 二氧化物 Plants can absorb carbon ***dioxide*** and release oxygen. 植物可以吸收二氧化碳释放氧气。

ozone /ˈəuzəun/

n. 臭氧 The pollution has destroyed ***ozone*** layer. 污染破坏了臭氧层。

carbon /ˈkɑːbən/

n. 碳 Soft drinks contain ***carbon*** dioxide. 软饮料中含有二氧化碳。

carbohydrate /ˌkɑːbəuˈhaɪdreɪt/

【助记】carbo(碳)+hydr(水)+ate→碳水化合物

n. 碳水化合物 My doctor's told me to cut down on ***carbohydrates***. 我的医生告诉我要减少碳水化合物的摄入量。

hormone /ˈhɔːməun/

n. 激素,荷尔蒙 sex ***hormone*** 性激素 // Ask your doctor whether ***hormone*** therapy is right for you. 向医生咨询一下看激素疗法是否适合你。

派 **hormonal** *a.* 激素的

vitamin /ˈvɪtəmɪn/

【助记】vita(生命)+min→"维生素"生命中不可缺少的元素

n. 维生素 It is important to take in ***vitamin*** C in one's daily diet. 一个人的日常饮食中包含维他命C是非常重要的。

protein /ˈprəutiːn/

n. 蛋白质 You need more ***protein*** to build you up. 你需要增加蛋白质摄入量以增强体质。

wholesome /ˈhəulsəm/

a. ①有益于健康的;健康的 ***wholesome*** food 有益健康的食物

②有益的 You should read some ***wholesome*** books. 你应当读些有益的书。

robust /rəˈbʌst/

a. 强壮的,健康的 Such strenuous exercises could only be endured by a ***robust*** person. 如此艰苦的训练只有体格健壮的人才能承受。

sturdy /ˈstɜːdɪ/

a. ①强壮的,坚固的 a ***sturdy*** wall 坚固的墙

②坚定的 They kept up a ***sturdy*** opposition to the plan. 他们坚决反对这项计划。

crystal /ˈkrɪstl/

n. ①水晶 She wears a ***crystal*** ornament on her chest. 她的胸前戴了一个水晶饰品。

②结晶体 sugar and salt ***crystals*** 糖和盐的结晶体

a. 清澈透明的 a ***crystal*** stream 水晶般清澈的小溪

pearl /pɜːl/

n. ①珍珠 ***pearls*** before swine 对牛弹琴

②珠状物 ***Pearls*** of dew glistened on the grass. 露珠在草上闪烁。

③珍品 She is a ***pearl*** among women. 她是红颜俊杰。

派 **pearly** *a.* 珍珠似的,用珍珠装饰的

jewel(l)ery /ˈdʒuːəlrɪ/

n. [总称]珠宝 Thieves walked off with two million dollars' worth of ***jewellery***. 小偷顺手拿走了价值200万美元的珠宝。

jewel /ˈdʒuːəl/

n. 宝石,宝石饰物 She locked her ***jewels*** in the safe. 她把首饰锁在保险箱里了。

marble /ˈmɑːbl/

n. ①大理石 ***Marble***, because of its beauty and hardness, is often used to build things meant to last. 大理石由于美丽坚固,常被用来建造经久

的东西。

②(用玻璃、石头等制成的)弹子;[*pl.*]弹子游戏 Let's have a game of ***marbles***. 咱们玩弹球游戏吧。

pebble /ˈpebl/

n. 卵石 On the way, Henry dropped a ***pebble*** every several meters. 一路上,亨利每隔几米就扔一块鹅卵石。

fiber/-bre /ˈfaɪbə/

n. 纤维(物质) The coffee filter has thin ***fibers*** to trap the particles that cause bitterness. 咖啡过滤器用薄纤维过滤导致苦涩味道的颗粒。

fabric /ˈfæbrɪk/

n. ①织物,布 woolen/silk/cotton ***fabrics*** 毛/丝/棉织品

②构造【同 structure】The whole ***fabric*** of society was changed by the war. 这场战争改变了整个社会结构。

costume /ˈkɒstjuːm/

n. ①服饰 They are all dressed in national ***costume***. 他们都穿着民族服装。

②戏装,成套服装 academic ***costume*** 学位服

garment /ˈɡɑːmənt/

n. (一件)衣服 Why did you leave these ***garments*** on the floor? 你为什么把这些衣服放在地板上?

outfit /ˈaʊtfɪt/

【助记】由动词短语 fit out(装备)颠倒顺序构成

n. ①全套服装 the ***outfit*** of a lady on her marriage 女士的全套结婚礼服

②一组人 A television ***outfit*** went there to shoot the story. 一个电视摄制组到那儿去拍摄这个故事。

③全套工具 His father bought a ski ***outfit*** for him on his birthday. 他父亲在他生日那天给他买了一套滑雪用具。

v. 配备 The car was ***outfitted*** with dual controls for driver training. 那部车配备了两套控制系统以培训司机。

laundry /ˈlɔːndrɪ/

n. ①洗衣店 Send these clothes over to the ***laundry***. 把这些衣服送到洗衣店去洗。

②洗好的衣服 She would bring the ***laundry*** back about two weeks later. 大约两个星期后,她会把洗好的衣物送回来。

cape /keɪp/

n. ①斗篷,披肩 a woollen ***cape*** 一件羊毛披肩

②海角 ***Cape*** of Good Hope 好望角

vest /vest/

n. ①背心 a bullet-proof ***vest*** 防弹背心

②汗衫 She was dressed only in a ***vest*** and underpants. 她只穿了一件汗衫和一条短裤。

v. 授予(合法权利) ***vest*** sb. with sth. 授予某人使用某物的权利 // Congress is ***vested*** with the power to declare war. 国会被赋以宣战的权力。

gown /ɡaʊn/

n. ①女礼服 an evening ***gown*** 晚礼服

②长袍 a beautiful silk ***gown*** 一件漂亮的丝绸长袍

③罩衣 The ***gown*** a surgeon wears during an operation is usually green. 外科医生在做手术时所穿的手术服通常是绿色的。

sweater /ˈswetə/

【助记】sweat (出汗)+er→穿上毛衣容易让人出汗→毛衣

n. 针织套衫,羊毛套衫 I've gone through the elbows of my ***sweater***. 我的毛衣的肘部都磨破了。

pants /pænts/

n. ①长裤 His ***pants*** match the sneakers well. 他的裤子和运动鞋很配。

②内裤 men ***pants*** 男士内裤

trousers /ˈtraʊzəz/

n. 裤子 Flared ***trousers*** are out this year. 今年喇叭裤不时兴了。

jeans /dʒiːnz/

n. 牛仔裤 Wearing ***jeans*** to a formal party is rude and impolite. 穿牛仔裤参加正式的社交聚会是粗鲁无礼的(表现)。

slipper /ˈslɪpə/

n. 拖鞋 a pair of ***slippers*** 一双拖鞋

wallet /ˈwɒlɪt/

n. 皮夹子 I must have dropped my ***wallet*** in the taxi. 我必定是把皮夹子遗失在出租汽车里了。

stocking /ˈstɒkɪŋ/

n. 长袜 His big toe was poking through his ***stocking***. 他的大脚趾从袜子里伸了出来。

hose /həʊz/

n. ①软管 For the sake of safety, all tall buildings must be equipped with ***hoses***. 为了安全起见,高层建筑必须安装消防水龙头。

②连裤袜 a pair of woollen ***hose*** 一双毛线袜子

vt. 用软管淋浇 I ***hosed*** the car down to get rid of mud. 我用软管洗掉汽车上的泥。

helmet /ˈhelmɪt/

n. 头盔 The man on the motorcycle wore a ***helmet***. 骑摩托车的人戴了一顶头盔。

glove /glʌv/

n. 手套 boxing ***glove*** 拳击手套

scarf /skɑːf/

n. 围巾 She had a ***scarf*** tied over her head. 她的头上裹了条头巾。

v. 狼吞虎咽地吃或喝 Americans ***scarf*** down 50 million hot dogs on an average summer day. 夏天美国人平均每天吃掉5000万个热狗。

liner /ˈlaɪnə/

【助记】line(航线)+(e)r→客轮沿固定的航线航行→大客轮

n. ①衬里 a suitcase ***liner*** 箱子的衬里

②大客轮 On the ***liner*** bound for New Amsterdam people are always filled with anticipation. 在驶向新阿姆斯特丹的客轮上,人们心里都满怀期待。

shabby /ˈʃæbɪ/

a. ①破旧的 ***shabby*** hotel rooms 破旧的旅馆房间

②衣衫褴褛的,衣着寒酸的 Cinderella looks rather ***shabby*** in that shabby old dress. 灰姑娘穿着那件破旧的裙子显得很寒酸。

③卑鄙的 a ***shabby*** excuse 卑劣的借口

patch /pætʃ/

n. ①补丁 Jeans with ***patches*** at the knees are considered quite fashionable. 膝盖上有补丁的牛仔裤被视为相当新潮。

②斑 ***patches*** of sunlight 日光斑驳

③一小块地 a pumpkin ***patch*** 一小块南瓜地

vt. 修补 The collar on my coat has worn thin, so I must ***patch*** it. 我大衣的领子已经磨薄了,所以我得补一补。

搭 patch up 解决(争吵等);修补 She has gone on vacation with her husband to try to ***patch up*** their marriage. 她跟她丈夫度假去了,以补救他们的婚姻。

clasp /klɑːsp/

n. ①扣子,钩子 The bracelet has a gold ***clasp***. 这只手镯有个金搭扣。

②紧抱 He took her hand in a firm ***clasp***. 他紧握着她的手。

vt. ①抱紧 Julia Roberts ***clasped*** the Oscar Award in her hands. 茱莉亚·罗伯茨把奥斯卡奖杯紧紧握在手里。

②扣住,扣紧 She ***clasped*** a bracelet round her wrist. 她将手镯戴在手腕上。

lace /leɪs/

n. ①网眼花边 The tablecloth has ***lace*** around the edge. 台布四周饰有花边。

②鞋带 a pair of shoe ***laces*** 一副鞋带

vt. (~*up*)用系带束紧 ***Lace*** your shoes ***up*** or you'll trip over. 把鞋带系好,否则你会被绊倒。

clothe /kləʊð/

v. (给……)穿衣 feed and ***clothe*** one's family 给家庭提供衣食

strip /strɪp/

vi. 脱光衣服 Jack ***stripped*** off and jumped into the shower. 杰克脱掉衣服,跳进淋浴间。

vt. ①剥去,脱去 He ***stripped*** the paper off the wall. 他把纸从墙上撕掉。

②剥夺 He was disgraced and ***stripped*** of his title. 他名誉扫地,被取消了头衔。

n. 条,带状物 a ***strip*** of garden 一块狭长的园子 // a ***strip*** of paper 一张纸条

> 雅思真题 If the bark is ***stripped*** on a day when it's too cold—or when the air is damp—the tree will be damaged. 如果在过于寒冷或者空气潮湿的日子剥去树皮,树木就会毁坏。

textile /ˈtekstaɪl/

n. ①纺织品 Their main exports are ***textiles***, especially silk and cotton. 他们出口的货物主要是纺织品,特别是丝绸和棉布。

②[-*s*]纺织业 There are still more people employed in *textiles* than in computers. 纺织业的雇员现仍多于计算机业的雇员。

a. 纺织的 The *textile* industry employs many women workers. 纺织工业雇许多女工人。

texture /ˈtekstʃə/

n. ①质地 A TV commercial described the taste of some chocolate as good as the perfect *texture* of silk. 有个电视广告把一种巧克力的口感形容成像丝绸一样顺滑。

②(材料等的)结构 fibre *texture* 纤维结构

fur /fɜː/

n. ①柔毛 This creature's *fur* is short, dense and silky. 这种动物的毛短、浓密且柔顺。

②毛皮；毛皮衣服 The animal is hunted for its *fur*. 狩猎这种动物是为了获取其毛皮。

wool /wʊl/

n. ①羊毛 The dress was made of *wool*. 这套衣服是羊毛做的。

②毛织品 Autumn is a lively season for the *wool* market. 秋天是毛织品畅销的季节。

linen /ˈlɪnɪn/

n. 亚麻织品；亚麻布 a fine *linen* shirt 精纺亚麻布衬衫 // Do not wash dirty *linen* in public. 家丑不可外扬。

nylon /ˈnaɪlɒn/

n. 尼龙 The *nylon* has extensively been used for replacing the cotton now. 现在尼龙已被广泛地用来取代棉花。

leather /ˈleðə/

n. 皮革，皮革制品 *leather* gloves 皮手套

canvas /ˈkænvəs/

n. ①帆布 We spent the night under *canvas*. 我们是在帆布帐篷里过夜的。

②(帆布)油画 The young artist showed me his recent *canvases*. 这位年轻画家给我看了他近来的油画。

umbrella /ʌmˈbrelə/

n. 伞 It began to rain so she put up her *umbrella*. 天下起雨来了，于是她撑开了伞。

parachute /ˈpærəʃuːt/

【助记】para(准备)+chute(落下)→为防止掉下去做准备的东西→降落伞

n. 降落伞 a *parachute* jump 跳伞

v. ①跳伞 The man *parachuted* safely to the ground. 这个人跳伞后安全着陆。

②空投 Aid supplies were *parachuted* into the island. 救援物资已空投到岛上。

weave /wiːv/

vt. ①织，编 Most spiders *weave* webs that are almost invisible. 大多数蜘蛛结成的网几乎是看不见的。// My grandma *wove* the straw into two hats. 奶奶用稻草编了两顶草帽。

②编造(故事等) The story is *woven* by that boy. 这个故事是那个小男孩编出来的。

用 过去式 wove，过去分词 woven。

stitch /stɪtʃ/

n. ①一针；缝法 A *stitch* in time saves nine. 及时的一针顶日后的九针。(喻指：小洞不补大洞吃苦。)

②(肋部的)突然剧痛 After jogging about a mile, I suddenly got a *stitch* in my side. 我慢跑了大约一英里后，突然觉得肋部剧痛。

vt. 缝 Will you *stitch* a button on this shirt? 请你在这件衬衫上缝一颗钮扣，好吗？

knit /nɪt/

vt. ①编结，编织 Mom *knit* me a pair of sock. 妈妈给我织了一双袜子。

②使紧凑 The treaty *knit* the economies of the two nations together. 该条约把两国的经济紧密地结合在一起。// a closely *knit* community 紧密团结的社区

③皱紧，皱(眉) *knit* one's brows 皱眉

vi. ①编结 She often *knits* while watching TV. 她常常一边看电视一边织毛衣。

②(折骨)愈合 The bone failed to *knit* correctly. 骨头愈合得不好。

用 过去式、过去分词 knitted/knit。

Lesson 38

词根词缀表

cian 精于……的人	physician *n.* 内科医生	eco 生态	ecosystem *n.* 生态系统
dent 牙齿	dentist *n.* 牙医	form 形成	formation *n.* 形成
para- 旁边	parasite *n.* 寄生虫		

belly /ˈbelɪ/

n. 腹部 Everybody should go home with full *bellies* tonight. 今晚大家都要吃饱喝足才回家。

v. 涨满，鼓起 The sail *bellied* out in the wind. 船帆迎风鼓起。

bowel /ˈbaʊəl/

【助记】bow(弓)+el→像弓一样弯弯曲曲的→肠

n. ①肠 I have a pain in my *bowels*. 我肠子痛。

②[*pl.*]内部，深处 The cabins are in the *bowels* of the ship. 舱房设在船腹内。

frown /fraʊn/

vi. 皱眉 Don't *frown* at me like that. Anything you don't understand? 不要那样对着我皱眉。有什么不明白的吗？

n. 皱眉 There was a worried *frown* on her face. 她紧锁双眉，面带愁容。

wrinkle /ˈrɪŋkl/

n. 皱纹 Many moisturizers claim to be anti-*wrinkle*. 很多润肤霜都声称是抗皱的。

v. (使)起皱纹 Alex *wrinkled* up her nose at the smell. 亚历克斯闻到那个气味就皱起眉头。 // *wrinkle* your nose/brow 皱起鼻子/眉毛

beard /bɪəd/

n. 胡须 To my great amusement, his false *beard* fell off. 好笑的是，他的假胡子掉下来了。

muscle /ˈmʌsl/

n. ①肌肉 The soldiers on guard of Tian'anmen Square stand without moving a *muscle*. 天安门广场的战士站岗时纹丝不动。

②力量 It took us a lot of *muscle* to get that piano up those stairs. 把那架钢琴沿着那些楼梯搬上去费了我们很大的力气。

muscular /ˈmʌskjʊlə/

a. ①肌肉发达的 When watching a sports game, we can't help admiring the athletes' *muscular* bodies. 观看比赛的时候，我们禁不住会羡慕运动员们肌肉发达的身体。

②肌(肉)的 *muscular* tissue 肌肉组织

cell /sel/

n. ①细胞 All animals and plants are made of *cells*. 一切动植物都是由细胞构成的。

②小牢房 be locked in a *cell* 囚禁在牢房里

③电池 a dry *cell* 干电池

④基层组织 A terrorist *cell* was condemned for the explosion at the tube station. 恐怖分子小组因地铁爆炸事件而受到谴责。

gene /dʒiːn/

n. 基因 Cancer can be cured if *genes* can be repaired and replaced. 如果基因可以修补和替换，癌症是可以治愈的。

genetic /dʒɪˈnetɪk/

a. 遗传(学)的 More and more doctors believe that cancer is a *genetic* disease. 越来越多医生认为癌症是遗传病。

n. [-*s*]遗传学 *Genetics* is beyond my scope. 遗传学我是外行。

派 **genetically** *ad.* 遗传学上

雅思真题 Bouchard and his colleagues used this mountain of data to identify how far twins were affected by their *genetic* makeup. 布沙尔和他的同事利用这批海量数据来确认双胞胎受基因构造的影响有多大。

nerve /nɜːv/

n. ①神经 Don't get on my ***nerve***! 别把我惹毛了！

②勇气【同 courage】It takes a bit of ***nerve*** to cross these chain bridges. 过这种铁索桥要有点胆量才行。

搭 get on sb.'s nerves 惹得某人心烦

artery /ˈɑːtərɪ/

n. ①动脉 Too much fatty food will make your ***arteries*** more likely to clog up. 吃太多的高脂食物更容易阻塞动脉。

②干线，要道 main ***artery*** 主要干线

vein /veɪn/

n. ①静脉 The doctor injects glucose into the patient's ***vein***. 医生把葡萄糖注射入病人的静脉。

②叶脉，纹理 leaf ***vein*** 叶脉

③(尤指写作或说话的)风格，方式 The rest of the speech was in a more light-hearted ***vein***. 演讲的余下部分语调轻松多了。

搭 in the same vein 同样情趣的 // in the vein for 有……的兴致 I'm not ***in the vein*** for writing today. 我今天没有心情写作。

vessel /ˈvesl/

n. ①船 oceanic/abandoned ***vessel*** 远洋船/弃船

②容器 Empty ***vessels*** make the greatest sound. [谚]满瓶不响，半瓶晃荡(一知半解者总爱自以为是)。

③导管，血管 blood ***vessel*** 血管

pulse /pʌls/

n. 脉搏；脉冲 Her ***pulse*** raced with excitement when she got the good news. 听到那条好消息，她激动得心跳加快了。

vi. 搏动，跳动 His heart ***pulsed*** wildly. 他的心脏猛烈地跳动。

chamber /ˈtʃeɪmbə/

n. ①腔，室 The heart has four ***chambers***. 心脏有4个腔室。

②房间；会议厅 The members left the council ***chamber***. 议员们离开了会议厅。

physician /fɪˈzɪʃən/

n. 内科医生 A ***physician*** was called in. 医生请来了。

surgeon /ˈsɜːdʒən/

n. 外科医生 ***Surgeons*** need to know much more than medical knowledge. 外科医生不能只懂得医学知识。

cancer /ˈkænsə/

n. 癌 He was diagnosed with liver ***cancer***. 他被诊断出患了肝癌。

词源 原义是"蟹"，"巨蟹座"英语就是Cancer。古希腊医师盖仑认为，发生在肿瘤部位周围的静脉扩张就像蟹足向周围伸展，因此该词后来被用来表示"癌"。

tumo(u)r /ˈtjuːmə/

n. 肿瘤 The doctors decided to operate on him for the ***tumour***. 医生们决定为他开刀切除肿瘤。

lump /lʌmp/

n. 块，肿块 Vera found a small ***lump*** on her neck. 维拉发现脖子上有个小小的肿块。

vt. 将……归并在一起 The media tend to ***lump*** all these groups together. 宣传媒介倾向于把所有这几类人归在一起。

vi. 结块 The oatmeal ***lumps*** if you don't stir it well. 如果你不好好搅拌，麦片粥会结块。

obese /əʊˈbiːs/

a. 肥胖的；臃肿的 ***Obese*** people tend to have higher blood pressure than lean people. 胖人常常比瘦人血压高。

派 obesity *n.* 肥胖症，过度肥胖

stroke /strəʊk/

n. ①中风 He had a ***stroke*** yesterday. 他昨天中风了。

②一次努力 The first ***stroke*** is half the battle. [谚]良好的开端是成功的一半。

③划桨，划水 She swam with a steady ***strokes***. 她平稳地用力划水游泳。

④击，敲 He fell the tree with one ***stroke*** of the axe. 他一斧头就将树砍倒。

⑤报时的钟声 We arrived at the airport on the ***stroke*** of six. 我们6点整到达机场。

⑥笔划 A few ***strokes*** of her pen brought out his features clearly. 她几笔划就清晰勾勒出他的特点。

⑦抚摸 give the dog a ***stroke*** 抚摸一下那条狗

vt. 抚摸 He reached out and ***stroked*** her cheek tenderly. 他伸手轻柔地抚摸她的脸颊。

flu /fluː/

n. 流行性感冒 I was laid up for a week with ***flu***. 我因流感卧床一周。

pharmacy /ˈfɑːməsɪ/

n. ①药房 Get your medicine from the ***pharmacy***. 到药房去取药。

②药剂学 He was engaged in ***pharmacy*** when he was 16 years old. 他16岁就从事药学。

herb /hɜːb/

n. 药草，草本植物 Many people grow ***herb*** and spice plants near their homes. 许多人在自己家附近种植香草和香料植株。

tablet /ˈtæblɪt/

n. ①药片【同 pill】 Fill a glass with water and dissolve this ***tablet*** in it. 倒杯水，把药片放进去让它溶解。

②碑，牌，简 ***tablets*** in memory of famous people 名人纪念匾

capsule /ˈkæpsjuːl/

n. ①胶囊 This ***capsule*** is to be taken every four hours. 这种胶囊每隔4小时服用一次。

②航天舱 Tito has become the first tourist in the world who entered the space ***capsule***. 蒂托成为世界上第一个进入航天舱的游人。

ward /wɔːd/

n. ①病房 an isolation ***ward*** 隔离病房

②(城市的)区 There are three candidates standing for election in this ***ward***. 这个区里有3名候选人参加竞选。

③受监护人 She invested the money on behalf of her ***ward***. 她代表受她监护的人投资。

vt. 防止 Let's try to ***ward*** off any potential problems. 我们还是尽量避免任何可能出现的问题吧。

搭 ward off 防止，避开

germ /dʒɜːm/

n. ①微生物，细菌 This disinfectant kills all known household ***germs***. 这种消毒剂可以杀死所有已知的家居细菌。

②萌芽，(某事的)发端 I have the ***germ*** of an idea. 我有一个初步的想法。

hygiene /ˈhaɪdʒiːn/

n. 卫生(学)，保健(学) People should wash regularly to ensure personal ***hygiene***. 人们应经常洗澡以保证个人卫生。

dental /ˈdentəl/

a. 牙齿的；牙科的 I have undergone a major ***dental*** operation. 我经受了一次牙科大手术。

dentist /ˈdentɪst/

n. 牙科医生 I'm trying to work up enough courage to go to the ***dentist***. 我努力鼓起勇气去看牙医。

throat /θrəʊt/

n. 咽喉，嗓子 She's off work because of a sore ***throat***. 她因喉咙痛没去上班。

chew /tʃuː/

v. 咀嚼 This meat is so tough that I can hardly ***chew*** it! 这块肉太硬，我几乎咬不动！// a dog ***chewing*** on a bone 正啃着一块骨头的狗

搭 chew over 深思，玩味 Let me ***chew*** it ***over*** for a few days and I'll let you have my answer. 让我仔细考虑几天，我再给你答复。

jaw /dʒɔː/

n. 颌 A strong square ***jaw*** is supposed to be a sign of firm character. 结实的方下巴被看成是性格坚定的特征。

chin /tʃɪn/

n. 下巴 His father massages his nose and ***chin***. 他爸爸揉了揉鼻子和下巴。

elbow /ˈelbəʊ/

n. 肘 ***Elbow*** grease gives the best polish. 苦干出好活。

vt. 用肘推 He ***elbowed*** his way through the crowd. 他在人群中挤出一条路。

thigh /θaɪ/

n. 大腿 Women with thick ***thighs*** should avoid wearing pants. 大腿粗的女性应避免穿长裤。

limb /lɪm/

n. 肢，臂；树枝 For a while, she lost the use of her ***limbs***. 有好一会儿她四肢都动弹不得。

palm /pɑːm/

n. ①棕榈树 ***palm*** oil 棕榈油

②手掌 He held the bird gently in the ***palm*** of his hand. 他把小鸟轻轻地托在掌心。

vt. 把……藏在手掌心 The magician ***palmed*** the coin and suddenly produced it from the boy's ear. 魔术师把硬币藏在手心，突然又从那个男孩的耳朵里拿了出来。

搭 palm off 用欺骗手段把……卖掉 He tried to ***palm off*** an obsolete computer onto the man. 他试图把一台过时的电脑骗卖给那个人。

thumb /θʌm/

n. 拇指 She bit the tip of her left ***thumb***. 她咬着左手的大拇指头。

v. ①示意要求搭车 They managed to ***thumb*** a lift to Paris. 他们设法搭便车到达巴黎。

②(*~through*)迅速翻阅 You ought to ***thumb through*** this art book sometime. 你应该找时间浏览一下这本美术书。

搭 all thumbs 笨手笨脚

lap /læp/

n. ①膝部 Mary sat on her mother's ***lap*** and smiled for the camera. 玛丽坐在妈妈腿上冲着照相机微笑。

②(跑道或赛道的)一圈 He tripped and fell on the final ***lap***. 他在最后一圈绊倒了。

v. ①舔食 The cat was ***lapping*** (up) a saucer of milk. 猫在舔碟中的牛奶。

②(波浪等)拍打(声) The sea ***lapped*** the rocks. 海水拍打着岩石。

搭 lap up 欣然接受 She ***lapped up*** the praise when her friends congratulated her on her success. 朋友们祝贺她的成功，她欣然接受了称赞。

toe /təʊ/

n. 脚趾 You stepped on my ***toe***, damn it. 该死，你踏了我的脚尖！

搭 toe the line 服从，听从 You ***toe the line*** or you don't stay on the team! 你要听从命令，否则你就别待在队里！

派 toenail *n.* (人的)趾甲

footstep /ˈfʊtstep/

【助记】foot(脚)+step(步)→脚步

n. 脚步 The servant walked two or three ***footsteps*** behind his master. 那个仆人跟在他主人后面，相隔两三步。

skeleton /ˈskelɪtən/

n. ①骨骼 He was reduced almost to ***skeleton*** by the illness. 因为这场病他瘦得只剩皮包骨了。

②框架，梗概 I've written the ***skeleton*** of my report, but I have to fill in the details. 我已写出报告的梗概，但我必须补充细节。

> **雅思真题** Finally, on 11 October 1982, millions of people around the world held their breath as the timber ***skeleton*** of the Mary Rose was lifted clear of the water, ready to be returned home to Portsmouth. 最终在1982年10月11日，全世界数百万人屏住呼吸，见证玛丽玫瑰号的木质骨架升离水面，等待回到朴茨茅斯。

spine /spaɪn/

n. ①脊柱 His ***spine*** developed a slight curve. 他的脊柱有点弯曲。

②(动植物的)刺 Porcupines use their ***spines*** to protect themselves. 豪猪用身上的刺毛来自卫。

③书脊 The title and author were printed on the ***spine*** of the book. 那本书的书脊上印着书名和作者姓名。

liver /ˈlɪvə/

n. 肝 These medicinal herbs are said to act on the ***liver***. 据说这些药草对肝脏起作用。

valve /vælv/

n. ①阀，活门 the ***valve*** of a bicycle tire 自行车轮胎的气门

②(心脏的)瓣膜 The heart has ***valves*** to let blood flow in and out of it. 心脏有瓣膜控制血液流进流出。

lung /lʌŋ/

n. 肺 Smoking may affect your ***lungs***. 抽烟会损坏肺部。

kidney /ˈkɪdnɪ/

n. 肾 Each man has a pair of ***kidneys***. 每个人有一对肾脏。

embryo /ˈembrɪəʊ/

n. 胚胎 human ***embryos*** 人类胚胎

搭 in embryo 在胚胎阶段，萌芽的 The system is ***in embryo***. 该系统仍处于初级阶段。

waist /weɪst/

n. 腰 She took in the ***waist*** of her dress. 她把衣服的腰身改小。

breast /brest/

n. 胸脯，乳房 They had chicken ***breast*** for supper. 他们晚饭吃鸡胸肉。

搭 make a clean breast of 彻底坦白 Why not ***make a clean breast of*** it and tell them you took the money? 为什么不和盘托出，告诉他们是你拿了钱？

dairy /ˈdeərɪ/

n. 牛奶场，乳品店 We bought milk at the ***dairy***. 我们在乳品店买牛奶。

a. 乳制品的 The Chinese ***dairy*** industry experienced an unprecedented crisis of confidence. 中国奶制品行业遭遇了前所未有的信任危机。

barn /bɑːn/

n. 谷仓 That big building is a ***barn*** for keeping the grain. 那幢大房子是存放粮食的谷仓。

shepherd /ˈʃepəd/

n. 牧羊人 The ***shepherd*** and his dog gathered in the sheep. 牧羊人和牧羊犬把羊群赶到一块。

vt. 带领 The passengers were ***shepherded*** across the tarmac to the airliner. 乘客们被引导走过跑道去登机。

pasture /ˈpɑːstʃə/

n. ①牧场 Regularly at daybreak they drive their herds to the ***pasture***. 每天天一亮他们就把牲畜赶到草场上去。

②牧草 The farmer's land produced enough ***pasture*** to feed all of his livestock. 那个农民的土地上生产的牧草足够他的全部牲畜吃。

vt. 放牧 The horses are ***pastured*** on several acres of land. 马儿在几英亩的牧场上吃草。

vi. 吃草 The cattle ***pastured*** on a meadow. 牛群在草地上吃草。

graze /greɪz/

vi. 吃青草 The sun was shining brightly and cattle were ***grazing*** in the field. 阳光明晃晃地照耀着，牛在地里吃着草。

vt. ①放牧 We ***graze*** cattle on our fields. 我们在自己田里放牛。

②擦伤 She ***grazed*** her knee. 她擦伤了膝盖。

③擦过 The car ***grazed*** the garage door. 汽车擦蹭了车库的门。

n. 擦伤(处) His knee stung from the ***graze***. 他的膝盖擦伤后十分疼痛。

browse /braʊz/

【助记】电脑的浏览功能就是 browse

vi. ①浏览 He likes to ***browse*** through the books in the library. 他喜欢在图书馆浏览各种书籍。

②吃草 Goats are ***browsing*** in the pasture. 山羊在牧场上吃草。

saddle /ˈsædl/

n. (马)鞍；车座 Better lose the ***saddle*** than the horse. [谚]宁可丢鞍，不可失马。

vt. ①给……装鞍 He ***saddled*** his horse and rode away. 他给马装上鞍子，便骑上走了。

②使承担任务 He ***saddled*** his parents with debts. 他让父母背上了债务。

搭 in the saddle 在职，掌权

mammal /ˈmæməl/

n. 哺乳动物 Whales are ***mammals*** that live in the sea. 鲸是生活在海洋中的哺乳动物。

reptile /ˈreptaɪl/

n. 爬行动物 The huge ***reptiles*** which dominated the land and sea are all gone. 曾经主宰陆地、海洋的大型爬行动物都已经绝迹了。

bat /bæt/

n. ①蝙蝠 ***Bats*** fly at night and feed on insects and fruit. 蝙蝠在夜间飞行，以昆虫和水果为食物。

②球拍 a tennis ***bat*** 一只网球拍

beast /biːst/

【助记】动画片 *Beauty and Beast*《美女与野兽》

n. ①野兽 Savage ***beasts*** once roamed these forests. 曾有猛兽在这些森林里出没。

②凶残的人 He is a *beast*. 他是个恶棍。

ape /eɪp/

n. ①类人猿 The *ape* imitated our behavior. 猿猴模仿我们的行为。

②傻瓜，笨蛋 Push off you big *ape*. 滚开，你这个大笨蛋。

vt. 模仿 We used to *ape* the teacher's southern accent. 我们过去常模仿老师的南方口音。

搭 go ape 突然发怒（激动） Joe *went ape* when he found out the truth. 乔发现真相后，突然发怒。

camel /ˈkæməl/

n. 骆驼 Our journey by *camel* was quite an experience. 骑骆驼旅行是一次难忘的经历。

donkey /ˈdɒŋkɪ/

n. 驴 The new motorway won't be ready for *donkeys'* years. 要修好新的高速公路，那得等到猴年马月了。

wolf /wʊlf/

n. 狼 A lone *wolf* howled under the full moon. 一匹孤狼在满月下嗥叫。

vt. 狼吞虎咽地吃 He *wolfed* his meal down. 他狼吞虎咽地把饭吃下去了。

deer /dɪə/

n. 鹿 A flock of *deer* are browsing the hillside. 鹿在山坡上吃草。// run like a *deer* 跑得像鹿一样快 // small *deer* 无足轻重的小事

用 deer 的单复数形式相同。

bull /bʊl/

【助记】NBA 联赛的芝加哥公牛队 Chicago Bulls

n. ①公牛 If they go into that field the *bull* will chase them. 如果他们走进那块牧场，公牛就会追逐他们。

②买进证券（或商品等）投机图利者 A *bull* market is a situation in which share prices are rising. 牛市是指股价不断攀升的行情。

squirrel /ˈskwɪrəl/

n. 松鼠 Red *squirrels* are now very rare in Britain. 红色松鼠在英国已十分罕见了。

rat /ræt/

n. 鼠 *Rats* carry very nasty diseases. 老鼠传播讨厌的疾病。

rabbit /ˈræbɪt/

n. 兔子 *Rabbits* breed quickly. 兔子繁殖很快。

dinosaur /ˈdaɪnəsɔː/

n. ①恐龙 The blue whale is bigger than the biggest *dinosaur*. 蓝鲸比最大的恐龙还要大。

②庞大而过时的东西 The Maine dam is a *dinosaur* which should be removed. 缅因大坝是个应该拆除的老古董。

frog /frɒg/

n. 蛙 *Frogs* can live both on land and in water. 青蛙既能生活在陆地上也能生活在水中。// have a *frog* in one's throat （暂时）失声，嗓音嘶哑

tortoise /ˈtɔːtəs/

n. 龟，陆龟 The desert *tortoise* is one of many species in the protected area. 沙漠龟是这片保护区许多物种之一。

dolphin /ˈdɒlfɪn/

n. 海豚 He notices that the *dolphin's* bright colors afford a warning to his enemies. 他注意到，海豚身上明亮的颜色起到警告敌人的作用。

whale /weɪl/

n. 鲸 The blue *whale* is the world's largest living animal. 蓝鲸是世界上现存的最大的动物。

shark /ʃɑːk/

n. ①鲨鱼 She fell overboard and the *sharks* got her. 她从船上跌落水中，被鲨鱼咬了。

②勒索者，放高利贷的人 loan *shark* 放高利贷者

crab /kræb/

n. 螃蟹 This *crab* salad is delicious! 这份蟹肉色拉味道好极了！

vi. 抱怨 He's been *crabbing* about the weather all afternoon. 他一整个下午都在抱怨天气。

派 crabbed *a.* 易怒的；字迹潦草的

swan /swɒn/

【助记】天鹅(swan)在湖里游泳(swam)

n. 天鹅 a black ***swan*** (澳大利亚产)黑天鹅

v. 游逛 They've gone ***swanning*** off to Paris for the weekend. 他们周末到巴黎潇洒去了。

crane /kreɪn/

n. ①起重机 We used a ***crane*** to lift the huge box into the backyard. 我们用起重机将这个大箱子搬进了后院。

②鹤 a sacred ***crane*** 丹顶鹤

vt. 伸长(脖子等) Jane ***craned*** her neck to look for her mother in the crowd. 简伸长脖子张望着,在人群里找她的母亲。

livestock /ˈlaɪvstɒk/

n. 牲畜,家畜 The heavy rains and flooding killed scores of ***livestock***. 暴雨和大水淹死了许多牲口。

用 livestock 为不可数集合名词。

poultry /ˈpəʊltrɪ/

n. [集合词]家禽 ***poultry*** farm 家禽饲养场

eagle /ˈiːgl/

n. 鹰 The bald ***eagle*** is the emblem of the US. 秃鹰是美国(国徽)的标志。

hawk /hɔːk/

n. ①鹰 The ***hawk*** swooped low over the field. 雄鹰猛地一个俯冲,低低地掠过田野。

②鹰派人物 Both ***hawks*** and doves have expanded their conditions for ending the war. 鹰派和鸽派都充分阐明了各自的停战条件。

vt. 沿街叫卖,兜售 He often ***hawked*** toothpastes in the street during the vacations. 上大学期间每逢放假,他便在大街上沿街兜售牙膏。

insect /ˈɪnsekt/

【助记】in(into)+sect(切)→节肢动物→昆虫

n. 昆虫 A locust is a kind of destructive ***insect***. 蝗虫是一种害虫。

bug /bʌg/

n. ①小虫 We noticed tiny ***bugs*** that were all over the walls. 我们发现墙上爬满了小虫。

②病菌 I think I've got a bit of a stomach ***bug***. 我觉得我有点肠胃感染。

③窃听器 There was a ***bug*** on the phone. 那部电话里装有一个微型窃听器。

④故障 There is a ***bug*** in the software. 软件出了故障。

vt. ①装窃听器 Spies had ***bugged*** the telephone. 间谍窃听了电话。

②打扰,使厌烦,纠缠 The baby's crying is really ***bugging*** him. 婴儿的哭声让他感到很烦。

antenna /ænˈtenə/

【助记】蚂蚁(ant)脑袋上的触须就像天线(antenna)

n. ①天线 satellite ***antenna*** 卫星天线

②触角;触觉 insect ***antennae*** 昆虫的触角 // The minister has acute political ***antennae***. 部长有着敏锐的政治触觉。

用 复数形式为 antennae。

spider /ˈspaɪdə/

n. 蜘蛛 If my girlfriend sees a ***spider***, she runs a mile. 我女朋友一看见蜘蛛就会拼命跑开。

spin /spɪn/

v. ①旋转 Let's ***spin*** a coin to decide who'll have the first turn. 让我们抛转硬币来决定谁先开始。

②晕眩 The noise made my head ***spin***. 噪音弄得我头昏。

③织(网) Spiders ***spin*** threads. 蜘蛛拉网。

④绞干 A washing machine can ***spin*** clothes dry. 洗衣机可以给衣物脱水。

n. 旋转 The pitcher gave a ***spin*** to the ball. 投手使球旋转。

搭 spin out 拖长时间

用 过去式、过去分词 spun。

butterfly /ˈbʌtəflaɪ/

n. 蝴蝶 have ***butterflies*** in the stomach 紧张

worm /wɜːm/

n. 虫,蠕虫 Many birds eat ***worms***. 很多鸟类都以虫为食。

ant /ænt/

n. 蚂蚁 The ***ant*** is a social insect. 蚂蚁是喜欢群居的昆虫。

pest /pest/

n. ①害虫 Insects which eat crops are ***pests***. 吃庄稼的昆虫是害虫。

②讨厌的人 The little boy, usually behaving himself, is now a thorough ***pest*** to all of us. 那个平时很乖的小孩,现在简直让我们所有人头

痛不已。

散开了。

mosquito /məˈskiːtəʊ/

n. 蚊子 I enjoy summer the least because there are ***mosquitoes***. 我最不喜欢夏季，因为有蚊子！

parasite /ˈpærəsaɪt/

n. ①寄生生物 blood ***parasite*** 血内寄生物

②寄生虫 Some people are just ***parasites***, doing nothing all day long. 有些人只是寄生虫，整天什么都不干。

biological /ˌbaɪəˈlɒdʒɪkəl/

a. ①生物的，生物学的 the ***biological*** sciences 生物科学

②亲生的 She decided to search for her ***biological*** mother after her adoptive parents died. 养父养母去世后，她决定去寻找她的生母。

搭 biological clock 生物钟

ecosystem /ˈiːkəʊˌsɪstɪm/

n. 生态系统 Pollution can have disastrous effects on the balanced ***ecosystem***. 污染会对生态平衡造成灾难性的破坏。

lava /ˈlɑːvə/

n. 熔岩，岩浆 As the ***lava*** reached the surface, much of the water escaped as hot vapour clouds. 当岩浆流经地表时，很多水都变成水蒸气散开了。

fossil /ˈfɒsəl/

n. ①化石 ***fossils*** of early reptiles 早期爬行动物的化石

②老顽固 She is an old ***fossil***. 她是个老顽固。

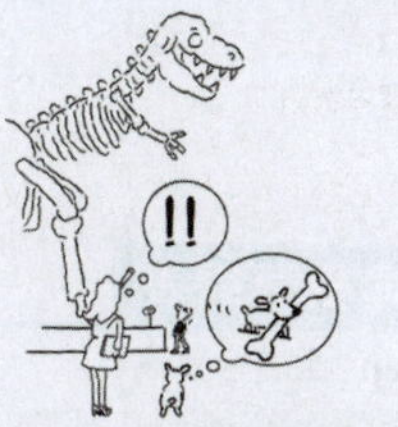

formation /fɔːˈmeɪʃən/

n. ①形成 School life has a great influence on the ***formation*** of a child's character. 学校生活对孩子性格的形成有很大影响。

②形成物 Clouds are ***formations*** of tiny drops of water in the sky. 云是由空中极细微的水滴构成的。

③队形，排列 The troops advanced in battle ***formation***. 部队以战斗队形前进。

雅思真题 It's actually a tank (kund means reservoir or pond) rather than a well, but displays the hallmarks of stepwell architecture, including four sides of steps that descend to the bottom in a stunning geometrical ***formation***. 实际上它类似于一个池塘（kund是蓄水池或水塘的意思）而非水井，但却呈现出水井的建筑特征，四面有通向底部、几何造型令人惊叹的阶梯。

Lesson 39

词根词缀表

gen 生产;种族	gender *n.* 性别	pan 全,泛	panorama *n.* 全景
femin 女性	feminine *a.* 女性的	veg 有生气的	vegetation *n.* 植物
cur(s) 流,跑	excursion *n.* 远足	par 出现	transparent *a.* 透明的

mankind /ˌmænˈkaɪnd/

【助记】man(人)+kind(种类)→人类

n. 人类 According to the Bible, the whole of ***mankind*** is descended from Adam. 据《圣经》记载,全人类都是亚当的后代。

gender /ˈdʒendə/

n. 性别,性 The course discusses women's psychology, ***gender*** equity, and marriage. 这门课研讨女性心理、性别平等和婚姻。

male /meɪl/

a. 男(性)的,雄的 a deep ***male*** voice 深沉的男声

n. 男子 Haemophilia is a condition that affects mostly ***males***. 血友病是一种主要影响男性的疾病。

female /ˈfiːmeɪl/

a. 雌的,女(性)的 We only employ ***female*** workers. 我们只雇用女工。

n. 女子 The male is physically stronger than the ***female***. 男性在体格上要比女性强壮。

feminine /ˈfemɪnɪn/

【助记】femin(女性)+ine(具有……性质)→女性的

a. 女性的;女子气的 Jewelry and lace are mostly ***feminine*** belongings. 珠宝和蕾丝大多是女性用品。

派 **feminism** *n.* 女权运动 // **feminist** *n.* 男女平等主义者 *a.* 主张男女平等的

masculine /ˈmæskjʊlɪn/

a. 男性的;男子气的 A man is considered ***masculine*** when he faces life's challenges bravely. 如果一个人勇敢面对生活的挑战,我们就说他很有男子汉气概。

派 **masculinity** *n.* 男子气概

veteran /ˈvetərən/

n. ①老兵 The seventy-year-old man is a ***veteran*** from the Second World War. 那位70岁老人是第二次世界大战时的老兵。

②老手 Tony Leung Chiu Wai is a ***veteran*** actor (=a ***veteran*** of screen). 梁朝伟是个银幕表演经验丰富的演员。

layman /ˈleɪmən/

n. 外行 Doctors sometimes confuse ***laymen*** with their jargon. 医生有时用专门术语把外行人弄得稀里糊涂。

practitioner /prækˈtɪʃənə/

n. 从业者 My sister is a medical ***practitioner***. 我姐姐是个医务工作者。

vocation /vəʊˈkeɪʃən/

n. 职业 He is desperate to pursue his ***vocation*** as an artist. 他不顾一切地从事艺术的职业。

派 **vocational** *a.* 职业的,业务的

painter /ˈpeɪntə/

n. ①画家 She didn't think much of him as a ***painter***. 她对他作为一位画家评价不高。

②油漆匠 He works as a ***painter*** and decorator. 他是一名油漆匠兼装潢工。

historian /hɪˈstɔːrɪən/

n. 历史学家 The cause of Marilyn Monroe's death is still mysterious even to ***historians***. 玛丽莲·梦露的死因甚至对于史学家也仍是个谜团。

acrobat /ˈækrəbæt/

【助记】acro(最高的)+bat(走)→在高空行走的人→杂技演员

n. (走钢丝的)杂技演员 The *acrobat* hooked his foot into the loop. 杂技演员用脚勾住绳圈儿。

musician /mjuːˈzɪʃən/

n. 音乐家 She gave promise of an outstanding *musician* as a child. 她从小就显露出成为杰出音乐家的苗头。

sailor /ˈseɪlə/

n. 水手，海员 *Sailors* do not earn much money but they do see life. 海员们挣钱虽然不多，但他们确实能见世面。

athlete /ˈæθliːt/

n. 运动员 Today, many *athletes* go to universities after their retirement. 如今，很多运动员退役后都去上大学。

jog /dʒɒg/

v./n. ①慢跑 I go for a *jog*/go *jogging* in the park every morning. 每天早晨我都在公园里慢跑。

②轻轻碰撞(或推搡) You *jogged* my elbow and spoiled what I was drawing. 你碰了我的肘部，把我正在画的画弄坏了。// give sb. a *jog* 轻轻推某人

搭 jog sb.'s memory 唤起某人的记忆

stroll /strəul/

vi./n. 散步，闲逛 They *strolled* down to the canal. 他们漫步走到了运河边。// go for a *stroll* 散步

dash /dæʃ/

vi. 猛冲 We must *dash* or we will miss the bus. 我们必须快跑，要不就赶不上那趟公共汽车了。

vt. 猛掷，使猛撞 Huge waves *dashed* the boat against the rocks. 巨浪把小船猛撞到岩石上。

n. ①猛冲 make a *dash* 猛冲，飞奔

②破折号 The *dash* is longer than the hyphen. 破折号比连字符长。

搭 dash off 迅速离去；迅速写(或画)

gallop /ˈgæləp/

v./n. ①奔驰，飞跑 The little boy *galloped* down the stairs at the ringing of the clock. 闹钟一响，小男孩就飞跑下楼去。// at full *gallop* 以最快的速度跑

②飞速发展 China's economy *galloped* ahead. 中国的经济飞速向前发展。

brisk /brɪsk/

a. ①轻快的，生气勃勃的 Britney Spears speaks in a *brisk* tone. 布兰妮·斯皮尔斯讲话声调轻快。

②兴隆的，繁忙活跃的 Ice-cream vendors were doing a *brisk* trade. 冰激凌小贩的生意很红火。

③寒冷而清新的 a *brisk* wind 清新的风

tramp /træmp/

v. ①用沉重的脚步走 The soldiers were *tramping* by. 士兵们踏着沉重的步伐走过。// He *tramped* the streets looking for work. 他走遍大街小巷，寻找工作。

②步行，跋涉 They *tramped* over the moors. 他们徒步走过荒野。

n. ①流浪者 He's a *tramp* and used to living rough. 他是流浪汉，惯于风餐露宿。

②沉重的脚步声 He heard the slow, heavy *tramp* of feet on the stairs. 他听见楼梯上缓慢而沉重的脚步声。

outing /ˈautɪŋ/

n. 远足，郊游 We have one family meal or *outing* a week. 每周我们会有一次家庭聚餐或郊游。

excursion /ɪkˈskɜːʃən/

【助记】ex(out)+curs(跑)+ion→跑出去→远足

n. 远足，短途旅行 Let's make a day's *excursion* to the mountain in the suburbs. 我们到郊外的山上去游玩一天吧。

baggage /ˈbægɪdʒ/

【助记】bag(包)+g+age(集合名词总称)→行李

n. [美]行李 At the airport I found that I had 10kg of excess *baggage*. 在机场我发现行李超重了10公斤。

luggage /ˈlʌgɪdʒ/

n. [英]行李 All the *luggage* has been strapped up. 所有行李都已捆扎好。

setting /ˈsetɪŋ/

n. ①环境 The school is situated in a beautiful *setting*. 这所学校环境优美。

②(小说等的)背景 Canberra is the *setting* for his latest novel. 他的最新小说以堪培拉为背景。

③调节，设定的位置 The heating system was already on its highest *setting*. 加热系统已调

至最高一档了。

panorama /ˌpænəˈrɑːmə/

【助记】pan(全部)+orama(看)→全部看得到→全景

n. ①全景，风景的全貌 A vast *panorama* of the valley lay before us. 山谷的广阔全景展现在我们面前。

②概括，概貌 This book gives a *panorama* of life in England 400 years ago. 本书展现了400年前英格兰生活的概貌。

sightseeing /ˈsaɪtˌsiːɪŋ/

【助记】sight(景色)+seeing(看)→观光

n. 观光，游览【同 tourism】Some people like to lie on the beach, but I prefer (to go) *sightseeing*. 有些人喜欢在海滩上躺着，但是我宁愿出去游览。

派 sightseer *n.* 观光客

scenery /ˈsiːnərɪ/

【助记】scene(风景)+ry(表总称)→景色

n. ①景色【同 landscape】In the early spring the *scenery* is very beautiful. 初春的景色分外美丽。

②舞台布景 They worked all night painting the *scenery*. 他们整夜都在绘制舞台布景。

派 scenic *a.* 风景(优美)的

sunrise /ˈsʌnraɪz/

【助记】sun(太阳)+rise(升)→日出

n. ①日出 From its peak you can watch the magnificent view of *sunrise*. 从山顶您可观赏日出奇观。

②朝霞 *sunrise* of Mount Fuji 富士山顶的晨曦

sunset /ˈsʌnset/

n. ①日落，傍晚 A red sky at *sunset* is a sign of good weather. 日落时的晚霞是好天气的前兆。

②晚霞 the flame of *sunset* 火红的晚霞

sunshine /ˈsʌnʃaɪn/

n. 日光，日照【同 sunlight】Northern Ireland will start dry with some *sunshine*. 北爱尔兰清早天气干燥，有些阳光。

dusk /dʌsk/

n. 黄昏 The lights go on at *dusk*. 黄昏时电灯亮了。

eve /iːv/

n. 前夜，前夕 Christmas *eve* 平安夜 // New year's *eve* put people in a special mood. 大年夜让人感到有一种特别的气氛。

daylight /ˈdeɪlaɪt/

【助记】day(白天)+light(光)→日光

n. 日光，白昼 We'll keep working while there's still enough *daylight*. 趁着天还不太黑，我们将继续工作。

daytime /ˈdeɪtaɪm/

n. 白天 But for the bat, *daytime* means bed-time. 对于蝙蝠来说，白天意味着就寝时间。

weekday /ˈwiːkdeɪ/

n. 工作日 If you want to avoid the crowds, it's best to come on a *weekday*. 如果想避免人多，最好在周一到周五来。

everyday /ˈevrɪdeɪ/

a. 每天的，日常的 After the bomb it was some time before the town resumed its *everyday* routines. 爆炸后经过相当一段时间，这个城镇才恢复了正常的生活秩序。

orchard /ˈɔːtʃəd/

n. 果园 The children were skylarking in the *orchard*. 孩子们在果园里嬉戏。

plantation /plænˈteɪʃən/

【助记】plant(植物)+ation→种植园

n. 种植园 There were hundreds of slaves in the *plantation*. 这个种植园里有数百名奴隶。

greenhouse /ˈgriːnhaus/

【助记】green(绿色)+house(房子)→房子里一年四季都是绿色植物→温室

n. 温室 The *greenhouse* effect is gradually warming the earth's atmosphere. 温室效应正使地球的大气层逐渐变暖。

shed /ʃed/

vt. ①脱落 Many trees *shed* their leaves in autumn. 许多树在秋天落叶。

②摆脱，去掉 Many firms use relocation as an opportunity to *shed* jobs. 许多公司利用迁址的机会取消不需要的职位。

③发出(光等) The candles *shed* a soft glow on her face. 蜡烛在她的脸上映着一层柔光。

④流出，流下 *shed* tears 流泪 // How much blood will be *shed* before the fighting ends? 要死伤多少人战争才能结束？

n. 棚屋 Please put your bicycles in the bicycle *shed*. 请把自行车放到车棚里。

搭 hed light on 使……更清楚，阐明

vegetation /ˌvedʒɪ'teɪʃən/

【助记】veg(有生气的)+etation→草木皆有生命→植物

n. 植物 Much of the northwestern *vegetation* has been damaged by overgrazing. 西北地区大多数天然植被已因过度放牧被破坏了。

vegetarian /ˌvedʒɪ'teərɪən/

n. 素食主义者 A *vegetarian* gets protein not from meat but from its analogues. 素食者所摄取的蛋白质不是来自肉类而是来自近似肉类的食物。

grape /greɪp/

n. 葡萄 Sour *grape* can never make sweet wine. 酸葡萄酿不出甜酒。

cherry /'tʃerɪ/

n. 樱桃；樱桃树；如樱桃的鲜红色 *Cherry* trees flower in the early spring. 樱桃树在早春开花。

violet /'vaɪəlɪt/

n. 紫罗兰 The *violet* is a dainty spring flower. 紫罗兰是娇艳的春花。

a. 紫色的 Men are particularly fond of her *violet* eyes. 男人们尤其喜欢她那双紫罗兰色的眼睛。

purple /'pɜːpl/

a. 紫的 His face turned *purple* with rage. 他气得脸色发紫。

n. 紫色 dark *purple* 深紫色

ivory /'aɪvərɪ/

n. ①象牙 The men trafficked with the natives for *ivory*. 这些人与土著居民做买卖以换取象牙。

②象牙色，乳白色 I'd like a kitchen mostly in *ivory* and light green. 我想要一间大部分是乳白色和浅绿色的厨房。

dye /daɪ/

n. 染料 hair *dye* 染发剂

vt. 给……染色 She *dyed* her hair jet black. 她把头发染成了乌黑色。

transparent /træns'pærənt/

【助记】trans(through)+par(出现)+ent→穿过去还能看见的→透明的

a. ①透明的【反 opaque】The thin shirt is *transparent* in the sunlight. 那件薄衬衣在阳光下是透明的。

②明显的【同 obvious】The meaning of this passage seems quite *transparent*. 这一段话的意思看来是相当清楚的。

派 transparency *n.* 透明，透明物

opaque /əʊ'peɪk/

a. ①不透明的 Rubber is an *opaque* material. 橡胶是一种不透明的物质。

②难理解的 The jargon in his talk was *opaque* to me. 他谈话中使用的行话让我一头雾水。

oak /əʊk/

n. 橡树；橡木 *Oaks* may fall when reeds stand the storm. [谚]树大招风。

pine /paɪn/

n. 松(树) The *pine* trees defy severe cold. 松树不畏严寒。

vi. ①(~*away*)消瘦 He *pined away* after his wife died. 妻子去世后，他日渐憔悴。

②(~*for*)渴望 He began to *pine for* the sight of his sweet partner's face. 他开始渴望看到他那可爱的情人的脸庞。

hedge /hedʒ/

【助记】把绝壁的边缘(edge)用树篱(hedge)围起来

n. ①树篱 trim the *hedge* 修剪树篱

②防备，障碍物 Buying a house will be a *hedge* against inflation. 买房子是对付通货膨胀的一种手段。

vt. 用篱笆围 The building was *hedged* in with trees. 大楼四周种着树木。

vi. 避免直接回答 You're *hedging* again—have you got the money or haven't you? 你又在闪烁其辞了，你究竟有钱没有？

timber /'tɪmbə/

n. 木材；大木料 We must safeguard forest *timber* and stop overlumbering. 我们必须保护森林木材，不能滥伐。

fell /fel/

v. 砍倒 Tropical forest is ***felled*** to make way for grassland. 热带森林被砍伐，腾出地方做草地。

搭 at/in one fell swoop 一下子，一举

trunk /trʌŋk/

n. ①树干，躯干 He left his bicycle leaning against a tree ***trunk***. 他把他的自行车斜靠在树干上。

②(大)旅行箱 unpack a ***trunk*** 开箱取物

③象鼻 The elephant sucked up the water into its ***trunk***. 大象把水吸入长鼻。

peel /piːl/

vt. 削……的皮 Some people like to ***peel*** the apple before eating. 有的人吃苹果喜欢削皮。

vi. 剥落 Bits of walls were ***peeling***. 好几处的墙面正在脱落。

n. (水果等的)皮 banana ***peel*** 香蕉皮

搭 peel off 剥掉，脱去

weed /wiːd/

n. 杂草 The garden is overgrown with ***weeds***. 这个园子里长了许多野草。

v. 除草 I spent the morning ***weeding*** (the garden). 我一上午都在除(园子里的)草。

reed /riːd/

n. ①芦苇 We tried to avoid the beds of ***reeds*** at the river curves. 我们试图避开河弯处的芦苇滩。

②(吹奏乐器的)簧片 ***reed*** instrument 簧(或管)乐器

garlic /ˈɡɑːlɪk/

n. 大蒜 His breath smells of ***garlic***. 他的呼气中有大蒜气味。

pepper /ˈpepə/

n. 胡椒，胡椒粉 Pass the salt and ***pepper***, please. 请把盐和胡椒粉递过来。

vt. 在……上撒(胡椒粉等)，使布满 You don't have to ***pepper*** the soup. 你没必要往汤里撒胡椒粉。// a report ***peppered*** with statistics 满篇都是统计数字的报告

spicy /ˈspaɪsɪ/

a. 辛辣的 People from Sichuan province like to eat ***spicy*** food. 四川人喜欢吃辛辣的食物。

relish /ˈrelɪʃ/

vt. 享受【同 enjoy】He was ***relishing*** his moment of glory. 他正在享受他的荣耀时刻。

n. ①(美食等的)享受 eat/read with ***relish*** 津津有味地吃/读

②调味品 Tom added more ***relish*** to his pie. 汤姆给自己的馅饼多加了些调味品。

sauce /sɔːs/

【助记】调味品(sauce)是香味的来源(source)

n. 调味汁，作料 Hunger is the best ***sauce***. [谚]饥饿是最好的调味汁。

vinegar /ˈvɪnɪɡə/

n. 醋 table ***vinegar*** 食醋 // Cry up wine and sell ***vinegar***. 挂羊头，卖狗肉。

onion /ˈʌnjən/

n. 洋葱 When you slice an ***onion***, it makes your eyes sting. 切洋葱的时候会辣眼睛。

cucumber /ˈkjuːkʌmbə/

n. 黄瓜 Have some ***cucumber***. 吃点黄瓜吧。

hamburger /ˈhæmbɜːɡə/

n. 汉堡包，牛肉馅 She ordered a ***hamburger*** and French fries. 她叫了一份汉堡包和炸薯条。

salad /ˈsæləd/

n. 色拉，凉拌菜 Would you like some fruit ***salad***? 要来点水果色拉吗?

ice-cream /aɪsˈkriːm/

n. 冰激凌 I treated her to an ***ice-cream***. 我请她吃了一个冰激凌。

dessert /dɪˈzɜːt/

n. 甜食 We had ice cream for ***dessert***. 我们餐后吃的甜点是冰激凌。

snack /snæk/

n. 快餐，点心 ***Snack*** bars have become a familiar sight in most big cities. 快餐店在多数大城市里随处可见。

refreshment /rɪˈfreʃmənt/

n. ①[*pl.*]茶点 ***Refreshments*** will be served after the meeting. 会后有茶点供应。

②(精力的)恢复 We stopped for ***refreshment*** halfway through the journey. 我们走到半路停

下来，恢复一下体力。

edible /ˈedɪbl/

【助记】ed(吃)+ible(可……的)→可以吃的

a. 可以吃的【反 inedible】Are these berries ***edible***, or are they poisonous? 这些浆果可以吃、还是有毒？

buffet /ˈbʌfɪt/ *vt.* /ˈbʊfeɪ/ *n.*

vt. ①猛烈袭击，猛烈冲击 London was ***buffeted*** by storms last night. 伦敦昨晚遭到暴风雨的猛烈袭击。

②打击，伤害 I was weary of being ***buffeted*** by life. 我厌倦了生活的打击。

n. 自助餐 a ***buffet*** lunch 自助午餐

cafeteria /ˌkæfɪˈtɪərɪə/

n. 自助餐馆 In the ***cafeteria*** we serve ourselves. 在自助餐馆我们是自己拿菜的。

sausage /ˈsɒsɪdʒ/

n. 香肠 Can I offer you another helping of pork ***sausage***? 我再给你一份猪肉香肠好吗？

flour /flaʊə/

n. 面粉 The ingredients of this bread include ***flour***, eggs, sugar, and yeast. 这块面包的制作原料包括面粉、鸡蛋、糖和发酵粉。

grain /greɪn/

【助记】g+rain(雨)→雨水充沛，谷物丰收→谷物

n. ①谷物 Farmers grow ***grain*** and keep cattle. 农民种植谷物和养牛。

②颗粒 a ***grain*** of sand 一粒沙

③少量 There wasn't a ***grain*** of truth in what he said. 他说的话没有一丁点是真的。

cereal /ˈsɪərɪəl/

n. 加工而成的谷类食物；谷物 I have hot ***cereal*** every day for breakfast. 我每天早餐吃热麦片粥。

loaf /ləʊf/

n. 一条面包 a ***loaf*** of crusty bread 一条硬皮面包

vi. 闲逛【同 hang about】They spent all day ***loafing*** around on street corners. 他们整天在街角闲荡。

candy /ˈkændɪ/

n. 糖果 I can never resist ***candy***. 我难以抗拒糖果的诱惑。

roast /rəʊst/

v. 烤，炙，烘 The meat is ***roasting***. 肉正烤着。// The sun was ***roasting*** us. 太阳火辣辣地炙晒着我们。

n. 烤肉 Let's have a nice ***roast*** for Sunday dinner. 让我们星期天晚餐好好吃一顿烤肉。

a. 烤过的 Do you prefer Beijing ***roast*** duck or chicken with peanuts? 你喜欢北京烤鸭还是宫爆鸡丁？

turkey /ˈtɜːkɪ/

n. ①火鸡(肉) It's traditional in England to eat ***turkey*** on Christmas Day. 圣诞节时吃火鸡是英格兰的传统。

②失败之作 His latest movie is a real ***turkey***. 他最近的那部电影真是一大败笔。

bacon /ˈbeɪkən/

【助记】即超市中卖的"培根肉"

n. 咸肉 Fry the ***bacon*** until crisp. 把燻肉煎脆。

barbecue /ˈbɑːbɪkjuː/

n. ①金属烤架 I put another steak on the ***barbecue***. 我在烤架上又放了一块肉排。

②烧烤野餐 We can't calculate on having good weather for the ***barbecue***. 我们不能指望着有好天气才去烧烤。

vt. 在烤架上烧烤 Now and then we like to ***barbecue*** chicken in the back yard. 我们偶尔会在后院烤鸡吃。

steak /steɪk/

n. 牛排 My ***steak*** is so tough that it tastes like shoe leather. 我的牛排硬得像靴子上的皮革。

lamb /læm/

n. ①羔羊 The little ***lamb*** was caught by the wolf. 小羔羊被狼抓住了。

②羔羊肉 roast ***lamb*** 烤羔羊肉

搭 like a lamb 似羔羊般顺从地

fry /fraɪ/

vt. 油炸 Palma borrowed Panama pan to ***fry*** the Bahamas ham. 帕尔马借巴拿马锅煎巴哈马火腿。

chop /tʃɒp/

v. 砍 *chop* up meat 把肉剁碎 // Tom was *chopping* wood for fire. 汤姆在劈柴生火。

n. 排骨 We will have grilled pork *chops* for dinner. 我们晚餐吃烤猪排。

slice /slaɪs/

n. ①薄片 a *slice* of bread 一片面包

②一份，部分 Every company wants to gain a bigger *slice* of the pie. 每个公司都想占据更大的市场份额。

vt. 切(片) *Slice* the cucumbers and add them to the meat. 把黄瓜切片，然后加进肉里。

【归类卡片】"切割"种种

chop 砍	slice 切片	dice 切块
carve 雕刻	trim 修剪	tear 撕裂

scrap /skræp/

n. ①碎片；少量 Put the *scraps* of paper in the wastebasket. 将碎纸片放到废纸篓里。// *scraps* of news 零星的消息

②废金属 He sold his car for its *scrap* value. 他把自己的小汽车当作废铁卖掉了。

③[*pl.*]残羹剩饭【同 leftovers】He gave *scraps* of food to the dog. 剩余的食物他拿去喂狗了。

vt. 废弃 We had to *scrap* our plans. 我们不得不放弃我们的计划。

scrape /skreɪp/

【助记】scrap(碎屑)+e→碎屑是被刮下来的→刮

vt. 刮，擦 She *scraped* the mud off her shoes. 她刮去鞋上的泥。// Please *scrape* the dish clean. 请把盘子擦干净。

n. 刮，擦，刮擦声 One can only hear the *scrape* of their pens on paper. 只听见他们的笔尖在纸上所发出的沙沙声。

搭 scrape together/up 费力地获得 // scrape by/through 勉强通过 Danni just *scraped through* her exams. 丹妮勉强通过了考试。

chip /tʃɪp/

n. ①碎片 Friends are chocolate *chips* in the cookie of life. 在生活中，朋友就像曲奇饼上的巧克力碎片。

②[常 *pl.*]炸土豆条 "Fish and *chips*"is a typical English food. "炸鱼土豆条"是一种典型的英国食品。

③集成电路片 Techniques were developed to hook many transistors into *chips*. 将许多晶体管联结到集成电路片上的技术得到了开发。

④瑕疵 This vase has a *chip*. 这只花瓶有一个瑕疵。

⑤筹码 bargaining *chip* 讨价还价的筹码

vt. 削下 He *chipped* old paint from the walls. 他将旧的油漆从墙上铲下来。

rub /rʌb/

vt. 摩擦 I *rubbed* my hands together to warm them. 我搓揉双手让手暖和。

搭 rub it in 反复提及令人不快的事

Lesson 40

词根词缀表

muni 服务	municipal ***a.*** 市政的	**cid** 落下	incidence ***n.*** 发生率
dox 观点	orthodox ***a.*** 正统的	**alt** 高	altitude ***n.*** 高度

commonwealth /ˈkɒmənwelθ/

n. ①[*the C-*]英联邦 ***The Commonwealth*** of Nation includes several nations. 英联邦包括好几个国家。

②联邦 The three republics have decided to form a ***commonwealth*** of independent states. 这三个共和国决定组成一个独立国家联合体。

mayor /meə/

n. 市长 The ***mayor*** gave a television address yesterday evening. 市长昨晚做了电视讲话。

magistrate /ˈmædʒɪstreɪt/

n. 地方行政官，地方法官；治安法官 a ***magistrate***'s court 地方治安法庭

municipal /mjuːˈnɪsɪpəl/

【助记】muni(服务)+cip(从事)+al→从事城市公共服务的→市政的

a. 市的，市政的 She works in a ***municipal*** library. 她在一所市立的图书馆工作。

county /ˈkaʊntɪ/

n. 郡，县 *The Bridges of Madison* ***County*** was one of the best-selling books of the U.S. in 1994.《麦迪逊县的桥》是1994年美国的畅销书之一。

chancellor /tʃɑːnsələ/

n. ①[英]财政大臣 the ***Chancellor*** of the Exchequer 财政大臣

②校长 vice ***chancellor*** 大学副校长

③首相 The ***Chancellor*** will present his budget to Parliament tomorrow. 首相明天将在会议上提出他的预算案。

④[英]首席法官 the Lord ***Chancellor*** 大法官

bureau /ˈbjʊərəʊ/

n. 局，办事处 The weather ***bureau*** makes daily reports on weather conditions. 气象局每天报告天气状况。

bureaucracy /bjʊəˈrɒkrəsɪ/

【助记】bureau(机关)+cracy(统治)→政府机构

n. ①官僚主义 The manager institutes a reform against ***bureaucracy*** in the company. 经理推行改革以消除公司内的官僚作风。

②政府机构 the trade union ***bureaucracy*** 工会机构

capitalism /ˈkæpɪtlɪzm/

n. 资本主义 commercial ***capitalism*** 商业资本主义

ministry /ˈmɪnɪstrɪ/

n. ①(政府的)部 The scheme was approved by the ***Ministry*** of Health. 方案获得了卫生部的批准。

②牧师(职位) Converted in his early teens, he entered the ***ministry*** in 1855. 他十三四岁开始信教，1855年成为牧师。

prophet /ˈprɒfɪt/

【助记】pro(before)+phet(说)→预言家

n. 先知；预言家 Mohammed is the ***prophet*** of the Muslims. 穆罕默德是穆斯林的先知。

divine /dɪˈvaɪn/

a. ①神的，神授的 It is the ***divine*** will. 这是天意。

②极好的 ***divine*** intelligence 非凡的才能

sacred /ˈseɪkrɪd/

a. ①神圣的 Cows are ***sacred*** to Hindus. 对印度人来说，牛是神圣的。// Indira Gandhi considered it a ***sacred*** duty to fulfill her dead father's wishes. 英迪拉·甘地认为完成她已故父亲的遗愿是她神圣的职责。

②宗教(性)的 *Sacred* Song 圣歌

cardinal /'kɑːdɪnəl/

a. ①主要的，基本的 *cardinal* error 根本错误 // Having clean hands is one of the *cardinal* rules when preparing food. 做饭时最基本的规矩之一是要把手洗干净。

②深红的 She is wearing a *cardinal* sweater today. 今天她穿了件鲜红的毛衣。

n. 深红色；基数；红衣主教 The Pope appointed two new *cardinals* this year. 今年教皇新任命了两位红衣主教。

orthodox /'ɔːθədɒks/

【助记】ortho(right)+dox(观点)→正统的

a. 传统的，正统的 The young generation today don't like *orthodox* teaching. 当今的年轻一代不喜欢正统的说教。

hypothesis /haɪ'pɒθəsɪs/

【助记】hypo(under)+thesis(放)→放在下面→假说

n. 假说，假充 This is only a sort of scientific *hypothesis* which has not been proved by experiments. 这仅仅是一个尚未被实验证明的科学假说。

用 复数为hypotheses。

premise /'premɪs/

【助记】pre(before)+mise(送)→预先给出→前提

n. ①[*pl.*]经营场址 The company is moving to new *premises*. 该公司打算迁入新址。

②前提 The law is based on the *premise* that people are innocent until they are proved to be guilty. 该法规的前提是人在被证明有罪之前是无辜的。

entity /'entɪtɪ/

n. 实体，独立存在体 The two companies, though under the same group, are separate legal *entities*. 这两家公司虽然同属一个集团，却是独立的法律实体。

auxiliary /ɔːg'zɪljərɪ/

a. ①辅助的 She is an *auxiliary* nurse. 她是一名助理护士。

②备用的 an *auxiliary* alarm system 备用警报系统

secondary /'sekəndərɪ/

a. ①次要的，第二的 All other considerations are *secondary* to his safety. 现在首先要考虑的是他的安全，其他事均是次要的。

②(教育、学校等)中等的 *secondary* education/school 中等教育/中学

entrepreneur /ˌɒntrəprə'nɜː/

n. 企业家 Li Jiacheng is a famous *entrepreneur*. 李嘉诚是一个著名的企业家。

leadership /'liːdəʃɪp/

n. 领导，领导层 Britain has lost her *leadership* in the ship-building industry. 英国已丧失在造船业的领导地位。

guidance /'gaɪdəns/

【助记】guid(e)(指导)+ance→指导，指引

n. 指引，指导 Parental *guidance* is recommended for the following program. 以下节目建议由家长指导收看。

guideline /'gaɪdlaɪn/

【助记】guide(指导)+line(线路)→指导方针

n. [常 *pl.*]指导方针 "One country, two systems" is one of China's *guidelines*. "一国两制"是中国的一项指导方针。

endorse /ɪn'dɔːs/

vt. ①赞同【同 approve】I am afraid I can't *endorse* your opinion. 很抱歉，我不能赞成你的意见。

②背书，背面签字 Please *endorse* the cheque on the back. 请在支票的背面签名。

③为(某种产品)做广告，代言 The twins *endorsed* a line of household cleaning products. 这对双胞胎曾代言过一系列的家庭清洁产品。

派 **endorsement** *n.* 背书，签注；认可

abroad /ə'brɔːd/

ad. ①到国外 More and more graduates are going *abroad* to pursue master degrees. 越来越多的毕业生选择出国读硕士研究生。

②在传播 The rumor soon got *abroad*. 谣言很快传开了。

oversea(s) /ˌəuvə'siː(z)/

ad. 在海外，在国外 The product is sold both at home and *overseas*. 这个产品行销国内外。

a. 海外的，国外的 *overseas* trade 海外贸易

foreigner /ˈfɒrɪnə/

n. 外国人 *Foreigners* are not allowed to own land. 外国人不得拥有土地。

ambassador /æmˈbæsədə/

n. 大使 Many *ambassadors* to China speak fluent Chinese. 许多国家的驻华大使都能讲流利的中文。

embassy /ˈembəsɪ/

n. 大使馆；大使馆全体成员 American *Embassy* in China 美国驻华大使馆

premier /ˈpremɪə/

【助记】prem(首要)+ier(表人)→首相

n. 总理，首相 The Irish *premier* is paying an official visit to Britain. 爱尔兰总理正在对英国进行正式访问。

a. 首要的 take the *premier* place 占第一位，占首席

sociable /ˈsəʊʃəbl/

a. 好交际的【反 unsociable】People without brothers and sisters tend to be less *sociable*. 没有兄弟姐妹的人大多更不合群。

nationality /ˌnæʃəˈnælɪtɪ/

n. 国籍，民族 I am of (=I have) Chinese *nationality*. What's your *nationality*? 我是中国籍。你是哪国人？

passport /ˈpɑːspɔːt/

【助记】pass(通过)+port(港口)→通过出入境港口所持的证件→护照

n. 护照 My *passport* is due to expire in two months. 我的护照再过两个月就到期了。

visa /ˈviːzə/

n. 签证 He experienced great difficulty in getting a *visa* to leave the country. 他申请出国签证经历了很大的困难。

credentials /krɪˈdenʃəlz/

【助记】cred(相信)+entials→使人信服的东西→证件

n. ①(证明人的能力等的)证明，资格 She will first have to establish her leadership *credentials*. 她得首先确立她有担任领导的资格。

②证明书，资格证书 I examined his *credentials*. 我查验了他的证件。

coupon /ˈkuːpɒn/

n. ①优惠券 The *coupon* is not valid if detached. 这优惠券撕下即无效。

②配给券 be on *coupons* 实行配给

token /ˈtəʊkən/

n. ①(用作某种特殊用途的替代货币的)筹码 a subway *token* 地铁代币

②信物，标志 A white flag is used as a *token* of surrender. 白旗被用作投降的信号。// Please accept this gift as a small *token* of our appreciation. 区区薄礼，略表谢意。

③礼券 a book/gift *token* 购书礼券/礼券

a. 象征性的 The enemy offered only a *token* resistance. 敌人只是象征性地抵抗了一下。

搭 by the same token 同样地

lottery /ˈlɒtərɪ/

n. ①抽彩给奖法 a *lottery* ticket 彩票

②碰巧的事 Finding a job there is a *lottery*. 要在那儿找到一份工作全得碰运气。

outset /ˈaʊtset/

n. 开端 At the *outset* of his career, he was full of ambition but not anymore. 在事业刚开始时，他踌躇满志，但是现在却没了。

搭 at/from the outset 开端，开始

advent /ˈædvent/

【助记】ad(to)+vent(来)→到来

n. 到来 People are much better informed since the *advent* of a telecommunications satellite. 自从通讯卫星问世以来，人们的消息灵通多了。

雅思真题 Historians suggest that the *advent* of mass tourism began in England during the industrial revolution with the rise of the middle class and the availability of relatively inexpensive transportation. 历史学家指出，大众旅游业是在英国工业革命时期开始出现的，那时中产阶级崛起，人们可以使用相对廉价的交通方式。

incidence /ˈɪnsɪdəns/

n. 发生率 This area has a high *incidence* of crime. 这个地区的犯罪率很高。

lapse /læps/

n. ①失误 A single *lapse* of concentration cost Becker the game. 一时的疏忽大意使得贝克尔

输掉了比赛。

②失足，行为失检 He expected his wife to forgive his *lapse*. 他希望他的老婆原谅他的失检。

③(时间的)流逝，间隔时间 After a *lapse* of several years he came back to see us. 事隔几年后，他又回来看望我们了。

vi. ①(合同、协议等的)终止 She had allowed her membership to *lapse*. 她的会员资格期满终止，没有再续。

②(~*into*)陷入……状态 Following his death, the Empire *lapsed into* chaos. 他死后，帝国就陷入了混乱之中。

augment /ɔːɡ'ment/

【助记】aug(增加)+ment(名词后缀)→提高

vt. 扩大，提高 The impact of the report was *augmented* by its timing. 由于发表的时间选得好，这篇报导的影响更大了。// *augment* one's income by... 通过……增加收入

lofty /'lɒftɪ/

a. ①高傲的 I didn't like her *lofty* treatment of the visitors. 我不喜欢她那样傲慢地对待来访者。

②崇高的 Patriotism is usually regarded as a kind of *lofty* sentiment. 爱国主义往往被认为是一种高尚的情操。

③高耸的 *lofty* mountains 巍峨的群山

dwarf /dwɔːf/

n. 矮子 Their son is a *dwarf*. 他们的儿子是个矮子。

a. 矮小的 a *dwarf* tree 一棵矮树

vt. 使显得矮小，使相形见绌 The old cathedral is *dwarfed* by the skyscrapers that surround it. 那座古老的教堂在周围摩天大楼的映衬下显得十分矮小。

lumber /'lʌmbə/

vi. 笨拙地移动 Mrs. Moffat *lumbered* over to us, complaining about her arthritis. 莫法特太太艰难地走过来，跟我们抱怨她的关节炎。

vt. 拖累 He refused to *lumber* himself with a family. 他不愿被家室拖累。

n. ①(堆放着的)家用废旧杂物 We cleared the *lumber* out of the garage. 我们清理了汽车间里无用的杂物。

②木材 The truck was sent to carry *lumber*. 卡车被派出去运木材。

via /'vaɪə/

prep. 经过 We flew from Guangzhou to Beijing *via* Shanghai. 我们从广州取道上海飞往北京。

questionnaire /ˌkwestʃə'neə/

【助记】quest(追求)+ion+naire→追求答案→问卷

n. 问卷，征求意见表 Please complete and return the enclosed *questionnaire*. 所附问卷请填妥交回。

personnel /ˌpɜːsə'nel/

n. ①[总称]人员 sales/technical/military *personnel* 销售/技术/军事人员

②人事部门 the *personnel* department 人事部门

layoff /'leɪˌɔːf/

n. (临时)解雇 Some of the *layoffs* were caused by the weak economy. 有些临时裁员是由经济疲软导致的。

fellowship /'feləʊʃɪp/

【助记】fellow(伙伴)+ship→友谊

n. ①友谊 I enjoy cordial *fellowship* with people. 我喜欢与人真诚交往。

②团体，协会 be admitted to *fellowship* 获准入会

③奖学金 Fulbright *fellowship* 富布莱特奖学金

colleague /'kɒliːɡ/

【助记】col(共同)+league(联盟)→同事

n. 同事 Whenever his *colleagues* ask for his help, he just gives others a cold shoulder. 每逢同事们找他帮忙，他总是反应冷淡。

partner /'pɑːtnə/

n. 配偶，搭档 If only some handsome boy invited me to be his *partner* at the ball! 要是有个英俊的小伙子邀请我做他的舞会搭档就好了！

vt. 作……的搭档 John *partnered* Mary at the dance. 约翰在舞会上与玛丽结成舞伴。

派 **partnership** *n.* 伙伴关系，合伙关系；合伙企业

mainland /'meɪnlənd/

【助记】main(主要的)+land(陆地)→大陆

n. 大陆 Ferry services operate between the islands and the *mainland*. 在大陆和各岛之间有轮渡服务。

inland /ˈɪnlənd/

【助记】in+land(陆地)→内陆的

a. 内地的 an *inland* river 内河

ad. 在内地 Brazil moved its capital *inland* to Brasilia in order to develop its economy around the new capital. 巴西把首都内迁到巴西利亚以发展新都一带的经济。

vertical /ˈvɜːtɪkəl/

【助记】vert(转)+ical→垂直旋转的→垂直的

a. 垂直的 The cliff is almost *vertical*. 那个山崖近乎垂直。

派 vertically *ad.* 垂直地

equator /ɪˈkweɪtə/

n. 赤道 The *equator* divides the earth equally into the northern and southern hemispheres. 赤道把地球等分为南北两个半球。

polar /ˈpəʊlə/

a. ①极地的;磁极的 As the climate warms up, the *polar* ice-caps will begin to melt. 随着气候变暖,两极的冰冠将开始融化。

②正好相反的 *polar* personalities 相反的个性 // They are of *polar* opinions. 他们的意见截然相反。

altitude /ˈæltɪtjuːd/

n. ①高度 The plane crashed when flying at an *altitude* of 10,000 feet. 这架飞机在一万英尺的高空飞行时坠毁了。

②[*pl.*]高处 At high *altitudes* it is difficult to breathe. 在海拔很高的地方呼吸会感到困难。

latitude /ˈlætɪtjuːd/

n. ①纬度 Climates differ widely in different areas in a country covering a wide range of *latitudes*. 在一个跨多个纬度的国家,气候差异很大。

②[*pl.*]纬度地区 temperate *latitudes* 温带地区

③回旋余地 She was given considerable *latitude* in how she spent the money. 在如何花这笔钱的问题上她有很大的自由。

longitude /ˈlɒndʒɪtjuːd/

【助记】long(长的)+itude→连接南北两极的长线叫经线→经度

n. 经度,经线 The *longitude* passing through Greenwich Observatory is called the prime meridian. 经过伦敦格林威治天文台的经线被称作本初子午线(零度经线)。

tropic /ˈtrɒpɪk/

n. ①回归线 *tropic* of Cancer 北回归线

②[*the -s*]热带地区 This plant only grows in *the tropics*. 这种植物只生长在热带地区。

tropical /ˈtrɒpɪkəl/

a. ①热带的;炎热的 *tropical* forest 热带雨林 // August was almost *tropical* this year. 今年8月十分炎热。

②转义的 *tropical* expressions 比喻表达

plateau /ˈplætəʊ/

【助记】plat(平的)+eau→高处的平地→高原

n. ①高原 The *plateau* extends for many miles. 高原连绵许多英里。

②(上升后的)稳定时期 As a rule, one makes rapid progress at the beginning and then it reaches a *plateau*. 通常,一个人开始的时候进步神速,之后就进入平稳时期。

用 表示"高原"时,复数形式为plateaus或plateaux。

highland /ˈhaɪlənd/

n. 高地 It is the gateway to the *highland*. 这是到高地去的必经之路。

lawn /lɔːn/

n. 草坪 We planted tulips along the side of the *lawn*. 我们沿草坪的边缘种上了郁金香。

meadow /ˈmedəʊ/

n. 草地 The cattle are grazing in the *meadows*. 牛群在草场上吃草。

thorn /θɔːn/

n. ①刺,荆棘 She got her finger pricked by a *thorn*. 她的手指被刺扎了一下。

②带刺小灌木 He fell into a *thorn* bush and was covered with scratches. 他跌入荆棘丛,弄得伤痕累累。

jungle /ˈdʒʌŋgl/

n. ①(热带)丛林 *jungle* warfare 丛林战

②乱七八糟的一堆 It's your duty to sort through the *jungle* of welfare regulations. 你的任务是把一堆纷繁的福利条例加以分类整理。

shady /ʃeɪdɪ/

a. ①成荫的 We went to find somewhere cool and *shady* to have a drink. 我们去找了一个阴凉的地方喝了一杯。

②可疑的 He has engaged in rather *shady* occupation. 他从事相当不明不白的职业。

platform /ˈplætfɔːm/

【助记】plat(平的)+form(外形)→平台

n. ①平台;讲台 a loading *platform* 装货平台

②站台,月台 *platform* ticket 站台票

③纲领,宣言 The candidate ran on a *platform* of better housing and equal rights for all. 这名候选人的竞选宣言是保证更好的住房条件和所有人享有平等的权利。

peninsula /pɪˈnɪnsjʊlə/

【助记】pen(almost)+insula(岛)→半岛

n. 半岛 Italy is a *peninsula*. 意大利是个半岛。

isle /aɪl/

n. 小岛 Do you know the locations of the British *Isles*? 你知道不列颠群岛的位置吗?

cliff /klɪf/

n. 悬崖 It's very difficult to climb a sheer *cliff*. 攀登陡峭的悬崖是很困难的。

bay /beɪ/

n. ①湾 They sailed through the *Bay* of Bengal. 他们航行通过孟加拉湾。

②分隔间 In the library, the books on history are all kept in one *bay*. 在图书馆里,历史方面的书都放在同一隔间里。

搭 keep/hold... at bay 使……无法近身

gulf /gʌlf/

n. ①海湾 The *gulf* extends northward. 海湾向北方延伸。

②鸿沟 Between him and Mr. Smith there was a great *gulf* fixed. 他与史密斯之间有一道永远不可逾越的鸿沟。

seaside /ˈsiːsaɪd/

n. 海滨 We are going to the *seaside* for our holiday. 我们打算去海滨度假。

brook /brʊk/

n. 小溪 a murmuring *brook* 流水潺潺的小溪

vt. [常用于否定句或疑问句]容忍 Carmen says in a quiet voice that does not *brook* contradiction. 卡门说话的声音很轻,但斩钉截铁,不容反驳。

canal /kəˈnæl/

n. 运河 The Panama *Canal* joins two oceans. 巴拿马运河连通两个大洋。

pond /pɒnd/

n. 池塘 The intense heat has dried up the *pond*. 酷热使池水干枯。

pit /pɪt/

n. ①坑,地洞 The children were playing in the sand *pit*. 孩子们在沙坑中玩耍。

②煤矿 He worked all his life down the *pit*. 他一辈子都在矿井里工作。

vt. ①使有凹陷 The ground was *pitted* by the heavy rain. 大雨使场地变得坑坑洼洼。

②使竞争 It's a chance to *pit* yourself against the champion. 这是一次与冠军较量的机会。

reservoir /ˈrezəvwɑː/

【助记】reserv(保存)+oir(表地方)→保存水的地方→水库

n. ①水库 This *reservoir* gives water to the whole city. 这个水库供全城用水。

②(知识、人才等的)储藏 the *reservoir* of knowledge 知识的宝库

waterfall /ˈwɔːtəfɔːl/

【助记】water(水)+fall(倒下)→倒下的水→瀑布

n. 瀑布 *Waterfalls* can be used for the generation of electricity. 瀑布可用以发电。

torrent /ˈtɒrənt/

n. ①激流 After five days of heavy rain the Taylor river was a raging *torrent*. 经过五天的大雨之后,泰勒河成了汹涌的急流。

②(雨的)倾注 *torrents* of rain 倾盆大雨

tide /taɪd/

n. 潮汐;潮流 Time and *tide* wait for no man. [谚]岁月不待人。// swim with the *tide* 顺应潮流,随波逐流

搭 tide over 使渡过(困难时期) Could you lend me RMB 30 to *tide* me *over* till next week? 你能借给我30块钱让我挨过这个礼拜吗?

dam /dæm/

n. 坝 The *dam* was completed two years ahead of time. 水坝提前两年竣工。

vt. 筑堤挡住 to *dam* the flow of a river 筑坝拦住河水

ounce /aʊns/

n. 盎司 An *ounce* in liquid measure is different from an *ounce* in dry measure. 液量的一盎司与干量的一盎司不同。

gallon /ˈɡælən/

n. 加仑 What mileage does your car do per *gallon*? 一加仑汽油能让你的汽车行驶多少英里?

liter/-tre /ˈliːtə/

n. 升 You are restricted to eight *liters* of duty-free wine. 携带的免税酒不得超过8升。

quart /kwɔːt/

n. 夸脱 There are two pints in a *quart* and four *quarts* in a gallon. 1夸脱是2品脱,而1加仑是4夸脱。

calorie /ˈkælərɪ/

n. 大卡;卡(路里) Only one thin piece of bread has more than 100 *calories*. 薄薄一片面包就含有一百多卡路里。

派 **caloric** *a.* 热量的,卡路里的

imperial /ɪmˈpɪərɪəl/

a. ①帝国的 a major *imperial* power 一个主要的帝国

②(度量衡)英制的 The *imperial* gallon is not the same size as the US one. 英制加仑与美制加仑不同。

gauge /ɡeɪdʒ/

n. ①测量仪表 A petrol *gauge* shows the amount of petrol left in a car. 汽油表指示出汽车里所剩的汽油量。

②厚度;规格 What *gauge* of wire do you require? 你需要什么规格的电线?

vt. ①估计 I tried to *gauge* how many people there were. 我想估计出有多少人。

②计量 You can use this machine to *gauge* blood pressure. 你可以用这个机器量血压。

acre /ˈeɪkə/

n. 英亩 a five-*acre* wood 一片5英亩的林地 // The playground covers over an *acre* in extent. 操场的面积超过一英亩。

metric /ˈmetrɪk/

【助记】metr(测量)+ic→测量单位→米制的

a. 公制的,米制的 What is it in term of *metric* measures? 按公制度量它是多少?

millimeter/-tre /ˈmɪlɪˌmiːtə/

【助记】milli(毫,千分之一)+meter(米)→毫米

n. 毫米 There are 1,000 *millimeters* in one liter. 1升等于1000毫升。

派 **submillimeter** *n.* 亚毫米

centimeter/-tre /ˈsentɪˌmiːtə/

【助记】centi(百)+meter(米)→百分之一米→厘米

n. 厘米 One *centimeter* equals to 0.01 meter. 1厘米等于0.01米。

centigrade /ˈsentɪɡreɪd/

【助记】centi(百)+grade(等级)→分成一百个等级→摄氏的

a. 摄氏的 The temperature in the desert varies from zero degree *centigrade* to 40 in a day. 一天之中,沙漠的气温可以从0℃变化到40℃。

width /wɪdθ/

n. ①宽度 The carpet is available in different *widths*. 这款地毯有各种宽度可供选择。

②宽阔,广阔 Standing here you can fully appreciate its *width*. 站在这里能充分感受到它的宽阔。

spacious /ˈspeɪʃəs/

【助记】spac(空间)+ious→宽敞的

n. 宽广的,宽敞的 The Tian'anmen Square is the most *spacious* square in the world. 天安门广场是世界上最大的广场。

watt /wɒt/

n. 瓦(特) a 60-*watt* light bulb 60瓦的灯泡

volt /vəʊlt/

n. 伏(特) direct-current working *volts* 直流工作电压

voltage /ˈvəʊltɪdʒ/

【助记】volt(伏特)+age(总称)→电压

n. 电压 This *voltage* must be in phase with the primary *voltage*. 这一电压必须同原电压同相。

附录1 基础词汇

A

a/an *art.* 一(个);任何一(个);每一(个)
able /ˈeɪbl/ *a.* 能够……的;有才干的
about /əˈbaut/ *prep.* 关于;在……周围 *ad.* 大约;周围
above /əˈbʌv/ *prep.* 在……之上 *ad.* 在上面;以上 *a.* 上面的
accept /əkˈsept/ *vt.* 接受;认可
accident /ˈæksɪdənt/ *n.* 事故;意外
according to /əˈkɔːdɪŋ tə/ *prep.* 按照;根据
ache /eɪk/ *v./n.* 痛;疼痛
across /əˈkrɒs/ *prep.* 穿过;在……对面 *ad.* 横过;……宽
act /ækt/ *v.* 行动;起作用;表演 *n.* 行为;法令;(一)幕
active /ˈæktɪv/ *a.* 活跃的;主动的
actor /ˈæktə/ *n.* 男演员
actress /ˈæktrɪs/ *n.* 女演员
actual /ˈæktjuəl/ *a.* 实际的,真实的
add /æd/ *v.* 添加;进一步说(或写)
■ add up to 合计达,总括起来,意味着
admire /ədˈmaɪə/ *vt.* 羡慕;钦佩
admit /ədˈmɪt/ *v.* 承认;准许……进入
adventure /ədˈventʃə/ *n.* 冒险;奇遇
advice /ədˈvaɪs/ *n.* 劝告,意见
advise /ədˈvaɪz/ *v.* 劝告;建议
aeroplane/airplane /ˈeərəpleɪn; ˈeəpleɪn/ *n.* 飞机
affair /əˈfeə/ *n.* [*pl.*]事情;事件
afford /əˈfɔːd/ *vt.* 买得起;提供
afraid /əˈfreɪd/ *a.* 害怕的;担心的
after /ˈæftə, ˈɑftə/ *prep./conj.* 在……以后 *ad.* 后来
■ after all 毕竟,终究
afternoon /ˌæftəˈnuːn, ɑːftəˈnuːn/ *n.* 下午
again /əˈgeɪn/ *ad.* 再一次
against /əˈgeɪnst/ *prep.* 反对;紧靠着;和……对比
age /eɪdʒ/ *n.* 年龄;时代 *v.* 变老
ago /əˈgəu/ *ad.* 以前
agree /əˈgriː/ *v.* 同意;一致
agreement /əˈgriːmənt/ *n.* 协议;一致
agriculture /ˈægrɪkʌltʃə/ *n.* 农业
ahead /əˈhed/ *ad.* 在前;朝前;提前
aim /eɪm/ *n.* 目标;瞄准 *v.* 瞄准;旨在
airport /ˈeəpɔːt/ *n.* 机场
alive /əˈlaɪv/ *a.* 活着的;有活力的
all /ɔːl/ *a.* 一切的;全部的 *ad.* 完全地 *pron.* 全部
■ all but 几乎;除了……都
■ all in all 总的说来
■ all over 到处,遍及
allow /əˈlaʊ/ *vt.* 允许;承认
almost /ˈɔːlməust/ *ad.* 几乎,差不多
alone /əˈləun/ *a.* 单独的 *ad.* 仅仅,只
along /əˈlɒŋ/ *ad.* 向前;一道 *prep.* 沿着
■ along with 和……一道,和……一起
aloud /əˈlaud/ *ad.* 出声地,大声地
already /ɔːlˈredɪ/ *ad.* 已经
also /ˈɔːlsəu/ *ad.* 而且(也);同样地
although /ɔːlˈðəu/ *conj.* 虽然
altogether /ˌɔːltəˈgeðə/ *ad.* 全部地;总之;总共
always /ˈɔːlwɪz/ *ad.* 总是;永远
among(st) /əˈmʌŋ(st)/ *prep.* 在……之中;在……之间
and /ænd, ənd, ən/ *conj.* 和,并且;那么
anger /ˈæŋgə/ *n.* 愤怒 *vt.* 激怒
angry /ˈæŋgrɪ/ *a.* 生气的
animal /ˈænɪməl/ *n.* 动物 *a.* 动物的
announce /əˈnauns/ *vt.* 宣布;宣告
another /əˈnʌðə/ *pron.* 另一个 *a.* 另一个的
answer /ˈɑːnsə/ *n./v.* 回答
anxious /ˈæŋkʃəs/ *a.* 焦虑的;渴望的
any /ˈenɪ/ *pron.* 无论哪个(些) *a.* 任一的;一些 *ad.* 略,丝毫
anybody /ˈenɪˌbɒdɪ/ *pron.* 任何人
anyone /ˈenɪwʌn/ *pron.* 任何人
anything /ˈenɪθɪŋ/ *pron.* 任何东西,任何事情
anything like [疑问、否定、条件句中]完全像
anywhere /ˈenɪweə/ *ad.* 在任何地方;随便什么地方
apologize/-ise /əˈpɒlədʒaɪz/ *vi.* (*to, for*)道歉,认错
appear /əˈpɪə/ *vi.* 出现;看来好像
apple /ˈæpl/ *n.* 苹果
April /ˈeɪprəl/ *n.* 四月
area /ˈeərɪə/ *n.* 面积;地区;领域
argue /ˈɑːgjʊ/ *vi.* 争论,辩论 *vt.* (坚决)主张
army /ˈɑːmɪ/ *n.* 军队;大群
around /əˈraund/ *ad.* 在周围;大约 *prep.* 在……四周
arrival /əˈraɪvəl/ *n.* 到达
arrive /əˈraɪv/ *vi.* 到来;(*at*)达到
art /ɑːt/ *n.* 美术,艺术;技术;[*pl.*]人文科学,文科

artist /ˈɑːtɪst/ *n.* 艺术家，美术家

as /æz, əz, z/ *ad.* 同样地 *prep.* 当作；像 *conj.* 当……时；如同……那样；由于；尽管

■ as for/to 至于，关于

■ as if/though 好像，仿佛

■ as it is 实际上

■ as it were 可以说，在某种程度上

■ as so/long as 只要；既然

■ as soon as possible 尽快

ashamed /əˈʃeɪmd/ *a.* 惭愧的，羞耻的

ask /ɑːsk/ *v.* 问；请求

asleep /əˈsliːp/ *a.* 睡着的

assistant /əˈsɪstənt/ *n.* 助手；助教 *a.* 助理的

at /æt, ət/ *prep.* 在……里；向，朝；在……时刻；以，达；在……方面

■ at all [用于否定句]丝毫

attack /əˈtæk/ *v.* 攻击 *n.* 攻击；突然发作

attempt /əˈtempt/ *n./vt.* 尝试，企图

attend /əˈtend/ *vt.* 出席，上(学等)；照料 *vi.* (*to*)专心于

attention /əˈtenʃən/ *n.* 注意；立正口令

attract /əˈtrækt/ *vt.* 吸引

August /ˈɔːgəst/ *n.* 八月

aunt /ɑːnt/ *n.* 姑母，伯母，婶母，舅母，姨母

autumn /ˈɔːtəm/ *n.* 秋天

average /ˈævərɪdʒ/ *a.* 平均的；平常的 *n.* 平均数，平均 *v.* 平均

awake /əˈweɪk/ *a.* 醒着的 *v.* 唤醒

away /əˈweɪ/ *ad.* 远离，离开

B

baby /ˈbeɪbɪ/ *n.* 婴儿

back /bæk/ *ad.* 向后；回原处；回；以前 *n.* 后面；背面 *a.* 后面的；向后的 *v.* 后退；支持

■ back down/off 放弃，后退

■ back out 退出，撤手；食言

■ back up (使)倒退；支持

bad /bæd/ *a.* 坏的

badly /ˈbædlɪ/ *ad.* 坏，拙劣地；严重地；非常

■ badly off 贫困的，境况不好的

bag /bæg/ *n.* 袋；手提包 *vt.* 把……装进袋子

bake /beɪk/ *v.* 烘，烤

ball /bɔːl/ *n.* 球；舞会 *vt.* 把……捏成球状

banana /bəˈnɑːnə/ *n.* 香蕉

bank /bæŋk/ *n.* 银行，库；岸，堤 *v.* 把(钱)存入银行

base /beɪs/ *n.* 基，底座；基础；基地 *vt.* (*on, upon*)把……建立在……的基础上

basic /ˈbeɪsɪk/ *a.* 基本的 *n.* [*pl.*]基本原理

basin /ˈbeɪsən/ *n.* 盆，脸盆；盆地

basket /ˈbɑːskɪt/ *n.* 篮，篓

basketball /ˈbɑːskɪtbɔːl/ *n.* 篮球

bath /bɑːθ/ *n.* 洗澡；浴缸

bathe /beɪð/ *v.* 给……洗澡；游泳

bathroom /ˈbɑːθrʊm/ *n.* 浴室；盥洗室

battle /ˈbætl/ *n.* 战役；斗争 *vi.* 作战

be /biː; bɪ/ *aux.v./vi.* 是，就是；在，存在

beach /biːtʃ/ *n.* 海滩，沙滩

bear /beə/ *vt.* 忍受；承担；带有；结(果实)，生(孩子)；运输 *n.* 熊

beat /biːt/ *vt.* 击，敲；打败；难倒 *vi.* (心脏等)跳动 *n.* 跳动(声)；有节奏的敲击(声)；节拍

beautiful /ˈbjuːtəfəl/ *a.* 美丽的

beauty /ˈbjuːtɪ/ *n.* 美丽；美人

because /bɪˈkɒz/ *conj.* 因为

become /bɪˈkʌm/ *vi.* 变成 *vt.* 适合

bed /bed/ *n.* 床

bee /biː/ *n.* 蜜蜂

beef /biːf/ *n.* 牛肉

beer /bɪə/ *n.* 啤酒

before /bɪˈfɔː/ *prep./conj.* 在……以前 *ad.* 以前，以往

beg /beg/ *v.* 恳求；乞讨

begin /bɪˈgɪn/ *v.* 开始

beginning /bɪˈgɪnɪŋ/ *n.* 开始；起源

behind /bɪˈhaɪnd/ *prep.* 在……的背后；落后于 *ad.* 在背后；落在后面

■ behind sb's back 背着某人，暗中

believe /bɪˈliːv/ *v.* 相信；认为

bell /bel/ *n.* 钟，铃

belong /bɪˈlɒŋ/ *vi.* (*to*)属于；应归入

below /bɪˈləʊ/ *prep.* 在……下面；低于 *ad.* 在下面，到下面

belt /belt/ *n.* 腰带，皮带；地带

bench /bentʃ/ *n.* 长凳，长椅

bend /bend/ *vi.* 俯身；弯曲 *vt.* 使弯曲 *n.* 弯曲(处)

beside /bɪˈsaɪd/ *prep.* 在……旁边；和……相比

best /best/ *a.* 最好的 *ad.* 最好，最

better /ˈbetə/ *a.* 更好的 *v.* 改善 *ad.* 更好地

between /bɪˈtwiːn/ *prep.* 在……之间；由……所共有

beyond /bɪˈjɒnd/ *prep.* 在……的外边；超出 *ad.* 在更远处

bicycle /ˈbaɪsɪkəl/ *n.* 自行车 *vi.* 骑自行车

big /bɪg/ *a.* 大的；重要的

bike /baɪk/ *n.* 自行车

bird /bɜːd/ *n.* 鸟

birth /bɜːθ/ *n.* 出生；出身；起源

birthday /ˈbɜːθdeɪ/ *n.* 生日

biscuit /ˈbɪskɪt/ *n.* 饼干；软烤饼

bit /bɪt/ *n.* 一点；小片，小块

bite /baɪt/ *v./n.* 咬，叮

bitter /ˈbɪtə/ *a.* 痛苦的；有苦味的

black /blæk/ *a.* 黑色的；黑暗的 *v.* （使）变黑 *n.* 黑色；黑人

blackboard /ˈblækbɔːd/ *n.* 黑板

blame /bleɪm/ *vt.* 指责；(*on, onto*) 把……归咎于 *n.* 责任；指责

blanket /ˈblæŋkɪt/ *n.* 毯子

blind /blaɪnd/ *a.* 瞎的；盲目的 *vt.* 使失明 *n.* 百叶窗

blood /blʌd/ *n.* 血；血统

blow /bləʊ/ *v.* 吹；吹气；吹响；（使）爆炸 *n.* 一击

boat /bəʊt/ *n.* 船，小船

boil /bɔɪl/ *vi.* 沸腾 *vt.* 煮沸

bone /bəʊn/ *n.* 骨

born /bɔːn/ *a.* 出生的；天生的

borrow /ˈbɒrəʊ/ *vt.* 借；借入

both /bəʊθ/ *a.* 两个……（都） *pron.* 两者（都）

bottle /ˈbɒtl/ *n.* 瓶 *vt.* 把……装入瓶中

bottom /ˈbɒtəm/ *n.* 底，底部 *a.* 最低的 *vi.* (*out*)达最低点

bowl /bəʊl/ *n.* 碗，钵

box /bɒks/ *n.* 箱，盒；包厢 *v.* 拳击

boy /bɔɪ/ *n.* 男孩

brain /breɪn/ *n.* 脑；[常 *pl.*]智慧

branch /brɑːntʃ/ *n.* 树枝；分部；分支；支流

brave /breɪv/ *a.* 勇敢的

bread /bred/ *n.* 面包；生计

break /breɪk/ *v.* 打破；损坏；破坏；中止；（天）破晓 *n.* 休息，间歇

breakfast /ˈbrekfəst/ *n.* 早餐 *vi.* 进早餐

breath /breθ/ *n.* 气息；呼吸；微风

breathe /briːð/ *v.* 呼吸；（低声地）说出

bridge /brɪdʒ/ *n.* 桥；桥牌 *vt.* 架桥于；把……连接起来

brief /briːf/ *a.* 短暂的；简短的 *vt.* 向……介绍基本情况，做……的提要 *n.* 概要，摘要

bright /braɪt/ *a.* 明亮的；聪敏的；欢快的

bring /brɪŋ/ *vt.* 带来；引起

broad /brɔːd/ *a.* 宽的；广泛的；宽容的

broadcast /ˈbrɔːdkɑːst/ *n.* 广播 *vt.* 播放

broom /bruːm/ *n.* 扫帚

brother /ˈbrʌðə/ *n.* 兄弟

brown /braʊn/ *a.* 棕色的 *n.* 棕色

brush /brʌʃ/ *n.* 刷子，画笔；（一）刷 *vt.* 刷，掸 *vi.* (*against*)触到

bucket /ˈbʌkɪt/ *n.* 水桶

building /ˈbɪldɪŋ/ *n.* 建筑物；建筑

burn /bɜːn/ *v.* 燃烧；烧伤 *n.* 烧伤

- burn out 烧光，烧毁
- burn up 烧掉；烧起来

bury /ˈberɪ/ *vt.* 埋葬；掩埋

burst /bɜːst/ *v.* 爆炸；突发 *n.* 爆炸；爆发

bus /bʌs/ *n.* 公共汽车

bush /bʊʃ/ *n.* 灌木，灌木丛

business /ˈbɪznɪs/ *n.* 生意；商店；事务

busy /ˈbɪzɪ/ *a.* 忙的；占线的

but /bʌt/ *conj.* 但是；而（是） *prep.* [用于 *nobody, all, who* 等词后面]除……以外 *ad.* 只，仅仅

butcher /ˈbʊtʃə/ *n.* 肉贩；屠夫 *vt.* 屠宰；残杀

butter /ˈbʌtə/ *n.* 黄油 *vt.* 涂黄油于……上

button /ˈbʌtən/ *n.* 钮扣，按钮 *vt.* 扣上

buy /baɪ/ *vt.* 买；收买 *vi.* 购买东西

by /baɪ/ *prep.* 被，由；通过，以；在……旁边；到（某时）之前；根据，按照 *ad.* 在近旁；经过

- by and large 大体上，总的来说
- by the by 顺便提一句

bye-bye /ˈbaɪbaɪ/ *interj.* 再会，回头见

C

café /ˈkæfeɪ/ *n.* 咖啡馆

cage /keɪdʒ/ *n.* 笼子

cake /keɪk/ *n.* 饼，蛋糕

call /kɔːl/ *v.* 叫做；叫，喊；打电话给 *n.* 喊叫；访问；通电话

calm /kɑːm/ *a.* 平静的；镇静的 *vt.* 使平静

camera /ˈkæmərə/ *n.* 照相机，摄影机

camp /kæmp/ *n.* 野营；营地 *vi.* 野营，设营

can /kæn/ *aux.v.* 能，会；可以；可能 *n.* 罐，罐头 *vt.* 把……装罐保存

candle /ˈkændl/ *n.* 蜡烛

cap /kæp/ *n.* 帽子；盖，罩 *vt.* 覆盖；胜过

capital /ˈkæpɪtəl/ *n.* 首都；资金；大写字母 *a.* 大写的；主要的；可处死刑的

captain /ˈkæptɪn/ *n.* 船长，机长；上尉，队长

car /kɑː/ *n.* 汽车，轿车；（火车）车厢

card /kɑːd/ *n.* 卡，名片；纸牌

care /keə/ *v.* 关心；喜欢 *n.* 照顾；注意

- care for 照顾；喜欢

careful /ˈkeəfəl/ *a.* 小心的

carpet /ˈkɑːpɪt/ *n.* 地毯

carrot /ˈkærət/ *n.* 胡萝卜

carry /ˈkærɪ/ *vt.* 提，挑，背；运载；携带

cart /kɑːt/ *n.* 大车,手推车
case /keɪs/ *n.* 事例;情况;病例;案件;箱,盒
castle /ˈkɑːsl/ *n.* 城堡
cat /kæt/ *n.* 猫
catch /kætʃ/ *vt.* 抓住;感染;追上;吸引;领会
cattle /ˈkætl/ *n.* 牛
cause /kɔːz/ *n.* 理由;事业 *vt.* 使产生,引起;使遭受
cave /keɪv/ *n.* 山洞,洞穴 *vi.* (*in*)塌落
ceiling /ˈsiːlɪŋ/ *n.* 天花板;上限
cent /sent/ *n.* 分,分币
central /ˈsentrəl/ *a.* 中央的,中心的;主要的
centre/center /ˈsentə/ *n.* 中心;中央 *v.* (*around*)集中
century /ˈsentʃʊrɪ/ *n.* 世纪
certain /ˈsɜːtən/ *a.* 确实的;肯定的;某一,某种
certainly /ˈsɜːtənlɪ/ *ad.* 无疑地;当然,行
chain /tʃeɪn/ *n.* 链,链条;一连串;连锁店 *vt.* 用链条拴住
chair /tʃeə/ *n.* 椅子;主席席位 *vt.* 担任主席
chairman /ˈtʃeəmən/ *n.* 主席,董事长
chalk /tʃɔːk/ *n.* 白垩,粉笔
chance /tʃɑːns/ *n.* 机会;可能性;偶然的事 *v.* 碰巧,偶然发生
change /tʃeɪndʒ/ *v.* 改变,变化;换,兑换 *n.* 改变;零钱
chat /tʃæt/ *vi./n.* 闲聊
cheap /tʃiːp/ *a.* 便宜的;劣质的
check /tʃek/ *v.* 检查;制止 *n.* 检查;支票
■ check out 结账离去,办妥手续离去
cheek /tʃiːk/ *n.* 面颊,脸
cheer /tʃɪə/ *v.* 使振奋;欢呼 *n.* 喝彩;[*pl.*]干杯
cheese /tʃiːz/ *n.* 乳酪,干酪
chemistry /ˈkemɪstrɪ/ *n.* 化学
cheque/check /tʃek/ *n.* 支票
chest /tʃest/ *n.* 胸;柜子,橱
chicken /ˈtʃɪkɪn/ *n.* 小鸡,鸡肉
chief /tʃiːf/ *a.* 主要的 *n.* 首领
child /tʃaɪld/ ([*pl.*]*children*) *n.* 小孩,儿童
childhood /ˈtʃaɪldhʊd/ *n.* 童年,幼年
childish /ˈtʃaɪldɪʃ/ *a.* 孩子的;幼稚的
chimney /ˈtʃɪmnɪ/ *n.* 烟囱,烟道
chocolate /ˈtʃɒkəlɪt/ *n.* 巧克力
choose /tʃuːz/ *vt.* 选择;决定
church /tʃɜːtʃ/ *n.* 教堂;教会
cigaret(te) /sɪɡret/ *n.* 香烟,卷烟
cinema /ˈsɪnɪmə/ *n.* 电影院;电影
circle /ˈsɜːkəl/ *n.* 圆;圈子,界 *v.* 圈出;环绕
citizen /ˈsɪtɪzən/ *n.* 公民,市民
city /ˈsɪtɪ/ *n.* 城市
class /klɑːs/ *n.* 班级;课;阶级;等级
classmate /ˈklɑːsmeɪt/ *n.* 同班同学
classroom /ˈklɑːsrʊm/ *n.* 教室,课堂
clean /kliːn/ *a.* 清洁的;干净的 *ad.* 完全地 *vt.* 清理
clear /klɪə/ *a.* 清楚的;晴朗的;清澈的 *ad.* 清晰地 *vt.* 使清楚;清除;结清
clerk /klɜːk/ *n.* 职员
clever /ˈklevə/ *a.* 聪明的;灵巧的
climb /klaɪm/ *v./n.* 攀登,爬
clinic /ˈklɪnɪk/ *n.* 门诊部,诊所
clock /klɒk/ *n.* 钟
close /kləʊz/ *v.* 关;结束;(使)接近
/kləʊs/ *a.* 密切的;近的;严密的 *ad.* 接近地 *n.* 结束
cloth /klɒθ/ *n.* 布,衣料;桌布,抹布
clothes /kləʊðz/ *n.* 衣服
clothing /ˈkləʊðɪŋ/ *n.* [总称]服装,衣着
cloud /klaʊd/ *n.* 云;一团;阴影 *vt.* 使阴暗;笼罩
cloudy /ˈklaʊdɪ/ *a.* 多云的;模糊的
club /klʌb/ *n.* 俱乐部;棍棒,球棒
coal /kəʊl/ *n.* 煤,煤块
coast /kəʊst/ *n.* 海岸,海滨
coat /kəʊt/ *n.* 外套;表皮;覆盖物 *vt.* 覆盖
cock /kɒk/ *n.* 公鸡
coffee /ˈkɒfɪ/ *n.* 咖啡
coin /kɔɪn/ *n.* 硬币 *vt.* 铸币;创造(新词)
cold /kəʊld/ *a.* 冷的;冷淡的 *n.* 寒冷;感冒
collar /ˈkɒlə/ *n.* 衣领;(狗等的)颈圈
collect /kəˈlekt/ *vt.* 收集;取,接;领取 *vi.* 积聚 *a./ad.* (打电话)由对方付费(的)
college /ˈkɒlɪdʒ/ *n.* 大学,学院
colo(u)r /ˈkʌlə/ *n.* 颜色;颜料;肤色
vt. 给……着色,染色
comb /kəʊm/ *n.* 梳子;冠状物 *vt.* 梳理;彻底搜查
come /kʌm/ *v.* 来,来临;出现
comfort /ˈkʌmfət/ *n.* 舒适;安慰 *vt.* 使舒适;安慰
comfortable /ˈkʌmfətəbl/ *a.* 舒服的
common /ˈkɒmən/ *a.* 平常的;共同的
communism /ˈkɒmjʊnɪzm/ *n.* 共产主义
compare /kəmˈpeə/ *v.* (*to, with*)比较,对照
■ compare with 与……比较,与……相媲美
complete /kəmˈpliːt/ *a.* 完整的; 完成的 *vt.* 完成;使完整
composition /ˌkɒmpəˈzɪʃən/ *n.* 组成;作文;作曲
computer /kəmˈpjuːtə/ *n.* 计算机
comrade /ˈkɒmrɪd/ *n.* 同志,同伴,朋友

concert /ˈkɒnsət/ *n.* 音乐会，演奏会

■ in concert 一致

condition /kənˈdɪʃən/ *n.* 状况；[*pl.*] 形势；条件 *vt.* 训练；决定

congratulate /kənˈɡrætʃuleɪt/ *vt.* (*on, upon*) 祝贺，向……道喜

connect /kəˈnekt/ *v.* 连接；联系；给……接通电话

■ connect with 与……相连

consider /kənˈsɪdə/ *v.* 考虑；认为；关心

construction /kənˈstrʌkʃən/ *n.* 建造；建筑物；结构

contain /kənˈteɪn/ *vt.* 包含；控制

continent /ˈkɒntɪnənt/ *n.* 大陆，洲

continue /kənˈtɪnjuː/ *v.* 继续，延续，延伸

control /kənˈtrəʊl/ *n./vt.* 控制；抑制

convenient /kənˈviːnɪənt/ *a.* 方便的

conversation /ˌkɒnvəˈseɪʃən/ *n.* 谈话

cook /kʊk/ *vt.* 烹调 *n.* 厨师

■ cook up 捏造，编造

cool /kuːl/ *a.* 凉的；从容的；冷淡的 *v.* 变凉；冷却

copy /ˈkɒpɪ/ *n.* 副本；(一)本，(一)份 *vt.* 抄写，复印；抄袭

corn /kɔːn/ *n.* 谷物；玉米

corner /ˈkɔːnə/ *n.* 角落；街角 *vt.* 使走投无路

correct /kəˈrekt/ *a.* 正确的；合适的，符合的 *vt.* 改正

cost /kɒst/ *n.* 成本；代价 *vt.* 价钱为；花费；估价

cottage /ˈkɒtɪdʒ/ *n.* 小屋，村舍

cotton /ˈkɒtən/ *n.* 棉，棉花；棉线

cough /kɒf/ *vi./n.* 咳嗽

could /kʊd/ *aux.v.* (*can* 的过去式)可以，可能

country /ˈkʌntrɪ/ *n.* 国家；[*the* ~]农村

countryside /ˈkʌntrɪsaɪd/ *n.* 农村，乡下

courage /ˈkʌrɪdʒ/ *n.* 勇气

course /kɔːs/ *n.* 课程；过程；行动方针；航线；(一)道(菜)

courtyard /ˈkɔːtjɑːd/ *n.* 庭院，院子

cousin /ˈkʌzən/ *n.* 堂(或表)兄弟，堂(或表)姊妹

cow /kaʊ/ *n.* 母牛，奶牛

crazy /ˈkreɪzɪ/ *a.* 发疯的；(*about*)着迷的

cream /kriːm/ *n.* 奶油；乳霜 *a.* 奶油色的

credit /ˈkredɪt/ *n.* 信贷；信用；荣誉；学分 *vt.* 信任；记入贷方；(*to*)把……归于

crop /krɒp/ *n.* 庄稼；收成；一批 *vt.* 修剪；收成

crowd /kraʊd/ *n.* 人群；一群 *v.* 聚集；挤满

cruel /kruːəl/ *a.* 残酷的

cry /kraɪ/ *v.* 哭，哭泣；叫喊 *n.* 哭声；叫喊

cup /kʌp/ *n.* 杯子；奖杯

cure /kjʊə/ *vt.* 治愈；改正 *n.* 治愈，疗法；药物

curious /ˈkjʊərɪəs/ *a.* 好奇的

curtain /ˈkɜːtən/ *n.* 窗帘；幕布

custom /ˈkʌstəm/ *n.* 习惯，风俗；[*pl.*]海关，关税

customer /ˈkʌstəmə/ *n.* 顾客

cut /kʌt/ *vt.* 切；修剪；削减；中断 *n.* 切口；降低；修剪

D

daily /ˈdeɪlɪ/ *a.* 日常的 *ad.* 每日 *n.* 日报

damage /ˈdæmɪdʒ/ *n.* 损害；[*pl.*]赔偿金 *vt.* 毁坏

damp /dæmp/ *a.* 潮湿的 *n.* 潮湿 *vt.* (*down*)减弱，抑制

dance /dɑːns/ *n.* 舞，舞蹈；舞曲，舞会 *v.* 跳舞

danger /ˈdeɪndʒə/ *n.* 危险；威胁

■ in danger 在危险中

dangerous /ˈdeɪndʒərəs/ *a.* 危险的

dare /deə/ *vt.* 敢做；向……挑战 *aux.v.* 敢，竟敢

dark /dɑːk/ *a.* 黑暗的；深色的 *n.* 黑暗；黑夜

■ in the dark 在暗处；秘密地

date /deɪt/ *n.* 日期，时期；约会；枣 *vt.* 注明日期；确定年代；约会

■ date back to 追溯到

■ date from 始于

daughter /ˈdɔːtə/ *n.* 女儿

dawn /dɔːn/ *n.* 黎明；开始 *vi.* 破晓；出现

day /deɪ/ *n.* 天；白昼；时期

■ day after day 日复一日地

■ day and night 夜以继日地

■ day by day 一天天地

dead /ded/ *a.* 死的；无活力的

deal /diːl/ *n.* 交易 *vt.* 分给，发；(*with*)处理；(*in*)经营

dear /dɪə/ *a.* 亲爱的；昂贵的 *int.* 啊，哎呀 *n.* 亲爱的人

death /deθ/ *n.* 死，死亡；破灭

December /dɪˈsembə/ *n.* 十二月

decide /dɪˈsaɪd/ *v.* 决定；裁决

decision /dɪˈsɪʒən/ *n.* 决定；坚定，果断

declare /dɪˈkleə/ *vt.* 宣布；断言；申报 *vi.* (*for, against*)表态

deed /diːd/ *n.* 行为；功绩；契约

deep /diːp/ *a.* 深的；纵深的；深切的；深沉的 *ad.* 深深地

defeat /dɪˈfiːt/ *vt.* 击败；挫败 *n.* 战胜；失败

defence/defense /dɪˈfens/ *n.* 防御，保卫；[*pl.*]防御工事；辩护

defend /dɪˈfend/ *vt.* 保卫；为……辩护，答辩

degree /dɪˈɡriː/ *n.* 度数；程度；学位

delay /dɪˈleɪ/ *n./v.* 推迟；耽搁

delicious /dɪˈlɪʃəs/ *a.* 美味的；怡人的

delight /dɪˈlaɪt/ *n.* 快乐；使人高兴的东西(或人) *v.* (使)高兴

demand /dɪˈmɑːnd/ *n.* 要求；需求（量） *vt.* 要求；需要；询问

■ in demand 有市场需求的，吃香的

department /dɪˈpɑːtmənt/ *n.* 部门，系

depend /dɪˈpend/ *vi.* （*on, upon*）依靠；信赖；取决于

depth /depθ/ *n.* 深度；深切；[*pl.*]深处

■ in depth 深入地

describe /dɪˈskraɪb/ *vt.* 描写；画出（图形等）

description /dɪˈskrɪpʃən/ *n.* 描写；种类

desert /ˈdezət/ *n.* 沙漠 /dɪˈzɜːt/ *v.* 离弃；从……开小差，擅离（职守等）

design /dɪˈzaɪn/ *n.* 设计；图样；企图 *vt.* 设计；预定

desire /dɪˈzaɪə/ *vt.* 渴望；要求 *n.* 愿望，欲望

desk /desk/ *n.* 书桌，办公桌

destroy /dɪsˈtrɔɪ/ *vt.* 破坏；消灭

determine /dɪˈtɜːmɪn/ *v.* 决定；确定；决心

dialog(ue) /ˈdaɪəlɒg/ *n.* 对话

diamond /ˈdaɪəmənd/ *n.* 钻石；菱形

diary /ˈdaɪərɪ/ *n.* 日记簿，日记

dictation /dɪkˈteɪʃən/ *n.* 口授，听写

dictionary /ˈdɪkʃənərɪ/ *n.* 词典

die /daɪ/ *vi.* 死，死亡；消失；（*for*）渴望

difference /ˈdɪfrəns/ *n.* 差异；差额；分歧

■ make a/the difference 有影响，起（重要）作用

different /ˈdɪfrənt/ *a.* 不同的；各种的

■ (be) different from 和……不同

difficult /ˈdɪfɪkəlt/ *a.* 困难的；很难满足的

difficulty /ˈdɪfɪkəltɪ/ *n.* 困难；困境

dig /dɪg/ *v.* 挖，掘；（*for, into*）搜寻 *n.* 戳，捅；讽刺

■ dig out 挖出……，找出……

dinner /ˈdɪnə/ *n.* 正餐；宴会

direct /dɪˈrekt/ *a.* 直接的；率直的 *ad.* 直接地 *vt.* （*to, at*）针对；管理；指示；导演

direction /dɪˈrekʃən/ *n.* 方向；[*pl.*]用法说明；指引；管理

director /dɪˈrektə/ *n.* 指导者；董事；导演

dirty /ˈdɜːtɪ/ *a.* 肮脏的；下流的 *v.* 弄脏

disappoint /ˌdɪsəˈpɔɪnt/ *vt.* 使失望；（希望等）破灭

discover /dɪsˈkʌvə/ *vt.* 发现

discovery /dɪsˈkʌvərɪ/ *n.* 发现

discuss /dɪsˈkʌs/ *vt.* 讨论

disease /dɪˈziːz/ *n.* 疾病；弊端

dish /dɪʃ/ *n.* 碟，盘；一盘菜

distance /ˈdɪstəns/ *n.* 距离

distant /ˈdɪstənt/ *a.* 在远处的；疏远的

district /ˈdɪstrɪkt/ *n.* 区，地区，行政区

divide /dɪˈvaɪd/ *v.* 划分；分配；（*by*）除；隔开 *n.* 分歧；分界线

■ be divided into 分成

do /dʊ, duː/ *aux.v.* [构成疑问句和否定句] *v.* 做；产生；学习；算出；适合

dog /dɒg/ *n.* 狗

dollar /ˈdɒlə/ *n.* 美元

door /dɔː/ *n.* 门

double /ˈdʌbl/ *a.* 两倍的；双重的；双人的 *n.* 两倍；[*pl.*]双打 *v.* 使加倍；折叠

doubt /daʊt/ *n.* 疑惑 *v.* 怀疑

■ no doubt 很可能，无疑地

down /daʊn/ *ad.* 向下；往南；处于低等地位 *prep.* 沿着……而下 *a.* 沮丧的；向下的

■ up and down 上上下下

downstairs /ˌdaʊnˈsteəz/ *ad.* 在楼下 *a.* 楼下的 *n.* 楼下

downtown /ˌdaʊnˈtaʊn/ *ad.* 往（或在）商业区 *a.* 商业区的

dozen /ˈdʌzən/ *n.* （一）打，十二个

■ dozens of 几十

drawing /ˈdrɔːɪŋ/ *n.* 图画，素描

dream /driːm/ *n.* 梦，梦想 *v.* （*of, about*）做梦；（*of*）考虑；想到

dress /dres/ *n.* 连衣裙；衣服 *v.* 穿衣；包扎；加作料

■ dress up 穿上盛装，精心打扮

drill /drɪl/ *n.* 钻头；操练 *v.* 钻（孔）；操练

drink /drɪŋk/ *n.* 饮料，酒 *v.* 饮，喝

drive /draɪv/ *v.* 开（车），驾驶 ；驱使

driver /ˈdraɪvə/ *n.* 驾驶员

drop /drɒp/ *v.* 落下；下降 *n.* 下降；（一）滴；[*pl.*]滴剂；水果硬糖

■ drop by/in 顺便来访

■ drop off 睡着，下车，下降

■ drop out 退出，退学

drown /draʊn/ *v.* 淹死；淹没

drug /drʌg/ *n.* 药；麻醉药，毒品 *vt.* 用药麻醉

dry /draɪ/ *a.* 干的，干旱的 *vt.* 擦干，（使）变干

duck /dʌk/ *n.* 鸭，鸭肉 *v.* 躲避

due /djuː/ *a.* 预定的；应得的；应有的；到期的

■ due to 由于，因为

dull /dʌl/ *a.* 乏味的；晦暗的；沉闷的；愚钝的；钝的

during /ˈdjʊərɪŋ/ *prep.* 在……期间

dust /dʌst/ *n.* 灰尘 *vt.* 除尘

duty /ˈdjuːtɪ/ *n.* 责任；职责；税

■ duty free 免税的[地]

E

each /iːtʃ/ *pron.* 每个 *a.* 各自的 *ad.* 对每个

■ each other 互相

eager /ˈiːɡə/ *a.* 热切的，渴望的

ear /ɪə/ *n.* 耳朵；听力；穗

early /ˈɜːlɪ/ *a.* 早的；早熟的 *ad.* 在初期；早

earn /ɜːn/ *vt.* 赚得，获得

earth /ɜːθ/ *n.* 地球；陆地；土，泥

■ on earth 究竟，到底

east /iːst/ *n.* 东方 *a.* 东方的 *ad.* 向东方

eastern /ˈiːstən/ *a.* 东方的

easy /ˈiːzɪ/ *a.* 容易的；安逸的；随和的

■ take it easy 放心好了，别着急

eat /iːt/ *v.* 吃，吃饭

■ eat up 吃完，吃光

edge /edʒ/ *n.* 边，边缘；刀口；优势 *v.* 徐徐移动

education /ˌedjuːˈkeɪʃən/ *n.* 教育，培养

effect /ɪˈfekt/ *n.* 结果；影响；[*pl.*]个人财物 *vt.* 实现，使生效

■ in effect 实际上，有效

■ bring into effect 使生效，使起作用

■ come into effect 生效，实施

■ take effect 生效，起作用

effort /ˈefət/ *n.* 努力

egg /eɡ/ *n.* 蛋

eight /eɪt/ *num.* 八

eighteen /ˈeɪˈtiːn/ *num.* 十八

eighty /ˈeɪtɪ/ *num.* 八十

either /ˈaɪðə/ *a./pron.* (两者之中)任一的 *ad.* [否定句中]也 *conj.* 或者

■ either... or... 或者……或者……

elder /ˈeldə/ *a.* 年长的 *n.* [*pl.*]长者，前辈

electric /ɪˈlektrɪk/ *a.* 电动的，电的

electricity /ɪlekˈtrɪsɪtɪ/ *n.* 电

elephant /ˈelɪfənt/ *n.* 象

eleven /ɪˈlevən/ *num.* 十一

else /els/ *ad.* 其他，另外

■ or else 否则，要不然

employ /ɪmˈplɔɪ/ *vt.* 雇用；使用 *n.* 雇佣

empty /ˈemptɪ/ *a.* 空的；空虚的 *v.* 使空

encourage /ɪnˈkʌrɪdʒ/ *vt.* 鼓励；促进

end /end/ *n.* 最后部分；端，尽头；终止；目的 *v.* 结束

■ end up 结束

enemy /ˈenɪmɪ/ *n.* 敌人

energy /ˈenədʒɪ/ *n.* 精力；能量

engineer /ˌendʒɪˈnɪə/ *n.* 工程师；火车司机 *vt.* 策划；设计

enjoy /ɪnˈdʒɔɪ/ *vt.* 享受，喜爱；享有

■ enjoy oneself 过得愉快

enough /ɪˈnʌf/ *ad.* 足够地；相当；很，十分 *a.* 足够的

enter /ˈentə/ *v.* 进入；参加；登录

■ enter into 开始……，成为……一部分

entire /ɪnˈtaɪə/ *a.* 全部的，整个的

entrance /ˈentrəns/ *n.* 入口；进入，入学

envelope /ˈenvɪləʊp/ *n.* 信封

equal /ˈiːkwəl/ *a.* (*to*)相等的；平等的；胜任的 *vt.* 等于；比得上 *n.* 同等的人；匹敌者

equipment /ɪˈkwɪpmənt/ *n.* 设备，装备

escape /ɪˈskeɪp/ *v.* 逃跑；逸出 *n.* 逃跑，逃避

especially /ɪsˈpeʃəlɪ/ *ad.* 特别，尤其

even /ˈiːvən/ *ad.* 甚至 *a.* 平的；均匀的；相等的；偶数的 *v.* (使)平坦，(使)相等

■ even if/though 即使，虽然

■ even so 虽然如此

evening /ˈiːvnɪŋ/ *n.* 傍晚，晚上

event /ɪˈvent/ *n.* 事件；比赛项目

■ at all events 不管怎样，无论如何

eventually /ɪˈventʃʊəlɪ/ *ad.* 终于，最后

ever /ˈevə/ *ad.* 在任何时候，从来；总是

■ for ever 永远

every /ˈevrɪ/ *a.* 每个；每隔……的

■ every now and then 时而，偶尔

■ every other 每隔一个

■ every time 每次

everybody /ˈevrɪbɒdɪ/ *pron.* 每人

everyone /ˈevrɪwʌn/ *pron.* 每人，人人

everything /ˈevrɪθɪŋ/ *pron.* 每件事，一切

everywhere /ˈevrɪweə/ *ad.* 到处，无论何处

exact /ɪɡˈzækt/ *a.* 精确的 *vt.* 强求，索取

■ to be exact 确切地说

examination/exam /ɪɡˌzæmɪˈneɪʃən; ɪɡˈzæm/ *n.* 考试；检查

examine /ɪɡˈzæmɪn/ *vt.* 检查，调查；对……进行考查

example /ɪɡˈzɑːmpl/ *n.* 例子；榜样

■ for example 例如

excellent /ˈeksələnt/ *a.* 优秀的，杰出的

except /ɪkˈsept/ *conj.* 除了；要不是 *prep.* 除……外

■ except for 除了……外

excite /ɪkˈsaɪt/ *vt.* 使激动，使兴奋；激起

exciting /ɪkˈsaɪtɪŋ/ *a.* 令人兴奋的，令人激动的

excuse /ɪksˈkjuːs/ *n.* 借口 /ɪksˈkjuːz/ *vt.* 原谅；(*from*)使免除；为……辩解

exercise /ˈeksəsaɪz/ *n.* 锻炼；练习 *v.* 锻炼；运用

exhibition /ˌeksɪˈbɪʃən/ *n.* 展览(会)

exist /ɪɡˈzɪst/ *vi.* 存在
expect /ɪkˈspekt/ *vt.* 预料;等待,期待
expensive /ɪksˈpensɪv/ *a.* 昂贵的
experience /ɪksˈpɪərɪəns/ *n.* 经验;经历 *vt.* 经历,体验
experiment /ɪksˈperɪmənt/ *n.* 实验 *vi.* (*on, with*)进行试验
explain /ɪksˈpleɪn/ *v.* 解释,说明
explanation /ˌekspləˈneɪʃən/ *n.* 解释,说明
express /ɪksˈpres/ *vt.* 表达;表示;快运 *n.* 快车;快递 *ad.* 用快递方式 *a.* 特快的
expression /ɪksˈpreʃən/ *n.* 措辞;表达,表现;表情
extra /ˈekstrə/ *a.* 额外的;特别的 *ad.* 特别地 *n.* 额外的事物,额外费用
eye /aɪ/ *n.* 眼,眼睛;视力;眼力,鉴赏力;监督,关注 *vt.* 看,审视,注视

F

face /feɪs/ *n.* 脸,面孔;外表;表面 *v.* 面向;面对
■ face to face 面对面地
■ face up to 大胆面对
fact /fækt/ *n.* 事实,真相
■ in fact 实际上,其实
factory /ˈfæktərɪ/ *n.* 工厂
fail /feɪl/ *v.* 失败;不能;不及格;失灵
faint /feɪnt/ *a.* 微弱的;眩晕的 *vi./n.* 昏厥
fair /feə/ *a.* 公平的;相当大的;金发的,白皙的;晴朗的 *ad.* 公正地 *n.* 集市;交易会
fairly /ˈfeəlɪ/ *ad.* 相当;公平地
faith /feɪθ/ *n.* 信任,信心;信仰
fall /fɔːl/ *vi./n.* 落下;跌倒;降临;垮台 *n.* 秋天
false /fɔːls/ *a.* 不真实的;伪造的
familiar /fəˈmɪljə/ *a.* 熟悉的;常见的
■ be familiar with 对……熟悉
■ be familiar to 熟悉的
family /ˈfæməlɪ/ *n.* 家,家庭;家族;族,科
famous /ˈfeɪməs/ *a.* 著名的
■ be famous for 因……而著名
fan /fæn/ *n.* 扇子;狂热爱好者,迷 *vt.* 扇,煽动
far /fɑː/ *a.* 远的,遥远的 *ad.* 久远地;到很大程度;遥远地
■ as far as 远至,至……程度
■ far away 远离的,遥远的
■ far from 远非,远离
farm /fɑːm/ *n.* 农场 *v.* 耕作
farmer /ˈfɑːmə/ *n.* 农场主,农民
farther /ˈfɑːðə/ *ad.* 更远地;进一步 *a.* 更远的
fast /fɑːst/ *a.* 快的,迅速的;牢的 *ad.* 迅速地;紧紧地
fat /fæt/ *a.* 肥胖的 *n.* 脂肪,肥肉
father /ˈfɑːðə/ *n.* 父亲;[常 *pl.*]祖先;创始人;神父
fault /fɔːlt/ *n.* 缺点;错误;故障 *vt.* 找……的缺点
fear /fɪə/ *n.* 害怕;恐惧 *vt.* 畏惧,担心
■ for fear (of/that)由于害怕,生怕
feather /ˈfeðə/ *n.* 羽毛
February /ˈfebruərɪ/ *n.* 二月
feed /fiːd/ *v.* 喂(养);吃饲料;(*with*)向……提供 *n.* 饲料
■ feed on 以……为主食
feel /fiːl/ *v.* 感觉;以为;给人以……感觉;触,摸;(*for*)摸索 *n.* 感觉
■ feel like 想要
feeling /ˈfiːlɪŋ/ *n.* 感情;感觉
fellow /ˈfeləʊ/ *n.* 人;小伙子,家伙;会员 *a.* 同伴的,同事的
fence /fens/ *n.* 栅栏,篱笆 *vt.* 用栅栏隔开 *v.* 击剑
fetch /fetʃ/ *vt.* (去)拿来,请来
fever /ˈfiːvə/ *n.* 发烧;一时的狂热
few /fjuː/ *n.* [表示否定]很少(的),几乎没有(的)
■ quite a few 相当多,不少
field /fiːld/ *n.* 田野;运动场;(电或磁)场;领域
fifteen /fɪfˈtiːn/ *num.* 十五
fifty /ˈfɪftɪ/ *num.* 五十
fight /faɪt/ *v./n.* 战斗,打架
fill /fɪl/ *v.* 装满,充满;满足;充任 *n.* 充分
■ fill in 填写
■ fill out 填写
■ fill up 填满,充满
film /fɪlm/ *n.* 电影;胶卷;薄膜 *vt.* 拍摄
final /ˈfaɪnəl/ *a.* 最后的;决定性的 *n.* [常 *pl.*]期终考试;决赛
find /faɪnd/ *vt.* 找到;感到;判决 *n.* 发现物
■ find out 找出,查明
fine /faɪn/ *a.* 美好的;晴朗的 *ad.* 很好 *vt.* 处……以罚金 *n.* 罚款
finger /ˈfɪŋɡə/ *n.* 手指
finish /ˈfɪnɪʃ/ *v.* 完成,结束 *n.* 结束
firm /fɜːm/ *n.* 商行,公司 *a.* 结实的;坚定的 *v.* (*up*)(使)变得坚实
first /fɜːst/ *num.* 第一(个) *ad.* 首先
■ at first 起先,开始时
■ first of all 首先,第一
fish /fɪʃ/ *n.* 鱼 *v.* 钓(鱼),捕(鱼)
fist /fɪst/ *n.* 拳,拳头
five /faɪv/ *num.* 五
flag /flæɡ/ *n.* 旗帜
flat /flæt/ *a.* 平的;漏气的;单调的 *n.* 公寓套房 *ad.* 平直地;直截了当地

flavo(u)r /ˈfleɪvə/ *n.* 味道;风味 *vt.* 给……调味

float /fləʊt/ *v.* (使)浮动,(使)漂流,(使)飘动

flood /flʌd/ *n.* 洪水;大量 *v.* 淹没

floor /flɔː/ *n.* 地板;楼层;[*the* ~]发言权;底部

flow /fləʊ/ *n.* 流,流量 *vi.* 流(动);飘拂

flower /ˈflaʊə/ *n.* 花 *vi.* 开花;繁荣

fly /flaɪ/ *v.* 飞,飞行;驾驶(飞机),空运;飘扬;飞跑 *n.* 苍蝇

fold /fəʊld/ *v.* 折叠 *n.* 褶痕

fond /fɒnd/ *a.* (*of*)喜爱的;深情的

food /fuːd/ *n.* 食物

fool /fuːl/ *n.* 笨蛋 *vt.* 欺骗 *vi.* 干蠢事

foolish /ˈfuːlɪʃ/ *a.* 愚蠢的

foot /fʊt/ ([*pl.*] *feet*) *n.* 脚,足;英尺;底部

■ on foot 步行

football /ˈfʊtbɔːl/ *n.* 足球

for /fə, fɔː/ *prep.* 为;给;代替;因为;就……而言;赞成 *conj.* 因为

■ for free 免费

■ for the first time 初次地

force /fɔːs/ *n.* [*pl.*]军队;武力;力气;影响力 *vt.* 强迫

foreign /ˈfɒrɪn/ *a.* 外国的;对外的;外来的,异质的;(*to*)无关的

forest /ˈfɒrɪst/ *n.* 森林

forever /fəˈrevə/ *ad.* 永远,老是

forget /fəˈget/ *v.* 忘记;(*about*)不把……放在心上

forgive /fəˈgɪv/ *vt.* 原谅

fork /fɔːk/ *n.* 餐叉;耙;分叉

form /fɔːm/ *n.* 形式;形状;表格;精神状态 *v.* 形成,构成;产生

fortunate /ˈfɔːtʃənət/ *a.* 幸运的

fortune /ˈfɔːtʃən/ *n.* 财产;运气

forty /ˈfɔːtɪ/ *num.* 四十

forward /ˈfɔːwəd/ *ad.* [-(*s*)]向前;向将来 *a.* 前部的;向前的 *vt.* 转递,转送

■ look forward to 期待

found /faʊnd/ *vt.* 创立,创建

fountain /ˈfaʊntɪn/ *n.* 喷泉

four /fɔː/ *num.* 四

fourteen /ˈfɔːˈtiːn/ *num.* 十四

fox /fɒks/ *n.* 狐狸;狡猾的人

freedom /ˈfriːdəm/ *n.* 自由

freeze /friːz/ *v.* (使)冻结,(使)结冰 *n.* 冻结;冰冻期

frequent /ˈfriːkwənt/ *a.* 频繁的 /friːˈkwent/ *vt.* 常去,常出入于

fresh /freʃ/ *a.* 新的;新鲜的;新颖的;精神饱满的;(水等)淡的

Friday /ˈfraɪdɪ/ *n.* 星期五

fridge /frɪdʒ/ *n.* (*refrigerator* /rɪˈfrɪdʒəreɪtə/ 的略语)冰箱

friend /frend/ *n.* 朋友

■ be friends with 与……友好

friendly /ˈfrendlɪ/ *a.* 友好的

friendship /ˈfrendʃɪp/ *n.* 友谊

frighten /ˈfraɪtən/ *vt.* 使惊恐,吓唬

from /强 frɒm; 弱 frəm/ *prep.* 出自;离;去除,免掉;从,据;由;由于

front /frʌnt/ *n.* 前面;前线;方面 *a.* 前面的 *v.* 面向;在……前面,面对

fruit /fruːt/ *n.* 水果;成果

full /fʊl/ *a.* 满的;完全的

fun /fʌn/ *a.* 有趣的 *n.* 有趣的人或事;乐趣

■ make fun of 取笑,嘲弄

funny /ˈfʌnɪ/ *a.* 可笑的;稀奇的;稍感不适的

furniture /ˈfɜːnɪtʃə/ *n.* 家具

further /ˈfɜːðə/ *ad.* 进一步地;更远;此外 *a.* 进一步的;更远的 *vt.* 促进

future /ˈfjuːtʃə/ *n.* 将来;前途;[常 *pl.*]期货 *a.* 将来的

■ in future 今后

G

gain /geɪn/ *v.* 获得;增加;受益;走快 *n.* 增加;[常 *pl.*]好处

game /geɪm/ *n.* 游戏;比赛(项目);[*pl.*]运动会

garage /ˈgærɑːdʒ/ *n.* 车库 *n.* 汽车修理行

garden /ˈgɑːdn/ *n.* 花园 *vi.* 从事园艺活动

gate /geɪt/ *n.* 大门

gather /ˈgæðə/ *vi.* 聚集 *vt.* 收集;逐渐增加;猜想

gay /geɪ/ *a.* 快乐的;色彩鲜艳的 *n.* (尤指男)同性恋者

general /ˈdʒenərəl/ *a.* 一般的;总的;大体的 *n.* 将军

■ in general 一般说来,大体上

generation /ˌdʒenəˈreɪʃən/ *n.* 一代;产生

gentle /ˈdʒentl/ *a.* 和蔼的;轻柔的;不陡的

gentleman /ˈdʒentlmən/ *n.* 绅士;有教养的人;先生

geography /dʒɪˈɒgrəfɪ/ *n.* 地理(学)

get /get/ *v.* 变得;使得;到达;(去)拿来;获得;感染上,得(病)

gift /gɪft/ *n.* 礼物;天赋

girl /gɜːl/ *n.* 女孩子;姑娘

give /gɪv/ *v.* 给;授予;发表;捐助;让步

glad /glæd/ *a.* 高兴的;乐意的

glance /glɑːns/ *vi.* 看一眼 *n.* 一瞥

glass /glɑːs/ *n.* 玻璃,玻璃杯;[*pl.*]眼镜

go /gəʊ/ *vi.* 去;变得;进行;运转 *n.* 尝试;精力;成功

goal /gəʊl/ *n.* 目标;进球得分;球门

goat /gəʊt/ *n.* 山羊

god /gɒd/ *n.* [*G*-]上帝；神

gold /gəʊld/ *n.* 金；金色 *a.* 金的；金色的

golden /ˈgəʊldən/ *a.* 金色的；金的；极好的

good /gʊd/ *a.* 好的 *n.* 善，好事；好处

goodby(e) /ˌgʊdˈbaɪ/ *int.* 再见 *n.* 告别，辞别

goods /gʊdz/ *n.* 货物，商品

goose /guːs/ ([*pl.*] *geese*) *n.* 鹅

government /ˈgʌvənmənt/ *n.* 政府；管理

grade /greɪd/ *n.* 等级；成绩；年级 *vt.* 分等；评分

grandmother /ˈgrændˌmʌðə/ *n.* (外)祖母

grass /grɑːs/ *n.* 草；草坪

great /greɪt/ *a.* 大的；伟大的；美妙的；身体健康的；擅长的

greet /griːt/ *v.* 问候；对……作出反应；呈现在……前

greeting /ˈgriːtɪŋ/ *n.* 问候，招呼

grey/gray /greɪ/ *a.* 灰色的 *n.* 灰色

group /gruːp/ *n.* 组，群 *v.* 分组；聚集

grow /grəʊ/ *vi.* 生长；变得；增长 *vt.* 种植；留(须、发等)

guard /gɑːd/ *vt.* 保卫 *vi.* (*against*)防范 *n.* 警戒；警卫员

■ on guard 站岗，值班

guess /ges/ *v./n.* 猜

guest /gest/ *n.* 客人

guide /gaɪd/ *n.* 导游；指导者；指南 *vt.* 给……导游；指导

gun /gʌn/ *n.* 枪，炮

H

habit /ˈhæbɪt/ *n.* 习惯

hair /heə/ *n.* 头发，毛发

half /hɑːf/ *a./ad./n.* 一半(的)

■ in half 成两半

hall /hɔːl/ *n.* 门厅；礼堂；办公大楼

hand /hænd/ *n.* 手；手艺；指针 *vt.* 交，递，给

handkerchief /ˈhæŋkətʃɪf/ *n.* 手帕

hang /hæŋ/ *v.* 悬挂；吊死

■ hang on 等待片刻；不挂断；坚持

■ hang up 挂断(电话)

happen /ˈhæpən/ *vi.* 发生；碰巧

happy /ˈhæpɪ/ *a.* 快乐的；满意的

■ be happy to do 乐意做

hard /hɑːd/ *a.* 坚硬的；困难的；冷酷的 *ad.* 努力地；艰难地；猛烈地；严厉地

hardly /ˈhɑːdlɪ/ *ad.* 几乎不；刚刚

harvest /ˈhɑːvɪst/ *n./vt.* 收获，收割

hat /hæt/ *n.* 帽子

hate /heɪt/ *vt./n.* 憎恨；不喜欢

have /强 hæv; 弱 həv, əv, v/ *aux.v.* 已经，曾经 *vt.* 有；进行；经受；吃，喝，吸(烟)；使，让

■ have to 必须，不得不

■ have had it 受够了；完了

■ have it in for 想伺机惩罚(或伤害)

■ have on 穿着，戴着

■ have one's hands full 忙得腾不出手来

he /强 hiː; 弱 iː, hɪ, ɪ/ *pron.* 他

head /hed/ *n.* 头；上端；领导 *v.* 主管，率领；朝……行进

■ head for 驶向

■ keep one's head 保持镇静

■ lose one's head 慌张失措

headache /ˈhedeɪk/ *n.* 头痛

headmaster /ˈhedˈmɑːstə/ *n.* (中小学)校长

health /helθ/ *n.* 健康；保健

healthy /ˈhelθɪ/ *a.* 健康的

heart /hɑːt/ *n.* 心；勇气

■ at heart 内心里

■ heart and soul 全心全意地

heat /hiːt/ *n.* 热；体温；激动 *v.* 加热

heaven /ˈhevən/ *n.* 天堂

heavy /ˈhevɪ/ *a.* 重的；大量的

height /haɪt/ *n.* 高，身高；[常 *pl.*]高处

hello /heˈləʊ/ *int.* 喂 *n.* 问候

help /help/ *v./n.* 帮助，援助

■ can't help doing 忍不住做某事

■ help oneself (to sth.) 自用，自取(食物等)

her /强 hɜː; 弱 ɜː, hə, ə/ *pron.* 她；她的

here /hɪə/ *ad.* 在这里，向这里；这时；在这一点上 *int.* [用于引起注意]

■ here and there 各处，到处

hero /ˈhɪərəʊ/ *n.* 英雄；男主角

hers /hɜːz/ *pron.* 她的(所有物)

herself /hɜːˈself/ *pron.* 她自己；她本人

hi/hey /haɪ; heɪ/ *int.* 嗨

hide /haɪd/ *v.* 隐藏；隐瞒 *n.* 兽皮

high /haɪ/ *a.* 高的；高级的 *ad.* 高 *n.* 高峰

hill /hɪl/ *n.* 小山，高地

him /强 hɪm; 弱 ɪm/ *pron.* 他

himself /hɪmˈself/ *pron.* 他自己；他本人

hire /ˈhaɪə/ *vt./n.* 租用，雇用

his /hɪs/ *pron.* 他的

history /ˈhɪstərɪ/ *n.* 历史；个人经历；病历

hobby /ˈhɒbɪ/ *n.* 业余爱好

hold /həʊld/ *vt.* 拿，握；拥有；举行；认为 *n.* 拿，握

■ get hold of 掌握

■ hold back 踌躇；抑制

■ hold on 继续

■ hold on to 坚持

■ hold up 支撑;推迟,阻延

hole /həʊl/ *n.* 洞,孔眼

holiday /ˈhɒlədɪ/ *n.* 假期

■ on holiday 休假

home /həʊm/ *n.* 家;家乡 *a.* 家庭的;家乡的 *ad.* 回家;在家

■ at home 在家;在家乡;在国内

homework /ˈhəʊmwɜːk/ *n.* 家庭作业;准备工作

honest /ˈɒnɪst/ *a.* 诚实的

■ to be honest 老实说

hope /həʊp/ *n./v.* 希望,期望

horse /hɔːs/ *n.* 马

hospital /ˈhɒspɪtəl/ *n.* 医院

hot /hɒt/ *a.* 热的;辣的;热衷的;急躁的;最新的

hotel /həʊˈtel/ *n.* 旅馆

hour /aʊə/ *n.* 小时;时间

house /haʊs/ *n.* 房屋;商号;(*H-*)议院 *vt.* 给……房子住

■ the Houses of Parliament 国会两院

housework /ˈhaʊswɜːk/ *n.* 家务劳动

how /haʊ/ *ad.* 怎样;多么

■ how about... (你觉得)……怎么样?

however /haʊˈevə/ *ad.* 然而;无论如何 *conj.* 不管怎样

huge /hjuːdʒ/ *a.* 巨大的

human /ˈhjuːmən/ *a.* 人类的;好心肠的 *n.* 人

hundred /ˈhʌndrəd/ *num./n.* 百;[*pl.*]许多

■ hundreds of 数百……

hunger /ˈhʌŋgə/ *n.* 饥饿;渴望 *vi.* (*for, after*)渴望

hungry /ˈhʌŋgrɪ/ *a.* 饥饿的;(*for*)渴望得到的

hurry /ˈhʌrɪ/ *v.* 匆忙;催促 *n.* 匆忙

■ in a hurry 匆忙,急于

■ hurry up 赶快,匆匆完成

hurt /hɜːt/ *v./n.* 伤害,伤痛

husband /ˈhʌzbənd/ *n.* 丈夫

I

ice /aɪs/ *n.* 冰 *vt.* 冰镇

idea /aɪˈdɪə/ *n.* 想法;思想

if /ɪf/ *conj.* 如果;是否;即使;无论如何

ignorant /ˈɪgnərənt/ *a.* (*of, about*)不知道的,无知的

ignore /ɪgˈnɔː/ *vt.* 忽视

ill /ɪl/ *a.* 有病的;不好的 *ad.* 坏;不利地

illness /ˈɪlnɪs/ *n.* 疾病

imagine /ɪˈmædʒɪn/ *vt.* 想象;料想

immediate /ɪˈmiːdɪət/ *a.* 立即的;最接近的

importance /ɪmˈpɔːtəns/ *n.* 重要(性)

important /ɪmˈpɔːtənt/ *a.* 重要的;有地位的

impossible /ɪmˈpɒsəbl/ *a.* 不可能的;难以忍受的

improve /ɪmˈpruːv/ *v.* 改进,改善

in /ɪn/ *prep.* 在……里;在……之内;用,以;从事于;穿着 *ad.* 进,入;在家,在里面;到达;当政;正在流行

■ be in for 一定会遭到(麻烦等);参加(竞争等)

■ in itself 本质上,就其本身而言

■ in that 因为,原因在于

inch /ɪntʃ/ *n.* 英寸 *v.* (使)缓慢地移动

include /ɪnˈkluːd/ *vt.* 包括

income /ˈɪnkʌm/ *n.* 收入

increase /ɪnˈkriːs/ *v.* 增加,增长 /ˈɪnkriːs/ *n.* 增加,增长

indeed /ɪnˈdiːd/ *ad.* 实际上;确实

industry /ˈɪndəstrɪ/ *n.* 工业,产业;勤劳

information /ˌɪnfəˈmeɪʃən/ *n.* 信息;通知

ink /ɪŋk/ *n.* 墨水

inside /ˈɪnsaɪd/ *prep.* 在……里面 *ad.* 在里面 *n.* 里面 *a.* 里面的

■ inside out 里面朝外的,彻底的

insist /ɪnˈsɪst/ *v.* (*on, upon*)坚持;坚决主张

instead /ɪnˈsted/ *ad.* 作为替代;反而,却

■ instead of 代替,而不是

instruction /ɪnˈstrʌkʃən/ *n.* 教学;[常 *pl.*]命令,用法说明

interest /ˈɪntrɪst/ *n.* 兴趣;利息;[常 *pl.*]利益 *vt.* 使感兴趣

interesting /ˈɪntrɪstɪŋ/ *a.* 有趣的,令人关注的

international /ˌɪntəˈnæʃənəl/ *a.* 国际的

into /ˈɪntuː, ˈɪntu, ˈɪntə/ *prep.* 进,入,到……里;成为

introduce /ˌɪntrəˈdjuːs/ *vt.* 介绍;引进

invite /ɪnˈvaɪt/ *vt.* 邀请;请求;吸引

iron /ˈaɪən/ *n.* 铁;熨斗 *v.* 熨,烫

island /ˈaɪlənd/ *n.* 岛,岛屿

it /ɪt/ *pron.* 它,这,那

its /ɪts/ *pron.* 它的

itself /ɪtˈself/ *pron.* 它自己;自身

■ by itself 自动地,独自地

J

jacket /ˈdʒækɪt/ *n.* 短上衣,茄克

January /ˈdʒænjuərɪ/ *n.* 一月

job /dʒɒb/ *n.* 职业;(一件)工作

join /dʒɔɪn/ *v.* 参加;连接

■ join in 参加

joke /dʒəuk/ *n.* 笑话,玩笑 *vi.* 开玩笑

journey /ˈdʒɜːnɪ/ *n./vi.* 旅行

joy /dʒɔɪ/ *n.* 喜悦;乐事

judge /dʒʌdʒ/ *n.* 法官;裁判员 *v.* 审判;裁决;断定

juice /dʒuːs/ *n.* 汁,液

July /dʒʊ'laɪ/ *n.* 七月

June /'dʒuːn/ *n.* 六月

K

keep /kiːp/ *v.* 保持;阻止;遵循;保存;饲养;经营

key /kiː/ *n.* 钥匙;关键;键;(乐曲的)调;答案 *a.* 主要的 *vt.* (*in*)键入

kick /kɪk/ *v./n.* 踢

kill /kɪl/ *v.* 杀死;扼杀;打发(时间)

kilogram(me)/kilo /'kɪləʊgræm; 'kiːləʊ/ *n.* 千克,公斤

kilometer/-tre /'kɪləʊmiːtə/ *n.* 千米,公里

kind /kaɪnd/ *n.* 种类 *a.* 友好的;和蔼的

king /kɪŋ/ *n.* 君主,国王

kiss /kɪs/ *v./n.* 吻

kitchen /'kɪtʃɪn/ *n.* 厨房

kite /kaɪt/ *n.* 风筝

knee /niː/ *n.* 膝盖

knife /naɪf/ *n.* 刀 *vt.* 用刀砍(或刺)

know /nəʊ/ *v.* 知道;熟悉;认出

■ be known to 为……所熟知

knock /nɒk/ *v./n.* 敲,打;碰撞

■ knock at 敲(门、窗等)

■ knock into 把……插进;把……敲

■ knock out 击败;使……惊讶

knowledge /'nɒlɪdʒ/ *n.* 知识;知道

L

labo(u)r /'leɪbə/ *n.* 劳动;劳工;分娩 *vi.* 劳动,劳作;苦干

lack /læk/ *v./n.* 缺乏

ladder /'lædə/ *n.* 梯子

lady /'leɪdɪ/ *n.* 女士;淑女

lake /leɪk/ *n.* 湖

lamp /læmp/ *n.* 灯

land /lænd/ *n.* 陆地;土地;国家 *v.* (使)登陆

language /'læŋgwɪdʒ/ *n.* 语言

late /leɪt/ *a.* 迟的;最近的;已故的 *ad.* 迟,晚

lately /'leɪtlɪ/ *ad.* 最近,不久前

later /'leɪtə/ *ad.* 后来;过一会儿 *a.* 后来的;新近的;晚年的

■ later on 过后;以后

laugh /lɑːf/ *vi.* 笑 *n.* 笑,笑声

■ laugh at 因……而发笑;嘲笑

law /lɔː/ *n.* 法律;法制;规律

lawyer /'lɔːjə/ *n.* 律师

lay /leɪ/ *v.* 置放;铺;下(蛋);设置

■ lay down 放下;制订

■ lay out 设计,布置;摆出

lazy /'leɪzɪ/ *a.* 懒惰的,懒散的

leaf /liːf/ *n.* 叶子;(书刊的)张,页;薄金属片

league /liːg/ *n.* 同盟;协会

learn /lɜːn/ *v.* 学,学习;(*of, about*)获悉,得知;记住

■ learn by heart 记住,背诵

least /liːst/ *a.* 最少的;最不重要的 *ad.* 最少,最小

■ at least 至少

left /left/ *a.* 左边的 *ad.* 向左 *n.* 左边;[*the* ~]左派

leg /leg/ *n.* 腿,腿部;(旅程的)一段

lend /lend/ *vt.* 把……借给,出借;提供

length /leŋθ/ *n.* 长,距离;一段

less /les/ *a.* 更少的,更小的 *ad.* 更少地,更小地

■ no less than 不少于,多达

lesson /'lesən/ *n.* 功课,课;一堂课;[常 *pl.*]课程;教训

let /let/ *vt.* 允许,让;假设;出租

letter /'letə/ *n.* 信;字母

level /'levəl/ *n.* 水平面;水平 *a.* 平的,水平的;平稳的 *v.* (使)变平坦

library /'laɪbrərɪ/ *n.* 图书馆;藏书

lie /laɪ/ *vi.* 躺;平放;位于;(*in, with*)在于;说谎 *n.* 谎话

■ lie down 躺下;屈服

■ lie in 睡懒觉;在于

life /laɪf/ *n.* 生命;一生;生活;生物

lifetime /'laɪftaɪm/ *n.* 一生

lift /lɪft/ *v.* 提,抬;提高;升起;消散 *n.* 电梯;抬,上升;搭便车

light /laɪt/ *n.* 光线;光源 *a.* 光线充足的;淡色的;轻的;愉快的;清淡的 *vt.* 点燃;照亮

like /laɪk/ *v.* 喜欢;想要 *n.* [*pl.*]喜爱的东西;相似的人(或事物) *prep.* 像,如 *a.* 相像的

limit /'lɪmɪt/ *n.* 限制;[*pl.*]范围;极限 *vt.* 限制

line /laɪn/ *n.* 线条;排,行;线路;路线;行业 *vt.* 使排成一行;用线标出

■ line up 排队

lion /'laɪən/ *n.* 狮子

lip /lɪp/ *n.* 嘴唇

list /lɪst/ *n.* 表,名单 *vt.* 把……编列成表,列举

listen /'lɪsən/ *vi.* 听;听从

little /'lɪtl/ *a.* 小的;微不足道的 *n.* 几乎没有 *ad.* 微少,几乎没有;毫不

■ a little 一些,一点点

■ little by little 逐渐地

lively /'laɪvlɪ/ *a.* 充满活力的;逼真的

living /'lɪvɪŋ/ *a.* 活的;生动的 *n.* 生计,生活

load /ləʊd/ *n.* 负荷;装载;负荷量 *v.* 装货;使负担

lock /lɒk/ *v.* 锁上;卡住 *n.* 锁

■ lock up 锁住;把……收藏起来;监禁

lonely /ˈləʊnlɪ/ *a.* 孤独的；荒凉的

look /lʊk/ *v.* 看；显得 *n.* 看；脸色；[常 *pl.*]容貌

lose /luːz/ *v.* 失去；迷失；输；(钟、表)走慢

■ lose sight of 看不见，忽略

■ lose weight 减肥

loss /lɒs/ *n.* 遗失；损失；失败

■ at a loss 困惑不解

loud /laʊd/ *a.* 响亮的；刺目的 *ad.* 响亮地，大声地

love /lʌv/ *vt./n.* 爱；喜欢

lovely /ˈlʌvlɪ/ *a.* 可爱的；令人愉快的

low /ləʊ/ *a.* 低的；低下的 *ad.* 低；低声地；地位低地 *n.* 低点

luck /lʌk/ *n.* 运气；好运

lunch /lʌntʃ/ *n.* 午餐

M

machine /məˈʃiːn/ *n.* 机器 *vt.* 用机器制造

mad /mæd/ *a.* 疯的；恼火的；狂热的

madam(e) /ˈmædəm/ *n.* 女士，夫人

magazine /ˌmæɡəˈziːn/ *n.* 杂志；弹药库

mail /meɪl/ *n.* 邮件；邮递 *vt.* 邮寄

main /meɪn/ *a.* 主要的 *n.* 总管道，干线

major /ˈmeɪdʒə/ *a.* 主要的 *n.* 专业；少校 *vi.* (*in*)主修

majority /məˈdʒɒrɪtɪ/ *n.* 大多数

make /meɪk/ *vt.* 做；使；成为；认为 *n.* (产品的)牌子，类型

man /mæn/ *n.* 男人；人类 *vt.* 给……配备人员；操纵

manage /ˈmænɪdʒ/ *v.* 管理；设法对付

manager /ˈmænɪdʒə/ *n.* 经理

many /ˈmenɪ/ *a.* 许多的 *pron.* 许多人，许多

■ a great many 很多的，非常多的

■ many a [后接单数名词]许多的

map /mæp/ *n.* 地图 *vt.* 绘制……的地图

March /mɑːtʃ/ *n.* 三月

march /mɑːtʃ/ *v.* 行军，前进 *n.* 行进；进行曲

mark /mɑːk/ *n.* 痕迹；记号；标签；分数 *vt.* 作记号于；打分

market /ˈmɑːkɪt/ *n.* 市场；行情 *vt.* 销售

marriage /ˈmærɪdʒ/ *n.* 婚姻

marry /ˈmærɪ/ *v.* 结婚

mass /mæs/ *n.* 大量；团，块；[*pl.*]群众；质量 *a.* 大量的 *v.* 聚集

match /mætʃ/ *n.* 比赛；对手；相配的人(或物)；火柴 *v.* 相配

material /məˈtɪərɪəl/ *n.* 材料；素材 *a.* 物质的；肉体的；实质性的

mathematics/math(s) /ˌmæθɪˈmætɪks; mæθ(s)/ *n.* 数学

may /meɪ/ *aux.v.* 可能；可以；祝愿

■ may as well 还是……的好

matter /ˈmætə/ *n.* 事情；物质；麻烦 *vi.* 要紧

■ a matter of... 的问题；大约……

May /meɪ/ *n.* 五月

maybe /ˈmeɪbiː/ *ad.* 大概

me /强 miː; 弱 mɪ/ *pron.* 我

meal /miːl/ *n.* 膳食，一顿(饭)；进餐

meaning /ˈmiːnɪŋ/ *n.* 意思；目的

meanwhile /ˈmiːnwaɪl/ *ad.* 与此同时 *n.* 其间

measure /ˈmeʒə/ *n.* 尺寸；测量；[常 *pl.*] 措施 *v.* 量，测量；衡量

meat /miːt/ *n.* 肉

medical /ˈmedɪkəl/ *a.* 医学的；内科的

medicine /ˈmedɪsɪn/ *n.* 内服药；医学

meet /miːt/ *v.* 遇见；开会；(迎)接；满足 *n.* 会议；集会

■ meet with 体验到，会见

meeting /ˈmiːtɪŋ/ *n.* 会议；会合；运动会

member /ˈmembə/ *n.* 成员

memory /ˈmemərɪ/ *n.* 记忆(力)；回忆；纪念；存储(器)

mend /mend/ *v.* 修理；恢复健康

mental /ˈmentl/ *a.* 精神的；智力的

mention /ˈmenʃən/ *v./n.* 提及，说起

menu /ˈmenjuː/ *n.* 菜单

merely /ˈmɪəlɪ/ *ad.* 仅仅

merit /ˈmerɪt/ *n.* 优点 *vt.* 值得

message /ˈmesɪdʒ/ *n.* 信息；启示

metal /ˈmetl/ *n.* 金属

method /ˈmeθəd/ *n.* 方法

metre/meter /ˈmiːtə/ *n.* 米；仪表 *v.* 用仪表测量

middle /ˈmɪdl/ *n.* 中部 *a.* 中间的

■ in the middle of 在……的中央

might /maɪt/ *aux.v.* [*may* 的过去式]；可能 *n.* 力量；势力

mile /maɪl/ *n.* 英里

milk /mɪlk/ *n.* 乳，牛奶 *vt.* 挤(奶)

million /ˈmɪljən/ *num.* 百万 *n.* [*pl.*]许多，无数

mind /maɪnd/ *n.* 头脑，精神；注意力 *v.* 介意；注意

■ bear/keep in mind 记住

mine /maɪn/ *pron.* 我的 *n.* 矿；地雷 *v.* 采矿；在……布雷

mineral /ˈmɪnərəl/ *n.* 矿物质

minister /ˈmɪnɪstə/ *n.* 部长，大臣；牧师

miss /mɪs/ *n.* [*M-*]小姐 *v.* 未看到；未达到；未遇到；惦念；逃脱

mistake /mɪsˈteɪk/ *n.* 错误 *vt.* 误解；(*for*)把……误认为

■ by mistake 错误地，无意中

mix /mɪks/ *v.* 混合；混淆 *n.* 混合；混合物

■ mix up 拌和；混淆

modern /ˈmɒdən/ *a.* 现代的

moment /ˈməʊmənt/ *n.* 片刻，瞬间；机会

■ at the moment 此刻，目前

Monday /ˈmʌndɪ/ *n.* 星期一

money /ˈmʌnɪ/ *n.* 钱，货币

monitor /ˈmɒnɪtə/ *vt.* 监听/视；监测 *n.* 监听/视器，检测器；显示器；班长

monkey /ˈmʌŋkɪ/ *n.* 猴子

month /mʌnθ/ *n.* 月

moon /muːn/ *n.* 月亮；卫星

more /mɔː/ *ad.* 更 *a.* 更多的，更大的 *n.* 较多量

■ more and more 越来越

■ more often than not 往往，多半

■ more or less 左右；有点儿

morning /ˈmɔːnɪŋ/ *n.* 上午

most /məʊst/ *ad.* 最；极其 *a.* 最多的，最大的；大多数的 *n.* 大多数

■ at (the) most 至多，不超过

mother /ˈmʌðə/ *n.* 母亲

motor /ˈməʊtə/ *n.* 发动机

mountain /ˈmaʊntɪn/ *n.* 山；[*pl.*]山脉

mouse /maʊs/ ([*pl.*]*mice*) *n.* 鼠；鼠标

mouth /maʊθ/ *n.* 嘴，口

movement /ˈmuːvmənt/ *n.* 运动；移动；进展；[常 *pl.*]行动；乐章

much /mʌtʃ/ *ad.* 十分，常常 *a./n.* 多(的)，大量(的)

murder /ˈmɜːdə/ *vt./n.* 谋杀，凶杀

music /ˈmjuːzɪk/ *n.* 音乐

musical /ˈmjuːzɪkəl/ *a.* 音乐的，悦耳的 *n.* 音乐片

must /mʌst/ *aux.v.* 必须；必定 *n.* 必须做的事，必备之物

my /maɪ/ *pron.* 我的

myself /maɪˈself/ *pron.* 我自己；我亲自

N

nail /neɪl/ *n.* 钉子；指甲 *vt.* 钉，钉牢

name /neɪm/ *n.* 名字；名声 *vt.* 给……取名；说出……的名字；列举

■ in the name of 对……发誓；以……的名义；代表

narrow /ˈnærəʊ/ *a.* 狭窄的 *v.* (使)变窄；(*down*)压缩

nation /ˈneɪʃən/ *n.* 国家，民族

national /ˈnæʃənəl/ *a.* 国家的；民族的 *n.* (某国的)公民

native /ˈneɪtɪv/ *a.* 本地的，本国的 *n.* 本地人，本国人

natural /ˈnætʃərəl/ *a.* 自然的；天赋的

nature /ˈneɪtʃə/ *n.* 大自然；性质

■ by nature 生就，生来

near /nɪə/ *ad.* 近 *prep.* 靠近 *a.* 近的，接近的 *v.* 接近

nearby /ˈnɪəbaɪ/ *a.* 附近的 *ad.* 在附近

nearly /ˈnɪəlɪ/ *ad.* 几乎

neat /niːt/ *a.* 整洁的；利索的；纯的

necessarily /ˈnesɪsərɪlɪ/ *ad.* 必要地；必然地，不可避免地

necessary /ˈnesɪsərɪ/ *a.* 必要的；必然的 *n.* [常 *pl.*]必需品

neck /nek/ *n.* 颈；(衣服的)领口

need /niːd/ *vt./n.* 需要；缺少 *aux.v.* 需要

■ in need of 需要

needle /ˈniːdl/ *n.* 针

neighbo(u)r /ˈneɪbə/ *n.* 邻居；邻近的人(或物)，邻国

neither /ˈnaɪðə/ *pron.* (两者之中)无一个 *ad./conj.* 也不 *a.* 两者不

■ neither... nor... 既不……也不……

nervous /ˈnɜːvəs/ *a.* 神经紧张的；神经系统的

net /net/ *n.* 网 *vt.* 净赚 *a.* 净的，纯的

never /ˈnevə/ *ad.* 从不

■ never mind 不用担心；不要紧

new /njuː/ *a.* 新的；生疏的

news /njuːz/ *n.* 新闻

newspaper /ˈnjuːsˌpeɪpə/ *n.* 报纸

next /nekst/ *a.* 紧接在后的；贴近的 *ad.* 接下去；次于

■ next to 贴近；其次

nice /naɪs/ *a.* 好的

night /naɪt/ *n.* 夜

nine /naɪn/ *num.* 九

nineteen /ˈnaɪnˈtiːn/ *num.* 十九

ninety /ˈnaɪntɪ/ *num.* 九十

no /nəʊ/ *ad.* 不 *a.* 没有的；不许的；完全不是的

■ no longer 不再

■ no more than 不多于，至多

■ no more 不再

noble /ˈnəʊbl/ *a.* 高尚的；贵族的 *n.* 贵族

nobody /ˈnəʊbədɪ/ *pron.* 没有人 *n.* 无足轻重的人

nod /nɒd/ *v./n.* 点头；打盹

noise /nɔɪz/ *n.* 响声；噪声

noisy /ˈnɔɪzɪ/ *a.* 嘈杂的

none /nʌn/ *pron.* 没有一人(或物)，没有一点儿 *ad.* 毫不

noon /nuːn/ *n.* 中午

nor /nɔː/ *conj./ad.* 也不

normal /ˈnɔːməl/ *a.* 正常的；正规的

north /nɔːθ/ *n.* 北部/方 *a.* 北方的 *ad.* 向/在北方

northeast /ˌnɔːθˈiːst/ *n.* 东北(方) *a.* 东北的 *ad.* 向/在东北

northern /ˈnɔːðən/ *a.* 北方的

northwest /ˌnɔːθˈwest/ *n.* 西北(方) *a.* 西北的 *ad.* 向/在西北

nose /nəʊz/ *n.* 鼻子 *vt.* (*out*)嗅出

not /nɒt/ *ad.* 不,没,不是

nothing /ˈnʌθɪŋ/ *pron.* 没有东西，没有事情 *n.* 无关紧要的人(或事)

notice /ˈnəʊtɪs/ *vt.* 注意到 *n.* 注意;通知

November /nəʊˈvembə/ *n.* 十一月

now /naʊ/ *ad.* 现在;这时候;现在就

■ (every) now and then/again 时而,偶尔

■ now (that) 既然,由于

nowadays /ˈnaʊədeɪz/ *ad.* 如今,现在

number /ˈnʌmbə/ *n.* 数字;号码;号 *vt.* 给……编号

■ a (large) number of 许多

nut /nʌt/ *n.* 干果;螺母;傻子

O

o'clock /əˈklɒk,əʊˈklɒk/ *ad.* ……点钟

obey /əʊˈbeɪ/ *v.* 服从,听从

object /ˈɒbdʒɪkt/ *n.* 物体;对象;目的;宾语 /əbˈdʒekt/ *vi.* (*to*)反对

occur /əˈkɜː/ *vi.* 发生;存在;(*to*)被想起

ocean /ˈəʊʃən/ *n.* 洋,海洋

October /ɒkˈtəʊbə/ *n.* 十月

of /强 ɒv; 弱 əv, v, f/ *prep.* ……的；由……制成的;含有……的;关于;由于

offer /ˈɒfə/ *vt./n.* 提供;提议

office /ˈɒfɪs/ *n.* 办公室;处,所;官职

off /ɒf, ɔːf/ *prep.* 从……离开；在……的外面；偏离 *ad.* ……掉下;(离)开;切断;光;(减)掉;不工作 *a.* 不工作的;变质的

■ off and on 断断续续地,有时

officer /ˈɒfɪsə/ *n.* 军官;官员

official /əˈfɪʃəl/ *n.* 官员 *a.* 官方的

often /ˈɔːfən, ˈɒftən, ˈɒfən/ *ad.* 经常

■ as often as not 往往,多半

oil /ɔɪl/ *n.* 油;石油;油画 *vt.* 给……加润滑油

okay/O.K./OK /ˌəʊˈkeɪ, ˈəʊˈkeɪ/ *a./ad.* 可以,很好 *int.* 行,好 *n./vt.* 批准

old /əʊld/ *a.* 老的;陈旧的;……岁的;老练的

on /强 ɒn, ɔːn; 弱 ən, n/ *prep.* 在……上;向;靠近……;关于;根据;处于……情况中;在……的时候;是……的成员 *ad.* 上;向前;(继续)下去 *a.* 工作着的;计划中的

■ on and on 继续不断地,不停地

once /wʌns/ *ad.* 一次;曾经 *conj.* 一旦……(就……)*n.* 一次,一回

■ all at once 突然;同时

■ once (and) for all 一劳永逸地,永远地

■ once in a while 偶尔,间或

■ once more/again 再一次

■ once upon a time 从前

one /wʌn/ *num.* 一，一个 *pron.* 一人；任何人 *a.* 一个的;某一的;一体的

■ at one (with) (与……)一致

■ one by one 一个一个地,依次地

oneself /wʌnˈself/ *pron.* 自身;亲自

■ by oneself 单独地

only /ˈəʊnlɪ/ *ad.* 只，仅仅 *a.* 唯一的；最好的 *conj.* 可是,只不过

■ not only... but (also) 不但……而且

■ only too 极,非常

onto /ˈɒntə, ˈɒntu/ *prep.* 到……上,向……之上

open /ˈəʊpən/ *vt.* 打开;开门,开办 *a.* 开着的;公开的;空旷的;空缺的

■ open up 打开;开放;开业

operate /ˈɒpəreɪt/ *vi.* 运转;动手术;起作用 *vt.* 操作;经营

operation /ˌɒpəˈreɪʃən/ *n.* 操作;手术;行动;运算

opinion /əˈpɪnjən/ *n.* 意见,看法

■ in one's opinion 按照某人的看法

opposite /ˈɒpəzɪt/ *prep./ad.* 在对面 *a.* 对面的;相反的

or /强 ɔː; 弱 ə/ *conj.* 或,或者;即;否则

■ or so 大约

orange /ˈɒrɪndʒ/ *n.* 橙 *a.* 橙色的

order /ˈɔːdə/ *n.* 次序;订购;命令;整齐;治安;汇票 *vt.* 命令;定购

■ in order 按顺序,整齐

ordinary /ˈɔːdɪnərɪ/ *a.* 普通的;平庸的

organism /ˈɔːgənɪzm/ *n.* 生物,有机体;机体,有机组织

other /ˈʌðə/ *a.* 别的;其余的 *pron.* 另一个人(或物)

■ other than 不同于,除了

ought to /ˈɔːt tə/ *aux.v.* 应当

our /ˈaʊə/ *pron.* 我们的

ours /ˈaʊəz/ *pron.* 我们的

ourselves /ˌaʊəˈselvz/ *pron.* 我们自己;我们亲自

out /aʊt/ *ad.* 出;在外;不在;出现;殆尽;大声地;过时;下台

outdoor /ˈaʊtdɔː/ *a.* (在)户外的,(在)野外的 *ad.* [*-s*]在户外,在野外 *n.* [*-s*]户外,野外

outside /aʊtˈsaɪd, ˈaʊtˈsaɪd/ *prep.* 在……的外面；除……以外 *ad.* 在外面 *a.* 外面的 *n.* 外面

■ at the outside 最多,充其量

■ outside of 在……的外面;除……以外

over /ˈəʊvə/ *prep.* 在……的上方;越过;高于;在……期间;关于;遍布在……上面 *ad.* (倒)下;从一边至另一边;全部地;再一次;过分地 *a.* 结束的

■ all over again 再一次,重新

■ over and above 除……之外(还),超过

■ over and over (again) 一再地,再三地

overcoat /ˈəʊvəkəʊt/ *n.* 外套,大衣

owe /əʊ/ *vt.* 欠;(*to*)应该把……归功于;感激

own /əʊn/ *a.* 自己的 *vt.* 拥有

■ of one's own 属于某人自己的

ox /ɒks/ *n.* 牛

P

pack /pæk/ *vi.* 捆扎,打包;塞满 *n.* 包裹

packet /ˈpækɪt/ *n.* 小包;行李 *v.* 打包

page /peɪdʒ/ *n.* 页,张 *vt.* (通过扩音器、传呼机等)呼叫

pain /peɪn/ *n.* 疼痛;痛苦;[*pl.*]辛苦 *vt.* 使痛苦

paint /peɪnt/ *n.* 油漆,颜料 *v.* 油漆;绘画

painting /ˈpeɪntɪŋ/ *n.* (一幅)画;绘画;着色,油漆

pair /peə/ *n.* 一双;一对夫妇 *v.* (*off, up*)(使)成对,(使)配对

palace /ˈpælɪs/ *n.* 宫殿;大厦

■ the Summer Palace 颐和园

pale /peɪl/ *a.* 苍白的;浅白的 *v.* 变得苍白

pan /pæn/ *n.* 平底锅,盘子

paper /ˈpeɪpə/ *n.* 纸;报纸;文件;文章;试卷 *a.* 纸质的 *vt.* 用墙纸裱糊

pardon /ˈpɑːdən/ *n.* 对不起 *v.* 饶恕;赦免

■ beg one's pardon 请原谅

parent /ˈpeərənt/ *n.* 父母

part /pɑːt/ *n.* 一部分;零件;角色,作用;器官 *v.* (使)分开 *ad.* 部分地

■ for one's part 就个人来说,至于本人

■ part with 放弃,出让

partly /ˈpɑːtlɪ/ *ad.* 在一定程度上,部分地

party /ˈpɑːtɪ/ *n.* 晚会;政党;一方

pass /pɑːs/ *v.* 经过;传递;度过;通过 *n.* 通行证;通道

passage /ˈpæsɪdʒ/ *n.* 通道;一段;经过

passenger /ˈpæsɪndʒə/ *n.* 乘客

past /pɑːst/ *a.* 过去的 *prep./ad.* 经过 *n.* 过去,往事

■ in the past(在)过去

path /pɑːθ/ *n.* 小路;路线

patient /ˈpeɪʃənt/ *n.* 病人 *a.* 有耐心的

pause /pɔːz/ *vi./n.* 暂停,中止

pay /peɪ/ *v.* 支付;给予;付出代价 *n.* 工资

peace /piːs/ *n.* 和平;安宁

■ at peace 处于和睦(或平静)状态

peaceful /ˈpiːsfəl/ *a.* 平静的,安宁的,宁静的;和平的

pear /peə/ *n.* 梨

peasant /ˈpezənt/ *n.* 农民,小农

pen /pen/ *n.* 钢笔,圆珠笔;围栏 *vt.* (*in, up*)把……关在圈中

pencil /ˈpensəl/ *n.* 铅笔

penny /ˈpenɪ/ *n.* 便士,分

people /ˈpiːpl/ *n.* 人;[*the* ~]人民;民族 *vt.* 居住于

percent/per cent /pəˈsent/ *n.* 百分之一

perfect /ˈpɜːfɪkt/ *a.* 完美的;十足的;(动词)完成时的 /pəˈfekt/ *vt.* 使完美

perform /pəˈfɔːm/ *v.* 履行,完成;表演

perhaps /pəˈhæps/ *ad.* 或许,大概

period /ˈpɪərɪəd/ *n.* (一段)时间;学时;句号

person /ˈpɜːsən/ *n.* 人

■ in person 亲自

personal /ˈpɜːsənəl/ *a.* 个人的,私人的;亲自的

persuade /pəˈsweɪd/ *vt.* 说服;使相信

pet /pet/ *n.* 宠物,宠儿 *vt.* 宠爱;抚摸 *a.* 宠爱的

phone /fəʊn/ *n.* 电话;听筒 *v.* 打电话(给)

photograph/photo /ˈfəʊtəgrɑːf; ˈfəʊtəʊ/ *n.* 照片 *v.* 拍照

physics /ˈfɪzɪks/ *n.* 物理,物理学

piano /pɪˈænəʊ/ *n.* 钢琴

pick /pɪk/ *v.* 挑选;采摘 *n.* 镐

■ pick at 吃一点点,无食欲地吃

■ pick on 找……岔子;挑选

■ pick out 挑出;辨认出

■ pick up 拿起;用车接载;获得;好转;(使)重新开始

picnic /ˈpɪknɪk/ *n.* 野餐 *vi.* 去野餐

picture /ˈpɪktʃə/ *n.* 画,图片;影片;美景 *vt.* 描绘;构想

pie /paɪ/ *n.* 馅饼

■ pie in the sky 不能保证实现的允诺

pig /pɪg/ *n.* 猪

pile /paɪl/ *n.* 一堆,一叠 *v.* 堆积

■ pile up 堆起来;(车)追撞在一起

pilot /ˈpaɪlət/ *n.* 飞行员;舵手 *vt.* 驾驶;领航

pin /pɪn/ *n.* 大头针;针饰,徽章,像章;销子,钉子,闩

pink /pɪŋk/ *a.* 粉红色的 *n.* 粉红色

pioneer /ˌpaɪəˈnɪə/ *n.* 先驱者;开拓者 *vt.* 开拓

pipe /paɪp/ *n.* 管子;烟斗;[*pl.*]管乐器 *vt.* 用管道输送

pity /ˈpɪtɪ/ *n./vt.* 同情;可惜

place /pleɪs/ *n.* 地点;住所;职位;名次

■ in place 在合适的位置

plan /plæn/ *n.* 计划;平面图 *vt.* 计划

plane /pleɪn/ *n.* 飞机;平面 *a.* 平的

plate /pleɪt/ *n.* 盘子;平板,薄板 *vt.* 镀

play /pleɪ/ *v.* 玩;播放;扮演 *n.* 戏剧;游戏

playground /ˈpleɪgraʊnd/ *n.* 操场,游乐场

pleasant /'plezənt/ *a.* 令人愉快的

please /pliːz/ *ad.* 请 *vt.* 使高兴

pleasure /'pleʒə/ *n.* 愉快；乐事

■ with pleasure 高兴

plenty /'plentɪ/ *n.* 丰富，大量

■ plenty of 充足的，相当多的

plow/plough /plaʊ/ *n.* 犁，犁形工具 *v.* 犁，耕

pocket /'pɒkɪt/ *n.* 衣袋 *vt.* 把……装入袋内 *a.* 小型的

poem /'pəʊɪm/ *n.* 诗

poet /'pəʊɪt/ *n.* 诗人

point /pɔɪnt/ *n.* 尖端；点，小数点；要点；分数；条款 *v.* (*at, to*)指向，指明

■ beside the point 离题的，不相关的

■ point of view 观点，着眼点

■ point out 指出

pole /pəʊl/ *n.* 柱，杆；地极，电极

■ poles apart 大相径庭，完全相反

police /pə'liːs/ *n.* 警方；警察

policeman /pə'liːsmən/ *n.* 警察

polite /pə'laɪt/ *a.* 有礼貌的；有教养的

political /pə'lɪtɪkəl/ *a.* 政治的；政党的

politics /'pɒlɪtɪks/ *n.* 政治(学)；政治活动；政纲；政见；权术，派别之争

poor /pʊə/ *a.* 贫困的；可怜的；贫乏的；低劣的

popular /'pɒpjʊlə/ *a.* 流行的；广受欢迎的

■ be popular with sb.受某人欢迎

population /ˌpɒpjʊ'leɪʃən/ *n.* 人口

pork /pɔːk/ *n.* 猪肉

port /pɔːt/ *n.* 港口

position /pə'zɪʃən/ *n.* 位置；职位；姿势；见解 *vt.* 放置

possession /pə'zeʃən/ *n.* 所有，占有；[*pl.*]所有物

possible /'pɒsəbl/ *a.* 可能的；可接受的

■ if possible 可能的话

possibly /'pɒsəblɪ/ *ad.* 可能，也许

postcard /'pəʊstkɑːd/ *n.* 明信片

pot /pɒt/ *n.* 罐，壶

potato /pə'teɪtəʊ/ *n.* 马铃薯

pound /paʊnd/ *n.* 磅；英镑 *v.* (连续)猛击；捣碎

pour /pɔː/ *vt.* 灌，倒 *vi.* 倾泻，流出

power /paʊə/ *n.* 权力；能力；功率；动力；幂，乘方 *vt.* 给…………提供动力

practical /'præktɪkəl/ *a.* 实际的，实用的

practise /'præktɪs/ *v.* 练习；从事；执行

praise /preɪz/ *vt./n.* 称赞；赞美

precious /'preʃəs/ *a.* 珍贵的

prefer /prɪ'fɜː/ *vt.* 更喜欢，宁愿

■ prefer to 更喜欢

prepare /prɪ'peə/ *v.* 准备，预备

■ prepare for 准备，为……做准备

president /'prezɪdənt/ *n.* 总统，主席；校长，会长

pretend /prɪ'tend/ *v.* 假装

pretty /'prɪtɪ/ *a.* 漂亮的 *ad.* 相当，很

prevent /prɪ'vent/ *vt.* 预防，防止

■ prevent from 妨碍，阻止

price /praɪs/ *n.* 价格；代价 *vt.* 定价，标价

pride /praɪd/ *n.* 自豪；自尊；骄傲 *vt.* 使自豪

print /prɪnt/ *vt.* 印刷，打印；用印刷体写 *n.* 字体；印刷，印刷品

prison /'prɪzən/ *n.* 监狱

prisoner /'prɪzənə/ *n.* 囚徒

problem /'prɒbləm/ *n.* 问题；思考题

produce /prə'djuːs/ *vt.* 生产，制造；显示，出示；上演，制作 /'prɒdjuːs/ *n.* 产品，农产品

production /prə'dʌkʃən/ *n.* 生产，产量；产品，作品

professor /prə'fesə/ *n.* 教授

program(me) /'prəʊgræm/ *n.* 节目；计划，大纲；程序 *vt.* 编制程序

progress /'prəʊgres/ *n.* 前进，进步 /prə'gres/ *vi.* 前进，进步

promise /'prɒmɪs/ *vt.* 允许；有……可能，有希望 *n.* 承诺；希望

pronounce /prə'naʊns/ *vt.* 发音；宣布

pronunciation /prəˌnʌnsɪ'eɪʃən/ *n.* 发音

proper /'prɒpə/ *a.* 适合的；合乎体统的；固有的

protect /prə'tekt/ *vt.* 保护，保卫

proud /praʊd/ *a.* 骄傲的；自豪的

■ be proud of 为……而自豪

prove /pruːv/ *vt.* 证明，检验 *vi.* 结果是

provide /prə'vaɪd/ *vt.* (*with, for*)供给，提供

public /'pʌblɪk/ *a.* 公众的；公共的；公开的 *n.* 公众

■ in public 公开地，当众

pull /pʊl/ *v./n.* 拉，拖 *n.* 拉力

punish /'pʌnɪʃ/ *vt.* 惩罚

pupil /'pjuːpəl/ *n.* 小学生；瞳孔

pure /pjʊə/ *a.* 纯的；纯理论的；完全的

purpose /'pɜːpəs/ *n.* 目的；用途；效果

■ on purpose 故意，有意

push /pʊʃ/ *v.* 推，按；逼迫 *n.* 推力；促进

■ push around 摆布，欺负

■ push on 匆匆向前，继续前进

put /pʊt/ *v.* 放，摆；记下；叙述；使……处于(某种状态)

Q

quality /ˈkwɒlɪtɪ/ *n.* 质量;品质;特性 *a.* 优良的

quantity /ˈkwɒntɪtɪ/ *n.* 数量;大量

quarrel /ˈkwɒrəl/ *v./n.* 争吵

quarter /ˈkwɔːtə/ *n.* 四分之一;季度;一刻钟;25 分的硬币;地区 *a.* 四分之一的 *vt.* 将……四等分;供给……住宿

queen /kwiːn/ *n.* 女王,王后

question /ˈkwestʃən/ *n.* 问题;疑问 *vt.* 询问;怀疑

■ beyond (all) question 毫无疑问

quick /kwɪk/ *a.* 快的;灵敏的;性急的 *ad.* 快,迅速地

quiet /ˈkwaɪət/ *a.* 安静的;平静的;暗中的 *n.* 安静 *v.* 使安静

quite /kwaɪt/ *ad.* 相当;确实;十分

R

radio /ˈreɪdɪəʊ/ *n.* 无线电 *v.* 用无线电传送

■ on the radio 通过收音机,通过广播

rain /reɪn/ *n.* 雨 *v.* 下雨

rapid /ˈræpɪd/ *a.* 快的,迅速的 *n.* [*pl.*]急流

rather /ˈrɑːðə/ *ad.* 相当;宁愿

■ would rather do A than do B 宁愿做某事,而不愿做另一件事

■ rather than 与其……(不如);不是……(而是)

ray /reɪ/ *n.* 光线,射线

reach /riːtʃ/ *v.* 抵达,达到;伸手够到;与……取得联系 *n.* 能达到的范围

read /riːd/ *v.* 阅读,朗读;理解;标明

ready /ˈredɪ/ *a.* 准备好的;乐意的

■ get ready for 为……准备好

real /rɪəl/ *a.* 真的;现实的

realize/-ise /ˈrɪəlaɪz/ *vt.* 认识到;实现

really /ˈrɪəlɪ/ *ad.* 真正地,实际上;十分

receive /rɪˈsiːv/ *vt.* 收到;遭受;接待

recent /ˈriːsənt/ *a.* 新近的,近来的

record /ˈrekɔːd/ *n.* 记录;唱片;最高纪录;履历 /rɪˈkɔːd/ *vt.* 记录;录音 *a.* 创纪录的

■ keep a record 定期记录

recover /rɪˈkʌvə/ *v.* 收回;重新获得;恢复,痊愈

red /red/ *a.* 红色的 *n.* 红色;红颜料

refer /rɪˈfɜː/ *v.* (*to*)涉及;指的是;参考,查阅

■ refer to... as 把……称作,把……当作

refrigerator/fridge /rɪˈfrɪdʒəreɪtə; frɪdʒ/ *n.* 冰箱,冷藏室

refuse /rɪˈfjuːz/ *v.* 拒绝 /ˈrɪfjuːs/ *n.* 废物,垃圾

regard /rɪˈgɑːd/ *vt.* (*as*)认为;注意;尊敬 *n.* 尊敬;[*pl.*]致意,问候;方面

■ with/in regard to 关于,至于,就……而论

regret /rɪˈgret/ *v./n.* 遗憾,抱歉

regular /ˈregjʊlə/ *a.* 有规律的;整齐的;正规的;经常的

relation /rɪˈleɪʃən/ *n.* 关系;亲戚

■ in relation to 关于,涉及

relative /ˈrelətɪv/ *n.* 亲戚 *a.* 相对的;比较的;有关的

remain /rɪˈmeɪn/ *vi.* 仍然是;留下;剩余;留待 *n.* [*pl.*]剩余物;残骸;遗迹

remember /rɪˈmembə/ *v.* 记住;(*to*)代向……问候

remind /rɪˈmaɪnd/ *vt.* (*of*)提醒,使想起

remove /rɪˈmuːv/ *vt.* 移开;脱下;去掉;开除

repair /rɪˈpeə/ *n./vt.* 修理;补救

repeat /rɪˈpiːt/ *v./n.* 重复,重说,重做

reply /rɪˈplaɪ/ *v./n.* 回答,答复

report /rɪˈpɔːt/ *n.* 报导;报告 *v.* (*to*)报到;报告;叙述

■ be reported to 据报道

republic /rɪˈpʌblɪk/ *n.* 共和国

request /rɪˈkwest/ *vt./n.* 请求,要求

require /rɪˈkwaɪə/ *vt.* 需要;要求

research /rɪˈsɜːtʃ/ *n./v.* 研究,调查

respect /rɪˈspekt/ *vt.* 尊敬;尊重 *n.* 尊敬;尊重;[*pl.*]敬意,问候;方面

restaurant /ˈrestərɒnt/ *n.* 餐馆

result /rɪˈzʌlt/ *n.* 结果;成绩 *vi.* (*in*)导致;(*from*)起因于

■ as a result 作为结果,因此

return /rɪˈtɜːn/ *v./n.* 返回;恢复;归还;回报 *n.* 申报表;往返票 *a.* 往返的

■ in return 作为回报;作为报答

review /rɪˈvjuː/ *n./vt.* 评论;回顾;复习;检阅

revolution /ˌrevəˈluːʃən/ *n.* 革命;旋转

rice /raɪs/ *n.* 稻,米,饭

rich /rɪtʃ/ *a.* 富的;富饶的;油腻的 *n.* [*pl.*]财富,资源

■ be rich in 在……充足(充裕)

ride /raɪd/ *v./n.* 骑,乘

right /raɪt/ *a.* 正确的;合适的;右边的;正常的;直(角)的 *ad.* 正确地;直接地;正好 *int.* 好,行 *n.* 权利;正确;右面 *vt.* 纠正

■ all right 好,行

■ right away 马上

■ right now 现在,刚刚

ring /rɪŋ/ *n.* 戒指;圆圈;铃声 *v.* 按(铃),敲(钟);打电话给

■ ring up 打电话

ripe /raɪp/ *a.* 成熟的

river /ˈrɪvə/ *n.* 河流

road /rəʊd/ *n.* 路,道路

■ on the road (to) 在去……的旅途中;在……过程中

role /rəʊl/ *n.* 角色;作用

■ play the role of 扮演……的角色

roll /rəʊl/ *v.* 滚动;卷,绕;碾,轧;(使)摇摆 *n.* (一)卷;面包卷;名单

■ roll in 滚滚而来,大量涌来

■ roll up 到达,来到

roof /ruːf/ *n.* 屋顶

root /ruːt/ *n.* 根(部);根本;[*pl.*]祖籍 *v.* (使)生根

rose /rəʊz/ *n.* 玫瑰,蔷薇

rotten /ˈrɒtn/ *a.* 腐烂的,腐朽的;令人不愉快的;很差的,糟糕的

round /raʊnd/ *a.* 圆的,球形的 *ad.* 在周围;朝反方向 *prep.* 围绕;向……各处;在……附近;大约 *n.* 一回合;(一)圈;巡回(路线) *v.* 环绕(……)而行;(使)成圆形

■ go the round(s) (of)传播,流行

■ round up 把……聚拢起来

row /rəʊ/ *n.* (一)排,(一)行 *v.* 划船;争吵

rubber /ˈrʌbə/ *n.* 橡皮;橡胶;[*pl.*]胶鞋 *a.* 橡胶的

rubbish /ˈrʌbɪʃ/ *n.* 垃圾;废话

ruin /ˈruɪn/ *v./n.* 毁灭,毁坏 *n.* [*pl.*]废墟

rule /ruːl/ *n.* 规则;习惯;统治 *v.* 统治;裁决

■ as a rule 通常,一般说来

■ rule out 排除

ruler /ˈruːlə/ *n.* 统治者;(直)尺

rush /rʌʃ/ *v.* 冲;仓促从事;猛冲 *n.* 冲;匆忙;需求的激增 *a.* 交通繁忙的

S

sad /sæd/ *a.* 伤心的

safety /ˈseɪftɪ/ *n.* 安全;安全设备

sail /seɪl/ *v.* 航行 *n.* 帆;航行

sale /seɪl/ *n.* 卖;贱卖;[常 *pl.*]销售额

■ on sale 出售,贱卖

salt /sɔːlt/ *n.* 盐(类) *vt.* 腌;撒盐于

■ worth one's salt 胜任的,名副其实的

same /seɪm/ *a.* 同一的;同样的 *pron.* [*the* ~]同样的人(或事物)

■ all the same 仍然,照样地

sand /sænd/ *n.* 沙;[*pl.*]沙滩 *vt.* 用砂纸磨光

sandwich /ˈsænwɪdʒ/ *n.* 三明治 *vt.* 夹入

satisfy /ˈsætɪsfaɪ/ *vt.* 使满足

Saturday /ˈsætədɪ/ *n.* 星期六

say /seɪ/ *v.* 说,讲;说明 *ad.* 比如说;大约 *n.* 发言权

■ go without saying 不用说,不言而喻

scene /siːn/ *n.* 一场;地点;景色;舞台

science /ˈsaɪəns/ *n.* 科学;学科

scientific /ˌsaɪənˈtɪfɪk/ *a.* 科学的

scientist /ˈsaɪəntɪst/ *n.* 科学家

scream /skriːm/ *vi./n.* 尖声叫

sea /siː/ *n.* 海,海洋

■ a sea of 大量,茫茫一片

search /sɜːtʃ/ *v./n.* 搜索,寻找

■ in search of 寻找,寻求

■ search for 搜查,寻找

season /ˈsiːzən/ *n.* 季节;旺季 *vt.* 给……调味

■ in season 上市

seat /siːt/ *n.* 座位;场所 *vt.* 使坐下;容纳

■ take one's seat 就座

second /ˈsekənd/ *num.* 第二 *a.* 二等的 *n.* 秒,瞬间 *vt.* 赞成

secret /ˈsiːkrɪt/ *a.* 秘密的 *n.* 秘密

secretary /ˈsekrətərɪ/ *n.* 秘书;书记;部长

see /siː/ *v.* 看见;理解;获悉;会见

seed /siːd/ *n.* 种子;[*pl.*]萌芽

seek /siːk/ *vt.* 寻找;设法

seem /siːm/ *vi.* 好像

seize /siːz/ *vt.* 抓住;夺取

seldom /ˈseldəm/ *ad.* 很少,不常

self /self/ *n.* 自己,本身

sell /sel/ *v./n.* 卖,出售

■ sell out 售完

send /send/ *vt.* 送,寄;派遣

sense /sens/ *n.* 感官;感觉;见识;意义 *vt.* 意识到

sentence /ˈsentəns/ *n.* 句子;判决 *vt.* 宣判

separate /ˈsepərɪt/ *a.* 分离的;不同的 /ˈsepəreɪt/ *v.* 使分离;划分;区分;分离

September /səpˈtembə/ *n.* 九月

serious /ˈsɪərɪəs/ *a.* 严肃的;重大的,严重的

servant /ˈsɜːvənt/ *n.* 仆人

serve /sɜːv/ *v.* 服务;招待;符合;发球

service /ˈsɜːvɪs/ *n.* 服务;公共设施;维修;政府部门 *vt.* 维修;向……提供服务

set /set/ *n.* (一)套;装置 *v.* 放,安装;树立;使开始;调整 *a.* 固定的

settle /ˈsetl/ *v.* 解决;安排;安放;定居

■ settle down 定居

seven /ˈsevən/ *num.* 七

several /ˈsevrəl/ *a.* 几个,若干

sew /səʊ/ *v.* 缝(纫)

sex /seks/ *n.* 性(别)

shade /ʃeɪd/ *n.* 阴凉处;遮光物;阴暗部 *vt.* 遮蔽

■ shade in/into 逐渐变成

shadow /ˈʃædəʊ/ *n.* 阴影;暗处 *vt.* 投影于;跟踪

shake /ʃeɪk/ *n./v.* 摇动;颤抖

■ shake down 敲诈;彻底搜查

■ shake off 抖落;摆脱

■ shake up 使改组;使震惊

shall /强 ʃæl; 弱 ʃəl, ʃl/ *aux.v.* 将(要),会;应该

shame /ʃeɪm/ *n.* 羞耻;耻辱;可耻的人(或事物) *vt.* 使丢脸

shape /ʃeɪp/ *n.* 形状;状况 *vt.* 使成形

■ in (good) shape 处于(良好)状况

■ shape up 发展顺利

share /ʃeə/ *v.* 分享;分配 *n.* 一份;[常 *pl.*]股票

sharp /ʃɑːp/ *a.* 锋利的;清楚的;刺耳的;敏锐的 *ad.* [指时刻]整,准

she /强 ʃiː; 弱 ʃɪ/ *pron.* 她

sheep /ʃiːp/ *n.* (绵)羊

sheet /ʃiːt/ *n.* 被单;薄板;(一)片,(一)张

shelf /ʃelf/ *n.* 架子

shine /ʃaɪn/ *v.* 闪光 *n.* 光亮

ship /ʃɪp/ *n.* 船,舰 *vt.* 用船运,装运

shirt /ʃɜːt/ *n.* 衬衫

shock /ʃɒk/ *n.* 震动;震惊;电击 *v.* (使)震动;(使)震惊

shoe /ʃuː/ *n.* 鞋

■ in sb's shoes 处于……的地位(或境地)

shoot /ʃuːt/ *v.* 射击;疾驰;射门,投篮;拍摄 *n.* 嫩枝,苗;射击

shop /ʃɒp/ *n.* 商店;车间 *vi.* 购物

short /ʃɔːt/ *a.* 短的;短暂的;(*of*)缺乏的 *ad.* 简短地;突然 *n.* [*pl.*]短裤

■ be short of 缺少,不足

shot /ʃɒt/ *n.* 开枪;射门,投篮;子弹;铅球;尝试;镜头

should /ʃʊd/ *aux.v.* [*shall* 的过去式];应当,应该,万一;可能

shout /ʃaʊt/ *v./n.* 呼喊,呼叫

■ shout at 对……大声叫嚷

show /ʃəʊ/ *v.* 表明;显示;出示;带领;演出 *n.* 演出,上映;展览(会)

■ on show 展览

■ show off 炫耀,卖弄

■ show up 出席,露面

■ show... around 领……参观

■ show... out 领……出去

shower /ˈʃaʊə/ *n.* 淋浴;阵雨;(一)阵 *v.* 洗淋浴;下阵雨

shut /ʃʌt/ *v.* 关闭

■ shut down 关闭;停工

shy /ʃaɪ/ *a.* 怕羞的;胆怯的;(*of*)有戒心的 *vi.* 畏缩

■ shy away from(由于羞怯或恐惧)躲开,退缩

sick /sɪk/ *a.* 有病的;恶心的;(*of*)厌恶的;恼火的

side /saɪd/ *n.* 面,侧面;方面;一方;山坡 *a.* 侧面的;次要的 *vi.* (*with*)支持

■ side by side 肩并肩

sight /saɪt/ *n.* 视力;看见;眼界;情景;[*pl.*]风景 *vt.* 看见

■ catch sight of 发现,看到

sign /saɪn/ *n.* 符号;招牌;征兆 *v.* 签(名),签署

silence /ˈsaɪləns/ *n.* 寂静;沉默 *vt.* 使安静;使沉默

■ in silence 沉默地

silent /ˈsaɪlənt/ *a.* 寂静的;沉默的

silk /sɪlk/ *n.* 丝,绸

silly /ˈsɪlɪ/ *a.* 傻的

silver /ˈsɪlvə/ *n.* 银

similar /ˈsɪmɪlə/ *a.* 相似的

■ be similar to 和……相似

simple /ˈsɪmpl/ *a.* 简单的;朴素的;单纯的;迟钝的

simply /ˈsɪmplɪ/ *a.* 简单地;完全;仅仅

since /sɪns/ *conj.* 自……以来;因为,既然 *prep.* 自……以来 *ad.* 后来

■ ever since 从……起一直到现在

sing /sɪŋ/ *v.* 唱(歌)

single /ˈsɪŋgl/ *a.* 单个的;单人的;单程的;未婚的 *n.* 单程票;[*pl.*]单打 *vt.* (*out*)选出

sink /sɪŋk/ *v.* 下沉;下落;衰退 *n.* 水槽,水池

sir /sɜː/ *n.* 先生;[*S*-用于姓名前]……爵士

sister /ˈsɪstə/ *n.* 姐,妹

sit /sɪt/ *vi.* 坐,就座;坐落 *vt.* 使坐,使就座

■ sit around 坐着没事干

■ sit back 在一旁闲着,袖手旁观

■ sit down 坐下

■ sit in on 列席(会议),旁听

■ sit out/through 耐着性子看完(或听完),坐着挨到……结束

■ sit up 坐直;不睡,熬夜

situation /ˌsɪtjʊˈeɪʃən/ *n.* 形势;处境;位置

six /sɪks/ *num.* 六,六个

size /saɪz/ *n.* 大小,尺寸 *vt.* 按大小排列(或分类)

skill /skɪl/ *n.* 技能,技巧;熟练

skin /skɪn/ *n.* 皮(肤);毛皮;外皮,外壳 *vt.* 剥去……的皮

skirt /skɜːt/ *n.* 裙子;边缘,外围 *vt.* 位于……的边缘;绕开

sky /skaɪ/ *n.* 天(空)

slave /sleɪv/ *n.* 奴隶 *vi.* 苦干

sleep /sliːp/ *n./v.* 睡(眠)

■ sleep off 以睡眠消除(疲劳等)

■ sleep through 未被(吵闹声等)吵醒

slow /sləʊ/ *a.* 慢的; 迟钝的;(营业等) 清淡的 *v.* 放慢 *ad.* 慢慢地

■ slow down 放慢
small /smɔːl/ *a.* 小的;少的
smart /smɑːt/ *a.* 漂亮的;聪明的
smell /smel/ *n.* 气味;臭味;嗅觉 *v.* 嗅,闻到;(*of*)散发气味
smile /smaɪl/ *n./v.* 微笑
smoke /sməʊk/ *n.* 烟;吸烟 *v.* 冒烟;抽烟;烟熏
smooth /smuːð/ *a.* 光滑的;平稳的;流畅的 *vt.* 使平滑;(*away, out*)消除
snake /sneɪk/ *n.* 蛇 *v.* 蜿蜒
snow /snəʊ/ *n.* 雪 *vi.* 下雪
■ be snowed under 忙得不可开交
so /səʊ/ *ad.* 那么;如此;同样 *conj.* 所以;为了
■ and so on/forth 等等
■ so as to 以便
■ so that 所以;以便
■ so... as to 如此……以致;结果使,以致
■ so... that 如此……以致
soap /səʊp/ *n.* 肥皂
socialism /ˈsəʊʃəlɪzm/ *n.* 社会主义
society /səˈsaɪətɪ/ *n.* 社会;协会;社交界
sock /sɒk/ *n.* 短袜
soft /sɒft/ *a.* 柔软的;轻柔的;细嫩的;不含酒精的
soil /sɔɪl/ *n.* 土壤 *vt.* 弄脏
soldier /ˈsəʊldʒə/ *n.* 士兵
solid /ˈsɒlɪd/ *a.* 固体的;实心的;结实的 *n.* 固体
some /sʌm/ *a.* 一些;某个 *pron.* 一些;有些人,有些东西 *ad.* 稍微
somebody /ˈsʌmbədɪ/ *pron.* 某人,有人 *n.* 重要人物
someone /ˈsʌmwʌn/ *pron.* 某人,有人 *n.* 重要人物
something /ˈsʌmθɪŋ/ *pron.* 某物,某事 *n.* 有一定意义的事物(或人)
sometimes /ˈsʌmtaɪmz/ *ad.* 有时
somewhere /ˈsʌmhweə/ *ad.* 在某处,到某处
son /sʌn/ *n.* 儿子
song /sɒŋ/ *n.* 歌曲;歌唱
soon /suːn/ *ad.* 不久,很快
■ as soon as 一……就
■ sooner or later 迟早
sorry /ˈsɒrɪ/ *a.* 对不起的;遗憾的;可怜的
sort /sɔːt/ *n.* 种类 *vt.* 分类,整理
■ sort out 加以分类;解决
soul /səʊl/ *n.* 灵魂;人
soup /suːp/ *n.* 汤
south /saʊθ/ *n.* 南方 *ad.* 向南方 *a.* 南方的
southeast /ˌsaʊθˈiːst/ *n.* 东南(方) *a.* 东南的 *ad.* 向/在东南
southern /ˈsʌðən/ *a.* 南方的
southwest /ˌsaʊθˈwest/ *n.* 西南(方) *a.* 西南的 *ad.* 向/在西南
space /speɪs/ *n.* 间隔;空地;空间,太空 *vt.* 隔开
■ space out 把……间隔开
speak /spiːk/ *v.* 说话;演说;说出,讲
■ speak of 谈起;表达
special /ˈspeʃəl/ *a.* 特殊的;专门的 *n.* 特价,特刊,特别节目
speech /spiːtʃ/ *n.* 说话,演说;言语
speed /spiːd/ *n.* 速度 *vi.* 迅速前进;加速
■ speed up 加快速度
spend /spend/ *vt.* 花费;度过
■ spend on 在……花费(钱)
spirit /ˈspɪrɪt/ *n.* 精神;勇气;[*pl.*]情绪,心情;[*pl.*]酒精
splendid /ˈsplendɪd/ *a.* 极好的;壮丽的,辉煌的
spoon /spuːn/ *n.* 匙,调羹 *vt.* 用匙舀
spread /spred/ *v.* 展开;散布;涂,敷 *n.* 传播;幅度;涂抹食品的酱;整版的文章
spring /sprɪŋ/ *n.* 春天;(源)泉;跳,跃;弹簧 *vi.* 跳,跳跃;(*up*)涌现,突然出现 *vt.* 突然提出(或说出)
square /skweə/ *a.* 正方形的;平方的 *n.* 正方形;广场;平方 *v.* 求平方;相符;打成平局
stage /steɪdʒ/ *n.* 阶段;舞台;戏剧表演 *vt.* 上演;举办
stair /steə/ *n.* [*pl.*]楼梯;(楼梯的)梯级
stand /stænd/ *vi.* 站立;坐落;竖立;容忍 *n.* 台;售货处;立场;抵抗
standard /ˈstændəd/ *n.* 标准,规格 *a.* 标准的
star /stɑː/ *n.* (恒)星;星形;明星 *v.* 主演,(使)成为明星
stare /steə/ *vi./n.* 盯,凝视
■ stare at 凝视
start /stɑːt/ *v.* 开始;动身;吃惊 *n.* 开端;吃惊
■ for a start 起先,作为开始
■ start out 动身;开始
state /steɪt/ *n.* 状态;国家;州 *vt.* 陈述,说明
station /ˈsteɪʃən/ *n.* (车)站,局 *vt.* 驻扎
stay /steɪ/ *vi.* 逗留;保持 *vt.* 延缓 *n.* 逗留
■ stay up 挺住,站立
steal /stiːl/ *v.* 偷盗,窃取 *n.* 便宜货
steam /stiːm/ *n.* (蒸)汽 *vi.* 蒸发;行驶 *vt.* 蒸煮
steel /stiːl/ *n.* 钢 *vt.* 使坚强
step /step/ *n.* 脚步;步骤;台阶 *vi.* 跨步;(*on*)踩,踏上
■ step by step 逐步地

■ step in 走进；干涉

■ step up 提高；加快

stick /stɪk/ *n.* 棍，手杖 *v.* 刺，戳；粘贴，钉住；留下

still /stɪl/ *ad.* 还，仍然；然而；还要 *a.* 静止的 *n.* 剧照 *v.*（使）静止

stomach /'stʌmək/ *n.* 胃；肚子 *vt.* 承受

stone /stəʊn/ *n.* 石头；宝石；核

stop /stɒp/ *v.* 停止；堵塞；阻止；逗留 *n.* 停车站；停止

■ stop from 阻止；阻拦

store /stɔː/ *n.* 商店；贮存；仓库 *vt.* 贮藏

storm /stɔːm/ *n.* 暴风雨，暴风雪 *v.* 猛攻

story /'stɔːrɪ/ *n.* 故事，小说；情况；报道

straight /streɪt/ *a.* 直的；连续的；直率的 *ad.* 直接地；立即

strange /streɪndʒ/ *a.* 奇怪的；陌生的；外地的

stranger /'streɪndʒə/ *n.* 陌生人；新来者

street /striːt/ *n.* 街道，马路

strength /streŋθ/ *n.* 力气；力量；强度；长处

strict /strɪkt/ *a.* 严格的；严谨的；完全的

strike /straɪk/ *v.* 打，击；罢工；给……以深刻印象；使突然想起 *n.* 罢工；袭击

strong /strɒŋ/ *a.* 强壮的；牢固的；坚强的；强烈的；精通的

struggle /'strʌgl/ *vi./n.* 奋斗，努力；斗争

■ struggle against 同……作斗争

student /'stjuːdənt/ *n.* 学生；研究者

study /'stʌdɪ/ *v./n.* 学习；研究 *n.* 书房

stupid /'stjuːpɪd/ *a.* 愚蠢的；无聊的

success /sək'ses/ *n.* 成就，成功

successful /sək'sesfəl/ *a.* 成功的，有成就的

such /sʌtʃ/ *a.* 这样的；如此的 *ad.* 那么 *pron.* 这样的人（或事物）

■ such as 例如，诸如

■ such that 如此……（以致）

sudden /'sʌdən/ *a.* 突然的，意外的

■ all of a sudden 突然地

suffer /'sʌfə/ *vt.* 遭受；忍受 *vi.* 受痛苦，患病；受损

■ suffer from 遭受

sugar /'ʃʊgə/ *n.* 糖 *vt.* 在……中加糖

suggest /sə'dʒest/ *vt.* 建议；暗示

suitable /'sjuːtəbl/ *a.* 合适的

summer /'sʌmə/ *n.* 夏天

sun /sʌn/ *n.* 太阳 *vt.* 晒太阳

Sunday /'sʌndɪ/ *n.* 星期日

super /'suːpə/ *a.* 极好的，超级的

supper /'sʌpə/ *n.* 晚餐

supply /sə'plaɪ/ *n.* 供应（量） *vt.* 供给；弥补（不足）

support /sə'pɔːt/ *vt./n.* 支持；支撑；供养

suppose /sə'pəʊz/ *vt.* 料想，以为；假定

■ be supposed to do sth. 被期望，应该

sure /ʃʊə/ *a.* 确信的；一定的；可靠的 *ad.* 确实；当然

■ be sure of 对……有把握，确信

surface /'sɜːfɪs/ *n.* 表面；外表 *vi.* 浮出水面；浮现

surprise /sə'praɪz/ *n.* 惊奇；令人惊奇的事物 *vt.* 使诧异；撞见

■ in surprise 惊奇地

sweep /swiːp/ *v.* 打扫；掠过；快速移动 *n.* 打扫；挥动

sweet /swiːt/ *a.* 甜的；可爱的；芳香的 *n.* [*pl.*]糖果，甜食；亲爱的（人）

swim /swɪm/ *v./n.* 游泳 *vi.* 眩晕

T

table /'teɪbl/ *n.* 桌子；表格 *vt.* 搁置

tail /teɪl/ *n.* 尾巴；后部 *vt.* 盯……的梢

tailor /'teɪlə/ *n.* 裁缝 *vt.* 裁剪；特制

take /teɪk/ *v.* 拿，取；携带；需要；记录；取得；认为；捕获；理解；吃，喝；乘（车）；测量

tale /teɪl/ *n.* 故事，传说

talk /tɔːk/ *v.* 讲话；商讨 *n.* 谈话，会话；演讲；会谈

■ talk down to 以居高临下的口气说话

■ talk into 说服

■ talk of 谈论，议论

■ talk out of 说服（某人）放弃

tall /tɔːl/ *a.* 高的；夸大的

tape /teɪp/ *n.* 带子；磁带 *vt.* 系，捆；录音，录像

task /tɑːsk/ *n.* 任务，工作

taste /teɪst/ *n.* 滋味；鉴赏力；感受 *v.* 品尝；体验到；(*of*) 有……味道

taxi /'tæksɪ/ *n.* 出租汽车

tea /tiː/ *n.* 茶（叶）；茶点

teach /tiːtʃ/ *v.* 教，讲授；教训

teacher /'tiːtʃə/ *n.* 教师

team /tiːm/ *n.* 队，组 *v.* (*up*)（使）合作

technical /'teknɪkəl/ *a.* 技术的，工艺的

technique /tek'niːk/ *n.* 技术，技巧

telegram /'telɪgræm/ *n.* 电报

telephone /'telɪfəʊn/ *n.* 电话（机） *v.* 打电话

television/TV /'telɪˌvɪʒən; 'tiː'viː/ *n.* 电视（机）

temperature /'tempərɪtʃə/ *n.* 温度；发烧

ten /ten/ *num.* 十

tennis /'tenɪs/ *n.* 网球

tent /tent/ *n.* 帐篷

term /tɜːm/ *n.* 学期；期限；术语；[*pl.*]条款；[*pl.*]关系 *vt.* 把……称为

■ in terms of 用……的话；按照，从……方面来说

terrible /'terəbl/ *a.* 可怕的；很糟的；极度的

test /test/ *n./vt.* 试验；检验；化验

text /tekst/ *n.* 正文；课文

than /强 ðæn；弱 ðən, ðn/ *conj.* 比

thank /θæŋk/ *vt.* 感谢 *int.* [-s]谢谢 *n.* [*pl.*]感谢，谢意

■ thanks to 由于

that /强 ðæt；弱 ðət/ *a./pron.* 那，那个 *conj.* [引出名词从句或状语从句] *ad.* 那样，那么

■ that is (to say) 就是说，即

the /强 ðiː；弱 ðɪ, ðə, ð/ *art.* 这，那

theatre/theater /'θɪətə/ *n.* 戏院；戏剧；手术室；阶梯教室

their /ðeə/ *pron.* 他(或她、它)们的

theirs /ðeəz/ *pron.* 他(或她、它)们的

them /强 ðem；弱 ðəm, ðm/ *pron.* 他(或她、它)们

themselves /ðəm'selvz/ *pron.* 他(或她、它)们自己；他(或她、它)们亲自

then /ðen/ *ad.* 当时，在那时；那么；然后

■ but then 但另一方面，然而

■ then and there/there and then 当场，当即

there /ðeə/ *ad.* 在那里，往那里；在那方面

therefore /'ðeəfɔː/ *ad.* 因此

these /ðiːz/ *a./pron.* 这些

they /强 ðeɪ；弱 ðe/ *pron.* 他(或她、它)们

thick /θɪk/ *a.* 厚的；笨的；浓的；口音重的；密集的 *ad.* 厚厚地，密集地

thief /θiːf/ *n.* 贼，小偷

thin /θɪn/ *a.* 薄的，细的；稀少的 *ad.* 薄，细，稀疏 *v.* (使)变薄，(使)变细，(使)变稀

thing /θɪŋ/ *n.* 事情；东西；[常 *pl.*]情况；[常 *pl.*]所有物

think /θɪŋk/ *v.* 认为；想，思索；打算 *n.* 想，思考

third /θɜːd/ *num.* 第三 *n.* 三分之一

thirsty /'θɜːstɪ/ *a.* 口渴的；(*for*)渴望的

thirteen /'θɜːtiːn/ *num.* 十三

thirty /'θɜːtɪ/ *num.* 三十

this /强 ðɪs；弱 ðəs/ *a.* 这，这个；今，本 *pron.* 这，这个

those /ðəʊz/ *a./pron.* 那些

though /ðəʊ/ *conj.* 尽管 *ad.* 可是，然而

■ as though 好像

thought /θɔːt/ *n.* 想法；思考；关心；思想

thousand /'θaʊzənd/ *num./n.* 一千；[*pl.*]许许多多

thread /θred/ *n.* 线；线索；螺纹 *vt.* 穿(针、线等)；穿过

three /θriː/ *num.* 三

through /θruː/ *prep.* 穿过；直至；用，经由；因为 *ad.* 自始至终；直达地；彻底地 *a.* 直达的

■ through and through 完全，彻底

throughout /θruː'aʊt/ *prep.* 遍及；贯穿 *ad.* 到处；自始至终

throw /θrəʊ/ *vt.* 投，扔，抛；使困惑

■ throw away 扔掉；抛弃

■ throw in 外加，额外奉送

■ throw off 摆脱掉；轻易做出

■ throw out 扔掉；撵走

■ throw up 呕吐；产生(想法)

Thursday /'θɜːzdɪ/ *n.* 星期四

thus /ðʌs/ *ad.* 如此，这样；因此

ticket /'tɪkɪt/ *n.* 票，入场券；罚款单；标签

tie /taɪ/ *v.* 拴，扎，捆；把……打结，系上；连接 *n.* 领带；纽带；束缚；平局

■ tie down 限制，牵制

■ tie in with 与……一致，配合

■ tie up 拴住；阻碍

tiger /'taɪgə/ *n.* 虎

tight /taɪt/ *a.* 紧身的；紧的；密封的；紧密的 *ad.* 紧紧地，牢牢地

till /tɪl/ *prep./conj.* 直到(……为止)

tin /tɪn/ *n.* 锡；罐头

tiny /'taɪnɪ/ *a.* 极小的

time /taɪm/ *n.* 时间，时刻；次；时机；倍；[常 *pl.*]时代 *vt.* 为……安排时间；测定……时间

■ ahead of time 提前

■ time after time/time and again 屡次，一再

tip /tɪp/ *n.* 末端；小费；指点 *v.* 倾斜；倒(入)；给小费；轻触

tire /'taɪə/ *n.* 轮胎 *v.* (使)疲劳，(使)厌倦

tired /'taɪəd/ *a.* 疲劳的；(*of*)厌倦的

to /强 tuː；弱 tu, tə, t/ *prep.* 向，往；对，给；倾向；直到……为止；比；到，达

tobacco /tə'bækəʊ/ *n.* 烟草

today /tə'deɪ/ *ad./n.* 今天；现今

together /tə'geðə/ *ad.* 在一起，共同；一致地

toilet /'tɔɪlɪt/ *n.* 厕所，盥洗室

tomato /tə'mɑːtəʊ/ *n.* 西红柿

tomorrow /tə'mɒrəʊ/ *ad.* (在)明天 *n.* 明天；来日

ton /tʌn/ *n.* 吨；[常 *pl.*]大量

tongue /tʌŋ/ *n.* 舌头；语言

tonight /tə'naɪt/ *ad./n.* 今晚

too /tuː/ *ad.* 也;太;很,非常

■ too... to 太……而不能

tool /tuːl/ *n.* 工具;方法,手段

tooth /tuːθ/ ([*pl.*]*teeth*) *n.* 牙,齿

top /tɒp/ *n.* 顶端;上部;首位 *a.* 最高的;顶上的;最重要的 *vt.* 居……之上;高过,超过

■ on the top of 在……的上面

total /'təʊtəl/ *a.* 全部的;完全的 *n.* 总数 *v.* 合计

touch /tʌtʃ/ *v.* 触摸;感动;涉及 *n.* 接触;一点

■ get in touch with 与……联系,与……接触

tour /tʊə/ *n./v.* 旅行

tourist /'tʊərɪst/ *n.* 旅游者

toward(s) /tə'wɔːd(z)/ *prep.* 向,朝;为,有助于;对于;接近

tower /'taʊə/ *n.* 塔,高楼 *vi.* (*above, over*)高于,优于;高耸

town /taʊn/ *n.* 镇,市镇;市区

trade /treɪd/ *n.* 贸易;行业 *v.* 做买卖,交换

traffic /'træfɪk/ *n.* 交通(量) *n./vi.* (非法)交易

train /treɪn/ *n.* 火车;一连串;行列 *v.* 训练,培养

training /'treɪnɪŋ/ *n.* 训练,培养

translate /træns'leɪt/ *v.* 翻译

■ translate into 把……译成……

travel /'trævəl/ *n./v.* 旅行;游历

treasure /'treʒə/ *n.* 财富;珍品 *vt.* 珍爱

treat /triːt/ *vt.* 对待;处理;医疗;款待 *n.* 款待;乐事

tree /triː/ *n.* 树

trick /trɪk/ *n.* 诡计;窍门;把戏 *vt.* 欺诈,哄骗

trip /trɪp/ *n.* 旅行 *v.* 绊倒

truck /trʌk/ *n.* 卡车;敞篷货车

true /truː/ *a.* 真实的;真正的;忠诚的;准确的

truth /truːθ/ *n.* 真相;真实性;真理

trust /trʌst/ *n.* 信任;托拉斯 *v.* 信任;托付;(*to*)依靠;(*in*)相信

try /traɪ/ *v.* 试图;试验;审理;考验 *n.* 努力,尝试

■ try on 试穿

■ try one's best 竭尽全能

■ try out 试验

Tuesday /'tjuːzdɪ/ *n.* 星期二

turn /tɜːn/ *v.* 转动,旋转;扭转;(使)变化 *n.* 转向;轮流

twelve /twelv/ *num.* 十二

twenty /'twentɪ/ *num.* 二十

twice /twaɪs/ *ad.* 两倍,两次

two /tuː/ *num.* 二,两个

type /taɪp/ *n.* 类型;铅字 *v.* 打字

U

ugly /'ʌglɪ/ *a.* 难看的,丑的;丑恶的

uncle /'ʌŋkl/ *n.* 伯父,叔父,舅父,姑父,姨父

under /'ʌndə/ *prep.* 在……下面;少于,低于;在……情况下 *ad.* 在下面

understand /ˌʌndə'stænd/ *vt.* 理解;获悉;认为

uniform /'juːnɪfɔːm/ *n.* 制服 *a.* 相同的

unit /'juːnɪt/ *n.* 单位,单元;部件,元件

unite /juː'naɪt/ *v.* (使)联合,(使)统一

university /ˌjuːnɪ'vɜːsɪtɪ/ *n.* 大学

unless /ʌn'les/ *conj.* 除非,若不

until /ʌn'tɪl/ *prep./conj.* 直到(……为止);直到……(才)

up /ʌp/ *ad.* 向上;往上游;(情绪)高昂起来;完全地 *prep.* 在……上面;沿……往上 *a.* 向上的

■ up against 面临(问题、困难等)

■ up to 达到;取决于;胜任;忙于

upon / 强 ə'pɒn; 弱 əpən/ *prep.* (= *on*) 在……上

upstairs /ʌp'steəz/ *ad.* 在楼上,往楼上 *a.* 楼上的 *n.* 楼上

upward /'ʌpwəd/ *a.* 向上的 *ad.* [-(*s*)]向上,往上

us /ʌs/ *pron.* 我们

use /juːz/ *vt.* 使用;耗费 *n.* 使用;用途

■ make use of 利用

■ use up 用完,用光

used /juːst/ *vi.* [现仅用于过去时,后接不定式]惯常 /juːzd/ *a.* (*to*)习惯于……的;用过的

useful /'juːsfəl/ *a.* 有用的

usual /'juːʒʊəl/ *a.* 通常的

■ as usual 像平常一样,照例

usually /'juːʒʊəlɪ/ *ad.* 通常

V

vacation /veɪ'keɪʃən/ *n.* 休假,假期 *vi.* 度假

valley /'vælɪ/ *n.* 山谷;流域

valuable /'væljʊəbl/ *a.* 贵重的 *n.* [常 *pl.*]贵重物品

value /'væljuː/ *n.* 价值;重要性;[*pl.*]价值观念 *vt.* 重视;评价

variety /və'raɪətɪ/ *n.* 品种;变化,多样化

■ a (wide) variety of 各种各样的

various /'veərɪəs/ *a.* 不同的;多方面的;许多的

vast /vɑːst/ *a.* 广阔的;巨大的,庞大的

vegetable /'vedʒtəbəl/ *n.* 蔬菜,植物 *a.* 蔬菜的,植物的

very /'verɪ/ *ad.* 很,非常 *a.* 正是的;完全的

victory /'vɪktərɪ/ *n.* 胜利

village /'vɪlɪdʒ/ *n.* 乡村,村庄

visit /'vɪzɪt/ *v./n.* 参观;访问

visitor /'vɪzɪtə/ *n.* 参观者,访问者,来客

voice /vɔɪs/ *n.* 嗓音；意见；语态 *vt.* 说（话），（用言语）表达

voyage /'vɔɪɪdʒ/ *n./vi.* 航海，航行

W

wait /weɪt/ *vi.* (*for*)等候；(*on*)服侍 *n.* 等待

waiter /'weɪtə/ *n.* （男）侍者，（男）服务员

waitress /'weɪtrɪs/ *n.* 女侍者，女服务员

walk /wɔːk/ *v./n.* 走，步行，散步

wall /wɔːl/ *n.* 墙，壁，围墙 *vt.* 筑墙围住

wake /weɪk/ *vi.* 醒来 *vt.* 唤醒；使认识到 *n.* 航迹

■ wake up 醒来

want /wɒnt/ *v.* 要，希望；需要；(*for*)缺少 *n.* 缺乏；[*pl.*]需要的东西

war /wɔː/ *n.* 战争；斗争

warm /wɔːm/ *a.* 温暖的；热情的；（色调）暖的 *v.* （使）温暖

■ warm up 热身

warn /wɔːn/ *v.* 警告

wash /wɒʃ/ *v.* 洗，洗涤；冲刷 *n.* 洗涤；要洗的衣物，洗好的衣物

■ wash out 洗净，冲掉

waste /weɪst/ *n.* 浪费；废弃物 *vt.* 浪费 *a.* 废的；荒芜的

watch /wɒtʃ/ *v.* 注视；看守；小心 *n.* 表；看管

■ watch for 等待，留心

■ watch out for 密切注意；提防

■ watch over 查看，监视

water /'wɔːtə/ *n.* 水；[*pl.*]水域 *vt.* 浇水；供水 *vi.* 流泪水，流口水

wave /weɪv/ *n.* 波浪；挥动 *vt.* 挥动 *vi.* 挥手示意；波动；高潮

way /weɪ/ *n.* 方法；路线；方面；[常 *pl.*]习俗；状况 *ad.* 远远地，非常

■ all the way 一直，完全

we /强 wiː; 弱 wɪ/ *pron.* 我们

wealth /welθ/ *n.* 财富；丰富

weak /wiːk/ *a.* 虚弱的；（能力等）弱的；微弱的

wear /weə/ *v.* 穿着；呈现；磨损 *n.* 穿，戴；服装；磨损

■ wear off 磨损；逐渐减少

■ wear out 穿破；（使）疲乏，耗尽

wedding /'wedɪŋ/ *n.* 婚礼

Wednesday /'wenzdɪ/ *n.* 星期三

week /wiːk/ *n.* 星期

weekend /ˌwiːk'end/ *n.* 周末

weight /weɪt/ *n.* 重量；砝码；重要性 *vt.* 加重量于

welcome /'welkəm/ *vt./n./int.* 欢迎 *a.* 受欢迎的

well /wel/ *ad.* 好；完全地；有理由地 *int.* 哎呀，那么 *a.* 健康的 *n.* 井

■ as well 同样，也

well-known /'wel'nəʊn/ *a.* 众所周知的，著名的

west /west/ *n.* 西方 *a.* 西方的 *ad.* 向西方

western /'westən/ *a.* 西方的

wet /wet/ *a.* 湿的；多雨的 *vt.* 使潮湿

what /强 hwʌt, hwɒt; 弱 hwət/ *pron.* 什么；……那样的事物（或人） *a.* 多么的；什么

■ what about [征求意见时用]怎么样

■ what if 如果……将会怎么样

whatever /wɒt'evə/ *pron.* 无论什么；任何……的事物 *a.* 不管怎样的

wheat /wiːt/ *n.* 小麦

wheel /wiːl/ *n.* 轮，车轮 *v.* （用车）推；转动

when /wen/ *ad.* 什么时候；在……的时候 *conj.* 在……时；那时；可是 *pron.* 什么时候

whenever /wen'evə/ *conj.* 无论何时；每当

where /weə/ *ad.* 在哪里，到哪里 *conj.* 在……地方 *pron.* 哪里

wherever /weə'evə/ *conj.* 无论在哪里 *ad.* 无论什么地方；究竟在哪里

whether /'weðə/ *conj.* 是否；不管

■ whether... or 是……还是，不管……还是

which /wɪtʃ/ *pron./a.* 哪一个，哪一些

while /waɪl/ *conj.* 当……的时候；然而；虽然 *n.* 一会儿 *vt.* （*away*）消磨（时间）

■ after a while 过了一会

whisper /'wɪspə/ *v./n.* 低语，耳语

white /waɪt/ *a.* 白色的；白种的 *n.* 白色

who /强 huː; 弱 hu, uː, u/ *pron.* 谁，什么人

whole /həʊl/ *a.* 全部的；完整的 *n.* 全部，整体

■ as a whole 作为整体

whom /强 huːm; 弱 hum/ *pron.* 谁

whose /huːz/ *pron.* 谁的；那个（人）的，那些（人）的

why /waɪ/ *ad.* 为什么；……的原因 *int.* 咳，哎呀

wide /waɪd/ *a.* 宽阔的；广泛的；(*of*)偏离的 *ad.* 全部地

wife /waɪf/ *n.* 妻子

wild /waɪld/ *a.* 野生的；野蛮的；荒凉的；不受控制的

willing /'wɪlɪŋ/ *a.* 愿意的

■ be willing to 愿意

win /wɪn/ *v.* 获胜；赢得 *n.* 胜利，赢

■ win over 把……说服

wind /wɪnd/ *n.* 风；气息 /waɪnd/ *v.* 绕，缠；(给……)上发条

window /ˈwɪndəʊ/ *n.* 窗户

wine /waɪn/ *n.* (葡萄)酒

wing /wɪŋ/ *n.* 翅膀

winter /ˈwɪntə/ *n.* 冬季

wipe /waɪp/ *v./n.* 擦，抹，揩

■ wipe out 彻底摧毁，消灭

wire /ˈwaɪə/ *n.* 金属丝；电报 *v.* 给……安装电线；电汇；发电报

wise /waɪz/ *a.* 有智慧的；明智的

wish /wɪʃ/ *v.* 希望；但愿；祝愿 *n.* 愿望；[*pl.*]祝愿

with /wɪð/ *prep.* 和……在一起；具有；用，以；关于；由于；随着；虽然

within /wɪˈðɪn/ *prep.* 在……里面 *ad.* 在里面

without /wɪˈðaʊt/ *prep.* 无，没有 *ad.* 在外面

■ go without 没有……也行

■ without question 毫无疑问，毫无异议

woman /ˈwʊmən/ *n.* 妇女

wonder /ˈwʌndə/ *v.* 想知道；(对……)感到惊讶 *n.* 惊奇；奇迹

■ no wonder (that) 难怪

wonderful /ˈwʌndəfəl/ *a.* 极好的；惊人的

wood /wʊd/ *n.* 木材；[常 *pl.*]树林，林地

wooden /ˈwʊdən/ *a.* 木制的，木头的；木头似的，呆笨的

word /wɜːd/ *n.* 词，单词；[常 *pl.*]言语；消息；诺言

■ in a word 简言之，总之，一句话

■ word for word 逐字地

work /wɜːk/ *vi.* 工作；运转；起作用 *n.* 工作；工作成果，产品；[常 *pl.*]著作；[-*s*]工厂

■ at work 在工作；在运转

■ work off 消除，去除

■ work on 继续工作；从事；对……发生作用

■ work out 算出；理解；制定出；产生结果

■ work up 激发；制订出

worker /ˈwɜːkə/ *n.* 工人，工作者

world /wɜːld/ *n.* 世界；世间；领域

worry /ˈwʌrɪ/ *v./n.* 担心

■ worry about 担心，烦恼

worse /wɜːs/ *a.* 更坏的 *ad.* 更坏

worth /wɜːθ/ *prep.* 值……钱的，值得……的 *n.* 价值

worst /wɜːst/ *a.* 最坏的，最差的 *ad.* 最坏

■ at worst 在最坏的情形下

would /强 wʊd; 弱 wəd, əd, d/ *aux.v.* 老是，总会；也许；请

wound /wuːnd/ *vt.* 伤害 *n.* 创伤，伤口

write /raɪt/ *v.* 书写；写作；写信(给)

■ write down 写下，记下

wrong /rɒŋ/ *a.* 错误的；有毛病的 *ad.* 错误地 *n.* 错误；冤屈 *vt.* 冤枉

■ go wrong 发生故障，出毛病

Y

yard /jɑːd/ *n.* 院子；码

year /jɪə/ *n.* 年，年份

yellow /ˈjeləʊ/ *a.* 黄的 *n.* 黄色

yes /jes/ *ad.* 是的

yesterday /ˈjestədɪ/ *ad./n.* 昨天

yet /jet/ *ad.* 还，仍然；已经；甚至 *conj.* 然而

you /强 juː; 弱 jʊ, jə/ *pron.* 你，你们

young /jʌŋ/ *a.* 年轻的 *n.* 青年人

your /强 jʊə, jɔː; 弱 jə/ *pron.* 你的，你们的

yours /jʊəz, jɔːz/ *pron.* 你(们)的(所有物)

yourself /jʊəˈself, jɔːˈself/ *pron.* 你自己；你亲自

youth /juːθ/ *n.* 青春；男青年；青年们

Z

zero /ˈzɪərəʊ/ *num.* 零 *n.* 零度

zoo /zuː/ *n.* 动物园

附录2 常用前缀和后缀

一、常用前缀

前缀	意 义	例 词
aero-	concerning the air or aircraft 空气,天空;太空	aeroplane, aerospace
anti-	against, opposite of 反对;防止	antinuclear, antimatter, antiwar
auto-	of or by oneself 自己	autobiography, autocriticism
be-	to treat as the stated thing 使;视为	befriend, belittle
bi-	two, twice, double 二;两次	bilingual, bicycle
bio-	concerning living things 生物的;生命的	biochemistry, biosphere
by-, bye-	less important 次要的,附带的	by-product, byway
centi-	hundredth part 百	centigrade, centimeter
co-, col-, com-, con-, cor-	together, with 共同,一起,联合	coauthor, coexist, collocation, compassion, concentric, confederation, correlate, correspond
contra-, counter-	opposite 反对,相反	contradiction, contranatural, counteract, counterattack
cross-	across; going between the stated things and joining them 横跨;交叉	cross-country, crossbreed
de-	showing an opposite; to remove; to reduce 否定;除去;低下	decode, devalue
dis-	not; the opposite of 否定;相对	disadvantage, disagree, dishonest
em-, en-	to cause to become, to make 变成,变得;使	embody, empower, endanger, enlarge
ex-	former (and still living) 以前的	ex-minister, ex-wife
extra-	outside, beyond 在……之外;越出,超出	extracurricular, extraordinary
fore-	in advance, before; in or at the front 预先,前;前部	forearm, forewarn
il-, im-, in-, ir-	not 不,非,无	illegal, illiterate, immoral, impossible, indirect, insensitive, irregular, irresponsible
infra-	below in a range; beyond 在下;超过	infrared, infrastructure
inter-	between, among 在……之间,相互	interchange, international
intra-	inside, within; into 在内部;在内	intracity, intra-department
kilo-	thousand 千	kilogram, kilometer
macro-	large, esp. concerning a whole system rather than particular parts of 大的;大规模的	macroeconomics, macrostructure
mal-	bad or badly 坏	malfunction, maltreat
micro-	extremely small 微,微小	microcomputer, microelectronics
mid-	middle 在中间	midday, midnight
mini-	small; short 小的;短的	minibus, miniskirt
mis-	bad or badly; wrong or wrongly 坏;错	misfortune, misunderstand
mono-	one; single 单;一	monoplane, monotone
multi-	more than one, many 多	multipurpose, multinational
non-	not 不,非,无	nonresident, nonsense
out-	outside; beyond 在外;胜过	outlive, outdoor
over-	too much; above; additional 过度,过多;在上;额外	overhead, overtime
poly-	many 多	polycentric, polysyllabic
post-	later than, after 后	postgraduate, postwar
pre-	before; in advance 前;先	prepay, prewar
pro-	in favor of, supporting 赞同,支持	pro-America, pro-abortion
pseudo-	not real; false 假;伪	pseudonym, pseudoscience

re-	again; back to the former state 再，又；重新	reunite, reuse
self-	by means of oneself or itself, of, to, with, for, or in oneself or itself 自己，自我	self-employed, self-taught
semi-	half; partly 半；部分	semicircle, semifinal
step-	not by birth but through a parent who has remarried 后，继	stepmother, stepchildren
sub-	under, below; less important; part of the stated bigger whole 下；次；低于	subdivide, subsection
super-	more, larger, greater than usual 上，超	supermarket, supernatural
tele-	at or over a long distance; by or for television 远的；电视的	telecommunication, telescreen
therm(o)-	concerning heat 热的	thermochemistry, thermometer
trans-	across, on or to the other side of; between 横过，超越，进入另一边；中间	transatlantic, transplant
tri-	three; three times 三；三倍	triangular, tricycle
ultra-	beyond; very, extremely 超过；极端，过分	ultramodern, ultrasound
un-	not 不，非，无	uncertain, unfortunate
under-	too little; below 不足；下	underdevelop, undersea
uni-	one; single 单；一	uniform, unidirectional
vice-	next in the rank; below 副；低于	vice-chairman, vice-president

二、常用后缀

名词后缀	例 词	动词后缀	例 词
-ability, -ibility	ability, flexibility	-en	deepen, fasten
-age	postage, shortage	-ify	classify, simplify
-al	arrival, refusal	-ise, -ize	modernise/modernize, popularise/popularize
-an, -ian, -arian	musician, librarian	**形容词后缀**	**例 词**
-ance, -ence	appearance, reference	-able, -ible	suitable, compatible
-ancy, -ency	expectancy, emergency	-al	natural, structural
-ant, -ent	applicant, correspondent	-an, -arian, -ian	suburban, vegetarian, Canadian
-cy	accuracy, privacy	-ant, -ent	pleasant, different
-dom	kingdom, freedom	-ary, -ory	customary, advisory
-ee	employee, interviewee	-ate	considerate, fortunate
-ar, -er, -or	beggar, painter, sailor	-en	golden, wooden
-ery	bravery, slavery	-ese	Chinese, Japanese
-ese	Chinese, Japanese	-free	carefree, duty-free
-ess	actress, waitress	-ful	careful, painful
-ful	handful, spoonful	-ic, -ical	atomic, psychological
-hood	childhood, manhood	-ish	girlish, childish
-ics	electronics, linguistics	-ive	creative, supportive
-ion, -ation, -ition	collection, observation, transition	-less	hopeless, painless
-ism	Marxism, socialism	-like	childlike, ladylike
-ist	psychiatrist, violinist	-ly	manly, monthly
-ity, -ty	purity, cruelty	-ous, -ious	dangerous, poisonous
-ment	movement, retirement	-some	tiresome, troublesome
-ness	darkness, happiness	-ward	downward, upward
-ology	climatology, futurology	-y	guilty, noisy
-ship	friendship, scholarship	**副词后缀**	**例 词**
-sion, -ssion	decision, expression	-ly	easily, heavily
-th	growth, width	-ward, -wards	eastward(s), northward(s)
-ure	closure, exposure	-wise	clockwise, otherwise

单词自测表与索引

H

I

T

U

V

W

X

Y

Z